U0117463

陳福成著

陳福成著作全編

第十冊　中國政治思想新詮

文史哲出版社印行

國家圖書館出版品預行編目資料

陳福成著作全編 / 陳福成著. -- 初版. --臺北市：文史哲,民 104.08
頁： 公分
ISBN 978-986-314-266-9（全套：平裝）

848.6　　104013035

陳福成著作全編

第十冊　中國政治思想新詮

著　　者：陳　福　成
出 版 者：文史哲出版社
http://www.lapen.com.tw
登記證字號：行政院新聞局版臺業字五三三七號
發 行 人：彭　正　雄
發 行 所：文史哲出版社
印 刷 者：文史哲出版社
臺北市羅斯福路一段七十二巷四號
郵政劃撥帳號：一六一八〇一七五
電話886-2-23511028・傳真886-2-23965656

全 80 冊定價新臺幣 36,800 元

二〇一五年（民一〇四）八月初版

著財權所有・侵權者必究
ISBN 978-986-314-266-9　08981

陳福成著作全編 總目

總　序

陳福成的一部文史哲政兵千秋事業

陳福成先生，祖籍四川成都，一九五二年出生在台灣省台中縣。筆名古晟、藍天、司馬千、鄉下人等，皈依法名：本肇居士。一生除軍職外，以絕大多數時間投入寫作，範圍包括詩歌、小說、政治（兩岸關係、國際關係）、歷史、文化、宗教、哲學、兵學（國防、軍事、戰爭、兵法），及教育部審定之大學、專科（三專、五專）、高中（職）等各級學校國防通識（軍訓課本）十二冊。以上總計近百部著作，目前尚未出版者尚約二十部。

我的戶籍資料上寫著祖籍四川成都，小時候也在軍眷長大，初中畢業（民 57 年 6 月），投考陸軍官校預備班十三期，三年後（民 60）直升陸軍官校正期班四十四期，民國六十四年八月畢業，隨即分發野戰部隊服役，到民國八十三年四月轉台灣大學軍訓教官。到民國八十八年二月，我以台大夜間部（兼文學院）主任教官退休（伍），進入全職寫作高峰期。

我年青時代也曾好奇問老爸：「我們家到底有沒有家譜？」

他說：「當然有。」他肯定說，停一下又說：「三十八年逃命都來不及了，現在有個鬼啦！」

兩岸開放前他老人家就走了，開放後經很多連繫和尋找，真的連鬼都沒有了，茫茫無垠的「四川北門」，早已人事全非了。

但我的母系家譜卻很清楚，母親陳蕊是台中縣龍井鄉人。她的先祖其實來台不算太久，按家譜記載，到我陳福成才不過第五代，大陸原籍福建省泉州府同安縣六都施盤鄉馬巷。

第一代祖陳添丁、妣黃媽名申氏。從原籍移居台灣島台中州大甲郡龍井庄龍目井字水裡社三十六番地，移台時間不詳。陳添丁生於清道光二十年（庚子，一八四〇年）六月十二日，卒於民國四年（一九一五年），葬於水裡社共同墓地，坐北向南，他有二個兒子，長子昌，次子標。

第二代祖陳昌（我外曾祖父），生於清同治五年（丙寅，一八六六年）九月十四日，卒於民國廿六年（昭和十二年）四月二十二日，葬在水裡社共同墓地，坐東南向西北。陳昌娶蔡匏，育有四子，長子平、次子豬、三子波、四子萬芳。

第三代祖陳平（我外祖父），生於清光緒十七年（辛卯，一八九一年）九月二十五日，卒於（年略記）二月十三日。陳平娶彭宜（我外祖母），生光緒二十二年（丙申，一八九六年）六月十二日，卒於民國五十六年十二月十六日。他們育有一子五女，長子陳火，長女陳變、次女陳燕、三女陳蕊、四女陳品、五女陳鶯。

以上到我母親陳蕊是第四代，到筆者陳福成是第五代，與我同是第五代的表兄弟姊妹共三十二人，目前大約半數仍在就職中，半數已退休。

寫作是我一輩子的興趣，一個職業軍人怎會變成以寫作為一生志業，在我的幾本著作都詳述（如《迷航記》、《台大教官興衰錄》、《五十不惑》等」。我從軍校大學時代開始寫，從台大主任教官退休後，全力排除無謂應酬，更全力全心的寫（不含為教育部編著的大學、高中職《國防通識》十餘冊）。我把《陳福成著作全編》略為分類暨編目如下：

壹、兩岸關係

①《決戰閏八月》 ②《防衛大台灣》 ③《解開兩岸十大弔詭》④《大陸政策與兩岸關係》。

貳、國家安全

⑤《國家安全與情治機關的弔詭》 ⑥《國家安全與戰略關係》 ⑦《國家安全論壇》。

參、中國學四部曲

⑧《中國歷代戰爭新詮》 ⑨《中國近代黨派發展研究新詮》 ⑩《中國政治思想新詮》 ⑪《中國四大兵法家新詮：孫子、吳起、孫臏、孔明》。

肆、歷史、人類、文化、宗教、會黨

⑫《神劍與屠刀》 ⑬《中國神譜》 ⑭《天帝教的中華文化意涵》⑮《奴婢妾匪到革命家之路：復興廣播電台謝雪紅訪講錄》 ⑯《洪門、青幫與哥老會研究》。

伍、詩〈現代詩、傳統詩〉、文學

⑰《幻夢花開一江山》 ⑱《赤縣行腳・神州心旅》 ⑲《「外公」與「外婆」的詩》、⑳《尋找一座山》 ㉑《春秋記實》 ㉒《性情世界》 ㉓《春秋詩選》 ㉔《八方風雲性情世界》 ㉕《古晟的誕生》 ㉖《把腳印典藏在雲端》㉗《從魯迅文學醫人魂救國魂說起》 ㉘《六十後詩雜記詩集》。

陸、現代詩（詩人、詩社）研究

㉙《三月詩會研究》 ㉚《我們的春秋大業：三月詩會二十年別集》 ㉛《中國當代平民詩人王學忠》 ㉜《讀詩稗記》 ㉝《嚴謹與浪漫之間》 ㉞《一信詩學研究：解剖一隻九頭詩鵠》 ㉟《囚徒》 ㊱胡爾泰現代詩臆說 ㊲王學忠籲天詩錄。

柒、春秋典型人物研究、遊記

㊳《山西芮城劉焦智「鳳梅人」報研究》 ㊴《在「鳳梅人」小橋上》 ㊵《我所知道的孫大公》 ㊶《孫大公思想主張手稿》 ㊷《金秋六人行》㊸《漸凍勇士陳宏》。

捌、小說、翻譯小說

㊹《迷情・奇謀・輪迴》 ㊺《愛倫坡恐怖推理小說》。

玖、散文、論文、雜記、詩遊記、人生小品

㊻《一個軍校生的台大閒情》 ㊼《古道・秋風・瘦筆》 ㊽《頓悟學習》 ㊾《春秋正義》 ㊿《公主與王子的夢幻》 51《洄游的鮭魚》 52《男人和女人的情話真話》 53《台灣邊陲之美》 54《最自在的彩霞》 55《梁又平事件後》。

拾、回憶錄體

56《五十不惑》 57《我的革命檔案》 58《台大教官興衰錄》 59《迷航記》 60《最後一代書寫的身影》 61《我這輩子幹了什麼好事》 62《那些年我們是這樣寫情書的》 63《那些年我們是這樣談戀愛的》 64《台灣大學退休人員聯誼會第九屆理事長記實》。

拾壹、兵學、戰爭

65《孫子實戰經驗研究》 66《第四波戰爭開山鼻祖賓拉登》。

拾貳、政治研究

⑰《政治學方法論概說》 ⑱《西洋政治思想史概述》 ⑲《中國全民民主統一會北京行》、⑳《尋找理想國：中國式民主政治研究要綱》。

拾參、中國命運、喚醒國魂

⑪《大浩劫後：日本 311 天譴說》、《日本問題的終極處理》 ⑫《台大逸仙學會》。

拾肆、地方誌、地區研究

⑬《台北公館台大地區考古・導覽》 ⑭《台中開發史》 ⑮《台北的前世今生》 ⑯《台北公館地區開發史》。

拾伍、其他

⑰《英文單字研究》 ⑱《與君賞玩天地寬》（別人評論） ⑲《非常傳銷學》 ⑳《新領導與管理實務》。

我這樣的分類並非很確定，如《謝雪紅訪講錄》，是人物誌，但也是政治，更是歷史，說的更白，是兩岸永恆不變又難分難解的「本質性」問題。

以上這些作品大約可以概括在「中國學」範圍，如我在每本書扉頁所述，以「生長在台灣的中國人為榮」，以創作、鑽研「中國學」，貢獻所能和所學為自我實現的途徑，以宣揚中國春秋大義、中華文化和促進中國和平統一為今生志業，直到生命結束。我這樣的人生，似乎滿懷「文天祥、岳飛式的血性」。

抗戰時期，胡宗南將軍曾主持陸軍官校第七分校（在王曲），校中有兩幅對聯，一是「升官發財請走別路、貪生怕死莫入此門」，二是「鐵肩擔主義、血手寫文章」。前聯原在廣州黃埔，後聯乃胡將軍胸懷，「鐵肩擔主義」我沒機會，但「血手寫文章」的「血性」俱在我各類著作詩文中。

人生無常，我到六十三歲之年，以對自己人生進行「總清算」的心態出版這套書。

回首前塵，我的人生大致分成兩個「生死」階段，第一個階段是「理想走向毀滅」，年齡從十五歲進軍校到四十三歲，離開野戰部隊前往台灣大學任職中校教官。第二個階段是「毀滅到救贖」，四十三歲以後的寫作人生。

「理想到毀滅」，我的人生全面瓦解、變質，險些遭到軍法審判，就算軍法不判我，我也幾乎要「自我毀滅」；而「毀滅到救贖」是到台大才得到的「新生命」，我積極寫作是從台大開始的，我常說「台大是我啟蒙的道場」有原因的。均可見《五十不惑》、《迷航記》等書。

我從年青立志要當一個「偉大的軍人」，為國家復興、統一做出貢獻，為中華民族的繁榮綿延盡個人最大之力，卻才起步就「死」在起跑點上，這是個人的悲劇和不智，正好也給讀者一個警示。人生絕不能在起跑點就走入「死巷」，切記！切記！讀者以我為鑒！在軍人以外的文學、史政有這套書的出版，也算是對國家民族社會有點貢獻，對自己的人生有了交待，這致少也算「起死回生」了！

順要一說的，我全部的著作都放棄個人著作權，成為兩岸中國人的共同文化財，而台北的文史哲出版有優先使用權和發行權。

這套書能順利出版，最大的功臣是我老友，文史哲出版社老闆彭正雄先生和他的夥伴們。彭先生對中華文化的傳播，對兩岸文化交流都有崇高的使命感，向他和夥伴致上最高謝意。（台北公館蟾蜍山萬盛草堂主人　陳福成　誌於二〇一四年五月榮獲第五十五屆中國文藝獎章文學創作獎前夕）

自序

關於「中國政治思想新詮」芻稿的完成

本書芻稿得以完成，經過頗爲長久的光陰洗鍊。首先是我對中國歷史很早就有些興趣，雖然在大學（軍校）時代，對中國歷史上的分分合合，其實是懵懵懂懂的，但我始終在思考背後形成分合爭戰的遠因及近因，甚至是追蹤更深的文化、思想、民族、地理上，尋找更「貼切」真相的原因。後來爲準備研究所考試及研究所課程中有關中國政治思想，我花很長的時間，把中國政治思想整理出還算「完整」的筆記，畢業後也常不斷自修並補充或訂正筆記。

自一九九四年，我從野戰部隊轉調台灣大學，開始寫作並出版一系列有關「中國學」著作。二〇〇五到二〇〇六年間，約有一年時間在復興電台，每週一講「中國政治思想新詮」；同時，在二〇〇五年也在國立空中大學講授「中國政治思想史」。以上都是「重要功課」，迫使我要去研讀經典，深化思考及再修定原有筆記。一本「中國政治思想新詮」於焉誕生，惟中國政治思想有關的經典史料和思想家，可謂深廣如海洋，因此，仍只是一本芻稿，修正空間仍然很大。

我研究中國政治思想數十年，深感當代（兩岸）學者有關中國政治思想之著作雖豐盛，但都寫的很「斯文」，四平八穩，秀才文章，合乎格局，卻寫不出「真相」。本書突破這些斯文格局，堅定不移的寫出中國政治思想的實相、真相。

本書摘要在復興電台講解，感謝鍾寧小姐多方協助。芻蕘之見，亦請方家指正，以利來年增補，不勝感激。

陳福成　二〇〇六年夏　序於台北萬盛山莊

目次

圖目錄

表目錄

第一篇

緒論

輯 1：拉開「中國政治思想新詮」的緒幕

1. 今天開始我們要講一個新主題，「中國政治思想新詮」，陳老師！今天就先談談這個新主題的內涵，及我們為何要談這個主題？

「政治」（politics）二字，自古以來真是讓人又愛又恨又難纏。有人聽到或碰到政治就全身興奮起來，俗語言「權力是男人的春藥」正是實証。有人身受政治毒害後，還遺言子孫不可碰政治，更不得踏入政治圈。

偏偏人天生就是政治動物，人的一生也都受政治的影響。 孫中山先生在民權主義就講，「政治二字的意思，淺而言之，政就是眾人的事，治就是管理，管理眾人的事，便是政治。」可見人在娘胎中就已受制於政治，至命終都無法逃離政治勢力的掌控。現代政治學者的研究也認爲，政治是國家、政制、權力、眾人及政治人的活動和運作，更直接的說「政治是研究國家之學。」

事實上也是，我國最早的「政書」《尚書》在＜畢命篇＞說「道洽政治，澤潤生民」，政治確實是「管理眾人之學」。但是，這裡所講僅及於「思想」層面，思想和行爲最大的差別，是思想無對錯，不須負責任，所以各國憲法大多規定有「思想自由」的章節。行爲則有對錯，要負責任，故人的行爲都要受法律規範，違法要受處罰，思想自由就要受到保障。

中國是有五千年歷史的文明古國，有燦爛的文化，當然也有豐富的政治思想和偉大的政治思想家。歷代對政治思想的創建或研究，更是人才輩出。就當代，蕭公權、薩孟武等，均屬研究中國政治思想的名家。惟幾千年中國政治思想如何著手了解？蕭公權先生按歷史發展的順序與思想的演變大勢，區分四個時期。

第一、創造時期。自孔子生（前 551 年）至始皇統一中國（前 221 年），約有三百年，包括春秋晚期到戰國時代，學者通稱先秦時代。

第二、因襲時期。自秦漢至宋元，爲時約有一千六百年。

第三、轉變時期。自明初到清末，爲時約五百年。

第四、成熟時期。自三民主義之成立以迄於今。

另外，蕭公權先生再把政治思想的歷史背景，依政權或國家的型態，區分爲三個時期：

第一、封建天下之思想。包括春秋及戰國時代，相當於上述之「創造時期」。

第二、專制天下之思想。包括秦漢到明清之兩千年間，相當於前述「因襲時期」和「轉變時期」之前大部分。

第三、近代國家之思想。包括清末戊戌維新時代及辛亥革命以迄今日，約當「轉變時期」之後部及「成熟時期」。

以上是一般研究中國政治思想的學者，甚至是研究中國哲學的學者，如王邦雄、岑溢成、楊祖漢或高柏園等，也大體按這個分期做他們的研究。古代國家的「德禮刑政哲」有很高的「統一性」，現在學者儘管分科分系來研究，但內涵（或內容）則頗爲相近。

當代學者研究中國政治思想，不外是下列內涵，也是最主要的主流範圍：

先秦諸子各家思想，以儒家爲主。

漢代儒學和老莊思想。

魏晉玄學、老莊和佛教爭論。

隋唐五代儒、佛、道和無爲思想。

宋明儒學、理學、功利與反專制。

近代政治思想。

這些僅是提其綱要，至於各家分門流派，真是繁花似錦，百花齊放。至於中國政治思想的創造到成熟，前述所舉是當代學者蕭公權先生的看法，我認爲那是有待商榷的。

2. 中國政治思想的創造時期，陳老師認為蕭公權先生的觀點有待商榷，那麼中國政治思想到底何時創造形成？

首先我們得注意「創造」二字，我們又常「創造與發明」並論用，不少人有誤解，以爲「創造」是可以無中生有的，這表示他對世間事物觀察不夠入微透徹。

其實世間所有事物絕無「無中生有」這種事（政治抹黑或戰略、謀略運用等事是例外），萬事萬物定有因果關係，創造發明也不例外。舉一實例，科學家經半生努力，五十歲時提出偉大的發明；小說家寫了一輩子，七十歲時終於有了經典創造，請問他們的創造時期應在何時？

中國政治思想（主要的儒、墨、道、法四家），當代的研究學者都以爲是孔子降生（前 551 年）後才創造完成，忽略孔子之前其實有大約一千八百年的「研發期」。若無這漫長的研發期，便不會有先秦時期的創造發明，這個邏輯很清楚，相信凡是受過知識研究方法論訓練的人，都可以認同。但我並非單用邏輯推論就要說服大家，我還有實證檢驗，用歷史文獻證明我的觀點：

第一、根據史家考証，先秦許多典籍都是孔子的作品，或作或編，如詩、書、易、禮、春秋等。但孔子自己說：

「述而不作，信而好古。」竊比於我老彭。（述而第七）

中庸稱孔子「祖述堯舜，憲章文、武」

孔子述而不作或許自謙，但也證明《詩經》、《尙書》、《易經》、《周禮》、《春秋》等重要經典，在孔子之前就有，而且到孔子時已存在千餘年，這些是先秦政治思想的「資料庫」。

第二、以上各書早已流行於孔子之前，舉《尙書》爲例說明，《尙書》上啓於堯，下迄於秦。唐代史學家劉知幾說「夫尙書者，七經之冠冕，百氏之襟袖，凡學者，必先精其書，次及群籍。」就性質言，《尙書》是一部「政書」，舉凡內聖外王之理，建國治民之道，均在其中，故政治學者常說「《尙書》尙書爲政治史之嚆矢」。用現代術語說，《尙書》是古代的政治學教本，書中重要的內容在孔子之前早已流傳一千多年，到孔子再重新加以編輯成書。

《尙書》重要的篇章如<湯誓>、<盤庚>、<牧誓>、<無逸>等，都在闡述古代先王的政治思想，影響先秦諸子政治思想甚鉅，乃至影響孔子之後二千五百餘年間歷代政治思想。我會在本文中詳細解說。

第三、歷代統治者、政治思想家或文史作家，每談到中國文化道統、正統及思想傳承，無不一致推崇「堯、舜、禹、湯、文、武、周公、孔子…」而及於自身爲止，以表示自己的正統性和合法性。但也顯示孔子之前那些一脈相傳的道統與法統多麼重要！不能略而不談，因爲孔子之前的一千八百年是政治思想的研發期，沒有研發就沒有創造。

民國九十四年二月二十四日，正當作者筆耕至此時，台灣政壇上的「扁宋會」正式登場，會後陳水扁和宋楚瑜發表十點聲明，確認「中華民國是最大公約數」，連日以來陳水扁再出擊，說「正名做不到」，也等於承認「憲法一中」(李登輝、辜寬敏等獨派大老個個吐血氣死)。這幾天陳水扁講的話，是他半生以來唯一的「人話」，由他的嘴巴告訴泛綠那些做夢不醒的人：台獨沒機會，根本零機會。

爲甚麼要講這一段，因爲台獨脫離了「堯舜→孔子→今」的一貫道統。在中國地盤上，凡是偏離了中國的道統（政統、正統、法統）是不可能長存的。大陸共產主義最後走不下去也是相同原因，只好回到傳統中國找出路，走「中國式社會主義」。

思想決定行爲，也投射成政治制度，相信國父孫中山先生、總統蔣中正及蔣經國先生，他們所堅持的也是堯舜以來的中國道統(可看他們的著作)。所以我們講中國政治思想史，要從五帝堯舜開始，而不是以孔子爲起點。

3. 老師解釋中國的道統和正統，好像從古至今是一貫的。那麼，道統和正統應該就是中國政治思想的核心思維了？

可以這麼說，道統是文化傳承，政統是政權轉移，而兩者都是受「正統」的自然法規範，有了正統才合乎「法統」。道統必須「正」，政統也必須「正」，才合乎法統。可見道統和正統在中國歷史都有「憲法」位階的效果，任何思想和行爲若背棄了這個一貫傳承的正統，都很難被長期普遍的接受或支持。

老總統　蔣中正先生多次講演「大學之道」時說：(時在民國 23 年 9 月廬山軍官團、48 年 12 月台北國防研究院、51 年 9 月陽明山、52 年 8 月陽明山再訂正。)

> 我們中國最基本的政治哲學，是孔子繼承堯舜禹湯文武的道統真諦，亦就是我們　總理思想學術的本源，故陽明說：「此格致誠正之說，所以闡堯舜之正傳而為孔氏之心印。」…
>
> 大家都知道中國歷史上自古以來真能有功於國家與造福於民眾的人物，沒有不是深明和實踐大學之道的。堯、舜、禹、湯、文、武、周公、孔子等聖賢固不必說，就是一般英雄豪傑賢相良將之立大業者，也無不由此致力而來的。反之，身敗名裂甚至喪權辱國殘民以逞者，往往亦都要由於不明大學之道所致。

老總統這段話夠清楚了，原來從堯舜以來的中國道統是不能偏離的，不僅是中國政治思想的一貫核心理想，更是千秋萬代中華子民的行爲標準。用現代術語說，這是「普遍民意」，政治人物不敢背棄，凡背棄者於個人終將身敗名裂，成爲歷史的罪人；於國家也終將出現喪權辱國的局面。

可見這個中國道統的凝聚力是非常堅固的，因此歷史上搞「去中國化」、偏安及分離主義，都成不了氣候。近年來台灣因獨派勢力高漲，不斷想用「去中國化」爲手段，脫離中國道統，掌教育的杜正勝不擇手段搞「去中國化」。「扁宋會」的十點聲明及會後陳水扁的談話，等於公開承認「去中國化」的不可能，台獨也等於一條「死路」。就算中國不來「弔民伐罪」，也是一條「文化死巷」。

老總統又多次依《中庸》要旨「天命之謂性，率性之謂道，修道之謂教，道也者，不可須臾離也，可離非道也。」闡揚「道」的傳承其來有自，便是「其見於經，則允執厥中者，堯之所以授舜也。人心惟危，道心惟微，惟精惟一，允執厥中者，舜之所以授禹也。」這是＜朱熹序中庸章＞， 蔣公闡述中國政治思想、哲學便在這一貫道統中，是中國一貫相承的正統政治原理，從齊家、治國到平天下，不可須臾離此道。

此「道」也是中國的春秋大義、歷史正義、仁政思想，都是「堯舜禹…孔子」傳承而來，合成一種「大一統」的正統思想。此道，不可須臾離也，可離非道也。所以，此道亦無模糊空間，不可妥協半步，退半步者，非道也。

從以上對中國道統的了解，中國的政治思想中，政治和倫理道德乃至宗教是合一的，有一個完整的統一思想體系。而西方政治思想，政治和倫理道德是分開的，有時是分裂的或對立的，這是中西政治思想的不同所在。

前面提到不管道統或政統都受「正統」的規範，這個正統就是所謂的「合法性」（Legitimacy），偏離了道統便是非法。但是政統有時落入竊國者、篡位者或偏安者手中，例如燕王篡位成爲明成祖，雖「逆取」而「順守」，他終究不敢偏離道統，可見道統有一貫性，政統則可能中斷。所以，只要道統能持續其一貫性，思想與文化便能得到傳承，投射成制度實踐之，受惠於民，政權在誰的手上也就沒甚麼關係了。（註：意指凡是合乎中國道統、正統和法統，便能長存；反之，便是暫時的，如台獨或分離主義政權，都只能暫時存在。）

4.陳老師也提到中國政治思想的發展，有的學者認為到三民主義的成立以迄於今，就是「成熟時期」，是如此嗎？

首先要詮釋政治思想怎樣才叫成熟？它必須體現成制度、法律及政策，而能被普遍性長期（甚至永久）適用。這裡注意「普遍」和「長期或永久」的限定，只用於少數地區或省是普遍性不足，只適用短期乃至數十年（如共產主義在前蘇聯推行七十餘年）都不夠。

共產主義從一九一七年起在蘇聯推行，到冷戰時期有將近半個地球在瘋狂使用，看似一個成熟的思想與制度。但不久便被丟棄在「歷史的灰燼中」，為甚麼？因為傷害太大了，而且透過不正常的政治運動推行，非人民自願性的成為一種生活模式。

反觀民主政治（Democracy），自法國大革命後開始在各國流行，兩百多年來已成為一個「普世價值」。目前民主政治不僅是政治思想，也是政治制度，更是一種生活方式、價值判斷、道德觀念，以及社會與經濟制度。被如此廣泛使用，民主政治思想已然成熟，還有誰可以質疑？（本書最後有民主政治的論述和批判）

我從「大歷史」（Macro-history）觀看問題（500 年～1000 年），民主政治思想還有很多不成熟的地方，最嚴重的有以下幾點：

第一、民主有各種制度（總統制、內閣制、君主立憲、委員制等），美國、英國、法國、德國及許多國家都行民主政治。但目前被美國以霸權帝國的利益為基礎，狹化成民主就是「美式民主」，以武力強行推銷到回教國家和部落國家，因而帶來許多地區動亂及內亂。

第二、美式民主帶來國家動亂分裂，台灣、美國、菲律賓等國都因總統大選造成內部分裂。全世界搞總統民選的國家，只有美國被認為是成功的，可見各國有自己的傳統，民主政治當成普世價值，被普遍「移植」是不對的，此舉與蘇聯強力推銷共產主義同樣是錯。民主可以「成長」，不能「移植」。

第三、民主解決「量」的問題，沒有解決「質」的問題。例如，100 票對 99 票，通常就決定政策或制度的推行，但「100 票的主張」是否品質最好呢？而那 99 票的是否就是品質不好？問題重重，對立因而產生。

第四、美式民主建立在資本主義基礎上，鼓勵「進化論」式的叢林競爭，個人自由與人慾不斷「極大化」，於是人慾橫流。美國佔全球三十分之一人口，卻消耗掉全球五分之二強的資源。凡是行民主的地方，個人與社會不斷腐敗下去，墮落下去，預料三十年內全世界必起而聲討「美式民主」的罪過。

由以上的詮釋，可知民主政治思想也沒有成熟到多完善的地步，美式民主受到的質疑恐將愈來愈多。從共產主義和民主政治的發展，來檢驗中國政治思想到三民主義的提出與實踐，到底是否成熟？「實踐是檢驗真理的唯一標準」，所以也要從三民主義的實踐情形來做評斷。一九四九年以前的中國確實依三民主義及國父思想原則制定憲法，但未及施行於全國，大陸便告淪陷，此後的半個多世紀，中國大陸從共產主義修正到「中國式社會主義」，三民主義失去驗証的舞台。

而國民黨在台灣五十年雖說實行三民主義，但實際上三民主義很多政策和制度並未施行，倒是把三民主義弄成一種教條。等到台獨執政，早已把三民主義一些很好的理想丟棄，玩起「美式民主」的遊戲。所以，嚴格的說，自一九一二年中華民國建立以來，所謂的「國父思想、三民主義」，我們除了立一部憲法，並沒有機會能夠「普遍、恆久、正常」的驗証三民主義。未經普遍驗証過程的事情，便不能證明到底是「真理」或「假理」，便不可能說是一種成熟的思想。

說中國政治思想到三民主義施行是成熟期，就是逢迎諂媚於統治者，想要得到權力核心關愛的眼神，失去做爲一個知識份子和學術研究者的風格。

中國政治思想自上古走到廿一世紀，目前受到三個潮流（社會主義、三民主義、民主政治等三個思想）激盪，外加兩條黑水溝：美式民主和資本主義的污染，會在何種狀況（內涵）下成熟，讓全體中國子民幸福享用，還尚待持續驗証。

5.老師提到曾有主張中國政治思想，到三民主義是成熟期，那是戒嚴時代的產物吧！現在是開放社會，目前研究中國政治思想的學者觀點又如何？

蕭公權的《中國政治思想史》出版在民國七十四年，那時是威權時代，知識份子獨立判斷的能力和勇氣確實很弱。其實中國歷代都如是，自孔子訂下「學而優則仕」準則後，讀書人讀書的目的就是當官，中國歷史上便極少有獨立判斷的讀書人（知識份子），對統治階層也失去批判及制衡力，殊爲可惜。

目前的開放環境下，研究「中國政治思想」的學者是有比較寬廣的思惟。

孫廣德、朱浤源編著，賀凌虛、盧瑞鍾、黃競新及葉仁昌校閱新《中國政治思想史》。這本書有耳目一新的感覺，其編排內容如下：

第一篇　聯盟天子思想

包含三皇五帝、夏、商、西周（前 771 年止）等各期政治思想。

第二篇　城國君王思想

包含政治的解構與重構，五大學派（儒、墨、道、法和陰陽家）政治思想。

第三篇　皇帝集權思想（初期）

這是大陸城國的大傳統，有秦、漢兩代政治思想，即黃仁宇說的「第一帝國」時期。

第四篇　皇帝集權思想（中期）

這是行國小傳統的衝擊，含魏晉南北朝、隋唐、五代、宋、遼、金、夏，元等時期政治思想。

第五篇　皇帝集權思想（後期）

大陸帝國專制，含明清兩代，即黃仁宇的「第三帝國」（止於 1911 年）。

這本書是我所讀過的「中國政治思想史」及相關著作中，較有新意與現代感的作品。該書大量引用考古學者、地理學者、人類學者、民族學者、法制學者及哲學家的作品，兼顧兩岸及歐美學者的觀點。又並論遼、金、夏等少數民族的政治思想，打破「大漢族主義」思想，合乎「族群平等」觀。但我認爲該書仍存在三個問題：

第一、該書第一篇第一章從「三皇」時代講起，燧人氏、伏羲氏與神農氏，大家皆知這是神話時代，「政府」或「權力」觀念尚未形成。說生活在這時期的人類爲處理紛爭，已有領導統御的活動存在，而這種領導統御的活動就是政治活動。這其實是基於「想像」而做出的「推論」，沒有根據的。就像說古代中國的鞭炮（爆竹）是現在火箭的始祖，也是不切實際。

第二、該書論中國政治思想史，只到 1911 年滿清結束，民國以來的思想論戰，該書以尙無定論及時間太短，故省略不提。我以爲可以略論，但不能全部不提。原因有五，（一）民國以來已有九十多年，秦代僅十餘年，何以論秦代，而不論現在的中華民國及中華人民共和國。（二）民國以來將近百年間，三民主義和共產主義的思想論戰影響鉅大，涉及的人事可能不亞於王安石或商鞅變法。(三)「中國式社會主義」的實驗，極可能改變中國政治發展方向，何能不論？（四）民國以來雖亂如戰國時代，但民初有一段時間是思想上的百花齊放，如戰國的九流十家，應略為論述之。(五）說沒有定論就不寫也有待商榷，思想上的東西本來就沒有定論，一旦有了定論就陷入落伍或教條。儒家在中國發展二千多年，各時期都有新詮解，若「定論」了就是所謂「迂儒」或「腐儒」，這就是牟宗三、熊十力等人倡導「新儒家」的用意，所以思想（含理論）永遠沒有定論。說穿了，思想、理論永遠只是一個暫時的「假設」，也許五十年、百年後又被取代，或被推翻，牛頓、愛因斯坦等人的思想、理論和定律何嘗不是！

第三、該書把黃帝到西周的政治型態解釋成「部落聯盟」，通常這個用詞在學術界是解釋古希臘羅馬的城邦聯合。其主要特徵有四，(一）部落聯盟沒有最高首腦；(二）部落聯盟會議的議事原則是全體一致通過；(三）參加聯盟的各部落保持各自獨立，相互間地位平等；(四）部落聯盟有二權制和三權制特徵。(謝維揚，《中國早期國家》，民 90 年）

研究我國自黃帝到西周時期，在社會型態上雖屬部落社會性質，夏以後人民開始「定居」，有「城邦」型態。但深入研究並未盡合「部落聯盟」的四個特徵。倒是謝維揚的《中國早期國家》用「酋邦」和「早期國家」的概念做分析，最能接近數千年前的真相。

6. 陳老師熬煉新舊各家的中國政治思想，加上自己的新見　解，提出「中國政治思想新詮」，先談談內容上如何編排好嗎？

中國政治思想博大精深，浩瀚如洋，史料如山，時間上下幾千年。所以，首先按思想、制度的變遷，朝代政權轉移的歷史背景，做如下的編排：

第一篇　緒論：拉開「中國政治思想新詮」的序幕。

第二篇　古代酋邦到早期國家形成時期的政治思想

黃帝、唐堯、虞舜、夏禹、殷商到西周（前 771 年止）時期政治思想。

第三篇　春秋戰國：中國政治思想的創發期

主要是春秋戰國時期，以五大學派（儒墨道法及陰陽家）爲主述。

第四篇　第一帝國時期政治思想，包括秦、漢、三國、兩晉到南北朝時期政治思想。

第五篇　第二帝國時期政治思想，包括隋、唐、五代、宋、遼、金、夏、元的政治思想。

第六篇　第三帝國：帝國轉型到衰落時期政治思想，即明、清兩朝。

第七篇　當代中國政治思想：民主政治、三民主義和中國式社會主義。

第八篇　結論：中國政治思想的成熟預測。傳統政治思想經西方民主政治、資本主義、共產主義、社會主義與三民主義，經百年融合、涵化，可能出現的成熟思想預測。

以上是爲研究上的方便所做的階段劃分，至於內涵上，中國政治思想要講些甚麼？民國十二年（1923 年）梁啓超所著《先秦政治思想史》的再版序，提到研究中國政治思想史，必須從四個方向找材料：

第一、學者的著述及言論。

第二、政治家活動的遺跡。

第三、法典及各項制度。

第四、可查証的時代背景、時代意識及當時社會狀況。

梁啓超的四點爲治中國政治思想史的重要指標，我的《中國政治思想新詮》將在這四方面著力。各朝代先略述政治變遷或發展，再論政治思想。

另外我強調「政治思想」和「政治哲學」、「政治理論」是不同的。

「政治理論」是一種經驗性理論，屬實然問題，卻不必然合乎實際，故不一定可以投射成制度執行，有時候「說歸說、做歸做」。

「政治哲學」是一種規範性理論，屬應然問題，亦不必然合乎實際，但有完整的理論體系。

「政治思想」必須是經驗性理論，且合乎實際運作，著重其可行性，可以轉而投射成制度或政策推行，並經施政以福國利民，這是評斷政治思想「好不好、合不合用」的標準。

但是，政治思想也如同政治，諸多領域沒有統一共認的界限或定義，尤其被政治化解釋後，更有諸多灰色地帶。政治思想因而也被稱「政治文學」或「政治意見」。惟總要可行，對人民有利。

例如， 孫中山思想的偉大，在於許多方面可以合於國家、社會及人民的需要，進而可以經由執政者依其思想制定成憲法及法律，頒行全國，國人均蒙其利。如果　國父的思想不能落實成制度法律，表示他脫離實際，只是一種「象牙塔中的理論」，沒有致用價值。在中國政治思想中，我們讀各家之說，免不了要比較各家思想的實用性。

政治思想當然不能脫離「政治」範圍，政治是國家之學，是研究統治者被治者及二者間關係的學問。在中國幾乎可以說是「治國平天下」之學，從古至今在中國地盤上想要治國平天下，就得遵守「中國一貫道統」，偏離了這個道統可以很肯定的說，便不是中國政治思想，而是「異端」，不被普遍接受，也很難存在，大家可以慢慢發現其中的厲害之處。

所以，我講「中國政治思想新詮」，「中國」這個屬性是很重要的，我的新詮要使人發現真正「中國屬性」的中國政治思想，道各家所未道出或道盡者，才是「新詮」。

表 1-1：中國政治思想分期概況說明表解

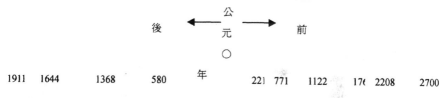

後 ← 公元〇年 → 前

1911　1644　1368　580　年　221　771　1122　176　2208　2700

近現代國家政治思想成熟期	轉型與衰落期（第三帝國）		因襲期（第二帝國）	因襲期（第一帝國）	創發期		萌芽研發期			
中華人民共和國 中華民國 蒙古（註2）	清	明	隋唐五代十國宋遼金夏元	秦漢三國兩晉南北朝（含五胡十六國）	周			商	夏	五帝
					戰國	春秋	西周			
	543 年		788 年	801 年	550 年		萌芽研發期約			

<table>
<tr><td></td><td></td><td></td><td></td><td></td><td>2000 年（註 1）</td></tr>
<tr><td colspan="6">註 1:中華文明的萌芽，依據考古學資料證據，已有幾十萬年光景，這些年代對先民的社會生活已有很多了解。
　　但在政治思想（含政治人物、政治制度、政治行爲或現象等）方面，很難有系統而明確的詮釋。故中國政治思想的萌芽，以從黃帝開始較明確。
註 2:中國政治思想從晚清至民國以來，仍在「中學爲體，西學爲用」或「全盤西化」間擺盪，目前也受到「美式民主」、三民主義、社會主義等衝擊。中國政治思想的主流價值，未來仍受中華民國、中華人民共和國及蒙古國（國會已同意回歸中國）的整合和發展，必然會走到一個「成熟期」。</td></tr>
</table>

第二篇

古代酋邦到早期國家
形成時期的政治思想

輯 2：五帝時代的酋邦部落與德化思想

輯 3：夏、商：中國早期國家的成形

輯 4：西周：中國早期國家體系建構

輯 5：西周：封建、宗法、井田與禮樂制度

輯 2：五帝時代的酋邦部落與德化思想

1. 所謂「五帝」時代，常被認為是「傳說」，也就是不太可靠的時代。那麼，我們如何來說明這個時代的政治思想呢？ 其確定性如何？

一般說的「五帝」是「傳說」，可能是言談時的閒話或未深究使然。就科學研究言，有了證據便不能講「傳說」，這個證據指的是考古學和人類學的出土資料，及古籍的紀錄。

考古和人類學方面，主要是民國以來在中國大陸出土的資料文物等。如（一）民國十年中國地質調查所的瑞典考古學家安特生博士（J. G. Anderson）在河南澠池縣仰韶村的史前遺跡，定命「仰韶文化」。「仰韶型」文化在全國各地發現近百處，直到民國六十五年發現的河西走廊「火燒溝」墓葬群。（二）民國十九年地質調查所的梁思永在黑龍江、熱河一帶，所發現的「細石器文化」，其出土遺址有三處，黑龍江昂昂溪的「龍江文化」、熱河林西的「林西文化」和赤?的「赤?文化」。（三）民國十七年中央研究院吳金鼎在山東龍山鎮發現的新石器文化遺址，定命「龍山文化」，在中原各省到中共據有大陸，都發現許多龍山型的文化遺址。

以上考古調查都發現「五帝」時代許多人類居室、墓葬、器物、兵器、漁獵、農耕等各種物品，證明這是中國父系氏族社會的開端，社會型態屬「部落社會」，政治型態屬「部落聯盟」，這是原始公社解體，到國家產生的過渡時期。

在古籍方面，包含《尙書》、《禮記》、《左傳》、《詩經》、《周易》、《史記》，乃至先秦諸子中，九流十家的作品，都對五帝時代的政治、社會及經濟等活動有很多紀錄。要了解這個時代，先以《史記》爲主述，介紹五個主角人物「五帝」。

按孔安國＜尙書序＞、皇甫謐＜帝王世紀＞、孫氏注＜世紀＞，以少昊、顓頊、高辛、唐堯、虞舜爲五帝；太史公依《世本》、《大戴禮》，以黃帝、顓頊、帝嚳、唐堯、虞舜爲五帝。鄭玄注《中候敕省圖》說，「德合五帝坐星者，稱帝。」又《坤靈圖》也說「德配天地，在正不在私，曰帝。」此處以太史公的五帝說爲準，帝者要在品德和事功上都是完人或聖人的境界。

＜史記・五帝本?第一＞，可以看成是五帝的傳，首先依《史記》略述這五個聖人的生卒。

黃帝者，少典之子，姓公孫，名軒轅。生而神靈，弱而能言，幼而徇齊，長而敦敏，成而聰明。

黃帝二十五子，其得姓者十四人。黃帝居軒轅之丘，而娶於西陵之女，是為嫘祖。

嫘祖為黃帝正妃，生二子，其後皆有天下：其一曰玄囂，是為青陽，青陽降居江水；其二曰昌意，降居若水。昌意娶蜀山氏女，曰昌僕，生高陽，高陽有聖?焉。黃帝崩，葬橋山。其孫昌意之子高陽立，是為帝顓頊也。

帝顓頊高陽者，黃帝之孫而昌意之子。靜淵以有謀，疏通而知事；養材以任地，載時以象天，依鬼神以制義，治氣而教化，絜誠以祭祀。北至於幽陵，南至於交阯，西至於流沙，東至於蟠木。動靜之物，大小之神，日月所照，莫不砥屬。

帝嚳高辛也，黃帝之曾孫。高辛父曰蟜極，蟜極父曰玄囂，玄囂父曰黃帝，自玄囂與蟜極皆不得在位，至高辛即帝位。高辛於顓頊為族子。

帝堯者放勳，其仁如天，其知如神，就之如日，望之如雲，富而不驕，貴而不舒。

?收純衣，彤車乘白馬。能明馴德，以親九族。九族既睦，便章百姓。百姓昭明，合和萬國。

虞舜者名曰重華，重華父曰瞽叟，瞽叟父橋牛，橋牛父句望，句望父敬康，敬康父窮蟬，窮蟬父曰帝顓頊，顓頊父曰昌意。以至舜七世矣。

以上是《史記》的<五帝略傳>，其詳盡的活動容後再述。先認識這五個聖人的出處，進而再講五帝的政治思想和活動，較容易理解並進入本題。五帝年代列表如下：

表 2-1：五帝年代表

姓名	姬軒轅	姬己摯	姬顓頊	姬夋	姬摯	伊祁放勳	姬重華
尊號	黃帝	少昊	玄帝	帝嚳	帝摯	唐堯帝	虞舜帝
年代	前 2698～2598	前 2598～2515	前 2515～2437	前 2437～2367	任職九年被廢	前 2357～2258	前 2255～2208
說明：五帝時代共有七位中國領導人，其中姬己摯未稱帝，姬摯雖稱帝，但在職九年被部落聯盟廢位，故歷史上稱頌者僅五帝。							

2. 剛提五帝時代的社會型態叫部落社會，政治型態叫部落聯　盟，也是一種政治制度，能否概述其內容？

按五帝的年代共有四百九十年（前 2698～2208），此期間另有少昊己摯在位（未稱帝），帝摯姬摯在位九年（被部落聯盟廢）。所以，五帝時代共有七位共主，也是當時的中國元首，而被後世尊爲聖人的就是本文的五帝。此時「部落聯盟」制度的內容，可分述如下：

第一、禪讓制度、「終身制」與例外

五帝時代統治者權力轉移的方法，公認是禪讓制度，就是選擇賢人接位而不傳子，堯傳舜是典型例子。而聯盟首領的任期則是「終身制」，從接大位幹到年老，按《史記集解》，黃帝七十八年，年一百一十一歲；顓頊在位七十八年，年九十八歲；帝嚳在位七十年，年一百零五歲；帝堯在位九十八年，年一百一七歲；舜在位三十九年，（不含攝政），年一百一十歲。

但禪讓制度也有例外，黃帝雖未傳子，卻傳孫高陽氏顓頊，但也是顓頊有德，才被部落聯盟推爲共主。另一個例外，帝嚳崩，子摯立，不善被廢，部落聯盟再推堯，可見帝嚳也未遵守禪讓制度。

第二、無爲而治是政治最高境界

五帝時代的國家元首都崇尚自然，以無爲而治爲政治最高境界。這似乎和現代有一派古典政治理論，認爲「管的最少的政府是最好的政府」相近。<周易・繫辭>曰：

> 黃帝、堯、舜垂衣裳而天下治，盡取諸乾坤。

乾、坤是二卦名。乾者天也，坤者地也。《周易集解》引《九家易》說：「黃帝以上，羽皮革木以禦寒暑，至於黃帝，始製衣裳，垂示天下。衣取象「乾」，居上覆物；裳取象「坤」，在下含物也。」另<說卦>又解「乾爲君、坤爲眾」，乾坤二卦有君臣之象，上君下臣，各居其位，各盡其職，尊卑等級定，天下安而治。爲何可以達到這個境界？因爲五帝開始政治運作的內涵在德與孝，不在權力施加。稱「帝」者，必須「德配天地，在正不在私」，而堯要找傳承大位的人，也要找孝子舜。

君臣百姓都以德以孝自我要求，此在許多古書中均有記載。而這種境界也常被歷代統治者及臣民所崇尚企盼，孔孟以下的中國思想家，言必稱三代的美好是有道理的。

第三、簡單的國家組織型態

如前項「乾坤」二卦所示，君臣觀念已經產生，且上下各定其位。政府組織有以春、夏、秋、冬命名，有以司徒、司空、司馬、司寇等分官設職。

黃帝則以雲命官名，置左右大監，監于萬國，此時的「國」應只是村落。部落聯盟的共主才是中國地盤上的元首。

到了堯舜國家組織分工更細，舜有十二牧（地區首長），設「五州」，?陶就是舜最好的法官。《淮南子》說：「?陶爲大理，天下無虐刑。」同時設有「言官」，喉舌之官也。

君臣階級雖已定位，但君臣不論地位高下，都和百姓一樣共同參與生產勞動。這在《史記》等古籍頗多紀錄，亦可見君臣仍是平等的。

第四、召開重大事務決策會議

五帝時代似有某種形式的議事會議，不定期舉行，應該是部落聯盟的最高權力會議。堯爲求賢任事、傳承大位及解決洪水等，都曾召集會議，<尙書・堯典>經文：

帝曰：疇咨若時登庸？放齊曰：胤子朱啟明。帝曰：吁！嚚訟可乎！帝曰：疇咨若予采？驩兜曰：都！共工，方鳩僝功。帝曰：吁！靜言庸違，象恭滔天。

帝曰：咨！四岳，湯湯洪水方割，蕩蕩懷山襄陵，浩浩滔天，下民其咨，有能俾乂！僉曰：於！鯀哉。帝曰：吁！咈哉！方命圮族。岳曰：异哉！試可乃已，。帝曰：往，欽哉！九載，績用弗成。

這是堯主持防洪治水會議的過程，有人推荐朱啓明，有推荐共工，四岳（四大長老）推荐鯀。但堯對鯀不放心，依四岳的強力推荐，堯兗強同意試用，惟鯀九年治水無功。

關於堯舜時代，是中國一貫道統（堯舜禹…孔子、今天）的開始，接著要多用一些篇章多述堯舜，讓大家了解，堯舜爲何是中國一貫道統的開始。

3. 首先講到堯，有時叫唐堯，他是怎樣的聖王？他又是怎樣　治理國家？成為中國一貫道統的第一聖王？

古書記載堯的事蹟以《尙書》最多，《尙書》是我國古代的「政治學」，到孔子時編輯成書用做教材。所以就用《尙書》來講解堯時代的政治思想和活動。尤其《尙書》中的<堯典>章，歷代都稱「帝王之學，盡在其中」，爲中國樹立了永恆典型的道統，先秦以下各家，凡談治國平天下者，無不以堯舜是稱。

第一、堯的形象和治國途徑

自古以來任何團體的領導人形象可能都很重要，尤其五帝時代此種德治社會型態。《尙書》經文所載堯的形象：

曰若稽古帝堯，曰放勳。欽、明、文、思、安安。允恭克讓，光被四表，格于上下。

此種德澤廣被四海，感動上天下民的至誠，正是孔子所詮釋的「巍巍乎！唯天爲大，唯堯則之；蕩蕩乎！民無能名之；巍巍乎！其有成功也，煥乎其有文章。」（<論語・泰伯>篇）;《中庸》亦說「大德者必得其位。」因爲堯有這種聖德境界，所以他的政治信念從德開始，而過程就是國家統治的途徑：

克明俊德，以親九族，九族既睦，平章百姓，百姓昭明，協和萬邦，黎民於變時雍。

整個政治統治（管理）的過程，都立基於一個「德」字，由近而遠，由己而人，由修身而親民，協和萬邦就是平天下的景象。發展到孔子，成爲儒家所主張最基本的方法論「明德、親民、修身、齊家、治國、平天下」。此種思想影響中國至今，其最初的啓蒙者便是堯聖帝。

第二、效法自然與分官設職

堯按四季「春耕、夏耘、秋收、冬藏」不同工作，這是古代農業社會重要的觀念，也是對大自然的信仰。以下經文中四個官是羲仲、羲叔、和仲及和叔，分別負責春夏秋冬不同任務，先命春官：

分命羲仲，宅嵎夷，曰暘谷。寅賓出日，平秩東作，日中星鳥，以殷仲春，厥民析，鳥獸孳尾。

羲仲是東海嵎夷一帶暘谷地方人士，他負責按天象白天指導人民春耕，晚上教育人民作息。接著命夏官：

申命羲叔，宅南交，平秩南訛，敬致，日永星火，以正仲夏，厥民因，鳥獸希革

夏天熱，羲叔教民解衣耕作，負責測量日影，訂白天最長及夜晚最短之

日爲夏至。接著堯又命秋官：

分命和仲，宅西，曰昧谷，寅餞納日，平秩西成，宵中星虛，以殷仲秋，厥民夷，鳥獸毛毨(ㄒㄧㄢˇ)。

和仲是西土昧谷地方人士，他負責指導人民秋收工作，並訂秋分日。接下來命冬官：

申命和叔，宅朔方，曰幽都，平在朔易，日短星昴，以正仲冬，厥民隩，鳥(ㄋㄧㄠˇ)獸(ㄕㄡˋ)氄(ㄖㄨㄥˇ)毛。

冬官除教育人民冬藏、訂冬至，也教人民如何在室內取火防寒冬。這「四季官」的安排，重要功能是現地考察，並將情形向部落共主報告，用爲製作曆法的依據，可見四季官所做是一種「田野調查研究」工作。

第三、謹慎找尋承接大位的人

堯的晚年要找有大德的人承接大位，他先要讓位給四岳，四岳未受而推荐住在虞的地方一位叫舜的人。堯先「試」舜，給他種種任務考驗，這個過程在中國民間連不識字的老嫗皆知。經文紀錄包括堯以二女嫁舜，觀察「治家」功力。進而「慎徽五典，五典克從」、「納于百揆，百揆時?」、「賓于四門，四門穆穆」。這些包含內政、外交等諸多繁雜事務。

經過考驗全都過關，堯終於宣布「帝位」可以叫舜承接了。沒想到舜也說：帝位可以讓給更賢能的人。但堯還是叫舜先行攝政。

4. 現在政治學說「權力使人腐化，絕對權力使人絕對腐化。」在堯舜身上似乎看不到？舜攝政後有何作為？

因爲這是一個「德化」爲政治思想內涵的時代，位高而不用權力領導的社會。堯先叫舜攝政，代行天子執行重大事務，《尚書》記載：

帝曰：格汝舜，詢事考言，乃言厎(ㄓˇ)可績，三載，汝陟帝位。舜讓于德，弗嗣。

終於堯選良辰吉日，在祖廟中完成舜的攝政大典，舜正式攝行天子事務後，即「觀天象，定軌則」，祭天地山川（此舉在古代甚爲重要，歷代帝王亦不可免。）約有以下三方面的作爲：

第一、巡守天下，修明禮儀

舜先接見四岳，了解政情，重新檢討四方酋長的「五端」（即瑞信之物，類今之官印或官員任命狀。）接下來親自巡守天下，《尚書》說：

歲二月，東巡守，至於岱宗，柴。望秩序山川，肆覲東后，協時、月、正日，同律度量衡。修五禮、五玉、三帛、二生、一死、贄。如五器，卒、乃復。五月，南巡守，至于南岳，如岱禮。八月西巡守，至于西岳，如初。十有一月，朔巡守，至于北岳，如初。歸，格于藝祖，用特。

舜巡守四方的任務包括協調時序，統一法則，修明五禮。並根據考察，規定「五載一巡守，群后四朝，敷奏以言，明試以功，車服以庸。」在外任職的官員也要定時返國述職，嚴格打他的考績。

第二、重劃全國行政區及興水利

按中國自古分九州：冀、兗、青、徐、荊、揚、豫、梁、雍。按《史記馬融注》，「舜以冀州之北廣大，分置并州。燕、齊遼遠，分燕置幽州，分齊爲營州，於是爲十二州也。」每州中擇取大山作爲祭祀的主山，經文說：「肇十有二州，封十有二山，濬州。」在歷代天子「封山」都有重大政治意義，「濬州」就是疏通十二州河川，興修水利以養民，這是農業時代的國家大事。

第三、嚴刑法，天下威服

舜對高官大罪很有辦下去的勇氣，雖「動搖國本也要辦」結果就是天下威服。經上說：

流共工于幽州，放驩兜于崇山，竄三苗于三危，殛鯀于羽山，四罪而天下咸服。

此時舜只是「攝政」，而那四大惡人還是堯所用之臣，舜亦辦得下去（可能得到堯的同意)。孔安國云「殛、竄、放、流，皆誅也。」都是死罪。經二十八年攝政，帝堯崩，又隔三年，各部落酋長共推舜爲天下共主，舜才成爲五帝時代的第五位聖君。

舜正式接帝位後，即「詢于四岳，闢四門，明四目，達四聰。」舜的作爲和現在國家元首就位所做多麼類似，拜訪各界領袖、通四方耳目、廣納賢才、聽取民意。接下來就會有一連串動作，通常是新的人事任命。其中最重要的人事任命是命禹爲百揆，總司百務，「百揆」即今之首相(總理或行政院長)。

中國的文明起源於農業，《論語》上說：「羿善射，奡(ㄠ丶)蕩舟，俱不得其死，然禹、稷躬耕而有天下。」便是說重視農業的領袖才能統有天下，「社稷」乃成爲國家的象徵。社是土也，稷是穀神，強調中國「以農立國」。五帝時代酋邦首領或部落共主，都和人民一樣共耕共食，社稷便是國家。

古稻穀　稻作歷史

在中國大陸湖南省道縣進行水稻起源考古研究的中美聯合考古隊，日前在玉蟾巖遺址發現五粒古稻穀，對解開人類稻作文明起源之謎有很大助益。上世紀九〇年代，玉蟾巖遺址就出土四粒最原始的水稻穀殼，將人類栽培水稻的歷史推進到一萬兩千年前，被認爲是二十世紀中國最重要的一百項考古發現之一。

93.11.30　人間福報

距今五十年前左右江蘇連雲港將軍崖巖畫的稷神崇拜圖，人面與植物相連。

圖 2-1：稷神崇拜圖

5. 舜的時代終於來臨，以前只是攝政，現在是正式天子。對國家的管理，必有更大更多的作為。

是的，舜即天子大位，更能展現他的政治長才，按歷史記載他有以下作爲（原文見《尙書》，不全部抄錄）：

（一）任命十二牧（即十二州長），結果「柔遠能邇、惇德允元、蠻夷率服」。安近柔遠即中國王道精神的淵源，傳數千年而不衰。

（二）命禹爲百揆，總百司務。後來大禹果然不負所望，使聖聖相傳的道統，不斷發揚光大且永垂不朽。

（三）命棄主稷官。「棄」是后稷名，後來周朝的祖先，在當時是農業專家，舜命他當「農業部長」。

（四）命契爲司徒，敬敷五教。「契」是高辛氏之子，任命爲教育部長。「五教」是父子有親、君臣有義、夫婦有別、長幼有序、朋友有信。

（五）命?陶爲刑官，惟明克允。在舜的時代還有外患「蠻夷猾夏」，「猾夏」即入侵中國；有內患「寇賊姦宄」，內外勾結犯罪，?陶就是法務部長，用「五刑」（墨、劓、剕、宮、大辟），天下咸服。可見治國仁德之外，仍須重法，古今皆然，國乃能大治。

（六）命垂掌百工技藝。即《尚書》所稱的「共工」（工業部長），另有殳、斨、伯與，三人是垂的助理。

（七）命益掌山澤。益是林業部長，也有四個助理：朱、虎、熊、羆。

（八）命伯夷典三禮，爲秩宗。三禮是天事、地事及人事之禮，發展到後來成爲禮教，周公制禮源於此。

（九）命夔典樂。配合三禮，給人民禮樂教化，是中國「修齊治平」思想中不可缺的要素。

（十）命龍作納言。喉舌之官也，聽下言納於上，受上言宣於下，必信也。負責上下傳達命令、意見的官，類似現在的發言人。

舜以上的作爲中，除了找到禹這樣未來可以傳承大位的人才外，?陶也是了不起的王佐之才。《尚書》有＜?陶陳謨＞專章，他和舜的許多對話充滿著政治智慧，成爲後世數千年中國政治思想豐富的內涵。舉其部分闡揚之：

（一）施政方針以民心爲依歸

這恐怕是古今中外所有政權面臨的相同問題，只看誰做得到，?陶向舜這樣建言：

天聰明，自我民聰明，天明畏，自我民明畏。達于上下，敬哉有土。

如果這段話要解釋成「民主」是有點距離，但解釋成「民本、民心」就很契合。施政以民心爲依歸，領導階層的視聽來自人民的視聽，上下是通達的，政策就能得到支持，政治才能安定。這也是我國歷代明君賢相遵循「天視自我民視，天聽自我民聽」，其一貫道統的源頭在這裡。事實上中國的「仁政、民本」思想，就是「中國的民主政治思想」，晚清以來學者說不是，錯也。

（二）政治從修德安民做起

當然舜也知道天子首先從修德開始，不過其具體步驟呢？君臣間討論著安民之策：

禹曰：俞，如何？?陶曰：都！愼厥身修，思永。惇敘九族，庶明勵翼，邇可遠，在茲。禹拜昌言曰：俞。

皐陶之意，修身才是長久之道，而且天子修身不是暫時，是「日新其德」，不斷精進才能可大可久。舜大加拜服，他們繼續討論：

皐陶曰：都！在知人，在安民。禹曰：咸若時，惟帝其難之。知人則哲，能官人。安民則惠，黎民懷之。

這段話講安民關鍵在知人和用人，因其涉及愛不愛民的問題。以上是禹和?陶的對話，帝舜是聽眾，下面舜也要發問：

帝曰：來，禹，汝亦昌言。禹拜曰：都！帝，予何言？予思日孜孜。?陶曰：吁！如何？禹曰：洪水滔天，浩浩懷山襄陵，下民昏墊。予決九州…

堯、舜、禹和皐陶等聖君賢人等，觀其一切作爲無不爲民，甚至君臣閒談也離不開民生疾苦。他們不愧是中國政治思想中民本思想最早的啓蒙人。這種民本思想不斷擴充，到春秋以後，發展成儒家的仁政思想。此後兩千多年，中國任何朝代政權，凡是偏離仁政太遠，便不被人民接受，包括現在的兩岸，制度縱有不同，但偏離「民本、仁政」思維，這種政府遲早被人民唾棄。故本書認爲，「民本、仁政」是中國的民主政治，晚清以來思想家以爲不是，是對中國政治思想乃至文化，認識不夠清楚使然也。

所謂的「民主政治」，在中國只是一套「骨架、架構」，或者制度安排，而其內涵、精神，則必須是「民本、仁政」，才能廣被中華子民接受。

6. 陳老師把舜的政治理念講得很清楚了，現在請針對舜和整個五帝時代的政治思想做個小結。

舜是五帝時代最後一位部落共主，其國有「方五千里，至于荒服」，四海之內咸戴帝舜之功，天下明德皆自虞帝始。但他也要禪讓給大禹，《史記》詳述過程：

舜年二十以孝聞，年三十堯舉之，年五十攝行天子之事，年五十八帝崩，年六十一代堯踐帝位。踐帝位三十九年，南巡守，崩于蒼梧之野…三年喪畢，禹亦乃讓舜子，如舜讓堯子。諸侯歸之，然後禹踐天子位。

原來大禹本要讓位給舜的兒子叫商均，但商均不肖，諸侯仍推禹爲部落共主。他開啓中國第一個王朝，這是下輯的內容。先對五帝時代小結如下：

（一）「德」是政治思想全部內涵

此即所謂「德化原理」，實際包含教化和王化二個層次。孝是一種德，君臣和諧也是德。能否爲君、爲臣、爲平民百姓，都在一個德字。部落共主的品德更要求到完美的境界，上表五帝時代有七位共主。但一個被廢，一個未能稱「帝」。帝者德配天地，在正不在私（《史記》），故能稱「帝」便已出凡超聖，而成爲聖王。此種大業之完成，絲毫不靠政治操作，所以也看不到權力的痕跡。

（二）天子依然位高權重

前面說大位取之以德，不靠權力運作，天子依然位高權重。因爲堯舜仍然親自任命百官，在古經文用「命」字，表示天子的命令很「嚴重」。而流共工、殛鯀等，都是國家重大案件，辦下去亦未動搖領導基礎，只是這應該是一種「功能」或責任。

（三）部落聯盟會議是最高權力機關

做如此的「假設」是五帝時代有一帝被廢，一共主未稱帝。依理推論，帝摯不可能把自己廢了，少昊應該也想稱帝。總有一個最後的決定者，部落聯盟既然可以推出共主，應也有權決定帝位、廢位或封帝。

（四）無爲而治是政治活動的常態

有了德化的內涵，才能無爲而治，蓋人人以修身爲己任，故統治者能無爲而治。這和權力管理是兩極，有了權力必有作爲（操作），無爲者便不能成事了。但也只有五帝時代可以無爲而治，越往後越須要使用權力，環境日愈複雜使然。孔子說：「無爲而治者，其舜也與？夫何爲哉，恭己正南面而已矣。」（<論語・衛靈公>篇）。舜學堯，堯學黃帝，黃帝總是「垂衣裳而治」。

（五）按人類學家研究，不論東方或西方，四千多年前都屬部落社會型態，此時社會結構及人際關係都還十分單純，私有觀念尚不明顯。我國五帝時代，兩性仍在「群婚制」階段，父系社會的初期。在政治領導上，因權力觀念也還淡薄。雖然國家組織已有簡單的結構化，君臣之間已有了約束力，但內涵和形式都在一個「德」字。所以說這是一個德化的理想世界，以後就沒有了。

（六） 五帝時代另一個社會發展的重要階段，是母系氏族的末期，正在轉換到父系氏族的開端。換言之，族群團體的維繫仍有賴血緣關係，這也是後世禮制、宗法的源頭。《史記》載黃帝二十五子，其得姓者十四人，十二姓（有姬、酉、祁、己、滕、葴、任、荀、僖、姞、儇、衣），如顓頊、帝嚳都是黃帝子孫，到堯舜的分封也多依血緣關係的遠近。《史記》曰：

> 自黃帝至、舜、禹，皆同姓而異其國號，以章明德。故黃帝為有熊，帝顓頊為高陽，帝嚳為高辛，帝堯為陶唐，帝舜為有虞，帝禹為夏后而別氏，姓姒氏，契為商，姓子氏。弃為周，姓姬氏。

如此發展到現在，我們才稱「黃帝子孫」。顯然這條萬古一系的「命脈」也成爲中國另一個以血緣爲基礎的「一貫道統」。所以中國的道統有文化道統，也有血緣上的道統。從這裡也可以解釋目前台灣這些台獨基本教義派自稱「不是中國人」，是自陷困境而不能自拔，自入死巷而無可救藥。因爲他們背棄祖宗八代，更推翻千年萬代祖先。明明是流著炎黃的血，活生生的中國人，而死硬說自己不是中國人，自困自己於死結中，如何能活下去？這叫「自作孽，不可活」也！

綜合五帝時代的政治思想、活動、運作及秩序，不出德、禮、刑、政四大範疇，而以德爲核心內涵，禮爲資源分配（分封）的依據，刑爲手段，政（君臣）爲架構。惟此期的德禮刑政尚未形成完整的系統（System），只是一種概念（Concept）或觀念（Idea），完整的系統尚待一千多年的發展。

輯 3：夏、商：中國早期國家的成形

1. 夏朝是我國歷史的第一個王朝，幾千年來，不管西方世界或是我們自稱，都常用「夏」或「華夏」。但夏朝的存在也曾受到質疑是不是？

民國九十三年間有一則新聞，是台北的中央社發的通訊。中國大陸的考古人員在河南平頂山蒲城店遺址挖出二十座夏代早期排房基址和兩座古城，其中一座是龍山文化時期的遺址。武漢大學考古學系副教授陳官濤表示，遺址墓葬文物豐富，涵蓋二里頭文化時期到明清墓葬，這是相當罕見且珍貴的遺址。

新發現龍山文化古城位於遺址的東部，東西長一百二十六公尺，南北長一百二十八公尺。考古學家認爲新發現的古城對研究夏代早期的居住形式、村落格局、家庭結構、社會組織及政治活動等，均有重大價值。尤其對夏朝的証實和華夏文明的源流，貢獻最大。

爲何要講這段新聞？因爲從民國十五年起，考古學家便在山西夏縣、汾河、河南二里頭、登封、告成、嵩山等處發現「夏文化」遺址，時間在民國二十、四十八到五十三年、六十三到六十八年及最近，數十年來均未終止的考古研究。目前學術界對夏朝的政經或典章文物，已經有明顯的輪廓。

就是不談這些地下出土的「物証」，《史記》卷二即是「夏本紀」，也等於是一部夏朝簡史。外加考古實証，乃基於科學研究「無徵不信」的原因。惟《史記》僅稱自禹到桀爲十七君十四世，禹即位和夏國祚年代尚有不同說法，(如表)。所幸這種年代不同的說法，是古代史可以接受的誤差，不能動搖夏王朝的存在。

表 2-2：禹即位和夏國祚表

禹即位	前 2183 年	甲骨文推斷、董作賓、嚴一萍「年代世系表」	民國 43 年教育部審定
	前 1994 年	朱石曾「竹書紀年」	
	前 2205 年	邵雍「皇極經世」	「辭源採用」
夏國祚	432 年	董作賓「年曆總譜」、「年代世系表」	
	471 年	宋・裴駰「汲冢紀」	

	432 年	華歆「三統曆」	

夏禹名文命，舜封爲夏伯，在豫州外方之南，（今河南陽翟），賜姓姒，國號「夏」，建都安邑（禹有二都，先在河南登封，後遷河北安邑，均在前面考古遺跡內。）但夏代共有八個都城，大多集中在今山西南部和河南所謂的「中原之地」，這塊黃河以南及今河南洛陽東邊，古來稱「夏墟」。「夏」字的象形文「」，說文解字註即「中國人也。」，而住在中國境內的各民族即「諸夏」。

夏爲何會成爲中國第一個王朝？關鍵在國家組織是否完成？而國家組織的完成又賴農業社會是否形成？追其源頭又在大禹治水一事，這是因果關係。

回溯五帝時代仍是「行國」文化，是游牧到農業的過渡，人民無須長期定居一處，故無須建立較具結構化的國家組織。

大禹治水成功，又疏通九州河道，無形中大大有利於農田水利。從古籍紀錄就知道禹治水成功後，由棄的協助展開全面農莊建設，中國的農業社會型態在夏朝正式形成。務農需要定居，又因地大物博農民多，推動管理方法的進步，中央也需要更多的權利，中央集權國家便也在夏朝誕生。

有政府、有組織、有權力，人民又開始「定居」，於是國家有了正式的版圖。近代史學家梁任公說：「夏以後始有國史」，這也要歸功於夏代開始，人民開始「定居種田」的重要。夏成爲中國第一個朝代，因此，我們也常說「華夏子民」也。

圖 2-2：二里頭陶文圖

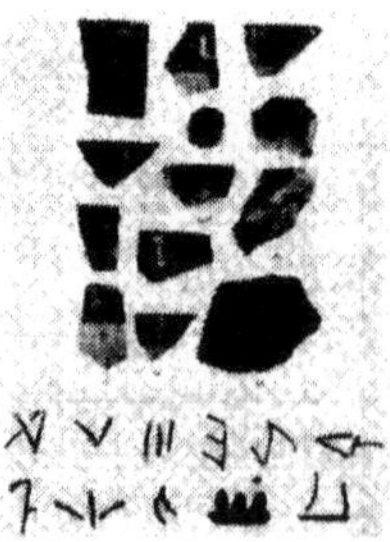

圖片來源：張元，歷史（上），頁 15

圖 2-3：商王武丁賓刻辭

圖片來源：張元，歷史（上），頁 11

2. 夏禹既然建立中國歷史的第一個王朝，那麼不管大禹或夏代，在政治上必定有輝煌的事功吧！

大禹對中國最大的貢獻，除了他建立中國第一個王朝，政治、經濟與國家規模，從他開始定型化、制度化，已比堯舜時代更爲徹底。分述如下：

（一）全國行政區劃分九州

這是依據他治水十三年，全國走透透所做的行政調查的劃分，可把九州與現代地理位置列表。

九州	冀	兗	青	徐	揚	荆	豫	梁	雍
約今地區	山西南部	河北南部	山東	蘇北、皖北	皖南、蘇南	豫南、湖北	河南	陝南	陝西

這項劃分成爲以後中國版圖的基礎，又區分全國爲五服（王畿爲中心，王畿四周五百里爲甸服，再五百里外爲侯服，再五百里外爲綏服，再五百里外爲要服，再五百里外爲荒服。）構成一個以王京爲核心，向四周擴散的同心空間概念，圖解如下：

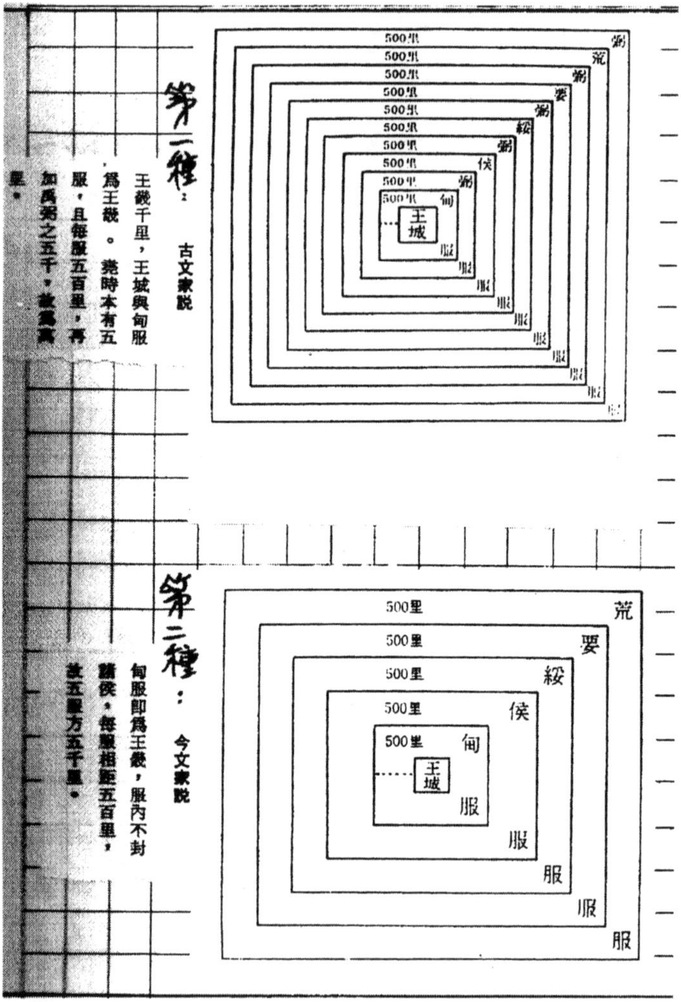

圖 2-4：大禹時代的兩種「王城」和「甸服」圖

以上九州和五服雖都是空間概念，但前者是行政上的統治，後者是宣示中國統治天下的政治概念。在政治統治的過程中，「地」的控制和「人」的控制是同時進行的，所以同時間大禹也完成國家組織的佈局。依文獻看可分三部分進行。

（二） 國家組織的基本架構

這三部份國家組織有（一）中央文官爲三正，牧正管農牧，庖正管糧食，車正管交通。（二）中央武官有六卿，應是六支軍隊的領導人。（三）爲九州牧（州長）。這是一個小型政府，根據研究共有一百二十名官員，（孫廣德等，《中國政治思想史》，民 93），有些學者認爲這可能只是很鬆散的統治關係，夏朝可能也沒有能力統治這麼大的領土。我用証據証明這是錯誤的看法，《史記》卷二<夏本紀>：

於是九州攸同，四奧既居，九山?旅，九川滌原，九澤既陂，四海會同。六府甚脩，眾土交正，致慎財賦，咸則三壤成賦。中國賜土姓，「祇台德先，不距朕行」。

這段經文講九州之田都依等級收稅納貢，<尙書・禹貢>篇用「貢」字，就是指大一統的控制程度。《史記集解》鄭玄曰：「中即九州也。天子建其國，諸侯祚之土，賜之姓，命之氏，其敬悅天子之德既先，又不距違我天子政教所行。」顯見統治基礎很穩固，否則各部落酋長如何肯接受天子「賜姓、命氏」？

（三） 部落共主即天下共主（天子）

從禹貢五服的觀念解析，部落共主就是天下共主，即天子之意，相當於中國的政治領導人。而且中國地盤上的最高統治者也只能有一人，這應該是大一統思想的萌芽。《尙書》有一段經文：

禹曰：俞哉，帝！光天之下，至於海隅蒼生，萬邦黎獻，共惟帝臣。惟帝時舉，敷納以言，明庶以功，車服以庸。誰敢不讓？敢不敬應？帝不是，敷同日奏，罔功。

這段話說普天之下，莫非王臣，他們都希望任帝舉用，以求不負天子教化陶成之德意。此乃統治基礎穩固才有的表現，但是大禹對古代中國的貢獻，不止於政治，經濟發展方面更能展現他的長才。

3. 一般我們只知道大禹治水，至其詳細則極少人知道，更別提大禹如何搞經濟建設！

當時是一個純農業社會，大禹所進行的經濟建設，包含現在的農田水利、田賦、資源物產及國土的總調查。區分以下說明：

（一）田賦土貢物產調查

按土壤肥瘠訂田賦等級，做爲租稅依據，調查全國物產。九州調查情形如表，此在《尚書》、《史記》均有記載。

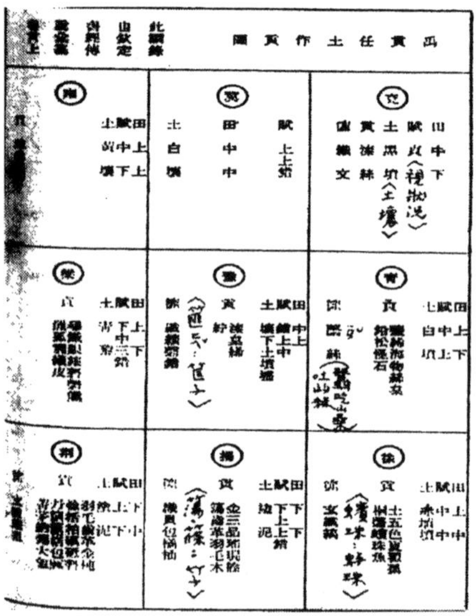

圖 2-5：禹貢任土作貢圖

九州的物產要貢到帝都，也規劃一定的路線，或陸地或水路，或二者合用。能對農田水利做如此徹底規劃者，大禹是中國古代第一人。這在政治上的意義也表示，統治的有效性，才能動員如此龐大的人力物力進行大建設。

（二） 全國的山、水、澤調查

1.調查九州共四十四座最主要的大山，紀錄其大小、位置、沿革，及其水的關係（是否為江河發源地）。

2.調查九州的江、河、水，共四十五條，記錄其起始、流經、交流、終點，及其可用於農田水利的規劃。

3.調查九州內的十個重要湖泊，記錄其位置、大小與其他山水的關係。

關於「禹貢九州」的歷史價值，粱任公在＜記夏殷王業＞篇認為，禹貢所紀疆域，純以高山大川，標明地望，為古代地理的精華。且使國人知河山之美，又知夫山脈水絡，互相聯屬，中國這塊國土的完整性天成，統一觀念油然而生也。此＜尚書・禹貢＞所以可尊也。

孟子在＜藤文公＞章也說，禹疏九河，瀹濟漯而注諸海，?汝漢，排淮泗，而注之江，然後中國可得而食也。

帝禹東巡守，至於會稽而崩，諸侯推他的兒子啓為共主，啓遂即天子之位，是為夏帝啓。夏朝傳到最後一代夏桀而亡，《史記》曰：

帝發崩，子帝履癸立，是為桀。帝桀之時，自孔甲以來而諸侯多畔夏，桀不務德而武傷百姓，百姓弗堪。迺召湯而囚之夏臺，已而釋之。湯修德，諸侯皆歸湯，湯遂率兵以伐夏桀。桀走鳴條，遂放而死。桀謂人曰：「吾悔不遂殺湯於夏臺，使至此。」湯乃踐天子之位，代夏朝天下。湯封夏之後，至周封於杞也。

這是夏桀最後失德被湯所領導的各部落推翻，引發中國歷史第一次革命「商湯革命」，即湯放桀。對中國政治思想最大的影響是確立革命的合法性，以後凡是暴君（非法統治、不仁、竊國等），人民即可起而用武力推翻統治者，孟子付予此種合法性說「聞誅一夫，未聞弒君也。」講商代政治思想再詳述，對大禹和夏朝做幾點小結：

第一、九州和五服區劃的有效，增強了政治控制力，中央王室更加穩定，進一步走向封建帝國。夏禹後開始傳子稱王，統治者的產生由共推或禪讓的部落聯盟，演變成君主世襲，國家組織得以形成較具體的結構。

第二、重視農業、經濟及農田水利的結果，夏人製訂以農序為基準的曆法，史稱「夏曆」，即我們現在還在使用的「農曆」。尤其治理黃河、疏通九州河道、全國山水及國土調查，訂賦稅等級，都影響中國幾千年。

第三、對中國統一思想的啓蒙應是夏朝對中國最大的貢獻。其一爲中國開始有固定的版圖，「中國」概念才易於深化。其二「禹鑄九鼎」，鑄鼎象物，象徵國家，是中國開始有國家象徵物（如今之國旗）。其三「禹貢」九州的山水建設，表示九州一體，中國是一個完整的生活空間，不可分裂（因山水是合一的）。其四因「人、地、物」都環繞著中國概念，故「夏」字解即「中國人也」。

另外，夏朝史實中的幾個史例，如「寒浞篡夏、少康中興、孔甲亂夏、夏桀亡國」，都是講中國政治思想中，幾千年來常用的教材，其政治意義與詮釋永遠如新。

4. 接下來是商代的政治思想，也常稱商為「殷商」，是我國第二個王朝，但「殷墟」出土似乎是不久前的事。

許多史書都記載商朝的事，所以商的存在自古以來就沒有疑問。司馬遷太史公書卷三就是＜殷本紀＞，對商的源流在＜索隱＞中說，契始封商，其後裔盤庚遷殷，殷在鄴南，遂爲天下號。契是殷家始祖，故言殷契，「括地志」云，相州安陽本盤庚所都，即北蒙殷墟。另《竹書紀年》曰，盤庚自奄遷于北蒙，曰殷墟，南去鄴四十里。

這個「殷墟」就是現在的河南安陽縣小屯村一帶地方。它埋在地下三千七百多年，它的重現天日則從近代甲骨文出土說起，這是不久前－清末民初的往事。

清光緒年間，有農民從田間撿取龜甲獸骨，當成中藥賣。光緒廿五年，北京王懿榮發現龜甲獸骨上有契刻篆文，開始大量收購，接著古董商開始搶購。到光緒廿九年驚動民間的學術研究者，到民國十七年止，民間挖掘有八萬多片甲骨。重要的收藏研究專家有劉鶚（《老殘遊記》作者）、王國維、羅振玉、葉玉森等，安陽小屯紛紛有各路人馬?集，這段時間稱前期發掘。

民國十七年冬，中央研究院組成「殷墟發掘團」，主持人有李濟、董作賓、梁思永、郭寶鈞、石璋如等，至二十六年中日戰爭前，十年間有十五次大發掘。數十年來對殷墟的研究，有重大收穫，包括認識商代文字、人物、地域、時間、社會、政治、經濟等。最值得一提，甲骨文史料和＜史記・殷本紀＞對照，大都相符合，提高我們對古書記載的信心。關於殷墟發掘的經過，可參考中研院許多保存完整的文獻史料。

殷墟即無疑，回到夏朝末年最後一個帝王夏桀，他昏庸無道，自以爲是人民的太陽，但民間流傳兩句話：「時日曷喪，予及汝皆亡！」老百姓卻願意同太陽同歸於盡！這時候商湯是最大的諸侯，他領導諸侯討伐夏桀，這是中國歷史上的第一次革命，商湯也就是第一個政治革命者。在中國幾千年政治思想中，「商湯革命」成爲第一個「典範」，其革命過程就有重大意義，甚至是一種思想指標。商湯率諸侯大軍與夏桀軍戰於鳴條（山西安邑或淮河之南），作＜湯誓＞（見《尙書》）舉其重點：

有夏多罪，天命殛之。今爾有?，汝曰：「我后不恤我?，舍我穡事而割正夏。」予惟聞汝?言，夏氏有罪，予畏上帝，不敢不正。今汝其曰：「夏罪其如台？」夏王率遏?力，率割夏邑。有?率怠弗協，曰：「時日曷喪，予及汝皆亡。」

這也是中國歷史上的第一篇革命宣言，文中指出夏桀不顧人民死活，課徵重稅，剝削無度，湯伐桀只是替天行道，救人民於水火之中。以後中國歷代的革命者，乃至九流十家的思想，常引「商湯革命」爲史例，可見其影響之大。可以這麼說，現在人民有革命的權力，源自商湯建立第一個「典範」。

關於商朝的國家型態，有學者認爲是封建王國（陳致平，《中國通史》，一冊，民 75 年），有認爲是原始城邦聯盟（孫廣德等，《中國政治思想史》），有認爲是早期國家的典型（謝維揚，《中國早期國家》）。到底中國在商朝是怎樣的國家，除現存古籍外，甲骨文和殷墟出土，可以相互參証，做更精確的詮釋和分析。

以下從商王朝的中央與各地方關係、組織、制度、宗教信仰和政治觀念，窺知政治思想之概況。

5. 先從統治階層的角色或地位，再及於中央和地方的關係，或許可以了解我國第二個王朝的國家組織型態。

第二個王朝是第一個王朝（夏）的延續，故其組織已明顯的結構化。可以從王權概念、中央與地方的組織、雙方關係等多方面分析。另外從較宏觀看整個朝代的興衰起落，則可以看出權力和制度的運作，投射在政局的情形，知政治安定與否！

（一）五盛五衰六遷都

商朝從商湯建國（前 1751 年）到商紂亡國（前 1122 年），共 650 年（另說 640 年）。商人從夏代爲諸侯自契到湯，共十四世，八次遷都，顯示這是不穩定的發展時期，建國到亡國的六百多年間，可用「五盛五衰六遷都」概括其政局。

五盛五衰者，湯一盛，太甲一衰；太甲復國二盛，雍己二衰；太戊中興三盛，仲丁三衰；外壬四盛，河亶甲四衰；祖乙五盛，陽甲五衰。

六遷都是亳（安徽亳縣）、囂（河南滎陽敖山）、相（河南內黃）、邢（河南武陟）、庇（山東魚臺）、奄（山東曲阜）。最後盤庚遷到殷（河南安陽小屯村，殷墟也。）從此政局安定，《史記》曰：

盤庚乃告諭諸侯大臣曰：昔高后成湯…行湯之政，然後百姓由寧，殷道復興，諸侯來朝，以其遵成湯之德也。

這是盤庚遷都後的情形，因行「湯之政」，故政局穩定，諸侯來朝。也表示此時王權得以伸張，以鞏固殷商在諸部落中的領導地位。

（二）從統治者的稱謂解析王權思想

從甲骨文、卜辭、《禮記》、《尚書》等統計，商代的統治者有「王」、「帝」、「禘」、「天子」、「朕」和「余一人」等各種稱謂，而且甚爲普遍的使用。如《史記》「從先王居，作帝誥。」《禮記》有「凡自稱，天子曰余一人。」

研究這些稱謂，只在商朝的歷任統治者（含對已故先王稱呼）使用，其他諸侯、方國則未有稱王稱帝者。表示這種稱謂確實是「余一人」的天下唯一，是王權思想已很堅定的証據。

爲何只有商王可以稱帝或天子，其他諸侯不能？應該也顯示中央與地方已經建立制度，且必須遵守制度以各自「正名」，君歸君，臣歸臣，各有本分和職責。「王」即是天下之唯一，則有「王位繼承法」，商朝的王位是兄終弟及，無弟然後傳子。殷王立天子，限於嫡長子，王的嫡后只有一人，餘有婦妃數十人。

（三）中央與地方的組織和關係

商代的政府組織已開始複雜化，按《曲禮》鄭注，天子建天官有「六太」（太宰、太宗、太史、太祝、太士、太卜）、「五官」（司徒、司馬、司空、司士、司寇）、「六府」（司土、司木、司水、司草、司器、司貨）、「六工」（土工、金工、石工、木工、獸工、草工）。

<尚書·酒誥>也說：「越在外服，侯、甸、男、衛、邦伯；越在內服，百僚、庶尹、惟亞、惟服。」這個「內服、外服」，學者的解釋都認爲是中央與地方的相對稱謂，另外商王已有龐大的常備兵，以百、千、萬爲單位，故《尚書》中有「百夫長、千夫長」的官職，部隊以「師」爲最大編制。商王除有軍隊外，也有權臨時徵兵，可見商王權力很大。歸納商王的職權有：1.商王有權在中央及各地方進行生產活動。2.可在諸侯的國內田獵。3.有權徵兵並發動戰爭。4.有權巡游諸侯。5.舉行占卜和祭祀。

相對於中央，商王朝的地方諸侯有兩方面的義務，其一是諸侯爲王室戍邊防衛，戰時還要提供兵力，按文獻史料看，商王對這類活動常用「令、命、伐、征、比」，顯示商王有很大主導權。其二是諸侯向王室貢納各種物品，包含奴隸、人牲、牛馬及卜龜等。

從商王朝的中央與地方關係說，王室和地方並非「國與國」關係，而是明顯的中央與地方的關係，權力不僅開始複雜也開始集中。但商朝的政治思想已不止是權力，也包含濃厚的德治和「鬼治主義」思想。

6. 古代國家的神鬼思想原本濃厚，但說商朝是「鬼治主義」的政治思想，是否太嚴重了？

「殷人尚鬼」是我國史學家早有的定論，故現代學者常說商朝是「鬼治主義」之政治思想。按人類政治思想的進化，原本是依神權、君權到民權的順序發展而來，此中外皆然。但爲何只說商朝是鬼治主義呢？所謂「鬼治」，包含尚鬼、尊天、敬祖、事神、天命等內涵，綜合解如下：

（一）尊天事神與天命觀

殷人的「帝」，原是指天上的「上帝」，上帝是至高無上的神。殷王不論作甚麼都要「問神」，《禮記》有「殷人尊神，率民以事神。」記錄。<尙書・湯誓>曰：「有夏多罪，天命殛之。夏氏有罪，予畏上帝，不敢不正。」連革命的法源依據也推給上帝，從卜辭記載看，殷人認爲上帝統治著大自然的一切，包括風、火、水、雹及各種人類的活動，因此，上帝（天、神）有幾乎無限大的力量。而這種力量對「政治」必然產生直接影響力，殷王或整個王朝有任何政治活動，當然要問「上帝」的意見，勿論如何執行或不執行，都必要合乎上帝的意見，形成一種「天命觀」。

（二）尊天敬祖陰陽兩界總管

殷人的尊天思想發展到中晚期後，有上帝和祖先合一的現象，至少祖先的權威和上帝的權威相當接近。殷王活爲人王，死亦爲鬼王。在<尙書・盤庚>有一段文字：

卜稽曰其如台？先王有服，恪謹天命，茲猶不常寧。不常厥邑，于今五邦。今不承于古，罔知天之斷命，矧曰其克從先王之烈。若顛木之有蘖，天其永我命于茲新邑，紹復先王之大業，底綏四方…古我先王暨乃祖之父，胥及逸勤，予敢動用非罰？世選爾勞，予不掩爾善。茲予大享于先王，爾祖其從與享之，作福作災，予亦不敢動用非德。

上文前段大意，先王的政治制度若不遵從，不保天之將絕其命。後段說祖先神靈明察，你們爲惡時祖先降災，爲善祖先便降福。這是盤庚對臣民的講話，從《史記》和《尙書》中都看見許多此類記錄，殷王做的許多事都說是「天命」或「先祖的」指示，似乎可以解釋「人王」和「鬼王」其實是合一的，就是殷王「余一人」，天上地下唯一的王。

（三）從殷墟看殷人的陰陽兩界觀

殷墟的發掘，幾乎使整個商朝「回到人間」，包括有十個帝王大墓、四百多墓穴、近五百穴窖、幾十版築基地、十多萬片甲骨、許多玉器銅器及人獸殉葬遺骸等。石璋如先生的發掘記錄有一段描寫：（陳致平，《中國

通史》，一冊，197 頁）

宗廟造成時，在南邊中部正門兩旁，埋著兩個女子，對面相向跪著。正門之外，中間和兩旁分列跪著三個衛兵，手中執戈，面向南方。再南，與中間衛士有相當距離的地方，埋著面北跪著的一人，右手執戈，左手執盾。再遠一點，有六個坑，分別埋著牛羊犬，左右又各跪一人，這大概是伺候祭祀的人和祭祀的犧牲。

這段話可以解釋殷人的生活信仰 其一是殷人非常迷信風水；其二再次証明殷人的生死兩界是相通的，即「前世、今生、來世」的一貫性；其三故生前如何生活，有怎樣的地位，死後都得照辦：其四當時四很「流行」殉葬，把此種行爲當成忠貞志節，出土的殷墟大墓殉葬者有多達千餘人。其實觀諸中外許多民族的早期發展，也有尊天尚鬼神的風氣。但殷人更重視天神和地祇，這種對天地祖先的崇拜一直影響到周、秦以後幾千年的封禪五祀。未知現在清明節祭祖和中樞春秋祭典，及民間無數廟會活動是否源於此？

《左傳》云「國之大事爲祀與戎」，商朝更甚。箕子之洪範將天子、卿士、庶人、卜、筮五個單位組成一組，國有大事，由五單位的多數決爲之，龜筮竟也有決定權，可見神權在當時之發達流行。《禮記》云「大史大祝大士大卜，典司六典。」其中的「史、祝、卜」三者，都是神職人員。

綜合商代的政治思想，應該說是「政治、德治、鬼治」三著的合一。王位繼承或君臣關係雖有既定的規範，也需要用道德和宗教信仰支持其合法性，若無後二者支持，王位即可能不保。這也可以詮釋殷人的政治、道德、宗教是合一的，這何嘗不是中國思想的特色。幾千年發展下來，現在中國人崇尚天人合一、陰陽合一、主客合一、國家統一，故曰：「成於一而敗於二三也。」

輯4：西周：中國早期國家體系建構

1. 我們講中國一貫道統的聖賢時，西周就有文王、武王和周公三位，周朝又是中國歷史上國祚最長的朝代，周族人是怎樣興起的？

周朝從武王即位元年（前1122年）到秦統一天下（前221年），共有901年。若只算到幽王涅死於驪山（前771年），則西周有351年。建立周朝近千年基業的人物，除文王、武王、周公外，還有一位姜太公是不能忽略的。

正當殷商族人所建立的王朝日趨腐敗，權力日愈集中，正在加速惡性循環的速度（指權力集中和政治腐敗）。黃河上流渭水一帶，興起一個新的小國家，這就是周族人所建立的「周」。根據＜史記・周本紀＞說，「周后稷，名?，其母有邰氏女，曰姜原，帝嚳元妃。后稷卒，子不窋立。不窋卒，子鞠立。鞠卒，子公劉立。公劉卒，子慶節立。」才定居於豳（今陝西邠縣附近）。這時開始周人安居樂業，慢慢壯大起來，《詩經》中的＜豳風＞有七月、東山、鴟鴞等篇章，都是頌揚這個時代。

慶節之後又傳了九代到古公亶父，是一個很得民心的國主，但面臨戎狄的入侵，古公亶父不忍戰爭流血，告戒國人「何處不可立國！」乃率族人遷到岐山下（陝西岐山）。沒想到新田園土地肥沃竟比故鄉還好，後來人民如此的歌頌（見＜詩經・緜毛傳＞）

古公亶父，來朝走馬。率西水滸，至於岐下。爰及姜女，聿來胥宇。周原膴膴，堇荼如飴。爰始爰謀，爰契我龜。曰止曰時，築室于茲。

用龜占卜才定居，也可見當時神權思想還很發達。從古公亶父傳到西伯昌，一連三代都是仁德聖君，西伯昌便是周文王，他會成爲中國一貫道統的第五位（堯、舜、禹、湯、文），並非他有甚麼豐功偉業，而在他的領導風格和「平民思想」，他的仁德風範使他成爲了不起的政治領袖。梁啓超說過研究中國政治思想史，政治家活動遺跡和時代背景不能錯過，因此，應追述文王事跡，才更了解他的思想。

文王建造一座大園囿叫靈臺（類似後代帝王的私人花園），他開放給百姓也可以進去釣魚打獵，時稱與民同樂，＜詩經・靈臺＞篇歌頌此事。可見

「平民思想」不論時空，都是政治思想中的珍寶，最多人歡迎的思想。建造靈臺時，工人挖掘出一副人骨，工人說「無主的枯骨別管它。」文王得知此事說：「我乃一國之主，我是生民的主人，也是死人的主人，怎說無主呢？」命人將枯骨重新安葬。事情傳遍各方，大家都說：「西伯真是賢君，他澤及枯骨，何況活人！」這又是一種愛民思想，同樣是把握了中國政治思想的精髓。

後來周公攝政，就用文王這種仁民愛物的精神教育成王及周族子孫。＜詩經・文王＞篇：

文王在上，於，昭于天！周雖舊邦，其命維新。有周不顯，帝命不時！文王陟降，在帝左右。亹(ㄨㄟˇ)亹(ㄨㄟˇ)文王，聞(ㄨㄣˋ)不已。陳錫哉周，侯文王孫子…儀刑文王，萬邦作孚。

文王也就成為周朝歷任帝王的典範，其實中國古代的神權思想到周朝也開始轉變，在周公的許多作品中都指明，為政之道在仁德愛民，便合乎天命，若不合仁德正義就會失去民心，同時失去天命。這種思想到孔孟時代有更系統性的論述，更傾向為政以人民為主體。

文王對周朝另一大貢獻，是他「三顧茅廬，為國舉才」的精神，在他找到的人才中以渭水之濱的呂尚最了不起。呂尚的先祖封於姜，故又叫姜尚，文王稱贊說「正是我祖父太公所想望的人！」，所以周文王又尊稱呂尚為「太公望」，後世又叫「姜太公」。

西伯昌因德被諸侯，天下九州竟有六州成了西伯的「支持者」，紂王大為驚恐，便把西伯幽禁起來，但西伯始終臣事商紂王，又得以釋放。後來孔子頌曰「三分天下其有二，以服事殷，周之德可謂至德也矣！」

周王文有十子（長子考早死，次為發、鮮、旦、度、振鐸、武、處、封、載），發是後來的西伯發，周武王。四子旦是周公旦，或稱周公。

文王死，西伯發即位，時當商紂五十三年（前１１２２年），歷史以此年為周王朝開始，西伯發以太公望為師，兄弟周公等人輔政，開始規劃中國歷史上第二個政治革命－武王伐紂。

<u>2. 武王伐紂一事在中國歷史上的意義如何？為甚麼他會是中國一貫道統的</u>

典範之一？

中國一貫道統有很多層次的意義，例如，從代表人物看，便是堯、舜、禹、湯、文王、武王等；從文化層面探索之，就是中華文化的傳承；也可以從政權轉移來看，歷朝歷代的政權不斷更替，施政理念縱有天壤之別，卻不能脫離中國的屬性；以上諸層次若有過多偏離，便發生最後一項結果，失去民心，天命不保，被推翻取代了。

武王會成爲中國道統的傳承者，便是在以上的核心內涵中，化爲具體的實踐行動。約爲三方面的事功，其一爲領導諸侯推翻一個已失去民心的「非法政權」商紂王；其二因他的仁德獲得天命與民心建立周朝，他成爲周朝國家的第一位領導人；其三也是關鍵因素，武王用周公和姜太公的才華，建立了完備的國家制度，包括中央與地方、封建、宗法、井田與禮樂等，這才是奠定周朝國祚近千年的大業。

根據歷史記載，武王伐紂是在商紂王六十四年（前１１１１年），早在十年前（武王即位時），便以姜太公爲師，規劃伐紂事宜，軍事戰略和謀略均出自太公之手，歸納伐紂大戰略有以下各項：

（一）收買紂王左右重臣，分化敵營並獲取情報，同時放出假情報誤敵。
（二）結納「親周」的朝野人士，以增強我方力量，削弱敵方力量。
（三）離間商王朝的忠臣，使其不獲紂王信任，再進而結納歸我用。
（四）結好天下諸侯，散佈武王仁德以取民心；宣傳紂王暴政以離民心。

以上大謀略均見於太公兵法＜六韜＞中，姜太公因而成爲中國兵法的老祖宗。西元前１１１１年元月三日，武王率諸侯聯軍四萬五千人沿渭水循黃河，向孟津（河南孟津）前進，渡孟津後武王有一篇誓師演講叫＜泰誓＞，大意說：

紂王有臣億萬，惟億萬心；予有臣三千惟一心。紂有億兆夷人，離心離德；予有良臣十人，同心同德。

到二月四日，武王聯軍進抵商都南郊牧野，紂王發兵七十萬應戰，史稱「牧野之戰」。戰前武王作＜牧誓＞說明爲何而戰，亦激勵軍隊士氣：

紂王暴虐無道，殘害子民，又聽信婦言，牝雞司晨，使家道衰敗。殺害忠良，不顧人民死活，這是違背天意的行為，我西伯發只好代天行罰，聯軍兄弟們，讓我們一起來替天行道，維護人間的正義。

以上是一個大意，牧野之戰結束商王朝，天命移到周朝。由武王君臣建立合乎民心所望的政權。可惜武王在伐紂後不久病故（有說五年），病中他交代周公五件事要完成，周朝的建國基礎才能堅穩。就＜史記・周本紀＞所載，尋繹其義如次：

（一）「天不饗殷，自發未生於今六十年，麋鹿在牧，蜚鴻滿野；天不饗殷，乃今有成。」意指近六十年來，商不能解決農牧病蟲害，才有機會滅商紂。

（二）周遠懸西方，對中原不易控制，必須在中原心臟的伊洛地區建立基地，以各宗親封國構成東方防線，確保中原控制權。

（三）「我南望三塗，北望嶽鄙，顧詹有河。」意指必須鞏固中原周邊地區各國防戰略要城，才能使周朝長治久安。

（四）「悉求夫惡，貶從殷王受」、「歸馬於華山之陽，放牛於桃林之野。」意謂建國不久，少數地區（商族）還有叛亂，須先平亂才能完成上述部署。

（五）「偃干戈，振兵釋旅，示天下不復用也。」意謂完成國防部署後，應昭告天下追求和平，建立文治使國家長治久安，周朝的統治才算完成。

綜觀武王的弘規，用現在的術語叫「國家戰略思維」。原來西邊的渭河平原是周族人興起的根據地，稱爲「宗周」，東方河洛地帶稱「成周」。東西方連成一氣，即渭、涇、河、洛千里之域，都包括在王畿之內，就完成了國家戰略規劃。

再有一套合適的政治制度，周朝變成爲中國早期國家的「典型期」，周公建立了一套在當時幾乎是「完美」的國家制度，才使周朝垂統八百多年。最大的功臣便是周公，他是從五帝以來經過夏商兩朝，一千五百餘年間，中國古代政治思想和制度的集大成者。

3. 國家最重要的還是因應時代需求，建立可長可久的制度，眾所皆知，周朝的制度是周公一手創建，現在談談周朝國家制度概況！

周朝近九百年間，政治制度定有所不同。此處以西周建國初期爲準，主要分中央與地方、封建、宗法、井田與禮樂等項。這些制度在西周時期並無多大改變，到春秋戰國時期也只是逐漸崩解。同時，神權思想的內涵到西周也有轉變。本輯先講中央、地方和神權，餘下輯再述。

周主稱「天子」，上天施給他土地與人民，因此他是一切政治、經濟和宗教上的領袖，周武王是第一位天子。到成王時期經周公細心擘劃，整個中國進入封建社會，其中央政府組織甚爲龐大。據杜佑《通典》統計有二千六百四十三人。把重要的可簡約圖解如次。

天子之下有顧問，所謂「三公坐而論道，三孤爲之副。」六卿才是正式負責政務的六個部會，天官是百官之首（首席閣員兼內閣總理，周公就是。），地官掌教育，春官掌邦禮，夏官掌軍政，秋官掌刑法，多官掌工程建設。其下層組織都是相對應的職務，中央組織如此，各地方諸侯王國也比照建制，不過是具體而微。若包括中央及天下各諸侯在內，則公職人員有六萬一千多人。

如何管理如此龐大的公職人員，周朝訂有「公職人員考核昇等法規」，計有八法、考成、考核標準、官位職等，也可以列一個表如次。
也有學者依《周禮》等古籍，研究西周早期的中央組織如圖（謝維揚，《中國早期國家》）。「卿士寮」爲最高行政機構，掌軍事、內政、司法。「太史寮」掌冊命、制祿、圖籍、紀錄歷史、祭祀、占卜、禮制、時令、天文、曆法、農耕等。「宰」和「公族」是獨立單位，管王族事務。到了西周晚期，兩寮總理曾由同一人?任（毛公、番生），可見制度架構雖未變，但權力則常有轉移，此與統治者個人喜好可能有關。

表 2-3：周朝中央政府組織表

周天子

↓

榮譽職（顧問）			
三公：	太師	太傅	太保
三孤：	太傅	少傅	少保

↓

	六卿（正職）	六屬（副職）	職員
天官：	大冢宰	小宰	內府、外府、宮正、宮伯、宮人、大府。
地官：	大司徒	小司徒	鄉師、鄉老、族師
春官：	大宗伯	小宗伯	肆師、太卜、太祝、太史
夏官：	大司馬	小司馬	軍司馬、輿司馬、行司馬
秋官：	大司寇	小司寇	士師、鄉士、司民、司利
冬官：	大司空	小司空	玉人、陶人、梓人、匠人、輪人、輈人、築氏、冶氏

表 2-4：周朝公職人員考核昇等法規\

八法	官屬、官職、官聯、官常、官成、官法、官刑、官計
考核時間	日：「成」 月：「要」 年：「會」 三年：「大計」
考核標準	七計：計善、計廉、計能、計數、計正、計法、計辨
官位職等	九命：一命受職、二命受服、三命受位、四命受器、五命賜則、六命賜官、七命賜國、八命作牧、九命作伯

在地方區劃上，仍自夏商相緣而來的九州，周亦劃分職方九州，這是地理區劃。其政治區劃，則中央爲王畿，地方則爲諸侯封國，王畿千里之內劃分都、縣、稍、甸、郊和王城，郊又有分六卿，甸分六遂。各地方官職責有六：

（一） 校比：考核生產、治安等。

（二） 布憲：傳達中央法令。

（三） 教育：鄉有庠，州有序。

（四） 互助：守望相助等。

（五） 作民：民力動員。

（六） 徵賦：稅收等。

另值一提的是，周代軍制與地方制度是結合的，天子六軍，諸侯大國三軍，次國二軍，小國一軍，每軍是一萬二千五百人，這些是常備兵。役政採徵兵制，平時農人耕田，戰時舉國皆兵。

綜上所述，周朝的官僚機構比於商朝，更專化和形式化，分工也更細密。

其各級政府組織針對國家在政治、經濟、宗教、軍事及政府等，已有很清晰的劃分。作爲中國早期國家，周朝的政治官僚體系達到最發達的型態。

4. 中央與地方組織就像人體的骨架，只見形式未見內涵。如何解說西周時期政治思想的內涵？

制度、組織已經是政治思想的實踐，所以也在形式上「標示」出政治思想的大綱。當然還須要有它的精隨內涵，就像是人的思想或觀念。西周政治思想的內涵，可用敬天、誠德、保民安民、治國、王天下等五個概念規範，這些思想主要保留在《尚書》、《周易》等古籍之中，本文據以分析。

首先談到敬天思想，這是先民（東西方皆然）很重要的宗教信仰，是政治思想重要內涵之一。「天」只是一個概括的詞，其延伸語意有上帝、神鬼、先祖或天命等意義，其信仰也常和政治合法性（Legitimacy），作用和「德」頗多神似。商代的神權思想很發達，周亦不遑多讓，只是已開始產生質變。若商代稱「絕對神權思想」，則到西周可稱「相對神權思想」。殷商時天命不可變，但商紂失道，天命給了周，故周人有「經驗教訓」，知天命是可變的，改變天命的動力來自「人道」而非「天道」。在＜尚書・金縢＞清楚的看見這個轉變。

武王滅殷而有天下，不幸隔兩年生了一場大病，當時天下未定，法典制度尚待建立，周公深恐武王萬一不測，國家社稷將隨之動盪，周公深刻感受到這是嚴重的國家安全危機。在無計可施情況下，周公決心向列祖列宗祈禱，願意以己身代替武王去死。他擬好祝禱辭，築了太王、王季、文王三座神壇，做完法事後將祝禱文藏在「金縢櫃」中。當時成王對周公尚未十分信任，後因準備穆卜決疑，打開金縢櫃，赫然發現周公願意代武王死的祈禱文，成王感動的泣不成聲。以下擇要解釋這篇祈禱文，經文曰：

史乃冊祝曰：「惟爾元孫某，遘厲虐疾；若爾三王，是有丕子之責於天，以旦代某之身。予仁若考，能多材多藝，能事鬼神；乃元孫不若旦多材多藝，不能事鬼神。

乃命于帝庭，敷佑四方，用能定爾子孫于下地；四方之民，罔不祇畏。嗚呼！無墜天之降寶命，我先王亦永有依歸。

今我即命于元龜，爾之許我，我其以璧與珪，歸俟爾命：爾不許我，我乃屏璧與珪。

這段經文講周公自稱仁厚孝順，適合到天上去侍奉三位先王，而武王因是天下共主，適合留在人間安定子民。「璧與珪」都是祭祀用品，周公幾乎是「威脅」三位先王，若不答應代死，就不奉獻璧與珪給先王。經文又曰：

乃卜三龜，一習吉。啟籥見書，乃並是吉。公曰：體，王其罔害，予小子新命于三王，惟永是圖，茲攸俟，能念予一人。

意思說經三次卜都是吉利，武王將會轉危為安，感謝先王成全周公代死。以上是周公祈禱願為武王代死的過程，自成一段。但武王還是在伐紂後兩年死了，以下是武王喪、成王立、周公攝政、東征等事，史官記錄，與上段合為一篇。經文又曰：

秋，大熟，未獲。天大雷電以風，禾盡偃，大木斯拔，邦人大恐。王與大夫盡弁，以啟金縢之書，乃得周公自以為功，代武王之說。二公及王，乃問諸史與百執事。對曰：

「信。噫！公命，我勿敢言。」王執書以泣曰：「其勿穆卜。昔公勤勞王家，惟予沖人弗及知；今天動威，以彰周公之德，惟朕小子其新逆，我國家禮亦宜之。」

成王終於知道了真相，說出「不需要占卜」的話，是因成王無德沒有發現周公的忠誠至德，上天才要發威。當周公東征歸來，成王親自到郊野迎接，天氣變好，天道又回到常態：

王出郊，天乃雨，反風，禾則盡起。二公命邦人，凡大木所偃，盡起而築之，歲 則大熟。

這段話是全篇結尾，意思說成王回復至誠無疑時，天道就變好，荒年變豐年。所謂「誠者天之道也，誠則明矣，不誠無物。」＜金縢＞篇除彰顯周公忠誠至德外，也重新詮釋商代的「絕對天命觀」，認為決定天命的還是人，而不是天。<詩經・先王>篇說「侯服于周，天命靡常」，正是西周神權思想的重要轉變。

表 2-5：周朝的官僚體系表解

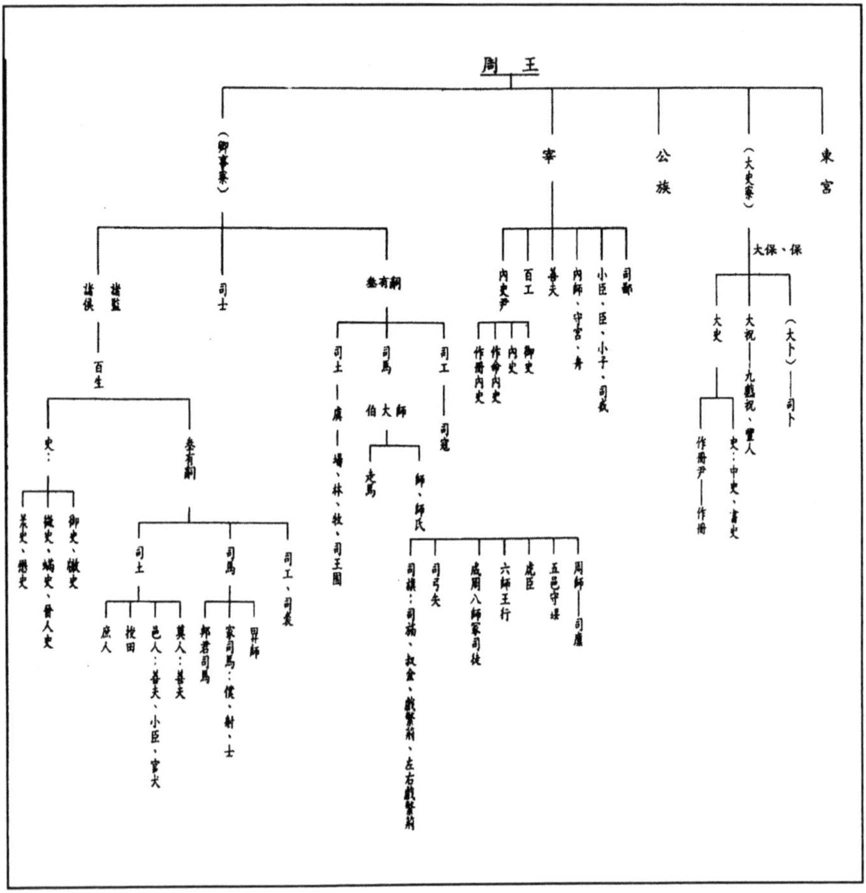

5. 周公確實了不起，他並非帝王，卻是帝王之師，周成王可說是周公一手教育長大，周公教成王是何種治國思想？

周公是設計周朝國家制度最重要的人，他的政治思想自然不能忽視。周公的政治思想可用「無逸」二字涵蓋，周公認爲無逸乃治國之大本，＜無逸＞篇收錄在《尙書》中。武王死後，成王年幼即位，周公攝政並教育成王長大，七年後才還政給成王。「無逸」就是周公用來教育成王的「教材」，經史官記錄下來。

「無逸」二字，「無」字在《尙書》作「毋」，《史記》作「無」，《漢書》作「亡」，共有三種寫法。「逸」字也有佚、劮、泆等，共有四種寫法。全篇用「嗚呼」發端，因成王年幼，爲感動其心志，使他銘記在心。現在依全篇大意分解如下。（用周公對成王講話的語氣）

（一）從政謙卑，戒懼無逸最得民心

嗚呼！君子所其無逸。先知稼穡之艱難，乃逸；則知小人之依。相小人，厥父母勤勞稼穡，厥子乃不知稼穡之艱難，乃逸，乃諺既誕。否則侮厥父母曰；「昔之人，！無聞知！」

當官從政啊！千萬要謙卑，不能逸樂而怠政，不可淫逸放縱啊！知民生疾苦才得民心。要不然啊！你看那無知的小孩，放縱玩樂不體念父母所苦，到頭來還怪父母「老古董，沒知識！」這就完了！故知人民稼穡之艱難，才能愛民惠民，無逸乃真逸樂。

（二）惠民保民享國祚，放縱易失位

其在祖甲，不義惟王，舊為小人。作其即位，爰知小人之依；能保惠于庶民，不敢侮鰥眾。肆祖甲之享國，三十有三年。自時厥後，立王生則逸；生則逸，不知稼穡之艱難，不聞小人之勞，惟耽樂之從。自時厥後，亦罔或克壽：或十年，或七八年，或五六年，或四三年。

祖甲就是切實了解民生疾苦，知道農民的辛勞，所以施政能針對人民的需要，改善人民的實質生活，故能長治久安，享國三十多年。但是，祖甲以後的國王，因從小長在深宮中，不知民間疾苦，只知一味放縱淫樂，在位都不久，多則十年，少則三、四年。身爲國家重要領導人千萬注意，無逸方可致壽，耽樂縱欲足以亡身。

（三）敬天、安民、養民就是仁政

嗚呼！厥亦惟我周太王、王季，克自抑畏。文王卑服，即康功田功。徽柔懿恭，懷保小民，惠鮮鰥寡。自朝至于日中昃，不遑暇食，用咸和萬民。文王不敢盤於遊田，庶邦惟正之供。文王受命惟中身，其享國五十年。

自從我大周太王、王季，都能謙卑從政，敬畏天命，體恤人民的勞苦，嘉惠鰥寡孤獨者，這便是仁政。文王在位時，從不敢放縱自己，每日領導各諸侯，努力打拼，故能在位五十年。所以，從政的人，每天都要把安民養民的事放在心上，每日反省改進，政通人和就能長治久安。

（四）大權在握時，放縱會誤國誤民

嗚呼！繼自今嗣王，則其無淫于觀、于逸、于遊、于田，以萬民為正之供。無皇曰：

「今日耽樂。」乃非民攸訓，非天攸若，時人丕則有愆。無若殷王之迷亂，酗于酒德哉！

未來是國家的領導人，萬不可貪享歌台舞榭，不可只顧打獵逸樂，以爲大權在握，放縱一下有甚麼關係。要知道，商紂王就是亂用權力，自大狂妄，不顧人民死活，終究要垮台，這是血淋淋的例子，這是逆天又誤國誤民的行爲。

（五） 敬天安民也要包容批評議論

嗚呼！自殷王中宗，及高宗，及祖甲，及我周文王，茲四人迪哲。厥或告之曰：

「小人怨汝詈汝。」則皇自敬德。厥愆，曰：「朕之愆，允若時。」不啻不敢含怒。此厥不聽，人乃或譸張為幻。曰：「小人怨汝詈汝。」則信之。則若時，不永念厥辟，不寬綽厥心；亂罰無罪，殺無辜，怨有同，是叢于厥身。

從商王中宗、高宗、到祖甲，以及我大周文王，四位明君聽到有人批評施政，他們都會包容反省。從政的人如果不能像這樣放寬心胸，就會看不到施政的對或錯，可能造成亂殺無辜，也可能忠良死於非命，天下民怨凝聚起來，最後可能失去政權。

以上是史官記錄周公教育周成王的教材，成爲＜尚書．無逸＞篇，周公認爲無逸乃治國之大本，故無逸也可以看成周公的政治思想，似乎非常「單純」，並不複雜，沒有權力刻痕，更沒有權謀操作。按無逸的內涵歸納周公政治思想，有以下幾點：

第一、 從政要謙卑，知民生疾苦。

第二、 保民養民，以民爲本。

第三、 從政的人不能放縱逸樂。

第四、 包容批評、體恤批評的人。

第五、 不能敬天修德，也將失天命。

經過了幾千年，「無逸」思想依然有現代意義。一個恣心放逸生活的人，必然會過於浪蕩、隨便，因而權力大者缺誠，功勞高者缺義，放逸多者缺勤，信用寡者缺德。故從政之人，須要「無逸」修養工夫更甚。

周公的政治思想就這麼簡「易」，人人都可以懂，也可以身體力行，再更簡化成八個字「敬天、修德、勤政、愛民」。簡單的道理，卻已傳承了中國的一貫道統，在周朝所流行的一部古籍《易經》也流行此種簡單的思想，故稱「易」經。愈是能成爲「真理」者，愈是簡單；而愈是複雜者，愈是難成真理，政治也是一樣。所以，要講西周時代的政治思想，不能不談《易經》這本書。

思想簡易、單純、無暇，忠藎，爲周朝建立完備的制度（封建、井田、宗法和禮樂），是周公在中國歷史上及一貫道統中，永恆不倒的地位。下輯將專講周公建立的這套政治制度。

圖 2-6：周文王及其子圖像。周文王之后太姒，生有十子，長子伯邑考，次子武王發，三子管叔鮮，四子周公旦，漢畫像石中，將管叔鮮換成周公旦，因管蔡之亂的緣故。

（圖片來源：張元，歷史（上冊），84 年教育部公布，高級中學，頁一九）

6. 《周易》確實是一本了不起的書，哲學、科學、命理，乃至目前的電腦，都在這本書有解釋的空間。它應該也隱涵周朝時代的政治思想嗎？

《周易》這本書不僅隱涵周朝時期的政治思想，也影響中國文化、政治、哲學等各個領域的之思想，被視爲中國歷代「群經之母」。舉凡帝王將相、政治學家，乃至春秋以降九流十家之學，《周易》都是一本必讀的教本。

《周易》又叫《易經》，或簡稱《易》，它最初的源流應在五帝之前。＜周易．繫辭下＞說：

> 古者包犧氏之王天下，仰則觀象於天，俯則觀法於地，觀鳥獸之文，與地之宜，近取諸身，遠取諸物，於是始作八卦…神農氏沒，黃帝、堯、舜

氏作。

傳統可靠的說法，伏羲（即包犧氏）畫八卦，周文王將八卦兩兩相重，演繹成六十四卦。綜合歷史上的研究，五帝時代的「易」只有圖形的流傳，到夏、商、周才有文字記述，夏易叫「連山」，商易叫「歸藏」，可惜都已失傳，只有「周易」流傳下來，所以周易實爲「國之重寶」。而周易的形成是商末到西周初期（即文王、武王和周公的時代），文王等聖哲遂編成卦形體完整、卦爻辭句富形象性的「周易」，到孔子又加入「易傳」，正是流傳至今的《易經》。

關於《周易》的詮釋運用，自漢至宋代有所謂的兩派六宗，近人南懷瑾擴充爲「兩派十宗」，兩派爲道家易學和儒家易學，十宗是占卜、災祥、讖緯、老莊、儒理、史事、醫藥、丹道、堪輿、星相等。近世以來自然科學發達、人們紛紛用易學思想和方法來詮釋數學、電腦、物理、軍事等學科，則不知幾派幾宗了。因此，本書不再詳述易學的基本入門知識及政治思想以外的領域，直接進入本題，採取《周易》中治國平天下的政治道理。

（一） 國家元首對易理的運用

《易經》即爲歷代國家統治者必讀及運用之寶典，取一最近的實例。民國五十七年十月卅一日，國防部頒總統最近重要訓示闡釋專書《易理與策略運用》一書，該書首先闡揚先總統　蔣公的易學素養及策略運用，申明兵學是儒學的精華，而儒學則以《易經》爲群經之首。強調蔣公訓示「蓄養節宣，慎固安重，立不敗之地，策必勝之謀，存戒懼之心，行冒險之實。」乃源自《易經》思想。再者，總統又以《中庸》要旨闡明易理，擴大到戰略、戰術的運用。

蔣公說「易」實例有三層用心，其上宣示《易經》和《中庸》兩書的一貫道統思想，其中乃治國平天下的政治之學，其下則爲政治?爭致勝之學。

（二） 謀取國家統治大位之學

初九，潛龍勿用。九二，見龍在田，利見大人。九三，君子中日乾乾，夕惕若，厲?咎。九四，或躍在淵，?咎。九五，飛龍在天，利見大人。上九，亢龍有悔。用九，見群龍?首，吉。(＜周易・上經＞)

這段經文講的是謀取國家統治大位及守住大位的過程（方法），用白話文可解如下：

初爻需養精蓄銳，不可有所作為。開始有進展，有機會見到高官。
要發憤自強，過程要小心謹慎。到高潮前的蓄勢待發，準備騰躍。
終於取得九五之尊，天下歸我用。到了最高點還亂衝，將盛極而衰。
又到了群龍無首，好機會來了。

這裡講到取得大位之後，應知守位，但如何守位呢？＜繫辭下傳＞曰：「天地之大德生，聖人之大寶曰位，何以守位？曰仁。何以聚人，曰財。理財正辭、禁民爲非曰義。」大位即大寶物，雖最值得爭，但得取大位而不行仁政，終究要失位，因爲仁政是中國政治思想的核心思維。對人民而言，所謂「仁政」就是要經濟生活越來越好，如此而已，也意味著鞏固政權的方法就是「拼經濟」，而且要越來越好，絕不可越來越差。

（三） 治平之道只在善用自然變化

飛龍在天，上治也；亢龍有悔，窮之災也；乾元用九，天下治也…時乘六龍，以御天也。

這段經文講大位在握，是治理天下最好的機會；若衝過了頭，也會遭致災難。若能善用變化之道，天下就能太平，而能駕馭潛、顯、惕、躍、飛和亢這六龍變化，更是治國平天下的不二法門。所以，乘勢變化是《易經》的政治大道理，＜繫辭下傳＞曰：

「易」窮則變，變則通，通則久，是以「自天祐之，吉?不利。」黃帝、堯、舜　　垂衣裳而天下治，蓋取諸乾坤。

原來統治者無爲，而天下能大治，只是乾坤兩種力量的變化運用。乾卦象天，是陽剛、堅固及貞正之德；坤卦象地，是陰柔、順勢和輔助之德。乾坤二力交互變化，變則通，通則變，通則久，《周易》的英文名「The Book of Changes」，即「變化之書」，亦可幫助讀者對《周易》的名義理解。政治上不能求新求變，必僵化而亡，有舉之不盡的史例。

（四） 天下大業盡在《易》中

子曰：夫《易》何為者也？夫《易》開物成務，冒天下之道，如斯而已者也。是故聖人以通天下之志，以定天下之業，以斷天下之疑…是故《易》有太極，是生兩儀，兩儀生四象，四象生八卦，八卦定吉凶，吉凶生大業。

可見強弱吉凶都是相對的，沒有必然的輸贏，端看如何趨吉避凶，成就任何偉大的事業，不過這一點道理而已。

《周易》流行於五帝時代，成文於商末周初，由文王所作，周公繫辭。所以，《周易》也代表西周時代的政治思想應無疑義，上承五帝時代道統，下化春秋儒道思想之中，在中國以後的數千年道統中「長生不老」。

輯 5：西周： 封建、宗法、井田與禮樂制度

1. 陳老師，中國早期國家體系的建立，為甚麼到西周時期才算完備？封建制度形成的背景是甚麼？

制度是「長成」的，不是「移植」的，這是很重要的觀念。西周時期的國家制度，是由封建、宗法、井田與禮樂制度，配合中央與地方制度，構成一個非常完備的體系。有了這套體系，整個國家系統便可以「自動化運作」，統治者才能垂衣裳而治（無爲而治）。其中的宗法、井田與禮樂制度，用現在的觀念看也許有政治意義，卻非政治思想或制度範圍。但三千多年前的西周，則是不折不扣建構國家制度與統治必要的制度。

因爲制度是長成的，所以封建等制度也不是西周建國時「發明」的，應該上承前代，是「研究」加「發明」的成果。早在商朝的甲骨文有伯、侯、子、男等，都是封建的官位，商王以兄終弟及傳位，但配合封建已有宗法制度，兄弟中有子承位爲大宗，無子承位爲小宗。周朝的封建宗法制度，其原則承商代而來，並加以充實成完備的體系，以合乎當時社會的客觀環境所需要。也就是封建制度（宗法、井田和禮樂爲輔助）的形成背景。

（一） 少數統治的必要

當時周人雖克商，但周族人口相對於商族，則近乎「絕對少數」之對比。按武王伐紂雙方兵力比，周族可動員者含四方支持諸侯不到五萬人，商紂王則有七十萬兵力。以人口數爲戰?人員的三倍（李業農、孫廣德、朱浤源等推估），周族總人口約十五萬人，商族總人口約二百八十餘萬人。

以少數統治多數，分封成爲必要措施，當時周就仿效商的封爵方式，以公、侯、伯、子、男分封各諸侯，既封周人，也封商族人。這種封建也是居於政治和軍事上的需要。

（二） 居於「酬庸」和穩定政局

武王滅紂建立周朝後，面臨兩個迫切的政治問題，一個是如何結束舊政權與統治，使其不再發生紛亂；一個是如何建立新政權與統治，而

兩者都是爲穩定政局及建立新秩序。這部分有多種分封，第一對原來商族人地區採「港人治港」的方式，封紂之子武庚（一名祿父）於殷，奉其宗祀並治其民。按當時的規矩，王朝政權可以更替，宗祀不能滅絕，維持這種「習慣法」可以收攬人心。第二是對周族人的分封，有「酬庸」之意，另有監督各封建諸侯的政治意義。如封武王弟鮮於管（今河南鄭縣），封弟度於蔡（河南上蔡），是爲就近駐在殷都附近，監視武庚，防其叛變。另外，許多原來周族貴族、武士或平民，凡跟隨武王出征打拼者，也都分封以提高政治地位。<詩經・文王>篇曰：「文王孫子，本支百世。凡周之士，不顯亦世。」顯示周族人受封頗多。

第三種分封是對先聖有?的帝王之後，如封神農之後於焦，封黃帝之後於祝，帝堯之後於薊，舜之後於陳，禹之後於杞。第四種是外戚，如申、齊、呂、許諸國都是，其他如有功的少數民族亦得封國。以上分封，都爲鞏固統治，安定政局。

（三）殷周之際也等於是一次民族大融合，夏、商時期以氏族爲基礎的血緣聚落狀態已告結束，各封國之內形成相當程度的雜居。爲有效統治，乃把整個社會（國家、社會、家庭、個人），透過封建、宗法等制度，使其階級化（政治化），各有定位，以利國家系統的運作。

實際上這套封建宗法制度，在唐堯、虞舜、夏禹時代已行之有年，只是到武王、周公因客觀環境的需要，始成完備的制度。因此，才說周朝是封建國家，這只是國家制度發展的過程。

圖 2-7：西周陳侯午簋

圖片來源：民 56.11.12 中華文化復興節一週年，本書作者購於台中東勢郵局

2. 那麼，我們就從封建制度開始，到底這種制度的內容是甚麼？

天子在直轄之王畿外，以爵土分封諸侯，而使之建國於封疆之內，謂之封建；封土建國也。周代大行封建制度，及秦設郡縣廢封建，漢初又兼採之，因而釀成七國之亂，以後遂名存實亡。

周朝於武王建國後，雖說爲有效統治必須大行封建，但官方有如下的說法（《左傳》，僖公二四年）：

昔周公弔二叔之不咸，故封建親戚，以蕃屏周…召穆公思周德之不類，故糾合宗族於成周，而作詩曰：「棠棣之華，鄂不，凡今之人，莫如兄弟…兄弟鬩於墻，外禦其侮。」

另《左傳》，昭公二六年亦曰：

昔武王克殷，成王靖四方，康王息民，并建母弟，以蕃屏周。亦曰：吾無專享文武之功，且為後人之迷敗傾覆，而溺入于難，則振救之。

故不論有無血緣關係，封建目的都是「以蕃屏周」。周初共有兩次大封建，第一次在武王滅商後，不久發生東方判亂（管、蔡、武庚之亂），待周公平亂後進行第二次封建。此二次封建分同姓和異姓諸侯，統計史書（《左傳》、《史記》、《荀子》、《通考封建考》、張金鑑，《中國政治制度史》），同姓有 53 國，異姓有 78 國，列表如下。

表 2-6：周公分封的「同姓」和「異姓」諸侯

同姓諸侯	魯、管、蔡、燕、衛、曹、滕、郕、霍、毛、冉、郜、雍、畢、原、酆、郇、邘、晉、應、　、凡、蔣、邢、茅、胙、祭、鄭、東虢、西虢、隨、芮、賈、單、息、滑、虞、周、甘、頓、巴、唐、召、尹、北燕、胡、劉、耿、魏、溫、焦、邗、揚等，共

	53 國。
異姓諸侯	宋、箕、齊、許、紀、州、申、秦、穀、葛、徐、梁、麋、郯、　、黃、陳、杞、樾、鄫、沈、楚、荆、夔、薛、邾、小邾、郳、宿、須句、任、顓頊、莒、南燕、鄧、舒、舒鳩、蓼、六、偪陽、鄅、夷、羅、都、譚、弦、宗、栾、杜、賴、鐘吾、蘇、戴、鄖、貳、軫、絞、牟、遂、權、陽、共、冀、道、柏、厲、項、英氏、江、巢、庸、崇、舒庸、邿鑄、毫、房、桐等，共 78 國。

以上分封以宗室子弟爲主，<荀子・儒效>篇說「周公兼制天下，立七十一國，姬姓獨居五十三人。」這些姬姓國家以周室兩都爲中心，坐西朝東向東佈局，當時周族在西，商族在東。今以主要姬姓的十八個國家，表列其位置和形勢如後。

研究這個分封的地緣關係，亦合乎戰略安全思維，蓋當時東方未定，需要用最親密的周族姬姓之國爲周之國防前緣。姬姓國家又和那些異姓諸侯相間夾，相互箝制，有監督控制的作用。

諸侯封國的大小分五等爵，即公、侯、伯、子、男，封土大小則有不同的說法。今文家說，公侯百里，伯七十里，子男五十里。古文家說，公五百里，侯四百里，伯三百里，子二百里，男百里。中央天子王畿千里，各封國環繞在王畿四周，有如群星拱月。各封國諸侯又可以在他們的國度內，把土地分封給卿、大夫。後來到東周列國時，許多卿、大夫又把土地再分給他們的家臣。如此經過數百年，各層級的大小封國，就都成爲周室的親族，姬姓的血液乃散佈在天下四方。

所以封建制度的柱石就是土地分封制度。土地屬國有，貴族領地有定制，收益分配有定則，最底層的農耕民固著於土地，終生不可離開土地，故曰「老死不相往來」「死徒不出鄉」。

表 2-7：擇列姬姓十八國地址表

國名	始祖與周之關係	國都今地
①魯	周公子伯禽	山東曲阜
②衛	武王弟康叔	河南淇縣
③燕	召公奭子	河北大興
④唐（晉）	武王子叔虞	山西翼城
⑤霍	武王弟叔處	山西霍縣
⑥蔡	武王弟叔度	河南上蔡
⑦邢	周公子	河北邢臺
⑧東虢	文王弟虢仲	河南汜水
⑨西虢	文王弟虢叔	陝西寶鷄
⑩滕	武王弟叔繡	山東滕縣
⑪曹	武王弟叔鐸	山東定陶
⑫郕	武王弟叔武	山東汶上
⑬聃	武王弟季載	湖北荊門
⑭鄭	宣王弟友	陝西華縣
⑮蔣	周公子	河南固始
⑯虞	太王子仲雍後虞仲	山西平陸
⑰郜	文王子	山東城武
⑱吳	太王子仲雍後周章	江蘇吳縣

本表及下圖資料來源：陳致平，中華通史，第一冊（黎明版）第三章。

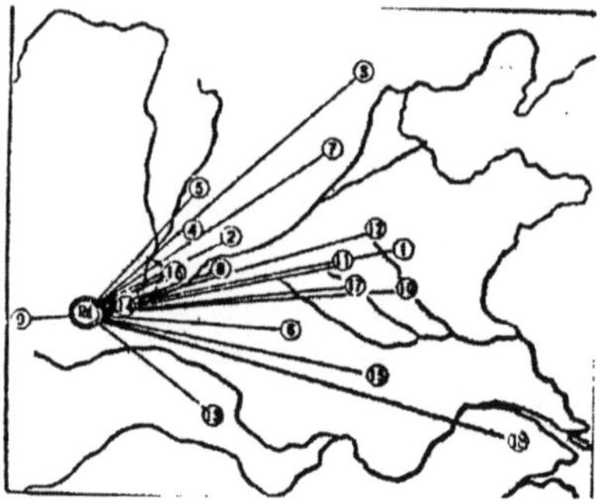

圖 2-8 姬姓十八國分佈形勢圖

3. 由血緣姻親形成只是無形的關係，周天子和各封國應有更堅固的關係(如法律)，否則如何維繫國家的統一？

是的，血緣姻親關係主要是形成民族融合和文化交流，再用下圖解釋封建制度對中華民族的影響。(同引陳致平，《中華通史》，一冊)。

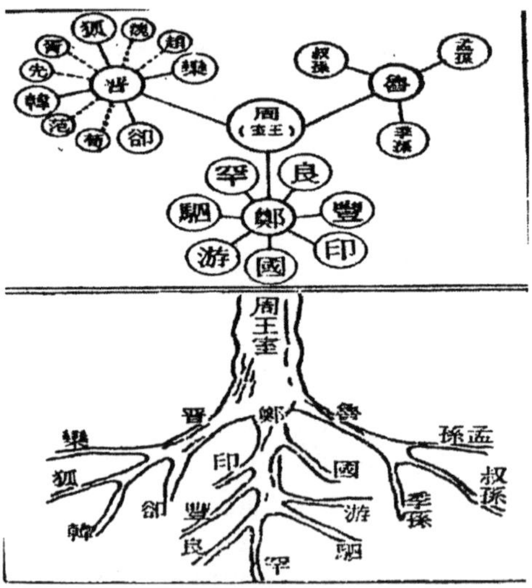

圖 2-9 周氏封建源

上圖鄭、晉、魯三國爲例，姬姓國家夾在異姓國家之中，必然發生姻親政教等關係。下圖孟孫、叔孫和季孫皆魯桓公之孫，謂魯之三桓。罕氏七族皆鄭穆公之後，謂鄭之七穆。如上示意，便形成民族大融合。但周天子和各封國的關係主賴法律規定來維繫，前所提到的中央與地方關係都是，但周天子的命官

權是重要的一種。<大戴禮記・朝事>有如次記錄：

上公九命為伯，其國家、宮室、車旗、衣服、禮儀以九為節；侯伯七命，其國家、宮室、車旗、衣服、禮儀以七為節。子男五命，其國家、宮室、車旗、衣服、禮儀以五為節。

王之三公八命，其卿六命，其大夫四命，及其出封也，皆加一等，其國家、宮室、車旗、衣服、禮儀亦如之…公之孤四命，以皮帛視小國之君，其卿三命，其大夫再命，其士一命，其國家、宮室、車旗、衣服、禮儀各視其命之數。侯伯之卿大夫亦如之。

子男之卿再命，其大夫一命，其士不命，其國家、宮室、車旗、衣服、禮儀各視其命之數。

《禮記》所述是一個很嚴密的系統，各封國大小不同，封官則各有定制，由此也建構了層層節制的封建關係。此外，天子與諸侯關係尚有以下五種。

（一） 貢：由下供上以示統一

分成兩種貢，其一每歲常貢（有九目：祀、嬪、器、幣、材、貨、服、斿、物）；其二因朝而貢，其貢物皆入於太府。

（二） 盟約：會盟而向神宣誓，有「會」有「盟」，各不相同。

（三） 朝聘：述職的方式分朝與聘，諸侯親之天子曰「朝」，使卿大夫代往曰「聘」，均各有定制，不可違逆。「一不朝則貶其爵，再不朝則削其地，三不朝則六師移之。」（<孟子告子下>）可見其嚴重性，不朝如同造反，周天子將以六師征討。

（四） 刑罰與布憲：宣達並執行法律與憲法所規定者。

（五） 哀恤：人道關懷或救援等。

除以上外，上有巡狩，天子適諸侯曰「巡狩」，巡狩者，巡所守也。故巡狩就是周天子到各封國視察，功能有多重，主要還在維繫國家的統一性，<禮記・’王制>曰：

天子五年一巡狩，歲二月東巡狩至於岱宗，柴而望祭山川，覲諸侯，問百年就見之。命大師陳詩以觀民風。命市納賈，以觀民之所好惡，志淫好辟。命典禮守時月定日同律，禮樂制度衣服正之。山川神祇有不舉者為不敬，不敬者君削其地，宗廟有不順者為不孝，不孝者君黜其爵。變禮易樂者不從，不從者君流。革制度衣服者為畔（叛），叛者君討。

天子巡狩果然是嚴重的事，發現不敬者削其地，不孝者黜其爵，任意變更禮樂制度可能受流刑，變更服制則可以解釋成謀反，凡此，莫不爲所謂「制度化」，使任何人的一切行爲都在制度規範之內。而配合封建制度者，還有宗法、井田和禮樂等制度，形成一套完整的系統。

4. 宗法和井田制度現在可能很少人知道了，其實況如何？

「宗法」乃古立宗之法，指宗族系統的制度而言。周代的宗法制度爲行使有效統治權，配合政治權（封建）、經濟權（井田）及軍事上的需要，所以宗法制度是一種政治組織。其主要的內涵（次級體系的制度），有嫡長繼承權制、政治倫常化和嫡長主祭制三方面。宗法雖謂政治性組織，但主要在尊祖敬宗規範的建制，卻以倫理道德爲基礎。

（一） 嫡長繼承權制

周代行一妻多妾制，妻生子爲嫡，妾生子爲庶，妻的長男叫嫡長子，謂之大宗，每代都只有嫡長子可以承繼大統。其他諸嫡子只有分封的資格，稱別子，分封之別子爲別宗，別宗也只有嫡長子可以承繼大統。這種規定只有嫡長子是世世代代的合法繼承人，故稱「大宗百世不移」。因有百世不移的大宗，可永保天子諸侯間的血統關係，故能開創天下統一的基礎。同時也有兩個作用，一者維持土地集中，嫡長繼承大位，國土不會因而分割；再者消弭諸兄弟爭奪大位引起的動亂，兄弟一出生名分已定，不容爭奪，只得依制度運作。

嫡長子依次諸子及庶子都只能分封，謂之小宗，「小宗五世則遷」，是說傳到第五代以後因疏遠便不再奉祀。

嫡長子有不肖，庶子雖賢亦未必立嫡。若嫡長子死，順延一代立嫡長孫；

若嫡子皆死盡，庶子才有機會繼承大位，《公羊傳》謂「立嫡以長不以賢」，都爲安定止爭。以上均可圖解示之。

（二） 嫡長主祭制

宗法制度精神在尊祖敬宗，故也有濃厚的神權思想，藉宗教儀式的祭祀過程維持封建系統秩序，這便是嫡長主祭制。只有嫡長子始能承繼大統的宗廟，政治上國無二君，宗法上廟無二主。故諸侯不能祭天子，卿大夫不得祭諸侯，士不得祭卿大夫。宗法上的祭祀制度，包括大宗爲永遠享祀，百世不遷；包括小宗「五世則遷」。

表 2-8：宗法制度的國君與宗祖傳承法

```
國君┬嗣君（嫡長子）…（繼體之君）
    └封君（別子）┬世子（嫡長子）…（繼別爲宗－大宗）
                 └卿（別子）－（繼禰小宗）－（小宗）

宗祖┬嫡長子（大宗長子）
    └別子（小宗）┬嫡長子（繼別之大宗）－嫡長子（百世不遷）
                 └別子（繼別之小宗）－嫡長子（繼禰小宗）
```

（三）政治倫常化

宗法是以家庭、家族爲基礎，擴張到國家；易言之，國家是家庭的擴大，二者中間有緊密的結構關係。宗族以父系父治父權爲基石，推到國家則事君如事父。《大學》說「欲治其國者先治其家」，孟子說「天下之本在國，國之本在家」，皆足以說明周代政治實質的倫常化，國家內容家族化。

反之，家庭倫常也因而政治化、階級化，家事決於父，父爲一家之主；

國事決於君，君爲一國之主。此種「家國合一」制影響中國以後幾千年，「臣妾」或「兒臣」稱謂概由此而來。故宗法政治即父權政治也。

西周爲配合封建和宗法制度，另有井田制度之施行，惟史料缺之，未知其詳。據孟子云「方里而井，井九百畝，其中爲公田，八家皆私田，同養公田，公事畢，然後敢及私事。」惟缺較詳史料論証。但封建即爲封土建國，則井田仍有其事，依典籍所示，諸侯受封領地後，再將土地分封給卿、大夫、士及武士、家臣等，最後由庶民和農奴負責耕種，供應上層貴族及軍需。<國語・晉語>有「公食貢，大夫食邑，士食田，庶人食力。」應指此種事實。

西周的重要政治制度，除封建、宗法及井田三項制度外，周公尚制禮作樂，尤以禮制完備，以禮爲法，故後世也常稱周代是「禮治」社會。

5. 周公制禮作樂，但少有人知其詳，中國素稱禮儀或禮義之邦，許多禮節至今仍流行，多少也受周禮影響。

我國確實是「禮文化」豐富的國家，例如，至今國人都還行「周公之禮」。而在西周時期，禮的功能是人倫，也是政治和法律，<禮記・王制>規定「變禮易樂者爲不從，不從者君流。」可見不遵從禮制有很嚴重的後果。最嚴重的是擅自變更「制度衣服者爲畔（叛），等同叛變或謀反」，要受到天子六軍征討，故禮樂制度隱涵濃厚的政治思想。略述周禮如下（參考陳致平，《中華通史》，第一冊，第三章）。

（一） 五禮總目：共 36 目：

1. 吉禮有十二目：祀上帝、星辰、飌師雨師、社稷五嶽、山林川澤、百物、六種享先王等。
2. 兇禮有五目：喪、荒、弔、襘、恤禮等。
3. 賓禮有八目：朝、宗、覲、遇、會、同、問、視等，各有時間。
4. 軍禮五目：大師、大田、大均、大役、大封。
5. 嘉禮六目：飲食、婚冠、賓射、饗燕、脤膰、賀慶等，各有對象。

（二）冠婚之禮：

貴族到平民均各有婚、冠之禮，天子之妃曰后，諸侯曰夫人，大夫曰孺子，士曰婦人，庶人曰妻，妻者齊也。

（三） 喪禮：

有葬、祭、訃、弔、臨、贈襚賻等禮，天子到庶人各有不同程序。

（四） 祭祀：對象有三：

1. 天神：郊祭、五帝祭、寒暑及日月星辰祭。
2. 地祇：地神、社稷、山川、五祀、蠟祭。
3. 人鬼：祭祖，天子到士的宗廟各有規格；祭先王。

（五） 鄉射與鄉飲酒禮。

（六） 朝聘之禮：王族、三公、卿、大夫、諸侯等，朝聘皆有定禮定位定制。

（七） 樂舞：周代行禮時，恆奏樂、舞蹈、詩歌，其禮繁縟。

由周代的行禮過程看，禮和樂是結合的，而樂和詩、歌、舞、劇等諸種形式結合，而且大多有高度政治意涵，甚至根本是政治制度（用禮樂形式表達）。所以孔子謂季氏：「八佾舞於庭，是可忍也，孰不可忍也！」季孫以魯大夫的身分，使用天子的舞制，這是一種造反的行爲。若在西周時期會受到天子的六軍征討，但到東周時期周天子已經快不行了，禮制尙在，孔子只能嘆氣，並用春秋之筆批判。

<禮記・郊特性>在一種結合禮樂而成的「戲禮」叫「蜡」，是由周天子才能主持的祭典，經文曰：

天子大蜡八，伊耆氏始為蜡。蜡也者，索也。歲十二月合聚萬物而索饗之也。蜡之祭也，主先嗇而祭司嗇也…

蜡是天子爲酬謝先嗇（神農氏）、司嗇（后稷）等八位農神，是天子才能主持的祭神大典。到春秋時代蜡祭活動更盛大，只是已「淡出政治圈」。在《孔子家語》（明・何孟春注，卷六，觀鄉射二十八）云：

子貢觀於腊。孔子曰：「賜，樂乎？」對曰：「一國之人皆若狂，賜未知其為樂也。」

孔子曰：「百日之勞，一日之樂，一日之澤，非爾所知也。」

能使「一國之人皆狂」，也可見到春秋時代有些禮樂已成娛樂活動，就像現在的北港媽祖祭典。＜史記．樂書＞記載商周之際的「文舞」、「武舞」，則是周公攝政時用於宗廟的演出。

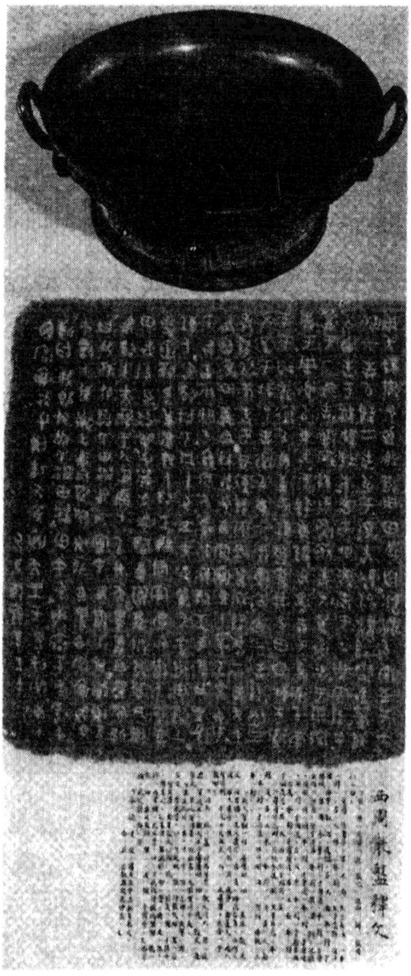

圖 2-10：西周散盤

圖片來源：張元，歷史（上），頁二六。

6. 第二篇從五帝時代到西周，大約有兩千年是中國政治思想的「研發期」，請做一個小結。

五帝時代到西周結束有近兩千年的中國政治思想的「研發期」，在長期實踐中找尋最適合當時環境和中國子民的制度。西周自周公創建封建等制度，發展到宣王之世（前 827 年即位），已歷三百多年，史家認爲宣王時代爲西周建國發育完成的時代。至平王東遷（前 770 年），西周結束，整個西周時代是一個建制嚴密的封建社會，有固定（終生不變）的階級劃分（如圖）。《左傳》（昭和七年）曰：

下所以事上，上所以共神也。故王臣公，公臣大夫，大夫臣士，士臣皂，皂臣輿，輿臣隸，隸臣僚，僚臣僕，僕臣臺。

這就是整個社會全面的階級化，和五帝時代「眾生平等」的部落社會是完全不同的。在這整個階級社會中，「士」的地位很重要，他是廣大人民與領導階層的溝通鈕帶，不論文職或武士都叫「士」，不分文武都得接受禮、樂、射、御、書、數六藝的基本訓練。所以士也是國家有效統治的公共政策執行者。現在簡單回顧五帝時代以來，做一個小結。

第一、就國家型態言，五帝是部落聯盟，互推共主，雖有簡單的中央機構，因處「行國」階段，故未有專業化或分工化的組織。缺乏專業組織的另一個原因，是五帝是「德化」時代，人人以最高道德標準自我要求。因此，五帝時代也是一個無爲而治與眾生平等的理想世界。

到了夏朝，開始築城定居，形成我國第一個王朝，我國早期國家制度由夏朝開始形成，商朝則神權高於政權，到西周封建才使國家體系趨於完備。

第二、就政治思想的內涵言。五帝時代因德化與無爲而治思想，故「帝位」的獲得及維持並不依靠權力運作，例如「德配天地」就能成「帝」，故此時只能說有政治觀念，而政治思想則嫌不足。夏朝的國家形成，有固定的版圖、有簡單的中央（三正、六卿）和地方（九牧）機構，大禹也是第一個全國「走透透」的帝王。故中國的大一統思想可以說夏朝開始在隱約成形，而其創造者就是大禹。

商朝的政治制度仍不夠專業化，應該是受到神權思想的影響，神權高於政權。故政治思想的內涵在體現對上帝權威的肯定和崇拜；對大自然的敬畏和信任；對祖先保佑的期望和依靠，史家仍稱商代是「鬼治主義」（顧頡剛的定名）時代。到了周朝，人的價值、尊嚴開始被發現（有些像歐洲十五世紀的啓蒙時代，人開始發現自己。）也因政治制度的完備，國家控制力增強，一個大王朝於焉形成，是一個早期國家體系完整、教育文化燦然及階級分明有序的國家，打下享國近九百年的基礎。

第三、就道統、學術與文化的傳承言，從五帝到周均有其一貫性。「堯舜禹湯文武周公」是聖哲的道統傳承，而朝代國家縱有更替，文化卻是傳承的，制度是「成長」的，例如周之封建宗法，早在堯舜已在施行，只是到周代趨於完備。遂對我國政治思想產生三種影響：一者爲天下一家的大一統思想，這是大同思想的淵源；再者崇?禮治德治，政治上仍重教化不尙權力；三者重視家庭價值，宗法倫理皆基於家庭成員中的孝悌本性，儒家的「修身齊家治國平天下」，即肇基於此。

學術的傳承上，太公之學在政治、外交、軍事與謀略之綜合運用開創周代，稱「開國建國之學」。以後管仲、孫武、司馬穰宜，及蘇秦、張儀等，承襲太公之學而爲法家、兵家、縱橫家等，爲齊學脈衍之淵源。周公之學則在政治、文教等諸種制度之建構，維護國家長治久安，稱爲「治國之學」。以後孔子、孟子等承襲周公之學，而爲儒家脈衍之淵源。

第四、五帝到西周兩千年間，三個戰役成爲千年萬載的「典範」，即黃帝與蚩尤涿鹿之戰，湯放桀鳴條之戰和武王伐紂牧野之戰。前者是中華民族在發軔時期攸關存亡絕續之舉，開啓中華文化之曙光，使夏族文化成爲中華文化之基礎。後二者示以「人民有革命的權利」，對於非法統治、暴君等不顧人民死活的政權，明顯偏離中國道統的精神，人人可起而誅之。這種典範的影響，發展到春秋戰國就是孟子的暴君放伐論和民貴君輕論。

綜合以上四點，可以明確而肯定的理解，中國政治思想的內涵在五帝時代已有萌芽，這些嫩芽包含華夏文明和文化、中國屬性的初期概念、大一統的早期輪廓、中國道統、德治和中國特有的宗教意涵等。這些在五帝時代的早中期只有一些觀念在形成，到堯舜時代則日愈顯著成形。

到了夏商之際，已從觀念開始慢慢成熟成爲政治思想。到西周時期更成爲可以落實執行的制度，而且透過有力完備的國家體系，讓全社會的每個成員實踐內化，成爲「普遍民意」的思想和行爲。故本書稱五帝時代到西周兩千年間，是中國政治思想的「研發期」，若無此研發期，必無春秋戰國的創造期，這也是我研究中國政治思想與諸家不同處之一。

中國政治思想經研發期、創造期，到秦漢大一統國家完成（即第一帝國），「中國屬性」（主要是文化、道統、儒家文化和大一統思想）日愈「固化」，成一個「定律」。以後，在中國歷史上凡是違反中國屬性，偏離中華文化道統的思想和行爲，就是不能成立，因不具合法性基礎。例如，歷史上的「去中國化」、偏安及分離主義，乃至現在的台獨運動都走不出去，沒有空間。硬要搞台獨，全體中國子民必然給予嚴懲一戰爭。

所以，現在封殺台獨者，與其說是中共，不如說是中國，更是黃帝、堯、舜、禹、湯、文、武、周公、孔子…未知這批出賣祖宗、出賣自己靈肉的人，想過這層道理沒？

台灣民間信仰盛行（即宗教學上所稱中國民間信仰），許多廟宇所供奉「三官大帝」，正是堯、舜、禹三聖。人民所信仰都是中國古聖先賢（另見輯 31），台獨份子硬幹「去中國化」，那有成功機會？

表 2-9：封建階級表

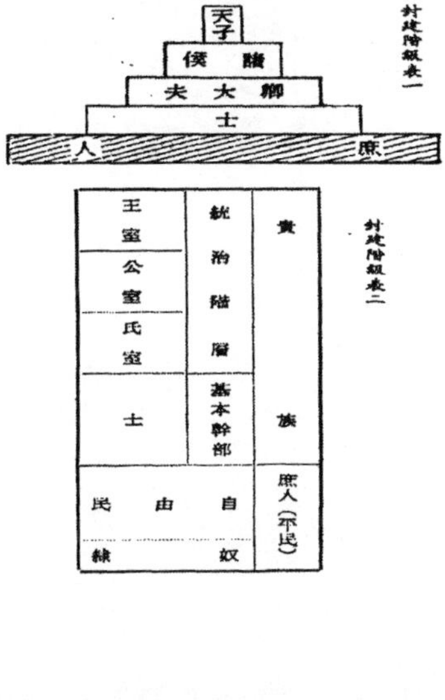

第三篇

春秋戰國：

中國政治思想的創發期

輯 6：春秋戰國時代政治解組過程與政治思想創發

1. 春秋戰國時代是我國學術思想最輝煌的時代，一般也認為這是開創時代，首先得先了解這個時代的政治解組過程。

中國政治思想經過五帝到西周的二千年「研發期」，到春秋戰國時代已經非常成熟。（作者註：在世界文明發展史中，中國是一個最早熟的國家。）加上各種環境因素的配合，春秋戰國時代才能成爲我國政治思想的「創造、發明」期，即「創發期」。

周平王元年（前 770 年）東遷洛邑（今河南洛陽），是爲東周的開始。史家又把東周分爲兩個階段，從東遷洛邑到威烈王廿三年（前 403 年）三家分晉爲春秋時代，計 367 年。從三家分晉到秦王政廿六年（前 221 年）爲戰國時代，計 182 年，東周計享祚 549 年。這五百多年間的政治變遷簡述如後。

先是春秋時代，周天子只是一個名義上的最高統治者，大權已落在各大諸侯王國，各諸侯國又自行擴張，相互兼併。「洗牌」的結果，剩下齊、晉、秦、楚、鄭、吳、越等較大王國，及宋、魯、陳、蔡等小國。周天子的大權則由最大的諸侯取代，所以春秋時代也是「霸政」時代。春秋前期的霸政有齊桓公、晉文公和秦穆公的霸業，後期則從晉楚爭霸到吳越之戰。

齊桓公所處的時代，正是孔子所說「君不君、臣不臣、父不父、子不子」的時代，這也只是「亂」的開始。當政治、經濟、社會及禮教等開始面臨解體，國際秩序自然大亂，周天子無力穩住政局。這時候齊桓公帶頭喊出「尊王攘夷」的政治主張，得到國際支持。桓公又用管仲「富國強兵」之策，使桓公實際上成爲當時的國際盟主，周天子的威望及國際正義亦賴桓公維護。桓公與管仲的霸業維持四十年，後來孔子頌揚管仲曰「如其仁，如其仁！」、「微管仲，吾其被髮左衽矣！」可見孔子對這段霸政是非常肯定的。

繼桓公之後，宋國襄公自以爲有當國際盟主的條件。其太宰子魚諫說「宋是小國，小國爭盟主是災難。」宋襄公不聽，結果在宋楚泓（河南柘城）之戰，一戰而國敗君亡，向楚投降，小國爭盟主，誠災難也！

所以繼桓公後的霸政是晉國文公，在這國際爭霸的過程中，晉以城濮（山東城濮縣）一戰而定天下，城濮之戰是春秋時代最著名的戰役。此役，乃南方強楚企圖北侵中原，竟爲晉軍所敗，中原安全得以確保，國際秩序得以維護。周襄王乃封晉侯爲伯（霸），晉文公在踐土（王畿之內）會諸侯，誓曰：「皆獎王室，勿相害也，有渝此盟，神明殛之，俾墜其師，無克祚國，及其元孫，無有老幼。」史稱「踐土之盟」。文公與子襄公維持霸業不到二十年而衰。

正當晉國靈公無道，霸業中衰，中原又亂之際，西方的秦國已悄悄強大起來，秦穆公用百里奚（原是奴隸，穆公用五張羊皮贖回，人稱「五羊大夫」。）主持國政，稱霸西方並向東方發展。以上是春秋前期的霸政盛況。

到了春秋後期，中國地盤上可分成四大強權，北方晉國、南方楚國、東方齊國、西方秦國，而以晉楚爭霸爲焦點，楚以向北擴張，逐鹿中原爲國策；晉以維護中原安全，阻楚北進爲國策，兩國戰爭成爲必然。有些小國如宋、鄭，夾在各大國之間左右難爲，飽受戰爭痛苦，宋國向戌發起各國共同裁軍弭兵主張，得到國際支持，史稱「弭兵之會」，使中原維持百餘年和平。時在周靈王廿六年（前 546 年），中原子民得有一些好日子過。

中原雖和平，卻意外引起南方吳楚、吳越大戰的後遺症。原來「弭兵之會」是中原大戰略，阻止了楚國北進企圖，晉亦以吳國牽制楚國。楚乃採「先東再北」之策，於是吳楚大戰又爲必然；楚只得聯越制吳，乃又引起吳越大戰，吳越爭霸已是春秋之末葉。

春秋晚期，各國普遍發生內亂，西元前 403 年周封晉三大夫魏斯、趙籍、韓虔爲諸侯，於是韓、趙、魏三國誕生而晉亡。春秋時代結束，另一個全新的戰國之世開始了。

2. 戰國時代比之春秋又更加劇烈動盪，其政治環境的一般情勢如何？

戰國時代的一般政治環境情勢，可分成四個階段簡述。首先是從三家分晉到秦孝公用商鞅變法圖強，晉裂解成韓、趙、魏三國，亦稱「三晉」。三晉地處中國之心腹，當秦入中原之門戶，在秦、楚、燕、齊四國之要衝，故三晉的盛衰關 乎當時國際局勢的變化。

三晉第一個出色人物是魏文侯魏斯，他的基本國策是團結三晉，東禦齊而西制秦。他師事卜子夏（孔子弟子），重用兩個大政治家，李克（子夏弟子）和李悝（法學家），用大軍事家吳起，魏國極盛一時。可惜文侯死後，子武侯即位，武侯聽信讒言，懷疑吳起，吳起逃奔楚國，楚悼王任爲令尹（宰相)。

齊國威王則重用孫臏(兵法家)、騶衍(陰陽家)、淳于?(外交家)、田駢(道家)、接予、慎到(法家)、桓淵。而亞聖孟子也在齊國做客卿,齊國因而強盛了一百多年。

戰國初期最稱道的是秦孝公用商鞅變法圖強,商鞅依法家理論進行政治改革,要點大致有:

(一) 嚴密社會基層組織,百姓以五家或十家為一組,徹底進行連坐法。

(二) 加強生產,取締惰民。任何人均在工作崗位上,投機不務生產者均編為奴隸,成年男子不分居立業加倍收稅。

(三) 鼓勵軍功,按功論爵;私相鬥毆者,依輕重懲處。

(四) 分全國為三十一縣,廢封建、井田制度,獎勵人民自由開墾。

(五) 統一稅制和度量衡制度;力行法治,王子犯法與庶民同罪。

秦國就在這一階段中,逐步強大起來,使東方和西方失去平衡之局。當秦國強盛,東方六國開始恐慌,於是進入戰國第二階段「合縱、連橫」時代。

南北謂之縱,東西謂之橫。消除南北矛盾,六國合作抗秦謂之「合縱」,蘇秦是主倡導人。消除東西方矛盾,與秦通好以自保,並分別抵抗南北的敵人謂之「連橫」。戰國第二階段鬥爭過程可謂「政治戰、謀略戰、軍事戰」大放異彩,結果六國失勢,尤其魏、楚兩國受重擊最深。楚懷王被秦「誘捕」,客死秦國,楚又喪師失地,屈原憂國,作懷沙之賦,投汨羅江而死。戰國到這個階段,強弱之形,存亡之機已到可以判定。

戰國時代的第三階段,是秦昭王的擴張大戰略,加速對六國的殲滅戰,而六國仍不能團結且又發生燕齊之戰。燕昭王雖國強一時,對秦則已無力制衡。在本階段中,主要的大決戰有秦楚、秦趙及韓魏聯軍戰秦軍,結果趙、楚、韓、魏被秦軍斬首級達百萬,這是秦滅六國的關鍵階段。

東周君七年(前 249 年),秦以呂不韋為相,取韓之滎陽、成皋,滅東周,至今周亡。

秦滅六國的最後階段,是前後約十年如秋風掃落葉般,對六國的最後殲滅戰,六國也做最後掙扎,仍不能扭轉滅亡的命運。六國滅亡依序為:

最先亡是韓國(秦王政十七年,前 230 年)。

次亡趙國(秦王政十九年,前 228 年)。

再滅魏國(秦王政二十三年,前 225 年)。

再滅楚國（秦王政二十四年，前 223 年）。

再滅燕國（秦王政二十五年，前 222 年）。

最後滅齊（秦王政二十六年，前 221 年）。

秦王政廿六年（前 221 年），秦終於統一中國，結束春秋戰國的大動亂。這整個過程也是一個政治大解體，並不斷在進行大組合的解構與重構過程。在數百年鬥爭過程中，齊、晉、楚、魏等都曾強盛一時，爲甚麼只有秦國可以一路強盛到底，直到滅亡六國，天下統一呢？考其原因不外：

（一） 秦孝公用商鞅變法打下富國強兵的基礎，並訂下統一天下的大戰略，且成爲基本國策，百餘年堅定執行之。

（二） 秦據有重要的戰略地位，所謂關中建瓴之勢，左扼三晉咽喉，南據巴蜀漢中，右抄楚之後背，六國盡在掌控之中。

（三） 秦軍編組和制度（首功制）是一支標準的「殺人機器」，其時「天下莫能當」。秦軍所到之處，如摧枯拉朽。

（四） 廢井田行土地「私有制」使生產力大增，此無異啓動了推動歷史前進背後的推手「利」，人人有利可圖，「拼經濟」才有成效，得以支持軍事大量需要。

（五） 政治、謀略、外交運用得宜，使六國分崩離析，得以各個消滅。當然整個過程中人才是很重要的，如秦用范睢才有「遠交近攻」之策。而一場接一場的大決戰，斬首動則數十萬，其成敗也只是國君用將及戰將智謀而已。

就在這「風蕭蕭兮易水寒，壯士一去兮不復還」的戰爭大時代，中國政治思想經兩千年「研發」，也適時在這個時代百花齊放，大放異彩。

當然，追根秦能統一天下的原因，也許要從中國歷史發展的本質找根本原因。所謂「分久必合，合久必分」，戰國戰亂夠久了，人民望治，希望能夠回復統一，也是重要的一股「促統」動力吧！

3. 以上所說是春秋戰國簡史，本來在西周，周公所建立是一個制度完備的「超穩定結構」社會。春秋戰國竟產生史無前例的大變局，其政治特徵是甚麼？

春秋戰國是中國歷史上第一個大變動時代，很難周全的解釋所有變數，但可依其因果關係用圖示之。

中國歷史發展到春秋，西周時代的封國一個個壯大起來，社會發展也日趨分歧，周天子的權力（含能力）卻已流失到無法解決面臨的困境。於是在政治、經濟、社會、文化與國際關係產生如圖的鉅變。從封建制度轉變成郡縣制度，公有的井田制度瓦解而滋生土地私有制，農業經濟型態變成工商發達的社會，禮制階級瓦解，平民學術發達，而列國只顧「生存競爭遊戲」和兼併。

表 3-1：春秋戰國時代政治變遷造成的影響示意

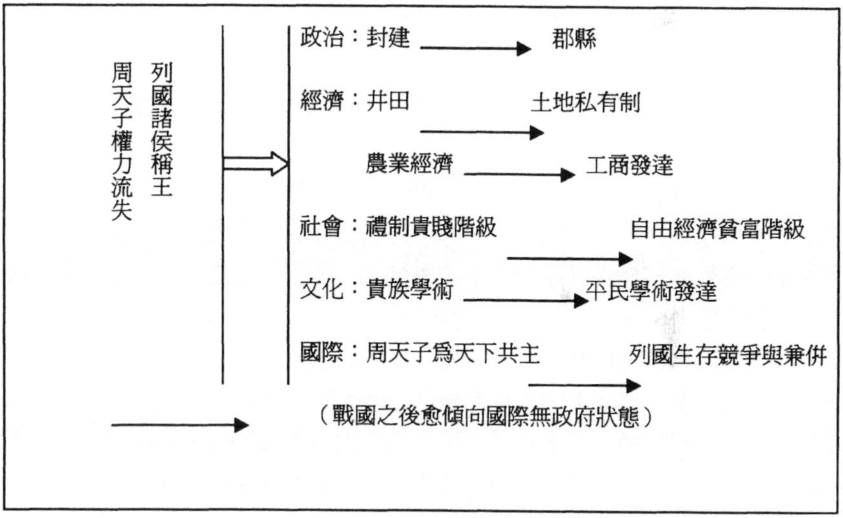

觀察這個大變動時代的政治特徵，首先從「權力轉移」來看。原來「王」是周天子專有的稱謂，周王乃天下統治者，天下不允許有第二個王。但到春秋王權流失，王室式微，權力乃流向各大諸侯國，春秋初期楚國首先稱王（周平王三十一年，楚武王元年，前 740 年），後期到戰國，吳、越、齊、秦等列國諸侯大多稱王，此種僭號稱王立即產生以下幾種現象：

（一）對周天子不貢不賦，這是地方對中央的義務，現在打了折扣。

（二）不受命於周天子，如襄王蒙塵奔鄭，秦、晉陳兵河上，延不勤王。

（三）私自擴張軍備，按周制諸侯三軍，然晉悼公作四軍，晉文公作五軍。

此三者是立即而明顯出現的現象，到春秋後期以至戰國則成普遍現象。此期間國際上有稱王亦有不稱王者，不論稱不稱王，最強大的諸侯國就是國際盟主，稱「霸主」或「霸政」，故有所謂春秋五霸或戰國七雄。其國主便可以「挾天子以令諸侯」，所以這時候的國際盟主是諸侯而不是周天子。

齊國稱王很晚（周平王廿四年，齊威王元年，前 378 年），但齊國是春秋第一個霸主，齊桓公（周莊王十二年，前 685 年即位），用管仲富國強兵之策，史稱「九合諸侯」一匡天下。桓公等於是國際盟主，地位在周天子之上，當時的國際紛爭都由桓公主持國際會盟才擺平，重要者如：

（一）北杏之會：桓公五年（前 681 年），會宋陳蔡邾以平宋亂。

（二）召陵之盟：桓公三十年（前 656 年），會宋魯等七國以伐蔡，進而伐楚，與楚屈完盟於邵陵。

（三）甯毋之會：桓公三十三年（前 563 年），是年兩次國際會議，爲伐鄭也。

（四）另有鄄城、首止、葵邱、洮、幽等國際會議，都爲擺平國際紛爭。

終春秋戰國之世，都是此種會盟政治，桓公之後，晉楚都曾是國際盟主，而盟主的認定通常是經由戰爭取得盟主地位。國際爭盟主，區域爭強權，戰爭也就特別多。

從權力的轉移看這時的政治特徵，也可以化約成「統治者」與「被統治者」角色的轉變。形式上周天子仍是合法的天下統治者，列國諸侯不論多強大，都仍是被統治者。而實際上，封國權力能力逐漸凌駕天子之上，最強大的諸侯（盟主）成爲實際統治者，連周天子的尊嚴或存活，都要仰賴盟主，被統治者翻身成爲統治者。

諸侯既然可以任意僭號稱王，大家也都想當王，甚至當盟主，也都是經由戰爭手段取得盟主認証，所以春秋到戰國，戰爭愈來愈多。爲配合戰爭需要，新的政治制度也必須「發明」出來，如郡縣、將相分離、專業軍人與軍隊等，才能因應新環境的需要。

4. 春秋戰國時代戰爭特別多，是不是因戰爭而引起政治制度的變革？

引起政治制度變革的原因應是多面的，而不是單純的只有戰爭。但因周天子大權流失，列國爭霸，戰爭成爲必然要發生的「果」，而前面那些因和果又都成爲導致政治變革的因，戰爭又是最直接的因。春秋時代戰爭之多，看下表列國兼併便知，到戰國則更多且規模更大，傷亡更慘烈。戰國晚期楚、秦和趙的大決戰，雙方總兵力均達百萬，傷亡經常都是數十萬。

這是戰爭時代，便須要有（一）富國強兵之策，人才和學術有了舞台。（二）戰爭機器（將相分離、專業軍人和編戶）。（三）戰爭內閣（軍事領政）。最後是一個必然趨勢，即郡縣制度的形成。各簡述如後。

將相分離是春秋戰國時代重要的制度改革，西周時，軍隊的將領由王、公、卿等擔任，沒有專業的軍事將領。卿出則將，入則爲相，故《周禮》云：「將軍皆命卿」。春秋初，開始打破這種禮制的規定，齊桓公用非貴族的管仲爲相，使齊國很快富強起來。再後，列國僭竊紛紜，卿相名稱不一致，魯、宋、齊、楚、吳設大宰，鄭有冢宰；晉、齊、魯、鄭、楚、衛都曾有司宰寇；魯之左師，宋之右師，齊之左相，楚之令尹，都屬相職。迄於戰國，秦曰丞相或相國，餘各國亦大多稱相或丞相。

將相分制後，相主持政務，屬文官體系；將主持軍務，負責軍事及作戰。將相二人地位相當，同是王之下最重要的兩個官職。這樣的專業分工當然爲因應當時國際競爭目標「富國強兵」的需要，政府的組織便循著文、武兩個體系形成，中國的文官制度和全國戶籍的建制，在這個時代有了雛形，對後世發展產生重大影響，就是在當時也產生兩個革命性的轉變。

第一、 文武官員既然是因應客觀環境的需要，則「市場或專業」導向爲必然趨勢。如此一來，官吏任用便打破了族姓、國別、階級（即打破西周以來的宗法、禮制）的限制，任何人只要有能力便可以出將入相。也就是在人才市場上打通了「垂直」和「平行」的所有通路，故九流十家大放異彩，春秋戰國也是一個人才爭奪戰的大舞台。

第二、 戶籍制度的建立看似小事，卻是春秋戰國重大的政治工程，儘管其原意是爲戰爭動員之用，但促成全國人民政治身份平等的機會（打破西周的階級社會）。戶籍制度一旦建立，帝王將相及平民百姓，都成爲戶政上的一等資料，生者著，死者削（《商君書》），一個政治平等的社會於焉形成。

春秋戰國雖亂（傳統禮制瓦解、列國爭霸），但得以形成一個類似現代的政治平等的社會，史家還是給予高度肯定。另外，郡縣制度和土地私有制也是重要原因，諸多因素互爲因果的激盪，中國政治思想才有機會在此時創發出來。

表 3-2：東周列國兼併表

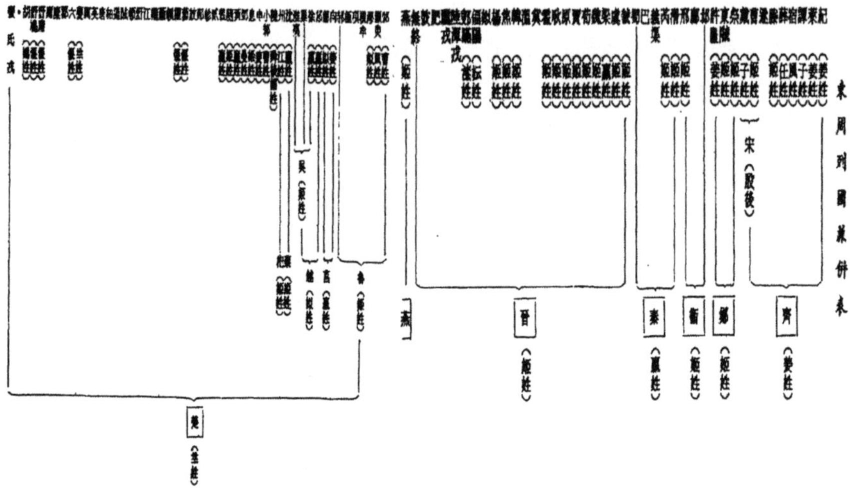

註：本表資料來源：陳致平，中華通史，第一冊，（台北：黎明出版社，75 年 12 月），頁 341~342。表中楚滅國最多，晉次之。

5. 郡縣制和土地私有制對中國後世影響極大，縣制我們還在沿用，請陳老師詳細解釋。

郡縣制包括：中央→郡（縣）→鄉→里→鄰→家的一套系統，春秋戰國各國頗有差異，愈趨向戰國晚期愈趨統一。而土地私有制也是前所未有的創舉，這兩套制度也是春秋戰國時代重大的政治工程。

先談土地私有制，從經濟觀點看，這其實是「推動歷史前進背後的黑手：利」所驅動形成的制度。春秋時代開始，農業技術生產進步，鐵器農具使用普遍，大規模共同生產的公有制（井田）已不適宜。另一個原因是封建解體，許多貴族把他們的封地輾轉移給農民或售與，而收其稅租，農民漸漸對土地有所有權，並可自由買賣，進而促成一個工商業發達的社會。這是一個人人都有機會致富的社會，＜史記．貨殖列傳＞云：「夫用貧求富，農不如工，工不如商，刺繡文不如倚市門。」又曰：

朱公以為陶天下之中，諸侯四通，貨物所交易也。乃治產積居，與時遂而不責於人。故善治生產者，能擇人而任時。十九年之中三致千金…子貢結駟連騎，束帛之幣以聘享諸侯，所至，國君無不分庭與之抗禮。

可見私有制對「拼經濟」效果很大，從經濟觀點看，對當時政治思想衝擊很大。其一平民致富機會大增，因經濟獨立而取得政治身份平等，打破固有階級；其二各國爲求富國強兵，人才成爲無價之寶，布衣卿相甚爲普遍，世襲的貴族便被才智取向的倌僚制度取代；其三農業生產技術進步和工商發達，讓平民有求知識的機會，促成當時平民學術的風氣。其四身份即可流通，「士大夫不雜於工商」、「民不遷、農不移」、「士之子常爲士、農之子常爲農」等全都變天了，大家都得到解放。

以上四項打破階級、閥派、門第，各國用人惟才是視，也是支持一個統一國家的必要氣氛。

關於郡縣制，始建成爲整然之行政體系爲秦始皇，然皆源於西周。<周書・作雒>篇曰「千里百縣，縣有四郡」，《左傳》有「克敵者上大夫受縣，下大夫受郡」，足見郡小於縣。到戰國有郡大於縣，被滅之國皆淪爲郡，如秦滅蜀爲蜀郡、滅楚漢中設漢中郡、取郢城設南郡、取江南設黔中郡等。諸侯各國大抵如是，趙置雲中、雁門、漁陽、右北平、遼西等郡；魏置河西、上郡，皆爲戎邊或拒胡。郡的長官叫郡守，是中央以下一級官員（如今省長）。

縣之濫觴也在西周，周制天子之畿內曰「縣」，縣猶寰也，亦懸也，言其寰懸於天子之左右，故王畿之縣有別於諸侯封土，縣爲天子可以直接處置與利用。春秋戰國之世，縣的形成有四：

（一）滅諸侯之國爲縣，如楚滅息、鄧、弦、黃、江、蓼、庸等國皆設縣。

（二）合併諸鄉爲縣，如秦孝公曾合併諸小鄉共爲四十一縣。

（三）收私人之田（貴族較多）設縣，晉收祁氏田爲七縣，收羊舌氏田爲三縣。

（四）其他如伐異族、新開墾、戰敗獻地等均設縣。

春秋戰國時，縣之長官諸國無定制，魯衛稱宰，楚制稱公，晉名大夫，到秦統一天下，則稱縣長（萬戶以上稱縣令，以下稱縣長。）

至於縣以下的鄉里鄰各國有不同制，且和軍制相結合，以利軍隊動員。郡縣制最大的衝擊是打破諸侯、貴族世襲的「飯碗」，由中央（王或帝）任命官員，使權力又由地方流向中央。一個中央集權的大帝國經由郡縣制，慢慢在成形，秦漢以後兩千餘年尚未改變這種大一統的國家型態。或許，這也是中國永恆不變的道統或政統，兩千多年前的「縣長」，現在還叫縣長。

圖 3-1：戰國鳳首盉

圖片來源：民 56.11.12，中華文化復興節一週年，本書作者購於台中東勢郵局。

6. 綜合春秋戰國的整體環境，歸納中國政治思想在此時得以創造、發明的背景，有哪些宗派？

綜合本輯春秋戰國政治解組及其特徵，可以歸納出以下幾項，是為我國政治思想在春秋戰國得以創造、發明出來的原因。

（一） 五帝到西周時代約兩千年的研發期，中國的思想、制度、文化、學術等，到春秋戰國是一個實踐與累積的成果。算到戰國結束更超過兩千年，但思想和制度都有淵源傳承，這就是文化道統。所以「堯舜禹湯文武周公孔子」就是指這個傳承，到孔子時的諸子百家便得到集大成的機會。

（二） 文字圖書與學術解放。本來西周之前，知識為貴族所專有，到春秋戰國因封建禮制均告瓦解，文字圖書工具進步，工商業發達，形成一個思想和學術都解放的社會。人的思想領域一經擴大，自然就百花齊放了。

（三） 春秋戰國即是戰爭時代，列國競逐的生存遊戲自然依賴人才決定輸贏，各種人才（儒墨法及兵家）都成為諸國爭取的對象。因而人才輩出，百家爭鳴，標新立異。

（四） 貴族養士及私人講學的影響。自孔子大開私人講學之風，先秦各家宗師都有很多門徒，這些門徒又輾轉傳授知識，形成一種學術風氣，也等於培養出很多人才。如孔子有賢才七十二人，鬼谷子有四大高徒。（孫臏、龐涓、蘇秦、張儀）。另一方面，各國君王、貴族則致力羅織人才，幾乎各國都網羅大批人才成立「人才庫」備用，此即養士之風，時稱「食客」。既然人才「市場」上有大量的需要，自然有大批人才湧向市場，更刺激百家齊放了。

（五） 春秋到戰國數百年爭戰，人民苦不堪言，思想家也在思索解套的辦法。如孔子的仁愛正名、孟子定於一或法家的天下統一等。基本上當時人民和思想家希望天下和平統一，所以秦統一中國的目標應是合乎當時「民意」期望的。只是有一點很弔詭的，當時的統一途徑始終在兩條路線上爭論，一是武力統一，再是和平統一。為甚麼和平統一始終無法執行？中國還是依賴武力統一，秦漢以後也大致如此。

關於先秦諸子，分儒、道、墨、法、名、陰陽、縱橫、雜、農、小說十家，小說家除外也叫九流。以前六家最為重要及有意義，其宗師、派別、立論、人物、年代及政治思想綱要，可先列簡表。各家分派固然各有宗師，但各家之間在淵源上也有一些關係，且多家與儒家在思想源流上也有關係。這些關係簡述如下，可能對各家更加了解：

（一）封建天下解體後的政治態度：

1.右（保守）：留戀於將逝的舊制度，圖恢復周天子威望或維持現政權，和平統一。（如儒家）

2.中（適中）：承認現狀，或有意無意中迎合未來新趨勢，到戰國中期後，更積極主張以法治、武力統一中國。（如法家）

3.左（解放）：反對一切新舊制度，求個人自適自由，管的最少的政府，是最好的政府。（道家老莊）

（二）儒道墨的歷史背景：

1.儒的歷史背景：孔子是殷遺民，魯爲殷之商奄，其民則殷之六族。孔子思想固顯承認現政權，維持周制爲出發點。大體必憲章文武，而以周禮爲政制典則。是周制之中，亦含殷制。

2.墨家歷史背景：墨翟爲魯人，亦有殷文化背景，其攻儒之繁文重禮，似較純粹之殷道。其源於殷之尚質，較儒爲舊，其打破宗法，倡平等，又較儒進步，頗似現代環保人權思想。

3.胡適認爲道家與儒墨同是殷文化系統。但屬亡國遺民憤世之思想，尤以道、墨二家爲甚。

（三）互異相攻之處：

儒：孟子拒楊墨，批判法家、兵家的武力統一說。

墨：非儒，特反對儒之重禮，認爲是浪費。

道：老莊譏仁義法術，主張「棄仁絕義」。

法：申、商賤、文學身行，攻儒之人治思想。

（四）相同的歷史背景，尚有交互影響之處：

1.墨子曾受儒家影響：

《淮南子》：「墨子學儒者之業，受孔子之術，以爲其禮煩而不悅，厚葬糜財而貧民，久服生傷而害事，故背道而用夏政。」《韓非子》：「孔子墨子俱道堯舜而取舍不同。」

2.法家思想部分由儒家?變而來：

李克爲卜商弟子，商鞅受其法經。韓非、李斯並出荀況之門。

吳起仕魏，施政有法家之風，《呂氏春秋》謂其學於曾子。

蓋儒家正名之義，施於士大夫爲禮，行於庶人爲刑。

3.法家受道家影響：

管子、韓非曾闡黃老之旨。慎到兼學法、道二派。

4.道家與墨家殆亦相通：宋銒或爲墨徒，且通二派。

5.農家曾受墨家之薰染，陰陽爲儒之旁枝。孔子問禮於老子。

（五）各家時代先後：

1.儒：來源可遠推三代，近則直本周禮，大致不誤。

墨：背周用夏，顯出儒後。其言稱堯舜禹湯文武，略似儒者。

道：較難探索，思想似成於春秋末葉。

法：起於周之諸國法，李克法經。鄭有刑鼎，晉有刑書，魏有大府之憲，管仲則爲法家宗師。

2.儒成於孔丘，墨成於墨翟，農成於許行，陰陽成於鄒衍，此亦四家成立先後。道法難考。

以上儒墨道均似有殷文化背景，稱之「舊學」；法家似無殷之背景，稱之「新學」。蓋邢書刑鼎分出鄭晉，法術盛行秦及三晉。

（六）從思想內容訂流派：

1.人治派：儒墨屬之。儒家政治以君子爲主體，其以德位兼備之身，收修身齊家治平之效，君子帶有貴族色彩，重於宗法社會之道德。墨子論政，注重賢人，天子與百官皆因賢而立。賢人多爲平民身份，重於社會服務與實用技術。兩派亦有異同。

2.法治派：管仲、申不害、商鞅、韓非諸說，其論治體均以刑法爲要素。其貢獻在說明賢人政治不可恃與非必要，明法飭令才是最穩妥之治體。法治、人治皆是積極之政治思想。兵家吳起力行以法治、武力統一中國，對秦統一亦有促成效果。

3.無治派：老莊譏斥仁義，厭棄法令，去智寡欲，不尙賢能，以自然無爲爲理想治體。

小結：

本輯春秋戰國思想的創發背景及流派，考証各家淵源與關係，仍可全部概括在五帝以來的道統傳承之內。有思想淵源上的傳承，有創造也有發明。若從政治光譜來排列，則不外左中右三種派別，此爲人類政治思想的正常傾向。下輯開始將論述各家、各宗師重要之政治思想，以窺吾國古代之寶產。

表 3-3：先秦六家學說宗派簡表

先秦六家學說宗派簡表

六家	儒	墨	道	法	名	陰陽
宗師（或代表人物）	孔子	墨翟	老子 莊子	（無共奉之宗師）（管仲）（李悝）商鞅 申不害 韓非子	（無共奉之宗師）鄧析 惠施 公孫龍	（無共奉之宗師）鄒衍
地域分派	北宗鄒魯派	北宗宋魯派	南宗荊楚派	北宗三晉派	北宗三晉派	北宗燕齊派
立論大體	人治禮教	人治尚同	無爲而治	法治	正名（名實之辯）	陰陽之序
本宗支派	（據韓非子儒分爲八）子張之儒、子思之儒、顏氏之儒、孟氏之儒、漆雕氏之儒、仲良氏之儒、孫氏之儒、樂正氏之儒、而以孟荀爲兩大宗。	（據韓非子墨分爲三）相里氏之墨、相夫氏之墨、鄧陵氏之墨。				
本宗思想之主要內容	遊文於六藝之中、以仁義爲中心思想、以禮樂爲教化之道、以正名立信整飭綱紀、孟子——人性善、仁政、養民、法先王。荀子——人性懸、尊君、隆禮、法後王。	兼愛、非攻、節用、尚同、尚賢、尊天、明鬼、非禮、非樂。	清靜無爲、純任自然，以柔克剛、以弱制強、知雄守雌、知白守辱、浮遊乎道德之境、物物而不物於物	循名責實、信賞必罰、講勢術、法、主張提高君主威勢、重視手段與法術、以刑賞兩柄控制天下。非先王、斥儒墨、反禮教。	講論理學（名學）如：大小之辯、同異之辯、離堅白、白馬非馬、指物論、名實論。	陰陽變化、（原始陰陽說多失傳）五行終始、大九洲說（鄒衍說）
本宗派之重要人物	子夏、子游、子張、子弓、曾子、漆雕開、宓子、子思、景子、公孫尼子、孟子、樂正子、仲良氏、虞卿、荀卿、徐子、魯仲連。	禽滑釐、隨巢子、胡非子、宋鈃、田俅子、我子、相里勤、相夫氏、鄧陵氏、纏子。	關尹子、楊朱、列禦寇、黔婁子、它囂、彭蒙、田駢、慎到（兼法家）環淵、捷子、宮孫子、鶡冠子。	尸佼、劇子、慎到（兼道家）游棣子、李斯。	尹文子、毛公、成公生、黃公。	鄒奭、公孫發、公擣生、閭丘快、馮促、將鉅子、乘丘子、杜文公、南公。
備考	有組織之宗派	有組織之宗派	無組織之宗派	無組織之宗派	無組織之宗派	無組織之宗派

表 3-4：先秦諸子所在時代先後約表

先秦諸子所在時代先後約表

周紀（時代＼諸子）	民元前	西元前	儒	墨	道	法	名	陰陽	其他
	2461	550	孔丘		李耳（老子）？		鄧析		
景王									
敬王									
	2411	500	卜商	墨翟					
元王									
貞定王				禽滑釐					
	2361	450	子思		列禦寇				
考王									吳起　白圭
威烈王						李悝			
安王									許行、彭蒙
	2311	400			楊朱	申不害			
烈王				宋鈃（一作小說家）		商鞅			孫臏
顯王									蘇秦、張儀
	2261	350	孟軻		莊周				
慎靚王							惠施	鄒衍	
赧王									
	2211	300	荀況	相里勤　相夫氏　鄧陵氏			公孫龍	鄒奭	

表 3-3、3-4 資料來源：陳致平，中華通史，第一冊（台北：黎明，75 年 12 月），頁 450~453。

輯 7：孔子的政治思想（一）

1. 孔子的身世、事蹟、理想簡述。

（一） 身世、時代孔子，名丘，字仲尼。是殷遺民貴族，早年喪父，幼而貧賤。治「君子之學」，首開平民教育風氣。觀書宋杞（殷夏之後），適問周禮，是見治學之勤。依《史記》、《禮記》所載，孔子父叔梁紇、母親顏徵在。<史記・孔子世家>說：「紇與顏式女野合而生孔子」，後世對「野合」二字頗多不解，以爲孔子父母是野合生了孔子。《史記索隱》家語解說，今此云「野合」者，蓋謂梁紇老而在少，非當壯室初笄之禮，故云野合。依古禮之意，如今之「老夫少妻」就叫野合。

（二） 一生事蹟無外從政、教學、編書：

1. 從政：初曾爲貧而仕，任委吏（管倉庫小官）、乘田（管牧羊的官）。後宰中都，進爲司寇，以言折景公。圖削孟、叔、季三家之勢不成，自知不見用，遂去魯適衛。此後無從政。
2. 教學：約三十而立時開始授徒，賢有七十餘。出身大多貧賤，如顏回居陋巷，曾子種瓜，閔子騫爲父推車，子貢貨殖。爲貴族來學者，魯有南宮敬叔，宋有司馬牛。所學都仕進之術。
3. 作《春秋》（據孟子和司馬遷所言）、編《書經》（即《尙書》，孔子用作教本）、刪訂《詩經》、修《周禮》、作《易傳》。

（三） 孔子的理想：

1. 最大的成就，根據舊聞，樹立一士君子仕進致用之術，再用此學術授之平民，以培養一批以知識和德能爲主的新統治階級。其方法是教學，目的是從政。
2. 類似柏拉圖的「哲君」思想：一曰化?位兩缺的小人爲有?無位之君子，二曰致有?無位之君子成德位兼備的君子。

（四） 孔子與弟子不見用於當世的理由：

1. 歷史環境受限爲最：當時魯國政權已移入大夫陪臣之手，欲其破格授位，誠非易事，孔子自身屢遭讒（如在齊魯衛楚），便可窺知。歷史環境趨向多元、分歧，重回西周情境已無可能。
2. 世卿雖衰，階級觀念依然存在。以平民置卿相，未必爲世俗所安。

到孟子時，「君子儒」地位始漸提高。但「君子儒」並非當時「市場」上所需要的人才，故儒者難獲重用。

3. 到戰國七雄以降，更每況愈下，仕進者非善戰明法，能合縱連橫不行。仁政美言乃不管用，此實世局使然，非儒者不行也。
4. 最重要的原因，春秋戰國是一個「亂世」，須要「治亂之學」，即富國、強兵、重典、致勝之學，如管仲（法家）、孫武（兵家）、蘇秦、張儀（縱橫家）等都得到重用。另外是工商發達帶來的「賺錢學」也受重用，孔子之學倡仁政，倡君子儒，在當時是無利可圖的空話，故未受重用。孔子雖爲一偉大的政治思想家，失意的政治改革者。觀其失意尚有一言，按現代「政治爲利益分配之藝術」，蓋言政多少有利可圖，而孔子的君子儒幾無利可圖，要眾人在理想狀態下「有德致位」，太難了。

話雖如此，他的思想、主張通過了時空的考驗，取得聖人「執照」的地位，而且是世界級的聖人。似乎聖人在世大多不受重用，甚至他有生之年還是一個「罪人」（如貞德）。對孔子在世未受重用也就不覺得奇特，千百年來他的「至聖先師」地位無可動搖，大陸在文革時期舉全國之力要「打倒孔家店」，反被孔家店「溶解」掉，回頭來高舉「尊孔」大旗，才能在中國地盤上取得起碼的「生存權」。

所以，孔家店早已無限上綱，與整個中國「靈肉合一」，中國在，孔家店在；中國亡（指文化衰弱），孔家店未必關門。對這位了不起的店主、宗師，萬世師表孔子，他不僅是中國之寶，也是世界之寶。

2. 孔子政治思想的起點和標準：從周與正名，為何要「從周」？正甚麼名？

孔子雖是殷遺民，但他出生時商朝已亡了將近六百年，恢復無望，孔子「從周」是唯一的選擇，這是常情常理。就像我們生長皆在中華民國的時代，「從中華民國」就成爲唯一的選擇，而「中國人」也成爲與生俱來的圖騰。故吾人論述孔子的政治思想，「從周」開始。

（一） 從周爲其政治思想的起點：

「吾說夏禮，杞不足徵也，吾學殷禮，有宗存焉。吾學周禮，今用之，吾從周。」（＜平庸＞28 章）;「周監於二代，郁郁乎文哉。吾從周。」（＜論語·八佾＞第三），有其理由：

1. 殷之文化，或尚淺演。近代學者斷其石器時代或已用青銅，其質尙樸，與儒家理想不合。
2. 若殷商文化頗高，周因殷禮，則從周衹間接採用殷禮，並非兼採二種不同制度而調合之。且殷亡已六百年，復國無望，遺民早被同化乃必然。孔子本人也已周化，醉心周禮，事極自然。
3. 孔子於殷之禮俗，取舍不一。個人社會生活末節有從者，與政治無直接關係。如殷人有酗酒惡習，孔子自謂「不爲酒困」，殷人尙鬼治，孔子則「未能事人，焉能事鬼」。
4. 雖爲殷人，而身仕魯，已承認周政權，早已喪失革命環境，其謂「生乎今之世，反古之道，如此者哉及其身者也。」

可見孔子喜歡夏禮，但夏朝時代「杞國」已快要無証據可查了。孔子也學殷禮，但殷朝後代的宋國只剩一些前朝遺規，不合時用。只好學周禮從周，希望恢復西周盛世時的封建、宗法制度，免於天下大亂。故從周之意還是在恢復社會和政治秩序，蒼生百姓得享和平安定日子，天下再回到「車同軌、書同文、行同倫」規範（《中庸》２８章）。

（二） 從周爲出發點，「正名」則是具體主張：

1. 正名的歷史背景：在面對衰周，封建政治與宗法社會均已崩壞，天下紊亂，均歸咎於周禮之棄。故「正名」在按周封建天下之制度，調整君臣上下之權利與義務之謂。如

　　子路問政，子曰「必也正名。」

　　齊景公問政，答「君君、臣臣、父父、子子。」

若各就其位，秩序井然，萬民相安。故正名爲一切政治必要條件。

2. 正名之標準：即盛周之制度，狹義指文武之方策，故曰「憲章文武」。廣義則指「周禮」，即周公之典章制度，故曰「吾學周禮」。孔子之禮，不限婚喪儀節之末，指社會的全部制度。克己復禮，天下歸仁，則衰亂可回太平，戰國可以不興，始皇莫由統一。孔子認爲整飭「政治倫理」，以「正名份」爲先務。子路問：「有是哉，子之迂也！奚其正？」孔子對「正名」答的最清楚：

野哉，由也！君子於其所不知，蓋闕如也。名不正，則言不順；言不順，則事不成；事不成，則禮樂不興；禮樂不興，則刑罰不中；刑罰不中，則民無所措手足。故君子名之必可言也，言之必可行也。君子於其言，無所苟而已矣！

孔子這段話，把正名到治國的因果關係推的清清楚楚，凡事「名不正、事不成」。正名的第一個功能是要穩定春秋政治的混亂；第二個功能是「春秋大義」的正名（後述），是對中國一貫道統和政統（正統）的正名。但孔子政治思想中最偉大的創發是「仁」學思想，無「仁」儒學思想體系無從建立。

後來孔子死後還有一段正名的故事，魯哀公要來弔孔子喪，先派使者送來誄文：

旻天不弔，不?(ㄧㄣ丶)遺一老，俾屏余一人以在位，煢煢余在疚。嗚呼哀哉！尼父，毋自律。

子貢在場聽完使者讀誄文，立刻提出抗議，說「誄文不能接受，請使者帶回。」子貢將拜見魯君解釋理由。原來誄文魯哀公自稱「余一人」，是僭越，是一種造反行爲，違反禮制。吾師曰：「禮失則昏，名失則愆。」見儒家正名的堅持。

3. 孔子思想中最偉大的發明「仁」，何謂「仁」？

孔子思想儘管有龐大完整的體系，但若要用一個字代替他的核心思想，便是「仁」字。仁有很豐富的內涵，有很偉大的學問，政治不講「仁」，就只剩下血淋淋的叢林廝殺。

（一）「仁」是創新發明：

孔子思想若止於從周正名，則他不過是一封建後衛，周化之順民，忠 實之守舊黨，未必能有「賢於堯舜」之地位。蓋他承認時君政權，而非以現狀爲滿足，「仁」觀念的創新，最爲重要，梁啓超謂「儒家言道言政，皆植本於仁。」

孔子仁學可能來源：

1. 姬周之今學，較少。
2. 殷商以前古學較多。
3. 孔子創說較多。

夏商古學、周書周禮，均少論「仁」字。惟殷政寬簡，孔子用之發明了仁愛原則，並合周禮，目的也在挽救周之衰敗。仁政思想的完成，是孔子全部思想的最後歸宿與目的。

（二）仁的含意：

內容頗爲廣泛，就與政治思想有關言之，乃推自愛之心以愛人：

樊遲問仁，子曰：「愛人。」

仲弓問仁，答：「己所不欲，勿施於人。」

子貢問仁，答：「己欲立而立人，己欲達而達人。能近取譬，可謂仁之方。」

就修養而言，仁是個人私德。就實踐言，仁又是社會倫理與政治原則。故仁實治人倫、道德、政治於一灶，致己、人、家、國於一貫。宗法社會混家事、國政爲一，二者以仁爲依據。孔子的封建天下，實已經仁道化、理想化之封建也。

（三）若於殷政中得仁道，何不直言「殷先哲王」，其原因：

1. 孔子明言，生今反古，?及其身。對周時君而宣揚亡殷，恐有後遺症，且亡國大夫之論未必見於世用。故託言堯舜禹則有，契湯則鮮及。
2. 稱堯、舜者，在矯正周人禮煩政苛之傾向。如其稱堯：「唯天爲大，唯堯則之。蕩蕩乎民無能名焉。」

   稱舜：「無爲而治者，其舜世輿。夫何爲哉。恭己正南面而已矣。」

   而又憲章文武，在守其縝密之制度。

   孔子比較研究三代的禮樂教化，歸納出「仁」是其中最重要的內涵，尤其存在周禮之中，孔子對自己的發現有如此的解釋：

   孝悌也者，其爲仁之本與！

   入則孝，出則悌，謹而信，泛愛眾，而親仁。

夫仁者，己欲立而立人；己欲達而達人。

能近取譬，可謂仁之方也已。

爲仁由己，而由人乎哉？

人而不仁，如禮何？人而不仁，如樂何？

既然「仁」是孔子思想中的核心思維，是政治的靈魂，若不仁，不僅政治成爲生物間的撕殺，禮樂教化亦皆廢也。所以，以下進而論述孔子仁學的理論與實踐。

4. 孔子政治思想以「仁」為核心，用一個字代表思想家的思想體系，顯然是很神奇的，孔子仁學的理論與實踐有哪些內容？

「仁」是孔子政治思想最重要的內涵，沒有仁的內涵，其他只剩空架子。孔子在許多地方都不斷論述仁的理論和實踐方法。以下從這兩方面進入孔子的仁學。

（一）仁學理論之意涵

樊遲問仁，子曰：「愛人。」（顏淵）。

子貢問：「如有博施於民而能濟眾，何如？可謂仁乎？」子曰：「何事於仁，必也聖乎！堯、舜其猶病諸！夫仁者，己欲立而立人，己欲達而達人。能近取譬，可謂仁之方也已。」（雍也）。

顏淵問仁。子曰：「克己復禮為仁。一日克己復禮，天下歸仁焉。為仁由己，而由人乎哉？」（顏淵）。

子張問仁，子曰：「能行五者於天下，為仁矣。」請問之，曰：「恭、寬、信、敏、惠。」（陽貨）。

有子問仁，子曰：「孝悌也者，其為仁之本與！」（學而）。

以上是孔子針對不同的學生問仁，回答幾種不同的內涵。如愛人、孝悌、克己復禮、己立立人等，這是成爲「人」的起點，由起點向外推就是「達人」。可見仁含有「忠恕」之道，再看孔子如何把仁的內涵擴大：

子曰：「人而不仁，如禮何？人而不仁，如樂何？」(八佾)。
子曰：「志士仁人，無求生以害人，有殺身以成仁。」(衛靈公)。
子曰：「桓公九合諸侯，不以兵車，管仲之力也。如其仁！如其仁！」(憲問)。

以上是孔子把仁擴張到志士成仁，至能以和平方式平天下都是仁。就仁的理論內涵，概括四維八德，故仁可謂涵蓋一切道德之內。《中庸》曰「仁者，人也，親親爲大。」可見不仁，便不是人，只是一隻動物。

(二) 仁的實踐方法

大凡人類行道之途徑，從自覺意識開始，即「覺悟」。孔子從人最嚮往的榮華富貴說起：

子曰：「富與貴是人之所欲也，不以其道得之，不處也。貧與賤是人之所惡也，不以其道得之，不去也。君子去仁，惡乎成名？君子無終食之間違仁，造次必於是，顛沛必於是。」(里仁)

子曰：「不仁者，不可以久處約，不可以長處樂。仁者安仁，知者利仁。」(里仁)

這兩段話孔子從人生所面臨的富貴貧賤談起，指人無論何時都要存仁心，從生活中去體驗仁的存在，才能感覺出仁的好處。行仁不僅是好處，也是「有利」的。(作者註：儒家不言利，但孔子認爲行仁對眾生而言也是一種利。)但孔子進而叫人「苟志於仁矣，無惡也。」(里仁)。「苟不志於仁，終身憂辱，以陷於死亡。」(孟子・離婁上) 所以，任何人對仁沒有自覺、領悟、立志是多麼不幸與悲慘。一個對「仁」沒有領悟的人，是很不幸的。

立志後要行仁，從哪裡開始，孔子告訴大家每個人身上都有仁，隨時可以實踐，「仁遠乎哉？我欲仁，斯仁至矣！」(述而)。故仁也不是甚麼大道理，「己立立人，己達達人」如此而已。仁實踐後的狀態是怎樣呢？

子曰：「知者樂水，仁者樂山；知者動，仁者靜；知者樂，仁者壽。」（子罕）。

子曰：「知者不惑，仁者不憂，勇者不懼。」（子罕）。

這裡孔子比較知、仁、勇三者的境界，以仁者的境界最高。仁者無憂，縱使如岳飛、文天祥或黃花崗烈士，面臨生死關頭，最後仍選擇「殺身成仁」，就是爲實踐仁的最高境界，超凡入聖，成爲完人。但孔子並不是叫每個人都成完人，小老百姓從生活中行仁，從政的人要能有一顆仁心，英雄豪傑殺身成仁，都是在實踐仁，惟境界有高低。孔子期許每個人循序漸進的行仁，從自覺開始達到最高目標。

5. 孔子有偉大的政治思想，但他對一個國家要如何統治，有無較具體的主張？

我們常說「半部論語治天下」，可見孔子對治國之術也是有主張的，他認爲養民、教化和治術是合一的。治術是「德禮刑政」，知道了孔子偉大的思想，進而論其治術。簡言之有三：

（一）養：養民爲要務：

養民，在孔子視之是聖人之事業，施政優劣之標準。其途徑有輕賦稅、惜力役、節財用等。吾人要注意，孔子論養民以民生裕足爲目的，戰國以後之富強政策非其能想像與許可。裕足的標準在相對平均，而非國民所得的高低。故曰：「有國有家者，不患貧而患不均，不患寡而患不安。蓋均無貧，和無寡，安無傾。」

養民是國家必要政策，但非最高政策。蓋國家之目的不僅在人民有充裕衣食，而在美善之品性與行爲。故他論衛國之民則富而教，答子貢問政則「去食存信」。

（二）教：政教貫通，君師合一：教化方法有二：

1. 以身作則，最爲重視：

「政者正也。子率以正，孰敢不正。」

「上好禮則民莫敢不敬，上好義則民莫敢不服，上好信則民莫敢不用情。」

「君子之德風，小人之德草。草上之風必偃。」

自孔子視之，修身以正人，事簡效速，成功之治術也。苟能用之，則「不令而行，無爲而治」，天下歸仁，指日可待。

2. 以道誨人，亦爲雅言：

如詩書禮，孝悌忠信之效，均化民成俗之術。吾人特注意，孔子教化政策是以培養個人品格爲目的，非智識技能之傳授。乃　至射御諸術，也在陶融品格，而非鍛鍊身體，是仁本政治必然趨勢。

「政者正也」之主張，認定政治乃在化人，而非治人治事。政治與教育同功，類似柏拉圖以道德國家爲最高境界。

（三） 治：政刑爲具，在道德與教育範圍之外：

此指一切典章法令、文武方策、周禮，用以治人治事爲用的各種制度。

蓋孔老深明人類亦有其劣根性，中人可以語上，而上智與下愚不移，可見法令刑賞有其用。但他的治術，傾向於擴大教化，縮小政刑之範圍。輕政刑，重寬仁。對道德積極，對政治略近消極。

上面的「養教治」可稱孔老的施政計畫，與全部社會制度。且此三種都只是方法（手段），而非目的，其目的是教化出有品格的國民，使天下歸仁。天下之所以能歸仁，還是得由「德禮刑政」的運作，治國平天下才能完成。基本道理如孔子所說：

子曰：道之以政，齊之以刑，民免而無恥；道之以德，齊之以禮，有恥且格。（＜ 為政＞）

子曰：夫民教之以德，齊之以禮，則民有格心；教之以政，齊之以刑，則民有遯心。

（＜禮記・緇衣＞）

把孔子「德禮刑政」的統制途徑，化約成四個國家統治的基本原理，可圖解如下。養民是一種目的，其他的教化、治術都是方法。若能由此使「天下歸仁」，便如柏拉圖理想國的狀態，是完美道德國家的最高境界。

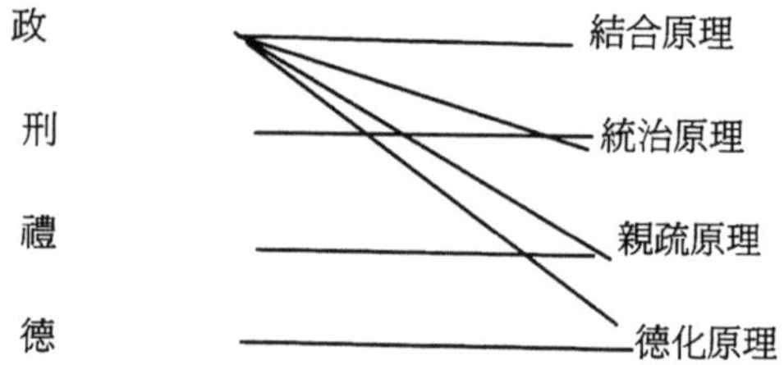

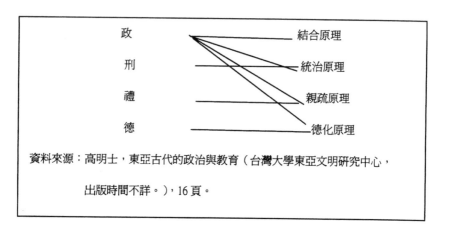

資料來源：高明士，東亞古代的政治與教育（台灣大學東亞文明研究中心，出版時間不詳。），16 頁。

圖 3-2：孔子的國家統治基本原理

6. 一般我們把儒家思想定位在「人治」，孔子「人治」思想 的基礎：君子，君子如何治國？

春秋時代學術思想縱有百家爭鳴，但對治國到底是依法還是依人，主要只有兩種主張，即法治派和人治派，儒家屬於人治派。

孔老思想以從周爲依據，有正名爲標準，有仁政的理想，有德禮政刑爲政綱政策，但賴以可長可久的僅「人」，君子即人治思想之結晶。

(一) 孔子所言「君子」的歷史意義：(君子是周代流行名稱)

1. 純社會地位，與個人品行無關，完全因襲詩書。
   「君子而不仁者有矣夫，未有小人而仁者也。」
   「君子有勇而無義則爲亂，小人有勇而無義則爲盜。」
   此君子指士大夫，小人指百姓，與個人品行無涉。
2. 純指個人品行：自創爲大。
   「君子疾歿世而名不稱焉」、「君子固窮，小人窮斯濫矣。」
3. 兼社會地位與個人品行者：襲舊而略變其旨。

「子謂子產有君子之道四焉。其行己也恭，其事上也敬，其養民也惠，其使民也義。」子路問君子，曰：修己以敬，修己以安人，修己以安百姓。

（二）孔子屢言君子，用意似有二端：

1. 救宗法世卿之衰，進而形成新統治階級：

封建宗法衰敗時，宗子世卿已不能專擅國政，門閥統治階級漸失，貴族沒落，政權操權臣，若任由逐鹿，必淪於叢林生存爭戰，天下必大亂。故設以德政位之教，替代宗子與權臣。蓋孔子似欲以「君子」爲新統治階級，而以德性爲標準。用「君子」之名，亦不違反傳統，又能行政治改革主張。可惜「仲尼不有天下」，其新統治階級並未出現。

君臣關係爲相對，「以道事君，不可則止」，蓋「君子」以愛人之心，行仁者之政，此爲取位之目的與標準。否則便是「干祿」、「志於穀」。

2.補周政尚文，法令滋彰之弊，人治的直接表現：

周禮之完備，行之數百年不免君微政衰，制度亦不合環境所用，則國家不能徒賴制度爲治，是孔老的結論。故言「君子」，立「仁治之教，做政治的統一標準。哀公問政，子曰：「文武之教，布在方策。

其人存則其政舉，其人亡則其政息。人道敏政，地道敏樹。」、「爲政在人，取人以身，修身以道，修道以仁。」吾人注意，並非「爲政在人」而不要制度。後人都以孔子的人治和後來的法治對待，是有所誤解。蓋「從周」、「正名」是依法制而治，「仁政」、「君子」是人治色彩，相互爲用。

君子的提出是人治的直接表現，也是一種新統治階級。其作用在救周政之弊和宗法之衰，並與從周、正名相互補助。故孔子的人治並非因人而不從法，春秋與正名就是法治的精神。孔子的重點在強調「君子」治國的必須；反之，把一個國家交給一群「小人」將會如何？君子能爲蒼生成仁，行仁，小人想必只會把國家玩垮掉，豈是蒼生之福。孔子沒這麼說，但有此意。

孔子成《春秋》，亂臣賊子懼，此後數千年凡是違反春秋大義（內涵是正統一統、仁政），即是「不法政權」。此種透穿時空力道，無異成了中國的「萬年憲法」。

輯 8：孔子寶典中的政治思想(二)

1. 孔子的寶典都是中華文化、政治思想的精華，有哪些？

孔子總結自己的人生，謙虛的說「述而不作」，意思說他只是把以前的東西綜合整理成系統，使能論述而已。他用六經（詩、書、易、禮、樂、春秋）爲教材，傳授給他的學生，這些東西在孔子之前已在中國社會流傳很久。所以，孔子才說「述而不作」，依據研究孔子有下列的著作，包含屬於他的「智慧財產」：

（一）《易傳》：一部對周易的研究和詮釋專書，由十篇論文組成，稱「十翼」。分別是：文言、彖傳（上下）、象傳（上下）、繫辭傳（上下）、說卦傳、序卦傳、雜卦傳等爲孔子所作。

（二）《尚書》：或稱書經、孔子修訂、各篇再加上「書序」。

（三）《詩經》：相傳有三千多首詩，孔子刪訂成三百零五篇。

（四）《周禮》：古文學家以爲孔子所作，實乃西周典籍，孔子加以整理。

（五）《禮記》：孔子課堂講禮，弟子及後學者記禮的書籍。

（六）《春秋》：原是魯國的編年史書，孔子加以筆削，以寓褒貶，筆法甚嚴，意在定名份與明是非，故孔子作春秋而亂臣賊子懼，可見春秋之義對中國道統影響之大。後傳春秋者有三家：即左傳（左丘明，魯太史）、公羊傳（公羊高，齊人）、穀梁傳（穀梁子，魯人）。

（七）《大學》：傳是曾子所作，程伊川謂爲孔子之遺書。

（八）《中庸》：傳爲子思所作，程伊川謂爲孔門傳授心法。

（九）《論語》：孔子誦課及應答時人或弟子之語，弟子編纂成書。

（十）《孝經》：孔子或弟子作，有多種說法。

以上是屬孔子智慧財產相關的十書，除《易經》、《尚書》已在西周政治思想講過，《大學》、《中庸》、《論語》（另加《孟子》稱四書）是影響中華文化和政治思想最深的四本書，爲儒家之經典。故本輯的重點是簡介前三本的政治思想，《孟子》於講孟子時論述之。

第一本儒家寶典《大學》（政治哲學入門書）

本書有經文一篇，另詮釋經文十篇，是中國政治哲學入門書，從政學子甚至是一般讀書求知都終生必讀。經文簡短而充滿政治智慧，故全文照錄：

大學之道，在明明德，在親民，在止於至善。知止而后有定，有定而后能靜，靜而后能安，安而后能慮，慮而后能得。物有本末，事有終始，知所先后，則近道矣。古之欲明明德於天下者，先治其國；欲治其國者，先齊其家；欲治其家者，先脩其身；欲脩其身者，先正其心；欲正其心者，先誠其意；欲誠其心意者，先欲其知；致知在格物。

物格而后知至，知至而后意誠，意誠而后心正，正而后身脩，身脩而后家齊，家齊而后國治，國治而后天下平。自天子以至庶人，壹是皆以脩身為本。其本亂而末治者，否矣。其所厚者薄，而其所薄者厚，未之有也。

這篇短文及十篇詮釋文，幾千年來的從政學子終生無不奉爲經典捧讀，碰到政治難題也從中找到可用的智慧。國內三大政黨之一的親民黨，就是從在「親民」得到政治活水，二〇〇五年春的「扁宋會」陳水扁送宋楚瑜「真誠」二字，也明顯從大學之道取經，再舉第九篇詮釋「齊家治國」。

所謂「治國必先齊其家」者，其家不可教，而能教人者，無之。故君子不出家，而成教於國；孝者，所以事君也；弟者，所以事長也；慈者，所以使眾也。康誥曰：「如保赤子」，心誠求之，雖不中不遠矣。未有學養子而后嫁者也。一家仁，一國興仁；一家讓，一國興讓；一人貪戾，一國作亂；其機如此。此謂一言僨事，一人國定。堯、舜率天下以仁，而民從之；桀、紂率天下以暴，而民從之。其所令反其所好而民不從。是故，君子有諸己而后求之人，無諸己而后非諸人。所藏乎身不恕，而喻能諸人者，未之有也。故治國在齊其家。詩云：「桃之夭夭，其葉蓁蓁；之子于歸，宜其家人。」宜其家人，而后可以教國人。詩云：「宜兄宜弟。」宜兄宜弟，而后可以教國人。詩云：「其儀不忒，正是四國。」其為父子兄弟足法，而后民之法也。此謂治國在齊其家。

以上是中國人所信仰的政治思維，也是國家管理的思維，完全沒有權力操作和權謀之用的痕跡。因爲中國人講國家管理，本質上壓根兒就不是經由權力途徑，而是像父慈子孝、兄友弟恭那般的自然，是經由脩身齊家途徑而達治國之目標。從中國政治哲學來檢驗台灣的民主社會（美式民主），也能發現「亂源」是偏離大學之道。民進黨及台聯等獨派份子，心中不誠，一味權謀，李登輝等「桀紂」率天下以暴，民有一批人從之。一人貪戾，一國作亂，其機如此。

所以，我國的政治哲學可以說從心正開始，這是一個源頭，個人事業交遊的源頭，也是治國平天下的源頭。一顆心做不到「誠意」二字，其他一切外求都是不正（即欠缺正當性，或合法性，如「319 槍擊案」的設計，雖竊取政權，卻是一個紛亂的源頭）。

2. 大學之道認為齊家、治國、平天下，乃至萬事萬物，都從「誠意」開始，如何釋「誠意」二字？

大學之道釋「誠意」二字，是與正心、修身、齊家連貫，簡稱「誠正修齊」。經文第六篇釋誠意，原文曰：

所謂「誠其意」者，毋自欺也。如惡惡臭；如好好色：此之謂自謙。故君子必慎其獨也。小人閒居為不善，無所不至；見君子而后厭然揜其不善而著其善；人之視己，如見其肺肝 然。則何益矣？此謂誠於中，形於外。故君子必慎其獨也。曾子曰：「十目所視，十手所指，其嚴乎！」富潤屋，德潤身，心廣體胖。故君子必誠意。

釋文頭尾沒有提到「政治」二字，但從政卻不能偏離誠其意，這是中國人講治國平天下奇妙的地方。「扁宋會」陳水扁為何提「真誠」二字，獨派大反彈，認為陳水扁向統派投降，放棄台獨理想，陳水扁也反彈說「別自欺欺人了」。陳水扁終於誠實說出台獨的不可能性，講台獨是騙人的，這就是誠其意，誠實面對問題的「真相」。

大學之道釋正心修身，在接續誠其意的進展程序，經文曰：

所謂「修身在正其心」者，身有所忿懥，則不得其正；有所恐懼，則不得其正；有所樂，則不得其正；有所憂患，則不得其正。心不在焉：視而不

見，聽而不聞，食而不知其味，此謂「修身在正其心」。

到這裡在文字上開始接近政治圈了，因爲「政者正也」，故要正其心。凡是心中有恨、有貪圖、有恐懼等，都很難正其心，修身也就免談了。所以釋修身齊家經文又曰：

所謂「齊其家在脩其身」者，人之所以親愛而辟焉，之所以賤惡而辟焉，之所以畏敬而辟焉，之所以哀矜而辟焉，之所敖惰而辟焉。故好而知其惡，惡而知其美者，天下鮮矣。故諺有之曰：「人莫知其子之惡，莫知其苗之碩。」此謂身不脩，不可以齊其家。

這篇解釋修身齊家之義理，例舉陷於一偏的害處。美德也不可偏，偏即不正，失其所美矣，言理智不爲感情所蒙蔽也。例如「人莫知子之惡」，故須修身齊家。

大學之道最後釋治國平天下，曰「民之所好好之，民之所惡惡之」、「有國者不可以不慎，辟則爲天下僇」、「道得眾則得國，失眾則失國」、「小人之使爲國家，菑害並至；雖有善者，亦無如之何矣。此謂國不以利爲利，以義爲利也。」這些都是中國政治哲學重要的價值。而今，許多政治人物假民主之名，顛覆寶貴的價值，難怪社會要亂。

再者，誠意、正心、修身、齊家、治國、平天下，整個過程是很嚴肅的。而現在政壇受「美式民主」歪風影響，認爲政治是在「玩 Game」，那裡顧到國家的千秋大業或福國利民，越玩越亂，公平正義仁義道德都被玩掉了。

反正西方民主思想認爲搞政治就是玩，一切可以不在乎，不負責，玩的爽就好。美國第二次打敗伊拉克後，布希說「Game is over」，凡是推行美式民主的國家無不受此影響，社會或政壇哪有不亂，中國未來的民主化不能搞美國那套，否則也完了。

3. 儒家另一本重要著作《中庸》是中國人的政治思維方法，陳水扁的「新中間路線」大概取經於此。

第二本儒家寶典《中庸》（政治思維方法論）

關於《中庸》的價值，宋代程頤曰：「不偏之謂中，不易之謂庸。中者，天下之正道；庸者，天下之定理。此篇乃孔門傳授心法，子思恐其久而差也，故筆之於書，以授孟子。其書始言一理，中散爲萬事，末復合爲一理。放之則彌六合，卷之則退藏於密。其味無窮，皆實學也。」可見《中庸》是一本實用的書，歷代統治者都在此取經，陳水扁雖「逆取」（用詐騙方法取位），若能回到中庸之道，便能「順守」（增強大位的合法性）。因此，中庸之道陳水扁是不得不走，非走不可，由不得他也。那麼《中庸》一書到底講甚麼？

（一）不執於兩端

孔子不執著於兩端，依「中道」的思維方法，在《中庸》一書則明確將其理論化，即「執兩用中」：

天命之謂性，率性之謂道，修道之謂教。道也者，不可須臾離也；可離，非道也。是故，君子戒慎乎其所不睹，恐懼乎其所不聞。莫見乎隱，莫顯乎微；故君子慎其獨也。喜怒哀樂之未發，謂之中；發而皆中節，謂之和。中也者，天下之大本也；和也者，天下之達道也。致中和，天地位焉，萬物育焉。（第一章）

子曰：「舜其大知也與？舜好問而好察邇言；隱惡而揚善；，執其兩端，用其中於民：其斯以為舜乎！」（第六章），

以上兩段話講天地萬物都不能走極端，不偏左，不偏右。縱使天和人也不是對立的，而是和諧合一的，天和人是和平共存的，舉舜行中道榜樣給人民看，故能政通人和。（作者註：西方政治思想是競爭與對立的，要分左派右派，要分執政和反對黨。人與自然關係也是一樣，人要打敗自然，要征服自然，因而自然界受到極大破壞。現在西方思想家開始反省，並向中國儒家宗師孔子取經，走向中庸之道，能如此也是可喜。）

（二）合兩端爲一

中庸思維方法不僅在消極的不偏左右天人，且積極的合兩端爲一，即中道的實踐。經文曰：

誠者，天之道也；誠之者，人之道也。誠者不勉而中，不思而得，從容中道，聖人也。(二十章)

成己，仁也；成物，知也；性之德也，合外內之道也。故時措之宜也。(二十五章)

對於合兩端爲一，孟子也詮釋說「子莫執中，執中爲近之；執中無權，猶執一也。」(<盡心>上）荀子也詮釋說「左之左之，君子宜之；右之右之，君子有之。此言君子能以義屈信變應故也。」(<不苟>)。經孟子、荀子解執兩用中，也具有權宜的可變性，中道乃合左右而成，只有一個左或右，不可能成「道」，是中道的奇妙與實相。

（三）中庸是正人君子之道

中庸是一種了不起的思想，因此是正人君子之道，政治智慧之有無盡在中庸之中。經文曰：

仲尼曰：「君子中庸，小人反中庸。君子之中庸也，君子而時中；小人之反中庸也，小人而無忌憚也。」(第二章)

子曰：「道之不行也，我知之矣；知者過之，愚者不及也。道之不明也，我知之矣：賢者過之，不肖者不及也。」(第四章)

上段文字孔子點出，中道沒有廣行天下的緣故，是能者做過頭，而愚者又不及，表示過與不及都不對。這也是中道的難處，子曰：「天下國家可均也，爵祿可辭也，白刃可蹈也，中庸不可能也。」(第九章）中庸誠難能而可貴也，不僅是儒家的政治思維方法論，亦爲儒家的終極價值。

至於陳水扁的「新中間路線」，是否向《中庸》取經，我認爲他無此智慧，亦無此誠意。從「319 槍案」非法取得政權後，至今施政觀察其實況，他的「新中間路線」只是一場「瞞天過海」的騙局，諸君不察焉？

4.《中庸》是儒家寶典，還有哪些孔子的政治思想在其中？

《中庸》有如一座永恆的寶礦，永遠挖不盡，雖經兩千餘年，愈見礦源深不可測。試再探經文中孔子的中道思想。

（一）君子政治與治國常道

孔子先在《中庸》第二章說「君子中庸，小人反中庸」，所以治國平天下是君子的天職，小人不可爲也。故在二十章經文曰：

哀公問政：「文、武之政，布在方策。其人存，則其政舉；其人亡，則其政息。人道敏政，地道敏樹；夫政也者，蒲盧也。故為政在人，取人以身，修身以道，修道以仁…知所以治人，則知所以治天下國家矣。凡為天下國家有久經，曰：脩身也，尊賢也，親親也，敬大臣也，體群臣也，子庶民也，來百工也，柔遠人也，懷諸侯也。」

上言說明孔子的仁政思想是經由君子完成的，因爲國家有九經（九種常道要推行），而這九經的推行只有仁人君子願意行之，仁人君子有誠意行之，小人不誠，反而給人民帶來災難，所以孔子在二十四章說：

至誠之道，可以前知，國家將興，必有禎祥；國家將亡，必有妖孽；見乎蓍龜，動乎四體；禍福將至，善必先知之，不善必先知之：故至誠如神。

這就是孔子認爲國家管理權要在仁人君子手上的道理，仁人君子知道誠意修身，推行中道（九經），則國家未來可以預測「將興」。反之，若政權始終在一批小人手上，小人只知玩弄權力，則國家未來也是可以預測「將亡」。政壇上的人物個個走極端行偏鋒，不行中道，便是一個個「妖孽」，如今天台灣政壇上這批台獨妖孽便是。

（二）三代、從周與中道大德

「從周」思想前面講過，但這裡孔子再交代他的思想是綜合歸納三代以來的中道思想而成。經文曰：

子曰：「吾說夏禮，杞不足徵也；吾學殷禮，有宋存焉；吾學周禮，今用之；無從周。」（二十八章）

仲尼祖述堯、舜，憲章文、武；上律天時，下襲水土。辟如天地之無不持載，無不覆幬；辟如四時之錯行，如日月之代明。萬物並育而不相害，道並行而不相悖。小德川流，大德敦化。此天地之所以為大也。

前段孔子從周，後段孔子詮釋《中庸》所持的中道，不排斥左亦不排斥右，而是如天地包含萬物般通通接納，「萬物並育而不相害」。這個境界已超越中庸之道（政治方法論），可以看成是孔子的本體論（宇宙論或自然論）。是現代人類經歷兩百年現代化大開發，及政治、種族、宗教百年大戰，形成了大破壞之後，反省想要重新找尋的境界。

孔子在兩千多年前就講到實踐這個境界（萬物並育不相害）的可能性，是人仁君子當政才有機會。孔子在《中庸》三十三章，最後仍寄望於君子從政，「事故，君子不賞而民勸，不怒而民威鈇越…君子篤恭而天下平。」

吾人可以反向看歷史，古今國家之亡，政治之亂，無辜子民被難，就是政權在一批小人手裡。他們心中不誠，甚至邪惡，玩弄權力，殺害忠良，國家焉有不亡？

5. 第三本儒家寶典是《論語》，常聽說「半部《論語》治天下」，一部《論語》治國家就綽綽有餘了。

《論語》是一部儒家「政治學百科全書」，全書二十篇，有關國家管理的政治、經濟、社會、國防、文化、教育、族群等，無所不包含在內，身爲中華子民，絕大多數人從小讀書都讀過《論語》，因此不再詳述，以最簡略的方式，引原文加標題。

（一）定名分正名義（春秋大義）

孔子謂季氏：「八佾舞於庭，是可忍也，孰不可忍也！」

三家者，以雍徹。子曰：「相維辟公，天子穆穆。奚取於三家之堂？」

子曰：「夷狄之有君，不如諸夏之亡也。」

定公問政：「君使臣，臣事君，如之何？」孔子對曰：「君使臣以禮，臣事君以忠。」（以上八佾第三）

（二）德禮刑政（治國方策）

子曰：「為政以德，譬如北辰，居其所，而眾星共之。」

子曰：「道之以政，齊之以刑，民免而無恥。道之以德，齊之以禮，有恥且格。」

哀公問曰：「何為則民服？」孔子對曰：「舉直錯諸枉，則民服；舉枉錯諸直，則民不服。」（以上為政第三）

（三）孔子宗教思想

子不語：怪、力、亂、神。（述而第七）

顏淵死，門人欲厚葬之，子曰：「不可」。門人厚葬之。子曰：「回也，視予猶父也，予不得視猶子也，非我也，夫二三子也。」

季路問事鬼神，子曰：「未能事人，焉能事鬼！」「敢問死？」曰：「未知生，焉知死。」（先進第十一）

（四） 國防、經濟和民心的發展順序

子貢問政，子曰：「足食足兵，民信之矣。」子貢曰：「必不得已而去，於斯三者何先？」曰：「去兵。」子貢曰：「必不得已而去，於斯二者何先？」曰：「去食，自古皆有死，民無信不立。」

哀公問於有若曰：「年饑，用不足，如之何？」有若對曰：「盍徹乎？」曰：「二，吾猶不足，如之何其徹也？」對曰：「百姓足，君孰與不足？百姓不足，君孰與足！」（以上顏淵第十二）

（五） 孔子回答各家問「政治」的回答

齊景公問政於孔子。孔子對曰：「君君、臣臣、父父、子子。」公曰：「善哉！信如君不君，臣不臣，父不父，子不子，雖有粟，吾得而食諸？」

子張問政，子曰：「居之無倦，行之以忠。」

季康子問政於孔子。孔子對曰：「政者，正也。子帥以正，孰敢不正！」（以上顏淵第十二）

仲弓為季氏宰，問政。子曰：「先有司，赦小過，舉賢才。」曰：「焉知賢才而舉之？」曰：「舉爾所知，爾所不知，人其捨諸！」

子路曰：「衛君待子而為政，子將奚先？」子曰：「必也正名乎！」

葉公問政，子曰：「近者說，遠者來。」（以上子路第十三）

每個人問孔子如何搞好政治，答案都不同，也可見政治道理雖單純，方法卻是多元的。《論語》一書論仁、論政、誠意、孝行、治國，處處充滿著政治智慧，是中國人永遠的政治學教本。

6. 孔子最終的政治理想是甚麼？

《禮記》中的大同社會是孔子的理想國（類似柏拉圖的理想國），這段經文也最有名， 國父孫中山先生愛書「大同」、「天下爲公」均源自此。但歷史上對此說頗多臆測，而有牽強附會，分述如下：

（一） 大同小康與儒家同宗旨：（儒家的理想國）

其言見於<禮記．禮運>篇：「大道之行也，天下爲公。…故外戶而不閉，是謂大同。今大道既隱，天下爲家。各親其親，各子其子…是謂小康。」

經文中的「大同社會」是堯舜時代，「小康」則是夏商周的德禮並治的時代。堯舜已不可及，孔子所希望的還是「小康社會」。

（二）三世之說是後世詭論

其說興於漢代何休：「於所傳聞之世，見治起於衰亂之中」→「於所聞之世，見治升平」→「至所見之世，著治太平」。後人曲解三世說者如：

1. 清，康有爲：以升平爲小康，太平當大同。又謂「一世之中有三世，故可推爲九世，又可推爲八十一世，以至無窮。」爲萬世憲法，此誠怪異之論。憑空想像，無根無據，當成哲學思想來讀則可。

2. 漢，何休。哀公十四年西狩獲麟，公羊傳謂子曰：「吾道窮矣。」

何休大作文章，謂夫子素按圖錄，知庶姓劉季當代周。見薪采者獲麟，知爲其出。何者，麟者木精，薪采者庶人燃火之意，此赤帝將代周居其位，故麟爲薪采者所執。「漢姓卯金刀，以兵得天下。」

《公羊傳》論《春秋》之旨，在「撥亂世，反諸正」，何休謂之「孔子仰推天命，俯察時變，預知漢當繼大亂之後。」

何休、康有爲之說有些像「算命仙」，都是一些不能證實的詭論，不過是引孔子之說，強化自己的觀點。

（三）春秋是孔子「正名」思想的代表：

孟子：「孔子成春秋，而亂臣賊子懼」，莊子：「春秋以道名分。」此種正名思想，《左傳》尚少發明，公羊、穀梁則言之甚詳。而公羊傳於尊周之旨與孔子「禮樂征伐自天子出。」相表裡。

如子貢欲去告朔之餼羊，子曰：「爾愛其羊，我愛其禮。」可知春秋大義，即孔老「愛禮」主張之表現。按春秋正名前後有四種態度：

1. 嚴守「禮樂征伐自天子出」原則，對非禮亂分之事皆加貶詞。
2. 對於「禮樂征伐自諸侯出」之霸政加以有限度獎許。
3. 大夫專設能行霸政之精神，以維持封建秩序，亦加允許。
4. 夷狄能從中國，行霸政之精神，近之於爵。

（四）孔子的夷夏觀

中國古籍區分民族有兩大標準：

1. 按種類分：如《左傳》「非我族類，其心必異。」、《周語》「血氣不治，若禽獸焉。」例証甚少。在中國歷史上，始終不是主流的民族思想。
2. 文化爲標準，如孔子，在《論語》中有四種不同意見：

其一，夷狄不如中國而外之。「微管仲，吾將被髮左衽矣。」

其二，夷狄可同化。「子欲居九夷。或曰，陋，如之何。子曰，君子居之，何陋之有。」

其三，夷夏殊而同理。「居處恭，執事敬，與人忠，雖之夷狄不可棄也。」、「言忠信，行篤敬，雖蠻貊之邦行矣。」

其四，夷狄可能優於中國，「夷狄之有君，不如諸夏之亡也。」

綜合以上孔子的大同、小康及春秋觀，孔子所期待的「中國」，是一個以文化為標準的「文化中國」。所以，孔子理想的國度，已經超越「黃帝子孫」或「夷狄」的概念，不論任何人種，或政權在何人之手，只要具備中華文化的內涵及春秋大義（仁政、誠意、孝行及大一統德禮刑政的治術），便是理想的中國。（作者註：堯舜時代已不可能重現，但西周的禮治小康則有機會重現。故大同是不可能實踐的理想，小康是可實踐的理想。）

輯 9：孟子的政治理想

1. 「孟母三遷」是中國兒童的幼年讀物，有偉大的母親，故有偉大的兒子，亞聖孟子的重要政治思想有哪些？

孟子的重要政治思想有仁政、性善、民貴君輕、革命權利、統一和治亂循環說等。先簡介他的基本思想，再從《孟子》一書解讀孟子。

（一） 身世、背景：周安王十七年（前 385）~周赧王十二年（前 303 年）孟軻，鄒人。受業子思之門人，安王十七年生，赧王十二年卒。一生遊歷宋薛滕魯梁齊諸國，生活富裕。「後車數十乘，從者數百人，以傳食於諸侯。」仕齊爲卿，致祿萬鍾。生活最風光，但不敵富強與合縱連橫之說，仁義無所用。退而述仲尼之意，作《孟子》七篇。

（二） 仁心起於性善：

「惻隱之心，仁也。羞惡之心，義也。恭敬之心，禮也。是非之心，智也。」人皆有之，故「人皆可以爲堯舜」。此人性本善，君子異於小人者，在能擴充「不忍」之範圍，仁政者以不忍之心，行推恩之政。

（三） 仁政的具體措施。似有養、教二端：

1. 養民：論之詳明，先秦僅見。

重視裕民生、薄賦稅、止爭戰、正經界等。「樂民之樂者民亦樂其樂，憂民之憂者民亦憂其憂。樂與天下，憂以天下。」其重視養民、樂民，反極力批判暴政，如譏梁惠王「率獸食人」與「好戰份子」，曰鄒穆公「上慢殘下」，斥善戰者「服上刑」，罵致富強者「民賊」。

2. 教民：論之較少，蓋先養後教。

謂梁惠王「省刑罰，薄稅斂，深耕易耨，壯者以暇日修其孝悌忠信。」對滕文公：「設爲庠序學校以教之」、「皆所以明人倫也」。

孟子重養民輕教民，孔子重信輕 食。追其原因似有兩端：

其一，取衣食足，知榮辱之義。「民爲道也，有恆產者有恆心，無恆產者無恆心。」、「仰足以事父母，俯足以畜妻子」吃飽免死，然後驅之善，民從之。此同管仲，使人民先有錢，而後再教育他。

其二，對戰國殺戮的抗議。「民之憔悴於虐政，未有甚於此時者。」「爭地以戰，殺人盈野。爭城以戰，殺人盈城。」戰國到孟子之時，戰爭日愈大型而「專業化」，故吳起、孫臏等軍事家最受重用。

（四） 由養民，進而民爲貴：（歷史背景）

1. 對當時申商貴君賤民之反駁，「民爲貴，社稷次之，君爲輕。」得乎丘民爲天子，得乎天子爲諸侯，得乎諸侯爲大夫。「諸侯危社稷則變置。犧牲即成，粢盛既潔，祭祀以時，然而旱乾水溢，則變置社稷。」

此以人民爲政治目的，爲不變主體，與孔老民可使由，不可使知的輕民觀念不同。故孟子比之孔子，已更接近民心和民意。

2. 暴君可殺：對齊宣王問湯放桀，武王伐紂，曰：「賊仁者謂之賊，賊義者謂之殘。殘賊之人謂之一夫。聞誅一夫紂矣。未聞弒君也。」

由貴民，而重視民意。認民心向背，爲政權轉移及政策取舍之最後標準。此與孔荀由君王觀點論政大不同。若「湯放桀、武王伐紂」爲人民革命之「行爲典範」，則孟子樹立人民革命的「理論依據」。

（五） 民貴思想的限制：

1. 由貴民僅民享達民有，無民治思想。民意僅被動表現，治權操勞心階級。暴君雖可誅，但待天吏，人民只能做消極抵抗，或被壓迫的受不了，才起來推翻暴政。

2. 相對君臣關係，提高人臣地位：

「君有大過則諫，反覆之而不聽則易位」或去。這和孔子「以道事君」略同。又提高人臣地位，立「不召之臣」，復以齒德抗朝廷之爵。是君臣之間各有尊貴。孔子欲以君子以德致位，孟子則以德抗位。

小結：

在貴君賤民的亂世，在封建天下之末代，貴民輕君是一種大膽的超越，在提升臣民地位上，以制衡統治者，貢獻大於孔荀，主張天下統一的觀點也比孔荀堅定。尤以「以德抗位」思想，堅定指出知識份子的人品道德有無尙的「獨立性」，得抗衡統治者，無異爲知識份子獨立風骨樹立了

「典範」，這點他又超越孔子。

2. 兩千多年前孟子就提出中國要「定於一」的思想，確實了不起，其背景和意義為何？

孟子「定於一」思想，其實是中國統一最早的理論依據，基本上孟子希望由仁君出來統一天下，實行仁政，可從他的言論解讀。用現代術語，即「和平統一」也。

（一）「定於一」的時代背景與例証：

梁襄王問天下惡乎定，孟子曰：「定於一」。此異於孔子，孔子正名從周，在承認周政權，欲恢復封建制度。但到孟子之時，諸侯愈強，秦楚魏齊等大國均有席捲天下之勢，尊周已不具意義，故此時孟子所望者非周室之興，乃新王之起，使天下定於一。

欲梁得天下：對梁惠王告以百里可王，仁者無敵。

欲齊統一天下：語齊宣王「保民而王，莫之能禦。」勉其學文武之政。

語宋，勉以湯政，天下無敵。

語滕，稱堯舜，語以王師。

（二） 孟子黜霸，意在尊王，促成統一，恢復封建。

1.在孔子時代，霸政尚有些作用，至少封建未全潰，挾天子以令諸侯尚能維持秩序，但到孟子時代則不行了。此孔孟時代背景不同，王霸有別。自孟子視之，霸不足取而甚難，王近理想而反易。故曰：「以力假仁者霸，霸必有大國。以德行仁者王，王不待大。」惜其 仁 政並未實現，定於一之理想轉爲強秦之「武力統一」實現，時局使然也。

2.黜霸之意，在尊王而促成統一。然所尊者非周室，而是一能行王政的新王（如前述梁齊宋滕），並恢復封建制度。此孔孟有異同，兩者都擁護封建制度，其異：

（1） 孔子專主從周，而孟子乏言先王，孟子去古較遠，當時周禮已如夏殷之不足徵，取三代精神，加以自創而已。

（2） 孔子設以德致位，而孟子立「仕者無祿」之言，此亦環境使然，布衣卿相起，但其末流則仕宦無定君，策劃皆如張儀蘇秦之「投機分子」。世臣世祿可矯正也，雖不得賢，猶可守法，維持安定。

（三）恢復封建，制度復古，所稱先王之法：

1.井田：孟子所爲井田，始於殷之「七十而助」，又嘗勸時君，師文王，其所舉岐山之政爲「耕者九一，仕者世祿。」

2.世祿：告宣王，「國皆有世臣」。謂文公，「世祿滕固行之」。

3.庠序：論教育制度，「設爲庠序學校以教之。庠者養之，校者教也，序者射也。夏曰校，殷曰序，周曰庠。學者三代共之，皆所以明人倫也。」

井田、世祿既爲封建制度主幹，尤爲孟子重視。

小結：

「定於一」是不忍天下之亂，而希望由新王出現，實現仁政。並恢復封建制度（有井田、世祿、庠序），這部份孟子思想又顯落伍了，或許只是不忍天下再亂下去的想法吧！

3. 中外歷史都有「一治一亂」說，是不是中國來的比較明顯？

中國歷史的一治一亂循環特別明顯，是否成爲一種理論，頗有研究的趣味。西方也有一治一亂現象，但沒有一個「範例」可垂五千年而不斷（指文化道統之不斷），能與中國並論的古文明，如印度、希臘等，早已不是往昔之印度希臘，不是同一個「範例」，亦不能觀察。美國雖強大，但就文明文化發展言，仍嬰兒也。故一治一亂說，以中國最合觀察對象。可以先從孟子之前那幾千年的治亂盛衰，做些一般觀察。

（一）一治一亂的史實：

唐堯（前 2357 年）→ 虞舜（前 2255 年）→ 夏禹（前 2205 年）→ 商湯（前 1766 年）→ 周武王（前 1122 年）

1. 一治一亂說：

一亂：天下之生，一治一亂。堯之時，大水氾濫，蛇龍居之，民無定所。

一治：禹治之，洪水注之海，驅蛇龍，人始得平地居之。

又一亂：此後又有暴君代作（桀），及紂時又大亂。

又一治：周公相武王伐紂，滅國五十，驅虎豹遠之，天下大悅。

又一亂（孟子指戰國）：世道衰微，暴君又作，臣弒君，子弒父。

2. 五百年一治一亂說：

對充虞曰：「五百年必有王者興，其間必有名世者。」在孟子之前的中國思想家，從未有人對治亂有如此獨到的觀察，大家也不清楚原因。孟子深信文王以來已七百餘年，計數已過，故以「平治天下」自任，以「保民而王」勉人。此與孔子「百世可知」完全不同。考中外歷史，似如孟子所言，實有趣的之歷史哲學。宋・邵雍「元會世運」之系統，應奉孟子爲祖宗了。

（二） 孔孟對此治亂循環的解釋：

1. 孔子的觀點：

未明白解釋，就思想之內容推之，可能歸之「天命」。孔子不言天道，似深信天命。故曰：「天生德於予」、「天之未喪斯文」。其所言命，似限個人之窮達。由此可見，以孔子的智慧，對治亂循環也說不上所以然。

2. 孟子的觀點：

屢言天命，並以之論政權變動。如堯舜傳賢，夏禹傳子，孟子皆以天意說之。「天與賢則賢，天與子則與子。」民意實際上爲政權最後標準，理論上則天意又爲萬物最後主宰，故曰「天視自我視」、「天監下民」。對爲何有治亂循環，孟子也推給「天命」，到底是不是？

小結：

孔子百世可知之論較樂觀進步，孟子治亂循環說雖較悲觀，但不失有趣之歷史哲學。似合中外史實，成二千年中有力之學說。就「物理」或科學角度觀察也仍合理，一切事物成長到一定的限度，必然盛極而衰，由衰而亡，亡後得有「重生」的機會，又是一個新生的開始。故所謂「天命」，給他一個現代定義，或許可稱「自然法則」吧！

4.《孟子》是四書之一，儒家重要經典，講講這部寶典的政治思想。

孟子生當戰國大亂之際，生民流離，孟子惻然憂之，認爲一切亂源出自利欲爲己，必示之以仁義。而仁義之行，貴在君長；仁義之治，福在人民。所以「仁義」二字，在《孟子》書中出現最多：

上下交征利，而國危矣！萬乘之國弒其君者，必千乘之家…王亦曰仁義而已矣，何 必曰利？（<梁惠王>上）

天子不仁，不保四海；諸侯不仁，不保社稷；卿大夫不仁，不保宗廟。（<離婁>上）

惟單一個「義」字也是孟子思想中極高的價值，是民族氣節最高境界。告子問:「何謂浩然之氣？」孟子答：

難言也。其為氣也，至大至剛；以直養而無害，則塞於天地之間。其為氣也，配義與道；無是，餒也。是集義所生者，非義襲而取之也。(<公孫丑>上)

人有了這種正氣，則「富貴不能淫，貧賤不能移，威武不能屈。」(<滕文公>下)。這種境界孟子做比喻詮釋之：

魚，我所欲也；熊掌，亦我所欲也。二者不可兼得，舍魚而取熊掌者也。生，亦我所欲也；義，亦我所欲也；二者不可得兼，舍生而取義者也。(<告子>上)

到這個境界，孟子的義和孔子的仁相通，所以文天祥臨終前說「孔曰成仁，孟曰取義」，指的都是孟子舍生取義精神。孔孟這種仁義境界影響中國政治思想很深，內化成民族氣節，歷史上能實踐之者，如文天祥、岳飛及黃花崗七十二烈士等。在歷史上，凡抵抗外患入侵，如清末列強侵華、民國的八年抗戰，都是這種仁愛思想的發揮，才使千百萬中華子民成仁取義，捍衛國家民族於不亡。因爲他們行仁義之道，歷史變得有意義，有美感。行仁義也不是英雄豪傑的「專利」，乃「人心人路」也：

仁，人心也；義，人路也。舍其路而弗由，放其心而不知求；哀哉！人有雞犬放，則知求之；有放心，而不知求。學問之道無他，求其放心而已矣。（<告子>上）

不論聖賢行仁義，或凡夫行仁義，在孟子看來都是「等值」的，孟子把能行仁義者稱「天爵」，與公卿的「人爵」相對應。

有天爵者，有人爵者。仁義忠信，樂善不倦；此天爵也。公卿大夫，此人爵也。古之人脩其天爵，而人爵從之。今之人脩其天爵，以要人爵；既得人爵，而棄其天爵：則惑之甚者也，終亦必亡而已矣。（<告子>上）

孟子之成亞聖，在孟義與孔仁並稱，而把行仁義者昇華成「天爵」，那些有官位的人爵若不行仁義，則甚麼都不是（指不是人）且「終亦必亡」，這和　國父孫中山先生說「立志做大事，不要立志做大官」似有相通之處。

孔孟仁義也成爲中國歷史上，衡量一切事物的「終極價值標準」，尤其對統治者及其領導階層，對所有當官的人（現已擴大到公眾人物）。人民的眼睛睜的大大，射出雪亮的光，看這些從政之人，誰是仁人義士，誰是不仁不義？不論是誰，都得接受仁義標準的衡量和批判。

5. 孟子生當戰國，他對戰爭的態度怎樣？

孟子時代諸侯相攻伐，殺人盈野，人民又因戰爭不得安事生產，而軍需孔急，更受暴歛橫征。人民生活在水深火熱之中，孟子爲止戰乃提出仁義之說，勸梁惠王施仁政於民，薄稅歛，仁君而征之，誰與王敵，故曰：「仁者無敵」。見梁襄王有一段對話，詮釋統一天下用仁而不是戰爭：

「天下惡乎定？」吾對曰：「定於一」「孰能一之？」對曰：「不嗜殺人者能一之。」「孰能與之？」對曰：「天下莫不與之。」…今夫天下之人牧，未有不嗜殺人者也。如有不嗜殺人者，則天下之民皆引領而望之矣。誠如是也，民歸之，由水之就下，沛然誰能禦之！（<梁惠王>上）

這是孟子認爲國君不嗜殺人（止戰）行仁，天下就能歸他，由仁君統一天下如水就下那般自然，而不需要發動戰爭。但孟子也不完全反戰，「義戰」是可以發動的，因爲義戰合乎民心歸向。當時燕王暴虐無道，齊宣王伐燕，問孟子意見，二人有段對話：

齊人伐燕，取之。諸侯將謀救燕。宣王曰：「諸侯多謀伐寡人者，何以待之？」…今燕虐其民，王往而征之，民以為將拯己於水火之中也，簞食壺漿以迎王師。(＜梁惠王＞下)

孟子雖同意齊王伐燕，反對齊對燕有領土野心，所以也告誡齊王問題解決後要盡快撤兵，「反其旄倪，止其重器，謀於燕眾，置君而後去之。則猶可及止也。」如此，才能合乎當時國際社會的期望。

但若統治者暴虐無道（篡位竊國等非法統治），又無外力介入來拯救人民，孟子認爲人民有權主動發起革命戰爭，推翻非法政權的統治：

齊宣王問曰：「湯放桀，武王伐紂，有諸？」孟子對曰：「於傳有之。」曰：「臣弒其君可乎？」曰：「賊仁者謂之賊，賊義者謂之殘；殘賊之人，謂之一夫。聞誅一夫紂矣。未聞弒君也。」(＜梁惠王＞上)

可見孟子反戰，但不反對革命戰爭，甚至鼓勵革命戰爭，由人民親自起來推翻暴政。也反射出孟子的內心世界，他不僅主張由仁者統一天下，也希望當時的人民能自己覺悟，主動起來推翻非法統治者。對於不顧人民死活，好戰的梁惠王，孟子嚴厲批評說：「不仁哉，梁惠王也！」(＜盡心＞下)。對當時各國的戰爭，孟子總評說：

春秋無義戰；彼善於此，則有之矣。征者，上伐下也；敵國不相征也。

儘管孟子所處的是亂世，各國爭戰只爲謀利或謀取大位。孟子的歷史觀依然樂觀，他說：

不仁而得國者，有之矣；不仁而得天下者，未之有也。(＜盡心＞下)

用不仁不義或非法的方式，不光明磊落的謀取大位，進而竊國篡國，這種事是有的。但用這種不仁不義的小人手法，說可以得到全天下民心的普遍支持，那就絕不可能。孟子所言合乎歷史發展「實然」與「應然」，竊國篡位者，詐騙謀取大位者，歷史上常有，甚至現代二○○四年「319 槍擊案」正是鮮活實例，獨派偷取大位，並未得全部民心。雖謀奪大位，但並未得取民心，反把台灣撕裂。

「319 槍擊案」可也叫孟子失望，按孟子的標準，人民應該起來革命，啓動戰爭，推翻竊國者。（註：泛藍當初也是如此號召）但泛藍並沒有成功，一般的解釋說，中產階級興起，義戰便失去舞台，大家只顧「利戰」。

當一個社會，統治者及其人民都不仁不義，只顧私利，未來將會如何？《孟子》一書一定有解。人民放縱竊國者在大位上，騎在人民頭上，繼續的騙吃騙喝，而人民依然麻木不仁，不思如何制裁！這將會是怎樣的亂世。

6. 儒家在戰國並非最受歡迎的學派，孟子如何論戰當時的主 流思想，並為孟子的歷史地位做小結。

孟子之世，各國爲強兵之策，秦用商鞅，楚、魏用吳起，齊用孫臏、田忌，天下務於合縱連橫，以富國強兵與戰爭致勝爲國家目標。而孟子仍率領一批弟子，到處講三代之?，仁義之道，未見用於當時也理所當然。在這「世衰道微，邪說暴行有作」之際，孟子還是義正嚴辭批判：

處士橫議，楊朱、墨翟之言盈天下；天下之言，不歸楊則歸墨。楊氏為我，是無君也；墨氏兼愛，是無父也：無父無君，是禽獸也。公明儀曰：「庖有肥肉，廄有肥馬；民有飢色，野有餓莩（ㄆㄧㄠˇ）；此率獸而食人也。」楊、墨之道不息，孔子之道不著…能言拒楊、墨者，聖人之徒也。（<滕文公>下）

顯然當時天下思想被楊、墨兩家瓜分，在思想信仰上，不歸楊則墨；這局面有些像台灣現狀，不歸藍則歸綠。孟子簡直沒有了舞台，以孟子亞聖的修爲，都還罵楊墨二家是無父無君的禽獸，也可見當年思想論戰的激烈。孟子還是堅持傳自己的道：

孔子成春秋，而亂臣賊子懼。詩云：「戎狄是膺，荊、舒是懲，則莫我敢承。」無父無君，是周公所膺也。我亦欲正人心，息邪說，距詖(ㄅㄧˋ)行，放淫辭，以承三聖者。豈好辯哉！予不得已也，能言拒楊、墨者，聖人之徒也。

這段話說明孟子以傳承中國道統和儒家思想爲志向，並以聖人之徒自居，對楊朱、墨家思想展開反擊。最後孟子對自己的戰果，似乎是滿意的，因爲他測知楊墨等學派必將衰落，世人的信仰終將回歸儒家：

逃墨必歸於楊，逃楊必歸於儒。歸，斯受之而已矣。今之與楊、墨辯者，如追放豚，既入其苙(ㄌㄧˋ)，又從而招之。(＜盡心＞下)

孟子也是很幽默的，他把那些信仰不堅的人比喻成放豚者，而楊墨正是那隻豚，終於把豚追回豬圈。但追回來的終究只是一隻豬（不是真理，還是讓人不滿意。）所以，逃墨必歸楊，逃楊必歸儒。這也等於說在孟子時代雖有所謂「九流十家」，而且儒家在戰國不是最受歡迎的學派，但儒家終會取得全面勝利，成爲代表中國道統的思想學派。歷史發展真是給孟子說中了，孟子一生也以傳承孔子學說爲己志。

總結孟子，儒家學派的追隨者，但在人民和統治者、臣與君的關係上，則又超越孔子時代的儒家。強烈主張人民有革命權，君臣關係也是相對的。因此，孟子又是一個人道主義和「民主」精神捍衛者。他又是道德的理想主義者，他的人性本善論又與不久後傳入中國的佛教「人皆有佛性」相契合，都成了中國文化的內涵。

只是有一點頗爲弔詭，孟子一再說「仁者無敵」、「不嗜殺者能一之」，即行仁政而撻伐戰爭者才是最後統一天下的人。實際上是由不斷發動戰爭的秦王朝統一天下，而統一過程中，六國軍隊被秦軍斬首總數約二百萬顆人頭落地（秦軍功以人頭算），還不算秦軍的傷亡，可見戰爭之慘烈。

按現代政治學觀，國家的形成是經由武力造成（　國父孫中山先生亦如此說）。那麼，孟子錯了嗎？秦王對嗎？我想他們都對，秦用戰爭統一天下是對的，是唯一的選項，用「仁」可以統一天下相信在戰國是做不到的。

而孟子所說「仁政、仁義」是另一個更高層次的問題，是歷史發展中的

「應然」，是世間的真理，孟子是一個儒家真理的守護者，中國道統的傳承者。

輯 10：荀子政治思想與儒家總結

1. 荀子是儒家第三位宗師，今天要和陳老師談談荀子的政治思想，並對儒家思想做一個總結。

荀子政治思想源於「人性本惡論」，由此而推出禮治、尊君、治人、治法、正名、無神論等重要思想項目。再者，荀子與孔子、孟子並稱儒家三大宗師，對這三家本文也做一個簡要的比較研究。

（一）身世、背景：周赧王十七年（前 298 年）~秦王政九年（前 238 年），

戰國末年字卿，趙人。赧王十七年生，始皇九年卒。在楚，曾爲蘭陵令，在趙曾爲上卿。生平倡禮義之言，惜其生當專制天下之前夕，奔走列國，由壯至老，均不爲所用。反不如其弟子韓非、李斯受用，或身當仕相。

（荀卿，一般也稱「荀況」、「孫卿」）

（二）禮的理論依據一人性人慾之惡

「人之性惡，其善者僞也。」，人性本惡，「善」是裝出來的。

「禮起於河也。曰，人生而有欲。欲而不得則不能無求。求而無度量分界則不能不爭。爭則亂，亂則窮。先王惡其亂也，故制禮義以分之，以養人之欲，給人之求。」

「繩墨之起，爲不直也。立君上，明禮義，爲性惡也。」

蓋荀子認定「人生不能無群」，必分工合作以圖存，於是發生二個問題，一曰爭權利享受，二曰因義務怠工作。解決之道，在制体分明，使權利、義務分明。故禮治思想：「?必稱位，位必稱祿，祿必稱用」、

「朝無幸位，民無幸生。」

（三）禮治的手段與最後目的：

1. 目的是養：在禮的理想社會中，人欲不作無厭之求，財務以有節而可得。量物已足欲，「兩者相持而長」。故曰「禮者養也。

爲養，故富國在「節用以禮，裕民以政」，其擴張供給以增加生產力，及經濟合作觀念，頗合近代經濟思想。

2. 手段是別：別者，「貴賤有等級，長幼有差，富貴輕重皆有稱者也。」

其具體表現在國家社會一切均有等級之別，而「別」由賢能分之，「無德不貴，無能不貴。無功不賞，無罪不罰。朝無幸位，民無幸生。」此比孟子世祿更能趨向維新，解脫封建。這點荀子又比孟子先進。

（四）尊君及其原因，在環境者一，在學說者三：

「君者國之隆也。父者家之隆也。隆一而治，二而亂。」此天無二日地無二主之思想。從五帝以來，中國地盤上就是這種思想和局面。

「天子者勢位至尊，無敵於天下。」推其尊君原因：

1. 環境：諸子皆生於國大君威之時代，孟子輕君以挽潮流，荀子則就時勢立學說而已。

2. 學說：其一，禮論明貴賤，則君臣必須有「別」。故君不可二，勢在獨尊，「兩貴不能相事，兩賤不能相使，是天數也。」

其二，治亂與民之福祉均繫於君之一 人，「君子者禮義之始也。」、「百姓之力待之而後功，百姓之群待之而後和，百姓之勢待之而後安，百姓之財待之而後聚，百姓之壽待之而後長。」

其三，君的職務是明定全國臣民的權利義務關係。「人君者所以管分之樞要」，若君無至尊之位，至大之權，其職必難執行。

（五）臣道：

荀子在<臣道>篇把人臣分成四種：外國不信，人民痛恨，只當君王「寵臣」的走狗，謂之「態臣」；不忠於上，不顧道義是非，只顧私利，謂之「篡臣」；對上忠君，對下愛民，謂之「功臣」；對上忠君，對下愛民，再能建功立業，謂之「聖臣」。國君用那一種臣子，關係到國家興衰：

> 「用聖臣者，王；用功臣者，強；用篡臣者，危；用態臣者，亡。」…「態臣用，則必死；篡臣用，則必危；功臣用，則必榮；聖臣用，則必尊。」

從歷史上看，或看現在台灣政壇上，那些人是聖臣、功臣、篡臣或是態臣？幾可逐一「對號入座」，甚為有趣。

小結：

性惡尊君之論，使荀子略變孔孟，而近申韓。其主張政治生活之外無個人道德生活，反對孔孟「有道則見，無道則隱。達則兼善，窮則修身。」已成孔門異端，為法家先進。

亦不失儒之後勁，其証：「天之生民，非為君也。天之立君，以為民也。」

「天下歸之之謂王，天下去之之謂亡。」此與孟子「誅一夫」之說相同。

2. 荀子所言「治法、治人、正名」是甚麼？

荀子在戰國諸子中，是最獨步的思想家。他上承孔孟思想，而為儒家第三大宗師；但韓非和李斯則承襲荀子的「他力道德－性惡論」(相對於孟子自力道德－性善論)，而轉入法家，所以，荀子幾乎介於儒法之間，其治法、治人和正名都有不同於孔孟的見解。

荀子言禮，狹義指儀文形式，廣義是一切典章制度。言法，狹義指聽訟斷獄之律文，廣義為治政整民之制度。禮法區別，狹義明顯，廣義易混。論禮非純儒，論法不入申韓。所以，稱他是儒之異議者，法之先驅者也。

（一） 言法有三：

1. 用人之法：即人事制度與行政組織。

君臣各有職守。君主雖專權而不可獨治，須「以官人為能」、「論德使能而官施之」、「士大夫分職而聽，建國諸侯之君分土而守，三公摠方，則天下共己而已。」

所謂「官人」，即取人、用人都參之以禮及能力，「故卑不得以臨尊輕不得以懸重。」所謂「卑不得以臨尊」，即勞績德能分品第，打破門閥，非孟子的世祿。「雖王公世大夫之子孫，不能屬於禮義則歸庶人。雖庶人之子孫，精文學身行，能屬於禮義，則歸於「卿相士大夫」。若任用私人，將「主闇於上，臣詐於下，滅亡無日。」這和法家的「商鞅變法」、「吳起變法」，內容已頗多相近。

2. 勸禁之法：即刑法。

較少創義，略似儒家慎刑之範圍。「古者刑不過罪，爵不踰德。故殺其父而臣其子，殺其兄則臣其弟。」以表現仁德寬厚思想。

3. 正名之法：即法令、制度、輿論的統一解釋：

「王者之制名，名定而實辨，道行而志通，則慎率民而一焉。」

「罪猶爲符節度量之罪也。故其民莫敢託爲奇辭以亂正名。」

杜絕「用名亂名」、「用實亂名」、「用名亂實」之事象。其正名，原出孔子，但與性惡禮治相連。按荀子之意，除儒外，莊、墨、公孫龍諸家，皆須以亂名治罪，用政府法令審之。此正名禁惑，或爲秦始皇焚書之初機。由此可見，荀子正名實「正過了頭」。

（二） 治人：政治思想以人爲本，法爲末。

上承孔子「人存政舉，人亡政息」曰：「有亂君無亂國。有治人無法。」、「得其人則存，失其人則亡。法者治之端也，君子者治之原也。故有君子則法雖省，足以徧也。無君子則法雖具，失先後之施，不能應世之變，足以亂矣。」

上好禮義，尚賢使能，則「賞不用而民勸，罰不用而民服，有司不勞而事治，政令不煩則俗美。」

小結：

此人、法兼取，實承孔子，非有新創。故歷史上研究荀子思想者，仍把他歸在儒家學派。他的另一部分思想，宗教上的無神論則超越儒家。

3. 荀子能在兩千多年前的戰國時代，提出無神論確實是了不起的智慧和與勇氣。

在荀子之前的兩千多年，政治思想和天（神鬼）都有關係，或強或弱，例如商朝稱「鬼治主義」。到孔孟則還不敢肯定說神鬼和政治沒有關係，但到荀子則大?而肯定說神鬼和政治無關，這是一個大突破。他的＜天論＞篇（或叫天人論、天人關係論），就是一篇「無神論」。

（一） 春秋戰國的神道觀：

1. 有神論：

《左傳》所記迷信之事甚多。如：

楚成王論晉重耳出亡，謂：「天將興之，誰能廢之。」

王孫談對楚子問鼎，謂：「周德雖衰，天命未改。」

士文伯問日食，宗潛公答：「孤實不敬，天降之災。」

孟子大唱天命。

子思作《中庸》：「國家將興，必有禎祥。國家將亡，必有妖孽。」「質諸鬼神而無疑，知天也。」

孔子：「未能事人，焉能事鬼。」、「敬鬼神而遠之。」

2. 無神論：

鄭・子產：「天道遠，人道邇，非所及也，何以知之。」

荀子：天命災異與政治人事無關。

（二） 荀子力辯天命災異與政治人事無關，<天論>篇：

「天行有常，不為堯存，不為桀亡。」

「治亂天邪。曰日月星辰瑞曆，是禹桀之所同也。禹以治，桀以亂，非天也。」

彊本節用，天不能貧。養備動時天不能病，修道不貳天不能禍。故水旱不能使之饑渴，寒暑不能使之疾，祆怪不能使之凶。

「明於天人之分，可謂至人矣。」

故災異不足畏，星隊木鳴，國人皆恐，其實是天地之變，陰陽之化，物之罕至者也。怪之可也，畏之非也。

（三） 荀子在<天論>篇不斷強調治亂和天（神鬼）是無關的，治亂要在「地」上、在「人」間找答案，到天上是找不到答案的：

「地邪？」曰：「得地則生，失地則死。是又禹、桀之所同也。禹以治，桀以亂。治亂非地也。」

荀子進而解釋，能禍國殃民者，並非甚麼神鬼天道，而是「人妖」，

<天論>篇曰：

田蕪稼惡，糴貴民饑，道路有死人，夫是之謂人妖。政令不明，舉錯不時，本事不理，夫是之謂人妖。禮義不修，內外無別，男女淫亂，則父子相疑，上下乖離，寇難並至，夫是之謂人妖。妖是生於亂。

（四） 鬼神說對君權的限制：

雖有荀子、鄭子產、鄒衍之非命無神，終不能得多數人支持。

1. 對君權的直接限制，有貴族世卿，大臣巨室。

2. 其間接限制，有民心、天命、鬼神。如儒家孟子民貴，墨家天志明鬼，陰陽家五行災異，法家則「法者君臣共守」也是。

神道設教能收一時之效，如兩漢文帝以日食下詔罪己，哀帝以天變策免丞相，董仲舒以天人相與諷武帝，王莽用符命竄漢祚。

但此後魏、晉、六朝之篡竊，均假天命以文飾，上古敬天畏神之信仰全失，以遂其僭弒淫暴之毒。

小結：

春秋戰國之神道頗盛，荀子能申非命無神之政治觀，誠爲豪傑，惜無力突破大環境。

荀子全部思想亦可用「僞」統攝之，而分化性、制天、積習、禮治、爲政、師法、爲學、道德休養等八部分。孔、孟、荀三者都是儒家宗師，爲祥論之三家在程度上仍有差別。

<u>4.儒家學說以孔子、孟子和荀子為代表，合成中國政治思想 的主流，這三家最大差異何在？</u>

三者合成儒家，以下從古今政治思想中的三個核心思維論述三家的不同：**（一）** 君臣關係；**（二）** 人民地位和革命權利；（三）治術（國家統治的方法或原則），首先從君臣關係講起。

自古以來，君臣關係在兩種模式上爭議，一者「絕對君臣關係」，君叫臣死，臣不敢不死；再者「相對君臣關係」，君不君，則可臣不臣。

（一） 孔子

孔子正名首在正君臣關係之名，孔子謂季氏：「八佾舞於庭，是可忍也，孰不可忍也！」就是對不守臣禮的批判。以下有一段對話：

子曰：「事君盡禮，人以為諂也。」定公問：「君使臣，臣事君，如之何？」孔子對曰：「君使臣以禮，臣事君以忠。」（＜八佾＞第三）

可以解釋孔子是「相對君臣關係」思想，君臣各依一定名分行使其職權，孔子至死都堅持正名主張。孔子病重（時已無公職），子路預備治喪，欲以家臣名位辦喪禮，孔子嚴斥越臣禮：

子疾病，子路使門人為臣。病閒，曰：「久矣哉，由之行詐也！無臣而為有臣，吾誰欺？欺天乎？且予與其死於臣之手也，無寧死於二三子之手乎！且予縱不得大葬，予死於道路乎？」

孔子病好後還消遣子路，「若不動用國家資源治喪，難不成我就死在路邊沒人收屍嗎？」也可見孔子對君臣正名的堅持。沒有公職在身，就不能動用到國家資源來治喪，是孔子正名的另一堅持。

（二） 孟子

孟子的君臣關係更爲「相對」，他把臣的地位提高到和君「平等」關係。例如對異姓之卿（一般臣子）主張，「君有大過則諫，反覆之而不聽，則去。」（脫離君臣關係）；對貴戚之卿（和國君有親屬關係的貴族之臣）主張，「君有大過則諫，反覆之而不聽，則易位。」（廢其君位，另立賢君。）君臣關係的相對性：

君之視臣如手足，則臣視君如腹心；君之視臣如犬馬，則臣視君如國人；君之視臣如土芥，則臣視君如寇讎。

比之孔子，孟子確實更先進。孟子在齊，齊宣王派使者請孟子去見他，孟子不去，理由是：「天下之達尊三：爵一、齒一、?一。朝廷莫如爵，鄉黨莫如齒，輔世長民莫如德，惡得其一，慢其二哉。」孟子之意，齊王只有官大，其他都不如，任意對人呼之則來，揮之則去，君不像君。且孟子當時不是齊國官吏，不是齊王部署，故有此堅持。

（三）荀子

荀子分臣有四種（態臣、篡臣、功臣、聖臣），國君則有三種：「義立而王，信立而霸，權謀立而亡。」而對君臣關係荀子認為：

請問為人臣。曰：以禮待君，忠順而不懈。（＜君道＞）

荀子似乎接近「絕對君臣關係」，君臣關係已定，任何情況都不能解。除對暴君，荀子認為臣子應去其惡，補其短，但仍不能違抗。比之孔孟荀子又封建、保守許多。

5. 講到人民的地位和革命權力，孔、孟、荀三家有何不同？

國家的組成要素有土地、人民、主權、政府，四大要素中「人民」永遠居關鍵地位，故曰「得民者昌，失民者亡」。統治者失去民心，人民是否有權起來革命？自古也有兩說：天賦人權和革命民權，後者是　國父孫中山先生主張，為「商湯革命」典範之傳承。但孔、孟、荀三家如何看法？分述如下：

（一）人民的地位

1. 孔子

孔子思想「從周」，加上仁政主張，施政對象固然都是人民，但政治主體都是天子、諸侯或大夫：

孔子曰：「天下有道，則禮樂征伐，自天子出；天下無道，則禮樂征伐，自諸侯出。自諸侯出，蓋十世希不失矣。自大夫出，五世希不失矣。陪臣執國命，三世希不失矣。天下有道，則政不在大夫；天下有道，則庶人不議。」（＜季氏＞第六）

天下不論有道無道，人民似乎都使不上力，頂多是「議論紛紛」，因爲有參政權者只有天子諸侯等貴族。但天下無道，三、五世即亡國，何種力量導致亡國，孔子沒直接說。他間接說「民之於仁也，甚於水火。」（<衛靈公>）。即不行仁政，失去民心而亡國，人民地位還是重要，孔子沒直接說出來。

2. 孟子

三家之中孟子把人民地位推得最高，歷史已有定論，如他的「民貴君輕說」最受到贊揚。對組成國家的要素，孟子說「諸侯之寶三：土地、人民、政事。」（<盡心>下），顯示孟子心中，人民才是國家的根本：

> 得乎丘民而為天子，得乎天子而為諸侯，得乎諸侯而為大夫。諸侯危社稷，則變置。犧牲既成，粢盛既潔，祭祀以時；然而旱乾水溢，則變置社稷。（<盡心>下）

天子、諸侯和神壇若有不利於人民，都是可以推翻或廢除，重新設立以合人民的需要。只有人民是永恆不變的主體，孟子誠是「永遠和人民站在一起」，使人民的地位高於統治者。

3. 荀子

荀子以尊君聞名，故對人民的地位有所貶抑。再者他的「性惡論」，也主張限制人民的行爲。但人民的地位還是可以決定政權的存亡，他說：

> 庶人安政，則君子安位。傳曰：「君者，舟也；庶人，水也。水能載舟，亦能覆舟。」（<王制>）

比較三家對人民地位的看法，孟子的人民地位最高，孔次之，荀又次之。共同點都認爲政權需要民心支持，失去民心便失去政權。

（二）革命的權利

1. 孔子

<易經‧革卦>曰：「天地革而四時成，湯武革命，順乎天而應乎人。」孔子在多處提及對商湯、武王革命的肯定。因此，孔子暫同人民革

命，推翻非法統治者，是合情合理的事。

2. 孟子

齊宣王問曰：「湯放桀，武王伐紂，有諸？」孟子對曰：「放傳有之。」曰：「臣弒其君，可乎？」曰：「賊仁者，謂之賊；賊義者，謂之殘。殘賊之人，謂之一夫。聞誅一夫紂矣，未聞弒君也。」可知，孟子主張人民有革命權利，比孔子更來得強烈。

3. 荀子

＜正論＞篇曰：「桀紂無天下，湯武不弒君。」在＜富國論＞又說「臣或弒其君，下或殺其上…人主自取也。」而在＜臣道＞篇，對待暴君時則說，「奪然後義，殺然後仁，上下易位然後貞。」荀子也強烈贊同人民有革命權利。

比較三家對人民革命的支持度，孟荀較高度支持。孟子說是「誅一夫」，荀子則「殺然後仁」，都對中國歷史產生鉅大影響。

6. 對國家統治的方法，孔、孟、荀三家有何不同見解？並為儒家做個小結。

在先聖先賢的政治思想中，所謂方法和本質，通常是「體用」兼備的。例如儒家常談「以孝治天下」，則孝是治道（本質），也是治術（方法），就是國家管理與統治原則。

（一） 孔子的治道：德治

1. 德治的內涵：

所謂德治，是以道德做爲治道和治術的依據，德的內涵包含禮、刑、政、仁、孝、誠等，都是一種「德」。其中任何一項有缺，都是「缺德」，一旦缺德，則從周、正名、治國、平天下，便如骨牌垮掉般倒下。

2. 德治的途徑：

從政的人以身作則，「其身正，不令而行；其身不正，雖令不從。」（＜論語・子路＞）「君子之德，風；小人之德，草。草上之風，必偃。」（＜顏淵＞）孔子在＜爲政＞篇亦說：

為政以德，譬如北辰…道之以政，齊之以刑，民免而無恥。道之以德，齊之以禮，有恥且格。

德治的目標是爲安民、養民、教民、衛民，成爲理想的?化社會。在這種世界，統治者是仁君，每個從政的都是君子，人民的「管教養衛」就都解決了。

3.得治的結果：

德治政策能夠實踐，成爲無爲而治最高境界。「無爲而治者，其舜也與？夫何爲哉？恭己正，南面而已矣。」這種理想的德化社會，春秋以後從未在世間出現過。

（二） 孟子的治道：仁治

1. 仁治的內涵：

孟子仁治的內涵，源於性善論，「以不忍人之心，行不忍人之政。」，此種不忍人之政就是仁政，只有仁政可以王天下，「以德行仁者王，王不待大。」、「三代之得天下也以仁，其失天下也以不仁。」都在詮釋，仁治是政治的內涵。

2. 仁治的途徑：

「國之所以興廢存亡者亦然。天子不仁，不保四海；諸侯不仁，不保社稷；卿大夫不仁，不保宗廟；士庶人不仁，不保四體。」這是從反面說話，正面說則是行仁天下太平，人民安康，所以說「仁」是政治的本質，也是政治的方法。

3. 仁治的結果

按孟子仁治推演，能夠成就有仁有義的社會，「仁，人心也；義，人路也。」（＜告子＞上）「人能充無欲害人之心，而仁不可勝用也；人能充無穿窬(ㄩˊ)之心，而義不可勝用也。」

仁治的結果，是人類的良知良能覺醒，人人皆可成堯舜了。（作者註：這又和以後佛教傳入中國，人人皆有佛性相通，儒佛乃有合流的機會。）

（三） 荀子的治道：禮治

如同孔子?治和孟子仁治，荀子禮治是政治的本質和方法，結果亦成就一個禮儀合度的社會。所不同的，荀子論禮源自「人性本惡論」，故須用禮（含法）約束：

禮起於何也？曰：人生而有欲，欲而不得，則不能無求；求而無度量分界則不能 不爭；爭則亂，亂則窮。先王惡其亂也，故制禮義以分之，以養人之欲，給人以求。（<禮論>）

這是荀子禮治的理論依據，他的禮包含法、刑、政等內涵。因此，治國平天下的一切政治秩序，禮就是最後的標準。

儒家政治思想以「?禮刑政」為依歸，「?」是本質，重要的核心價值有仁、孝、誠、義四者；而禮刑政三者為方法。這套思想體系在諸子百家爭辯過程中，能取得最後勝利的原因，則要加上「中庸之道」，孟子解釋致勝緣由在：

楊子取「為我」拔一毛以利天下，不為也。墨子兼愛，摩頂放踵利天下，為之。

子莫執中，執中為近之；執中無權，猶執一也。所惡執一者，為其賊道也，舉一而廢百也。（<盡心>上）

果然秦漢以後的兩千多年，儒家成為中國文化的主流思想，也成為中國一貫道統唯一的「一把尺」。凡是不合這把尺（偏離道統或政統，如台獨、共產主義或全盤西化等），皆無生存空間，孔孟成為永恆不倒的偶像，這大概是孔孟生前不能預知的。

輯 11：墨子的政治思想

1. 墨子在歷史上的形象恰似一個苦行僧，今天要講墨子的政治思想。

墨子政治思想之本在兼愛，而尊天、明鬼、尙同、節用爲支流；其他非命、禮樂、節葬又次之，是勢所必然，先從「兼愛」講起。

（一）身世、時代、學術來源：

姓墨，名翟，魯人。生卒難考，約在周敬王三十年（前 490 年）~威烈王二十九年（前 406 年）。賤人，大巧，工爲車輗。

是救世的苦行者。宗旨「求興天下之利，除天下之害」。

即爲賤人，則學術來源爲一大疑問。有三說

1.《漢書藝文志》曰墨家出於「清廟之守」。

2. 史角之後及孔子之徒。

3.《淮南子要略訓》:「受孔子之術，以其禮煩擾而不悅，厚葬糜財而貧民，久服傷生而害事，故背周道而用夏政。」

墨學鎔鑄古義，自立創說，成一家之言，已超越前人範圍。《墨子》一書應是墨翟本人和學生的集體著作。

（二） 天下亂源，在自私、不相愛：

墨子生當戰國初期，列國篡殺，墨氏認定是自私和不相愛。當察亂自何起。起不相愛。君子不孝君父。

子自愛不愛父，故虧父而自利…諸侯各愛其國，不愛異國…。

救亂之方在去人之自私而使之相愛。「若使天下兼相愛，愛人若愛其身。」

（三） 天下已亂，兼愛推行匪易。墨証其易行：

1. 先聖六王，已親行之。而禹之治水，利及天下。

2. 「君說之，故臣爲之」：靈王好細腰，則臣皆一飯；勾踐好勇士，臣皆蹈火，況兼相愛交相利乎。

3. 「投我以桃，報之以李」、「愛人者必見愛也，惡人者必見惡也。」

（四） 墨子之愛，襲自孔子的仁，有四証：

1. 仁、愛兩名詞之概念，訓詁相通：
   《論語》記樊遲問仁，子曰：「愛人。」
   經上曰：「仁體愛也。」
2. 泛愛與兼愛大旨相通：
   孔子：「己所不欲，勿施於人。」
   墨釋兼愛：「爲彼者，猶爲己也。」
3. 墨之有得於孔子。
4. 儒家（如孟子）攻墨，詆其兼愛爲無父，禽獸，只末學之辯。
   儒墨言愛雖有不同，也有可辨：
   儒：1. 行仁有等差，「家齊而後國治」、「己立立人，己達達人。」
   2. 各親其親，各子其子，爲人類天性，其用爲博愛之基礎。
   3. 儒言仁，以個人仁心，主觀感情爲出發。偏向性善。
   墨：1. 墨以賤人之身，對宗法制度無親切體驗與留戀，雖不否認家庭倫理，但更注意愛利之普及。
   2. 墨子超越「各親其親」階段，直達大同，要愛就愛全世界的人。
   3. 墨言兼愛，不談仁愛之主觀感情，偏向性惡。

即認定天下國家之亂源，在不相愛、爭私利，那麼根本解決的辦法就是「兼相愛、交相利」，這似乎是很單純的邏輯。「兼」和「交」是相互之意，也就是「相愛互利」，且推到全人類的相愛互利，很困難嗎？墨子曰：

> 愛人，待周愛人而後為愛人。不愛人，不待周不愛人；不周愛，因為不愛人矣。

這段話的意思說，愛人，就要普遍性的愛所有人，才能叫愛人。如果只愛部份人，部份人不愛，就不能叫愛人。不能普遍愛所有的人，是因爲他根本不愛人。墨子思想在中國沉寂二千多年，到十九世紀又受到中外學術界重視。因他的兼愛思想和基督教「神愛世人」相通。但神能做到，人類中除墨子，還有誰能做的到？

2. 墨子的「尚同」思想似乎指天下要建立共同統一的政權？就像「聯合國」是嗎？

墨子中心思想兼愛，餘爲保障兼愛之能實行，尚同是墨學中的政治制裁。但「尚同」也指天下要「同」，政權要同，仁政要同。

（一）尙同也是基於人之性惡所需要：

人性趨利避害，苟無外力節制，勢難止亂。故需設天下共同之政權，爲萬姓行動之標準，使個人化除自私，而歸心全體之公利。

「一人則一義，二人則二義，十人則十義…上之所是，必皆是之，所非，必皆非之。」

（二）政治組織之建立「由上而下」，尙同之進行爲「由下而上」：

「選天下之賢者立爲天子。」其次立三公、諸侯、正長。

「里長者，里之仁人也。」

「鄉長者，鄉之仁人以。」

「國君者，國之仁人也。」

各個階層都向上「尙同」，天下可臻於平治。

（三）「尙同」疑問之解決：

1. 近人有言，墨子主張民選制度。按墨子無明文，亦無歷史背景發生可能。天子創立應出自「天志」。（下節論之）

2. 墨子的尙同和兼愛關係，略如孔子的正名和仁政，正名不僅從周，也指君臣正名和春秋大義，惟兩家也有差別：

孔：了解歷代制度因革，思想具有歷史及地方意義。

墨：身爲賤人，不繼殷，不從周，思想欠歷史及地方意義。

儒家思想略似變相之民享政治論，各級尙同的標準是公利，若君長不克合此標準，則失其所以爲君長，無以爲治。

不擁護周室，亦不望新王。畫天下分封，取國君之總義。

按墨子這種「尙同主義」，所建構的應該是「天下統一的大有爲政府」，每一個層級都要向上認同（包含意見、行爲、政策），如此推演：

鄉長是賢能仁者，全鄉的人與鄉長同，全鄉得以統一。

國君是賢能仁君，全國的人與國君同，全國得以統一。

天子是聖者仁君，天下的人與天子同，天下得以統一。

最後天子要尙同於天，則能風調雨順，人所有做的事都合乎上帝神鬼（天道）的喜好。如此，天下之利得以興，天下之害得以除。

按墨子此種政治思想，國家是源於人民需要共同的是非標準，以止爭（人際紛爭、國內動亂、內戰乃至於國際紛爭）。墨子推論：政治制度未產生前，人們「一人一義，十人十義」，爲平息紛爭，需要建立國家和政治制度，擁立賢人從政，就能恢復社會秩序。進而逐級「尙同」，天下一統的國度就慢慢形成。這個想法和西方政治思想家盧梭（Jean Jacques Rousseau，1712~1778）的「民約論」，及霍布斯（Thomas Hobbes，1588~1677），的「國家論」觀點近似，差別在西哲是經「契約」達成尙同，墨子是經「統一是非標準」達成尙同。

盧梭、霍布斯政治思想影響歐美近代自由民主至鉅，而墨子仍只是學術研究教室中的「一尊偶像」，默然無言，不得不讓人嘆息！

墨子希望「天下得以統一」，仍是當時儒、墨、法各家統一思想的一種，尙未達到「聯合國」的概念。就像現在台海兩岸，大家都在提各種統一方案，聯邦、邦聯、國協等，不一而足，墨子的「統一論」只是當時之一者。

3. 墨子的天志、明鬼、非命在講甚麼？

天志和明鬼是墨子的宗教思想，非命則是對「天命說」的抗議。這些思想有的很先進，有的則保守又封建。

（一）「天志」是建立在三種依據上（指必須的理由）：

1.「天下從事者不可無法儀」：

然天下之爲君師父母者眾，而「仁者寡」，若以之爲法，此法不仁。

則可法者，惟天而已矣。「天之行廣而無私，其施厚而不德，其明久而不衰，故聖王法之」也。

2. 天爲全體人類之唯一主宰：

其賞罰嚴明而不可逃。故人對天，不可不取絕對服從之態度。

3. 只有天才能管制天子：

天有管治人類全體之無上權威，其賞罪雖天子亦不能免。「天子爲善，天能賞之，天子爲暴，天能罰之。」

墨子建立的政治組織如圖。乃純粹之天權（或神權）論，不涉民權。

天下是由天所領導，天喜歡「義」，討厭「不義」，所以天子和天下所有人要行合乎義的事，能「兼愛、行義」是「天德」；反之，「天賊」也。

天
天子
三　公
國　君
將　軍
大　夫
列　士
庶　民

圖 3-3：墨子的政治組織

(二)「明鬼」，彰顯神權，防人爲惡：

作用也是賞善罰惡，統治君民，一如天治。進而破無鬼之說。墨子認爲天下之亂，由於「疑惑鬼神之有與無之别，不明乎鬼神之能賞賢而罰暴也。」

墨子「明鬼」重點不在論述鬼神之有無，而在相信神鬼有「賞善罰惡」的能力，達成「民德歸厚」的目標，是一種「應用宗教學」。他認爲，真有神鬼而行祭祀，固然有價值；就算沒神鬼，親友相聚也有其社會功能。

(三)「非命」，主張人類不是被命定的：

若如「執有命者之言四：命富則富，命貧則貧，命眾則眾，命寡則寡，命治則治，命亂則亂，命壽則壽，命夭則夭，雖強勁何益哉。」將不利於社會。因人人安於命，不努力，世界不進步。

墨子從「天志、明鬼」，又論「非命」，是同一宗教體系的論點，他認爲命是「暴王所作，窮人所述，非仁者之言也。」其背景是春秋戰國的大動亂，統治階層爲維護自身利益，便「創造」一種理論來保護自己，說「王有王命，臣有臣命，民有民命」，讓人民甘心被統治。墨子認爲這是愚民政策，破解之道就是「非命」，向命運「抗議」。

小結：

墨子天志明鬼，意在藉神權加強其學說力量。其它主張均爲天鬼所喜，反之則惡。故奉行墨教者福，有「神道設教」之色彩，蓋其爲賤民，以平民爲傳教對象。

比之孔子就士大夫觀點立教不同，墨子從平民立場發言，鼓動「善者天佑之，鬼助之；不善者天伐之，鬼滅之，福禍在己，非命也。」即福禍在己，不在天命也。

4. 墨子主張賢人從政，打破階級制度。由此觀之，墨子也有先進思想。

「尚賢」主張任何人，只要是賢才，都要加以重用，不論其出身背景爲何，在當時這是非常「先進」的主張，類似現代「機會平等」，和儒家有異曲同工之妙。

（一）主張尚賢之用意：

治國養民乃一至艱至鉅之事業，非賢能，不能勝任。

「以德就列，以官服事，以勞殿賞，量功而分祿，故官無常貴，民無終賤。」這是「機會平等」說，對平民有很大鼓舞作用。

故居上位者必有出眾之才，而尚賢乃爲政之本。由之者治，背之者亂。

（二）人才何在（尚賢）：

打破階級，高薪禮聘，只要賢能，不問何人，國家都要重用。

「列德尚賢，雖在農與工肆之人，有能則舉之。高予之爵，重予之祿，任之以事，斷之以令。」舉賢之後，必須高其爵，厚其祿，重其權，這叫做「三本」。若不給他三本，雖賢也難長才能。並且要因才而用，「可使治國者治國，可使長官者長官，可使治邑者治邑。」

（三） 尚賢的幾點解說（免生誤會）：

1. 反對官祿世及，也攻擊權臣竊位。國政之亂，來自王公任用親戚，使「無故富貴，與面目佼好。」
2. 設想在封建末世的舊制度內，實現機會平等的原則。

並非要掃除階級，去除尊卑貴賤之等差。如上頁圖示，「官無常貴，民無終賤。」

（四） 大體上孔、孟、荀、墨在「尚賢」方面相通：

孔：布衣卿相，堯舜傳賢，以君子代世卿。

孟：主張從政者都是仁君、賢相和君子。

荀：<君道>篇：「王公大夫之子孫，不能屬於禮義，則歸之庶人。雖庶人子孫也，積文學身行，能屬禮義，則歸之卿相大夫。」

雖然儒墨都主張用賢，但墨子的「尚賢」則有較多的內涵，並有各種「配套措施」，使尚賢成爲普遍可以推行的政策：

第一、「賢」要以「德」爲內涵，「義」爲標準：

不義的不使他富有；不義的不使他高貴；

不義的不和他相親；不義的不和他接近。

第二、尚賢主義要突破士農工商的階級限制，官不能永遠富貴，民不能永遠貧窮。賢能者上台主政，無能者下台。可惜墨子沒有說明上下台的方式（如選舉等）。

第三、「天」是最後的裁判，富貴得賢，得天之賞；富貴爲暴，得天之罰；尚賢爲政，可定天下。

墨子尚賢的政治主張，以「德」爲內涵，以「義」爲標準，應最能補現代民主政治（美式）的缺陷。美式民主的選舉，我們美其名曰「選賢與能」，只是選出一批「叢林競爭」的贏家，確實是有才有能，但盡皆缺德缺義，只

有輸贏，沒有仁義道德，成了社會亂源。相較之，美式民主政治實社會之亂源也。（本書末篇論述之）

5. 墨子的「尚儉」思想最合現代環保觀念嗎？

墨子是一個「苦行僧」形象，對儒家許多禮制最爲反感，用現代環保檢視墨子，他是一位「極右派環保主義者」。

墨子尚儉，約有三義：節用、節葬、非樂。節用爲主旨，餘爲分論，綜合而成則是墨子的經濟學。

（一）節用：

目的：充裕民生，最後目的是實行愛利。

並非祇減省費用原則，而實重在免除無益之消耗。生活起居均有一定節制（規定）：

1.飲食之制：「強股肱，耳目聰明則止」、「不致遠國珍怪異物」。

2.衣服之制：「冬服輕且暖，夏服輕且清，則止。」

「諸加費不加於民利者聖王弗爲。」

3.宮室之別：「足以圍風寒，可以祭祀，別男女，則止。」

4.器用之制：「王公諸侯至，舟楫不易，津人不飾。」

（二）節葬：墨子反對厚葬、久喪，理由：

1.其爲不得已而無所利之事，多一分費用，即多一分損失。

「細計厚葬，爲多埋賦財者也。計久喪爲久禁從事者也。」

2.更大害處是「民不能富則衣食不足。於是怨其君上父兄而相爲淫暴，以至於亂。」

墨子認爲厚葬久喪爲儒家喪天下「四政」之一，需加以革除，易之以薄葬短喪之法。

又有所謂殉葬之制，「天子殺殉，眾者數百，寡者數十。將軍大夫殺殉，眾者數十，寡者數人」，殉葬可使人民寡。

依墨子的觀點，「厚葬久喪」不合「富貧、眾寡、治亂」的治國原則，是不仁、不義、不孝的事；必遭三大害：國家必貧、人民必寡、刑政必亂。

（三）非樂：要點有六

1.作樂必有樂器，「虧奪民衣食之財」。

2.「彈琴瑟…民衣食之財將安可得乎。」

3.作樂不足以禁暴止亂，無補於事。

4.樂工，廢耕稼樹藝、紡積織?之生產事業。

5.聽樂者，必怠於工作。

「與君子聽之，廢君子聽治；與賤人聽之，廢賤人之從事。」

6.古之聖王不爲樂。

（四）對節用（含另二者）之批判：

一曰：違反人性：人類滿足低需求後，勢必進之。文明得以進展。

二曰：人類本有嬉戲、娛樂、藝術之天性。

三曰：非禮樂不合治道：「安上治民其善於禮，移風異俗其善於禮。」實古今中外所承認之普通事實。

四曰：太重消極之減縮政策，未探求積極生產方法。

墨子這套「尙儉」經濟學，消極作爲是全方位的節用，個人的生老病死到國家施政，都要節省；積極作爲則使民增加財富，全力進行生產事業（娛樂是不必要的）。全民不分帝王將相百姓，人人都要勤於勞作，「凡天下群百工，輪車?、鞄、陶、冶、梓匠，使各從事其所能。」財用不足時，就從天時上去求補足；食糧不足時，就從節省上去求補救。

經以上論述，「尙儉」頗似現代部份人倡導的「極簡主義」，也合乎環保主張，值得在現代社會推行。若人人奉行「尙儉、節用、節葬、非樂」，則地球永續經營定成爲可能。

6.墨子主張「非攻」，他是不是反戰主義者？

墨子應該是一位反戰主義者，尤其反對侵略戰爭，但並不反對建軍備戰。他如果生在現代，不僅是一個國際環保領導人，也是國際和平倡導者。

墨子非攻，除有鮮明理論外，復有防禦戰爭之優美技術。就實際價值言之，此應墨學精華。

（一）攻之不利有三：

1. 殺戮多而得一「虛城」無用。「計其所自勝，無所何用也。計其所得，反不如所喪者之多。」

2. 侵略者誤認攻伐可兼併土地，富強國家。殊不知「螳螂捕蟬，黃雀在後。」如吳王夫差雖強，仍淪於句踐之手。

3. 攻伐禍害不僅限於君國。

乃禍及蒼生鬼神也。此「上不中天之利，中不中鬼之利，下不中人之利。」此三者也叫「三利」，三利都合，才合人民福祉。

（二）攻之動機（侵略動機之形成）：

來自「好名」，「今是大國之君寬然曰，吾處大國而不攻小國，吾何以爲大哉。」

（三）主張非攻（侵略），亦講防衛抵抗：

能防衛抵抗侵略，以息強大者之野心。其意略如匠世之「武裝和平」「凡大國之所以不攻小國者，積委多，城郭修，上下調和，是故大國不耆攻之。」

（四）儒墨軍事思想略同：

孔：「足兵足食」、「善人教民七年，亦可以即戎矣。」

荀：「上下一心，三軍同力。聲名足以暴之，威強足以捶笞之。」

孟：「誅一夫」、「爲天史」。

墨：禹征有苗、湯伐桀、武王伐紂，爲「誅」，非所謂攻也。

（五） 孔墨異同：

1. 同（或似）：述古學以自闢宗風。立治道以拯時弊。遊列國，無所用。乃廣授門徒，行道傳學。孔仁似墨兼愛，範圍不同而已。

2. 異：孔：仕。少賤自躋入士大夫。亡殷貴族。

墨：不仕。終身賤人自處。不可考。爲「平民化之孔子」。

其實二者精神相通。孟斥禽獸，荀詆役夫，實皮相而已。

小結：

墨子言政，寄望聖君。但其學說不合邏輯者甚多。

1. 兼愛、非攻並不能止戰國之亂，不能用以統一中國和禦外。

2. 已尙同，又要尙賢。天子不皆賢，何能保証其任命者國君、鄉長、里長「仁人」。

3. 天難知，鬼難明。

4. 節用又違反人性。

5. 娛樂活動全都不要了，人豈不成「勞動機器」。

墨學乃消沉，戰國以後墨家便成「歷史」。雖大家都反戰，但通常能戰者（兵法家、軍事家、謀略家等）會有較大的舞台，歷史真弔詭。

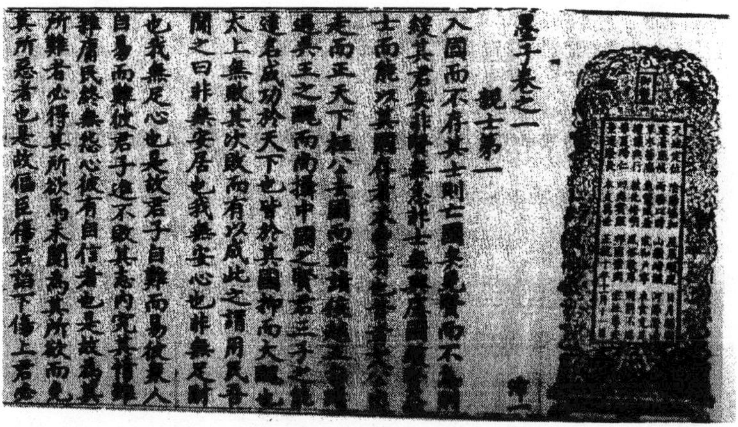
墨子卷之一

親士第一

入國而不存其士則亡國矣見賢而不急則
緩其君矣非賢無急非士無與慮國緩賢忘士
而能以其國存者未曾有也昔者文公
出走而正天下桓公去國而霸諸侯越王句踐
遇吳王之醜而尚攝中國之賢君三子之能
達名成功於天下也皆於其國抑而大醜也
太上無敗其次敗而有以成此之謂用民吾
聞之曰非無安居也我無安心也非無足財
也我無足心也是故君子自難而易彼眾人
自易而難彼君子進不敗其志內究其情雖
雜庸民終無怨心彼有自信者也是故為其
所難者必得其所欲焉未聞為其所欲而免
其所惡者也是故偪臣傷君諂下傷上君必

圖 3-4：「墨子」（明刻本）

輯 12：法家政治思想（一）管子

1. 今天講管仲，我們不得不想起他和鮑叔牙的故事。

齊桓公請鮑叔牙當宰相，鮑辭曰：「治理國家的五大學問：安撫百姓、權力運作、團結軍民、建軍用兵和建立禮義法制，我都不如我的好朋友管仲。」（<國語．齊語>）管仲相齊桓公，九合諸侯，一匡天下，成爲一代大政治家。惟《管子》一書疑爲管仲及後人集體之作，爲法家政治學之經典。

管仲主張富民政治，提出「倉廩實則知禮節，衣實足則知榮辱」的著名論斷；以禮義廉恥爲國之四維，一維絕則國傾，二維絕則國危，三維絕則國覆，四維不張，國乃滅亡。成爲歷代治國的重要法則，至今我國各級學校、機關團體內，仍高舉「禮義廉恥」大標語。

管仲政治思想重要綱目有尊君順民、以法治國、經俗、經產、經臣等項，先述尊君順民：

（一）「君日愈尊，民日愈賤」的歷史背景：

宗法破壞，貴族消亡，民無所貴，君日愈尊（中間階級的貴族失落）且春秋末期後，國非富強無以應世變，君非專斷無以圖富強。

臣與民轉成被統治者；君與國合爲一體成至尊。李敖所說「舉國上下只有一個是男人」，指這種體制的形成。

（二） 安國制法都是君，有生殺大權，此即「勢」（權力）：

「生法者君也」、「安國在乎尊君」，君的地位愈高。

明主所操有六柄：生之、殺之、富之、貧之、貴之、賤之。

明主所處者四位：文、武、威、德。

治國三器：「號令也，斧鉞也，祿賞也。」

「非號令無以使下，非斧鉞無以畏眾，非祿賞無以勸民。」

（三） 愛民只是手段，目的在尊君和爲君所用：

「凡大國之君尊，小國之君卑。大國之君所以尊者何也？曰，爲之用者眾也。小國之君所以卑者何也？曰，爲之用者寡也。」

君所爭，不止民多寡。要進而肯爲國君「蹈白刃，受矢石，入水火以聽上令。」

於是君在上有絕對權威，民只有服從。「明君在上位，民勿敢立私議自貴者。」且「倨傲易令、錯儀、畫制、作議者盡誅。」

（四） 管子又有「順民」之義，也是手段，而非目的：

按管子之意，「民之情莫不欲生而惡死，莫不欲利而惡害」，指人民有一根本性，愛生利而惡死害。順此，則國力增，民爲君用。故曰「民惡貧賤，我富貴之」。事實上這是人性，法家在利用人性。

加以刑殺雙管齊下，則「殺然後從，見利然後用，治然後正，得所安然後正者也。」

管子「順民」似有現代順民意、民情之意，＜牧民＞篇曰：

今順民心則威令行，使民各為其所長則用備，嚴刑罰則民遠邪，信慶賞則民輕難，量民力則事無不成，不彊民以其所惡則詐?不生，不偷取一時則民無怨心，不欺民則下親其上。

如此說來，若不順民意民情，則國家「機器」中很多事務都推不動了，更別談富國強兵。所以，管子的順民愛民是尊君的條件，而富國強兵則是全民（君、臣、民）的總目標。

2. 管仲是法家宗師，他的法治和現代法治有何不同？

先秦法家人才頗多，春秋有管仲和鄧析，戰國有李悝、慎到、尸佼、申不害、商鞅、韓非、李斯，而以管仲爲宗師。所以，管仲的法治觀念影響以後所有法家思想家。

（一） 法的界說：一切政治制度的總稱。

「法者所以一民使天下也」。「法者所以興功懼暴也」。

「法者天下之儀也，所以決疑而明是非也。」

「尺寸也，繩墨也，規矩也，衡石也，斗斛也，角量也，謂法。」

此外，有律、令、刑、政，是法的異名同用之詞。

律：「律者所以定分止爭也。」

令：「令者所以令人知事也。」

刑：「制斷五刑各當其名，罪人不怨，善人不驚曰刑。」

政：「正之、服之、勝之、飭之，必嚴其令，而民則之曰政。」

欲成法治社會，必有二術（立法和行法），這是管子認爲法治的必要過程。法家的可貴在兩千六百年前，便知立法和執法分立。

（二） 立法之術（法律制定考量因素）：

1. 知人情好惡。「必令於民之所好而禁於民之所惡也。民之情莫不欲生而惡死，莫不欲利而惡害。」

2. 考量人民守法的程度與限度：

「明主度量人力之所能爲，使焉…亂主不量人力，令於人之所不能爲…故其事敗。」

3. 時間因素之考量：

「令有時」，「聖王務時而寄政」。「四時備而民功百倍」。

4. 空間因素之考量：

齊、楚、越、秦各有不同水土，令有不同。

（三） 行法之術，大端有三。（法律執行所需考量）

1. 事先的準備、宣傳、教育：

「申之以憲令，勸之以慶賞，振之以刑罰。」

令未布，上不可「妄予」或「妄誅」；令已布，須執行。

2. 施行之態度（執行法制之原則）：

心信：「見必然之政，立必勝之罰，故民知所必就而知所必去。」

有常：「上無固植，下有疑心，國無常經，民力必竭，數也。」

無私：行法之難莫過於無私，害法之甚莫過於私。「私者亂天下者也。」

3. 推動力量（賞其行，罰其犯）：

賞罰作用。「有功不能賞，有罪不能誅，若是而能治民者，未之有也。」

賞罰宜重。「賞薄則民不利，禁輕則邪人不畏。」

賞罰貴必。「見必然之政，立必勝之罰。」

綜上所述，管子的政治思想在當時應是全世界最先進者，他的法治「君臣上下貴賤皆從法，此之謂大治。」君依法而令，臣依法而行，百姓順上成俗，最後達到無爲而治的目標。頗有現代法治的精神，只是管子希望國君「依法而令」，但當國君（皇帝）違法時怎麼辦？先秦法家都沒能解決這個問題。

近代西方民主的法治，則涵蓋解決國家統治者的問題，包含產生和依法而治，統治者違法也依法處理，這是先秦法家和近代法治的不同。管子的法治也循經俗、經臣、經產三大途徑完成。

3. 管子講「經俗」是不是把政治和道德合一？

管子的「經俗」用現代術語即「政治文化」（Political Culture），其內涵包含政治體系成員所共同具有的政治信仰和態度，及爲維持該體系運作的必要條件。有一整套的政治準則、價值和認同，形成一種「政治道德」模式。

（一） 經俗的界說：

「何謂國之經俗。所好惡不違於上，所貴賤不逆於令。毋上拂之事，毋下比之說。毋侈泰之養，毋踰等之服。謹於鄉里之行而不逆於本朝之事者，國之經俗也。」

管子經俗，實是法治的心理、道德、教育等層面言之。若法治爲「硬體」，則經俗爲「軟體」。可謂「政治文化」方面言之。

（二） 政治組織有賴政治道德維持：（經俗的內容）

四維。「禮不踰節，義不自進，廉不避惡，恥不從枉。」

狹義的禮：「登降、揖讓、貴賤、有等、親疏之體，謂之禮。」

廣義的禮：「上下有義，貴賤有分，長幼有等，貧富有度。」

義：有七體：義親戚、事君上、行禮節、辟刑僇、備饑饉、備禍亂、備寇戎。都合於義之原則。

（三） 政治道德的養成有賴教育訓育成俗。（社會化的途徑）

教育、訓育「凡牧民者使士無邪行，女無淫事，士無邪行，教也。女無邪事，訓也。」

社會化機構：家族、鄉鄰。「公修公族，家修家族，使相連以事，相及以祿，則民相親矣。」

「敬宗廟，恭祖舊。」代表政治文化、道德和合法性，也是社會化之過程。

（四） 孔子（儒）和管子（法）有別：（在刑政運用上）

儒：以個人道德之發展爲政治最高理想，政術雖禮義與刑法兼用，但禮義爲主，以教爲政。

管子：教育目的不在個人道德發展之完成，而在人民順服以事君。以教行法，仍認仁義道德之必須。

（五） 管子與商韓不同：

商韓：任法而棄一切仁德禮義。國法君威爲控制人民唯一力量。法家到商韓，已近玩弄權力及權謀操作。

管子：仍行仁德禮義之教。另外配合家族倫理關係以制民。

把管子「經俗」和現代的政治文化形成做比較，發現方法頗爲一致。

現代政治發展（Political Development）過程中，把一些政治認同、價值，經由政治社會化（Political Socialization），灌輸到政治體系的每一成員思想中，形成他們的政治性格和政治道德。

原來管子「經俗」是春秋時代齊國的「公民與道德」和「歷史文化」教本，也有文化道德傳承的意思在內。証之古今思想家，乃至實際政治之運作，「政治」和「道德」還是分不開，欠缺政治道德，政治就搞不下去了。

4. 管子主張「富民」，如何讓人民有錢？

管子「經產」就是他的經濟學與經濟政策，也是中國歷史上有名的「富民」政治經濟學，主張先讓人民富起來。但如何富？富到何種程度？就有區別了。例如，社會主義、三民主義和資本主義都主張「富民」，三者差異還是很大。

(一) 經產的界說：

「何謂民之經產。畜長樹芸務時，殖穀力農墾草，禁止未事者，民之經產也。」

「倉廩實則知禮節，衣食足則知榮辱。」

「民不足， 令乃辱；民苦殃。令不行。」

略同孟子：民無恆產者無恆心。

(二) 管子深知民生可決定政治安定。

1. 心理上原因。「民富則安鄉重家，安鄉重家則敬上畏罪，敬上畏罪則易治也。民貧則危鄉輕家，危鄉輕家則敢陵上犯禁，陵上犯禁則難治也。」

2. 物質上原因，人一無所有最可怕。

「民饑者不可以使戰」，饑寒起盜心，使社會動亂。現代政治理論中，有「中產階級」之說，謂中產階級興起，社會便失去革命或造反環境，此說與管子同。

(三) 達成經產必須的政策：

1.六興：

厚其生：「辟田疇、利壇宅、修樹芸、勸士民、勉稼穡、修牆屋。」

輸以財：「發伏利、輸滯積、修道途、便關市、慎將宿。」

寬其政：「薄徵斂、輕征賦、弛刑罰、赦罪戾、宥小過。」

遺以利：「導水潦、利陂溝、決潘渚、遺泥滯、通鬱閉、慎津梁。」

匡其志：「養長慈幼孤恤鰥、問疾病、弔禍喪。」

振其貧：「衣凍寒、食饑渴、醫貧窶、振罷露、資乏絕。」

2.工商之利將收歸國有政策：方法

以貨幣控制市價。「幣重而重物輕、幣輕而萬物重。」、「人君操穀幣金衡而天下可定也。」這是貨幣、物價利率的調整，現代政府也用相同方式控制市場經濟。再者，重要能源物資收歸國管，此即管子「官山海」政策。

3.土地制度採井田制（土地國有制），但按土地好壞等級收稅，「相地而衰征」（<國語・齊語>）。

關於讓人民富到甚麼程度？管子認爲「貧富無度則失，甚富不可使，甚貧不知恥。」所以民雖富不可太富，不可富到國家管不動，甚至富到大富（資本家）操控國計民生。

綜上所述，管子「經產」的經濟政策，似今之社會主義或三民主義的經濟政策。雖積極發展經濟以「富民」，但仍有「發達國家資本，節制私人資本」的種種措施。在中國歷史上沒有發展出資本主義，可能和儒法等各家思想有關。到今天中國仍在試探這條路，未來似乎還是社會主義經濟政策最爲可能。

5.管仲對國家經營有全方位的設計，政治制度他如何安排？

「經臣」就是管仲在政治制度上的設計安排，包含公職人員、官吏任用、中央與地方及權限區分等。

（一）經臣的學說：

「何謂朝之經臣。察身能而受官，不浮於上。謹於法令以治，不阿黨竭能盡力而不尙得，犯難離患而不辭死。受祿不過其功，服位不侈其能，不以毋實虛受者，朝之經臣也。」

指官吏的任用、操守，使成忠君之臣。

（二）任用官吏「使法擇人」：

1.標準：

爵祿無假。「君之所審者三。一曰德不當其位，二曰功不當其祿，三曰能不當其官。」

2.任用程序：

有鄉里自舉之制也，此由下向上推荐。

有國君察問之制也，此國君自行任用。

（三）君臣職權的劃分：

「生法者君也，守法則臣也。」

「論材量能謀德而舉之，上之道也。專意一心守職而不勞，下之事也。」

「上之人明其道，下之人守其職，上下之分不同任而合為一體。」

由此也知，管子雖有「立法」觀念，尚欠「立法機關」的設計，蓋「生法者君也」，等於說「我」（帝王）就是法律，王法即國法，則國君違法，誰能處理？

（四） 中央、地方權限及城鄉發展：

「鄉與朝爭治」、「朝不合眾，鄉分治也。」故地方權限應加重。管仲在齊變法時，即調整地方行政組織，使配合人口、經濟和城鄉發展。如士商工在城內；個體的工、商和服兵役的農民均在郊區或鄉。這種設計也為配合軍事制度，「作內政而寓軍令」，寓兵於農，兵農合一的「農戰政策」。

（五） 建立中央到地方的監督制度：

這是法家統治的重要制度，地方（鄉長）要把本鄉有任何問題的人向上反映，有不報者都要受到刑事處分。其重大者可能是死刑，「匹夫有不善，可得而誅。」（<管子・小匡>）

合前所述，管子的政治制度中，對國君雖「無法可管」，所幸管子另外設計有補救措施，即「嘖室之議」，對國君的缺失由「專責單位」專人負責提出批評。「人有非上之所過，謂之正士，內於嘖室之議。」但管仲還是沒有說明，國君不改過怎麼辦？

<u>6.管仲是中國古代的大政治家，如何評論其歷史地位並對現代有啟示？</u>

對這位偉大的政治家，可從三方面論其歷史地位，評其思想並對現代有啓示作用。第一管仲是中國歷史上首位變法（政治改革）成功者；其次他是民本主義思想家；第三他是法家宗師，影響以後兩千多年的法治思想。

（一） 變法成功需人才並順民情：

中國歷史上有多次變法，惟成功者不多，管仲和商鞅變法成功（均法家變法）。以後的王安石及「康梁變法」都失敗，成功關鍵是統治者支持、人才和民情。齊桓公支持管仲變法，管仲又用了一批人才：

升降揖讓，進退閑習，辨辭之剛柔，臣不如隰朋，請立為大行；墾草入邑，辟土聚粟多眾，盡地之利，臣不如寧戚，請立為大司田；平原廣牧，車不結轍，士不旋踵，鼓之而三軍之士視死如歸，臣不如王子城父，請立為大司馬；決獄折中，不殺無辜，不誣無罪，臣不如賓胥無，請立為大司理；犯君顏色，進諫必忠，不避死亡，不撓富貴，臣不如東郭牙，請立為大諫之官。（＜管子・小匡＞）

顯然齊桓公給了管仲全權組閣的權力，有了元首支持，管仲用當時許多人才參與變法。但政治改革不能硬幹，還要看民意、民情動向，管仲如何做好「順民」工作。

（二）體察民情，順應民意：

在管仲之前的思想家也都重視民心，但如管仲這麼清楚的去體察民情，又能順應民意的政治家或執政者，管仲應該是排名第一。他在＜牧民＞篇中說：

政之所興，在順民心，政之所廢，在逆民心；民惡憂勞，我佚樂之，民惡貴賤，我富貴之；民惡危墜，我存安之，民惡滅絕，我生育之。能佚樂之，則民為之憂勞；能富貴之，則民為之貧賤；能存安之，則民為之危墜；能生育之，則民為之滅絕。能知予之為取者，政之寶也。

這是我國最早、最具體的「民本」政治原則，並非儘用「嚴法」來讓人服從。管子也說「故刑罰不足以畏其意，殺戮不足以服其心。故刑罰繁而意不恐，則令不行矣；殺戮眾而心不服，則上位危矣。」（＜牧民＞），「省刑之要在禁文巧，守國之度在飾四維，順民之經在明鬼神、祇山川、敬宗廟、恭祖舊。」（＜牧民＞）。

後世對法家常以為只有重法嚴刑，其實法家在管仲之世還很有儒家風格，得到孔子等儒家宗師許多讚揚，上文就是法家「省刑」的政治原則。只是法家到戰國時代的商鞅、韓非，「人味」愈來愈少了。

（三）法家開山祖師：

中國自秦漢以來，法家雖非主流思潮，但歷代常有「明儒暗法」之議，尤其到亂世更有「亂世用重典」的主張。不論治世或是亂世，對法的重視則古今皆然。尤其管仲的法治思想，不僅省刑法，且強調「禮義廉恥，國之四維，四維不張，國乃滅亡。」成爲管仲的名言。

但法家到商鞅、韓非、李斯等人，變得「刻薄寡恩」毫無人味，政治只剩下權謀、鬥爭和力的對決，把人當成「生物」操弄。這也是秦漢後法家不振的原因，大家聽到法家就怕怕，此非管仲之罪也，他還是一代法家宗師。

孔子對管仲的評價說，「管仲相桓公，霸諸侯，一匡天下，民到於今受其賜。微管仲，吾其披髮左衽矣！」（＜論語・憲問＞）。意指管仲攘夷狄，尊周王，保住華夏文化，功在天下，這是管仲的歷史地位。

輯 13：法家政治思想（二）商子與韓子

1. 商鞅和韓非都是法家思想家，先講他們的思想背景。

韓非子是法家集大成者，他是了不起的法家政治家。近代中國因動亂分裂，韓非之學一度成爲顯學。學術界常把韓非和西方政治學之父馬基維利（Niccolo Machiavelli,1469~1527）做比較研究。而到商鞅的法家，則日愈嚴苛，沒有「人」味。

（一） 商鞅：（前？~前 338）也叫「衛鞅」。

1. 衛之諸庶孽公子也，。姓公孫，名鞅。少好刑學。
2. 先事魏，後入秦，佐秦孝公變法。

「令民爲什伍，而相牧司連坐，不告姦者腰斬。告姦者與斬敵者同賞，匿姦者與降敵者同罰。」

「行之十年，秦民大說。道不拾遺，山無盜賊。家給人足，民勇於公戰，怯於私鬥。」法家到商鞅愈嚴刑重法。

3. 孝公死後，被告造反，遂滅其家。流傳有《商君書》二十六篇，部份商鞅之作，有的是他人假托。

（二） 韓非：（前？~前 233 年）

1. 與李斯共事荀卿。王安五年，秦攻韓，韓使非出使秦，因留之。李斯、姚賓毀之，下獄而死。距秦統一天下十餘年。
2. 韓非思想中，法、術、勢爲三主要概念。在先秦法家諸子中，韓非子以集法家大成，最有完備的政治理念。秦始皇讀完韓非子的＜孤憤＞和＜五蠹＞，恨不能夠立刻見到作者本人。

（三） 法治觀念之起：

爲法、術、勢三者興起，爲春秋戰國主流思想，但法的觀念最早興起。封建崩潰，宗法大壞，天子微弱，諸侯強盛。政治上實有尊君任法之途徑。故在春秋時已有「竹刑」、「刑書」、「刑鼎」、「憲令」等，商君是代表。

(四) 勢治觀念之起：

基於尊君。背景也同權臣僭國等原因。等到君已受尊，中央集權已成，國君爲統治臣民，權勢理論已告成立。慎到足爲開宗代表。

(五) 術治觀念之起：

也基於尊君，君欲御臣，故須用術。申不害是術治的代表。

商鞅：重法，成文法律，臣民奉行。

申不害：重術，暗藏胸中的機智，暗督群臣的秘術，越高深莫測越好。

韓非：法、術，勢三者合用，成為韓非政治學的三個核心概念。

法家的基本觀點是人性自利，包含君臣父子都是各謀私利，所以仁義之治是行不通的。想要富國強兵王天下，更須行法治，才能提高國家競爭力。

韓非子在＜初見秦＞文中開宗明義說：

> 臣聞不知而言，不智；知而不言，不忠。為人臣不忠當死，言而不當亦當死。雖然，臣願悉言所聞，唯大王裁其罪。…四鄰諸侯不朝，大王斬臣以徇國，以為王謀不忠者也。

可見韓非多麼自信，「初見秦」就向秦王保証，如此這般，數年之間若不能富國強兵王天下，就砍了臣（韓非自己的頭）首級，以徇國並警示天下人臣不忠的下場。

2.商韓兩家論「法」有何不同？

商韓兩家都論法，商鞅在行法上比較徹底，尤其講究方法。韓非則重視法律的制訂、成文公布、統一執行的過程中，也有了不起的創見。

(一)「人主之大物，非法即術也。」

法者編著之圖籍，設之於官府，而布之於百姓者也，法莫如顯。

術者藏之於胸中，以偶眾端，而潛御群臣者也，而術不欲見。

法的根本意義，商鞅和管子略同。

（二）商鞅論行法之方法，頗能超越管子：

1.廣布法律知識：

管子也有布憲施教之說。商鞅承之，商君最完備。其制度頗密，大致則以法官法吏「以爲天下師」：

「天子置二法官。」、「諸侯郡縣皆各爲置一法官及吏」。

「諸官吏及民有問法令之所謂也於主法之吏。皆各以其故所欲問之法令明告之。」

問答皆列爲書面資料，「符書繫其年月日時及吏名」。

2.賞罰爲制裁，行法亦須賞罰才能推動：（商鞅有異）

商鞅刑多賞少，因犯罪爲惡，爲善爲本分。「治國刑多而賞少」。

「刑重則民不敢犯，故無刑也。而民莫敢爲非，是一國皆善也。」

但賞亦可用，如「賞施於告姦」。

韓非則賞刑必重。「賞厚者則所欲之得也疾，罪重者則所惡之禁也疾」。「賞厚者非獨賞功也，又勸一國。」

「重刑者重一姦之罪而止境內之邪。」

商鞅「壹州」：即刑無等級：

卿相遮民犯禁，一律治罪。不因親、故、冒、能、功、貴而減刑。

「法令必行，內不私貴寵，外不偏疏遠。」

3.任法必專，不爲私議善行所動搖：

私議無標準是非，足以廢。

「世之爲治者多擇法而任私議，此國之所以亂也。」

「夫倍法度而任私議，皆不類者也。」「故言行無而不軌於法令者必禁。」

「言無定行，行無常議」的紊亂現象可去也。

善言德行足以眩惑人心，爲商韓深惡：

「法已定矣，不以善言害法。」（<商君>）

又曰：「法已定矣，而好用六蝨者亡。」、「六蝨曰禮樂、詩書、修善、孝弟、誠信、貞廉、仁義、非兵、羞戰。」

韓非也偏激。「仁義示則主威分，仁慈聽則法制毀。」

仁者暴者都是亡國者。仁者在位下輕法，暴者妄法而民怨生。

（三）法令的修訂：

法家諸子自管夷吾以降，深知社會變遷之道，主張隨時空修法。

商君：「聖人之爲國也，不法古，不修令，因世而爲之治，度俗而爲法。」

韓子：「時移而法不易者則亂。能眾而禁不變者削。故聖人之治民，法與時移，而禁與能變。」

（四）韓非子法治主張概有以下各項：

1.明法去私：明定公私領域、依法而治國家才能富強、法令可以矯正違法偏私行爲，太子也得守法。統治者除用法之外，要配合勢、術之用才行。

2.法的制定：法律必須成文化，且統一、普遍、易行並詳盡明白，還要因時制定，過時要修法。

3.法的施行：法是一切行爲的準則，故須普遍性和絕對性，法律之前人人平等，厚賞重罰，訴願理智。行法之前要做法律教育，使人人知法，而後貫徹執行，無有例外。

<u>3. 韓非子權「勢」理論頗合現代政治學觀點，試做比較。</u>

現代政治學的重點是「權」，有權才有勢；韓非政治學的重點是「勢」，而權勢互依，古今頗有同工之妙。

（一）「勢」說源流：

管子略發其意，慎到明勢，韓非暢大旨，「勢」乃成人主之刀也。「勢」爲君主所必須，任勢才能治國。

1.「君之所以爲君者勢也。」（<管子>）

2. 慎到：「堯爲匹夫不能治三人，桀爲天子能亂天下。吾以此知勢位之足恃而賢智之不足慕也。」

3. 韓非的勢：

君子之爲治，有賴於法律上的權和實際上的力。而兩者能操縱，又賴君主所處之地位。

人民承認君主之地位而服從之，君主憑藉此地位以號令天下百姓。私人之道德與此無直接關係，蓋人君非以聖賢之名而發令，以其爲君主之地位而發令。

（二）韓非的「君臣、君父、夫妻」都是絕對關係：（勢治的君臣條件）

1.「堯、舜、湯、武或反君臣之義，亂後世之教者也。堯爲人君而君其臣，舜爲人臣而臣其君，湯武爲人臣而弒其主，刑其尸，而天下譽之，此天下所以至今不治者也。」

「臣事君、子事父、妻事夫」爲天下之常道也。

2. 更激進者，爲人臣子，不得批評君父，不得譽人之君父：

「人臣毋稱堯舜之賢，毋譽湯武之伐，毋言烈士之高，盡力守法，專心於事主者爲忠臣。」

（三）摒棄道德於政治範圍之外：

兩者不可相容。且政治社會中殆無個人生活，反對獨善其身。「不仰君祿，雖賢不爲望功，不仕則不治，不仕則不忠。」

（四）法家到韓非之後，專用威勢的理論依據：

比荀子性惡更進而認爲人性無爲善之可能。必待用勢而後能治，乃成爲一偏激之理論。骨肉亦不能免：「產男相賀，產女則殺。」人民沒有見識。「民智之不可用，猶嬰兒之心也。」

威勢須由君主掌握，原因：君主有權威才能生存，且不能與臣僚共有威權，大臣不能太貴，否則必易主位；失去掌權，等於亡國。

綜上所述，韓非的任勢理論和現代政治學頗多相似，二者都把權勢或權力，建立在國家元首大位的取得和鞏固，不論位階的高低，要有權有勢，先要取得某個高度的「位置」，並鞏固其位，才能使權用勢。韓非的<人主>篇曰：

人主之所以身危國亡者，大臣太貴，左右太威也。所謂貴者，無法而擅行，操國柄而便私者；所謂威者，擅權勢而輕重者也；此二者不可不察也…所以制天下而征諸侯者，以其威勢也；威勢者人主之筋力也。

韓非形容威勢是國家元首的「筋」，若威勢旁落，有如被抽了筋的國王（一個廢物），人主失筋的結果是身死國亡。在<備內>篇又說：

人主之患，在於信人，信人則制於人。人臣之於其君，非有骨肉之親也，縛於勢而不得不事也。故為人臣者，窺視其君心也，無須臾之休。倘借其權勢則上下易位矣。

依韓非之見，臣子莫不指望國君早死，以創造謀奪大位之機；王子都希望父王早死，早承大位；兒子也都希望父親早死，以承接財產。韓非在<亡徵>篇列舉數十種亡國的徵候，大多是失勢的結果。

4. 韓非的「術」治是甚麼？有那些內容或方法？

韓非的國家統治理論三個核心概念（法、術、勢），是一個完整的體系，法要公開公布，勢是權力運用的戰略層次，術則是權力運用的戰術和技術層次。

（一） 基本假設：

韓非承申不害餘緒而補正，假定君臣之間無仁義道德相與。君之權位，臣所覬覦，「上下一日百戰」。

故君須用術「潛御群臣」以保權位，「術」爲助法所不及。

「法雖勤飾於臣，主無術於上。」

（二） 君必須用術以治吏的歷史背景：

在封建宗法的社會，君主與貴族共治其民，君民直接相通，固在封建列國，地小人少可行。

待小國併入大國後，貴族、世卿同消亡，臣成爲君民之間承上馭下的佐治階級，其本身也成爲受治對象，專制天下 2000 年均如此。故韓非曰「明主治吏不治民」。

（三） 差異：

法治：對象爲民。君臣共守，公布眾知之律文。

術治：對象爲臣。君主獨用，潛藏暗用之機智。

（四）「術」的運用：（以隱密難測最爲上乘）

1. 明察臣下之姦，預防權臣產生：（積極立法）

待臣勢未坐大時，「數披其木，毋使枝葉扶疏」。

觀察權臣坐大的五個原因：

「人主有五壅。臣背其主曰壅，臣制財利曰壅，臣擅行令曰壅，臣得行誼曰壅，臣得樹人曰壅。」

2. 私寵專聽之爲害也大。臣不可信：（消極立法）

「毋專信一人而失去都國焉」。

臣之不可信，以斷逢迎窺伺之機。「人主之患在於信人，信人則制於人。」臣既然不可信，常以七術御之：

「眾端參觀、必罰明威、信賞盡能、一聽責下、疑詔詭使、挾知而問、倒言反事。」

3. 七術尚不足馭臣，再助以獨斷專制、大權獨攬之專權：

韓非「賞罰者邦之利器也。在君則制臣，在臣則勝君」。

則群臣者人臣之僕役。驅之去，招之來，生殺貴賤一聽君意，何篡奪之能有。二柄（賞罰）定由君主控制。

韓非術治爲吾國古代最完備之專制理論，體系完整，人主不可不知。韓非詆儒家聖君仁義之治爲空談，但其明察下姦的君主也難行。惟其充滿權謀鬥爭的神奇智慧和詭異的方法，實是在大動亂、大分裂的亂局中，國位、謀國、安國之寶典，也是戰國時代的產物。但近代韓非術治理論又成顯學，不僅與西方政治學之父馬基維利並駕，可能係二者都崇尚權勢任術的行家。

韓非術治內容可用二柄、六微、七術、八姦概括之，簡述如下。

5. 請陳老師介紹韓非子的二柄、六微、七術和八姦。

比較完整的論述應該是二柄、三守、五蠹、六反、六微、七術、八姦、十過。當然這些只是方法說，並不能概括全部，舉其部份簡述。

（一）二柄：

「二柄者，刑德也。何謂刑德？曰：殺戮之謂刑，慶賞之謂德。為人臣者畏誅罰而利慶賞，故人主自用其刑德，則群臣畏其威而歸其利矣。」（註：儒家德的概念是仁孝誠，法家到商韓，不殺便是德。）使用二柄的方法，「夫慶賞賜予者，民之所喜也，君自行之；殺戮刑罰者，民之所惡也，臣請當之。」

（二）三守：

人主有三事要防守，守住則國安身榮，守不住則國危身亡。

第一、聽了大臣間的鬥爭耳語，要藏於心中，不可洩漏。

第二、不要直接賜爵祿給喜歡的人，須間接利用別人贊美他才賜爵祿；反之，要罷斥某人也同理。但不論何時，主動權要在人主手上。

第三、人主自己疏懶，叫臣子去治國，於是權柄落入大臣之手。

（三）六微：

＜內儲說下＞有六微，是六種造成君危國亡的徵候：

1.權借在下：王權被臣奪去。

2.利異外借：臣借外力取利。

3.託於類似：欺君謀利。

4.利害有反：臣借利害相害。

5.參疑內爭：排除異己謀私利。

6.敵國廢置：參與敵國爭位。

（四）七術：

<內儲說上>有七術，是身爲國家領導人應有的觀聽察的智慧，也是一種「真相」洞察和利用之術。

1.衆端參觀：多方觀察和驗証。

2.必罰明威：建立必罰的威信。

3.信賞盡能：臣下盡能必賞。

4.一聽責下：不聽單方便責下。

5.疑詔詭使：遣人去來不曝光。

6.挾知而問：明知故問探誠實。

7.倒言反事：故意反述求真相。

（五）八姦：

<八姦>曰：「凡人臣之所道成姦者，有八術。」是八種禍國殃民的「現象」或途徑。

1.同?：枕邊人的非法要求。

2.在旁：身邊人引誘君王犯法。

3.父兄：親戚坐大得勢的後果。

4.養殃：臣下私黨爲惡。

5.民萌：臣下民意支持度過高。

6.流行：臣下陰謀利用輿論。

7.威強：臣下培養自己的勢力。

8.四方：利用外國壯大自己。

（六）十過：

十種會導致亡國亡種的「過錯」，初則小過，漫延後則成大禍。

1.行小忠，則大忠之賊。

2.顧小利，則大利之殘。

3.行僻自用，一意孤行。

4.國政荒廢，只顧玩樂。

5.剛愎貪利，必身死國亡。

6.只顧玩女人不管國政。

7.訪遊國外，忽視內政。

8.有過不聽忠言。

9.國力不足，依靠諸侯。

10.國小不智，必至亡國絕子孫。

（七）循名責實：術治的公開化

韓非重視「形名術」之用，講究參合審驗。所謂「循名責實」，乃照外在的名位，監督達到相當的實際功效。用現代科學語言謂：根據假設去求取論証。人主考察群臣，定要觀其言行合一，依法行事，名實相符。

1.發言與不發言都要加以督責。

發言者，是否言行合一，有無欺上誘惑；不發言，察其是否推託逃避責任。言與不言，都要追究責任。使群臣戰戰兢兢。

2.不審合參驗，法術之士只有被害。

君主不能循名責實，法術之士（新的人才）定被權貴重臣誣陷。韓非子的<孤憤>篇講自己進諫韓王，被權貴阻阨。

3. 循名責實，可使群臣奉公守法。

客觀考核臣僚，巧飾投機得不到好處，臣僚自然奉公守法。

4.參五的道理（交錯考察群臣的方術）

從各角度考察可以發掘臣下賢才，交互考核真僞可以明察臣下缺失。

韓非的術治，乃建立在人性本惡、權勢理論和人謀私利的基礎上。因此，君臣、臣臣，乃至統治者和被統治者之間，爲鞏固自己的利益，便進行永無休止的鬥爭。所謂「仁義忠孝」只是空話或騙局，實則「堯舜之道」是天下亂源。（<韓非·忠孝>）這是對儒家最嚴厲的批判。

補充資料：韓非「亡徵」

韓非子在<亡徵>篇中，論述四十七種會導致亡國的徵候，用於檢驗歷朝歷代，乃至目前台灣的獨派政權，「準確度」依然很高：

1. 凡人主之國小而家大，權輕而臣重者，可亡也。

2. 簡法禁而務謀慮，荒封內而恃交援者，可亡也。
3. 羣臣為學，門子好辯，商賈外積小民右仗者，可亡也。
4. 好宮室臺榭陂池，事車服器玩好，罷露百姓，煎靡貨財者，可亡也。
5. 用時日事鬼神，信卜筮而好祭祀者，可亡也。
6. 聽以爵以待參驗，用一人為門戶者，可亡也。
7. 官職可以重求，爵祿可以貨得者，可亡也。
8. 緩心無而成，柔茹而寡斷，好惡無决，而無所定立者，可亡也。
9. 饕貪而無饜，近利而好得者，可亡也。
10. 喜淫而不周於法，好辯說而不求其用，濫於文麗而不顧其功者，可亡也。
11. 淺薄而易見，漏泄而無藏，不能周密，而通羣臣之語者，可亡也。
12. 很剛而不和，愎諫而好勝，不顧社稷，而輕為自信者，可亡也。
13. 恃交援而簡近隣，怙強大之救，而侮所迫之國者，可亡也。
14. 羈旅僑士，重帑在外，上閒謀計下與民事者，可亡也。
15. 民信其相，下不能其上，主愛信之而弗能廢者，可亡也。
16. 境內之傑不事，而求封外之士，不以功伐課試，而好以名問舉錯，羈旅起貴，以陵故常者，可亡也。
17. 輕其適正，庶子稱衡，太子未定，而主即世者，可亡也。
18. 大心而無悔，國亂而自多，不料境內之資，而易其鄰敵者，可亡也。
19. 國小而不處卑，力少而不畏強，無禮而侮大隣，貪愎而拙交者，可亡也。
20. 太子已置，而娶於強敵以為后妻，則太子危，如是則羣臣易慮者，可亡也。
21. 怯懾而弱，守蚤見而心柔懦，知有謂可斷而弗敢行者，可亡也。
22. 出君在外而國置，質太子未反而君易子，如是則國攜，國攜者可亡也。
23. 挫辱大臣而狎其身，刑戮小民而逆其使，懷怒思恥而專習則賊生，賊生者可亡也。
24. 大臣兩重，父兄眾強，內黨外援以爭事勢者，可亡也。
25. 婢妾之言聽，愛玩之智用，外內悲惋，而數行不法者，可亡也。
26. 簡侮大臣，無禮父兄，勞苦百姓，殺戮不辜者，可亡也。
27. 好以智矯法，時以行雜公，法禁變易，號令數下者，可亡也。
28. 無地固，城郭惡，無畜積，財物寡，無守戰之備，而輕攻伐者，可亡也。
29. 種類不壽，主數即世，嬰兒為君，大臣專制，樹羈旅以為黨，數割地以待交者，可亡也。

30. 太子尊顯，徒屬眾強，多大國之交，而威勢蚤具者，可亡也。

31. 變褊而心急，輕疾而易動發，心悁忿而不訾前後者，可亡也。

32. 主多怒而好用兵，簡本欲教而輕戰攻者，可亡也。

33. 貴臣相妒，大臣隆盛，外籍敵國，內困百姓，以攻怨讎，而人主弗誅者，可亡也。

34. 君不肖而側室賢，太子輕而庶子伉，官吏弱而人民桀，如此則國躁，國躁者，可亡也。

35. 藏怒而弗發，懸罪而弗誅，使羣臣陰憎而愈憂懼，而久未可知者，可亡也。

36. 出軍命將太重，邊地任守太尊，專制擅命，徑為而無所請者，可亡也。

37. 后妻淫亂，主母畜穢，外內混通，男女無別，是謂兩主，兩主者，可亡也。

38. 后妻賤而婢妾貴，太子卑而庶子尊，相室輕而典謁重，如此則內外乖，內外乖者，可亡也。

39. 大臣甚貴，偏黨眾強，壅塞主斷，而重擅國者，可亡也。

40. 私門之官用，馬府之世，軍馬之府立功者也鄉曲之善舉，官職之勞廢，貴私行而賤公功者，可亡也。

41. 公家虛而大臣實，正戶貧而寄寓富，耕戰之士困，末作之民利者，可亡也。

42. 見大利而不趨，聞禍端而不備，淺薄於爭守之事，而務以仁義自飾者，可亡也。

43. 不為人主之孝，而慕匹夫之不孝，不顧社稷之利，而聽主母之令。女子用國，刑餘用事者，可亡也。

44. 辭辯而不法，心智而無術，主多能而不以法度從事者，可亡也。

45. 親臣進而故人退，不肖用事而賢良伏，無功貴而勞苦賤，如是則下怨，下怨者，可亡也。

46. 父兄大臣，祿秩過功，章服侵等，宮室供養太侈，而人主弗禁，則臣心無窮，臣心無窮者，可亡也。

47. 公壻公孫，與民同門，暴慠其隣者，可亡也。

亡徵者非曰必亡，言其可亡也。夫兩堯不能相王，兩桀不能相亡，亡王之機，必其治亂，其強弱相踦者也。木之折也必通蠹，牆之壞也必通隙；然木雖蠹無疾風不折，牆雖隙無大雨不壞。萬乘之為主，有能服術行法，以亡徵之君「風雨」者，其兼天下不難矣。

可亡也。

6. 商韓農戰政策的差異，及法家和黃老的關係如何？

商鞅和韓非不僅思想有異，實際政策也有不同。另外，法家和道家都講無爲而治，二者差別也很大。

（一）商韓農戰政策的差異：

1.君主務「力」的必須：

專制政體已立，政治組織之條件已具。然列國環伺，時相侵凌，非有富強國力，無以自存。故明君必須務「力」。

商鞅：「國之所以重，主之所以尊者力也。」

韓非：「力多的人朝，力寡則朝於人。」

務力之方，在使民致力農戰二事。

2.農戰政策的內容與方針：

（1）只獎農戰，其他一切學術、文化、技藝都摧毀：

商子曰：「農戰之民千人，而有詩書辯慧者一人焉，千人皆怠於農戰矣。農戰之民百人，而有技藝者一人焉，百人皆怠於農戰矣。國待農戰而安，主待農戰而尊，夫民之不農戰也，上好言而官失常也。」

韓子曰：「博習辯智如孔墨，孔墨不耕耨，則國何得焉。」

（2）商子「壹賞」：「利祿官爵摶出於兵。」

「邊利盡歸兵，市利盡歸農。」

（3）商子「壹教」：「博聞辯慧，信廉禮樂，修行群黨。任譽清濁不可以富貴，不可以評刑，不可獨立私議以陳其上。」

（4）商子推行軍國民教育，使全國皆兵。

「壯男爲一軍，壯女爲一軍，男女之老弱者一軍，此之謂三軍也。」

但韓非反對此種極端之尙武教育。

（二）法家和黃老的關係：

1.無爲而治之途徑（方法）相殊，理想（目標）相似：

道：老子「損之又損，以至於無爲」，仁義孝慈，既無所用，「法令滋彰」更非所許。君主以百姓心爲心，任天下自然，而天下治矣。

法：申韓欲由明法飭令，重刑壹教之方法，以臻「明君無爲於上，群臣竦懼手下」。此正是老子的第三流政治，「其次畏之」。

2. 無爲之操術既殊，鵠的尤異：

道：目的在立清靜之治以保人民之康樂，擴張人民自由，縮減政府職權。「小國寡民」、「雖有舟輿，無所乘之。雖有甲兵，無所陳之。」、「甘其食，美其服，安其居，樂其俗。」

法：鞏固君權，立富強基礎。消極者防權臣侵奪，積極者保障君主專制。「臣有其勞，君有其成。」、「有功則君有其賢，有過則臣任其罪。」

3.無爲之目的既殊，行術者之地位亦異：

道：君主地位近似「虛君」，寬容、無爲。

法：君主爲一專制大君，集威勢於一身，行賞罰於萬眾。

4.無爲是用術的總原則（韓非思想爲主）。

（1）用法責成，以一御萬：治國千頭萬緒，把握一個原則，如權柄或法術勢等，統御臣民，則好像無爲。

（2）用人：臣僚去忙，不必自己去做，更不必親自率軍打仗。君主安享成功，讓臣子去竭智勞慮，由君主收攬總成。

（3）潛藏自己：無爲，清淨，才能窺測下情。

（4）德化有限：舜去耕田、打漁…的教化有限，他的生命也有限，而世間問題無窮。所以要用法、術、勢而治。

輯 14：道家、名家和陰陽家政治思想

1. 此三家雖非中國政治思想主流，但受用和影響很大，也有 不少現代啟示。

這三家雖非中國政治思想主流，但也曾經流行於某些朝代，道家有今之環保觀，名家有科學精神，陰陽家法自然。先講道家。

（一） 老子，周靈王泄心元年（前 571）？~？

姓李，名耳，字聃。亡殷遺士，徙居苦縣（陳國，後淪楚）。

約長孔子 20 歲，嘗與論禮，為孔子所稱。其生卒不明顯。

李老嫻習舊禮為周守藏室史，深明亂世不足為。

乃避世藏形，潛修道德之學，著《老子》，即《道德經》。

（二） 莊子（前 365~前 290）約同孟子時。

宋人，名「周」，曾為蒙地「漆園吏」，均在河南商丘。先秦諸家宗師，老莊二人最為神秘。《史記》言莊周和梁惠王同時，楚威王欲請他去當官，莊子不仕，著有《莊子》一書，即《南華經》。

（三）「為我」思想之先趨：

老莊懷疑政治能否治世，而肯定個人價值。社會一切幻想可消除，個人生存與保全生命的圓適則不容否認。

制度有不利於個人養生者，應修正。故老莊乃肯定政府存在，全生適性乃老莊政治哲學之最後目的。

（四） 雖為無似有為：

道家雖論無為，似也很有為，蓋知物極必反，功成宜退。但不能及時行止，知足之術也難於應用，禍福潛藏，其來以漸。須能見微知機，才能制其肇端，「為之於未有，治之於未亂」。想必這不是真無為所能做到，若以為無為便無所為，如何能見微知機？又如何治於未亂？

道家思想輕社會而重個人，於消極中寓積極。所以「反」是道家重要的概念。「反」的道理在以退為進，在政治上主張政少節制，使人民 各行

其是，各安其生。

（五）「反」的內涵及政治上之運用

「反者道之動，弱者道之用」是道家（尤其老子）重要的思想哲學，萬勿以世俗之看法詮釋「反」和「弱」二者。前者爲體，後者爲用。

天道循環，物理相對爲老子思想中的基本原則之一。

「有無相生」，「福禍相倚相伏」此即「反者道之動」，此「反」的原則，運用到全生處世，再以下列四個概念詮釋「反」和「弱」。

1.濡弱，以弱爲強，以退爲進：

世人誤認爲強壯致勝，柔弱招侮，乃務勇健競爭，終歸敗亡。「物壯則老」、「弱者道之用」。

如天道：「天之道不爭而善勝」、「飄風不終朝，驟雨不終日」。

如人生：「人之生也柔弱，其死也堅強」。故「柔弱勝剛強」。

2.謙下，不爭而有，包容萬物：

如江海：「江海所以能爲百谷王者，以其善下之，故能爲百谷王。」

用內政：「以其不爭，故天下莫能與之爭。」

內外交：大國、小國互以謙下相與，可相安無事。

3.寬容：武斷偏執，強人就己，爲致亂由。矯以寬容。「聖人無常心，以百姓心爲心。」

若能徹底奉行寬容之術，則私人恩怨好惡，權利義務亦皆歙歙以處之，不加計較。於是「報怨以德」。此爲事之至難，而道之至極。

4.知足，簡化生活，知足爲樂：

居高勢危，貪得易喪。「知足不辱，知止不殆，可以長久。」

「是以聖人去甚去奢去泰」。

從以上「反」的思維，可知道家是反文明、反知識、反開發，類似現代「極右派環保主義者」。如珍古德所說，「人類的出現是進化論的錯誤」，老莊應該是同意的。但畢竟人類已出現在地球上數百萬年，所以珍古德之說不能成爲「思想」，亦非「假設」，更不是「理論」。只能比喻老莊希望一切順自然，不要有任何人爲的痕跡。

2. 老子「無為」與「反」的概念下，似乎並非一切都無為，投射成具體的政治思想是甚麼？

老子思想有兩個基本概念：反、無。政治哲學是以「無」爲依據。老子深觀宇宙，「有生於無」。此後起之有，爲依先存之無而來的法則，老子稱之「觀復」、「復命」、「守母」。在萬物中保持虛靜，復歸自然。

（一）此種「復命原理」用於政事，則是清靜無爲。「清靜爲天下正」、「無爲則無不治」、「聖人處無爲之事，行不言之教」。

故無爲第一義，爲減政府之功能，縮小政事之範圍。

（二）有爲或過度都有害民：

有爲政治的惡果：「法令滋彰，盜賊多有」。

三大苛政：1.厚斂之害：「民之饑，以其上食稅之多，是以饑。」

2.重刑之害：「民不畏死，奈何以死懼之。」

3.黷武之害：「大軍之後，必有兇年。」故須無爲而治。

儒家欲用仁義忠孝糾苛政，老子均認同蹈有爲之害。

「我無爲而民自化，我好靜而民自正，我無事而民自富，我無欲而民自樸。」、「治大國若烹小鮮。」

（三）政治體制：似放任主義，但非無政府主義。有數種不同「爲」的程度，無爲而治，最理想。「小國寡民」、「?犬相聞，老死不相往來」。雖有甲兵，無所陳之。仁義刑法之治又次之。無爲也是順萬物之性，不加勉強，「夫物芸芸，各復歸其根。歸根曰靜。靜曰復命，復命曰常，知常曰明，不知常，妄作，凶。」

反思老子無爲而無不爲，由柔弱而至陰險：「將欲歙之，必固張之。將欲弱之，必固強之。將欲廢之，必固興之。將欲奪之，必固與之。是謂微明。」此其間，每個步驟充滿算計，謀略，怎樣是無爲呢？以下再掃描《老子》一書中有關治國平天下之道，以能把握老子政治思想之概要。

（四）治國

老子雖討厭政治，但也不能否定國家的存在，有國家就有組織和管理。老子<治國>（五十七章）曰：

以正治國，以奇用兵，以無事取天下。吾何以知其然哉，以此。天下多忌諱，而民彌貧。人多利器，國家滋昏。

以正治國和儒家相通，但以無事無爲可取天下，就是道家之妙道了。不論管理多大的國家都一樣，<治大國>（六十章）曰：

治大國若烹小鮮，以道蒞天下，其鬼不神；非其鬼不神，其神不傷人；非其神不傷人，聖人亦不傷人。夫兩不相傷，故德交歸焉。

按老子無爲之道，治國如煎小魚，常翻動就破爛不全，意指清靜無爲，老百姓才能安定生活。果能如此，鬼、神和聖人都不會傷害人民，這就是大自然原本的德性。這個道理解釋目前台灣最貼切，小小一個台灣每日一「翻動」，便天天都雞犬不寧了。

（五）國際關係

老子的國際關係觀頗爲獨道，惟與古今國際關係現象頗有不合，<爲下>（第六十一章）曰：

大國者下流，天下之交，天下之牝。牝常以靜勝牡，以靜為下。

國際上的大國要像水向低處流一樣，柔順溫和，在國際上才能眾望所歸。母性的柔弱安靜，其實勝過雄性的陽剛操動。經文又曰：

故大國以下小國，則取小國。小國以下大國，則取大國。故或下以取，或下而取。大國不過欲兼畜人，小國不過欲入事人。夫兩者，各得其所欲，故大者宜為下。

大國謙卑得到小國的歸順，而小國的謙卑則可得到大國的支持，對雙方都有利益。都能如此，國際和平安全便有保障了。

老子崇尚以無爲治國，尤其「去仁義」,「民之難治，以其智多。故以智治國，國之賊；不以智治國，國之福。」用無爲治國，則「其政悶悶，其民淳淳」；用有爲治國，則「其政察察，其民缺缺」。這應該是三代以前的政治景象。

老子治國平天下之道，最後仍以無爲做核心思維，統治者、政治人物和人民都能做到「無知無欲」最爲佳境。＜安民＞（第三章）曰：

不尚賢，使民不爭。不貴難得之貨，使民不為盜。不見可欲，使心不亂。是以聖人之治，虛其心，實其腹，弱其智，強其骨。常使民無知無欲，使夫知者，不敢為也。為無為，則無不治。

綜合老子的政治思想，爲反知識、反仁義、反開發的歷史退化論。最難在如何人「無知無欲」，蓋因「求知求欲」是人性，「民本多智」，要如何使民無知無欲，老子卻未說明白。

對政治採完全消極的態度，在上古可以，但到社會日趨分歧、進步，則不可行。蓋政治的本質就是權力，若人民不積極監督政治，政治必趨腐敗、墮落，暴君、昏君、獨裁者於焉產生。

圖 3-5：一九七三年湖南長沙馬王堆（一號墓）出土的帛書圖

片來源：張元，中國文化史，頁 57。

3-6：老子圖

圖片來源：張元，中國文化史，頁 58。

3. 莊子對老子的思想有所修訂，莊子的政治思想如何？

莊子把從政比做「腐鼠」或「死烏龜」，可見他對政治多麼厭惡。可把莊子思想分「齊物外生」和「在宥」說明。

（一）齊物外生的歷史背景：

來自莊子對老子學說的修正。蓋認老子以濡弱謙下諸術保障個人自存，又立無爲之術以保障一適宜個人自存之社會環境。求個人「長保」之目的。

而事實上，人事複雜變化，個人處其中想求萬全自保，絕不可能。況厚生貴己愈切，則安危存亡之念愈篤，不免沉浮憂患，雖有生而無樂。

莊子爲破除拘執，向前更進提出「齊物外生」說，「天樂」「逍遙」乃爲人。

（二）「齊物外生」意義：

即萬物皆生於無形之「道」，則物我之間難分畛域。無分人我，「天地與我並生，萬物與我爲一」。這是一種徹底「平等論」，萬物均無貴賤等差也。人類和其他動物、生物，完全處於平等狀態，此種平等思想和以後傳入中國的佛教「眾生平等」，正好相合，故能相融。

齊一是非貴賤之?:「以道觀之，物無貴賤。」

「以趣觀之，因其所然而然之，則萬物莫不然，因其所非而非之，則萬物莫不非。」

齊一物我之說:「夫天下也者，萬物之所一也。」

（三）所謂「外生」:

非清靜寂滅，消除自我，是順其自然，破除拘執，完成自我。

不強人同己，也不舍己從人，各遂其所自適。

故「外生」和「齊物」不同，外生是順生自內，齊物是任物自畸。莊子欲物我兩全，令物我無涉，除小我自適外，萬事萬物俱無價值。一切政治、社會的「框框架架」全須脫離，全面解放。

以上是莊子「齊物外生」思想，投射到政治面，則成爲比老子更無爲的政治觀。<莊子・秋水>提到，莊子在梁，梁王欲請莊子當宰相，現任的宰相惠施恐失相位，設計要害死莊子，但莊子自比鵷雛，相位比腐鼠，惠施比作鴟。鴟以腐鼠爲珍，懼鵷雛奪鼠，豈知鵷雛自南海往北海，一路上「非梧桐不止，非醴泉不飲」，不屑於腐鼠（相位）。

莊子另一個獨特的史觀，是對「湯放桀，武王伐紂」持相反看法，<盜跖>篇曰:「湯放其主，武王殺紂，自是之後，以強凌弱，以眾暴寡。湯武以來，皆亂人之徒也。」這也是先秦各家中，反對革命戰爭最「激進」者，認爲是違反自然，致天下大亂之源。如何處置暴君，莊子亦無具體方法，只在<天道>篇說:

上無為也，下亦無為也，是下與上同德；下與上同德則不臣。下有為也，上亦有為也，是上與下同道；上與下同道則不主。上必無為而用天下，下必有為為天下用，此不易之道也。

只是天道也不可靠，總不能把人民的死活全寄託在天道，或許這也是莊子思想上的「缺點」吧！他想要甚麼？當代研究莊子的學者認爲<莊子・在宥>是最徹底的自由主義者。對於暴君、非法的竄國者、竊國者，若人民不用革命手段推翻，全民皆成統治者之魚肉，這恐怕不是「順天道」、「順自然」

所能解決吧！老莊對此類問題或恐亦有「逃避」之嫌！

4. 當代學者認為莊子「在宥」就是自由主義，陳老師以為呢？

莊子的「在宥」是把老子的「無爲」更向前推進，首先了解「在宥」的內涵，及在宥思想可能的限度（障礙）。

（一）「在宥」的目標是要徹底斷離物我關係，一者不爲物役，則我不干人；二者自適其適，則人亦勿干我。<在宥>篇曰：

聞在宥天下，不聞治天下。在之者也，恐天下之淫其性也。宥之也者，恐天下之遷其德也。

莊子認定放任，尤其認爲天下之民不須控制管理。「彼民有常性，織而衣，耕而食，是謂同德。一而不覺，命曰天放。」

（二）在宥的障礙：

乃是誤信仁義、禮樂、刑法可以爲治。莊子反復辨明一切「有爲」之治皆不能治。補救之道，在歸真反樸，在宥天下。

「絕聖棄知，大盜乃止。擿玉毀珠，小盜不起。」

郭子玄曰：「宥使自在則治，治之則亂也。」

（三）莊子對人性的肯定：

其獨對政治持極悲觀之態度，對人之本性則極樂觀。人性自然完善，不須教化，故不須政治，不須有爲。就齊物論觀點，蚩蚩萬眾，無一不自具有絕對之價值。

彼民有常性，織而衣，耕而食。此常性即「在宥」當施，「上無爲也，下亦無爲也，是下與上同德。」又曰：「故君子不得已而莅天下，莫若無爲。」要無爲而治，國家便不能有太多法令，甚至根本不要法令，<駢拇>篇曰：「且夫待鉤繩規矩而正者，是削其性。」<胠匧>篇亦曰：「殫殘天下之聖法，民始可與論議。」即必毀掉天下之聖法（一切法令規章和禮義廉恥規範），人民才開始知道仁義道德本性的妙境。愈是使用政治力量去立法執法，人民這種善良本性就失去愈多。

小結莊子的「在宥」思想，應屬最徹底的自由主義思想，也是最極端的無政府主義。以尋常之民，行在宥之術，亦為最純的個人主義。清末對莊子很有研究的譚嗣同認為，在宥者無國之意也，在宥為自由之轉音，若人人都自由，是必為無國之民。若然，則莊子是一個無政府主義者。

總結老子和莊子的道家思想，除無為、在宥、齊物外生等，在政治上的主張是輕賦、去刑、簡法、反戰爭及不尚賢等。這些思想和主張本身也存在著問題。

第一、「民之難治，以其智多」，道家已承認人民很有智慧的，卻又要使民「無知無欲」，頗多矛盾之處。

第二、求放棄一切法律和道德，而能使天下治，應該是不可能。老莊皆言其可能，只是一種「想像」或「推論」，事實上古今中外沒有任何朝代如此實証或是實踐過。

第三、老子的無為，其實是一種極高智慧的有為。後世兵法家，如孫子「能而示之不能，遠而示之近」乃源自老子思想。老子的有為表現在戰略和謀略層次上，凡夫俗子看不出來，當做是無為。所謂「無為取天下」，指這個層次。

第四、當代自由主義仍承認國家、政府及法治的存在，老子也承認政治社會的存在，惟到莊子則期望這些都不存在，或全部廢除。所以老子像是自由主義者，莊子像無政府主義者。

第五、《老子》、《莊子》二書充滿人生智慧，不受時空限制，永遠有使用空間。在權力競逐的政壇上，如何在「有為」和「無為」之間進行巧妙的「操作」，老子曰：「將欲弱之，必固強之」、「將欲奪之，必固與之」。這恐怕不是「無為」了，真以為無為，便無所作為。

5.陳老師，我們已講完儒、道、墨、法，接下來能否談談「名家」，孔子就在講「正名」，現在台灣也在搞「正名運動」，都有關係嗎？

從「正名」觀念來看，似乎人類從古到今都在搞「正名」運動，人們在每個時代都在爲「這是甚麼？」（客觀世界）和「我是誰？」（主觀世界）而煩惱。孔子的正名，狹義的講是「從周」，廣義的說是文化上的春秋大義，更指中國文化的傳承，必須在「堯舜禹湯文武周公」這一貫道統的傳承，不可偏離，才是大正並合乎名分。

儒家以外，墨、道、法也講「正名」，法家的正名是指法令規章的定義和執行，墨家的正名是一種倫理，名家的正名重點在科學。所以，先秦諸家最有現代科學觀是名家。惠施和公孫龍是兩位「名學」者。可惜他們的著作已經失傳，僅能從＜莊子．天下＞篇窺其梗概，有五處（條）講空間概念：

第一條：大到無可再大，叫做大；小到無可再小，叫做小。「至大無外，謂之大一；至小無內，謂之小一。」故天地不爲大，毫末不爲小。

第二條：沒有厚度的不成體積，是面積，面積之大可無限。「無厚，不可積也，其大千里。」

第三條：大小高低都是相對概念，「天與地卑，山與澤平。」

第四條：「南方無窮而有窮」，凡是有個方向可以到達的地方，就是有限的。

第五條：天下無窮大，任何一點都是中央。「我知天下之中央，燕之北，越之南是也。」

以上的空間概念，縱使用現代科學檢驗，也很難說那裡不對。另有二條講時間概念：

第一條：天地萬物無時不在變化，由生而死，由盛而衰。「日方中方睨，物方生方死。」

第二條：沒有現在，未來就是過去，「今日適越而昔來」。公元 2005 年是「愛因斯坦年」，他的時間觀亦如是。很難想像，中國名家學者，在二千多年前已提出「相對論」。

另有兩條講同異，一般人所謂同異，是指大同小異，或小同大異，叫做「小同異」。從大的相同觀看，萬物皆相同；從大的異點看，萬物皆不同，叫做「大同異」。另一是前者的結論，即從大同觀看萬物皆同，於是「氾愛萬物，天地一體也。」

名家另一個有名的理論是「白馬非馬論」，用數學式解釋：

假設馬有許多種，白馬（A）、黑馬（B）、黃馬（C）…白馬（A）只是各種馬之一。

所以，白馬（A）不能等於馬（全部）。

名家思想是很科學的，似今之邏輯論，只是名實要如何才相符，本是古今之難題。針對任何一個名詞，要如何去界定，也是十人十說，政治問題尤其如此。例如，台灣現在搞正名運動，內部統獨兩派和大陸各有一套「定義」，也是在「白馬非馬」論中打轉；台灣和大陸都是中國的一部份，就比較合乎名家觀點。

6. 春秋戰國各家思想都講了，最後簡介一下陰陽家，並為中國政治思想的創發期做小結。

陰陽家的學說，先後有三位思想家，鄒衍（人稱談天衍）、騶奭（雕龍奭）和鄒忌，共稱「三鄒子」。三位都是戰國時代齊國人。陰陽家思想以鄒衍較有系統，對中國政治思想的影響有「五德終始」和「天人災異」說。

第一、五德終始

陰陽家認爲朝代或政權的興衰，都因五德（金木水火土）形成的力量，五德輪流推動政治力量的輪替。這種說法有些像「政黨輪替」，只是欠缺「實証」。

第二、改德即改制

朝代更替後，須依其德性來設計政治符號和進行政治改革。

第三、新君須封禪

新朝代建立，新君上台，統治者要到泰山祭天，也要對天報告新政治制度和人事布局。

第四、災異祥瑞

天人之間的感應，統治者的政治措施會引起天的反應，祥瑞是天對君主的讚賞，災異是對君主的懲罰或警示。

陰陽家思想到漢代呂不韋的《呂氏春秋》，得到進一步的發揚。但很難說對政治思想和制度有多少影響，只是若干基本論點逐漸化入儒法各家思想、信仰或行爲之中。至今我們仍常聽到政治人物說「舉頭三尺有神明」，或許是陰陽家的影響。

我國歷史、社會、文明、文化及政治等，其經驗與智慧，到春秋戰國時代，演化積蓄的「實踐研究」，已達兩千餘年之久。眾多學術主張，正蓄銳待機之中，在尋找一個適當的環境。適逢西周禮教、井田及宗法等制度崩散，導致一個封建社會解體，人民到了春秋戰國，已開始嘗到自由平等的滋味，學術思想百花齊放。學術思想經兩千年的「研發」，一躍而進「創造發明」期，各家之說亦有成熟有系統的論述。故我國爲世界各文明中的「早熟兒。

春秋戰國的百家爭鳴，秦漢以後儒家取得主流思想地位，其他各家也常被用爲「配套措施」。兩千多年來，儒家不斷運用「憲法解釋」方式，在歷朝歷代都有新詮釋（如宋明理學、新儒家等），以適合當時環境之運用。所以，儒家是中華民族的「千年文憲」。儒家思想千百年來也向亞洲及世界各國擴散，西方文明崇尚競爭、批判與衝突，無法解決人類在二十一世紀的困境，西方思想家正在向儒家文明取經。

公元 2005 年 4 月間，前洛杉磯市議員胡紹基（Michael Woo），在「洛杉磯時報」撰文指出，亞裔學生在學術上優異的表現，是受到孔子哲學重視誠實、廉潔、勤勞、謙卑和以身作則的影響（人間福報，94 年 4 月 5 日）。該文說出許多亞裔學生本身非天才，但在科學獎和獎學金上占有支配性地位，其中必有特別的原因，這個特別因素就是孔子。類似的報導愈來愈多，孔子早已遠去，但他的理念產生的能力，卻近在眼前展現。

和平崛起的中國只是重新回到中國人共同的家－「儒家」，儒家也正從世界各地隱然出現，解決人類的困境，提供人們新的生活思維。隨著「中國世紀」的來臨，目前在美國、歐洲、韓國等許多地方，都成立了「孔子學院」，欲向孔子取經，解決世界上許多千年難解的習題（如基督和阿拉的千年衝突）。

第四篇

第一帝國時期政治思想

輯 15：秦漢政治解組過程與政治思想概要

1. 秦是第一帝國的始建朝代，而第一帝國長達八百年，得先講解各朝代政治解組過程與思想概要。

秦朝是第一帝國的開端（如下圖），下圖是這個帝國從建立→興盛→衰落→企圖再興→分裂→解體的過程，長達八百年之久（前 221 年帝國統一到 589 年陳亡）。此期間政治人才與思想家如過江之鯽，政治思想著作「其爲書，處則充棟宇，出則汗牛馬」（柳宗元文）。而政治制度和社會民生等，也不斷裂解和重組，下圖只是一個「大架構」。因此，先從秦開始，談談這八百年間的政治解組過程與思想概要。

圖 4-1：第一帝國時期的 800 年間政治解組架構

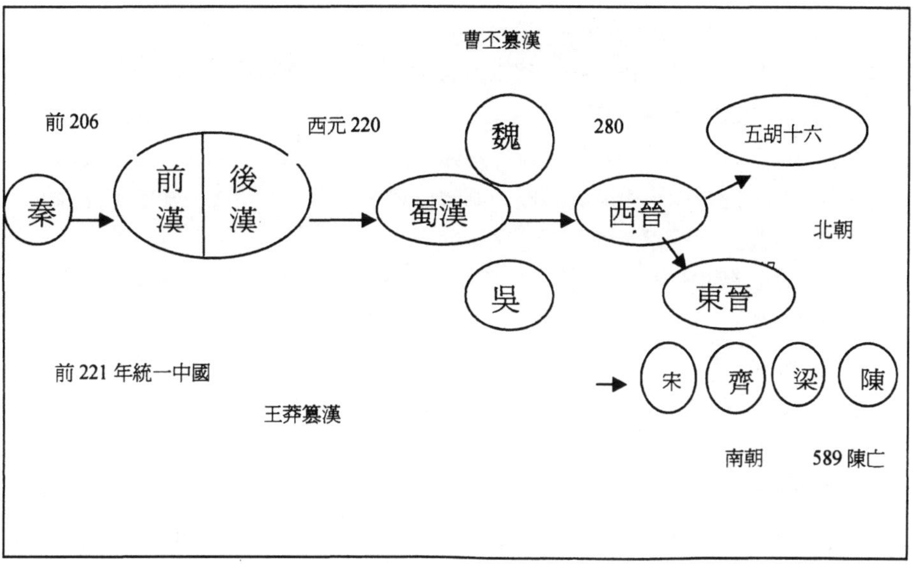

秦朝的中國大一統，是孟子「定於一」理論的實踐。大一統的內涵包括統一文字、度量衡和貨幣，改正朔、易服色、廢封建置郡縣、中央三權分立的政治制度及統一的國家版圖。檢視這些分項內容，所謂「大一統」，只是如現在的「國家統一」。

「改正朔、易服色」是採用陰陽家的思想，秦代周乃水剋火，故秦爲水德，色尚黑，改夏曆十月爲正月，這成了以後朝代更換的例行公事。對於秦之能代周，完成政權轉移，秦始皇的相國呂不韋在＜呂氏春秋・應同＞篇詮解說：

凡帝王之將興也，天必先見祥乎下民：黃帝之時，天先見大螾大螻，黃帝曰：「土氣勝，故其色尚黃…」文王曰：「火氣勝」，火氣勝，故其色尚赤，其事則火。代火者必將水，天且先見水氣勝。水氣勝，故其色尚黑，其事則水。水氣至而不知數備，則將徙於土。

這段話解釋從黃帝到秦的政權轉移順序和關係，指出政權更替是五行「相剋」，也就是征伐或革命，而非所謂「禪讓」關係。

大一統內涵中的各分項對後世影響都很大，郡縣制度在中國使用兩千餘年，據＜史記・始皇本紀＞所述，二十六年分「天下以爲三十六郡」。＜漢書・地理志＞也說三十六郡，後得東越、南越與匈奴河套地方，增設五郡共四十一郡，遂爲中國版圖的基礎。其疆域東至大海，西至臨洮羌中，北據河爲塞，緣陰山至遼東，南至今越南東北部。

另依近代史研究，民國以來王國維《秦郡考》和譚其驤《秦郡新考》，認爲秦先後設有四十八郡。約有今之河北、河南、山東、山西、陝西、江蘇、浙江、安徽、福建、江西、湖北、湖南、貴州、廣東、廣西等十五省的全部，及甘肅東半部、四川東部大半省、雲南東北、遼寧西南、內蒙南半、寧夏東南、越南東北、朝鮮西北等地區，成爲當時世界上最大的大帝國，此一疆域常被稱爲「中國本部」。

秦之郡下設縣，少數民族地區另設有「道」，郡縣之下又有鄉、亭、里。萬戶以上的縣稱「縣令」，不滿萬戶稱「縣長」，以上各級可列表示之。

表 4-1：秦中央地方五級制

級	職	官名		
		郡守	郡尉	監御史
郡	職掌	掌治其郡	軍事	監察
縣（道）		縣令（長）	縣丞	縣尉
		治縣	副佐	軍事
鄉（長吏）	十亭爲鄉	三老	有秩嗇夫	游徼
		教育	司法賦稅	治安
亭（長）	十里爲亭	亭長掌	全亭事務	
里（魁）	百家爲里	里魁掌	全里事務	

秦帝國的中央政治制度設三公九卿，三公是丞相、太尉和御史大夫，丞相有左右兩丞相，掌丞天子，助理萬機。太尉掌全國軍事，御史大夫監察百官，這是中央三權分立的政治制度。秦始皇建立史無前例的統一國家，採中央集權，確立「皇帝」神聖不可侵犯的尊嚴，全面實行法家制度，堅持法家路線，頒行「焚書令」和「挾書令」，宣布法家以外各家都是「非法」：

(一)「不師今而學古，以非當世，惑亂黔首」，「人善其所私學，以非上之所建立。」不利於國家統一制度的建立，有害於權力集中的安排。

(二)「私學而相與非法教，人聞令下，即各以其學議之，入則心非，出則巷議。」反對言論自由，不准批評時政，徹底進行思想統一。

(三)「夸主以爲名，趣異以爲高，率群下以爲造謗。如此弗禁，則主勢降乎上，黨與成乎下。」嚴禁「組黨結社」自由，其將危害君主的統治權。

其結果便是李斯上書所說，「臣請史官非秦紀皆燒之，非博士官所職，天下最有藏詩書百家者悉詣守尉雜燒之。有敢偶語詩書棄市，以古非今者族，吏見知不舉者與同罪，令下三十日不燒，黥爲城旦。所不去者，醫藥、卜筮、種樹之書，若欲有學，以吏爲師。」秦始皇完全採納李斯的建議，徹底控制了天下臣民百姓的行爲和思想，開疆拓土，建萬里長城，巡行天下，立石頌功德。一個史無前例的大帝國建立完成---其實只是大帝國的「序幕」。

可惜十餘年間，秦帝國快速被裂解崩潰，秦始皇所建立大一統國家雖影響中國幾千年。但秦始皇的功過，也是中國歷史上最大的爭議。惟「皇帝」二字，從秦始皇發明，用了兩千年才廢。

我國封建社會裡，對最高統治者的呼爲「皇帝」，是從秦始皇開始的。在此之前的春秋戰國時期，中國古代最高統治者的稱號是「王」，或單稱「皇」和「帝」。如周文王，周武王，三皇、五帝等。一些國力強大的諸侯國和國君也自稱爲王，如秦王、楚王、齊王等。

西元前二二一年，秦王嬴政兼併六國，統一天下後，自認爲這是自古以來未有的功業，如果不改變「王」的稱號，「無以稱成功，傳後世。」因而，讓李斯等人議改稱號。他們和眾博士商議後報告秦王說，上古有天皇、地皇和泰皇，泰皇最高貴，可改「王」爲「泰皇」。秦王反覆考慮，認爲自己「法高於三皇，功高於五帝」，決定同時採用「皇」號和「帝」號，稱爲皇帝，並自號始皇帝。從此「皇帝」的稱號爲歷代君主所襲用。

圖 4-2：「魯壁」秦始皇焚書坑儒時，孔子九代孫孔鮒將論語等儒家經冊藏在一堵牆壁中，直到漢代這批所謂「魯壁藏」方被發現。圖爲孔廟爲紀念此事而建的「魯壁」。

圖片來源：張元，中國文化史，頁六一。

2.評秦始皇的功過並論秦帝國崩潰的原因。

秦始皇的功過和秦朝崩潰，是中國歷史兩千餘年來論爭不休的主題。遠者不說，近者在中國大陸地區文化大革命時期，掀起驚天動地的「批孔揚秦」政治運動；而同時期的台灣地區則搞起「揚孔貶秦」運動，當時兩案領導人及人民都瘋狂如醉，看不見有清醒的人。如今事過境遷，兩岸人民清醒許多，可以冷靜面對歷史，歸納秦崩潰原因應有以下兩方面。

（一）法家末流極端形成恐怖統治

法家在管仲時代仍有「儒」者風範，到韓非尚有「人性」存在，但到李斯、商鞅已完全失去「人味」，人完全被物化和工具化。不僅人民是統治者的工具，文武百官也都成了工具，統治者和官吏爲鞏固權勢也在玩弄權力。整個統治階層爲控制大帝國及廣大眾多的臣民百姓，以確保安全感和利益，用法日益嚴苛，人人都覺得自身難保。＜漢書・刑法治＞上說：

秦用商鞅連相坐之法，造三夷之誅，增加肉刑，大辟有鑿、抽脅、鑊烹之刑，至於秦始皇兼吞戰國，逐毀先王之法，滅禮誼之官，專任刑罰，躬操文墨，晝斷獄、夜理書，自程決事，日縣石之一，而姦邪並生，赭衣塞路，囹圄成市。

秦之尚法是累代加重，至始皇而達巔峰，形成恐怖統治。秦之酷刑有流放、籍沒、連坐、斬首、腰斬、車裂、活埋、肢解、鑊烹、抽脅、梟首、誅族、誅三族及黥爲城旦等。除酷刑外，過度奴役人民與思想控制，都增強人民的反動力量。

（二）始皇之死與趙高政變

秦始皇於在位第三十七年，巡行時死於沙丘（今河北平鄉縣，前２１０年），正是統一天下後第十二年。始皇一死，趙高即發動政變，原來始皇臨終遺詔長子扶蘇繼承，但趙高一向與扶蘇、蒙恬不睦，便和李斯密謀，以假聖旨賜扶蘇、蒙恬死，奉公子胡亥爲帝，是爲秦二世皇帝。史稱「沙丘之變」。

事變引起政局不安，趙高又以秦二世之名以殺立威，用恐怖手段鎭壓反動，一連殺死十二個公子和十個公主。正當秦宮廷動蕩，陳勝、吳廣起兵，六國紛紛復興。各地革命之火燎原時，趙高又發動二次政變，害死丞相李斯。

秦二世三年六月，劉邦軍隊進入關中，項羽也大敗秦軍，趙高發動三次政變，再害死二世胡亥，立二世的侄兒子嬰爲秦王。子嬰乘趙高不備，將趙高殺死於齋宮中，此時劉邦軍已到霸上（陝西長安東），子嬰投降秦亡，秦朝凡十五年而終。漢朝賈誼＜過秦論＞有幾段中肯的評論：

秦孝公據殽、函之固，擁雍州之地，君臣固守，而窺周室。有席卷天下、包舉宇內、囊括四海之意，並吞八荒之心…然後以六合為家，殽、函為宮；一夫作難而七廟墮，身死人手，為天下笑者，何也？仁義不施，而攻守之勢異也。

賈誼點出秦成敗之勢，其成也君臣同心，其敗則君臣二心。大詩人李白用詩詞言詠秦始皇，早已褒貶分明：

秦王掃六合，虎視何雄哉！

揮劍決浮雲，諸侯盡西來；
雄圖發英斷，大略駕群才；
收兵鑄金人，函谷正東開；
銘功會稽嶺，馳騁琅邪台；
刑徒七十萬，起土驪山隈；
尚採不死藥，茫然使心哀；
連弩射海魚，長鯨正崔嵬；
額鼻象五岳，揚波噴雲雷；
鬐鬣蔽青天，何由睹蓬萊；
徐市載秦女，樓船幾時回？
但見三泉下，金棺葬寒灰！

對秦始皇的功過和秦朝興亡原因，歷史上雖評論很多，但皆「點到爲止」，並未切中要害，賈誼的「仁義不施」論也還很間接。我以爲，秦統一中國成爲中國歷史永恆的典範，這是有功的，可惜在權力運作和統治內涵上，嚴重偏離了「堯舜禹湯文武周公孔子」的一貫道統。直言之，統一的帝國只是一個形式，秦王、李斯和商鞅那套東西不是中華文化的主流價值，強行推動只有自己崩潰，加上趙高，秦焉有不亡？

3. 秦雖建立了統一的國家政治制度，但十五年而亡，其實也沒有深化執行成為正常制度，到漢應該就成為成熟的制度吧！

秦雖早亡，至少架起大一統國家制度的基本架構，故稱秦朝是第一帝國的開端。中國大一統的實現，由此開始。

秦亡後，接著楚漢相爭，所幸戰亂只持續五年，劉邦便抵定天下，但漢朝的開端還是要上推到西元前 206 年(秦亡，楚王項羽元年，漢王劉邦元年)。劉邦平定天下後，採取「封建郡縣並行制」，改五等爵爲侯王兩等爵，分封七個異姓王國（功臣）：

楚王：韓信（王淮北，都下邳）

長沙王：吳芮（王長沙，都臨湘）

梁王：彭越（王梁地，都定陶）

淮南王：英布（王淮南，都六）

燕王：臧荼（王燕地，都薊）

趙王：張敖（王趙地，都襄國）

韓王：韓公子信（以太原郡三十一縣爲韓國，都晉陽，把原來的韓國遷到北方。）

但不久後，這七王除長沙王吳芮外，餘又被消滅（誅殺功臣），劉邦並不認爲是封建制度的原因，認爲是異姓不足恃，故並未取消王國封建制度，而把王國封給同姓子弟，藉以屏藩中央。到漢文帝末年，一度分化成十七個王國，其中吳國最大，楚國次之。

漢景帝時，諸王坐大，驕狂不法，御史大夫晁錯主張「削王」（削減土地和權力）。結果吳王濞、楚王戊聯合趙王遂、濟南王辟光、菑川王賢、膠東王雄渠和膠西王卬，共同起兵叛變朝廷。景帝無計可施，殺晁錯謝罪，七國仍不肯罷兵，起用周亞夫爲太尉，竇嬰爲大將軍，景帝三年（前 154 年）二月才平定動亂，史稱「七國之亂」。

表 4-2：漢初群王封建演變表

	初封異姓諸王國	高帝至文帝時易封同姓諸王國	文帝末年時諸王國
齊	齊（初封韓信）	齊（易封劉肥，肥高帝子，傳三代至劉則無後，漢文帝時分齊爲七國）	齊（再封肥子將閭） 城陽（初封肥子朱虛侯劉章） 濟北（初封肥子興居，後以反誅，再封肥子志。） 濟南（初封肥子辟光） 菑川（初封肥子賢） 膠西（初封肥子卬） 膠東（初封肥子雄渠）
淮南	淮南（初封英布）	淮南（易封劉長，長高帝子，後獲罪自殺，漢文帝時分淮南爲三國）	淮南（封長子安） 衡山（初封長子勃） 廬江（初封長子賜）
楚	楚（初封齊王信爲楚王，信廢分楚地爲荊、楚）	荊（初封劉賈，賈高帝從兄，爲英布所殺） 楚（易封劉交，交高帝幼弟）	吳（高帝時由荊國改爲吳國，封兄子濞） 楚（由劉交傳至孫劉戊）
梁	梁（初封彭越，越死分爲梁、淮陽，兩國）	梁（易封高帝子恢，後呂產爲梁王，呂產死，文帝封其子劉揖） 淮陽（初封高帝子友，後文帝封其子武爲淮陽王，武徙封梁而淮陽罷）	梁（劉揖死，文帝封其子武）
趙	趙（初封張耳，耳傳子敖，以罪廢）	趙（初封高帝子如意，如意死封劉友，又封劉恢，皆高帝子稱三趙王，呂后又封呂祿爲趙王，祿死，文帝以封劉友之子遂，又別立河間一國）	趙（封劉友子遂） 河間（封劉友子辟彊，傳子劉福，文帝十六年卒，無後）
代		代（初封劉仲，仲高帝兄，後仲棄國走，改封劉恆，恆後即位爲帝再封其子參）	代（封文帝之子參）
燕	燕（初封臧荼，後封盧綰，皆以反廢）	燕（易封劉建，建高帝子，呂后後封呂通爲燕王，文帝元年徙封高祖從弟瑯琊王劉澤爲燕王）	燕（澤於文帝三年卒，子嘉嗣）
長沙	長沙（初封吳芮，芮傳子臣，臣傳子回，回傳子若，若傳子產，產死無後國除）		

本表資料來源：陳致平，中華通史，二冊，頁 123-124。

這「七國之亂」是漢代郡縣制度和國家統一的關鍵，亂平後各封國的權力多被國家（朝廷）收回。此後，諸王只能得衣食租稅，政治權力全受控於朝廷，郡守乃能專於一方，國家政權才實質上得到統一。

秦雖建郡縣制，但未制度化。漢沿襲秦制，七國之亂後，郡縣官吏由朝廷派遣，郡縣制得以正常執行。漢代約有百餘郡，一郡轄十到二十個縣，全國總縣數約一千一百到一千四百之間。

至於漢代中央政治制度則不像地方郡縣，充滿挫折才得以深化建制。漢仿秦制，皇帝之下，中央政府最高行政長官是丞相，與太尉、御史大夫合稱「三公」，三公之上有屬榮譽職的「上公」。三公之下有九卿，漢代的博士即屬九卿之一的太常。漢初緣秦制博士有數十人，武帝罷黜百家，獨尊儒學，置五經博士，使儒家成爲政治思想的主流價值。

表 4-3：漢代中央官制簡表

類別	官名：初置	官名：後更易	秩祿	職守	備考
上公	太師	（未常置）	萬石		西漢末平帝元始元年一度置。
	太傅	太傅	萬石		初置後罷，哀帝時復置，東漢因之。
	太保	（未常置）	萬石		西漢末平帝元始元年一度置。
三公	丞相	司徒	萬石	天子輔貳總理庶政	自西漢哀帝後丞相更名司徒，東漢皆稱司徒至東漢末獻帝時又復稱丞相。
	太尉	司馬	萬石	全國軍政	漢武帝時初置大司馬之號冠將軍之上，東漢時司馬與太尉迭徵，靈帝末司馬與太尉並置。
	御史大夫	司空	萬石	中央監察	自成帝時更御史爲大司空，其後司空御史之名常更迭置之。
九卿	太常	同上	中二千石	掌禮儀祭祀	即秦之奉常景帝時更名太常。
	郎中令	光祿勳	中二千石	掌宮殿門宿衛	即秦之郎中令，武帝時更名光祿勳。
	衛尉	同上	中二千石	掌宮門衛屯兵	即秦之衛尉，景帝時一度更名爲中大夫令，旋復舊。
	太僕	同上	中二千石	掌輿馬	即秦之太僕。
	廷尉	同上	中二千石	掌刑獄	即秦之廷尉，景帝時更名大理，武帝時復爲廷尉，哀帝時又稱大理，後漢復爲廷尉。
	大鴻臚	同上	中二千石	掌賓客朝覲與歸義蠻夷	即秦之典客，景帝時一度更名太行令，武帝時復爲大鴻臚。
	宗正	同上	中二千石	掌王族親屬之事	即秦宗正，平帝時更名宗伯，東漢復爲宗正。
	大司農	同上	中二千石	掌錢穀（財政）	即秦之治粟內史，景帝時更名大農令，武帝時更名大司農。
	少府	同上	中二千石	掌山澤租稅與宮中供奉	即秦之少府。

資料來源：陳致平，中華通史，二冊，頁 386-387。

4. 漢代獨尊儒學，使儒家成為政治思想的主流價值，其他各家如何？

漢武帝時，因王?、趙綰的建議，公羊春秋董仲舒的力促，罷黜百家而獨尊儒術，從此儒學成爲中國學術思想中心，也是政治思想的核心思維。此雖有當時的趨勢所致，也因儒家思想比較中庸溫和，宜於治道，故用以統一思想。所以，漢代可稱爲儒學時代。

自從漢武帝建立五經博士，兩漢時有改變或增廢。王莽篡漢之際，一度立左氏春秋、毛詩、逸禮與古文尚書於學官，但王莽滅亡，光武中興，又回復西漢之舊。縱觀兩漢五經博士（如表），這些經學博士都出自孔門弟子，所以兩漢經學就是孔門之學。漢代之儒家政治思想也就人才輩出，僅在西漢如：

陸賈：儒學之先驅。

賈誼：儒學之發展。

董仲舒：儒學之統一。

司馬遷：儒學之繼承。

桓寬：儒學之分歧。

劉向：儒學之匯聚。

揚雄：儒學之殿將。（引黃錦鋐，《秦漢思想研究》，頁 74 至頁 271。）

漢代雖獨尊儒家，並不表示其他各家沒有空間。漢初盛行黃老，一方面是對秦代嚴苛的法政有戒心，想要矯正過來，再者秦漢之交戰亂的破壞，人民需要休養生息。到了景、武二帝，國力強盛，整軍經武，準備討伐匈奴，法家開始抬頭，＜鹽鐵論＞就是儒法爭辯的總集。事實上，賈誼和晁錯提出儒法並行的政治制度，爲兩漢奠下四百多年的統治基礎，中間雖有王莽篡漢，但爲時不久，終東漢之世，都是儒法並行。

引陰陽家思想入儒是董仲舒的創作，董仲舒的政治思想可以說以儒家爲體，以陰陽家爲用。體者，是仁義、道德和誠信，乃儒家永恆不變的核心價值；用者，法天、民本、災祥和五德終始等。

帝王雖非政治思想家，但對當時思想界有引領作用，政治制度也有賴帝王的決心貫徹落實。如漢武帝雄才大略，史學家常將秦皇漢武並提；而後世所稱「漢唐盛世」，也是頌揚漢武帝和唐太宗。宣帝「王霸雜用」，元帝任用純儒，東漢光武帝恢復漢家天下後，鑒於西漢諸侯強橫，外戚篡位，便進一步加強中央集權，維護皇權的鞏固。

總的來看，漢代雖以儒家爲政治思想的核心思維，但已非先秦孔孟時代的儒術。而是混合了法家、道家、陰陽家和雜家等思想。故漢代已無純儒，後人以漢初黃老盛行，儒道對立，乃受司馬遷的影響。＜史記・老子傳＞言，「世之學老子者，則絀儒學，儒學亦絀老子。」此所謂學老子者，實亦儒家之徒。

表 4-4：兩漢五經博士簡表.

兩漢五經博士簡表

經別	十四家博士	十四家以外之博士	今古文別	建置時代	傳者
詩	魯（申培公）		今文	漢文帝時	自子夏數傳至浮丘伯，浮丘伯傳魯人申公，申公以後傳瑕丘江公、韋賢、玄成，至東漢不絕。
	齊（轅固生）		今文	漢景帝時	齊人轅固生傳夏侯始昌，再傳后蒼，以後傳匡衡、蕭望之等，至東漢不絕。
	韓（韓嬰）		今文	漢文帝時	燕人韓嬰傳賁生及其孫商，再傳涿韓生、趙子，至東漢不絕。
		毛（毛萇）	古文	漢平帝時	自子夏數傳至大毛公亨，授小毛公萇，以下傳貫長卿解延年等，至東漢時而盛。
書	歐陽（生）		今文	漢武帝時	齊歐陽生傳書經於伏生，生傳兒寬，寬授歐陽生子傳至曾孫高爲博士，以後傳林尊、平當、翁生、朱普、鮑勝等。
	大夏侯（勝）		今文	漢宣帝時	自伏生傳張生，傳夏侯都尉，傳夏侯始昌，傳夏侯勝，以下傳周堪、孔霸、許商、吳章等，至東漢不絕。
	小夏侯（建）		今文	漢宣帝時	建受夏侯勝經，曾師事歐陽高，建以下傳張山拊、鄭寬中、張無故、趙玄、唐尊等。
		孔（安國）	古文	漢平帝時	魯共王治宮壞孔子壁得其書，安國治之，傳都尉朝，再傳庸生，胡常等，至東漢始盛。
易	施（讎）		今文	漢宣帝時	漢初治易者爲田何，何三傳至田王孫，王孫授施讎，以下傳張禹、彭宣、戴崇伯、邴丹等，至東漢不絕。
	孟（喜）		今文	漢宣帝時	田王孫又傳易於孟喜，以下傳白光翟牧至東漢不絕。
	梁丘（賀）		今文	漢宣帝時	田王孫又傳易於梁丘賀，賀傳其子臨，以下傳五鹿充宗、王駿等，至東漢不絕。
	京（房）		今文	漢元帝時	焦延壽嘗從孟喜傳易，以授京房，房傳殷嘉，姚平，乘弘等。
禮		后蒼	今文	漢武帝時	高堂生傳蕭奮、孟卿、后蒼，蒼爲博士傳及戴德、戴聖、與慶普。
	大戴（德）		今文	漢宣帝時	德傳徐良等，至東漢不絕。
	小戴（聖）		今文	漢宣帝時	聖爲戴德姪，聖傳橋仁、楊榮等至東漢時不絕。
		慶（普）	今文	漢宣帝時	慶普傳夏侯敬及族子咸，至東漢時不絕。
		周官	古文	王莽時	河間獻王所獻，由劉歆提出，傳杜子春等，至東漢時不絕。
春秋	穀梁（江公）		今文	漢宣帝時	自子夏門人穀梁赤數傳至申培公；申培公傳江公，以下傳榮廣、浩星公、蔡千秋等至東漢不絕。
	公羊（董仲舒）（嚴氏顏氏）		今文	漢景帝時	自子夏門人公羊高，數傳至公羊壽，壽授董仲舒，仲舒在景帝時爲博士，仲舒傳贏公、眭弘，弘傳嚴彭祖、顏安樂。嚴彭祖與顏安樂在宣帝時曾立爲博士。
		左氏	古文	漢平帝時	傳爲左丘明所作，由劉歆提出，其學至東漢時而盛。

本表資料來源：陳致平，中華通史，二冊，頁 482-484。

5. 漢雖是中國歷史上的盛世，但也發生兩次篡國事件（王莽、曹丕），終於導致漢朝衰弱分裂，是甚麼原因？

我認爲根本原因還是權力集中的問題，權力過度集中必導致政治腐敗，秦漢之降，中國雖是一個統一的國家，但因皇帝（中央）集權，缺乏權力制衡，腐敗惡化是所有古今中外國家必然的「歸宿」。這屬於普遍性問題，就個別漢代來檢討敗亡原因，有制度、政權、種族矛盾和政治衝突等。

（一）中央政治腐敗

漢初雖行「封建郡縣混合制」，但地方王國權力不受中央制約，導致「七國之亂」，亂後郡縣制得以正常推行。至東漢引以爲鑒，更進而把權力集中在中央，使得外戚、宦官和黨錮之禍，拖垮整個東漢的中央政治。近代史學家錢穆也認爲漢代中央政治存在三大問題：

1.皇權、相權沒有明確劃分。

2.國與家不分，國事家庭化。

3.皇室超越政府，相權遭瓜分。

這些問題造成中央政治腐敗，更多嚴重的問題多是由此開始延伸。以下造成政治解組的事件，亂源都是來自中央。

（二）兩次篡國的政治問題分析

第一次「王莽篡漢」持續十四年，形成政權轉移的客觀原因是西漢從元帝開始衰落，皇帝不是年幼就是墮落。成帝每天和歌妓趙飛燕姐妹鬼混，過著荒淫縱情聲色的生活，哀帝無能，接著平帝九歲即皇位，劉嬰兩歲即位。如此，政權旁落外戚王氏，漢成帝時，王氏一家有十侯，五司馬，。這是王莽（大司馬）篡漢可成的背景，在思想上當時流行著陰陽家「五德終始說」，認爲漢德已衰，應當避位讓賢，王莽乘勢而起，結束西漢政權（前９年)。

第二次「曹丕篡漢」終結東漢，是外戚、宦官弄權，造成天下大亂所惹的禍。東漢靈帝十二歲即帝位，遭逢「黨錮之獄」宦官之禍，政治黑暗與社會糜爛達到頂點，國事又操在靈帝生母董氏，寵信宦官，位高權重者有趙忠等十人，稱「十常侍之亂」。中平六年（189 年）靈帝去世，皇子劉辯即位，時才十四歲，大權又由何太后把持，又寵信宦官。地方豪強袁紹、董卓紛紛起兵造反，誅殺宦官。中央政治如此，天下因而大亂，黃巾、羌亂，與東漢同歸於盡。建安二十五年（220 年）曹操歿，曹丕自立爲帝，是爲魏文帝，廢漢獻帝爲山陽公。

從以上兩個「篡國」事件看，篡國者當然要受到歷史正義的批判，但也有合理的客觀因素可以解釋，那便是中央政治腐敗，領導階層權力流入覬覦者手中。這只是漢朝的兩個案例，後世的篡國者未必是如此，有時人民的眼睛未必是雪亮的，人民也容易被矇騙。公元 2004 年發生在台灣的「319 大竊案」，就是一個很高明的篡國事件，獨派騙得世人的眼睛，使陳水扁的鮪魚肚如真的。這個政權的轉移和政治是否腐敗無關，這是一群政治「投資者」的集體創作，謀奪大位國寶。未來必受到歷史正義的批判，此刻亂臣賊子正懼。

（三）種族矛盾和政治衝突

這個問題和台灣目前現狀最為相似。漢代雖稱盛世，但內部也發生過不少動亂，而以羌亂持續一百六十年最嚴重，幾與東漢同始終。「羌」是中國西北地區種族，漢人官吏對羌族歧視與虐待引起羌人反叛。政治上衝突，緣於中央政治腐敗，邊政與內政連帶腐蝕，形成軍事與政治脫節，將帥不合，中央與地方不能協調。如今日台灣內部因統獨對立，必造成族群關係緊張。

東漢一百六十年羌亂，漢羌大戰數百起，人命犧牲難以估計，使國力削弱，與中樞政治腐敗互為因果。西北地區也因長年動亂，造成許多大軍閥集團，其中董卓後來蹂躪兩京，劫持漢獻帝，故東漢亦可謂亡於「董卓之亂」。再者，西北地區長年動亂，也造成漢、胡、羌等各民族更為混雜，種下一百多年後的五胡亂華種子。

這是政治解組過程中產生的巨痛，漢匈、漢羌大戰數百年，五胡亂華有多少悲歌？但因此中華民族產生大融合，中國之能成為大國，成為統一的現代國家，當時的亂真與有功焉。

6.漢朝是第一帝國的本體，中國人常被稱為「漢人」，中國學問也習稱「漢學」，顯見漢朝在中國史的重要地位。卻依然不能擺脫興盛、腐敗、衰亡的固定程序，以後的兩千多年也不斷循環，為甚麼？

應該是專制帝國最難掙脫的困境，中國自秦漢以來求成為一個統一的帝國。但統一就必需中央有強大的掌控權力（包括軍事力、政治力、經濟力及文化上的向心力），如此又必然導致中央集權，權力集中又沒有制衡，腐敗是必然的。

父傳子的家天下另一個困境，是朝代前幾任帝王因開疆拓土受到磨練，成為有為君主外，以後都長於深宮的無能昏君，縱欲早死，即位天子都還年幼（東漢最嚴重）。東漢從光武帝到明、章二帝，僅維持六十餘年盛景，之後的腐敗動亂，可以演成一個公式（如下）。

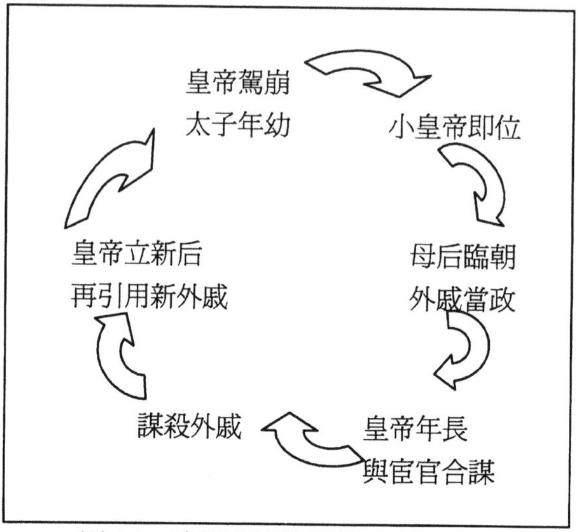

圖 4-3：東漢政治的循環公式圖

漢代在政治思想上獨尊儒學，爲何允許這種「惡性循環」存在，亦無力掙脫困境，是否政治思想家們束手無策？確實在大結構上是不能改變的，除非推翻專制王朝，否則像東漢覆亡這種過程，在中國兩千年中如影隨形。但漢代的政治思想家們也輕易的可以解釋這種現象，並建立他們的政治理論。

表 4-5：東漢覆亡過程表解

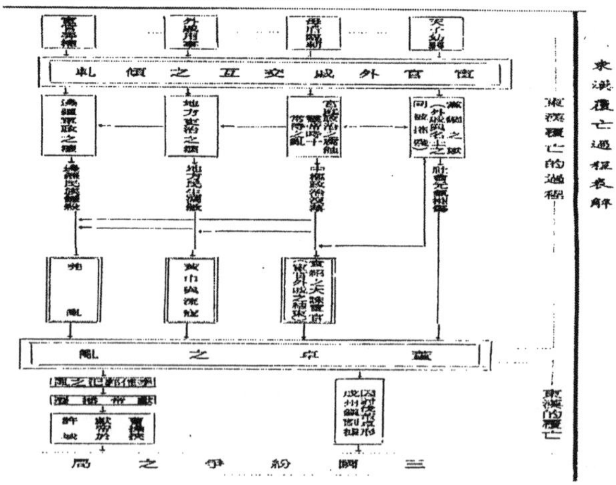

資料來源：陳致平，中華通史，二冊，頁 334。

原來漢朝獨尊儒學，也流行陰陽家思想，以陰陽爲宇宙之二氣，五行代表天地萬物，陰陽循環和五行相剋，正是宇宙萬物盛衰興亡。這種學說用在政權輪替上，便是五行終始說，認爲政治之興替存亡都是「天命」，興亡即「自然之道」，也就不須介意了。思想家劉安、劉向、董仲舒等都受此影響。大思想家王充雖在《論衡》中破除陰陽家思想，但他的自然主義又使儒家和黃老合流，這也表示，一個時代政治之隆污，也和政治思想有「因果關係」。

再從另一個角度看，漢代以後儒家思想成爲中國政治思想主流價値，固然有利於國家統一（認同），但也造成思想上的「一言堂」。政治思想（讀書人、知識份子）對國家政治失去批判能力，歷朝歷代的知識份子，絕大多數成爲統治者的御用工具。未嘗不是漢代獨尊儒學後，中國文化中最大的損失，對統治者喪失批判力。

圖 4-4：東漢畫像石（山東出土）。有講經人和捧簡經聽講人。
圖片來源：張元，歷史（上），頁 47。

輯 16：三國兩晉南北朝政治解組過程與政治思想概要

1. 這是一個大分裂又不斷重組的大時代，讓我們從三國講起。

三國可以看成漢朝的殘局，可以是第一帝國的中衰，或兩晉的過渡。三國是魏（220~265 年）、蜀（221~263 年）及吳（222~280 年），蜀在歷史上被認爲是漢朝正統的延續，故蜀也稱「蜀漢」。這和劉備、孔明等人的政治思想有直接關係，後詳論述之。

三國雖前後持續九十年，各自形成獨立與鼎峙局面，但各方都以追求中國統一爲其國家目標，惟三國始終都沒有達成統一目標，對峙以終。鼎立局面的形成在建安十三年（208 年），曹操率百萬大軍南征，結果在赤壁（今湖北嘉魚縣西）一戰慘敗。這到底是歷史的必然或偶然，或孔明的大戰略計畫成功，都有關係，而世人對孔明則更推崇。孔明在赤壁之戰前一年向劉備提出著名的＜隆中對＞說：

自董卓以來，豪傑並起，跨州連郡者，不可勝數。曹操比於袁紹則名微而眾寡，然操遂能克紹。以弱為強者，非惟天時，抑亦人謀也。今操已擁百萬之眾，挾天子而令諸侯，此誠不可與爭鋒。孫權據有江東，已歷三世，國險而民附，賢能為之用，此可與為援而不可圖也。

荊州北據漢沔，利盡南海，東連吳會，西通巴蜀，此用武之國，而其主不能守，此殆天所以資將軍，將軍豈有意乎？益州險塞，沃野千里，天府之土，高祖因之，以成帝業。劉璋闇弱，張魯在北，民殷國富，而不知存恤。智能之士，思得明君。將軍既帝室之胄，信義著於四海，總攬英雄，思賢若渴。

若跨有荊益，保其嚴阻，西和諸戎，南撫夷越，外結好孫權，內修政理，天下有變，則命一上將將荊州之軍，以向宛洛，將軍身率益州之眾，出秦川，百姓孰敢不簞食壺漿以迎將軍者乎？誠如是則霸業可成，漢室可興矣。

後來整個局面的發展，都相當符合孔明原先的預測藍圖，文學史家寫成了《三國誌》和《三國演義》兩書，使三國的故事更加精彩。這指的是三國時代政治解組過程，固然重點在政權對峙與戰爭，各政權所追求的仍是中國統一，而不是永久割據。所以，如果要簡化三國時代的政治思想論戰，無疑的可以用「統一論戰」概括。在此一大目標下，出現兩種不同的政治思想典型：

第一是「道德、情操、忠誠、正統」的核心思維，堅持漢賊不兩立，復興漢室，完成中國統一的諸葛亮政治思想，影響中國後世的統一思想，其穿透力超越了時空限制。

第二是以「才能」爲唯一標準的曹操陣營，一反中國傳統道德情操「經明行修」的原則。明確主張縱使「不仁不義不孝」的人，而有治國平天下之才，就是國家所要人才。此即流行一時的「名理」思想，爲曹魏的霸權地位確立很大作用。

以上兩種思想後續還有論述。三國最後都沒有機會和能力統一中國，孔明五次北伐都失敗，到晉太康元年（280 年），司馬炎又統一中國，建都洛陽，是爲西晉（但從西元 265 年司馬炎篡魏爲西晉的開始）。可惜西晉統一的局面只維持三十多年，天下又歸大亂，短暫的統一也許就是第一帝國的「迴光返照」吧！

分析孔明（蜀漢）和曹操（曹魏）兩政權，及其政治領導人，雖都主張中國統一，並發動統一之戰，但歷史評價有天壤之別。蜀漢被視爲合乎中國一貫道統的「正統」政權，曹魏則是「偏統」。孔明成爲千秋的忠貞典範，曹操父子則是一代奸雄，爲何有此差別待遇？史家偏心否？

這又要回歸到根本面，即中國的一貫道統。孔明的「道德、情操、忠誠、正統」觀，是合乎一貫道統，合於「中國化」內涵；曹氏父子主張「不仁不義不孝」和治國人才無關，頗似現代的「帝國主義」思想，基本上也算相當程度「去中國化」的，違反儒家治道，故遭到史家嚴厲的批判。

故「一貫道統」是一把通澈古今的尺，用來衡量中國歷史上所存在的政權，是否合法？是漢？或是賊？如照妖鏡，無所遁形。這把尺如今也用在衡量兩岸，愈是偏離中國文化的特質和內涵者，愈受到嚴厲的批判，也愈是難以生存和發展。不信者可冷靜觀察便都了然。

2. 晉武帝司馬炎終結三國紛亂，完成統一中國的新局面，為甚麼只維持三十餘年，天下又分裂大亂，以下談談晉朝的政治解組情形。

晉武帝使中國重歸統一局面，本來是亂到極點後，天下望治的結果。但只維持三十七年，天下又分裂大亂，必定有嚴重的政治原因（危機），使政治版圖又進行著「大洗牌」的動作。

（一）晉武帝恢復封建制度

早在三國魏正始時，宗室曹冏曾上了一篇＜封建論＞，謂魏朝是因王室孤立而亡。及晉武篡魏，也認爲是，乃仿漢初恢復封建制度，武帝初封二十七王國如附表。與恢復封建相輔進行的，就是削去州郡之兵，兩事都爲了鞏固中樞。武帝太康元年（280 年）下詔曰：

昔自漢末，四海分崩，刺史內親民事，外領兵馬。今天下為一，當韜戢干戈，刺史分職，皆如漢氏故事，悉去州郡兵。大郡置武吏百人，小郡五十人。

武帝以爲從此天下一統，永保安康，皇朝永固。沒想到郡王封建，反而釀成八王之亂，造反的都是皇帝的親人（見表，叔、子、孫輩）。而州郡罷兵後，永寧時盜賊群起，地方竟無力平亂，於是天下又歸分崩離析。

（二）政治腐敗與領導階層腐化

晉武帝雖統一中國，但他並非有爲之君，而是中國歷史上頭號有名的荒淫之君。他平定天下後，大選天下美女送入後宮，佳麗竟達萬人之眾，民怨爲之沸騰。武帝怠於政事，一般領導階層生活也隨之奢侈淫米，王公貴族「日食萬錢，猶云無下箸處。」可見當時政治人物已普遍腐化。

（三）政治思想對統者失去批判力

當各封國大亂於外，政治人物腐化於內，學術界對國家領導階層早已失去批判力，徹底的失望。玄學思想因而流行，＜世說新語．任誕＞篇中說：

陳留阮籍、譙國嵇康、河內山濤，三人年皆相比，康年少亞之。預此契者，沛國劉伶、陳留阮咸、河內向秀、琅琊王戎，七人常集於竹林之下，肆

意酣暢，故世謂竹林七賢。

七賢都是當時賢人，卻只在林間縱情詩酒，美其名曰「清談」，實則對政治絕望，思想界便遁入老莊的理想國中，空談玄虛，放誕於形骸之外。這種玄學思想流行於魏晉南北朝，分三個階段：

正始玄學：如何晏、王弼。

竹林玄學：如阮籍、嵇康。

後期玄學：如郭象、鮑敬言。

這也難怪，老莊思想自古便是人們最好的「避風港」。天下有道，儒法當紅；天下無道，道家盛行。

（四）五胡入華形成新民族危機

兩漢以來，邊境上胡漢雜居日愈增加，民族問題開始形成政治危機。魏晉之際，邊疆胡人主要有匈奴、氐、鮮卑、羌、羯人，史稱「五胡」。

五胡雜居到西晉時已非常嚴重，朝廷都拿不出解決辦法。後來到八王之亂，乃乘勢爆發出來。八王見後表，其亂乃封建種因，惠帝后賈氏亂政點火。前後司馬一家祖孫三代，大亂二十餘年。

五胡紛紛乘亂起事，永嘉二年（308 年）匈奴劉淵在平陽稱帝，聲明要復興漢室（原為漢之外甥）。氐族、鮮卑等在各處稱王稱帝，天下大亂。

八王之亂末期，晉朝已是一糰糜爛的亂局。劉聰（劉淵的兒子）攻陷洛陽、長安，晉兵潰不能戰，晉懷帝被俘。匈奴縱兵大掠，殺太子、諸王、百官，死者三萬多人，史稱「永嘉之禍」。不久懷帝被害，晉愍帝即位，但長安陷落三年愍帝也被害，西晉亡，時在西元 317 年。

西晉淪亡後，瑯琊王司馬睿即位江左建業（南京），東晉開始。大批中原貴族、富人、百姓，紛紛遷徙江南避難，史稱「衣冠南渡」。

以上幾點造成兩晉淪亡的原因中，五胡入華是很有歷史意義的一項。其後遺症（動亂）斷斷續續影響長達千年之久，但對中華民族之民族融合是有利的。故「事件」常有正反兩面的意義，如今日台灣的「越南新娘」、「大陸新娘」，雖有短期問題，但長遠的民族融合仍是有利的。

圖 4-5：北朝文武官人俑群像。俑群中有高　深目的胡人，亦有尖鼻細目的漢人，裝束亦胡亦漢，顯示魏晉華北朝胡漢混居的情況。

圖片來源：張元，歷史（上），頁 80。

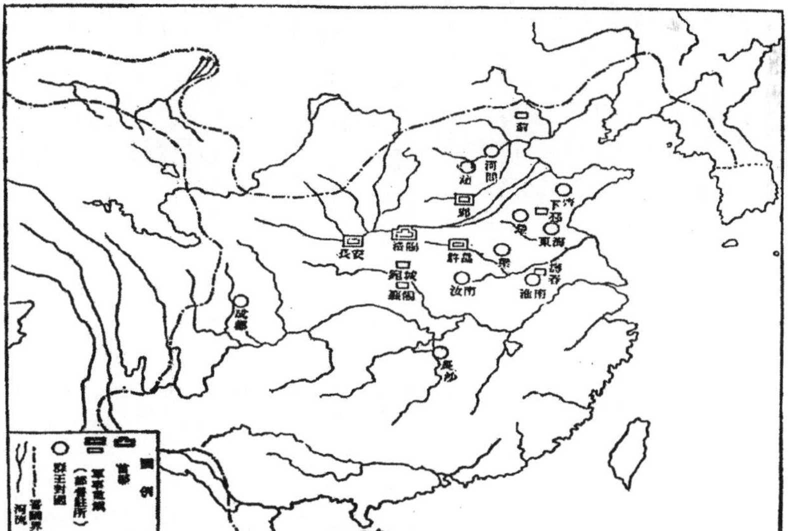

八王封國與軍鎮形勢略圖

圖 4-6：八王封國與軍鎮形勢略圖

本圖資料來源：陳致平，中華通史，三冊，頁 58。

表 4-6：晉武帝初封二十七王簡表

晉武帝初封二十七王簡表

（表中備考欄，列舉該王或其後裔所兼將軍都督之職，因其變易頻繁，表中僅舉一二例以爲參證。）

國名	人名	親屬	備考
安平	孚	宣帝（司馬懿）次弟。武帝叔祖	拜太宰都督中外諸軍事，留在京師
義陽	望	孚子。武帝從伯	曾假節加大都督諸軍事。出屯龍陂
平原	幹	宣帝子。武帝叔	以病常留在京師，曾爲侍中，加太保
汝南	亮	宣帝第四子。武帝叔	曾爲鎮南大將都督豫州諸軍事鎮許昌
東莞	伷	宣帝子。武帝叔	後改封爲琅琊王曾爲鎮東大將軍假節都督徐州軍事鎮下邳
汝陰	駿	宣帝子。武帝叔	曾爲鎮西大將軍使持節都督雍涼諸州軍事鎮關中
梁	肜	宣帝子。武帝叔	曾爲平東將軍監豫州軍事，鎮許昌
琅邪	倫	宣帝第九子。武帝叔	後改封爲趙王，曾爲征西將軍開府鎮關中
渤海	輔	孚子。武帝從叔	後徙爲太原王監并州諸軍事
下邳	晃	孚子。武帝從叔	曾爲鎮東將軍都督青徐二州軍事
太原	瓌	孚子。武帝從叔	曾爲東中郎將鎮許都子顒封河間王
高陽	珪	孚子。武帝從叔	曾爲北中郎將，都督鄴城諸守軍事
常山	衡	孚子。武帝從叔	泰始二年早薨
東平	楙	孚孫，望子。武帝從弟	曾爲平東將軍都督徐州諸軍事鎮下邳
沛	景	孚子。武帝從叔	咸寧元年早薨
彭城	權	宣帝弟馗之子。武帝從叔	曾爲安東將軍都督揚州諸軍事鎮壽春
隴西	泰	權弟。武帝從叔	曾爲安西將軍，都督關中軍事
范陽	綏	權季弟。武帝從叔	咸寧五年薨子虓嗣立
濟南	遂	武帝從叔	咸寧三年徙爲中山王薨
譙	遜	宣帝弟進之子。武帝從叔	泰始二年早薨
中山	睦	遜弟。武帝從叔	元康元年入爲宗正，薨於位。
北海	陵	宣帝弟通之子。武帝從叔	咸寧五年薨
陳	斌	陵弟。武帝從叔	咸寧四年薨
河間	顒	孚孫，望子。武帝從兄	元康九年爲平西將軍鎮關中
齊	攸	文帝（司馬昭）子。武帝弟	爲侍中司空留在朝廷，太康四年薨
樂安	鑒	文帝子。武帝弟	曾遣使持節都督豫州軍事鎮許昌未行而卒
燕	機	宣帝子京之子。武帝弟	曾拜青州都督鎮東將軍

（惠帝時起，諸王更有兼任州牧刺史者，譬如河間王顒，以大都督爲雍州牧，東平王楙領兗州刺史，東海王領豫州牧，則於軍權之外更有地方行政權），

本表資料來源：陳致平，中華通史，三冊，頁 43-45。

表 4-7：八王分封表

八王分封表：

王名	封國（當今地）	所乘軍職鎮所（當今地）	親屬關係
①汝南王亮	汝南（今河南汝南）	都督豫州諸軍，鎮許昌（今河南許昌）	宣帝第四子，惠帝叔祖
②楚王瑋	楚（彭城今江蘇銅山）	初都督荆州諸軍，後入為衛將軍在京師	武帝子，惠帝弟
③趙王倫	趙（今河北趙縣）	初為征西將軍鎮關中，後徵入京師拜車騎將軍	宣帝第九子，惠帝叔祖
④齊王冏	齊（今山東臨淄）	平東將軍鎮許昌（今河南許昌）	齊王攸子，惠帝從兄弟
⑤長沙王乂	長沙（今湖南長沙）	初立國，後徵至洛陽拜驃騎將軍開府	武帝子，惠帝弟
⑥成都王穎	成都（今四川成都）	為鎮北將軍鎮鄴城（今河南臨漳）	武帝子，惠帝弟
⑦河間王顒	河間（今河北獻縣）	平西將軍都督關中諸軍鎮長安（陝西西安）	安平王孚孫，惠帝從叔
⑧東海王越	東海（今山東郯城）	永康初為司空領中書監在洛陽，後又為太傅，懷帝即位，自請出鎮許昌	隴西王泰子，惠帝從叔

（以上八王之名，係據晉書；據晉略則為梁王肜、淮南王允、趙王倫、齊王冏、長沙王乂、成都王穎、河間王顒、東海王越，所不同者唯汝南、楚，與梁、淮南而已。其實捲入八王之內亂者有十餘王，「八王者」擇要而言，實不必拘泥於那八王。總之八王之亂，是包括司馬氏一家祖孫三代的宗室羣王之大混戰也。）

附八王封國與軍鎮形勢略圖見下頁：

（圖中長安「關中」、鄴城、與許昌，為三大軍事重鎮，包圍洛都適成犄角之形，如汝南、齊王、趙王、成都、河間、東海諸王均曾擁兵鎮守，因而得勢。可與上表、下文，相互參看。）

本表資料來源：陳致平，中華通史，三冊，頁 56-57。

3. 西晉淪亡，「衣冠南渡」是歷史上有名的典故。不過東晉和五胡亂華同終始，東晉也是偏安而不安，為甚麼？

東晉和五胡十六國（實際上二十二國），是中國歷史上分裂最徹底的時代。二十二國又各有紛亂的政治解組過程，非常複雜，不易用少量筆墨論述清楚。只得將各國分別列表，陳述其政治發展最能一目了然。而各國分分合合不斷相互併吞，至南北朝的發展過程，也列表如後，均供參考。

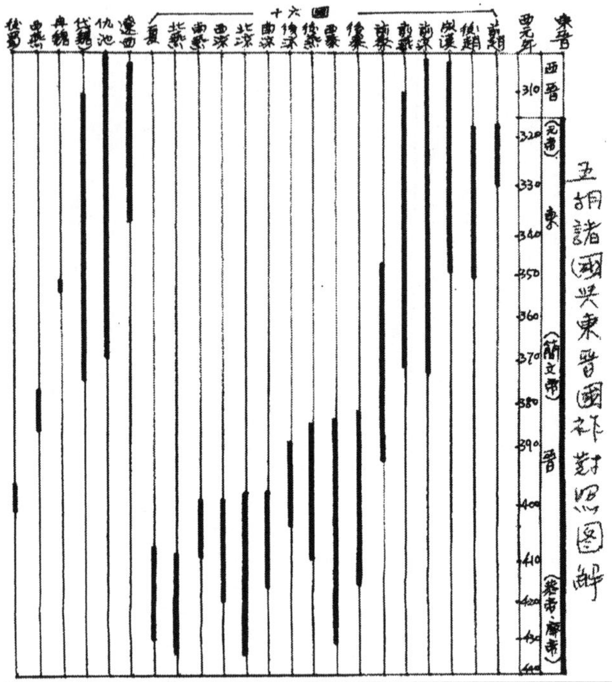

圖 4-7：五胡諸國與東晉國祚對照圖解

最不幸的，五胡二十二國之亂正與東晉同終始（如下圖），且五胡諸國國祚都短。其較長者如前涼（76 年）、前燕（64 年）、仇池（76 年）；短者如冉魏（3 年）、西燕（11 年）、後蜀（9 年）。諸國內亂或相互攻殺，無日不有，篡位、弒君、造反是從未間斷的戲碼，均可看後面五胡諸國興亡事略與世系。至於東晉與五胡諸國的政情糾纏概分三個階段。

（一）東晉初政偏安與前後趙

東晉偏安之局確實不安，元帝司馬睿時有王敦之亂，成帝時又有蘇峻之亂。但仍有孤臣孽子積極進行北伐統一大業，祖逖就是最有名的一位。惟朝廷不支持，雖不反對祖逖北伐，令其自行招募軍隊，可見東晉偏安苟且的心態。祖逖率領他自組的英雄好漢部隊，收復黃河以南大部土地， 與石勒對峙八年，朝廷始終不給援助，太興四年（321 年）憂憤而卒。收復的土地，轉又淪陷。

前趙自劉淵稱帝，至劉曜定都長安，改國號為趙，卻在咸和四年（329 年）被石勒消滅，是為後趙。石勒死，子石虎即位，石虎是位殘酷的暴君，後被養子石閔（漢人本姓冉）篡位。閔自立為帝，國號魏，史稱「冉魏」。

（二）東晉中葉北伐大業與淝水之戰

東晉中葉，前秦、前燕和前涼分別崛起，而以前秦勢力最大，數年間五胡諸國（如代國、前燕、前涼等）被秦所滅。秦王苻堅進而計畫大舉南征東晉，完成統一中國使命，遂有淝水之戰。

東晉時的北伐大業開始有恢復之氣，主持北伐大業前後有桓溫和殷浩二人，最後亦無功而回，也算有志氣了。

淝水之戰在晉太元八年（383 年）八月，秦王苻堅率百萬大軍南征，自以為「投鞭足以斷流」，統一在望。沒想到被東晉的謝安、謝石、謝玄和謝琰一家人八萬軍隊所敗，秦軍損失八成兵力。苻堅率殘兵敗卒逃回北方，五胡紛紛「饞食」，不久前秦亡。後秦、西燕乘機而起，繼續進行著古今一致的叢林生態競爭，也算公平的遊戲。

（三）東晉晚葉內亂與北方大分裂

淝水之戰後，中國北方陷於大分裂大混戰狀態，成五大塊勢力範圍，東方幽、冀；西方關中；北方拓跋氏；并州爭奪戰；西方從隴右到河西。這五個勢力範圍，以後燕、後秦和後涼為三個重心。到劉裕篡晉以後，北方成為殘局，不久被拓跋魏所統一。

而偏安南方的東晉，愈到最後愈亂，這是中國歷史上所有偏安政權的宿命。元興二年（403 年）桓玄（桓溫子）晉位相國，封楚王，十一月竟逼安帝禪位，是為「桓玄篡晉」，次年劉裕迎安帝還都，桓玄被殺，東晉又「活」了。

劉裕功高，獨攬大權，封宋公，升為相國，積極北伐大業，竟光復了淪陷一百年的關中之地。但劉裕最後也縊殺安帝，廢恭帝，自即皇位，是為宋武帝，時西元四一九年。

北方已被拓跋魏統一，南方宋王劉裕篡晉，中國成了南北對峙局面，南北朝成定局，正式打開南北朝時代。

表 4-8：五胡十六國表

五胡十六國表（包括十六國以外六國）：

種族	國名	建都	建國者	疆域（其最大範圍約當今何地）	立國時間	興亡事略與世系
匈奴	前趙（原名漢）	平陽（漢都）長安（趙都）	劉淵（建漢）劉曜（建前趙）	約有今陝西省地與山西、河南之一部	西元304 至 西元329	自劉淵稱漢王至石勒併前趙凡六傳二十六年（劉淵，匈奴冒頓之後，初爲匈奴左部帥，晉惠帝永興元年即漢王位，永嘉二年稱帝，在位六年傳子和，與弟劉聰相攻被殺，劉聰於永嘉四年即帝位在位八年傳子粲委政於舅氏靳準，元帝大興元年，準爲亂，殺劉粲，劉曜石勒起兵滅準，曜乃自立，劉曜爲劉淵之族子，於太興元年即帝位，徙都長安改國號曰趙，咸和三年爲石勒所滅，曜子熙，奔上邽，被後趙將石生所擒，前趙乃亡）
	北涼	張掖	段業 沮渠蒙遜	今甘肅省西部	西元397 至 西元439	自晉安帝隆安元年段業稱公，至宋文帝元嘉十六年降於魏凡二姓三傳四十三年。（沮渠蒙遜，臨松盧水胡人，其先世爲匈奴左沮渠，遂以官爲氏。初從呂光，後叛。於隆安元年擁建康太守段業爲涼州牧。後段業殺蒙遜兄男成，蒙遜遂率眾殺業，於隆安五年自稱涼州牧張掖公，後稱涼王在位三十二年卒傳子牧犍，宋元嘉十六年，魏師來伐，勢窮降，在十六國中爲最後亡）
	夏	統萬	赫連勃勃	今陝北及綏遠南部	西元407 至 西元431	自晉安帝義熙三年赫連勃勃稱王，至宋文帝元嘉八年滅於吐谷渾，凡三傳二十五年。（勃勃匈奴右賢王去卑之後，本姓劉，父名劉衛辰，衛辰爲拓跋珪所殺，勃勃奔附姚興爲五原公鎮朔方，義熙三年獨立稱天王國號夏改姓赫連築統萬爲都，義熙十四年攻入長安稱帝在位前後十八年卒，子昌繼立。魏師來伐西走上邽被魏師所擒。昌弟赫連定繼稱帝於平涼又還取長安，又爲魏破，再走上邽滅 [illegible]

資料來源：陳致平，中華通史，三冊，頁~102。

羯	後趙	初都襄國後都鄴城	石勒	今河北，山西，河南，山東，陝西，及江蘇，安徽，甘肅，湖北，遼寧之一部	西元319 至 西元350	自晉元帝太興二年石勒稱趙王至穆帝永和七年爲冉閔所滅，共七傳三十三年。（石勒初名匐，上黨武鄉羯人，原附公師藩，後附劉淵，太興二年勒自稱王都鄴，咸和五年稱帝，在位十五年卒，傳子弘，弘爲勒從子石虎所殺，虎初稱天王，永和五年稱帝在位十五年卒，傳子嗣爲石遵所殺，遵爲冉閔所殺，虎子石鑒繼立，又爲冉閔所殺，虎子石祇再稱帝於襄國，爲部將劉顯所殺）
鮮	前燕	初都龍城，後遷薊，再遷鄴城	慕容廆	今河北，山東，山西，及河南，遼寧，熱河之一部	西元384 至 西元409	自晉懷帝永嘉元年慕容廆稱大都督大單于至晉廢帝太和五年滅於前秦凡四傳六十四年（如自晉武帝太康七年慕容廆始獨立算起則爲八十五年）（慕容廆爲昌黎棘城鮮卑，其父涉歸曾爲鮮卑單于，傳慕容廆時，其勢漸強太康十年廆內附以爲鮮卑都督，惠帝元康四年徙居大棘城，至永嘉元年廆自稱大都督大單于，大興元年封廆爲遼東公，成帝咸和八年，慕容廆卒，廆在位四十八年之久，廆傳子慕容皝，皝於咸康三年稱燕王，八年遷都龍城在位十四年卒傳子慕容儁，乘後趙之亂興兵南下殺冉閔盡有趙地，於永和八年稱帝建都鄴城，在位十一年卒傳子暐，於太和五年爲秦苻堅所俘，燕亡）

後燕	中山	慕容垂	今河北，山東，山西，及河南遼寧之一部（較前燕爲小）	西元384 至 西元409	自晉孝武帝太和九年慕容垂稱燕王，至安帝義熙五年滅於北燕凡五傳二十六年。（慕容垂爲前燕慕容皝之子，初封吳王，爲慕容評所忌奔秦，淝水戰後，據河北稱燕王定都中山，太元十一年稱帝，在位十二年傳子寶，爲魏所攻北走龍城，爲舅蘭汗所殺，寶庶慕容詳自立於中山，爲寶弟麟所殺，及中山爲魏所陷，麟奔鄴，後爲慕容德所殺。慕容寶子慕容盛又殺蘭汗繼立，盛又被部將段璣所殺，璣立慕容垂少子熙，熙無道爲養子高雲所殺，雲於義熙五年又爲部下所殺，馮跋繼立而後燕亡）
西燕（不在十六國內）	一度都長安後都長子	慕容冲	今陝西東部與山西南部一部份地方	西元384 至 西元394	自晉孝武帝太元九年慕容冲稱帝至太元十九年滅於後燕，凡二姓七傳十一年。（慕容泓爲慕容暐之弟，初降於前秦，苻堅淝水之敗，亡命關東至華陰稱濟北王，後爲部眾所殺，立泓弟慕容冲，冲據阿房於太元九年稱帝，一度攻入長安，爲部將所殺，眾立部將段隨爲燕王，慕容廆之從孫慕容永殺段隨，立宗室慕容顗，率眾棄長安東走，爲慕容韜所殺，眾立冲子慕容瑤，又爲慕容永所殺，再立泓子忠，又被部下所殺，乃推永爲主，據長子稱帝於太元十八年被慕容垂所殺。）
南燕	廣固	慕容德	今山東全省及河南之一部	西元398 至 西元410	自晉安帝隆安二年慕容德稱王，至義熙六年，滅於劉裕，凡二傳十三年。（慕容德爲慕容皝之少子，初封梁公，後降苻堅，淝水戰後從慕容垂至鄴封范陽王，當後燕之亂，於隆安二年自鄴徙滑臺自稱燕王，三年東取青州，建都廣固，即帝位，在位七年卒，傳子慕容超在位六年爲劉裕所滅）

西秦	初都勇士堡，後徙都金城	乞伏國仁	今甘肅西南部	西元385 至 西元431	自晉孝武帝太元十年乞伏國仁稱大單于，至宋文帝元嘉八年滅於夏，凡四傳四十七年。（乞伏國仁爲隴西鮮卑，初附前秦苻堅鎮守勇士川，當苻堅淝水敗後，擁所屬飯樊自稱大都督大將軍領秦河二州牧，築勇士城爲都在位三年卒，傳弟乾歸遷都金城，爲姚興所敗降後秦，後復獨立，爲其姪乞伏公府所殺公府又爲乾歸子熾磐所殺，熾磐卽位襲滅南涼，在位十六年傳子暮末，後爲夏主赫連定所逼降於魏，於宋元嘉八年爲赫連定所攻殺）
南涼	初都廉川堡，後都樂都	禿髮烏孤	甘肅中南部及青海東北部	西元397 至 西元414	自晉安帝隆安元年禿髮烏孤稱王，至義熙十年，滅於西秦凡三傳十八年。（禿髮烏孤河西鮮卑，初臣事呂光，光署爲河西鮮卑大都統，在隆安元年獨立，自稱平西王建都廉川堡，在位三年墜馬死，弟禿髮利鹿孤繼立，稱河西王，在位二年卒，傳弟傉檀，遷都樂都，義熙十年爲乞伏熾磐所襲大敗，士眾潰散，降於熾磐）
遼西（不在十六國內）	令支	段務勿塵	今遼寧省西南與河北省東北隅	西元303 至 西元338	自晉惠帝太安二年段務勿塵封遼西公至成帝咸康四年滅於石虎慕容皝，凡六傳三十六年。（段務勿塵爲遼西鮮卑，西晉時受封遼西公，建都於令支，傳子就陸眷，就陸眷卒，段務勿塵弟涉伏辰立，就陸眷從弟末柸殺涉伏辰自立，末柸卒弟段牙立，就陸眷之子段遼又殺牙自立。後爲後趙石虎與燕慕容皝聯兵所滅）

後涼	仇池（不在十六國之內）	後秦
姑臧	仇池	長安
呂光	楊茂搜	姚弋仲
今甘肅省西北部與新疆寧夏之一部份	今陝西西南隅與甘肅省東南隅	今陝西省與甘肅及河南之一部分地
西元386 至 西元403	西元296 至 西元371	西元384 至 西元417
自晉孝武帝太元十一年呂光稱酒泉公，至安帝元興二年降後秦凡四傳十八年。（呂光，略陽氐人，世爲酋豪，從苻堅官至太尉，奉命征西域。建功東還，値中原大亂，遂據姑臧自領涼州刺史，及苻堅死進據酒泉，稱涼州牧酒泉公，後稱天王，在位十三年，傳位於太子紹。不久紹爲兄呂纂所殺，纂弟超又殺呂纂而立其兄呂隆，後爲北涼沮渠蒙遜與南涼禿髮傉檀所侵，降於後秦）。	自晉惠帝元康六年楊茂搜據仇池稱右賢王，至簡文帝咸安元年滅於苻堅，凡十一傳七十六年（楊茂搜亦略陽氐人，惠帝時因避關中齊萬年之亂，率眾保仇池，自號輔國將軍右賢王，茂搜死部眾分爲二，子難敵爲左賢王居下辨，子堅頭爲右賢王居河池，難敵傳子毅，堅頭傳子盤，均稱臣於晉。毅兄楊初殺毅并盤二部又併而爲一。弟宋奴又殺初，初子國又殺宋奴，國從叔俊又殺國，國子安又殺俊。安沒，傳子世，世沒傳子楊纂，爲苻堅所滅）	自晉孝武帝太元九年姚萇稱王，至安帝義熙十三年爲晉所滅凡三傳三十四年。（姚弋仲南安赤亭羌人，世爲羌酋。永嘉之亂，率羌眾居隴眉，自稱西羌校尉，雍州刺史，劉曜以爲平西將軍，後又附後趙，石虎時，弋仲率部眾數萬遷於清河爲十部六夷大都督。及石趙亡，遣使請降於晉，晉封爲高陵公，弋仲死子姚襄繼領其眾。殷浩北伐時、襄叛據許昌，進圖關中，爲苻堅所殺。襄弟姚萇降於苻秦，苻堅南征以姚萇爲龍驤將軍。堅敗，姚萇奉命討苻容泓，失利走渭北，因獨立。自稱大將軍秦王，後逼死苻堅，據長安稱帝在位十年傳子姚興，興在位二十二年傳子姚泓，於義熙十三年爲劉裕所滅）

代（後稱魏）（不在十六國之內）	盛樂（北都）平城（南都）	拓跋猗盧	今綏遠南部山西北部與河北省西北隅	西元315 至 西元376	自晉愍帝建興三年封拓跋猗盧爲代王，自孝武帝太元元年滅於前秦苻堅凡七傳六十二年。（鮮卑拓跋氏世居匈奴故地俗以索辮髮，又稱索頭部，至拓跋猗盧與晉并州刺史劉琨結交，琨爲表於愍帝封爲代公大單于，因以盛樂爲北都，平城爲南都，後猗盧爲子所殺，其部大亂，又七傳至什翼犍時，其國復盛，然爲前秦苻堅所敗，分其部爲東西，遣匈奴劉衛辰劉庫仁分領之，代國乃亡，其後什翼犍孫拓跋珪乘秦淝水之敗，建國復興，改國號爲魏，是爲北魏，故代爲北魏之前身）
成漢（初稱成後改稱漢史稱前蜀）	成都	李特	今四川、雲南及貴州與陝南漢中一部	西元302 至 西元347	自晉惠帝太安元年李特稱大都督至穆帝永和三年爲桓溫所滅凡七傳四十六年。（李特巴西氐人，初居略陽後隨流民入蜀衆推爲主，據廣漢攻成都，自稱益州牧，後爲益州刺史羅尚所殺，特弟李流繼統其衆，流死特子李雄繼立，逐羅尚據成都，掩有全蜀，乃稱帝，在位三十一年傳養子班，班被殺，雄子期繼立，李期又被李雄之姪李壽所殺，壽自立改國號漢，壽卒傳子李勢，爲桓溫所滅）
前秦	長安	苻洪	今河北，山西，山東，陝西，甘肅，河南，四川，貴州，及遼寧，江蘇，安徽，湖北之一部，幾掩有長江以北之全境，在十六國中疆域爲最大	西元351 至 西元394	自晉穆帝永和七年苻健稱秦王至孝武帝太元十九年苻崇之死凡六傳四十四年。（苻洪略陽氐人，原名蒲洪。初附劉曜，後降石虎，後趙以爲冠軍將軍，石遵時叛趙，遣使約降於晉，據枋頭改名苻洪自稱大將軍大單于三秦王，旋爲將軍麻秋所殺，子苻健繼統其衆進據關中，都長安，永和七年稱天王國號秦。八年稱帝，在位四年卒，傳子生，無道爲從弟苻堅所殺。堅即位國勢大強，太元八年伐晉大敗於淝水，國中大亂。十年爲姚萇所執，自殺，堅子丕據晉陽繼稱帝，爲慕容永所敗死。堅族孫苻登繼立於南安，與後秦相攻久之，終被姚興所敗被殺，太子苻崇奔湟中，爲西秦乞伏乾歸所逐，死）。

前涼	姑臧	張軌	今甘肅省西部與新疆、寧夏之一部分	西元301 至 西元376	自晉惠帝永寧元年，張軌爲涼州刺史至孝武帝太元元年滅於前秦凡九傳七十六年。（張軌安定人，爲張耳之後。永寧元年，爲護羌校尉涼州刺史威著西州，在州十二年卒。子張寔被州人推戴繼爲刺史，在位七年，爲部下所害。弟張茂繼爲涼州牧，在位四年卒。子張駿繼立，境內安治，遣將西征西域，在位二十年卒，子重華繼位稱西平公假涼王，在位八年卒。子張曜靈繼，爲伯父張祚所害，祚乃自立，稱皇帝。張祚淫暴爲部下所殺，重華少子玄靚繼位。仍稱涼州牧西平公在位八年，爲張駿少子天錫所害。天錫自立，晉太元元年苻堅遣將伐天錫，天錫敗降）
魏（不在十六國之內）	鄴城	冉閔	僅有河南省北端與河北省南端一隅之地	西元350 至 西元352	冉閔自晉穆帝永和六年稱帝，至永和八年滅於前燕，立國僅三年而亡。（冉閔本內黃人冉氏子，流亂時爲石虎所俘，以爲養子。石虎死後趙國大亂，因閔有勢，諸石攻閔，爲閔所敗。閔乃大誅胡羯，據鄴城稱皇帝，國號魏，在位三年，爲前燕慕容恪所擒，被殺）。
西涼	酒泉	李暠	今甘肅省西北端敦煌酒泉一帶地	西元400 至 西元420	自晉安帝隆安四年暠稱涼公至宋武帝永初元年滅於北涼凡三傳二十一年。（李暠，隴西成紀人，世仕涼州。晉隆安元年時，後涼建康太守段業叛，以孟敏爲沙州刺史，李暠爲效穀令，敏死，眾推暠領其眾，隆安四年遂稱涼公，獨立，遷於酒泉。在位十七年卒，傳子歆，在位三年，被沮渠蒙遜所殺。歆弟恂又自立於敦煌，在位一年，復爲沮渠蒙遜所攻滅）。

北燕	和龍	馮跋	今河北省東北隅及遼寧省之一部	西元409 至 西元436	自晉安帝義熙五年，馮跋稱王，至宋文帝元嘉十三年滅於魏凡二傳二十八年。（馮跋，長樂信都人，後燕慕容寶時爲中衛將軍。慕容熙時亡命山澤，因民亂，共推慕容熙養子高雲爲主，殺慕容熙。雲又爲其部下離班、桃仁所殺，跋又殺班、仁推跋爲主，於義熙五年，稱天王於昌黎，國號仍爲燕。在位二十二年卒，弟馮弘殺跋子翼自立，在位六年爲魏所破，走死高麗）。
後蜀（不在十六國之內）	成都	譙縱	今四川省與陝南漢中地方之一部	西元405 至 西元413	譙縱自安帝義熙元年據成都稱成都王，至義熙九年爲晉所滅，建國九年。（譙縱巴西南充人，爲益州參軍，方東晉桓玄之亂，被蜀人推戴，號梁秦二州刺史，據成都稱成都王，又稱藩於後秦。姚興封縱爲蜀王，在位九年。義熙九年，晉益州刺史朱齡石，討縱，攻入成都，縱出走死）。

資料來源：陳致平，中華通史，三冊，頁~102。

表 4-9：五胡十六國分合表

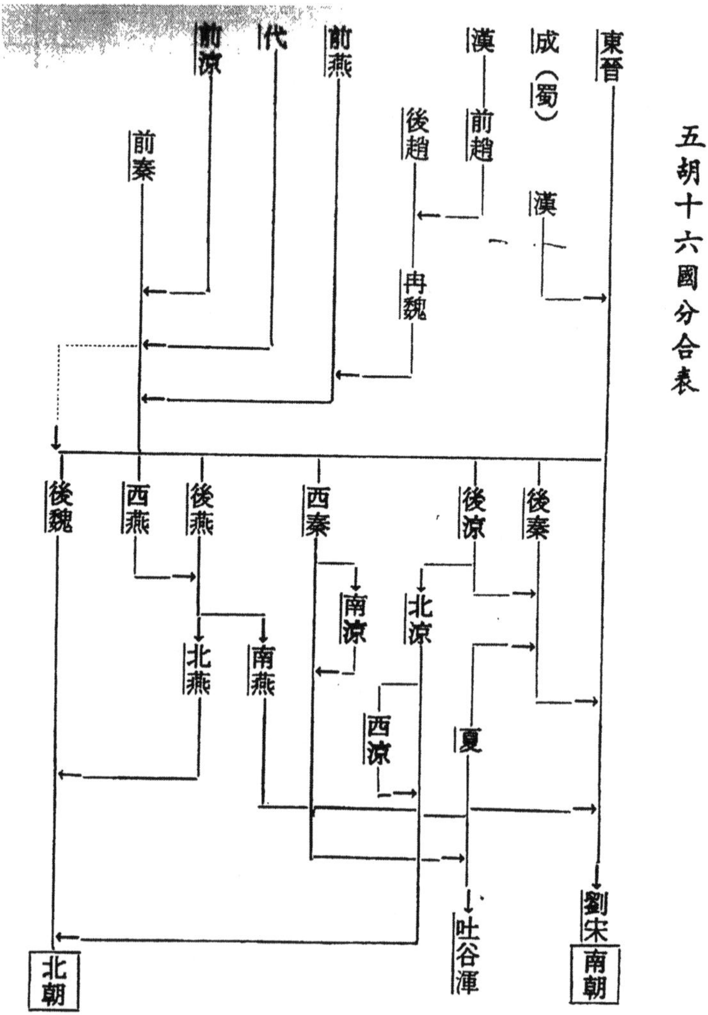

貝

料來源：陳致平，中華通史，三冊，頁~104。

4. 接下來的南北朝，好像是不那麼亂，簡述南北朝的政治解組過程。

東晉五胡十六國時期，中國地盤被割裂成二十幾塊，經不斷的武力和政治整合，到南北朝成爲南北兩大勢力的對決和對峙。所以看起來似乎向整合邁進一大步。而實際上，南北朝時代不斷爆發統一戰爭（南北戰爭），也是一個大動亂時代。中國歷史上的戰爭，無不爲整合統一而戰，南北朝亦然。

南北朝從劉裕廢晉恭帝，自立爲宋武帝，改元永初元年，（北朝魏明帝泰常五年，420 年）開始。到隋文帝統一天下（開皇九年，589 年），有一百六十九年，略分四個階段簡述。

（一）宋魏對峙與南北戰爭

南北朝甫一對峙開始，中國歷史發展法則便迫不及待的啓動運作機制，南宋北魏兩大政權即爆發統一戰爭。在河南、中原、淮域都是長年大戰，持續達六十年，約略分三個段落。

第一段落宋武帝到文帝，黃河南岸爭奪戰，結果南朝喪失黃河國防線，形勢處於不利狀態。第二段落是元嘉末年南朝企圖恢復黃河國防線，結果慘敗，完全喪失北伐能力。第三段落在宋明帝時，淮水爭奪戰，結果南朝又輸，委屈以淮水界。

檢討南朝失敗原因，固然是實力不足，但主因還是內部政治紛亂。此期間發生彭城、劉劭（太子）、南郡王義宣、竟陵王劉誕、海陵王休茂、武帝父子、晉安王子勛、桂陽王休範、建平王景素等變亂。最後齊王蕭道成篡宋，是爲齊高帝（建元元年，479 年），南朝第二個政權誕生。

（二）北魏強大與南齊快速淪亡

本階段北朝魏政權開始強大，並推行「中國化」運動，內容有：

1.禁胡服，倣中國制度。

2.禁北語，用華語。

3.改胡姓，用中國姓。

4.鼓勵胡漢通婚。

5.禁歸葬，使落地生根。

6.改制度，用中國文教制度。

7.興儒術，倡中國文學。

而此時南朝蕭齊政權，初有幾年安定，但不久又有內亂，南北戰爭又失利。在建國的第二十四年，齊和帝禪位於梁王蕭衍，是爲梁武帝，南朝第三個政權誕生（梁天監元年，502 年）。

檢討北魏強大與南齊快速淪亡，是北魏有較長期安定的時間，推動「中國化」運動有成；反觀南齊政權，不斷有內亂，政治人物只顧鬥爭取利，不顧人民死活，政治失去「仁政」思維，從某個角度看，是在「去中國化」而未覺，故建國二十四年而亡。

北魏的華化運動，不僅壯大自己，也加促中華民族血緣文化的融合，對後世影響很大。

（三）南北戰爭、北魏分裂與梁朝興亡

梁武初年，南北戰爭擴大，史無前例的慘烈。在鍾離（安徽鳳陽）一戰，梁武帝築「浮山堰」，引淮河水淹北軍，同時也淹死百姓十幾萬人，真是罪過。武帝後來出家當和尚，應爲此贖罪之動機。

北魏到宣武帝時，即位才十四歲，胡太后臨朝，開始政治腐敗，內亂與政變不斷，引發「六鎮變亂」。到魏孝靜三年（西元五三四年），竟分裂成東魏和西魏兩國，北魏至此已亡。

南朝的梁武帝死後，梁國也發生內亂，一度出現兩帝一王，四個獨立政府，可見其亂。至梁太平二年（557 年），相國陳霸先迫梁敬帝禪讓，梁亡，國祚五十六年。

陳霸先即位是爲陳武帝，是南朝最後一個政權。陳霸先篡梁前一年，北方的宇文覺也篡了西魏爲北周，中國又回到齊周陳對峙的三國時代。

（四）三國鼎峙到南北朝結束

北魏分裂成東西兩魏後，東魏至武定八年（550 年），相國高洋逼孝靜帝禪讓，建國號齊，是爲北齊文宣帝，東魏亡。七年後，西魏大冢宰宇文覺篡位，是爲北周孝愍帝，西魏亦亡。

但三國對峙不久，西元五七八年齊亡於周，581 年楊堅篡周，是爲隋文帝，改元開皇元年。開皇九年（589 年），陳亡，天下又歸統一。南北朝的政治解組過程可用下圖簡示之。

圖 4-8：南北朝政治解組過程圖

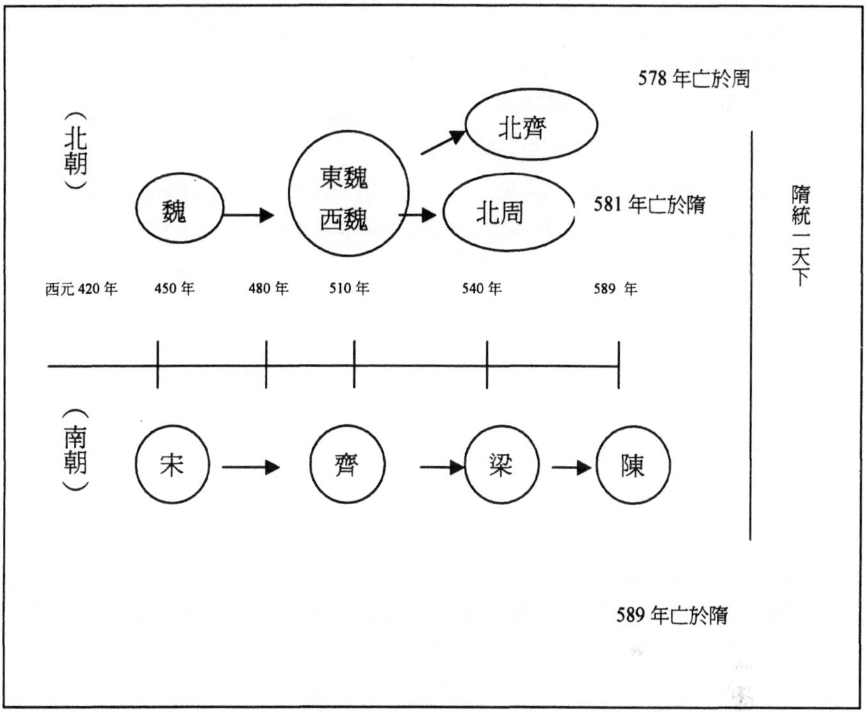

5. 三國兩晉南北朝的政治解組過程複雜，政治制度是否多元？概略論述之。

三國兩晉南北朝時期的政治制度，是秦漢與隋唐之間的轉變，三國爲東漢殘局，政治制度承襲東漢，變革不多。惟三國時代的地方官權力日愈擴大，形成後來晉到南北朝紛亂原因之一。略述兩晉南北朝政治制度如下：

（一）中央官制

兩晉南北朝的中央官制，丞相和三公都是榮譽職，九卿也名存實亡。真正有實權的全國最高政務機關是「尚書省」，而參贊中樞機要的宰相之權則在「中書」和「門下」，以上稱「三省」。南北朝時宋齊梁陳和北魏又增設「秘書省」和「集書省」，與三省合稱五省，實際上仍以三省爲主體

（如表所示）。

（二）封國

晉初恢復封建，大封司馬宗室，王國土地大小依等級區分，有公、侯、伯、子、男五等爵，無論那種等爵，都分大國、次國、小國三級。大者有以郡為國，稱「郡王」；小國以縣為國，稱「縣王」。

南朝封建原則上循東晉之制，因土地日益狹小，大國封邑不過二千戶，小國約千戶。北朝亦倣晉制，但後來出現兩種現象，一者非宗室同姓不得封王，再者功臣封爵浮濫，且多有爵無土，成為榮譽封號。

（三）地方官制

兩晉南北朝的地方行政制度，採州、郡、縣三級制（如表），可惜愈到南北朝晚期愈亂。如西晉初，全國才二十一州。到梁朝晚葉竟有一百多州，北周滅齊後更達二百餘州，均可見其亂。

兩晉南北朝地方制度尚有一特點，為緣襲三國曹魏而來，地方都督統有兵權。這也形成這個時代亂源之一。

簡述兩晉南北朝政治制度，看似頗為紛亂。不過西晉承曹魏，東晉承西晉，南朝承東晉，還是有一脈相承的關係。北朝有仿照南朝，變革亦多。至於五胡十六國，因政局紛亂，國祚又短，不易有系統性論述，故從略。

表 4-10：兩晉南北朝中央官制的三省組織

三省	官名	員額	備考
尚書省	尚書令	一人	後漢稱尚書省爲「尚書臺」，參見前第四十三講，到南朝劉宋時稱爲「尚書省」，或稱內臺。
	左右僕射	二人	自兩晉至南朝尚書左右僕射並不常置，時省時闕或僅置一人。
	列曹尚書	原爲五人或六人	西晉時設六曹尚書：爲吏部、殿中、五兵、田曹、度支、左民。東晉時設五曹尚書：爲吏部、祠部、五兵、左民、度支。宋亦設六曹尚書爲：吏部、祠部、度支、左民、都官、五兵。以後齊梁陳皆倣宋制。自設尚書諸曹，實際上執行過去九卿之庶政，於是九卿之官乃名存而實亡。
	左右丞	二人	晉左丞掌臺內禁令，右丞掌臺內庫藏廬舍。
	尚書郎	無定額	尚書郎員在兩晉南北朝爲淸貴之官，晉武帝時有三十餘曹，東晉減爲十五，宋時增爲二十，梁增爲二十三，陳爲二十一。北魏爲三十六曹，北齊爲二十八曹，北周爲十二部。
中書省	中書監	一人	「中書省」之設，始於魏晉，梁陳時國家政事皆由中書省主持，於是中書監與中書令最爲尊貴。
	中書令	一人	
	中書侍郎	四人	中書侍郎，則掌王言，更入直省。
	通事舍人	無定額	掌呈奏，宣王言，因有出納詔命之權故兩晉南朝時中書通事舍人（又簡稱通事舍人）常弄權專寵。
門下省	侍中	四人	侍中之職，在後漢時稱侍中寺，晉時因侍中與黃門侍郎管理門下眾事，故稱爲門下省，齊時常逕稱侍中爲門下，梁時侍中功高者詔加祭酒，與散騎常侍同掌禁令，權若宰相，於是門下侍中之權大爲提高，陳時亦如梁制。
	給事黃門侍郎	四人	魏晉以來給事黃門侍郎，並爲侍衞之官。
	散騎常侍	四人	晉倣魏制，置散騎常侍，後至南北朝時脫離門下而別屬「集書省」，劉宋時以常侍一人爲祭酒。

（按寺、臺、省，皆政府機構之稱謂，故九卿亦稱九寺，尚書省本稱尚書臺，在南北朝時臺省之名常互更迭

資料來源：陳致平，中華通史，三冊，頁 347~349

表 4-11：兩晉南北朝地方官制簡表

兩晉南北朝地方官制簡表（以兩晉爲本附述南北朝）

地方區級	長官	佐吏（主要者）	備考
州	刺史（或稱州牧）	別駕 治中從事史 主簿 功曹 （長史） （典籤） （西曹書佐） 諸曹從事 （祭酒從事史） 中正（掌選舉）	（以上僅爲州治文官佐吏，如以都督兼領者則另有都督府武官佐吏） 北魏每州置三刺史，皇室一人，異姓二人，北魏州區等級複雜，州分上中下三等，每等又分上中下，則共爲三等九級，其屬官又隨高下而異其員數。 南齊諸王之出爲州刺史者，嘗以長史行府州事，以典籤爲輔佐，典籤每負暗中監督羣王之責，其權極大。（經常地方政變，由典籤操縱。） 「祭酒從事史」爲南朝劉宋所置，分掌法曹兵賦、倉、戶之事。
郡	太守（京師所在地曰尹）	郡丞（佐守） 錄事參軍 諸功曹史 諸參軍事 中正（掌選舉）	郡丞自晉成帝後至南朝時置時省 晉置錄事參軍總錄眾曹文簿 諸功曹有倉曹、戶曹、決曹等時有增替 （北魏北齊郡亦分爲三等九級）
縣	令（大縣）或長（小縣）	主簿 尉 功曹與諸曹掾	尉大縣二人，小縣一人，主捕盜賊 晉於洛陽、建康置六尉，南朝因之，餘縣則一人至二人，北齊於縣置三尉 （北魏北齊縣亦分爲三等九級）

資料來源：同上，頁 356~357。

6. 三國兩晉南北朝時期的主流思想概要為何？尤其與政治思想有關者。

這是一個大分裂大動亂的時代，政局不斷在解組中，故思想也甚爲紛亂。惟人類思想行爲有共通處，當天下無道，許多人就想找「避風港」，在自己的理想國中過自己的日子。三國兩晉南北朝正是中國歷史上最無道，且時程最久的「黑暗時代」，主流的「避風港」是玄學，另外有經學、史學和佛學。此時期的政治思想受這四者影響極大。

（一）玄學思想概要

道家無爲思想到魏晉之際稱「玄學」，最早提出玄學的是曹魏正始年間的何晏和王弼，之後嵇康、阮籍等申揚其說，於是玄學在兩晉南北朝大盛。何晏著有《道德論》，王弼注《周易》和《老子》，嵇康著《養生論》，阮籍著有《達莊論》。這種老莊思想?入一些儒、佛思想，一般學術界也流行玄論空談習慣，從打破禮教，放浪形骸於外，視爲自然。人心萎靡縱情的結果，人生觀變的灰色，政治思想也很消極。

玄學思想一直綿延到南北朝結束，梁元帝蕭繹，在西魏大軍迫境的時候，還召集群臣講老子思想。史家認爲兩晉之亡，南北朝政治之消沉，多由於玄學清談誤國。

（二）經學思想概要

儒家思想到了三國兩晉南北朝時期，雖非主流盛行，也還有不少大儒倡導。如杜林傳《古文尚書》、鄭玄註《古禮經》、杜預倡《左氏春秋》，於是《左氏》和《公羊》、《穀梁》並列爲官學。鄭玄與王肅註遍群經，王肅是晉武帝司馬炎的外祖父，所以國家特別提倡「王學」。杜預、杜坦注的《左傳》也很流行，世稱「杜學」。

兩晉南北朝的儒家受佛、道思想影響很深，已非漢代之經學。缺乏治國平天下的恢宏之氣，儒術經學也變的消沉，政治思想脫離現實，矜尚浮誕。這是魏晉南北朝三百餘年間的特點，也是當時的社會風氣。

（三）兩晉南北朝的佛教

據《歷代三寶紀》第一卷云：「始皇時，有諸沙門釋利防等十八賢者，齎經來化，始皇弗從，遂禁利防等。夜有金剛丈六人來破獄出之。始皇驚怖，稽首謝焉。」可以証明佛教應在秦朝已傳入中國，而大盛於兩晉南北朝。

魏晉之際，中西佛教徒交流也開始盛行，著名者如西域高僧鳩摩羅什東來，在長安譯經十餘年，弟子數千人，《大智度》、《放光般若》都在羅什主持下譯出。中國高僧西行以法顯為空前大事，遊學三十餘國達十六年，回國後譯經百萬言。到南北朝時，以菩提達摩東來，成為中國禪宗初祖，為偉大盛事。

南朝以梁武帝信佛最篤，有天子倡導，文武百官和百姓，大多普遍信佛。北朝以北魏最盛行，惜在太武帝時正積極統一中原，北伐柔然，而過多沙門都不服兵役，乃有毀佛之舉。也可見佛教教義和統治者「富國強兵、治國平天下」，二者思維仍有衝突。所幸，佛教傳入中國，經兩晉南北朝的傳佈，已和儒道合流，給中國傳統思想注入新精神，故曰中華文化乃儒釋道三家融合而成。

另外，三國兩晉南北朝的史學也發達。如《後漢書》、《三國志》、《晉書》、《宋書》、《南齊書》、《十六國春秋》等均成於此時期。政治上的黑暗期，刺激了玄學、經學、佛學和史學的發達，使亂世有「避風港」，也有「明燈」。至少，人民活著快樂些！

另有一點和西方史，尤其歐洲史相較，是很大的特色，就是「統一思想」並未因數百年分裂，而消失或遺忘。分裂不論多久，都不會成為定局，像歐洲列國分立的局面。相反的，各分裂政權不論統治者或人民，都認為分治是暫時的，終究要回到統一狀態。這從政治思想上可以解釋「統一思想」已深化在人民的心中，再者中國這塊土地是一個完整的自然生活空間，也是重要的客觀因素。

輯 17：秦漢政治思想

1. 秦漢之際，秦代法家當道，漢代儒術獨尊，惟墨家消沉，原因何在？

這和客觀環境及思想本身有密切關係，試從以下幾點分析。

（一）環境改變，墨徒又不能因應適應：

1. 秦廢封建行郡縣，滅諸侯，皇帝獨尊，銷天下兵器鑄為金人。非攻之說無所用。

2. 漢初又鑑於暴秦失政，力求清靜無為，如文景兩帝都倡黃老（黃帝、老子）之術。對墨徒當然不利。

從劉安（淮南王）的《淮南子》一書，可知漢初政治思想以道家為主體，雜揉儒、陰陽、名、法各家。

3. 到漢武帝「罷黜百家、表彰儒術」，各家均已滅。

（二）學說本身的困難，不合時代：

莊子評：「其道大觳」、「反天下之人心，天下不堪。墨子雖能獨任，奈天下何。」

王充評：「人情欲厚惡薄，神心猶然。用墨子之法事鬼求福，福罕至而禍常來。」

從人性、人情觀點看墨學思想每多相背，人性原本善惡相半，而多數人的「善」，不過是為惡較少。

兼愛交利：違反人類私己、愛親、求利的心理。

尚同尚賢有有矛盾。此在本書前面已有論述。

天志、明鬼被後來的五行陰陽說取代，不合求福心理。

節用違反經濟原則。非樂亦然。帝王得天下後，每有享樂人生觀。

（三）部份思想被儒家吸收：

儒家論政，能總括古今，淵雅贍博。足以「合文通治」。「與世俯仰」。非如墨之淺近，僅「得愚民之欲」者所反。

故墨之兼愛尚賢等精義，附儒家以流傳。

（四）方授楚舉墨學之亡因：

1.墨學自身矛盾，2.理想太高，3.組織破壞，4.擁秦嫌疑。

就胡適、梁啓超、郭沫若等人觀點亦有可取，大致認爲墨學在秦漢之際，乃至以後，墨家政治家思想消沉不振，環境是主要因素。秦漢以後中國社會和政治結構是一個全新「大一統」局面，墨學不能適應。

從另一個角度，也可以解釋成墨學失去了「市場」，這是思想本身的問題，大凡一種思想（制度或世間任何東西）總免不了要受到市場機制的影響。有市場即興旺，有大利益；沒有市場則消沉，日愈不利。至於爲甚麼有市場或沒市場，基本上只是人的需要或不需要；愈是合於人的需要，愈有市場，如此單純的道理。

由此縱觀古今中外一切政治思想或主張，如共產主義、民主思想、三民主義，乃至台獨議題，多少受「市場」機制影響。有市場有前途，沒市場沒前途，也是一個簡單的道理。

2. 呂不韋《呂氏春秋》是怎樣的書，政治思想之內涵有那些？

（一）背景、時代：

呂不韋，陽翟大賈人。事秦莊襄王（在位三年，前 249~前 247），用他爲相，並封爲文信侯。秦王政立，尊爲相國，號稱「仲父」。十年因嫪毐事件牽連免相，十二年徙蜀自殺。

不韋招致賓客，以爲備天地萬物古今之事，號曰《呂氏春秋》。

爲雜家先河。呂書作始皇統一前，但影響及漢，故此論之。

（二）以先秦楊朱思想---爲我、貴生、全生、尊生爲全書宗旨：

「人不愛崑山之玉，江漢之珠，而愛己之蒼璧小璣。有之利故也。今吾生之爲我有而利我亦大矣。論其貴賤，爵爲天子不足以比比焉。論其輕重，富有天下不可以易之。」

「聖人深慮天下，莫貴於生。」、「全生爲上，虧生次之，死次之，迫生爲下。」

全生並非縱慾，順而有節也。但不免走入逃世之人生觀。

上承莊子與漢初黃老之意。呂氏祖述古學之一例。

（三） 似鄒衍天人感應，五德終始：政治興衰只是機緣巧合
桀紂雖不肖，其亡，遇湯武也。
湯武雖賢，其王，遇桀紂也。
桀紂不遇湯武未必亡，湯武不遇桀紂未必王也。
呂氏之言，人力已不足治世，實已不甚樂觀。

（四） 反對法家，道體儒用：
「得道者必靜，靜者無知。知乃無知，可以言君道也。」
「君也者，以無當爲當，以無得爲得者也。」
同孟荀之順民心，鼓吹湯武弔民伐罪之義。書中言順民、納諫、節欲、無爲，均屬重要：「先王先順民心，故功名成。」
「亡國之王必自驕、必自智、必輕物。」、「孝爲政事之本」。

（五） 呂書政治意義爲反秦、反專制、立新王：
「天下非一人之天下也，天下之天下也。」
主張伐暴君。「三王先教而後殺，故事莫功焉。」

以《呂氏春秋》政治思想看，可知他的思想是以道家爲主，儒家爲輔，陰陽家爲用，而楊朱思想也很濃厚，法家思想則受到排斥。可見秦雖以法立國，但呂不韋的政治思想卻反對法家，也顯示他對秦王政治是不滿的，《呂氏春秋》有導正秦重法偏失的強烈意圖。

3. 李斯是荀子的弟子，但荀子是儒家，李斯卻是法家，他的政治思想重點是甚麼？

李斯是楚國上蔡人，出身布衣，起先只是一個小官。先隨荀子學帝王之學，後知秦欲吞併天下，以爲機會來了，乃至秦。李斯已是道地的法家，無著作，但秦王許多政策都出自李斯的建議。他最後被趙高害死，腰斬咸陽，下場很慘。從秦的政策，可知李斯的政治思想。

（一）尊君：

李斯爲廷尉，與天綰馮劫上議：「今階下與義只誅殘賊，平定天下，海內爲郡縣…古有天皇、有地皇、有泰皇，泰皇最貴。臣等昧死上尊號曰泰皇。命爲制，令爲詔。天子自稱曰朕。」

始皇略更，自稱皇帝。遂成至尊。無限權力的統治者於焉誕生，以後的皇帝權力也多不受限制。

（二）置郡縣集權：

始皇因諸子立王之事，議於群臣。：「諸侯更相侵伐，周天子弗能禁止。今海內賴階下神靈一統，皆爲郡縣。…則安寧之術也。置諸侯不便。」始皇從其議，以後 2000 年郡縣集權由此確定，中國歷史上的中央集權制自此開始。

（三）禁私學焚書：

李斯上書：「今陛下并有天下，辯黑白而定一尊。而私學乃相與非法教之制。…臣請諸有文學、詩書百家語者，蠲除去之。令到三十日弗去，黥爲城旦。所不去者醫藥卜筮種樹之書。若有欲學者，以吏爲師。」

此後帝王均習爲「輿論控制」，這是中國歷史上最早的思想控制。「焚書坑儒」成爲秦始皇在歷史上最大的污點。

（四）行督責：

李斯認爲君主必須「行督責之道」，目的是「使臣不敢不竭能以循其主」，「主獨制天下，而無所制，縈然獨行，恣睢之心，而莫之敢逆。」臣下才不敢造反，徹底爲君所用，如驅犬馬。而要產生有效督責，唯

有依賴嚴刑重法，有兩個原則：

第一、李斯引韓非的觀念，認爲仁慈或道德不可靠，已不足爲用，「慈母有敗子，而嚴家無格虜者何？能罪之加焉必也。」故唯有重法可以治國，也唯嚴刑可以維持社會秩序。

第二、李斯又引商鞅的觀念，述嚴刑重法的運用和功能，「商君之法，刑棄灰於道者。夫棄灰薄罪也，而被刑重罰也。彼唯明主爲能督輕罪，輕罪且深督，而況重罪乎。」

先秦法家思想到了李斯，已變得毫無「人味」，政治只是血淋淋的權謀操作，皇帝成爲一個專權獨斷，不受任何制約的角色，臣子只是工具，只能絕對盡忠，天下百姓更是工具化了。臣民一同，都是皇帝和大帝國的工具，秦始皇的思想和政策大多來自李斯。

4.漢代以後法家爲何消沉？但法家也仍有「餘波」，實情如何？

秦始皇和李斯等人，爲法家做了「錯誤示範」，故秦亡之後，歷代談法「怕怕」，縱使想要啓用法家，也只取「暗法明儒」，不敢明用。

（一）我國春秋之前，以禮治維持，此與法治尚可類似。

到了春秋時，禮變爲法，貴族尚在，似有發生法治之可能。可惜貴族多昏庸無能，權臣祇謀奪位，乃有尊君之流行。故孔荀言禮，管商言法，「法」成爲統治工具。秦以後，貴族消失，小民無能抗君，乃成二千年專制。故中國歷史上只有春秋有行法治的機會，以後失其環境。

（二）秦代所行也非法治：

秦自孝公，雖用商韓之法，但均只是尊君重國、富國強兵、嚴刑必罰、明法佈令。均非法治內容，不過是君本位內以「法」爲統治手段而已。故依法家思想建立的秦政權，是專制而非法治。按管仲的法治，才是法家的真精神。

（三）漢代法家之餘波：

如吳公、張叔、晁錯、樊曄、周紆、陽涤等人，均有師承或私淑申韓之學，但已無創者，餘波而已。

1. 趙禹，「據法守正」、「絕知友賓客之請」，與張湯定法令，開用法之風氣。
2. 郅都，「行法不避貴戚。列侯宗室見都側目而視，號曰蒼鷹。」
3. 義縱「直行法治，不避貴戚。」
4. 董宣，按治湖陽公主其奴殺人罪。
5. 張釋之，「法者，天子所與天下公共也。」

6. 晁錯，「國富法立，必使民務農。」

7. 桑弘羊，「貴則賣之，賤者買之」，設平準。(見下節)

以上有任法、有農戰、有富強、擁專制、重刑等。然此不過法家餘波、然後有魏武帝、三國孔明之治，近似法家。

(四) 其它各家之興起也是原因。如董仲舒「罷黜百家，獨尊儒術」。

補充：晁錯的政治思想 －－－(漢)武景時代

一）同法家思想，人情莫不好利惡害：

人情莫不欲壽、欲富、欲安、欲逸。「其為法令也，合於人情而後行之。」由此而建立刑賞

原則：

「功多者賞厚，功少者賞薄」、「罪大者罰重，罪小者罰輕」

如此，則民雖伏罪至死，而不怨。

（二）為政之道，同申韓知「術」：

「人主所以尊顯功名，揚於萬世之後者，以知術數也。」

上世之君不能奉其宗廟，被臣下劫殺，皆「不知術數者也」。

所謂「術」，似指對群臣的控制，使之畏服而已。

（三）經濟政策（重農輕商）：

「務民於農桑，薄賦稅，廣畜積，實倉廩，備水旱。」

「欲民務農在於貴粟」。

（四）國防政策（此時有匈奴之禍）：

1. 以夷制夷，「以夷蠻攻蠻夷，中國之形也」。

2. 移民實邊，但先築城池，保民安全。

3. 邊疆守備，邊民組軍自保。五家為伍，十長一里，四里一連。

小結：

景帝時，晁錯爲御史大夫，極力主張削王國之地政策，引起「七國之亂」，因而誅死。但他的政策到漢武帝時均實現，使中國成了中央集權的民族國家，錯之功也。

5. 漢代儒法曾有嚴重的爭論（即<鹽鐵論>），重要的內容是甚麼？

西漢中葉法儒之爭，莫過宣帝時汝南王桓寬的<鹽鐵論>。
文學賢良，如唐生、萬生、祝生、劉子雁等，代表儒家。
桑弘羊（御史大夫，簡稱大夫）：代表法家。
其爭論有四：

（一）文教武功（軍事政策）

1.文學：首提罷鹽鐵、酒榷、均輸。又曰「古者貴以德而賤用兵」。

主張依孔子修文德來遠人，反對「暴兵露師」，立鹽鐵，始張利，官以給之，非長策也。

2.大夫（桑弘羊）答：「諸事爲征備匈奴軍費所資，罷之不便。」反駁曰：

「周室修禮長文，然國鰯弱不能自存。」、「力多則人朝，力寡則朝於人。」

（二）農本與工商（經濟政策）：（含仁義功利）

1.大夫的五大經濟政策（即五利民之事）：

便民之利一：「鹽鐵均輸所以通委財而調緩急」通有無之用。

濟民之利二：「豐年歲登，則儲積以備乏絕，凶年惡歲，則行幣物流有餘而調不足也」有軍事、救災等用途。

富國之利三：「今山澤之財，均輸之藏，所以御輕重而役諸侯也。」

工商之利四：「趙之邯鄲…齊之臨淄…富冠海內，皆天下名都。」

國家不必務農而可以致富。

齊民之利五：民不可太富，亦不可太貧。「民太富則不可以祿使也，太疆則不可以威罰也。非散聚均利者不齊。」故必設平準，「籠天下鹽鐵之利以排富商大賈」。

2.文學賢良反駁：傳統農本思想，耕稼爲唯一富源。

△欲濟救災，亦唯力耕蓄穀，寡欲節用。

△齊民利國則未必，已見官山海政策之病：「天子藏於海內」則山海不應有禁。「縣官籠而一之，則鐵器失其宜而農民失其使」

且秦楚燕齊各有不同，如何一之？

△反對鹽鐵論，亦是否認功利爲政治目的：

「導民以德則民歸厚，示民以利則民俗薄。」

「禮義者國之基也，而權利者政之殘也。」

（三）刑法德教：

1.大夫盛讚商鞅治秦，「立法度，嚴刑罰，姦僞無所容。」「民者教於愛而聽利」。大夫假定人性天賦，否認教化有用。

2.賢良承認刑法當有，但信其可不用：

「聖人假法以成教，教成而刑不施。」、「身正而天下定」。

大夫主張嚴刑，而賢良則難接受。

（四）從時代需要來辯論：

1.大夫認爲是時代的需要。「善爲政者弊則之，決則塞之。故吳子以法治楚魏，申商以法疆秦韓也。」此時「俗非唐虞之時」。

2.文學反駁，申商之治，乃「煩而止之，躁而靜之，上下勞擾而亂益滋。」不能治標，反傷其本。

小結：

兩派銜途，似無可妥協。然漢代政治始終兼用儒法，二家有起伏而無廢絕。如董仲舒以經義斷獄，作＜春秋決事比＞。而賈誼、晁錯諸人，兼受孔孟申商之學，均儒法合流証明。

補充：「鹽鐵論」辯論的背景、角色、結果

（一）前 210 年秦始皇死，中國北方匈奴（冒頓單于為首）已開始坐大，並經常襲擾中國邊境農村。

到前 200 年，漢高祖劉邦統一中國已三年，開始對匈奴反擊，但敗於平城，史稱「平城之困」。（原因：中國經 400 年之亂，元氣未復。）劉邦為休養生息，決定開始與匈奴「結親和平」，維持 67 年和平，和親九次。

（二）漢武帝起用興利之臣桑弘羊，行新財政政策：

前141年，漢武帝即位，國家經過60多年休養，已算國強民富。前133年（漢武帝24歲）到前87年，武帝死，連年對匈奴主動反擊，大的遠征有八次，如衛青、霍去病都是重要名將。打了40多年戰爭，又成了民窮國困，而匈奴威脅仍在。打仗要花大錢，「鹽鐵論」之辯於焉開始，商人地位升高。當然，裡面還有霍光和桑弘羊的政治鬥爭。

（三）朝野參與辯論角色：時間—漢昭帝六年（前81年）

皇帝秘書長　政府代表　　桑弘羊：御史大夫、財經主管、掌權大臣、法家。
大司馬大將軍　　　　　　車千秋：丞相、不管事、不得罪左右。
漢昭帝　　　民間代表　　賢良：由中央官員推荐，共8人。
（霍光代表）　　　　　　文學：由地方行政首長推荐，50多人。

結果：霍光贏了，第二年桑弘羊被處死，但財經政策變動不大，到王莽篡漢為止，整個 西漢，都是桑弘羊的基本原則在用。

補充：桑弘羊的新財政政策（鹽鐵論重點）

（一）工商業財產與貨物課稅（稱「緡算」，資本之意）：

車、船、貨物流通、工藝、放款、開店、工廠等工商業，均依法課稅。稅率約6%；牲畜稅為2%。

（二）鹽鐵收歸國營，含一切礦產在內。

武帝前，民間可自由煮鹽、冶鐵而成巨富，但國家有難，富商都自私，武帝很反感，決心收歸國有。

金屬既歸國有，乃有統一鑄造貨幣。武帝前，人民時而可以自由鑄幣。武帝時有三官的「五銖錢」。

（三）酒的專賣。此純為賺錢。

（四）均輸與平準：

1. 均輸：各地貢物改用代金繳給官方；設運輸機構，專負責貨物運輸；官方再在京師附近採購。

2. 平準：為解決均輸所造成的物價波動，控制市場價格。物價上漲時，平準官把官府中實物賣出；當物價下跌時，平準官負責大肆收購產品。

（五）賣官贖罪：爵位 20 級，可免罪，又可免傜賦。

6. 漢代儒學之能夠復興，是有怎樣的契機？

秦末天下大亂，楚漢相爭數年，民間受到極大破壞。漢高祖天下初定，道家與民休息之說，應運而生。文、景之世，亦好黃老之術，到武帝時，有董仲舒罷黜百家，獨尊儒術。但縱觀大歷史上下軌跡，漢代儒學復興，還是有些「細微」原因。

（一）秦始皇並未完全滅絕儒學，才有後來復興的方便：

1.始皇 28 年行郡縣，「與魯諸儒生議刻石訟秦德」，議祭山川事。

2.始皇 34 年「置酒咸陽宮，博士七十人前爲壽」，儒生不少。

3.陳將兵起，秦二世召博士儒生問之。足証始皇坑儒，只是死咸陽犯禁諸生四百餘人，非全國殺絕。

4.會稽及他處刻石，本一統同文之意，爲防民正俗之詞，可爲始皇用儒明証。

5.焚書之舉，不過恐私學亂教，非欲滅儒。

6.一統專制政權建立後，始皇知「儒術爲最便於專制之教」，才有禁私學，令博士壟斷天下學術。

故始皇之治，兼用法儒，法爲主，列儒術爲諸子之一。由上觀之，始皇「坑儒」之說應受到「部份平反」，才合於歷史正義。

（二）漢初 50 年儒學之復甦：

1.始皇雖禁私學，坑儒生，項羽又焚咸陽官書，先秦學術確有中衰，所幸百家之遺編政學，尚有存者。如陳涉稱王，魯諸儒生持孔氏之禮器往歸之，而孔甲爲其博士。

2.孫叔通以秦博士，先後事項梁、懷王、項王、漢祖。其他如酈食其、陸賈等人，皆以秦儒佐高祖定天下。

3.惠帝四年除挾書之律，逐漸積極倡儒學。

4.文景時，韓生轅固生治《詩》爲博士，董仲舒治《春秋》爲博士。

5.文帝時，使晁錯就秦博士伏生受《尚書》。

（三）到漢武帝時因王臧、趙綰的鼓勵，與董仲舒的建議，「罷黜百家，尊儒術」，完成五經博士。

五經	博士	備註
詩	申培公、韓嬰、轅固生	五經以後又增加派別與博士。
書	鼂錯、張生、歐陽生	
易	楊何	
禮	后蒼	
春秋	董仲舒、胡母生	

從此儒學乃成中國學術思想中心。但漢代400年儒學可分三期：

第一期：漢初高惠文景四朝，約60年。黃老頗盛，儒兼無爲，賈誼代表。

第二期：武帝到王莽約160年，脫老黃而獨尊儒，但已不純，董仲舒代表。

第三期：東漢200年，已脫讖緯迷信，也已衰落。對專制抱悲觀，中葉後的王符、荀悅、仲長統爲代表。

漢代儒學復興固然有當時的主客觀環境因素，成爲很特別的契機。這種契機是從秦始皇開始的，他並沒有想要完全滅絕儒家思想和儒者，漢初才能很快的使儒術復興。但漢代已無純儒，儒家實已兼道、法、陰陽等諸家思想。

從另一個角度，從思想本身也可以詮釋儒學復興的原因。儒家的思想和政策較合乎一般人們的「需要」，而且這種「需要」是「正常」需要。如戰國末天下大亂，秦爲天下一統，故法家的重典嚴罰最被需要；漢初爲休息安定，道家又最被需要；爲要合理化政權輪替，陰陽家也需要，但這些需要都是「短暫」的。等到政權穩定，爲長治久安，爲建立制度，人們最需要還是儒家思想和政治制度，這才是最久的需要。

輯 18：漢代重要政治思想家

1.漢代儒者最早開始著書立說，就是陸賈，他是漢代儒學先驅。陸賈政治思想爲何？

（一） 背景：

任於高祖時代，天下初定，用儒，又佐以無爲。因向高祖說《詩》、《書》，高祖不爽，乃受命著書，言秦漢興亡之故，得高祖欣賞，稱其著《新語》。（以下均引用新語）

（二） 治國平天下之途徑是教育：

「先聖乃仰觀天文，俯察地理，圖畫乾坤以定人道，民始開悟，知有父子之親…中聖乃設辟雍庠序之教…後聖乃定五經，明六藝。」人民經教育後，自然上下有序，和平相處，不待刑罰而國家大治，天下昇平矣。

（三） 依孔子，主張聖人賢人之治：（儒家思想）

「仗聖者帝，仗賢者王，仗仁者權，仗義者強，仗讒者滅，仗賊者亡，」

政治之道在善法和善人，善法即正義，善人即聖賢。

「故上之化下，猶風之靡草也。」

但賢人何在？須排除邪臣，使賢人見用於世：「邪臣之蔽賢，猶浮雲之鄣日月也。」、「誅鋤姦臣賊子之黨」，然後良忠之士見能用於世。

（四） 反對太過有爲，主張適當程度的無爲（黃老思想）

此時暴秦剛過，漢初頗須使民休息養神。

「夫道莫大於無爲，行莫大於謹敬。」

「秦非不欲爲治，然失之者，乃舉措暴眾而用刑太極故也。」

「君子之爲治也，塊然若無事，寂然若無聲…」

（五） 有陰陽家思想：

天下之上又有「天」，爲政善惡常表現於天象。

「治道失於下，則天文度於上。」

「聖人因天變而正其失，理其端而正其本。」

（六）也有法家觀念：

不反對「齊之以刑」，承認「勢」在政治上的重要性。

「夫法令者所以誅惡，非所以勸善。」

「夫言道因權而立，德因勢而行。不在其位者，則無以齊其政，不操其柄者，則回也不改其樂。」

劉邦平定天下，統一中國以後，命蕭何次律令，韓信申軍法，張蒼定章程，叔孫通制禮儀，陸賈作《新語》。以上諸人所作，大多依襲秦制，取其宜於時者。惟有陸賈的《新語》，反對秦之任刑而尚德教，懲秦之重法而倡仁義，賤刑威，述詩書春秋論語。故陸賈是漢初儒家先驅，也是中國一貫道統的傳承者。

漢初兩位儒家思想家，一叫「陸賈」，另一叫「賈誼」，常易混淆。陸賈較早，仕於高祖之時，此時天下方定，言仁義佐以無爲思想；而賈誼較晚，仕於文帝之時，此時有匈奴陵侮，內有王國橫逆，故言仁義而佐以法家思想。可見政治思想亦隨客觀環境之變而轉變。

<u>2. 賈誼的＜過秦論＞大概是所有中國知識份子都讀過，談談他的政治思想。</u>

賈誼「新書」雖有各家思想，還是儒家爲體，故稱他是儒家的發展，＜過秦論＞說：「仁義不施，而攻守之勢異也。」

（一）背景：高祖六年（前 201 年）~文帝十一年（前 169 年）

仕於文帝。已有匈奴爲禍，故言仁義佐以法家之術。其中心思想，本春秋大一統之意，欲削弱王國之力；又依春秋「內諸夏而外夷狄」之義，主張壓服匈奴。（主張統一貨幣、銅收國有，文帝未用，後桑弘羊用。）因不得中用，悒鬱而死，年 33 歲，所著《新唐志》始題爲《新書》。

（二）君無絕對尊榮，民才是爲政之本（同孟子民貴君輕）：

「紂自謂天王也，桀自謂天子也。已滅之後，民以相罵也。由此之，則位不足以爲尊，而號不足以爲榮矣。故君子之貴也，士民貴之，故謂之貴也。」

「聞之於政也，民無不爲本也。國以爲本，君以爲本，吏以爲本。」

（三）民即爲本，則政府職守在「富樂民」，並重視方法：

「爲人臣者以富樂民功，以貧苦民爲罪。故君以知賢爲明，吏以愛民爲忠。」富樂民的方法有：

1.重農：不耕多食則天下貧，「以末予民，民大貧，以本予民，民大富。」

2.蓄積：「國無九年之蓄，謂之不足；無六年之蓄，謂之急；無三年之蓄，曰國非其國也。」

3.節用：「取之有時，用之有節，則物蕃多。」已同孔子，時文帝亦能節用而愛人。

（四）同孔孟，寄望聖君賢人，並以孝治天下：

「君能爲善，則吏必能爲善矣。吏能爲善，則民必能爲善矣。」

聖君有三等，上主者堯舜，中主者齊桓公，下主者桀紂。中主爲多。「事君之道，不過於事父」，行之於子，則行之於民。行之於家，則行之於官。

（五）對法治禮治的觀點：

1.區別有創意： 禮：用於事前，「禁於將然之前」，所爲難明。

法：用於事後，「禁於已然之後」，所用易見。

雖同意刑賞，但更重視禮，反對法家重刑。「以禮義治之者積禮義，以刑罰治之者積刑罰。刑罰積而民怨背，禮義積而民和親。」

賈以秦重刑罰爲例，怨毒於世，禍幾及身，子孫誅絕。

2.言「術」，但指仁義之用：

術之接物何如。人主仁而境內和，義而境內理。

3.禁民鑄錢。漢初許民鑄錢，錢法大亂，誼主張國家鑄錢。

「上收銅，而令布下，則民不鑄錢」，到武帝鑄五銖錢，錢法才定。

（六）賈誼最重視的實際問題，國家統一與獨立：

1.反對同姓封王，因「侯王雖名爲人臣，實皆有布衣昆弟之心」。

天子之相號丞相，黃金之印，稱陛下，車曰乘輿。諸侯亦同。日久則造成國家分裂。他主張眾封諸侯子孫，而弱其力。「眾建諸侯而少其力，力少則易使以義，國小則無邪心。」調和封建郡縣。

文帝末年才納此言，故周亞夫能平七國之亂。

2.匈奴政策：文帝距劉項戰爭已有 20 年生息，本可討匈奴，但因國內有王國叛亂。他乃主張「強國戰智」，而用五餌之法：

賜之盛服車乘，以壞其目。

賜之盛食珍味，以壞其口。

賜之音樂婦人，以壞其耳。

賜之高堂邃宇，府庫奴婢，以壞其腹。

於未降者，上以召幸之相娛樂，親酌而手食之，以壞其心。

縱觀賈誼的政治思想，源於孔子，而近荀卿，云治民者，不能脫離物質生活，其理甚明。荀子說，「人生而有欲，欲而不得，則不能無求，求而不得則爭，此亂之所由起，故必以制度分界以濟其窮。」賈誼的「削藩」、「立制度」均立意於此。若說漢初政治思想與制度，是荀子思想的實現，亦無不可也。

3.「罷黜百家，獨尊儒術」正是董仲舒的建議，談談他的政治思想。

董仲舒把陰陽家「天人感應說」溶入儒家思想，所以「獨尊儒術」並非純儒，首先得先了解「天人感應說」的內涵。

（一）背景：文帝元年（前 179 年）~武帝太初元年（前 104 年）

董仲舒，廣州人也。少治《春秋》，孝景時爲博士，武帝時舉賢良對策。著《春秋繁露》，歷史上有「孟子後一人也」之譽。

（二）形成董氏天人說的歷史背景沿革：

1.《周易》有「天象，見吉凶」，馮友蘭《中國哲學史》上冊談到天人感應說，源春秋前。戰國以後，始終很流行的思想。

2.大半又是時代需要，戰國後君權漸張，爲防制專制流弊，或警告暴君與時君，是用天的觀念解釋「革命」之意。

或用擁現政權，形成宗教信仰，是用天解「受命」之義。

3.將此觀念有系統寫出，爲戰國末的鄒衍，據《史記》「深觀陰陽消息，即作怪迂之變」、「稱引天地剖判以來，五德轉移，治各有宜，而符應若茲。」如墨子明鬼天志亦是。

4.武帝之世，中央集權之勢已成。天子之權又須有個限制，當時無民主思想。董子天人說因應而出，亦爲制約皇帝權力。

班固謂「董仲舒治《春秋》、《公羊》，始推陰陽，爲儒者宗。」

（三）天地萬物之本---元：

「元者爲萬物之本」、「一元者大始也」、「天地之氣，合而爲一」。

推其意，天爲君父之元，君父爲人臣之元，天地又爲萬物之元。

「元」與「天地」爲一事而兩名。抽象是元，具體爲天地。

（四）天 – 天子 – 人的關係：

1.天→天子，限制關係：

一曰推翻政權，「夏無道而殷伐之，殷無道而周伐之，周無道而秦伐之，秦無道而漢伐之，有道伐無道，此天理也。」

二曰監督政事，「國家將有失道之敗，而天乃先出災害以譴告之。」

2.天子→天，事奉服從關係：

「天子號天之子」、「宜事天如父，事天以孝道也」指天道仁慈，天子須體天意，行德政。

法天，「爲人君者其法取象於天」、「王者承天意以從事」。

3.天子→天、人，媒介關係：

「天子受命於天，天下受命於天子」、「春秋之法以人隨君，君隨天」。

（五）董子陰陽說中的三個基本概念，及其與政治關係：

1.陰陽：

「天有陰陽，人亦有陰陽，天地之陰氣起，而人之陰氣應之而起；

人之陰氣起，而天地之陰氣亦應之而起。」

三綱之義，「君爲陽，臣爲陰；父爲陽，子爲陰；夫爲陽，妻爲陰。」

陰陽要和調，陽滅陰，陰逆陽都不對。

2.四時：

「人有喜怒哀樂，猶天之春夏秋冬也。」

「當喜而不喜，猶當暑而不暑；當怒而不怒，猶當寒而不寒。」

是指當賞則賞，當罰則罰。

「春修仁而求善，秋修義而求惡，冬修刑而致清，夏修德而致寬，此所以順天地，體陰陽。」

3.五行：

「天有五行，木火土金水是也。」

「木五行之始也，水五行之終也，土五行之中也…木居東方，而主春氣…。」

五行之變，可反應出政治上的善惡。

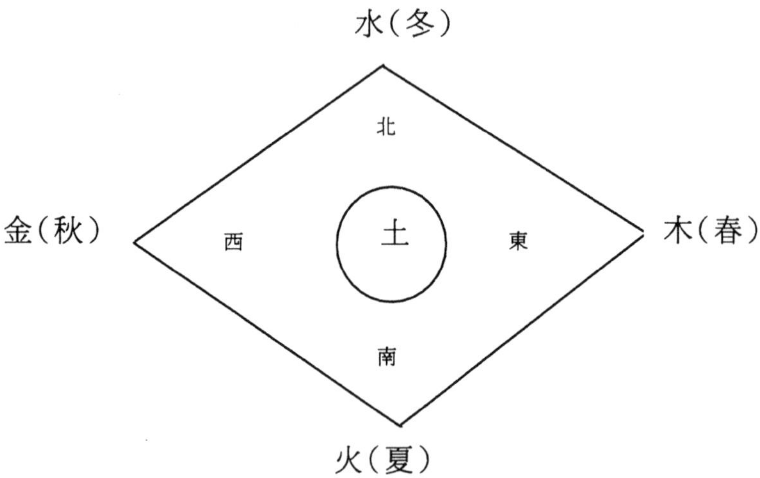

4. 董仲舒獨尊儒術，他在法治、經濟、教育上的實際政策有何主張？

董子使儒學成「官學」，此後儒學成爲中國當官之人所必讀及思想、制度依循，故也稱董子是漢代儒學之統一。略論其政治思想。

（一）政治思想由人性論出發：

反駁孟子性善，而接近荀子。

「善如米，性如禾，禾雖出米，而禾未可爲米也。性雖出善，而性未可謂善也。」

「孟子以爲萬民性皆能當之，過矣。」

董氏以爲「性有善質，而未能善」，故須教化，天子爲此而生，

「天生民，性有善質，而未能善，於是爲之立王。」

（二）刑賞之運用：

基於人性之「有所好，有所惡」，「故聖人之制民，使之有欲，不得過節。使之敦朴，不得無欲。無欲有欲，各得以足，而君道得矣」。「有功者賞，有罪者罰」，但「刑者德之補」，只求人欲合於禮法，「民之情不能制其欲，使之度禮」。

（三）經濟政策：

1.義利之別，「利以養其體，義以養其心。心不得義，不能樂；體不得利，不能安。」

2.治民與富民，但不可太富，不可太貧：

甲.造成財富不均的兩大原因：

貴人爭利，「多其牛羊，博其產業，畜其積委」，民日苦，姦邪出。

富人并田，主張限田，土地自耕，免「富者田連阡陌，貧者亡立錐之地」。

乙.大富大貧，刑賞失其用。「大富則驕，大貧則憂。憂則爲盜，驕則爲暴。」

（四）教育政策：居於人性須要教化。

1.教育機構：置太學，養賢士。「臣願陛下與太學，置明師，養天下之士。」

2.教育方法：修身爲起點，仁義禮樂爲材料。

3.罷黜百家，獨尊儒術：

「春秋大一統者，天地之常經，古今之通誼也。…今師異道，人異論…不左六藝之科孔子之術者，皆絕其道，勿使?進…」。

董子少治《春秋》，學派屬儒。而論政又與天人感應說相結合，接近於陰陽家，對後代影響甚大。所謂「儒學之統一」，應有利於一個大帝國的統一。

董子遭漢承秦滅學之後，六經離析，古籍散失。下帷發憤，三年不窺園，潛心大業，今後學者有所統一，爲群儒之首。劉向稱他有王佐之材，雖伊呂亡以加，管晏之屬，伯者之佐，殆不及他。（見本傳贊）良有以也。

5.漢代的雜家思想家，最早是淮南王劉安，略論他的政治思想。

秦漢時代，政治上由分裂而統一，故在學術上也有一統融合的趨勢。劉安的政治思想代表各家思想的匯流，而合一個大熔爐。

（一） 劉安的身世背景：

他是高祖劉邦的孫子，生於文帝元年（前 179 年），卒於武帝元狩元年（前 122 年）。代表作是《淮南子》，是雜家著作，但以道家爲主。

他也是厲王長的長子。厲王因罪發四川，中途不食死，文帝憐之，封其各子。長子劉安於文帝八年封阜陵侯，十六年封淮南王。所著自稱「劉氏之書」或「鴻烈」。到《隋書經籍志》始稱《淮南子》。但參與著作者有蘇飛、李尙、左吳、田由、雷被、毛被、晉昌等八人。

因謀反事覺，自剄而死。（漢武帝派人要捉他，畏罪自殺。）

其書雜儒法道各家，但蕭公權稱「道家」正統。

（二） 社會進化過程日壞，人性自私，故須用法：

「古者民澤處復穴…聖人乃作，爲之築土構木，以爲宮室…」。

再進化「今世德益衰，民俗益薄…欲以神農之道治，其亂必矣。」

故須用法、用禮樂，但要隨世異而修改法律：

「聖人論世而立法，隨時而舉世。」

「聖人制禮樂，而不制於禮樂」、「苟利於民，不必法古」。

「夏商之衰也，不變法而亡。」

（三）人性自私、主觀、多欲，社會才亂，乃又主張無爲。

自私主張「天下是非無所定，世各是其所是，而非其所非。所謂是與非各異，皆自是而非人。」即相對的是非善惡觀。

人欲太多「五色亂目，使目不明；五聲譁耳，使耳不聰。」

主張無爲「是故聖人…漠然無爲而無不爲也，澹然無治也，而無不治也。」

主張柔弱「欲剛者，必以弱守之；欲強者，必以弱保之。」

（四）人性、教化與法治。(教化、法治要順人性)，又要法、儒思想：

「物有以自然，而後人事有治也。…民有好色之性，故有大婚之禮；有飲食之性，故有大饗之誼…先王之制法也，因民之所好而爲之節文者也。」

「國之所以存者，仁義是也。」

刑賞用罰「明主之賞罰，非以爲己也，以爲國也。」

（五）勢、法、術之合用：進而主張用兵

用勢「權勢者，人主之車輿，爵祿者，人臣之轡銜也。故人主處權勢之要，而持爵祿之柄，審緩急之度，而適取予之節，是以天下盡力而不倦。」

持勢用法，用法控制臣民。但人主自己也要守法。「法者天下之度量，人主之準繩也」、「孔子曰，其身正，不令而行」。

用術以制百官「人主之術，處無爲之事，而行不言之教…責成而不勞。」

「無爲制有爲，術也。」

法、勢、術不足，進而用兵，「教之以道，導之以德而不聽，則臨之以威武。臨之以威武而不從，則制之以兵革。」、「兵者所以討暴，非所以爲暴。」

（六）對儒家的部份認同：

如孔子節用愛人。「爲治之本，務在於安民；安民之本，在於足用；足用之本，在於勿奪時，在於省事，省事之本，在於節欲。」都有濃厚的儒家精神。

（七）相信命運。「有其材不遇於世，天也。」、「雖賢王必待遇」。

總窺劉安的政治思想，雖各家雜揉，但有充分的民本主義思想。＜淮南子・主術＞曰：「民者，國之本也；國者，君之本也。」在＜泰族訓＞篇亦曰：「國主之有民也，猶城之有基，本之有根。根深則本固，基美則上寧。」這和孟子的「民貴君輕」說相近，故安民與養民也是劉安的重要政治主張。

6. 漢代儒家均非純儒，多有各家思想，到了劉向更是集各家之大成，談談劉向的政治思想。

漢代儒者多習道、法、陰陽，至西漢末年已是習尙，劉向就是這種綜合各家之說的集大成者。《說苑》爲其代表作，論述君道、臣術、正諫、權謀等。

（一）身世、背景：昭帝元鳳四年（前 77 年）~孺子嬰居攝元年（前 6 年）

劉向，字子政，是劉交（漢高祖行同姓封建，封於楚，爲楚元王）的後代。

仕於元、成二帝。惜元帝無能；成帝又縱情聲色，寵歌妓趙飛燕姊妹，故權在外戚（王氏，後來的王莽便是）。劉向力主權歸漢室，著有《戰國策》、《新序》、《說苑》、《列女傳》，《說苑》就是一種「名言彙編」。

其政治思想也是針對時局而發，《說苑》代表西漢儒家的人生觀。

（二）法家思想（人性、刑賞、用兵）：

人性爲利，死要錢。近荀子，「欲得錢也」，這是用刑賞的起點。

反對法家的輕罪重刑，主張「明君之制，賞從重，罰從輕」。必要時得刑殺，如孔子殺少正卯，「古來明聖，未有無誅而治者也」。

刑殺不足，用兵。「兵不可廢，廢則召寇」、「化之不變，而後威之」。

人主須握「術」，「大臣操權柄，持國政，未有不爲害者也」。

（三）陰陽家思想：

權在外戚，陰氣太盛，臣權壓倒君權，致有災禍。

「大水及日蝕者，皆陰氣太盛，而上減陽精，以賤乘貴，以卑陵尊，大逆不義。」

成帝時有日蝕及多次水災，劉向都認爲是「陰盛陽微，下臣失道所致」，此說法及人主要親自握權操術，都是針對外戚而發。

（四）寄望漢帝自己「兼聽獨斷」，用賢人：

然外戚王氏專權，大臣皆不願得罪，劉向只得寄望元、成二帝，「兼聽獨斷」，選用賢才。

「遊江海者，託於船，致遠道者，託於乘，欲霸王者，託於賢。伊尹、呂尙、管夷吾、百里奚，此霸王之船乘也。」

（五）懷才不遇，指爲命，並與時代的運相合：

「南面治天下，唯其遇堯也。使舜居桀紂之世，能自免刑戮，固可也，又何官得治乎。」

劉向歷事宣、元、成三帝，時政治紊亂，正是王莽篡漢之際。向身爲漢宗室，力圖挽救弊政，重振朝綱起漢室於衰弱，因著《洪範五行論》以興革時政，充滿濃厚的陰陽家思想。「和氣致祥，乖氣致異，祥多者其國安，異眾者其國危，天地之常經，古今通義也。」

綜合分析，劉向仍以儒家思想爲體，其所記災異都是歷史上的事實，非出於臆測。故劉向的政治思想，也頗有現代科學統計的觀念。從另一角度看，劉向所處的時代，人們已很悲觀，蓋因天下有道，人力尙可有爲；天下無道，人力已不可爲，只好寄望「天」來制裁統治者。可見漢代到此時，政治已開始腐敗黑暗。其爲中壘校尉，見信於上，故常譏刺外戚王氏之專擅，官終不遷。死後第十三年，王莽篡漢矣！嘗領校秘書，撰別錄，其子歆續成《七略》，爲我國目錄學之祖。

輯 19：東漢政治思想的消沉與政治思想家

1. 中國政治思想有一個奇怪的現象，每到「東漢」、「南朝」、「東晉」、「南宋」、「南明」等，政治思想就開始消沉，再下去就是悲觀。而東漢是這種「輪迴」的開始，為甚麼？

人活在世界上，思想必然和現實世界有關。當天下可爲，人必然有所作爲；當天下不可爲，人便不想有所作爲。人的思想和行爲是一致的，「東漢」、「南明」等朝代，都是局勢日愈不可爲，思想乃日趨消沉。

東漢的第一個思想家是王充，生於光武三年（27 年），卒於和帝永元元年（89 年），著《論衡》。先從他的天人感應神鬼談起。

（一）天譴流行是一種誤解：

1.流行原因有二：

一曰「神道設教」:「聖人之語動言天者，欲化無道，懼愚者之言，非獨吾意，亦天意也。」

二曰「以人況天」:「今之天，古之天也，非古之天厚而今之天薄也。譴告之言生於今者，人以心准況之也。」

2.最早反對譴告?的人：

「國之有災異也，猶家人之有變怪也。…人生疾病…災異謂天譴告國政，病疾天復譴告人乎。」

3.日月蝕是天文自然現象，非譴告人主：

「在天之變，日月薄蝕，四十二月日一食，五十六月月亦一食；食有常數，不在政治。」

（二）駁斥天人感應說：

天只是自然現象，「天地合氣，萬物自生。猶夫婦合氣，子自生矣。」

湯遭旱七年，湯自責，天應以雨，「前旱後雨，自然之氣也」。

天人懸絕，無緣相動，「使天體乎，耳高不能聞人言；使天氣乎，氣若雲大空，安能聽人辭。」

（三） 天志鬼神都不存在：

「人，物也。物，亦物也，物死不能爲鬼，人死何故獨能爲鬼。」

不信禱告有用，「孔子不使子路禱以治病，湯何能以禱得雨」，則五行、妖異、符瑞亦都破之。

（四） 一切都是命（王充不談讖緯，但同意讖緯的宿命論）

「命當夭折，雖稟異行，終不得長。」

「世之治亂在時，不在政。國之安危在數，不在教。」

「人在天地之間，猶蚤虱之在衣裳之內，螻蟻之在穴隙之中。」

一切命定，君臣何由努力。

小結：

荀子破天人感應之迷信，意在建立人本主義之積極政治觀。但，王充也破除迷信，目的在闡揚悲觀之宿命論。而認一切事物之發生，都是偶然之際會，此可謂「命」。用佛教的「緣起緣滅」解釋，或許更恰當。

宇宙全體，人生遭遇，都衹是偶然的機會——命。

改變無力，身不由己。真是有夠悲觀，接著看看王充《論衡》中的政治思想。

2.略述王充《論衡》的宿命論政治思想。

政治思想家之所以消沉悲觀，政局腐敗黑暗是因，思想是「果」；但悲觀思想更使政局不可爲，思想又成「因」，政局又成「果」。所以兩者是互爲因果關係。王充《論衡》就是這種現象，進而理論化。

（一） 命：

「凡人遇偶及遭累害，皆由命也。有生死壽夭之命，有富貴貧賤之命，自王公逮庶人，聖賢及下愚，凡有首目之類，含血之屬，莫不有命。」

賢君用「術」能否有效也是命，「故時當亂也，堯舜用時不能立功」。

賢愚能否在位，也是命。「賢不賢才也，遇不遇時也…」

「處尊居顯，未必賢，遇也。位卑在下，未必愚，不遇也。」

（二）國家治亂、興衰、成敗都是「命」：

「國當衰亂，賢聖不能盛。時當治，惡人不能亂。」

「世之治亂在時不在政，國之安危在數不在教。」

災祥縱與治亂同出，也是偶然－命。「黯然皆合」，故災祥與治亂雖無因果關係，但同受宿命之安排。

儒用仁義，法用刑賞，道用無為，皆庸人自擾。一切任命就好，這樣可使政治變好嗎？也是疑問！

（三）治國與刑罰：

「治國之道，所養有二，一曰養德，一曰養力。」二者有缺，常有災禍。

刑罰，「堯舜雖優，不能使一人不刑，文武雖盛，不能使刑不用」。

教化，「論人之性，定有善有惡，善者固自善，惡者可教為善」。

（四）評孔子「去食存信」說：

「子貢問政，子曰足食足兵民信之矣…。夫去信存食，雖不欲信，信自生矣。去食存信，雖欲為信，信不立矣。」

（五）反對三代是完美的政治社會，只是「褒古毀今」心理：

就人君本身言，「上世治者聖人也，下世治者亦聖人也」。

就治亂之理言，「天地氣和即生聖人，聖人之治即立大功。和氣不獨在古先，則聖人何故獨優。」

就人的本性言，上世下世之人所懷皆五常，「上世何樸質，下世何文薄」。

（六）把高祖、文帝、武帝、光武比美周之文武，很意外，疑因有二：

媚漢：但充賦性淡泊，為人清重。恐是「莫須有」。

諷漢：充有譏俗政務之作，但分析歷史，無根據。

矯俗：充謂「《春秋》為漢制法，《論衡》為漢平說」，此意甚明。

《論衡》之目的，在求真實，疾虛妄，頗有科學態度，他主張人有命運，宜任自然，反對福禍災異之說，思想也近道家。王充之有絕對無爲悲觀的宿命論，爲歷史演變所致。蓋當時之世，各家各派的治世學說都試驗過，尙不能治國安民。此種思想應時而生，王充開其端，魏晉暢其流。

從另一個積極的角度看，王充也在破除陰陽家學說，破除把孔子神格化，在思想界發生一個澄清作用。與其說這些接近「亂世」年代，思想界便沒有所謂「統一」或主流，思想變得消沉或分歧，不如說這是思想解放的年代。在另一方面，王充的自然主義，不期又與儒家、道家有合流之處。

<u>3. 前述漢代無純儒，直接的說都是「雜儒」，至少都算是「儒者」，但悲觀的政治論是否還算「儒」家？</u>

東漢在王充之後已很悲觀，但到王符、荀悅、崔實、徐幹四家，已稱「荀派儒學的掙扎」，到仲長統才算正式的悲觀政治思想家。首先從王符的政治思想講起。

（一）身世、背景：

王符字節信，與張衡等人友善。生安和時代（約西元後 100 年），官運不佳。著《潛夫論》，思想已很複雜。

（二）社會進化、人性，重刑賞罰之用，近法家：

1.人性趨利好名：「凡人所以肯赴死亡而不辭者，非爲趨利，則因以避害也，無賢鄙愚者皆然。」

「義士且以徼其名，貪夫且以求其賞爾。」

2.賞罰之必要，尤其重要。更主刑殺：

「賞不隆則善不勸，罰不重則惡不懲」。也拿孔子做擋牆。

主張刑殺，「一人伏正罪，萬家蒙乎福者，聖主行之不疑」。

反對大赦，「賊良民之甚者，莫大於數赦」。（東漢因大赦引起黨錮之禍）

（三）人君御臣：兼聽、考績、用術

「國之所以治者君明也，其所以亂者君闇也。君之所以明者兼聽也，其所以闇者偏信也。」

用賢、考績：「知賢之近途，莫急於考功」、「帝王不考功」，賢抑僞勝。術，「明操法術，自握權秉」。

（四） 世重教化：依孔子先富後教

先富後教之必要，「禮義生於富足，盜賊起於貧窮」。

「工欲善其事，必先利其器；士欲宣其義，必先讀其書。」

先富方法：重農輕商，省役，「國以富民爲本，…夫富民者，以農桑爲本。」

「聖人深知力者，乃民之本也，而國之基，故務省役而爲民所愛。」

（五） 對當時社會政治之批判：

選舉腐敗。「錢多爲賢」、「在位所以多非其人」。是故，「選舉實，則忠賢進；選舉僞，則邪黨貢。」

反對世官，「當今列侯率皆襲先人之爵，因祖考之位，其身無功於漢，無德於民，專國南面，食重祿，下殫百姓。」

反對社會、嫁娶、送死的極其奢侈：「今京師貴戚，衣服飲食車輿文飾廬舍，皆過王制…富貴嫁娶，車軿各十…貧者恥不逮及…死乃崇喪…良田造塋。」

對當時軍事將領兵卒批判，「今觀諸將，既無斷敵合變之奇，復無明賞必罰之信…將不能勸其士，士不能用其兵。」

（六） 邊疆政策之主張：東漢幾爲羌亂而亡（種族衝突與內政腐敗而起）

1.軍制改革以強兵，「將帥皆怯劣軟弱，不敢討擊，但坐調文書，以欺朝廷」。

2.移民實邊，「務實邊，蓋以安中國也」。（與前漢晁錯同）

3.用名制鼓勵作戰，「義士徼其名，貪夫求其賞」。

4.略論荀悅政治思想，他生於漢之將亡，有何救亡圖存的主張？

（一） 身世、背景：建和二年（148 年）~建安十四年（209 年）

荀悅字仲豫，爲荀卿十三世孫，漢名儒荀淑之孫。漢獻帝時爲秘書監侍中，在宮中侍講。獻帝好讀史，以班固《漢書》文辭太繁重，令荀悅倣《左傳》體裁，作《漢紀》三十篇。

（二） 人性與法治、教化

似告子「有性善，有性不善」，而說「性雖善，待教而成；性雖惡，待法而消。」

賢與不肖者均少，大都中庸，故刑賞爲治之要道：

先富後教，「先豐民財以定其志」。

（三） 論政體：

「天作道，皇作極，臣作軸，民作基。」

「哲王之政，承天、正身、任賢、恤民、民制、力柔。」，六者中「承天」頗有新意，曰「天不生物」、「人主承天命以養民者也」。

（四） 論治術：（略似荀子禮治）

屏四患	僞－僞亂俗－俗亂則道荒 私－私壞法－法壞則世傾 放－放越軌－軌越則禮亡 奢－奢敗制－制敗則欲肆	→	再崇五教	興農桑以養其生 審好惡以正其俗 宣文教以章其化 立武備以秉其威 明賞罰以統其法

其發於漢之將亡。都言之成理，卻都沒有形成政策。

（五） 對東漢社會政治之批判：

1.對政治上的悲觀：

人主兩難，人臣兩患，加上東漢外戚專政。

2.羌亂、軍費、官祿、貪污：

外戚專政，「斂天下之財」，羌亂又使國庫空虛。官祿少，貪污成風，

「公祿貶而私利生，私利祿，則廉者匱，貧者豐」。

故也寄望人君，「有公賦無私祿，有公用無私貢，有公役無私使，有公賜無私惠，有公忿無私怨」。

3.土地過於集中，評之曰「專封」、「專地」。解決之道只有「限田」，但亦不可能，「資源佔有者」不會自限。勢必再亂下去，乃流於悲觀。

（六）由悲觀→宿命：

「終始運也，短長數也，運數非人力之爲也。」此亦可以視爲宿命論者，人即唯命是視，則世治雖然不能使之亂，世亂亦何能使之治。只有任其「自然」了，民氣乃日漸消沉。

東漢末年，政治已經非常腐敗，一般當官的人眼見天下不可爲，政權即將垮台，隨時都可能「變天」。於是能撈的拼命撈，能吃的盡力吃，都在爲自己的退路打算。這種情形活像公元二千年後台灣獨派執政的情形，許多官吏也看到隨時會有「大變局」，此刻不大撈一筆尙待何時？就大歷史觀之，或許也是古今政壇常態吧！

荀悅就是生長在這天下即將崩解的前夕，身爲政治思想家的他，不願意同流合污。他提出「治術」，批判時政，呼聲太微弱了，他愈來愈悲觀，只得看成一種歷史的「命」定論。

5. 簡述崔實和徐幹政治思想。

（一）背景：

徐幹和孔融、王粲等稱「建安七子」，著有《中論》，思想近荀子。崔實著《政論》，二人都是漢末重要政治思想家。

（二）徐幹的政治思想：

1.法家刑賞之用：位、勢的必要

政有二綱，賞罰之謂。人君明賞罰之道，治不難。

「賞罰者不在乎必重，而在必行」、「不可太重，不可太輕」。

不避親，不避讎。「不以親戚之恩廢刑罰，不以怨仇之忿廢慶賞。」

賞罰不明足以亡國殺身，「賞罰之不明也，則非徒治亂之分也，至於滅國而喪身，可不慎乎？」

位、勢之必要：「位也者立德之機也，勢也者行義之杼也。」

舜爲匹夫猶民，及爲人君則西王母來獻白環；

周公爲諸侯猶臣，及踐明堂之祚，越裳氏來獻白雉。

2.人人都想居高位，但看命運：

「身居高位，…聖人所務。求之有道，得之有命。」

舜禹孔子可謂求之有道，舜禹得之，孔子不得之，有命。

但生在亂世，有位也不可要。並以王莽爲例

「莽之爵人，其實囚之也。」

「使在朝之人欲進則不得陳其謀，欲退則不得安其身。」

小人雖樂之，君子則以爲辱。

3.多數的民意也不足憑：

擇人如此，「聖人知眾譽之或是或非…非有獨見之明，專任眾人之譽，不以己察，不以事考，亦何由獲大賢哉。」

決策亦然，「安危之勢，治亂之分，在乎知所從，不在乎必從人也。」

吾國古今對「多數決」並無定議，故無民主思想發生。

孔子也說：「眾好之，必察焉。眾惡之，必察焉。」

（三）崔實的政治思想：

1.人性、法治、重刑：

「人之情莫不樂富貴榮華，美服麗飾，鏗鏘眩耀，芬芳嘉味者也。」

重刑治，近韓非「刑罰者治亂之藥石也，德教者興平之粱肉也」。

「今既不能純法八世，故宜參以霸術，則宜重賞深罰御之，明著法術檢之…。」

2.移民寬地用以實邊：

「今青徐兗冀人稠土狹，不足相供，而三輔左右及涼幽州內附近郡皆土曠人稀，厥田宜稼…。」

改進武器製造，「凡漢所以能制胡者，徒擅鎧弩之利也。今鎧即不堅，弩則不勁，永失所持矣。」

3.嘆時政：

「自漢興以來，350 餘年矣。政令垢翫，上下怠懈，風俗彫敝，人遮巧僞，百姓囂然。」

官祿太薄，「倉廩足而知禮節，衣食足則知榮辱…皆群臣之所爲，而其奉祿甚薄，仰不足以養父母，俯不足以活妻子。」

6.漢代最後一個政治思想家仲長統，他卒之次年漢亦亡，談談他的政治思想。

（一）背景：

仲長統字公理，他卒之年（獻帝建安二十四年，219 年），次年曹丕稱帝，漢亦亡。人稱「狂生」，初隱遯不仕，後以荀彧之荐，參丞相曹操軍事，著《昌言》一書。惟其書已失傳，只在《後漢書》留有三篇，均屬政治理論。

（二）獨任制與合議制比較：

1.獨任制：「任一人則政專，政專則和諧，和諧則太平之所以興。」

如美國總統制，英國內閣制，權在一人。政治較穩定，權力較明確。

2.合議制：「任數人則相倚，相倚則違戾，違戾則荒亂之所起。」

如歐陸小黨林立之國，只能組織聯合政府。

仲主張任一人。故反對「置三公，不置丞相」。外戚專權，閹官弄權，都因未置丞相。

（三）評時政：

建安年間，黃巾董卓爲害，人口大減，是行井田之時。「今欲太平之紀綱，立至化之基址，齊民財之多寡，正風俗之奢儉，非井田實莫由也。」官祿少，「祿不足以供養，安能不少營私門爭」。

（四）悲觀論（中國政治到漢亡千餘年來的結局）

1.從歷史真相推演：

戰國比春秋亂，秦項比戰國虐，新莽更殘，「以及今日，名都空而不居，百里絕而無民者，不可勝數。此又甚於亡新時。悲夫，不及 500 年，大難三起。中間之亂，尚不數焉…」

2.從政治思想看：

孔孟荀均生亂世，仍抱希望。孔子「如有用我，三年有成」。

荀子明儒，政平俗美。孟子雖一治一亂，但 500 年必有王者興，治道可知。漢儒如陸賈、賈誼、董子都大有可爲。

唯到王符、崔實、荀悅不再主張聖君賢相，仁義之治。而參用法家思想，到仲長統則認天下不可救。

這是對儒家、專制政體的全部推翻，及其他各家亦無可救中國者。

在仲長統來看，中國政治思想到漢亡，只是春秋以來，千年的結局。

就當時的時代背景，命運之說已近悲觀，漢末黃巾大亂，董卓肆凶於後，世運由興轉衰，命運之說乃轉爲悲觀。仲長統正是悲觀論的開啓，也開始正始之風，人們開始逃避現實，耽於享受，列子的虛無主義，楊朱的快樂主義也開始流行。

輯 20：三國兩晉南北朝政治思想與政治思想家

1. 在動亂消極的時代，還是有很積極正面的思想家，孔明就是代表。談談孔明的政治思想，及三國時代的主流政治思想。

孔明的政治思想（主張）之所以能影響中國歷史幾千年，甚至穿透時空，達到永恆，除了他成爲一位忠貞名相，幾與周公平齊外，還是在他＜後出師表＞所堅持的「漢賊不兩立，王業不偏安」。這裡的「漢」指蜀漢，代表一貫道統中國的傳承；「賊」指曹操政權，先有「挾天子以令諸侯」，後再篡漢，是一個「非法」或「偏統」的政權。就像台灣在「319」後的台獨政權，是「百年笑話」，也是「千年爭議」，其理相同也。

但若站在一個更高的「制高點」看，三國時代主流的政治思想仍是「統一」。' 當時中國雖裂解爲三，各成鼎峙之局，惟各方都仍積極追求中國之統一，曹操爲統一之戰，率百萬大軍南征，爆發有名的「赤壁之戰」。孔明也爲復興漢室，完成統一中國的歷史天職，發動五次北征之戰。是故，進而擇要論述孔明和曹氏父子，分別代表兩個陣營的政治思想。

（一） 曹魏陣營流行的「名理學」

所謂名理學，是探討有關國家官吏的建制，任官選才標準，名譽和實際關係等問題的一種政治思想。其思想背景爲黃老，主要內容則是法家的刑名思想。重要的思想家有曹操、曹丕和劉劭（大學者，深受曹氏父子器重）。名理思想的特點有下列各項：

其一反對傳統以「修身齊家」爲道德基礎的用人原則，明確主張「不仁不義不孝而有治國平天下之才者」，爲國家所要之人才。這實際上排除道德原則，而以事功、成績、結果爲標準。（作者註：頗有今日美國以霸權推行之美式民主風格。）

其二進行思想統一，禁止結黨結派的行爲，設立「九品中正官制」，由政府考核所有官吏的思想和行爲。當時流行的士人「清議」（類似現在民間的政治評論），受到極大的打壓。其三認爲「仁義禮智信」中，「智」居統治地位，故治國最須要有「智才」的人。

（二）蜀漢陣營的忠貞典型與統一努力

蜀漢陣營中能有千秋不朽的典型有兩組人，劉備和孔明代表正統中國政治思想，致力於漢賊不兩立，復興漢室的努力。而劉備、張飛和關公的「桃園三結義」，代表中國民間忠義精神。以上四人又是同一陣營，因爲他們都在復興漢室統一中國的過程中獻出寶貴的生命。以孔明的政治思想略述之。

孔明的政治思想最初在＜隆中對＞有清楚的論述，是一篇感人的「國家戰略構想圖」，指出未來敗曹操、取荊州、定益州、建國蜀地、北伐統一的進程，遂成三分天下局面。接著，在前、後＜出師表＞有更明白的闡揚。這三篇文章不僅對中國政治思想，更對歷史和所有中國人產生巨大的影響。在＜前出師表＞中說：

臣本布衣，躬耕南陽，苟全性命於亂世，不求聞達於諸侯。先帝不以臣卑鄙，猥自枉屈，三顧臣於草廬之中，諮臣以當世之事，由是感激，遂許先帝以馳驅。後世傾覆，受任於敗軍之際，奉命於危難之間；爾來廿有一年矣！先帝知臣謹慎，故臨終寄臣以大事指也。

受命以來，夙夜憂慮，恐付託不效，以傷先帝之明。故五月渡瀘，深入不毛。今南方已定，甲兵已足，當獎帥三軍，北定中原；庶竭駑鈍，攘除姦兇，興復漢室，還於舊都。此臣所以報先帝，而忠陛下之職分也。

在＜前出師表＞中也同時提到漢朝興敗原因，「親賢臣，遠小人，此先漢之所以興隆也；親小人，遠賢臣，此後漢之所以頹敗也」。這何嘗不是古今一切政權政治隆污之真理。蜀漢建興六年（228 年）十一月，孔明得知關中防備削弱，決定再度北伐，再向後主劉禪上＜後出師表＞曰：

先帝慮漢賊不兩立，王業不偏安，故託臣以討賊也。以先帝之明，量臣之才，故知臣伐賊，才弱敵強也。然不伐賊，王業亦亡；惟坐而待亡，孰與伐之？是故託臣而弗疑也。

這段講到中國歷史發展的核心問題，也是「千年不變」的政治定律，即「漢賊不兩立」，如台灣半世紀來也逃不出這個框架。當民國六十年之前，台灣是「漢」，稱對岸是「賊」；但近年以來，台灣獨派執政搞「去中國化」，對岸回歸「中國化」。於是，對岸愈來愈像「漢」，台灣則愈來愈像「賊」。孔明也點出偏安政權（分離主義）的宿命，便是亡，不把握機會伐「賊」，王業亦亡。

套用台灣戒嚴時代的語氣，不反攻大陸，中華民國偏安在台灣，最後一定亡；與其坐而待亡，不如積極反攻大陸。但反攻大陸嘛！又沒有勝算，這實在是中國歷史上所有偏安政權的悲哀和困境。對於如何突破這種宿命的困境，孔明最後說「臣鞠躬盡瘁，死而後已。至於成敗利鈍，非臣之明所能逆?也」。今天台灣的困境，實蜀漢之「複製」也。

也許就是這種明知不可爲而爲的精神，忠誠貞節的道德情操，使其思想感動千秋萬代的中華子民。如岳飛、文天祥、鄭成功及蔣中正先生，他們生前都致力於「北伐大業」，都歸於失敗。但歷史、史家和民心，卻不以成敗論英雄，只在乎他一生所堅持的信念是甚麼？這個信念就是永遠與中國一貫道統站在一起，古今的中國人在乎的竟是這個。

另一個被孔明定位成「賊」的曹魏陣營，只重才能，忽視品德，加上篡漢污名，在歷史上屬於負面典型。本來統治者不依法統取大位，應受到歷史嚴厲批判才對，才能彰顯「歷史正義」。黃仁宇認爲大歷史沒有例外，就是指歷史正義。用公元二〇〇四年台灣獨派人馬所自導自演的「319 篡國案」詮釋，在當代因司法系統被民進黨控制，故不可能有社會正義。但未來仍難逃歷史批判，這就是歷史正義的力量了。縱使再十年、百年、千年…仍難逃史家正義之筆，「永世不得翻身」了。

圖 4-9：諸葛亮在國外

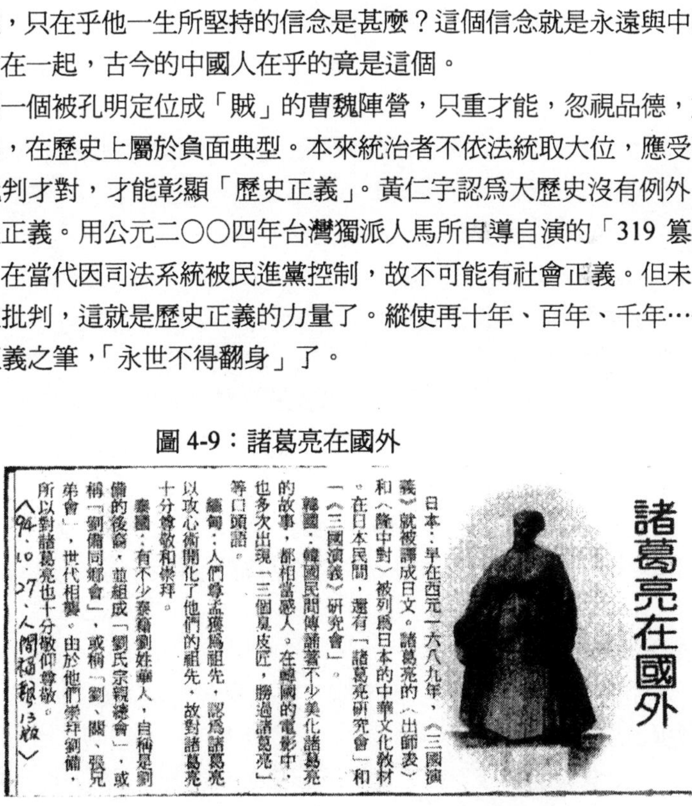

諸葛亮在國外

日本：早在西元一六八九年，《三國演義》就被譯成日文。諸葛亮的〈出師表〉和〈隆中對〉被列爲日本的中華文化教材。在日本民間，還有「諸葛亮研究會」和「《三國演義》研究會」。

韓國：韓國民間傳誦著不少美化諸葛亮的故事，都相當感人。在韓國的電影中，也多次出現「三個臭皮匠，勝過諸葛亮」等口頭語。

緬甸：人們尊孟獲爲祖先，認爲諸葛亮以攻心術開化了他們的祖先，故對諸葛亮十分尊敬和崇拜。

泰國：有不少泰籍劉姓華人，自稱是劉備的後裔，並組成「劉氏宗親總會」，或稱「劉備同鄉會」，或稱「劉、關、張兄弟會」，世代相襲。由於他們崇拜劉備，所以對諸葛亮也十分敬仰尊敬。

〈94.10.27，人間福報13版〉

2. 西晉初年天下又歸統一，政治思想是否又回到儒家？

西晉統一天下，爲時甚短，所以政治思想日愈傾向「無爲、無君」的無政府主義。但晉到南北朝有所謂「清談派」政治論，以傅玄、葛洪、劉勰三家爲代表，先講傅玄的政治思想。

（一）背景：

傅玄是西晉初年的人，漢建安二十二年（217 年）生，晉咸寧四年（278 年）卒。晉武帝時任之太僕，著《傅子》一書。他的政治思想乃折衷儒、法二家學說。

（二）儒家思想：

1.依孔子「政者正也」之義：「立德之本莫尙乎正心，心正而後身正，身正而後左右正，左右正而後朝廷正，朝廷正而後國家正，國家正而後天下正。」

故天下不正，修之國家。國家不正，修之朝廷。朝廷不正，修之左右。左右不正，修之身。身不正，修之心。

2.依孔子仁政「己所不欲，勿施於人」之義：

「仁者蓋推己以及人也，故己所不欲，勿施於人，推己所欲，以及天下。」待父母，待妻室均同。

3.聖人用賢以治天下：

「賢者聖人所以共治天下者也，故先王以舉賢爲急…湯之舉伊尹難，得伊尹致天下之易。故舉一人而聽之者王道也，舉二人而聽之者霸道也，舉三人而聽之者僅存之道也」

官吏不必太多，要精。「量時而置官，則吏省而民供，吏省則精，精則當才而不遺力，民則供順，供順則思義而不背上。」

（三）法家思想：

1.似西漢儒說，而採荀子，近法家。治世民善，故先禮後刑。亂世民善者少，故先刑後禮。

治世之民從善者多，上立德而下服其化，故先禮而後刑也。亂世之民從善者少，上不能以德化之，故先刑而後禮。」

2.治國二柄：賞、罰。要公平，不可因貴近而有惡不誅。

善賞者賞一善，而天下勸；善罰者罰一惡，而天下皆懼。

「有善，雖疏賤必賞；有惡，雖近貴必誅。賞一無功，則天下飾詐。罰一無罪，天下懷疑。」

3.先富後教（此同儒家）：

「民富則安鄉重家，敬上而從教。貧則危鄉輕家，相聚而犯上。饑寒切身，而不行非者寡矣。」

富民之法，「世有事，役煩賦重；世無事，役簡賦輕。」

4.反對法家「人性唯貪」，故要教化使知禮讓：

「人含五常之性，有善可因，有惡可改…人懷好利之心，則善端沒。中國所以常制四夷者，禮義之教行也。」

教化可改變人性，「虎至猛也，可威而服。鹿至麤也，可教而使。木至勁也，可柔而屈。石至堅也，可柔而用。況人含五常之性，有善可因，有惡可改者乎。」

3. 葛洪是《神仙傳》、《抱朴子》的作者，也是一位政治思想家。

（一）背景：

葛洪字稚川，揚州丹陽郡句容縣人。別號抱朴子，晉武帝太康四年（283年）生，康帝建元元年（343 年）卒。著書也叫《抱朴子》。少孤貧，好學。元帝時爵關內侯，成帝時為州主簿。晚年隱於羅浮山，他也是道教理論架構者。在道教史上有重要地位。著作之豐，前所未有。除《抱朴子》外，有《神仙傳》、《隱逸傳》及詩賦、軍檄等。《抱朴子》是東晉以前神仙家養生之法的總結。

（二）本太史公大家要旨，調和儒道：

「道者儒之本也，儒者道之末也。」

「儒者博而寡要，勞而少功。墨者儉而難遵，不可偏修。法者嚴而少恩，傷破仁義。唯道家之教使人精神專一，動合無為。」

道之勝：「道治之所以勝於仁義者，在其清靜寧一，非謂舉一切君臣之制，文物之盛而廢棄之也。」

（三）故，葛洪反對鮑敬言無君論，認爲悖謬。

1.立君出於自然：

「沖昧既闢，降濁升清…乾坤定位，上下以形。遠取諸物則天尊地卑以著人倫之本，近取諸身則元首股肱以表君臣之序。」

2.立君於人有利：

鮑認爲君立後有爭亂，洪反駁，「聖人之作，受命自天。或結罟以畋漁，…或構宇以仰蔽。備物致用，去害興利，百姓欣戴，奉而尊之，君臣之道於是乎生，安有詐愚凌弱之理。」

反對革命，「世人誠謂湯武爲是，伊霍爲賢，此乃相勸爲逆者也」。

今日有誰願過上世野蠻生活。「裸以爲飾，不用衣裳」。

至於鮑舉暴君之惡証有君之害，是邏輯上之錯誤。「獨舉衰世之罪，不論至治之世」，豈不是「慮火災而壞屋室」。

3.立君之必要：

鮑認上世唯美，洪認無根據、逆人性。

人性有爭，「賊殺兼并起於自然，必也不亂，其理何居。」

人與人爭，家與家爭，「上無治枉之官，下有重類之黨，則私鬥過於公戰，木石銳於干戈」、「久而無君，?類盡矣」。

（四）由此，洪發展出獨尊君位，廢立大悖春秋。

「廢立之事，小順大逆，不可長也。」

「夫君，天也，父也。君而考廢，則天亦可改，父亦可易也」，這是儒家正名之義，非道之範圍。但此與魏晉權臣跋扈之歷史背景有關。

（五）純仁不治，殺貴大，當殺則殺：

「天地之道，不能純仁」，正如四季不能「溫而無寒」。

「周所以得之不純仁，秦所以失之不獨嚴。」

「誅貴所以立威，賞賤所以勸善」、「當殺不殺，大賊乃發」。

小結：

葛洪論治術，用儒，參以道家清淨。

此期，自王弼到葛洪（218~ 357：漢亡~東晉中末約 1130 多年），道家思想由老入莊，再反動回老，不死的探求者。葛洪的思想也是亂世思想的「普遍」現象，爲何說是「普遍」？因爲人的思想一定要有一個「出口」，找到「避風港」，「神仙」就是最好的避風港。所以，政治社會愈亂，政局愈腐敗，人對鬼神的信仰愈堅定而普及，自古皆然。

葛洪的「避風港」便是他的名著《抱朴子》，是書爲道教養生、煉丹，追求永生之學。但從現代眼光看，則是科學研究和化學技術之學，當今最尖端之科學爲「隱形科學」，在《抱朴子》已有專章論述。

4. 魏晉南北朝時期主張無為的思想家有那些？無為的內涵是甚麼？

（一）重要人物：

1.何晏，字平叔，母魏武帝夫人。（209~241），被司馬懿殺，年 32。

2.王弼，字輔嗣，建安 23~正始年病卒。（218~241），年 24。

3.嵇康，字叔夜，早孤。景元三年爲司馬昭殺。（223~262），年 39。

4.向秀，字子期。事司馬昭。

5.郭象，字子玄。？~永嘉六年病卒。（？~312）。

6.張湛，字處度。獨他爲東晉人，無爲之後勁。

以上各「無爲」政治思想家，無爲的內涵有三種：君無爲、不爲煩苛和放任主義。

（二）因臣以治，而君無爲：

王弼：「夫以明察物，物亦競以其明應之。以不信察物，物亦競以其不信應之。」

郭象：「王不材於百官，故百官御其事而明者爲之視，聰者爲之聽，知者爲之謀，勇者爲之扞。夫何爲哉，玄默而已。」

張湛：「孤者無輔，知賢者則智者爲之謀，能者爲之使。物無棄材，則國易治。」

這一派的「無爲」類似現代「君主立憲」思想，如英國女王，君只是一個象徵主權的國家元首，沒有實權，故「無爲」。而治理國家的行政權則由各級官吏行之，所以說「因臣而治」。可惜道家的「君無爲」欠缺立法基礎，君要不要「無爲」，得看君的意願或能力。

（三） 不爲煩苛之政：

世之有爲者，不外申商之刑罰和孟荀之仁義二者，治世途徑不同。但多有傷人類自然之本性。

王弼：「若乃多其法網，煩其刑罰，塞其徑路，攻其幽宅，則萬物失其自生，百姓喪其手足。」

仁義禮樂都是「下德」，「求而得之，必有失焉。爲而成之，必有攻焉。善名生則有不善應焉。」

嵇康：「夫民之性，好安而惡危，好逸而惡勞。故不擾則其願得，不逼則其志從。」、「君無文於上，民無競於下。」

「仁義務於理僞，非養真之要素。廉讓生於爭奪，非自然之所出。」

（四） 放任主義：物各自得，非寂然不動。

郭象：「以己制物則物失其真」。有君「天下者無明主，則莫能自得，今之自得，實明玉之功也。」

嵇康的理想君主，「聖人不得已而臨天下，以萬物爲心。在宥群生，由身以道，與天下同於自得。穆然以無事爲業，坦率以天下爲公。」

「古之王者承天理物，必崇簡易之教，御無爲之治。君靜於上，臣順於下。」安適爲人生最後目的。

所謂的「放任」，用自由主義來解釋或許比較接近，讓每個人都在自由自在的情境下，找到自己最佳的人生定位。不論他做甚麼，國家、政府或統治者都不能用任何理由干預。這是完美的境界，但古今中外尚未有任何國家合乎這種標準。

5. 比無為更激烈的，還有主張「無君」的思想家，類似近代無政府主義者。

（一） 重要人物：

陶潛（陶淵明），字元亮，江西九江人。生晉武帝興寧三年，卒南朝宋文帝元嘉四年。(365~427)。

也是我國的大詩人。

阮籍（字嗣宗），生漢建安十五年，卒魏景元四年。(210~263)

鮑敬言，其言在葛洪《抱朴子》中，應與葛同時或略早。今以阮鮑二家爲主述。

（二）阮籍：著《達莊論》、《大人先生傳》。

1.無君之利。

「昔者天地開闢，萬物並生…，各從其命，以度相守。…盡無君而遮物定，無臣而萬事理。保身修性，不違其紀，惟茲若然，故能長久。」

2.有君之害。

「君立而虐興，臣設而賊生。坐禮制法，束縛下民。…假廉而成貪…刑盡而罰不行…故君子之禮法誠天下殘賊亂危死亡之術耳…。」

3.禮法不足以遠惑近福而自全。

「人生天地之中，體自然之形」、「故至人無宅，天地爲客。至人無主，天地爲所」。

而周孔之道德禮法，自以爲是久安之道，實是「虱之處於褌中」，「行不敢離縫際，動不敢出褌襠，自以爲得繩墨也。…群虱死於褌中而不能出。」

阮籍認爲政治生活乃人類墜落之結果，對人本身無益害。

（三）鮑敬言（所論見葛洪＜抱朴子．詰鮑＞篇）

1.立君不由天命：(君權無根據)

「天生蒸民而樹之君，豈其皇天諄諄言，亦將欲之者爲辭哉。夫彊者凌弱，而弱者服之矣。」

2.立君也非民意：自由平等乃人類天性。

「混茫以無名爲貴，群生以得意爲歡。…促轡銜鑣，非馬之性。荷軏運重，非牛之樂。」、「有司設則百姓困，奉上厚則下民貧」。

3.無君之樂利：(國政非需要)

「曩古之世，無君無臣，穿井而飲，耕田而食。日出而作，日入而息。」有君之後，一切全變了樣。

「不競不營，無榮無辱」、「勢利不明，禍亂不作。干戈不用，城池不設」。有君之後，城池大作，爭戰有之。

4.有君之害。(政事不常有)

「君臣既立，眾慝日滋」。有了君臣，滋生一切惡。

5.「君已無，但個人亦可爲惡」－鮑生解釋。

人性思治，「至德之世，民心醇厚…民心自然思治」，是人常情。

個人爭小，君爭殘。「細民之爭，不過小小」。有君之爭是有組織的武力衝突，「陳師鞠旅，無仇之民，攻無罪之國」。

有君則權力集中，故「桀紂之徒得燔人…剖人心，破人脛」。

6.「君有仁暴，怎能一竿打翻船」－鮑生解答。

仁暴不過五十步百步之差，不足與無君之世比。

小結：

儒視君臣父子爲萬世不變之綱常，是中國主流思想，到了亂世全變了。無君思想阮籍發起端，鮑生大展其旨。把先秦、秦漢以來中國政治思想徹底抨擊，阮、鮑有其地位。

陶淵明，既無力撥亂反正，又不能同流合污，眼見士大夫之無恥行爲和統治者的荒淫橫暴，自然是痛心疾首。只得進入老莊的世界，當一個自然主義大詩人。

6. 黑暗時代中，在儒、法、道及宿命論的掙扎者，他是劉勰，他的政治思想為何？

(一) 身世、背景：

南北朝時代人，生於宋世，著《劉子新論》：出家前，調合儒、法。《滅惑篇》：出家後，替佛教辯護。但以《文心雕龍》爲代表作。

在「新論」中對九流均有評。

(二) 政治思想似儒之荀子而近法家又調合儒道。

反對道家「棄仁絕義」，主張人君須「抱五德之美，握二柄之要。

五德者智信仁勇嚴也，二柄者賞罰也」。

調合儒道，「九流之中，二化爲最。道以無爲化世，儒以無爲濟俗」。

（三）接近法家思想：

1.社會進化，法、禮因世而變：

「苟利於人，不必法古。必害於事，不可循舊。夏商之衰，不變法而亡…法宜變動，非一代也。」

「禮者成化之所宗，而非所以成化也。成化之宗在於隨時。」

2.人類由利己出發：

「人皆知就利而避害，莫知緣害而見利。皆識愛得而憎失，莫識由失以至得。」

3.賞罰之用：

「治下御民莫正於法，立法施教，莫大於賞罰。」

「明主賞罰善惡，非爲己也，爲國也。」

（四）接近儒家思想：

興仁愛，寬刑罰，省賦稅：

「天生萬民而立之君，君則民之天也。…是故善爲理者，必以仁愛爲本，不以苛酷爲先。寬宥刑罰，以令人命。省徹徭役，以休民力。輕約賦斂，不匱人財。不奪民時，以足民用。則家治國富，而太平可致也。」

「政者正也」，「君好之，民必從之…人之從君，如草之從風…明君慎其所好，以正時俗」。

依賢臣而治，而用其長，「物有美惡，施用有宜，美不常珍，惡不終棄…適才所施，隨時成務，各有宜也。」

「才苟能治，不問世胄。智苟能謀，奚妨秕行。」

小結：

勰對儒、法、道各有闡揚。可惜，又回到命運觀，「賢不賢性也，遇不遇命也。命運應遇，危不及禍，遇不必窮。命運不遇，安不必福，賢不必達。」

乃南北朝之亂世，人力微弱之嘆也。惟其所著《文心雕龍》一書，是我國空前絕後的文學概論，體大思精，近代以來受到中外學界重視，積爲顯學，亦我國之光榮也。

輯 21：第一帝國的尾聲：黃老、玄虛、快樂與佛教

1. 第一帝國走到尾聲，南北朝時期，政治思想徹底消極，人心都走進了黃老、玄虛、快樂與佛教的世界中，尤其黃老道家思想獨尊，為甚麼？

（一） 從歷史背景來解釋黃老興衰：

漢代黃老由養生走向治世，又由臨民回歸「爲我」，根本原因在歷史背景。而其自戰國以來，已延續數百年之久。

1.中國經戰國、暴秦、楚漢相爭，天下之窮亂達到極點。「漢興接秦之弊，丈夫從軍旅，老弱轉糧…。」(《史記》)

2.乃有高祖定天下後，惠、文、景三朝休養生息，也是人民的需要。

3.漢武帝時黃老「功成身退」而儒興之原因，這也是人民的需要。

（二） 儒學中衰：倡久生厭，退化。

1.漢武帝獨尊儒術，經生可封侯，士人爭讀六藝，志在利祿，動機不純。形成數百年來儒術只是朝廷文飾，又成爲當官者的需要。

狡猾者行賄作弊或篡改經文，拘泥者則在章句上打轉。

2.漢到安順之後（最後一百年，安帝、順帝以後），距漢武約 280 年後，更已名存實亡。

到魏廢帝芳正始年中，朝臣 400 餘人，能操文筆者竟只有十多人。文化學術已衰，儒衰更勢所必然。

此時代爲中國文化最消沉時期，約爲歐洲中古黑暗時期。從某個角度看，也是一種「去中國化」，蓋因中國文化無人能懂了，社會重回蠻荒。

3.儒學成爲「官學」，也容易被教條化，舉凡當官者必須依循固定的思想和行爲，才能得到榮華富貴，儒學也成爲工具。久而生厭，進而退化，這是古今中外「一言堂」的結果，其他思想乘機而入。

（三） 到了東漢、三國、兩晉，官學「名存實亡」，有機會被人們接受的是法家、陰陽家、道家等思想。但三國以後只得到短暫的統一，政局又一路亂下去，法家也無法救天下，人們徹底失望，思想家找不到「藥方」。天

下只好繼續亂下去，到南北朝，黃老道家得到獨尊的機會。

（四） 道盛的歷史背景：

這段歷史是個大亂局，自西元 220 年漢－魏－晉－南北朝，西元 589 年隋統一，大亂三百六十九年。亂世最易形成頹廢生活，正合老莊的遺世爲我，故老莊獨尊於魏晉。

（五） 政治因素：

政治混濁，有志之士深感「從政者殆」，多退而自全。莊子消遙自適，人生觀正合士大夫所望。一般知識份子對政事只做「清談」，而無似東漢的「清議」。按無爲程度可分兩派：

無爲：何晏、王弼、嵇康、向透、郭象、張湛。

無君：阮籍、陶潛、鮑敬言。

（六） 老莊與道教、方術、神仙、符圖和養生永生的雜揉：

1.晉葛洪以儒生習道，《抱朴子》：「玄者，自然之始祖，萬殊之大宗。」

南朝陶弘景、梁武帝均倡導「道教」。達摩東來首見武帝，後武帝亦出家。

2.北朝更盛。北魏太武帝拓跋燾尊信寇謙之（嵩山道士），道教始盛。

及更改年號曰：「太平真君」。以後雖有佛、儒，道亦未衰。

<魏書．釋老志>曰：「道家之原，出於老子。」

清談重點是三玄（老、莊、易），而以老莊道家爲主導。甚至擴大到老、莊、易、佛，是整個魏晉南北朝政治思想最後的「出口」，政治冷感是這個時代最大的特色。儒家思想反而被否定或做負面評價；而周邊少數民族則積極入主中原，對漢化或「中國化」表達出強烈企圖，行動上表達漢化的政治思想，如改漢姓、學漢制，真奇妙的巧合。

2. 列子「玄虛」政治思想內涵是甚麼？

（一） 列子形成的背景：

在唐代尊道家三要典是《道德經》(老子)、《南華經》(莊子)、《沖虛經》(列子)。按梁啓超，古書真僞及其年代，東晉張湛湊合道家而成列子。唯目前尚難定讞。是此期反禮教、反專制，蔚成放浪人生觀爲基礎的無君論。列子一書爲主要參考。

(二) 人生觀：

1.人生短暫，及時行樂，託楊朱之言：

「百年壽之大齊，得百年者千無一焉。」孩提及昏老居其半，夜眠盡覺又居半，疾痛憂懼再居半…。人生健康快樂時日已不多，故應及時行樂。

2.人生如夢，毀譽得失貧富何足掛齒：

「人生百年，晝夜各分，吾晝爲僕虜，苦則苦矣。夜爲人君，其樂無比。」叫人要放開一切，追求快樂。

「鄉譽不爲榮，國毀不爲辱」、「視生如死，視富如貧。視人如豕，視吾如人」。榮辱、生死、貧富、人我，全都不足掛齒。

3.萬物平等：

人未必無獸心，獸未必無人心。只因形狀不同，故有親疏。這是對儒家思想最徹底的打擊，卻頗合現代科學觀。

(三) 生死觀：

死於此，可生於彼。(似循環)，「死之與生，一往一反，故死於是者，安知不生於彼。」何必營營求生。

死可能是休息。「知死之惡，未知死之息也。」

「死人爲歸人，生人爲行人，行而不知歸，失家者也。」

賢愚皆死，「十年亦死，百年亦死。仁聖亦死，凶愚亦死。生則堯舜，死則腐骨。生則桀紂，死則腐骨。」

(四) 政治思想：

1.大吃小，強凌弱，是自然界的自然現象：

「天地萬物與我並生類也。類無貴賤，徒以大小智力而相制，選相食，非相爲而生之。」似進化論，但只有玄學觀念。

2.無爲柔弱，「不治而不亂，不言而自信，不化而自行」。

「常勝之道曰柔，常不勝之道曰強」。

3.理想國：

「華胥氏之國…其國無師長，自然而已。其民無嗜慾，自然而已。不知樂生，不知惡死，故無夭殤。」此國可有，也看命運。

4.治國之道－利己：引楊朱言

「古之人損一毫利天下，不與也。悉天下奉一身，不取也。人人不損一毫，人人不利天下，天下治矣。」人人爲我，政治組織失其作用。未主張用革命廢君，「人人苟能治內，無礙君之有無」。

按《列子》一書作者（張湛）提出一個「理想國」，叫「華胥國」，在其國中，沒有領袖，沒有長者，一切都聽任自然。那裡的百姓也沒有慾望，大家都順著自然生活，不知生之快樂，也沒有死的痛苦。總之，一切都那麼神妙、超脫，自由自在。這顯然是一種「夢想」，作者借黃帝午睡做一個夢，表達他的期望，事實上是對亂世的絕望，故稱「玄虛」。

3. 楊朱的為我、快樂思想，在戰國時代曾流行，為何到南北朝又流行？

（一）背景、時代：

楊朱之書載於《列子》書中有一篇，早在孟子時代已提到楊朱。「楊氏爲我，是爲無君」，詳情待考。

（二）人生觀、生死觀。約與列子所舉同。但楊朱思想重點是快樂。萬物無不齊生齊死，故名不足貴。

不論堯舜桀紂，其身後「毀之不知，稱之不知」。

「伏羲以來，三十餘萬歲，賢愚好醜，成敗是非，無不消滅…要死後數百年中之餘名，豈足潤枯骨，何生之樂哉。」

（三）由徹底的快樂主義，流於絕對利己主義的批評：

王安石：「欲愛人者，必先求愛己，此亦理之所必然，而君子所不能易也。」

梁啓超：「天下之道德法律未有不自利己而立者也…而國民之所以能進步繁榮者賴是焉。故人而無利己之思想者，則必放棄其權利，弛擲其責任，而終至於無以自立。」

魏晉後，老莊由列子玄虛，進而崇拜楊朱快樂主義。

（四） 無爲柔弱：

楊子：「常勝之道曰柔，常不勝之道曰強」。

楊朱思想到南北朝又流行，也是因政治腐敗，天下已不可爲，故稱南北朝是中國的「黑暗時代」。處在這種時代，人們大概有兩種反應，一者徹底逃避現實世界，找到一個「避風港」或「理想國」，只要快樂就好。

另一個反面，就是起來革命、造反等，企圖推翻眼前的黑暗世界，另建新世界。南北朝時代幾乎是二年一造反，三年一篡位，但天下始終不能恢復和平統一局面，躲入「避風港」的人就愈來愈多。

總之，楊朱思想是不同於列子的亂世思想，一切都看破，只有快樂是真的；一切仁義道德貞節都是假的，現在抓住的快樂是真的；拔一毫毛以利天下而不爲，因爲不必爲，故無所爲，只有利己讓自己快樂一天可爲。

在《列子》一書的＜楊朱＞篇，均見楊朱思想的核心思維不外：實無名，名無實；生暫來，死暫往；且趨當生，奚遑死後；貧害身，富累身；人終死，何生之樂；拔一毛以利天下而不爲。實在是最徹底的個人主義兼快樂主義者。

<u>4. 佛教在秦漢已傳入中國，南北朝始大流行，為甚麼？</u>

（一） 宗教思想的發動「處」－悲觀絕望時：

尤其是一個民族、文化尚在幼稚時爲然，中國南北朝，歐洲中世的黑暗時代均如此，都發生一種神秘的「途徑」，企圖引導人類能活下去－宗教的發生。

在中國的南北朝，此時人民在水深火熱中。皇帝不能救他們，政治家亦無能，官吏靠不住，最後自己固有的神（如儒、道教，及其他）也愛莫能助。人民的最後希望－皈依我佛。

佛教於東漢明帝（約西元 58 年）傳入中國，經魏晉，到南北朝始深入人心。但另有記錄，在秦代已有僧人到中國傳教，故也說秦時已傳入中國。

（二） 南北朝君主多昏君殘暴，屠殺政敵，由恐懼感而引起：

南北朝時軍閥火併，爭奪帝位，殘殺前朝子孫或政敵，書之不盡。

但他們聽到三世報應之說，無不赫然畏懼，進而思懺侮之法。具體如：

（帝王階級）

1. 行
   - 五戒：殺、盜、淫、欺、酒。
   - 十善：身不犯殺、盜、淫。意不嫉、恙、痴。口不妄言、綺語、兩舌、惡口。

2.造佛寺、建浮圖。捐地、邸舍建寺。

從社會貴賤的兩個階級看：

（三） 貴族階級：

任進有保障，生活豪奢。不須勞動，只須耗光陰在娛樂中。但娛樂沒有勞動調劑，不久神經痲木，失去滋味。此時非再增強「刺激效果」，非用娛樂不可。循環下去，最後一切娛樂方法都失效，乃覺人生乏味，由極端快樂主義→極端厭世主義。結果，他們追求新人生觀，新的生活方式。佛教是新來的，新鮮感較能被接受。

（四） 賤民階級：

現世的苦難、戰亂、極思苦難的來源，及解脫之門。恰好佛教三世因果。今生苦難是前生作孽而來，要來生不再受難，只有皈依三寶，投入佛門。

（五） 佛教的社會事業普獲支持：

佛寺有充裕的人力、財力，其以慈悲爲懷。大量貧民乃得到吸收與救助，甚至政府的救濟工作也委託佛寺辦理。

又當時徭役繁重，佛教又大開方便之門，凡有出家者可免役、免兵役等。一般賤民階級紛紛往投。

5. 佛教在南北朝大流行，但也引起許多論戰，有哪些爭議？

（一）論爭背景：

「人怕出名豬怕肥」、「樹大招風」。佛教勢力到南北朝時，已大過政府。這大概是每個朝代所不能容忍的事。

<魏書・釋老志>：西晉有寺 180，東晉 1768，北齊 4 萬。周武帝建德中（572~577）僧尼約 300 萬。

北朝魏孝文遷都洛陽後二十年，洛中土地三分之一屬佛寺。南朝政府窮到向僧尼舉債。

再者，出家者眾，國家稅收不足，軍隊兵員大缺。

［人民出家是社會原因
政府反佛是經濟原因］互不相容，滅佛論乃起〈已是南北朝末葉〉

（二）攻佛者認佛有「三破論」，所謂「三破」，照劉勰說：

入國破國：國空民窮。不蠶而衣。不田而食。國滅人絕。

入家破家：父子殊事。兄弟異法。遺棄二親。孝道頻絕。

入身破身：毀傷之疾。髡頭之苦。不孝之逆。絕種之罪。

以上多所重複，歸納爲四點：

1.建造塔寺，用費巨億，國空民窮。

2.不蠶而衣，不田而食，免徭役，國家財賦減少。

3.毀身體，棄兩親，母拜子，破壞家庭制度。

4.人人出家，民族絕種。

（三）對 1 說的反駁：分兩點說明

第一點：寺廟之設，自古就有。王明廣：「按禮經，天子七廟，諸侯五廟，大夫卿士各有階級。」

第二點：國空民窮與塔寺建造無關。

「王者之居，金門玉陵，靈臺鳳闕，將使異乎凡遮，今貴賤有章也。」

三代以後，並無佛教入傳，也常是國空民窮。

（四） 對 2 說的反駁：分兩點說明

歷代也有不少士人寄食王公門下，如春申君門客三千人。歷史世族均免徭役。況《涅盤經》:「避役出家，無心志道，我當罷令還俗，爲王策使」。

（五） 對 3 說的反駁：分兩點說明

第一點：劉勰：「泰伯短髮文身，…然孔子稱之，其可謂王德矣。仲尼不以其短髮毀之也。苟有大德，不拘於小。」

第二點：駁棄兩親：佛教亦可處俗弘教。

「忠孝難全」：若爲更高真理（如忠、普渡），則孝可不顧。

（六） 對 4 說的反駁：尙有「處俗弘教」，且「未聞世界普同出家」。

（七） 此外尙有三種反佛論：

1.沙門不臣天子，破壞君臣政治制度。東晉成帝時，爲此論爭不休。

2.佛教乃夷狄之教，華夏不崇。東晉蔡謨。

3.夷夏之別，論出中國與天竺孰居中央。

最早說明中國只是世界地理的一部份：戰國鄒衍。

最早說明中國不在中央：漢・牟融。

以上不論「反佛」或「擁佛」，就歸納法或綜合法論之，似都言之成理，卻都經不起檢驗。「實踐是檢驗真理唯一的方法」，佛教在南北朝大流行，以後成爲中國文化的內涵，証明真理不因人的反對或擁護，能自動流行（實踐）而佔有「市場」。

<u>6. 秦漢以來所流行的各種政治思想中，我們常提到道家，和道教有何不同，還有黃老、老莊、雜家等，基本概念有何不同？</u>

（一）道家：

即政治哲學上的老子、莊子兩家思想之謂。如蕭公權《中國政治思想史》上冊，一篇五章＜老子與莊子＞。及薩孟武著，一篇二節＜道家政治思想－老子與莊子＞。

道家可同稱「老莊」。講的是學術或政治思想，且是中國政治思想重要的一部份。

（二）道教：（按陳致平，《中華通史》，（二）冊，579~581 解）

1.道教淵源：

春秋戰國時代，燕齊（今河北、山東半島）等國，思想開放。

又因面對大海，見蜃樓海市引起幻想，出現一批方士（神仙學家），後均得秦皇、漢武信任，至夷煉丹求仙等。流入民間又與天人說、陰陽、讖緯合流，構成道教思想。

2.道教建立：

到東漢，道教已成民間迷信鬼神，符籙、咒水消災祈福的玩意。傳其道者有順帝時張陵（後稱道教），再傳子張衡，又傳子張魯。張魯令信徒誦《老子》五千言，又與黃老並稱。到北魏，經道士寇謙之與魏明帝、元帝提倡，成一大宗教，與儒釋抗禮，尊張陵為祖師。

（三）黃老（陳致平，《中華通史》，（二）冊，506 頁）

黃，指黃帝，秦漢時有祭黃帝的習慣。以後歷代成為一種規矩，黃帝代表長生、清靜、無上之道，頗與老子相合，並稱之。

（四）雜家：含有二義。

1.同一流中門戶互殊。略近 Miscellaneous 或 Unclassified。

2.同一書中眾說兼併。略近 Eclectic。

若此分無誤，則秦代漢初之道家有兩派：

其一：變先秦老莊思想為「黃老」。

其二：變先秦老莊內容為「道家」。

以上道家、道教、黃老三個名詞，常有混淆。道家指的是思想家的學術或政治思想，道教指的是宗教思想和民間信仰，黃老是黃帝和老子的無為而治政治思想。而此三者最後融合成道教信仰，是我國具有「中國道統」特色的宗教之一。因爲老子說：「道生一，一生二，二生三，三生萬物。」後世便把老子的「道」奉爲最高信仰，認爲「道」是宇宙萬有的本源。

道教源於甚早，但興於東漢，東晉葛洪《抱朴子》建立了理論體系，至南北朝有寇謙之和陸靜修，相繼建立完整制度，整理各種經典，惟今日所存有《陰符經》、《道德經》、《南華經》、《黃庭經》、《文始經》，是道教五大經典。

第五篇：

第二帝國時期政治思想

輯 22：隋唐政治解組過程與政治思想概要

1. 中國歷史的發展有一定的軌跡，現在進入第二帝國時期，首先開端是隋朝的興亡，陳老師說隋朝像秦朝，為甚麼？

中國歷史的發展確實有一個固定的軌跡，便是孟子「一治一亂說」。其實孟子說出了世間萬事萬物的真相，也就是興衰起落生滅。所以，第二帝國的過程頗似前面講過的第一帝國（秦漢三國兩晉南北朝，共 802 年）。

而第二帝國時期，共包含隋唐五代十國、兩宋遼金夏蒙，及元的統一和結束，全程 787 年，第二帝國各朝代政權解組過程如圖示之。在結構上，隋朝有如秦朝，是帝國的開端，故先講述隋的興亡。

史家把隋朝開始年代，訂在隋文帝楊堅篡周之年（開皇元年，581 年），但到開皇九年（589 年）滅陳，才正式完成中國之統一，可惜只維持三十七年而亡國。這之間經過兩代，文帝的「開皇之治」和煬帝的暴政。

隋文帝統一中國之初，在文教內政上頗有新氣象，如制禮作樂復興文教、整肅奢靡倡導節約、減賦役行法治、發展經濟等。惟十餘年和平好景，接著就每況愈下，根據史家研究，不出五個原因。第一、文帝過於勤儉而流於苛察，日理萬機，埋頭於細微枝節，未見大局。第二、性情猜忌，不信臣下，好殺戮大臣，忠臣義士如梁士彥、宇文忻、虞慶則，多死於非命。第三、法治過於殘酷，如盜邊糧一升以上、盜一錢以上或三人共盜一瓜等，都處以極刑，天下爲之懍然。第四、文帝勤儉維持幾年後，也開始放縱奢侈，接近小人阿諛，政治乃快速腐敗下去。

但最嚴重的原因是第五，文帝聽信讒言，懷疑諸子，具被殺害。獨寵愛次子楊廣（廣亦與大臣合謀陷害諸兄弟），終於釀成隋煬帝亡國之禍。就在文帝在位第二十四年（仁壽四年，604 年）病歿，死因疑點甚多，歷史頗多異論。（作者註：這種事和公元 2004 年台灣「319 槍擊案」一樣，不會因獨派指使法律結案就結束，真相未明之前，歷史上將不斷有議論，千百年不休止。）

文帝死，子楊廣立，是爲隋煬帝，他是中國歷史上頭號最淫蕩殘暴之君，有關他的暴政史有定論，勿須再贅言。煬帝十四年（618 年）隋亡，《隋書》有一段話，可爲隋末政治和煬帝政權的結論：

政刑弛紊，賄貨公行，莫敢正言，道路以目。六軍不息，百役繁興。行者不歸，居者失業。人餓相食，邑落為墟…流血成川澤，死人如亂麻。炊者不及析骸，食者不遑易子。茫茫九土，並為麋鹿之場，惵惵黔黎，俱充蛇豕之餌。四方萬里，簡書相續，猶謂鼠竊狗盜，不足為虞。上不相蒙，莫肯念亂。振蜉蝣之羽，窮長夜之樂。土崩魚爛，貫盈惡稔，普天之下，莫非仇讎，左右之人，皆為敵國。終然不悟，同彼望夷，遂以萬乘之尊，死於一夫之手！

古今中外，每個政權滅亡前夕之景象竟如此神似。前述文帝的五大問題和煬帝暴政，雖是隋亡的原因。但從一個更高層次的史觀觀之，也是隋的政權和政治偏離了中國一貫道統的精神和內涵。沒有「學庸論孟」所論述的價值觀，沒有力行仁政，則將相走卒起義反抗，推翻非法政權，都是合理合法的，謂之「革命」。

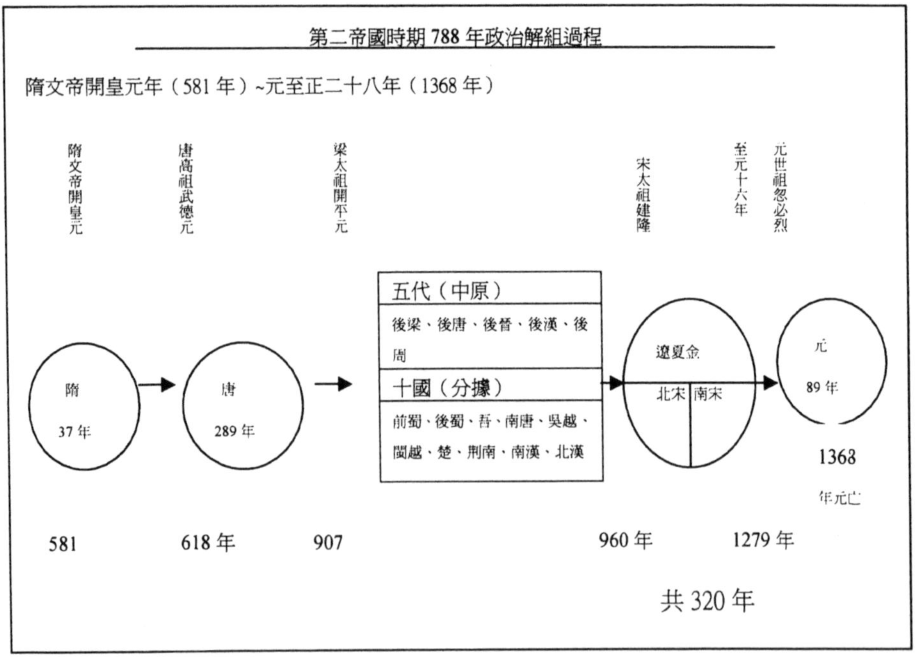

圖 5-1：第二帝國政權解組過程概圖

2. 隋朝快起快落，接著是大唐盛世，在第二帝國時期所佔的地位為何？大唐政局變遷如何？

唐朝是我國歷史上繼漢代以後的大時代，算是第二帝國的全盛時期。從高祖武德元年（618 年），隋煬帝在江都被宇文化及所弒，唐王李淵即位長安，是爲唐高祖，亦爲唐朝開始。中間經過二十一主，到昭宣帝元祐四年（907 年）梁王朱全忠篡位，唐亡，共歷二百八十九年。這約數三百年間，大唐政局變遷可分七個段落：

（一） 統一全國時期：從李淵在太原起義（大業十二年），到武德九年傳位太宗，此期間父子倆掃平群雄，使中國重回統一局面。

（二）「貞觀之治」，唐太宗在位的二十三年，是一段黃金時代。《貞觀政要成爲中國政治思想的重要寶典，對後世影響很大。

（二） 盛世之延續：唐高宗在位三十餘年，武則天稱帝臨朝二十一年，到唐玄宗李隆基即位。

（三） 由盛而衰：玄宗一朝四十三年，前段是「開元之治」，還算治世。後段發生「安史之亂」，唐運由盛轉衰。

（五）「肅宗中興」：肅宗、代宗兩朝，平定安史之亂，史稱「肅代中興」。

（六）「藩鎮之亂」：代宗末年藩鎮大亂，歷德宗、順宗至憲宗，才平定藩鎮之亂，大唐衰運已定，無力再起。

（七） 崩潰結束：自穆宗之後尚有九帝八十七年，此期間朋黨之爭，宦官之禍，流寇四起，已是一團亂局，直到唐室終結。

以上大唐政局變遷的七階段，若從全唐盛衰總觀，天寶安史之亂是一個關鍵，亂前是盛世，之後是衰世。但大唐盛世留給中國政治思想最重要的寶產，還是《貞觀政要》，所產生的「貞觀之治」，有氣度恢宏的國家領導人，重用了一群正人君子的賢能之才，如此而已。<唐書．王珪傳>稱，有一回太宗叫他對當朝大臣提出評語，王珪說：

孜孜奉國，知無不為，臣不如房玄齡；兼資文武，出將入相，臣不如李靖；敷奏詳明，出納唯允，臣不如溫彥博；濟繁治劇，眾務必舉，臣不如戴冑；恥君不見堯舜，臣不如魏徵；至激濁揚清，疾惡好善，臣於數子，有一日之長。

這也可見唐太宗確實用了一批人才，他對國家治理和用人有三大基本原則一是大公無私，二是推誠待人，三是賞罰分明。唐太宗也是一個有反省能力和接受批評雅量的人，他說：「朕有三鏡，以銅爲鏡可以正衣冠；以古爲鏡，可以知興替；以人爲鏡，可以明得失。」這樣的國家領導人在歷史上不多見，但成功法則又如此的簡單（三大基本原則）。

《貞觀政要》的政治原則有兩個重點，就是鼓勵批評和賞罰分明。在貞觀一朝，大臣如魏徵、王珪、孫伏伽、戴冑、張玄素等，都是以能批、敢批著稱。尤其魏徵更是當時的「批評天王」，在隋朝以逢迎拍馬爲能事的老臣裴矩，到了太宗手下，也不得不有話直說。這也証明人才治世亂世都有，只看有沒有會用人才的領導人。而真話也人人會說，只是上位者要不要聽，若上位者不聽，下面便無人敢說真話了。說來《貞觀政要》的政治思想內涵，竟如此的簡單。

批評天王魏徵前後有給太宗諫疏二百多通，約數十萬言，舉凡國事無所不批（如今之李敖），從皇帝的內心到行爲，從皇帝的現在到未來，無不明目張膽的批。其中最有名的是<十思>、<十漸>兩疏，<十思>是勸太宗要居安思危，防患未然：

（一）見可欲則思不足。
（二）將興繕則思知止。
（三）處高危則思謙降。
（四）臨滿盈則思挹損。
（五）遇逸樂則思撙節。

（六）在宴安則思後患。

（七）防壅蔽則思延納。

（八）疾讒邪則思正己。

（九）行爵賞則思勿因喜而僭。

（十）施行罰則思勿因怒而濫。

貞觀十二年，唐太宗問魏徵，最近政治情況和以前有甚麼不一樣的地方，魏徵因上<十漸>之疏，直說太宗「混的越來越凶」了：

陛下即位之初，淨清寡慾，化及荒外，今萬里遣使，訪求珍異，一漸也。初愛民如子，今浸用民力，二漸也。初勞身以役物，今縱慾以勞人，雖憂時之言，不絕於口，而樂身之事，實切於心，三漸也。初親君子遠小人，今則於君子也，恭而遠之，於小人也，狎而近之，四漸也。初不作無益以害有益，今則翫好之雜然並進，五漸也。初求賢若渴，今好惡隨心，使譖言得行，六漸也。初無田獵遊觀之好，今晨出夕返，馳騁自娛，七漸也。初遇下有禮，群情上達，今詰責細過，忠款不申，八漸也。初孜孜求治，唯曰不足，今長傲遂非，興兵黷武，九漸也。初頻年水旱，撫恤不違，今徭役漸興，元元之心，恐不能如前安固，十漸也。

魏徵<十漸>的批評，縱使現代民主社會的國家元首可能也聽不下去。奇怪的是太宗有大肚量，他深爲感嘆，把<十漸>全文寫在屏風上，朝夕反省改進。貞觀十七年，魏徵去世，太宗很傷心說「徵沒，朕亡一鏡矣！」唐太宗因有虛懷納諫的氣度，才有生氣蓬勃的貞觀之治。

據<舊唐書．太宗本紀>記載，「歲斷死刑二十餘人，幾致刑措，東至海，南至嶺，皆戶外不閉，行旅不齎糧。」証明當時的政府是廉能有效的政府，社會是安定繁榮的局面，這只是唐太宗的文治一面。另一面的國防國勢，則是當時國際盟主的地位。

大帝國（國際盟主）之起，除政治、文化、經濟等力量，須要一批文臣努力外，國防軍事力量則更須要一批武臣去開拓疆土。輔佐唐太宗掃平群雄，又攻略突厥、吐谷渾，而揚名天下的李衛公（李靖），和另一名將李勣，是大唐帝國軍事上的兩大柱石。

李靖原在隋朝任官，歸順大唐後，以武勳封為衛國公，他和唐太宗就國防軍事及戰略上的對話，史傳有《李衛公問對》一書，為我國「武經七書」之一。

李靖生在南北朝（571 年），卒於唐太宗貞觀廿三年（649 年），他在民間小說也有很高的地位。如「紅拂夜奔」、「風塵三俠」，都講他的故事，對民間政治思想之忠義精神影響很大。

3. 確實當時大唐是國際盟主，唐太宗被推為「天可汗」，談談這時大唐的國際關係、對外策略、疆域及邊防等。

外交是內政的延長，此古今不易之理。惟今之所謂「國際關係」和一千四百年前的大唐貞觀盛世，有完全不同的概念。當時是以中國為天下之中心，向四方擴散所建立的一個「天下秩序結構圖」（如下圖）。而天下秩序之所以能到大唐完成「結構化」，也並非單純大唐一朝的努力，而是經過從西周開始，經秦皇漢武諸帝奮鬥，約一千八百年的發展，到唐太宗時中國的總體國力才達到最高峰。太宗被亞洲各民族尊為「天可汗」（即亞洲最高盟主）。

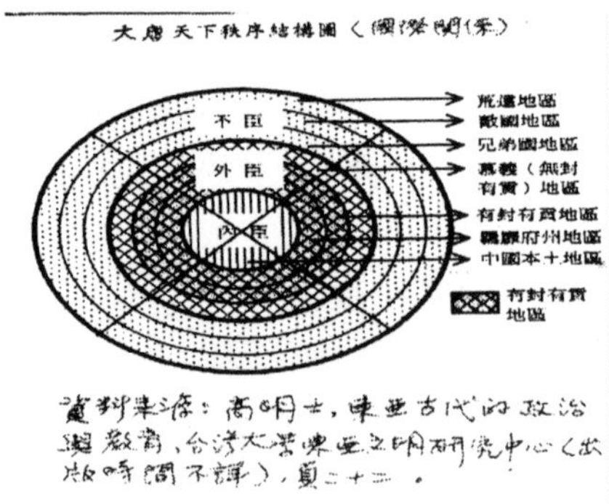

圖 5-2：大唐天下秩序結構圖

如天下秩序結構所示，「中國」一詞並沒有明確範圍，有時指「中國本土」，有時包含「外臣」地區（如突厥、吐谷渾、回紇、朝鮮、倭國等無封有貢）；有時又指整個「天下」。

一個大國盛世的形成，無可否認的，一定要有強大武力作後盾。只是當時的用武和現代西方帝國主義的「侵略」戰爭是不同的，而是要正秩序，用兵在於止戈。當時大唐和周邊各民族的大戰鬥概有（另見後表）：

（一）北方與突厥民族的經略融合

<隋書・突獗傳>所述，「突厥之先，平涼雜胡也，姓阿史那氏，魏太武滅沮渠氏，阿史那以五百家奔茹茹（柔然，或作蠕蠕）世居金山。」這說明突厥是匈奴的一支苗裔。大唐與東突厥（在今蒙古）、西突厥（今新疆西北與中央亞細亞地區）及附庸諸部都有大戰鬥，到唐玄宗時才告結束。

（二）西方對西域、吐蕃、天竺經略

唐中葉以後，西方吐蕃（今西藏）強大，控制西域諸國，大唐爲打通西域孔道，乃經略西域及吐谷渾（今青海）、党項（川邊）、吐蕃，並遠征天竺（今印度半島），中國勢力最早達於印度之始。唐太宗時玄奘和尚遊學印度，戒日王得知中國文化的偉大，貞觀十五年遣使入朝，也是中印國際關係之始。

（三）東北對遼東朝鮮之經略

隋唐之際，遼東與朝鮮半島北部稱高麗，半島南部東有新羅，西爲百濟。唐對東北用兵也包含契丹和奚人，至唐高宗時平定高麗，設安東都護府。

唐代疆域（中國本部），依貞觀十四年統計有州府三百六十，縣一千五百五十七。爲管理遼闊的邊疆，太宗、高宗時設有六大都護府，以加強邊防。到玄宗時又成十大節度使。

貞觀三年（630 年）十二月，由突利可汗開始，突厥各部首領，相繼歸降大唐。次年三月，頡利可汗被擒，突厥第一帝國亡；十一月新羅入貢，十二月開党項之地十六州。太宗被「諸蕃君長」尊稱爲「天可汗」（T?ngri-Qaran）。《通典》（卷 200）載：

群臣及諸蕃咸稱萬歲。是後以璽書賜西域，北荒之君長，皆稱皇帝天可汗，諸蕃渠帥死亡者，必詔冊立其後嗣焉。

此乃大唐天子不僅是中國皇帝，也是當時的國際盟主，天下共主。李唐既然接受「天可汗」封號，在政治、經濟、文化、宗教，乃至人才選用上，自然樂於採取開放態度，國際各民族平等往來。這是貞觀盛世，今天的聯合國和各國憲法大多訂了各民族平等條款，但多做不到，美國境內的少數民族常在示威遊行，因其受「次等公民」待遇。

圖 5-3：高昌故城遺址　高昌位於中西交通的門戶，附近的古墓群有數量可觀的中國古物，屬於唐代者尤多，足見唐代中西交通與商務繁盛之一斑。
圖片來源：國立編譯館，歷史，第二冊，頁 25。

圖 5-4：布達拉宮文成公主塑像
圖片來源：國立編譯館，歷史，第二冊，頁 25。

唐代都護府　唐代爲了控制遼闊的邊疆和歸附的四夷，必須加強邊防，唐太宗高宗時於邊緣設都護府，這種都護府亦時有增廢，最著名有六大都護府，如下表。

表 5-1：唐代都護府

都護府	治所	今地	控制區域	備考
安東	平壤	今朝鮮平壤	高麗諸府州	總章元年平高麗置安東都護府於平壤後屢徙新城，遼東，天寶初屬平盧節度。
安南	交州	今越北河內	交趾與海南諸國	原爲隋之交趾郡，唐武德五年改爲交州總管府調露元年改爲安南都護府。
安西	龜茲	今新疆庫車	西域	貞觀十四年平高昌置安西都護府初治交河城後移龜茲，開元時並入鎭西節度。
安北	金山	今科布多境	漠北	永徽初置燕然都護府，總章二年，改爲安北大都護，天寶初屬朔方節度。
單于	雲中	今綏遠托克托	漠南	龍朔三年置雲中都護府，麟德元年，改爲單于大都護，天寶初屬朔方節度。
北庭	庭州	今新疆廸化	天山北路	貞觀十四年平高昌置庭州，長安二年於庭州置北庭都護府，天寶初併入北庭節度。
顯慶三年平西突厥後於碎葉城東、西，十姓之地，置崑陵，濛池二都護，武則天以後卽廢故未列。				

表 5-2：唐代十節度使

唐代十節度使　到唐玄宗時，中國的勢力範圍已有變遷，遂改六都護府爲十大節度使，如下表．

節度使	治所	今地	備考
平盧	營州	熱河朝陽	天寶元年分范陽節度地，置平盧節度，鎮撫室韋靺鞨，統平盧盧龍二軍，榆關守捉，原安東都護府，屯營，平二州之境，治營州，有兵三萬七千五百人。
范陽	幽州	北平	睿宗景雲二年初置，天寶初改制，臨制奚、契丹，統經略、威武、清夷、靜塞、恒陽、北平、高陽、唐興、橫海、九軍、屯幽、薊、媯、檀、易、恒、定、漠、滄、九州之境，治幽州，兵九萬一千四百人。
河東	太原	山西太原	開元十一年置，以禦突厥，統天兵、大同、橫野、岢嵐四軍，雲中守捉，屯太原府忻、代、嵐三州之境，治太原府，有兵五萬五千人。
朔方	靈州	寧夏靈武	開元九年置，捍禦突厥，統經略、豐安、定遠三軍三受降城，安北、單于二都護府，屯靈、夏、豐三州之境，治靈州，兵六萬四千七百人。
河西	涼州	甘肅武威	睿宗景雲二年置，斷隔吐蕃、突厥（包括回紇），統赤水、大斗、建康、寧寇、玉門、墨離、豆盧、新泉八軍，張掖、交城、白亭三守捉，屯涼、肅、瓜、沙、會五州之境，治涼州，有兵七萬三千人。
隴右	鄯州	青海樂都	開元二年置，防禦吐蕃，統臨洮、河源、泉、安人、振威、威戎、漠門、寧塞、積石、鎮西十軍，綏和、合川、平夷三守捉，屯鄯、廓、洮、河之境，治鄯州，兵七萬五千人。
鎮西	龜茲	新疆庫車	又稱安西節度，或安西四鎮節度使，開元六年置，撫寧西域，統龜茲、焉耆、于闐、疏勒四鎮，治龜茲城，兵二萬四千人。
北庭	庭州	新疆廸化	開元二十九年置，防制天山北路之西突厥、突騎施、堅昆，統瀚海、天山、伊吾、三軍，屯伊、西二州之境，治北庭都護府（即庭州）有兵二萬人。
劍南	益州	四川成都	開元五年置，西抗吐蕃，南撫蠻獠（包括南詔），統天寶、平戎、昆明、寧遠、澄川、南江六軍，屯益、翼、茂、當、巂、柘、松、維、雅、黎、姚、悉十三州之境，治益州，有兵三萬九百人。
嶺南	廣州	廣東廣州	又稱嶺南五府經略使，開元中置，綏靖夷、獠，統經略、清海二軍，桂，容、邕、交四管，治廣州，有兵萬五千四百人。

十節度之外，邊防軍尚有長樂經略；歸福州統領，兵千五百人；東萊守捉，歸萊州統領；東牟守捉，歸登州統領，兵各千人，所以防禦海疆。

（以上參見舊唐書卷三十八地理志一，暨資治通鑑卷二百一十五，唐紀三十一）

上兩表資料來源：陳致平，中華通史，四冊（台北：黎明出版，77 年 3 月），頁 345~247。

盛唐是我中華民族在中古時期中一段最強大的擴張時代，在這段時代中，唐人與四裔異族展開了強的戰鬥，戰鬥的結果，許多民族都被唐人所征服、所同化，玆將唐時四裔的重要民族列表如下：

表 5-3：唐代四裔情況略表

方位	民族		在今何地	備考
北方	突厥	東突厥	今蒙古地方	唐太宗時征服成爲中國北藩
		西突厥	今阿爾泰山迤西新疆北部至中央亞細亞地方	唐高宗時征服，後其部落分散降服無常。
	敕勒諸部或稱鐵勒	回紇	以上諸部散處漠北，流徙無常，原居地約在今蒙古北部，至西伯利亞地方	敕勒一稱鐵勒，爲匈奴之苗裔，其部落繁多，多降附於突厥，成爲突厥之附庸民族，種族之分布區域甚廣，敕勒諸部在唐時以回紇爲最強，故又稱回紇諸部而以回紇爲其代表，在唐太宗時爲中國征服，成爲北藩，安史亂後其部轉盛與唐朝儼若敵國，且爲北方一大患。
		薛延陀		
		拔野古		
		僕骨		
		渾		
		多覽葛		
		拔悉密		
		骨利幹		
		白霫		
		斛薛		
		契苾		
		同羅		
		思結		
		奚結		
		阿跌		
	流鬼		在今西伯利亞貝加爾湖北	貞觀十四年其王遣使來朝。
	黠戛斯		今蒙古唐努烏梁海北至西伯利亞地方	初屬回紇，回紇衰而黠戛斯強
	葛羅祿		在今阿爾泰山西北	本突厥族，天寶時曾來朝至武德後漸盛與回紇爭強，其後徙居十姓地。

本表資料來源：同上，頁 199~204。

西方		
高昌	卽漢車師地方，在今新疆吐魯蕃一帶	貞觀時滅其國置西州。
焉耆	今新疆焉耆地方	貞觀六年遣使來貢，貞觀十八年郭孝恪討之，擒其王。
龜茲	今新疆庫車地方	高祖時遣使來貢，貞觀二十一年阿史那社爾等討降之。
疏勒	今新疆疏勒地方	貞觀九年遣使來貢，開元十六年册封其王。
于闐	今新疆和闐地方	貞觀六年，遣使來貢，十三年又遣子入侍。
罽賓	在今阿富汗東部——印度河發源處	武德時遣使入貢，貞觀時來獻名馬。
吐火羅	今阿富汗地在罽賓之西北卽古大夏月氏地	武德、貞觀、永徽、顯慶、神龍、開元時皆遣使來貢。
箇失密	或稱迦濕彌羅卽今印度克什米爾地方	開元初曾遣使入朝。
朱俱波	在于闐西帕米爾地方	貞觀九年遣使來朝。
喝盤陀	在朱俱波西亦今帕米爾地方	
大勃律 小勃律	在朱俱波南靠近西藏印度之間	萬歲通天開元時曾遣使入朝，爲吐蕃所攻曾役屬於吐蕃。
泥波羅	卽今之泥泊爾地方	永徽中遣使來貢。
天竺	卽今之印度	貞觀時遣使來貢，王玄策曾發吐蕃兵臨中天竺
康國	今中亞撒馬爾汗地方（古康居）	武德時來貢，以後貢使常來。
石國	今中亞之塔什干地方	武德時來貢，開元時封其君長爲石國王。
波斯	今之伊朗地方	永徽時遣使來唐，曾置波斯都督府。
大食	今之阿剌伯	長安時開元時遣使來。
拂菻	當時敍利亞一帶東羅馬屬地	貞觀時遣使來獻。

以上皆古稱西域之地

（接下表）

西方略偏南	党項	今西康東北至甘肅南端一帶地方	初附吐谷渾貞觀時李靖討降之，一部分後附吐蕃
	吐谷渾	今青海地方	貞觀時討平之，其後一部分附於吐蕃。
	吐蕃	今之西藏地方	貞觀時與中國和親，其後叛服無常，成爲中國西方一大患。
東北方	靺鞨	今黑龍江吉林省地方	唐初遣使來貢，以後偶有使至。
	奚	在今熱河地方	奚與契丹人常爲中國東北之患，太宗時討降之一部內附。
	契丹	今熱河東北與外蒙古東端地方	太宗時討降之，天寶後復叛。
	室韋	今黑龍江北部地方	唐初曾遣使來貢。
	蒙兀	今外蒙古東端地方	唐初曾遣使來貢。
東方	日本	今日本國	一稱倭國咸亨至長安時數遣使來唐並派有大批留學生。
	高麗	今朝鮮半島北部與一部分遼吉地方	初臣服於唐，後叛，太宗時興兵討之不克，至高宗時征服之。
	新羅	今朝鮮半島東南部	高宗時成爲中國藩屬，於其地置鷄林都督府。
	百濟	今朝鮮半島西南部	高宗時征服之，於其地置熊津等五都督府。
南方	南詔	今雲南省地方	叛服無常，成爲唐末東南大患。
	林邑	今越南中南部一稱占城	自高祖至太宗時屢來朝貢。
	眞臘	今之東埔寨（高棉）地方	自高祖歷太宗武后至玄宗時屢來朝。
	驃國	今之緬甸	貞觀八年遣使來獻
	墮和羅	今泰國地方	
海上	婆利	或即今之南洋婆羅洲地方	貞觀時遣使來獻。
	盤盤	在今之南洋羣島中其確實地點不詳	同上
	陁洹	同上	同上
	訶陵	今爪哇	同上
	墮婆登	今南洋羣島中在林邑南	同上
	狼牙修	在馬來半島	
	室利弗逝	在蘇門答剌島上	

4. 大唐盛世是中國歷史上一段偉大的和平繁榮時代，為甚麼安史之亂後，開始走向衰亡？

安祿山造反正好在唐朝中葉，肅宗至德元年（756 年），安祿山自稱大燕皇帝，即位於洛陽，攻陷潼關，玄宗幸蜀，太子即位靈武（今寧夏省靈武縣），是爲肅宗，遙尊玄宗爲太上皇。（作者註：2005 年 8 月間，有電視正演這段故事，演成安祿山強暴楊貴妃，這是小說情節，歷史上無明顯証據可查。）

安史之亂雖平定，但接下來藩鎭、宦官、外患、朋黨及民變等大亂不斷，終至大唐崩潰。故安史之亂是唐代政治由清明穩定走向腐敗動亂的關鍵點，其因果關係簡論如下。

安祿山原是平盧、范陽及河東三節度使，爵封東平郡王，坐鎭幽州（北平），掌握近四十萬精兵（約唐玄宗時全國總兵力三分之一）。坐擁重兵使安祿山有造反的野心，另一個原因是唐玄宗寵愛楊貴妃耽於逸樂，楊氏一家人驕奢淫佚，朝政大亂，安祿山起兵造反就是以討伐楊氏爲號召。

安祿山造反，大唐承平太久，一時反應不過來，玄宗幸蜀。所幸，大唐尚有一批忠臣義士，如朔方節度使郭子儀、河東節度使李光弼，更有張巡死守睢陽城之氣節，睢陽（河南商丘）之役，大小四百餘戰，牽掣叛軍十餘萬，使郭子儀等能收復兩京。後文天祥＜正氣歌＞曰「爲張睢陽齒」，即述這一幕壯烈史事。

但安祿山並不是一塊料子，佔有一小片江山，便日夜縱慾，不久被兒子安慶緒設計殺害。慶緒繼位爲帝，不久亦兵敗亡走河北。

安祿山亂平，又有史思明父子起兵造反，雖然歸平定，但亂事歷三朝（玄、肅、代）九年。大唐國本創鉅深痛，從此一蹶不振，大唐的國運下半段便一路走下坡。所以安史之亂成爲有唐三百年治亂盛衰之轉捩點，影響至爲深遠。五代十國的政局與社會、宋太祖「強幹弱枝」政策，再往下推燕雲十六州國防要塞喪失，契丹女真相繼崛起，一路往下推第二帝國數百年，都可以從安史之亂理出因果關係。（如附表）

安史之亂只是唐代中葉事，接下來是屢代不絕的藩鎭之亂。所謂「藩鎭」是前述那十大「節度使」，各自擁兵自重或起兵造反。原因除朝廷政治無力外，另有以下三點：

第一、節度使一身兼有軍事、行政、財賦、司法大權，儼然大唐帝國中之王國，貞觀時尚能受中央節制，之後漸不受中央控制，自行擴張兵力，朝廷也無力制約。

第二、大唐皇帝即有「天可汗」尊號，就有天下一家諸民族平等的觀念，國家領導階層乃有各族群人才：

哥舒翰（隴右節度使）突厥人：。

高仙芝（安西四鎮節度使）：高麗人。

李光弼（朔方節度使副座，後改河東節度使）：契丹人。

白孝德（北庭行營節度使）：西域人。

王思禮（累官、潞沁等州節度使）：高麗人。

渾瑊（天德、河中節度使）：鐵勒九姓之渾部人。

僕固懷恩（朔方行營節度使）：鐵勒諸部中僕固族人。

李懷光（朔方節度使）：渤海靺鞨人。

從正面的意義看，表現大唐盛世有泱泱「天可汗」的氣度，也是整個中華民族大融合的途徑。但當大唐的領導階層統御能力不足時，便出現負作用，番兵番將叛服無常，在唐史上屢見不鮮。

第三、安史之亂平定後，安史叛將紛紛投降，朝廷採綏靖政策，又將叛將拜爲節度使，佔據大唐整個東北地區。中唐以後，唐室無能，此處遂爲藩鎮之亂的開端，其來有自。

藩鎮之亂外，唐末最大的內憂是宦官，藩鎮亂於地外，宦官之禍則在中央操縱國家君主廢立。大唐到晚葉成爲一個亂局，回紇、吐蕃和南詔紛紛叛唐或入侵。最後加上黃巢、王仙芝和秦宗權等流寇交積，大唐政治糜爛到一個飽和點。

大約在唐帝國最後一百年，政治腐敗出現以下四種情形。第一是賄賂公行，富人因而有機會通過賄賂官吏，規避賦稅，賦稅便轉到農民和一般小民身上，造成貧富懸殊太大。第二土地被富人豪強兼併，更多農民失去土地。第三貪官污吏横行擾民，民怨不滿日愈高漲，而政府束手無策。第四宦官專權，中央政府腐敗，天子受制於宦官而無力掙脫，也就沒有能力治天下了，便任由宦官集團去搜割民脂民膏。

終於昭宣帝天祐四年四月，梁王朱全忠成爲「壓垮駱駝的最後一根稻草」，篡了唐帝大位，廢帝爲濟陰王，唐亡，進入一個更大的動亂大時代五代十國。

表 5-4：安史之亂的因果關係和影響分析表

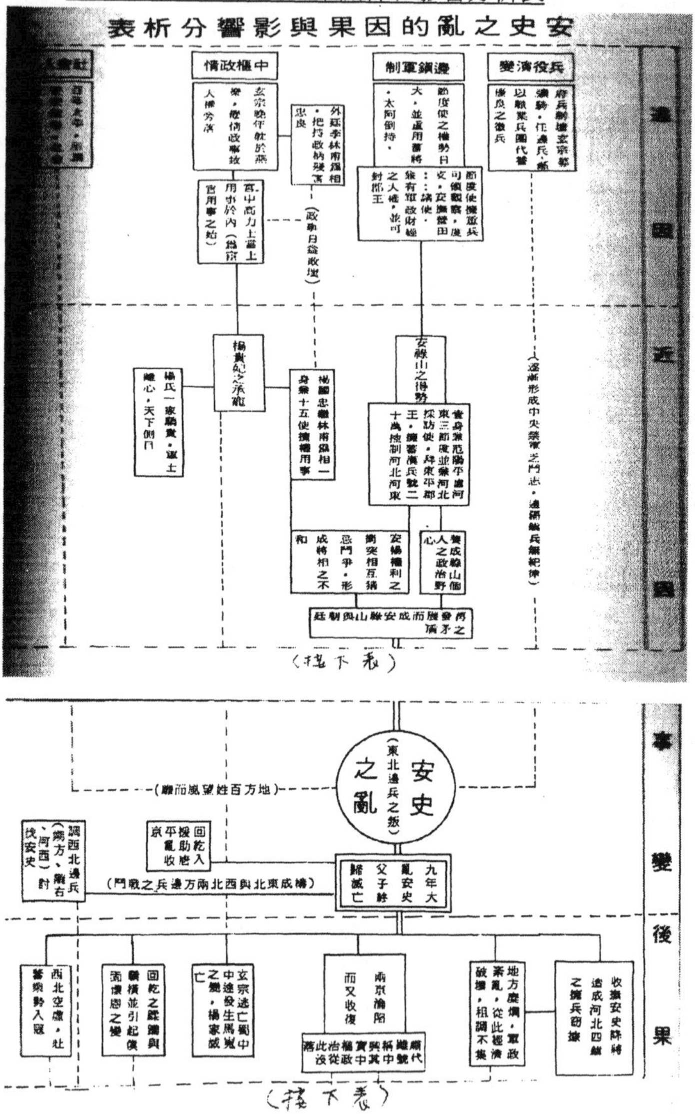

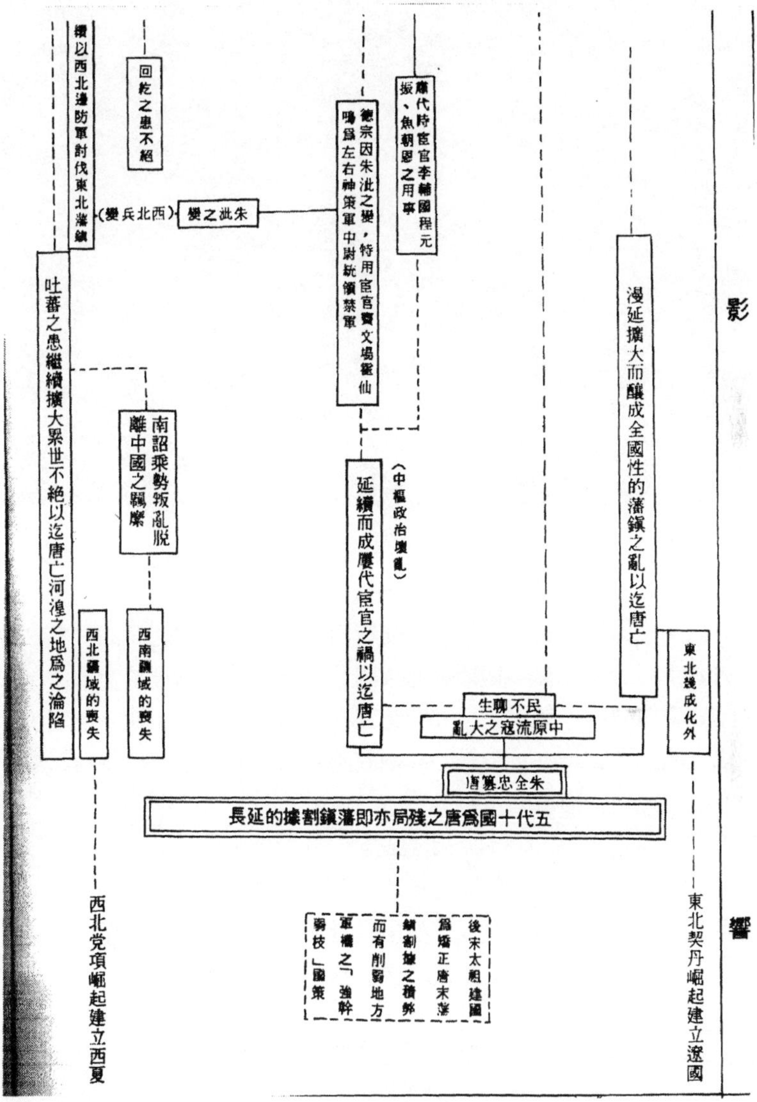

本表資料來源：陳致平，中華通史，四冊，頁 270~271 夾表。

圖 5-5：青藏鐵路試車（世界最高鐵路）試車

世界最高鐵路之一的青藏鐵路，從青海省會西寧直通西藏的拉薩，總長一千九百六十三公里，當中還翻過海拔四千七百五十七公尺的昆崙山，沿線地理嚴酷、環境惡劣、氣候寒冷，因此工程的困難度可想而知。這項工程除了是中國大陸重要試驗外，也是亞洲地區的創舉。圖爲十五日進行試車，行經青海省西北昆崙山附近的情景。

圖片來源：2005 年 9 月 16 日，人間福報。

5. 隋唐三百多年在歷史上也如白駒過隙般消逝，至少曾經是盛世，但盛世只維持一百多年。陳老師，能否從制度面談談？

隋唐三百多年間，隋代短暫，唐之中晚葉政治又開始腐敗，故以大唐中葉以前的一百多年盛世之政治制度爲基準，並爲後世稱道效法。大唐盛世時期的政治制度有一重要特色，即「合議制」，而非皇帝一人專權（唐太宗時最爲成熟）。但這種好的制度也並非唐太宗時突然創造出來，而是觀察前代許多「實驗」而來，如＜隋書・百官志＞說：

高祖踐極，百度伊始…煬帝嗣位，意存稽古…大業三年，始行新令…既而以人從欲，待下若讎，號令日改，官名可易…圖籍注記，多從散佚，今之存錄者不能詳備焉。

唐承隋制，到太宗中葉大力革新，遂成大唐盛世政治制度之張本。在中央政治制度，可列表如下。

按唐代中央制度，三師三公是榮譽職，類同今之國策顧問或戰略顧問；九寺爲天子宮庭庶務官，位高無權，乃漢之九卿演變而來，但漢代九卿掌全國政務，位高權重。

真正掌握大唐國家行政大權是「三省」和「一臺」，三省是行政、立法、司法，而一臺是「御史臺」，即監察權的行使，可稱「四權分立制」。

尙書省是全國最高行政機關，尙書令總百揆，爲唯一之宰相，惟尙書令常爲虛設（因太宗李世民曾爲尙書令）。實際上有左右兩僕射（開元時改左右丞相），左丞相掌吏、戶、禮三部，右丞相掌兵、刑、工三部，此六部類似現代行政院下的八部。

門下省是皇帝侍從，職掌是「出納帝命，贊相禮儀」，並得參與國家政務。中書省是皇帝秘書，職掌是「軍國政令，緝熙帝載，佐天子而執大政」。

所謂「合議制」，是國家大事須經三省長官會議決定，會議地點專設於「政事堂」。

三省的關係和功能各不同，中書省制定法令，門下省審查法令，尙書省執行法令。而每一項國家法令要頒布執行前，都經嚴密的起草、審查、駁復、再議、再審之流程，這個立法到執法的過程也叫「三省駁議制」。

一臺是「御史臺」，長官一人爲御史大夫，品位和三省同，其下有臺院、殿院及察院等三院。職掌「以刑法典章糾正百官之罪惡」，御史也是位高權重，與三省併列爲國家之四權。

原來大唐之能成爲盛世，不僅僅在他的領導階層有一批大公無私的人才，在制度設計上，刻意使權力分散與制衡，故有「合議制」創設，一千多年前的唐人就知道權力不能集中，也是我國政治制度史之寶產。

在地方制度上，隋唐都是郡縣兩級制。惟中國地大物博，唐初爲統攝地方軍事，設「總管府」，後設「都督府」，又演變成「節度使」，是節度使之由來。《唐書》卷四十九下＜百官志＞載，節度使職掌和儀制如下：

> 節度使知節度事。行軍司馬、副使、判官、支使、掌書記、推官、巡官、衙推、各一人，同節度副使十人，館驛巡官四人…節度使封郡王，則有奏記一人。兼觀察使，又有判官、支使、推官、巡官、衙推，各一人…節度使掌總軍旅，專誅殺…州縣齎印，迎於道左…

這是何等威勢？論地位如現代戰時「地區軍政長官」，論地盤每一節度使控領地區都是數個以上的台灣。在制度設計上，使得節度使成為位高權重的角色，在盛唐時，中央政治清明，國勢強大，尚能節制所謂的「十大節度使」。中唐以後，政治開始衰落、腐化，節度使不受節制，且開始搞「獨立」，分裂國家，終於導致「藩鎮之亂」，大唐解體而亡。

其實，不論盛唐、中唐、晚唐，用的是同一套制度，不同的人馬，僅有少許調整。為何盛唐創造了天堂，中唐尚能維持「人間」生活，衰唐以後就成了人間地獄？道理也不難解釋，恰如現在的台灣，國民黨時代用的是「五權憲法」政治制度，創造台灣奇蹟。民進黨執政用的也是同一套制度，卻製造出台灣煉獄的景象（94 年 8 月下旬的媒體形容），永無休止的族群鬥爭，沒有人權法治的沉淪之島…就像歷朝歷代之末葉，即將變天滅亡之景象。

所以，大唐衰亡也可以說不是制度的問題，而是人的問題，人在用制度。簡單的回顧唐太宗時代統治原則，不外直諫與納諫、廉節儉約、居安思危、君臣一體、政在得人及各民族一律平等。看似很簡單的「學問」，行之則創造成功與奇蹟，反之則趨於腐敗滅亡。興亡竟也只是一些簡單道理，而這些道理和「人」關係較大，與「制度」關係較小！

表 5-5：唐代中央官制簡表

唐代中央官制簡表（[illegible]）

類別	官名與品階		[illegible]	[illegible]
三師	太師（正一品） 太傅（正一品） 太保（正一品）		三師天子所師，法[illegible]所[illegible]，非其人則闕	隋初本置三師，後廢；至唐貞觀十一年復置
三公	太尉（正一品） 司徒（正一品） 司空（正一品）		三公佐天子理陰陽、平邦國，無所不統，非其人則闕	同隋
三省	尚書省	尚書令（正二品） 左僕射（從二品） 吏部尚書（正三品） 戶部尚書（正三品） 禮部尚書（正三品） 右僕射（從二品） 兵部尚書（正三品） 刑部尚書（正三品） 工部尚書（正三品）	尚書六部總理國家庶政，尚書令掌典理百官；左右僕射掌統理六部，為令之貳，令闕，則總省事，六部尚書之下，有六都侍郎（正四品）	同隋（惟六部名稱略異）
	門下省	侍中（正三品） 侍郎（正三品） 左散騎常侍（正三品） （另有左諫議大夫、給事中、左補闕、左拾遺、起居郎、宏文館學士等）	門下掌出納帝命，贊相禮儀，凡國家之務，與中書總參之；侍郎為侍中之貳，原為正四品官，大曆後升為正三品	隋時門下侍中稱納言，餘略同
	中書省	中書令（正三品） 侍郎（正三品） 右散騎常侍（正三品） （另有右諫議大夫、中書舍人、右補闕、右拾遺、通事舍人、集賢殿學士等）	掌佐天子執大政，並承旨制定制，命策書，侍郎為中書令之貳，原為正四品官，大曆後升為正三品。	隋時中書令原稱「內史」，其他略同
一臺	御史臺	御史大夫（正三品） 中丞（正四品） 御史（八品至六品）	掌以刑法、典章，糾正百官之罪，中丞為大夫之二，御史分司彈劾之職	隋分三臺，曰謁者臺、司隸臺、與御史臺，御史臺有大夫、侍御史與監察御史
五監	國子監	國子祭酒（從三品） 下有丞、主簿、錄事、博士等	掌儒學訓導之政，總國子、太學、廣文、律、四門、書、算七學，博士掌教授	同隋
	少府監	少府監（從三品） 下有丞、主簿、錄事、領諸署	掌百工技巧之政，總中尚、左右尚、織染，掌治五署及諸鑄錢、互市等監	同隋
	將作監	將作監（從三品） 下有丞、主簿、錄事、領諸署	掌土木工匠之政，總左、右、中三校，甄官等署，與百工等監	同隋
	軍器監	軍器監（正四品） 下有丞、主簿、錄事、領諸署	掌繕甲弩以時輸武庫，總弩、甲、兩坊	隋為大長秋
	都水監	都水使者（正五品） 下有丞、主簿、領諸署	掌川澤、津梁、渠堰、陂池之政	唐增置
九寺	太常寺	太常寺卿（正三品）	掌禮樂、郊廟、社稷之事	同隋
	光祿寺	光祿寺卿（從三品）	掌酒醴膳羞之政	同隋
	衛尉寺	衛尉寺卿（從三品）	掌器械文物	同隋
	宗正寺	宗正寺卿（從三品）	掌天子宗族屬籍	同隋
	太僕寺	太僕寺卿（從三品）	掌廄牧輦輿	同隋
	大理寺	大理寺卿（從三品）	掌折獄詳刑	同隋
	鴻臚寺	鴻臚寺卿（從三品）	掌賓客、凶儀、四夷朝見之事	同隋
	司農寺	司農寺卿（從三品）	掌倉儲委積之事	同隋
	太府寺	太府寺卿（從三品）	掌財貨、廩藏、貿易之事	同隋

本表資料來源：陳致平，中華通史，五冊，頁 70~72。

6.陳老師果然一語道破國家興亡的秘密。另外，談談隋唐時期的政治思想概要。

隋唐之際即有一段大唐盛世，這是中國自秦漢以來，再一次強盛的高峰。大國強權之興盛，必然使其文化、學術等成爲當時國際之「顯學」，如同今之美國，這可能是「叢林競爭法則」無法避免的作用之一。更何況，中華文化在亞洲原本也是燦爛的主流文化，影響力廣被周邊各國。

隋唐之際的思想、學術，如書籍整理、儒學、性理學、文學、史學、科學、藝術、音樂、歌舞等都達到空前盛況。各國留學生雲集唐都，學習中華文化，長安等各大都會也成爲國際金融文化中心。唐代又是中國歷史上宗教思想最發達，尤以佛教最盛，影響中國文化最深。此處，以最接近政治思想的儒學、性理學和佛教爲主述，略談其思想概要。

一、隋唐儒學之興盛

隋唐之際的儒學稱「經學」，早在南北朝時經學有南北之分，南以王弼爲主，北以鄭玄爲主。至隋朝有陸德明的《經典釋文》最盛，是書易用王氏，書用孔安國，左傳用杜解，接近南學，尙談名理。故隋朝在政治上是北朝統一南朝，但在儒學思想上是南朝統一北朝。

至唐代儒學更大興，貞觀時以天下儒士爲學官，國子祭酒孔穎達、顏師古等諸儒撰《五經正義》，到高宗時正式頒行全國。是書註疏，周易以王注爲主，尙書以孔傳爲主，左傳以杜解爲主（以上南派）。而毛詩和禮記，均用鄭注（北派），這是儒學思想的南北融合，也是學術思想上的大一統。

唐代科舉取士，以易、書、詩、三禮、三傳，合爲九經取士，國家官吏、從政之人唯一必讀的書。唐文宗時「開成石經」，把十二經（九經加孝經、論語、爾雅）刻石，分列長安國子監講堂兩廊，總字數達六十五萬餘，亦爲儒學盛事。

二、儒佛合流與性理學

南北朝以來，儒佛道三家激盪，常引起政治干預，如北魏太武帝和北周武帝滅佛事件。隋末大儒王通（文中子），主張三教自由發展，任其融合，最後由儒家思想統一（即中國化）。王通之學謂「新儒學」，理學之開端。至唐代大儒韓愈，攘斥佛老，提出中國「一貫道統觀」（即本書核心思維），並以孔子爲正統精神標竿。合於一貫道統爲正統，不合則非正統，其＜原道＞一文說：

博愛之謂仁，行而宜之謂之義；由是而之焉之謂道，足乎己無待於外之謂德。仁與義為定名，道與德為虛位…斯道也，何道也？曰：斯吾之所謂道也，非向之所謂老與佛之道也。堯以是傳之湯，湯以是傳之文武周公，文武周公傳之孔子，孔子傳之孟軻，軻死不得其傳焉。

韓愈自命爲續孟子之後，傳儒家正統的衛道者，並闡揚儒家中心思想是仁義。貫徹仁義須從誠意、正心、修身開始，故作＜原性＞一文，推崇孟子，開理學之端倪。到韓愈的學生李翺，轉而好佛，著＜復性書＞三篇，走向理學之境界，也爲儒家注入新內涵。

吾人以爲，韓愈反佛是怕中國道統受到傷害。若韓子能預知佛學思想在中國一千多年的發展融合，已經「中國化」了，故佛學已成中國正統思想之一部份。俗云「中華文化不外儒佛道三家」，他大概就不反佛了。

唐憲宗時迎佛骨到京師，韓愈力諫將佛骨「乞付有司，投諸水火，永絕根本，斷天下之疑，絕後代之惑。」憲宗大怒，將韓愈貶爲潮州刺史。奈何！至此，大唐天子已多信佛，玄奘和尚西天取經歸來，唐太宗隆重禮遇。

佛教到隋唐時，發展成十一宗派（天臺宗、華嚴宗、法相宗、俱舍宗、禪宗、淨土宗、律宗、真言宗、毗雲宗、成實宗、三論宗），中唐後禪宗獨盛。

三、民族融合與三教合一

李唐王室有天下一家思想，應是在感情和血統上，李淵、李世民均非純漢族，所娶皇后更系胡族女子。太宗曾說，「自古皆貴中華，賤夷狄，朕獨愛之如一，故其種落皆依朕如父母。」（林恩顯書，另引孫廣德、朱浤源，頁 280）故大唐盛世也帶來民族融合，反應在文化政教上則是「三教合一」的結果。

當時西方各宗教，如黃教（Shamanism，西伯利亞北部教派）、祆教（Zoroaster，拜火教，波斯國教）、摩尼教（Manicheism，佛、祆教與基督教三教合一）、景教（Nestorianism，基督教別派）、佛教（Buddhism）、回教（Islamism）等在大唐國度均得以自由傳教，人民有信仰自由。其中因佛教思想和儒家最接近，因而傳佈最盛，朝野信佛者頗眾。

孔穎達等儒士奉太宗之命，撰《五經義疏》（後定名《五經正義》），此書合五經（周易正義、尙書正義、毛詩正義、禮記正義、春秋左傳正義），爲大唐官定教科書。是書在義理詮釋上，即融合佛、道、儒三家思想，道家始祖老子姓李，大唐李姓特別推崇之故。孔穎達明確說明三教地位，認爲「三教可一」，融合到中唐出現「三教歸儒」。這也等於說佛教已經中國化，成爲中國思想的一部份，韓愈的顧慮已不存在。

另外，隋唐之際史學也發達，如《晉書》、《梁書》、《陳書》、《北齊書》、《周書》、《隋書》、《南北史》，及《唐六典》、杜佑《通典》等專書，都是名垂千載之經典。

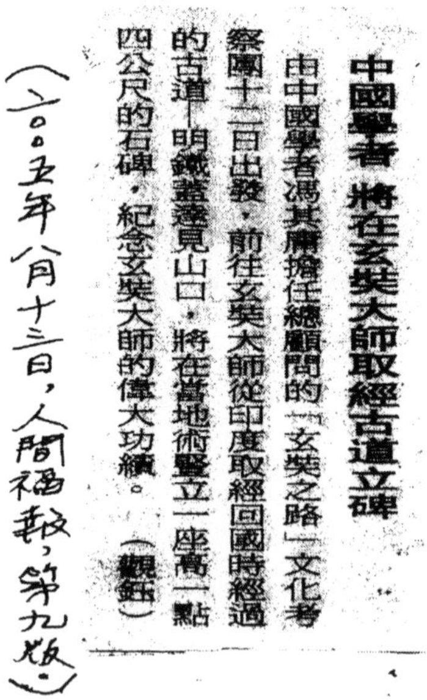

中國學者 將在玄奘大師取經古道立碑

由中國學者馮其庸擔任總顧問的「玄奘之路」文化考察團十二日出發，前往玄奘大師從印度取經回國時經過的古道─明鐵蓋達坂山口，將在當地術豎立一座高一點四公尺的石碑，紀念玄奘大師的偉大功績。（觀鈺）

（二〇〇五年八月十三日，人間福報，第九版）

圖片來源：張元，中國文化史，頁32。

圖5-6：唐律殘片，新疆吐魯番出土。

圖 5-7：唐寫本鄭玄注論語殘頁

圖片來源：張元，中國文化史，頁 3

輯 23：五代宋元政治解組過程與政治思想概要

1. 大唐盛世結束，中國歷史進入一段不算太久的大動亂時期，便是五代十國，陳老師給大家簡述此期間政局。

五代十國是唐朝的殘局，也是由唐朝過渡到宋朝的過渡時代。所謂「五代」是指此期間盤據在中原前後相承的五個政權：梁、唐、晉、漢、周。爲與前代同名政權區別，各加「後」字，稱後梁、後唐、後晉、後漢、後周。除中央的五代政權外，散處在四方前後割據有十個政權。（如表）

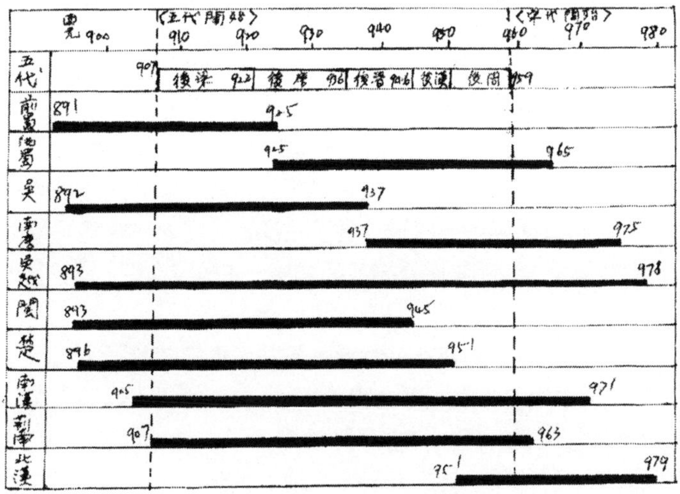

圖 5-8 五代十國國祚比較表

短短的五代（52 年），有十五個稱王稱帝的國家穿插其間，可見這是一個大亂局。本書無從逐一說明每個政權的政治解組過程，但爲使讀者能有進一步了解的機會，把五代十國的疆域和簡史等列一要表於後，方便有心研究者參閱。此處只對五代十國時代的一般政治環境，簡要論述於後。

第一、因篡竊頻仍，雖稱王稱帝也朝不保夕，隨時都可能被覬覦者殺害篡竊。故大多國祚短命，五代中享國最久的後梁十六年，最短的後漢才四年。十國之中享國最久的吳越八十五年，最短的北漢二十八年。

第二、北方的契丹民族興起，成東方第一大國，中國反成爲被壓迫之民族。局面與唐代完全顛倒，不利與屈辱延長到宋朝。

第三、西北關中一帶殘破不堪，隴右到河西完全和中原脫節，幾成化外。幾千年來中國歷史上的西北政治中心，從此移向東方。

第四、大唐時代天下一家和華夷混一的情形，這時出現很大的負作用。五代各政權都是華夷混合，使種族觀念和民族精神都非常淡薄。

第五、是唐代藩鎮之亂所留下來的風氣，兵將驕悍，控制著君主的廢立，帶兵官動輒造反。只要有權力在手，誰都想大撈一筆，或謀奪大位，這是一個失控的年代。

第六、因列國爭戰，相互併滅，誰都想統一對方或統一天下，就有打不完的戰爭，加上許多無道之君，刑戮慘酷，人民不死於戰，也死於刑。史稱「第二黑暗時代」，這種時代社會黑暗，民生痛苦，但爲苟活，普遍的欠缺廉恥、道德和節操等。

五代的最後一個政權後周，到了周世宗柴榮，他是一個雄才大略之主，南征北討頗有統一中國之勢。可惜世宗顯德六年（959 年）伐契丹，收復瀛、莫、易三州之地，是年六月病逝，死時年三十六歲。七歲的幼子宗訓繼位，是爲周恭帝，由符太后臨朝，這是一個孤兒寡婦的局面。此時的後周正圖擴張，而國君中道崩殂，時趙匡胤爲殿前都點檢，加檢校太尉，領歸德節度使，屢立戰功。

明年（960 年），趙匡胤奉朝廷命北征契丹，軍次陳橋驛（河南開封府城北約四十里），軍中人心浮動。將士議論，「今主上幼弱，朝廷空虛，我們縱使死力破敵，誰知以後，不如先擁奉點檢爲天子」。眾以爲然，就在正月甲辰這日天亮前，一群部將手持兵刃已圍住趙匡胤寢前，高呼「眾將無主，願冊立太尉爲皇帝」。趙匡胤尚未反應過來，黃袍已加身，眾將三呼萬歲。宋朝就這麼誕生了，天上掉下來的機會。

當趙匡胤率軍又回到京師，巧的是文武百官已經擬好禪讓詔，由宣徽使引匡胤升殿即皇帝位。尊奉年幼的周主爲鄭王，符太后爲周太后，大赦天下，改元建隆。因趙匡胤領歸德節度使，駐軍宋州，建國號爲宋，是爲宋太祖。

宋太祖即位之初，十國割據情勢尚在，但不出幾年就統一全國。中國歷史有一定的走向，天下要分的時候，由不得人；天下要合的時候，也由不得人，此之謂大勢浪潮

表 5-6：五代十國疆域簡表

朝代	區域	州	疆域說明	備註
後漢	原唐京畿道地	雍，乾，耀，華，同，岐	與後晉區域相若	與後晉區域相若，盛時有州一百零七
	原唐都畿道地	洛，陝，虢，汝		
	原唐關內道地	邠，涇，寧，衍，坊，鄜，丹，延，慶，原，武，鹽，靈，威，宥，夏，銀，綏，麟		
	原唐河南道地	汴，鄭，蔡，許，陳，潁，亳，宋，單，曹，滑，濮，鄆，齊，淄，徐，宿，兗，棣，沂，青，萊，登，密		
	原唐河東道地	蒲，解，晉，絳，潞，澤，慈，隰，并，憲，汾，石，沁，遼，嵐，忻，代		
	原唐河北道地	懷，孟，衛，相，磁，洺，邢，趙，冀，定，祁，泰，鎮，易，貝，魏，澶，博，深，德，滄，景		
	原唐山南東道地	襄，鄧，唐，隨，郢，復，均，房		
	原唐山南西道地	金，商		
	原唐隴右道地	渭		
	原唐淮南道地	安，申		
	原唐京畿道地	雍，乾，耀，華，同，岐		
後	原唐京畿道地	雍，乾，耀，華，同，岐	有今之山東、河南、陝西三省全境，與河北省之大部，江蘇、安徽兩省江北之地及湖北、山西、綏遠、甘肅之一部份	後周疆域大於晉、漢，北復三關，南收淮南，唯失河東之地為北漢所據，其全盛時有州一百一十八
	原唐都畿道地	洛，陝，虢，汝		
	原唐關內道地	邠，涇，寧，坊，鄜，丹，延，慶，原，武，鹽，靈，環，宥，夏，銀，綏，府		
	原唐河南道地	汴，鄭，蔡，許，陳，潁，亳，宋，單，曹，滑，濮，鄆，濟，齊，淄，濱，徐，宿，兗，棣，沂，青，萊，登，密，海		
	原唐河東道地	蒲，解，晉，絳，潞，澤，慈，隰		
唐	原唐山南西道地	金，商		
	原唐隴右道地	秦，成，階，渭		
	原唐淮南道地	安，申		
	原唐劍南道地	益，蜀，彭，漢，綿，劍，梓，遂，普，資，昌，簡，陵，邛，雅，黎，眉，嘉，榮，瀘，戎，茂，文，龍，維（以上諸州得而復失）		

國	原唐道地	州	今地	附記
吳	原唐河南道地	海	有今江西省全境與江蘇、安徽，兩省之大部及河南、湖北一隅之地	南唐承有吳之土地，其後開拓兼有閩地，並一度征服楚國，及宋太祖建國，長江以北，淮南之地全爲宋有，楚地亦失，再不久而亡（吳盛時有州二十八，南唐盛時有州三十八）
	原唐淮南道地	揚，楚，和，滁，泗，濠，壽，廬，舒，蘄，黃，光		
	原唐江南東道地	潤，昇，常，歙		
	原唐江南西道地	宣，池，饒，信，撫，虔，洪，吉，袁，江，鄂		
南唐	原唐河南道地	海	有今江西省全境與江蘇、安徽兩省大部，及河南、湖北、福建、廣東一隅之地	
	原唐淮南道地	揚，雄，泰，楚，和，滁，泗，濠，壽，廬，舒，蘄，黃，光		
	原唐江南東道地	潤，昇，常，歙，建，劍，泉，南，汀		
	原唐江南西道地	宣，池，饒，信，撫，虔，洪，筠，吉，袁，江，鄂		
後晉	原唐京畿道地	雍，乾，耀，華，同，岐	有今山東全省，陝西全省，河北、河南、山西三省之大部份，及江蘇、安徽、湖北、綏遠、甘肅、四川各省一隅之地	北方割去燕雲十六州之地，又稱臣於契丹（最大時有州一百一十一）
	原唐都畿道地	洛，陝，虢，汝		
	原唐關內道地	隴，涇，寧，衍，坊，鄜，丹，延，慶，原，武，鹽，靈，威，宥，夏，銀，綏，麟，府		
	原唐河南道地	汴，鄭，蔡，許，陳，潁，亳，宋，單，曹，滑，濮，鄆，齊，淄，徐，宿，兗，棣，沂，青，萊，登，密		
	原唐河東道地	蒲，晉，絳，潞，澤，慈，隰，并，憲，汾，石，沁，遼，嵐，忻，代		
	原唐河北道地	懷，孟，衛，相，磁，洺，邢，趙，冀，定，祁，泰，鎮，易，貝，魏，澶，博，深，德，滄，景		
	原唐山南東道地	襄，鄧，泌，隨，郢，復，均，房		
	原唐山南西道地	金，商		
	原唐隴右道地	秦，成，階，渭		
	原唐淮南道地	安，申		

國名	原唐道	州	今地	備考
吳越	原唐江南東道地	蘇，秀，湖，杭，睦，婺，衢，越，明，臺，處，溫	有今浙江一省及江蘇省東南隅之地	吳越晚葉曾一度侵得福州之地，有州十二
閩	原唐江南東道地	建，汀，福，泉，漳，汀	有今福建省地	僅大於荊南，爲十國中第二小國，盛時有州七
楚	原唐江南西道地	郴，岳，潭，衡，永，全，道，邵，朗，澧，	有今湖南全省及貴州、廣西一隅之地	最盛時有州二十九，爲南漢取去十四州
	原唐黔中道地	辰，敍，溪，錦，獎，桂，柳，融		
荊南	原唐山南東道地	荊，峽，歸	有今湖北省與四川省交界處一隅之地	在十國中區域最小，僅有三州
南漢	原唐江南西道地	郴	有今廣東廣西兩省之地	全盛時有州六十三，州數雖多，而州區皆甚狹小
	原唐嶺南道地	廣，英，韶，雄，循，韻，潮，敬，連，端，康，恩，春，勤，新，封，潘，高，辨，順，羅，竇，雷，欽，廉，常樂，崖，瓊，萬安，儋，振，桂，嚴，[illegible]，昭，富，賀，蒙，梧，藤，龔，鬱林，容，白，思唐，牢，黨，禺，瀼，潯，貴，繡，橫，邕，賓，澄，象，柳，融，宜		
北漢	原唐關內道地	麟（一度據有）	有今山西省之大部份地方	盛時有州十，事實上爲契丹之附庸國
	原唐河東道地	并，憲，汾，石，沁，遼，嵐，忻，代		
	原唐河北道地	懷，孟，衛，相，磁，洺，邢，趙，冀，定，鄆，鎮，易，貝，魏，澶，博，深，德，滄，瀛，莫，雄，霸		
周	原唐山南東道地	襄，鄧，唐，隨，郢，復，均，房		
	原唐山南西道地	金		
	原唐隴右道地	秦，成，階，渭		
	原唐淮南道地	泰，通，楚，和，滁，泗，濠，壽，廬，舒，蘄，黃，安，申，光		
前蜀	原唐山南東道地	峽，歸，夔，萬，忠	有今之四川全省與陝西、甘肅、西康、貴州一隅之地	前後蜀之區域略等，唯後蜀稍狹，後蜀初無秦成階三州，後一度得之於漢，又失之於後周（前蜀盛時有州五十四；後蜀盛時有州五十二）
	原唐山南西道地	梁，洋，金，鳳，興，利，閬，開，果，合，渝，涪，渠，渝，蓬，壁，巴，通，集		
	原唐隴右道地	秦，成，階		
	原唐黔中道地	黔，施		
	原唐劍南道地	益，蜀，彭，漢，綿，劍，梓，遂，普，資，昌，簡，陵，邛，雅，黎，眉，嘉，榮，瀘，戎，茂，文，龍，維		
後蜀	原唐山南東道地	夔，萬，忠	與前蜀之地相若	
	原唐山南西道地	梁，洋，鳳，興，利，閬，開，果，合，渝，涪，渠，瀘，蓬，壁，巴，通，集		
	原唐隴右道地	秦，成，階		
	原唐黔中道地	黔，施		
	原唐劍南道地	益，蜀，彭，漢，綿，劍，梓，遂，普，資，昌，簡，陵，邛，雅，黎，眉，嘉，榮，瀘，戎，茂，文，龍，維		

資料來源:陳致平，中華通史，五冊，頁 17~25

2. 宋太祖終於統一中國，但宋代外患不斷，又和異族簽訂許多不平等條約，史稱宋朝積弱，是否如此？

宋太祖即位後，又花了二十年才平定十國割據。太祖認爲唐末五代國家之所以分裂，是因爲中央政權受到兩大威脅，禁軍驕横和藩鎮跋扈，前者威脅天子生命，後者形成國家分裂。太祖改進採「強幹弱枝」政策，包含州治、設置通判、收財政權、收司法權及改良兵役轉調制度。

以上制度實施，將地方軍事、行政、經濟、司法及人力物力動員等大權都收歸中央，形成一個「強幹弱枝」的集權政府，史稱「杯酒釋兵權」。

造成國家分裂及天子安全的因素既然全都消除，那麼從此以後國家應該永保和平統一才對，偏偏不是。有宋一朝三百年間，中國周邊地區興起四個強大的少數民族，契丹、女真、鮮卑和蒙古族，一個個來勢洶洶，也纏繞大宋三百年，可用以下略圖表示宋與各少數民族的終始關係。先從北宋與遼金夏開始。

宋太祖建國以來，契丹已建國號「遼」，國勢正盛，北宋初太祖、太宗和真宗三朝，宋遼大戰二十多年，結果宋屈服而訂「澶淵之盟」，條件有：

（一）宋歲輸契丹銀十萬兩，絹二十萬匹。

（二）宋遼約爲兄弟之國，遼主尊宋主爲兄，而宋主尊遼蕭太后爲叔母。

到了宋仁宗時宋遼又訂「富弼之盟」，又增加歲幣銀十萬兩，絹十萬匹，此後宋遼關係維持和平。女真興起後，遼被女真所滅。

第二個困擾宋的是鮮卑族党項部落所建的西夏國，宋夏和戰長達一百多年，也是宋簽了割地賠款條約。小小一個西夏爲何可以困住宋廷並撈得好處呢？又和「強幹弱枝」國策有關，朝廷政治派系對立。例如王安石變法的目的是「富國強兵，應付外患」，可惜變法失敗。西夏也就有機會向宋廷撈好處，但蒙古崛起後，首先滅夏，再滅金。

第三個厲害的少數民族是女真族，建國號「大金」，宋人不斷戰敗，又簽訂割地賠款的條約。最後連大宋的皇帝（欽宗、徽宗）也被金人擄走，北宋亡於金。宋高宗亡命南渡，在杭州穩住陣腳，開啓另一段南宋政局。

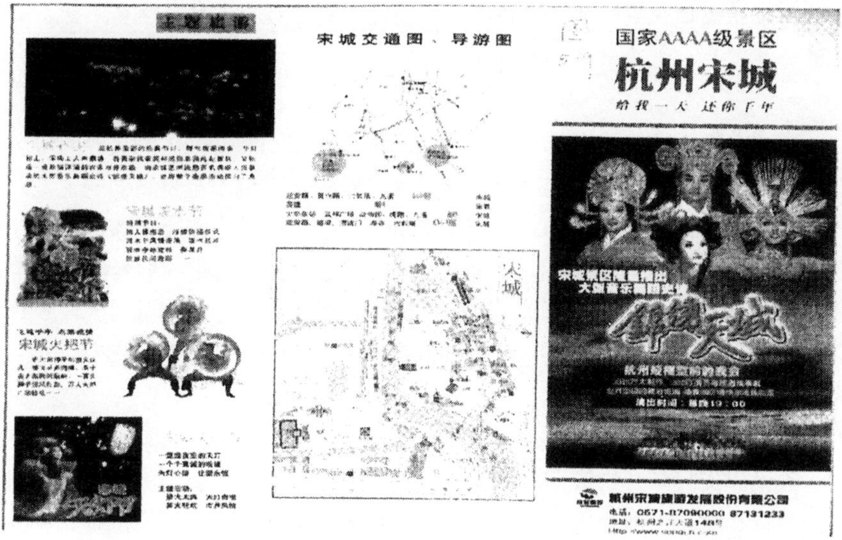

圖 5-9：杭州宋城

註：這是 2003 年春，本書作者遊杭州宋城帶回的廣告文宣資料，宋城完整呈現宋代的民生、社會和藝術，對研究政治思想有更寬廣的啓發，及更深入的理解我國「大宋」這個朝代。

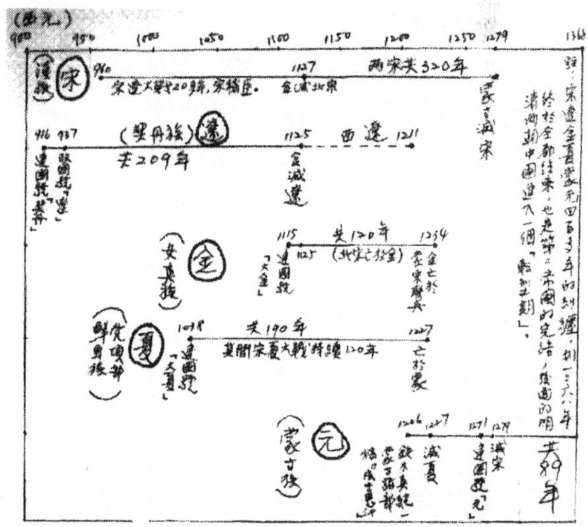

圖 5-10：宋遼金夏蒙元糾纏終始略圖

3. 宋高宗雖偏安江南，但金兵依然不斷南征，國家分裂也苦了子民，數十年後蒙古又崛起，宋代真多難之邦。

中國歷史上確實沒有那一朝代，如宋朝連續碰到四個強大的異族入侵，不斷掠食瓜分中國資源。但這種情況從大歷史觀之，也不全是負面的。

國家武力盛衰是一時的，大宋在軍事上雖敗於遼夏金蒙諸民族，不僅割地賠款，最後連宋政權也賠了（蒙滅宋）。另一方面，文化的力量仍然是中華民族一支穿透時空「永遠的主力」，看那遼金夏蒙或元，轉瞬即逝，統統又回歸了中國。遼金夏等文化已成考古資料，宋人的文化遺產，迄今仍在，大宋子民的痛苦沒有白受。

北宋亡，歷史以靖康二年康王構即帝位應天府（河南商邱），是為宋高宗，改元建炎元年（1127 年）為南宋開始。金兵對南宋發動一波波攻勢，所幸此時尚有岳飛、韓世忠等名將擋住金兵攻擊。但宋高宗始終畏懼金人，內心至為怯懦，秦檜深知高宗心理，主張對金求和，金人提出條件謂「必殺飛始可和」，紹興十一年（1141 年）秦檜以「莫須有」之罪殺死岳飛。《宋史》載「葵巳（12 月 29 日）賜岳飛死於大理寺，斬其子雲及張憲於市，家屬徙廣南」。岳飛死，韓世忠罷官，宋金「紹興和議」成，其條款：

（一）宋稱臣奉表於金，金主冊封宋主為皇帝。

（二）宋歲貢金銀廿五萬兩，絹廿五萬匹。

（三）每年金主生辰及正旦，宋遣使致賀。

（四）金歸還宋徽宗梓宮及太后。

（五）東以淮水，西與大散關為兩國疆界。

（六）宋割東方唐、鄧二州，和陝、西、商、秦之半以畀金。

議成高宗對金人上表謝恩，卑辱其辭略曰：

> 既蒙恩造，許備藩方，世世子孫，謹守臣節，每年皇帝生辰並正旦，遣使稱賀不絕…有渝此盟，明神是殛，墜命亡氏，踣其國家，臣今既進誓表，伏望上國，早降誓詔，庶使故邑，永為憑焉。

條約完成後，金國政權內部發生政變，完顏亮掌權，他是金太祖庶長孫，主張滅南宋，併高麗和西夏，完成統一宇內。金人再度南征，宋廷依然有主戰主和兩派相爭，時戰時和，宋金又訂「乾道和議」，還是宋人屈辱。到嘉定元年（1208 年）又訂「嘉定和議」，增加銀絹等。此後，因蒙古崛起，金人忙於蒙古入侵，再無力南顧，宋人得有一段安定的日子。

讀《南宋史》最令人扼腕痛心者，莫過於宋高宗出賣民族利益，只爲自己位子坐的安穩，縱容秦檜弄權殺害岳飛，實在是亡國之君。岳飛冤獄到孝宗時得以平反，改葬飛骨於臨安府西湖棲霞嶺之陽（即今杭州西湖岳王墓），追謚武穆，寧宗再追封爲鄂王。

平反岳飛原因之一是朝廷要鼓舞民心士氣，但此刻已是南宋末葉，蒙古崛起，先滅西夏，再滅金，滅宋已是蒙古最後的任務。宋理宗時，蒙古憲宗蒙哥可汗開始大舉征宋，至元八年（1271 年），蒙古建國號「元」。蒙古從忽必烈建元開始，才算入主中原。

祥興二年（1279 年）二月，南宋最後的皇帝趙昺才八歲，由最後的幾位忠臣義士護衛逃到?山（今廣東赤溪縣東海中）。元兵包圍了?山，右丞相陸秀夫見大勢已去，背負小皇帝投海而亡，文天祥則兵敗被俘，南宋亡。

文天祥臨終所寫的＜正氣歌＞提到在齊太史簡、在晉董狐筆、在秦張良椎、在漢蘇武節或爲＜出師表＞，都是中華民族氣節的表徵。就刑而死後，在他衣帶中尚有幾句自贊說：「孔曰成仁，孟曰取義，惟其義盡，所以仁至。讀聖賢書，所學何事？而今而後，庶幾無愧？」。

就是這種民族文化氣節的存在，中華民族才始終不亡，異族入主中國，最後也中國化了。而十九、廿世紀中國受到西方帝國主義及日本軍國主義侵凌，險些亡國亡種。廿一世紀中國之崛起，所依賴的動力，還是孔仁孟義這股文化力量。

爲甚麼說「廿一世紀中國之崛起，所依賴的力量，還是孔仁孟義這股力量」？回顧中國千百年歷史，多少統治者曾經大幹「去中國化」，要「打倒孔家店」（如元朝、清初及中共的文化大革命），結果如何？孔家店未被打倒，中共反而被「中國化」，回到中國文化之本位上，故有崛起之動力。

反觀台灣，台獨執政者用盡手段搞「去中國化」，教育部杜正勝部長大刪各級學校課本中的「孔孟詩書」，也在搞「打倒孔家店」的勾當，結果也是可以預期的。兩岸的統一還是靠文化的力量，從目前兩岸民間的儒、釋、道及其他文化交流，便能看到樂觀的前景。

表 5-7：文天祥金榜

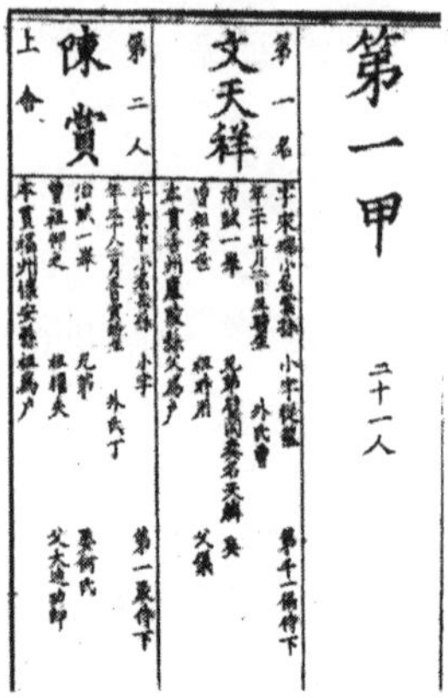

資料來源：張元，中國文化史，頁三八。

圖 5-11：岳飛像

圖片來源：國立編譯館，歷史，第二冊，頁三七。

4.每回重讀這些忠臣義士成仁取義的故事，總是心痛，但陳老師的詮釋至少讓人欣慰。接下來的元朝雖短暫，卻是一個很特殊的朝代，為甚麼元朝構成了第二帝國的最後一段？

從現代觀點看，《元史》是中國廿六史之一，這是後來蒙古人成爲中國人的一部份，蒙古和以後滿清便都不是異族了，不折不扣的是構成中華民族成員之一。

但是，千年之前確是典型的異族入侵並入主中國，並使中國成爲橫跨歐亞的大帝國，是當時地球上最強大「軍事巨人」。另一方面，蒙古遊牧民族原本沒有文明和文化，入主中國後很希望全中國都「蒙古化」(即（去中國化))。雖未成功，蒙古最後反被中國化，惟在當時使中國主流的儒家文化，消沉到谷底，是第二帝國自隋唐五代宋以來，漢民族文化最衰弱的尾聲。儒家學者在元朝被貶成「九儒十丐」的地位，可見儒家之慘狀。

歷史的元朝紀年從元世祖忽必烈至元十七年（1280 年）開始，但在此之前的七十多年，已經建立了強大政權。一二〇六年（宋寧宗開禧二年），鐵木真完成統一蒙古諸部，受「成吉思汗」尊號，並開始攻略金、夏兩國，一二一八年因花剌子模殺害蒙古商旅，開始長達七年的「第一次西征」。西征歸來滅夏，一二二七年病逝大盤山，幼子托雷監國兩年，由三子窩闊臺繼承大汗位，是爲蒙古太宗，繼續東征高麗、滅金及發動第二次西征。

太宗以後是定宗、憲宗，在憲宗手上最重要的武功是平定高麗，完成第三次西征，滅大理及主力征宋。憲宗於征宋時在四川合州城戰役戰死，其弟忽必烈未經「庫里爾泰」的合法選舉。自立爲帝（武力篡奪)，改至元元年（1264 年)，又八年改國號「元」(1271 年)，再八年滅宋（1279 年)。所以，從宋亡之前的七十年，看蒙古崛起的態勢，已可推知七十年後必亡宋的大勢。

忽必烈在位三十五年，他完成開國宏規，完成西方四大汗國建立，但他也種下三大禍端：帝國分裂、政治腐敗和喇嘛禍國三害。因忽必烈未經蒙古「庫里爾泰」選舉制度便自立爲帝，各汗國便形成「反忽必烈大同盟」，數十年內戰未斷，戰爭打「錢」便重用劇斂之臣。加上元朝推行種族歧視制度（見下題制度講解)，漢人地位十分低落，成爲被剝削的族群。元朝九十年，只是永無止境的搜括民財、横暴貪婪、無法無天，百姓荼毒，其目的是戰爭、戰爭、戰爭。

之所以如此，根本原因是蒙古人的政權完全建立在武功之上，沒有文治、文化和人道的背景，一切全憑武力決戰（如草原上的格鬥遊戲），只看結果，不管程序是否合法（很像現在台灣獨派的政權攘奪思維）。從元世祖忽必烈非法奪取大位，他後面的九個皇帝（成、武、仁、英、泰定、天順、明、文、寧到最後的元順帝），都是骨肉至親配合權臣在做謀奪大位的鬥爭，政治自然腐敗，也就沒有甚麼政治上的建樹。蒙古人統治中國可以說是一場災難，對當時的中國子民更是天大的災難，，所以，在元統治中國期間，始終沒有得到中國人（或漢人）的支持，也註定是一個短命政權。

一個欠缺「中國化」的政權，不能得到中國子民支持認同是當然之理。漢民族的反抗運動從未終止，到元順帝時達到高潮，到元至正廿八年（1368年），由朱元璋所領導反元運動終於推翻蒙古人的政權，元亡，史稱「漢人復興之戰」。

5. 制度是認識一個時代「結構」的重要途徑，請陳老師略述五代十國宋遼金夏元這數百年的政治制度。

五代十國沿藩鎮之習，制度仍依晚唐，然各國割據之局，各有變化，難以詳釋。至於遼金夏及尚未入主中國時的蒙古，部份依其少數民族特有制度，部份仿宋制，推行所謂「雙元制」。例如遼國政治制度，在原有契丹族地區有「北面官組織」，做唐宋制，用以統治漢人。惟列國紛雜，無從詳述，仍以宋元政治制度爲主述。

宋代中央政治制度大體沿襲唐代之舊，惟過於複雜，且一變再變。兩宋三百年間，中央制度凡四變，宋初一變，神宗元豐再變，徽宗政和三變，南宋四變，這也反應出宋代政局不穩，及政治改革（范仲淹和王安石變法）都沒有成功，就是國家領導階層精英對國家重大政策，永遠沒有共識，永不妥協，不斷的政治鬥爭造成的結果。

在中央制度方面，三公八寺沿襲秦漢，三省六部五監沿襲隋唐，宰相與樞密院並列，亦唐代之沿襲。在地方政制方面，仍相沿唐代郡縣制，唯宋之郡級襲唐之州而分成府、州、軍、監四種不同名稱，而總稱州，州以下爲縣。這些地方行政長官有一特別制度，都不設正官，其正官都由中央差遣（如同今天的出差）。這也是當初宋太祖中央集權的一種手段，即「強幹弱枝」，可算是宋代政治制度的特色，在大結構上是秦漢或隋唐的變制，僅略論述之。

宋代有兩大病，貧與弱，當時的政治家都想經由政治制度的改進，轉成富國強兵，免受異族侵凌，有兩次政治變法。此處先略述范仲淹變法，王安石後述。

范仲淹是中國歷史上偉大的文學家、政治家和軍事家，因歐陽修的推荐，宋仁宗時爲相。他在＜岳陽樓記＞中名言「先天下之憂而憂，後天下之樂而樂」，可見他憂國憂民的情操。仁宗依范氏建議推行「十大政治革新」：

（一）明黜陟：憑功過定升降，以整飭紀綱。

（二）抑僥倖：恩蔭太濫，應加限制。

（三）精貢舉：罷除糊名制改良科舉。

（四）擇長官：愼選各路監司長官。

（五）均公田：調整外官公田廩給，使其足以養廉。

（六）厚農桑：督修農田水利。

（七）修武備：斟酌恢復唐代府兵制度，主張三時務農，一時教戰。

（八）、（九）推恩信、重命令，信賞必罰。

（十）減徭役：減少人民負擔。

這十大政治改革推行不到一年，因反對勢力太大，仁宗對范仲淹的信心動搖，新法復次取消，可算是王安石變法的前奏。宋代政治改革不能成功，歸根還是政治制度問題，爲防止藩鎭驕橫，官吏專政，宋代提高監察權，執政的宰相無不受到攻擊，結果就是黨議和黨爭不休，甚麼事都做不成。所以，宋代的弱貧，政治制度要負很大責任。

元（入主中國後）代政治制度，是合併三省而設一中書省，其下統轄六部，總管行政。另置樞密院管軍事，御史臺管監察，在中央形成三權鼎立，還是漢唐的變制。地方制度爲省、路（府、州）、縣三級制，另四大汗國因涉及中亞、歐洲等各大民族，制度變更複雜，本書從略。

元朝在制度上最大的失策是推行「種族歧視制度」（類似廿世紀以前的美國和南非黑白差別政策），元代人種分四等：

第一等人：蒙古民族。

第二等人：色目人（西域諸族，如哈剌魯、欽察、阿速、康里、畏吾兒、回回、乃蠻等）。

第三等人：漢人（黃河流域的中國人、契丹、女真、高麗、渤海等人）。

第四等人：南人（長江流域的宋人）。

以上四等人種在法律上的權利義務都不平等。社會人士依職業不同也分十種階級，據鄭所南說是一官、二吏、三僧、四道、五醫、六工、七獵、八民、九儒、十丐。另據謝枋得說是一官、二吏、三僧、四道、五醫、六工、七匠、八娼、九儒、十丐。

如此分等，儒士（讀書人、教師、知識份子等儒家學者）竟低於妓女，僅高於乞丐，這種政權還能存在八十九年，也還太長了。

在中國歷史上，儒士只有三次地位被貶的很低，第一次秦始皇時代，儒士地位雖低，並未低於妓女；第二次元朝，竟低於妓女；第三次是毛澤東搞文化大革命，儒士被打成「臭老九」，四書五經全被丟到茅坑裡。但這種政權不可能維持太久，很快就垮了。

現在台灣搞「去中國化」，凡是讀孔孟詩書的學者不僅沒有沒地位，也受到打壓。對中國文化搞「文化革命」，豈不「螳臂擋車」、「螳螂捕蟬」，其患也近，其亡也快。

6.談完第二帝國後段政治解組經過和政治制度，另外也要看看這時期的思想概要，尤其政治思想方面。

五代十國及遼金夏元等少數民族，其政治思想也因分裂割據而顯混亂，唯一有的共同點是居於統治漢人的需要，在策略上推行儒家。也有眼光遠大的，乾脆推行「漢化政策」，徹底吸收中國文化和文明。後蜀「孟蜀石經」，刻十經（孝經、爾雅、論語、周易、尚書、周禮、儀禮、禮記、毛詩、左傳）立於成都學宮，是五代經學大事。（到了宋朝加刻公羊、穀梁、孟子合稱十三經）

五代十國因戰亂，政治思想普遍低迷，政治人物生活浮靡，肆情淫樂。南唐後主寵愛宮嬪窅娘，纖麗善舞，後主作金蓮六尺，令窅娘以帛繞腳，使纖小作新月狀，素襪舞雲中，成爲女子纏足的流行。這是逃避傳統政治思想和政治現實，無力面對困境的「自然出口」。

遼金夏蒙推行漢化最力者，是遼朝的契丹人，他們設官、制禮、尊孔都倣漢人。遼人社會也採儒佛道三家並尊，但漢化（或中國化）後，仍以儒家爲重心。蒙古的漢化程度最低，居於懷柔政策的需要，開科取士以《朱子四書》爲準，仍不失宣揚儒學。元代重要理學家有姚樞、趙復、許衡、劉因等人，尤以姚樞是導致元世祖接受中國文化的學者。但第二帝國後段最有名的政治思想，是宋代理學（延續到明朝稱「宋明理學」）。

宋雖積弱，但知識份子成仁取義的熱情，遠勝秦漢隋唐，這是因爲當時的知識份子對以「理學」爲核心思維的政治思想產生高度信仰。故宋代雖不斷受到強大的異族入侵，惟一向抗戰到底，其間有許多戰爭之慘烈，死事之驚壯，也都戰至最後一兵一卒，表現出不屈不撓的民族精神。我國歷史上最能動天地，泣鬼神的民族英雄，都生在宋代（如岳飛、文天祥、韓世忠、陸秀夫）。理學思想也是第二帝國後段最重要的政治思想，最值深述之。

宋代理學有三個源流背景形成。第一是儒家思想本身的內在轉化，原來儒家從魏晉南北朝之亂，到唐代韓愈、李翺的「道統」、「復性」，開始轉化出新的境界，專究修己治平之道，著力於做人的工夫，至宋儒而集其大成。

第二是受到外在佛道思想的影響，尤其禪宗「明心見性、見性成佛」，正與儒家「性善論、人皆可以爲堯舜」相通。這種心性之學，研究到極處，是一種純哲學，甚至從人生觀推到宇宙觀，達到天人合一的境界。至此，則又和道家太極陰陽之說相附合，這樣儒、佛、道三家思想合流成了理學。

第三是社會、政治環境背景。唐末五代之亂，道德崩解，人心普遍寡廉鮮恥，社會處於麻痺狀態（似今之台灣）。到了宋代的知識份子普遍有使命感，決心要振衰起敝，要挽救那種沉淪的社會人心。加上當時國家處於統一局面，君主的提倡，大開講學之風，促成理學的發達。宋儒理學又稱「道學」，他們自認得到孔孟心傳，深悟修身、齊家、治國、平天下的大道，由此亦建立「道統」。凡是合乎這個統系稱「正統」，不合者爲「非正統」。

兩宋理學發達，理學思想家也多，對社會產生很大的影響。「餓死事小，失節事大」是兩宋時代忠臣義士節婦的道德標準，也是當時的價值觀。後面將對兩宋重要理學家，如朱熹等人，逐一介紹他們的政治思想。

但空談心性也不能救宋代貧與弱的兩大困境，更不能使國家邁向富國強兵。故宋代思想另有一派爲理學之反動，稱「功利派」，如王安石等，也將在後面逐一介紹功利派思想家及其重要政治思想。

南宋愈趨末葉，愈爲貧弱，而官僚體系和貴冑家族卻愈趨豪奢腐敗，政局、思想和人心最後都反應在人的生活。《齊東野語》載南宋官僚富家生活：

王簡卿侍郎嘗赴其牡丹會云：眾賓既集，坐一虛堂……俄問左右云，香已發未？答云，已發。命捲簾，則異香自內出，郁然滿座。群妓以酒餚絲竹，次第而至。

別有名姬十輩，皆衣白，凡首飾衣領皆牡丹，首帶照殿紅一枝，執板奏歌侑觴。歌罷樂乃退。復垂蓮，談論自如。良久一香起，捲簾如前。別十姬，易服與花而出，大抵簪白花則衣紫；紫花則衣鵝黃；黃花則衣紅，如是十杯，衣與花凡十易，所謳者皆前輩牡丹名詞。

酒竟，歌者、樂者，無慮百數十人，列行送客，燭火香霧，歌吹雜作，客皆恍然如仙遊也。

國家貧弱，官僚富家如此過日子，南宋焉得不亡？真是「前方吃緊，後方緊吃」。但看歷史，每個朝代即將滅亡終結之前夕，大抵也多如此，人心使然吧！能吃儘量吃，能撈儘量撈，就快要沒機會了。

輯 24：隋唐儒家復興與重要政治思想家

1. 儒家思想在南北朝時期，因動亂而趨於消沉，到隋唐之際國家處於統一狀態，儒家復興是必然趨勢，有那些重要政治思想家？

儒家在隋唐時期最重要的變化，是完成了「儒佛道」三家的合流和統一，但這種合流是經過激烈的「論戰」而成的。先是儒佛的對立，韓愈代表中國一貫道的傳承而反佛，柳宗元代表接納佛家並補儒家之內涵，演到最後結果就合流了，惟融合的啓動要上推到隋代大儒王通。

（一） 王通（584~617 年），字仲淹，門人尊諡為文中子。著有《禮論》、《樂論》、《續書》、《續詩》、《元經》、《贊易》，世稱《王氏六經》，以儒家自居，融佛道思想，時稱「新儒學」。

（二） 用儒家仁義，採道家無為：

通知南北朝世族之驕奢，又見隋煬帝之暴政荒淫，乃有儒、道兼用思想。「仁義其教之本乎，先王是以繼道德而興禮樂者也。」

針對煬帝大興土木之虐民曰：「民之饑以其上食稅之多，是以饑。」「上無為，下自足故也。」

但王通的無為和道家無為是有差別的，他既主張無為而治，也要恢復周公、孔子之道，故其無為只是「少有作為」。「其上湛然，其下怡然」，這是王通的看法。這種思想還有一個背景，他看到南北朝之亂，人民苦不堪言，統治者無道，因而有「愛民厚生」思想。他認為皇帝好不好的唯一標準，是人民是否普遍感覺到「幸福美滿」。

（三） 三教合一，以儒為體

這是王通對當時三家論戰的結論，三家最後由儒家來統一。他和門人對談佛祖時，王通說佛祖是聖人，但是西方聖人，不是中國聖人。可見他對儒家，甚至說中國道統文化還是很堅持的，融合佛道，是為充實儒家思想的內涵。

（四） 儒家思想和制度

刑賞可用，但先德後刑：「賞一以勸百，罰一以懲眾」。「古之爲政者，先德而後刑，故其人悅以恕。」

同孟子主張暴君討伐。房玄齡問霍光廢帝舉帝，如何？曰：「古之大臣，廢昏舉明，所以康天下也。」此針對隋煬帝發。

主張封建，反對郡縣。「宗周列國八百餘年，皇漢雜建，四百餘載。

魏晉以降，滅亡不暇，吾不知其用也。」郡縣之政：臣主屢遷，苛而迫，人怨吏心之酷。列國（指封建）之政：其人篤，上下相安。

唐初李靖、房玄齡、杜如晦、魏徵、孽收等人均是王通門人。

（五） 隋代儒家復興也表現在文帝的「開皇之治」：

中國文化經兩晉南北朝浩劫，藏書散佚。隋初下詔搜眾遺書，加以整編，<隋書・經籍志>爲有名的目錄學。禮部尚書牛弘撰修五禮，稱「新禮」。可惜新氣象只維持二十年。

王通的政治思想還有一項是很特別的，他不主張「華夷有別」，而以統治的合法性爲依據。其依據的標準在「仁政、愛民、儒家政治思想和制度的實現」，任何皇帝能做到這些，就可以很輕易的統治中國。唐初的大政治家、思想家，如李靖、房玄齡、杜如晦、魏徵等人都是王通的學生。大唐盛世「天下一家」思想，受王通及門人影響是很大的。

<u>*2. 唐初盛世已經形成，這必然和儒家興盛有關，談談唐初君臣有關儒家論政。*</u>

唐太宗喜歡和臣屬討論政治，一者是人的原因，再是制度的設計。唐代中央權力類似「委員制」，重大政策都是經君臣討論才決議，因而論政風氣很盛。

（一） 唐君臣接受儒家，只是配合環境所需者爲之，列舉如三：

1.修正華夷之別的《春秋大義》，而認「普天之下莫非王臣」。

李靖：「天之生人，本無蕃漢之別。」

太宗：「自古皆貴中華，賤夷狄，朕獨愛之如一。」

陳黯：「苟以地言，則有華夷；以教言，亦有華夷乎！」

唐君臣的「四海之內皆兄弟」，也因高祖岳家獨孤氏、太宗岳家長孫，都是胡人。不便再分華夷。

2.反對封建：

唐太宗本要分封子弟功臣，諸大臣如李百藥、馬周、封德彝、魏徵、杜佑都反對。行州縣兩級制（初是郡、縣），郡制長官稱「太守」，州制稱「刺史」。田制行「公田制」（似均田：政府授田）。

3.修正儒家相對君臣→絕對君臣關係：

「君雖不君，臣不可以不臣」，反對湯武革命，採「比干諫而死」的忠君觀念。甚至奴告主謀逆，告者亦斬，「自今奴告主者，不須受，盡令斬決」。同時嚴懲隋貳臣，獎其忠臣。

（二）也有小部份道家思想：（表現在清靜無爲上）

1. 法令簡單「國家法令惟須簡約，不可一罪做數種條。格式既多，官人不能盡記，更生姦詐。若欲出罪，則引輕條。若欲入罪，則引重條。」

2.人主不察察爲明，不親佃務。

「此人（指隋文帝）性主察…至察則多疑於物…不肯信任百官」

擇一相（如房玄齡、杜如晦），再任百官。

「委大臣以大體，責小臣以小事。」

（三）政治思想與施政，仍不離儒家：

1.仁義爲本，刑賞爲用：

「朕看古來帝王以仁義爲治者，國祚必長；任法御人者，雖救弊於一時，敗亡亦促。」

魏徵：「聖哲君臨，移風易俗，不賞嚴刑峻法，在仁義而已。」

「荀子曰：君，舟也。人，水也。水所以載舟，亦所以覆舟。」

「刑賞之本，在乎勸善與懲惡。」

太宗：「爲君之道，先存百姓。」

2.仁政之內容：

與百姓同憂樂，「陛下爲人父母，撫愛百姓，當憂其憂，當樂其樂。」

不奪農時，「國以人爲本，人以衣食爲本。凡營衣食，以不失時爲本。」

不妄干戈，「兵甲者國家凶器也。土地雖廣，好戰則人凋。中國雖安，忘戰則人殆。」

小結：

秦、漢、隋、唐制度均相沿。本文大多太宗與魏徵對白，而記於《貞觀政要》。《貞觀政要》的作者，吳兢，治史甚豐，當代人稱他「今董狐」。構成貞觀之政者，有李世民、房玄齡、王珪、杜如晦、李靖、魏徵等六人。

3. 安史之亂後，唐代出現一個政治家叫陸贄，雖仍宗儒，但已近法，頗似荀子思想，可能和大唐開始衰落有關嗎？

（一）陸贄（764~805 年），字敬輿，唐代著名政治家，德宗時爲宰相。他是中國歷史上最早用「比較分析法」，論述「兼併之家私斂重於公稅」的專家，深刻揭示唐代貧富不均的原因，在地主剝削造成的貧富差距太大。進而用政治方法加以改善，他體念廣大的農民能有好日子過。

（二）宗儒派荀子，而傾向法家：

1.聖王從天下之心。「聖王之居人上也，必以其心從天下之心，不敢以天下之人從其欲。」

聖王與民同利樂，就是「天下之心」。生者人之所樂，安者人之所利。與人共之，則公私之利兩全。因人有好利樂之情，故可用刑賞以使群臣爲名利奮鬥。「爵賞刑罰，國之大綱…立國之道，惟利與權，誘人之方，惟名與利。」

2.刑賞的積極作用：刑一人天下畏，賞一人天下勸。

「理國化人，在獎一善，天下之爲善者勸。罰一惡，天下爲惡者懲，故爵人必於朝。刑人必於市，。」

（三）用賢→選人→用人長→委任責成→考課→賞罰：

選人：「人主擇輔臣，輔臣擇庶長，庶長擇佐僚。」

用長：「苟有所長，必有所短，錄長補短，天下無不用之人。」

用了，就要委任責成，有疑勿用，用則勿疑，待終其謀，乃考其事。

任滿了，要有結果，功分三等。「一曰拔擢，以旌其異能。二曰黜罷，以糾其失職。三曰序進，以謹其守常。」

（四）內政外發：

1.陸贄的時代，內有方鎮跋扈，外有吐蕃、回紇侵陵，對內主張強幹弱枝。國家之立，要本大末小。使京邑如身，王畿如臂，四方如指，「天子之權非獨御諸夏而已，抑又有鎮撫戎狄之術」。

2.中國戎狄各有長短：

戎狄之長，「水草爲邑居，以射獵供飲茹，多馬而尤便馳突，輕生而不恥敗亡。」此寫中國之短。

中國之長，守要害，壘軍營，明斥侯，務農以足食。據險以守，使其無所用，「進有腹背受敵之虞，退有首尾難救之患，不戰而屈之」。

（五）對夷戰爭屢敗原因之檢討，有六失：

1.中原之兵不能適應邊疆生活：「寒風裂膚，驚沙慘目，與豺狼爲伍，戰鬥爲嬉戲，晝則荷戈而耕…永無休暇之娛…」除非本地人可行。

2.課責虧度，考核不公：權移於下，欲賞有功，怕無功者反側。欲罰有罪，怕同惡者憂虞。功罪不分，一再姑息。

3.「吃空缺的」，軍費太高。賊勢越境，無敢一戰。或曰兵太少，朝廷不察又再發兵，邊兵日眾，軍費高。「閭井日耗，徵求日繁。」財匱於兵眾矣。

4.邊軍各鎮坐視觀望，互不出兵，遺誤戰機。各將領擁兵自重，統制不一，坐失戎機，無以應敵。

5.禁軍邊軍薪俸相差太大：禁軍安居無事，稟賜太厚。邊軍勞苦終年，不足供一家，怨生也。兩相比較，懸殊太甚，便難以共赴國難。

6.朝廷對邊疆將領牽制太多。邊軍去就，決於朝廷。將帥正好把責任推給朝廷，戰機全失。

陸贄所評正中大唐衰亡之要害，雖建軍而力分，養士而怨生，貞觀盛唐爲亞洲之盟主，至晚葉時，僻處西南的南詔也使唐軍疲於奔命，考其原因不出陸氏所言。觀陸贄的政治思想，概同賈誼、晁錯，荀派儒家而採法家學說，既科學又實用。

4. 韓愈是唐代大文豪，也是大政治家，因反佛被貶官，談談他的政治思想。

（一）韓愈（768~824 年），字退之，也是古文大師，在歷史上的影響，文學、政治和歷史都很大。德宗時監察御史，憲宗時刑部侍郎，施以諫佛骨貶潮州刺史。穆宗爲兵部與吏部侍郎。

退之文章「文起八代之衰」，政治思想則拾前人「餘唾」，創見少。平生揚儒，以儒家正統自居，「道統論」是韓愈的基本思想。

（二）暗示自承道統：

堯、舜、禹、湯、文武、周公，傳之孔子，孔子傳之孟軻，軻之死，不得其傳焉。韓愈認爲自己是孟軻的傳人，「使其道由愈而粗傳，雖滅死萬萬無恨」（《韓昌黎集》）。

（三）尊君抑民：

人民無自生自治能力，待君教之。「民之初生，固若禽獸然。」

「有聖人者立，然後教之以相生養之道。爲之君，爲之師。」

「古之無聖人，人之類滅久矣。」

君臣民各有職司，臣民失職誅，君不加罪，民種田而已：

「君者出令者也。臣者行君之令而致之民者也。民者出粟米、麻絲、作器皿、通財貨以事其上者。君不出令則失其所以爲君。臣不行君之令而致之民，民不出粟米麻絲、作器皿、通財貨以事其上則誅。」

「爲之君，爲之師」的愚民政策（似），也似絕對君臣關係：

「古之君天下者，化之不示其所以化之之道，及其弊也，易之不示其所以易之之道。政以是得，民以是淳。」

（四）爲禹辯護：堯舜傳賢在利民，禹傳子在弭爭：

「堯舜之傳賢也，欲天下之傳其所也。禹之傳子，憂後世爭之亂也。

堯舜之利民也大，禹之慮民也深。」

吾國三代以後，天子傳子，謀政局穩定。宰相傳賢，謀政治革新。林慎思對此也有評，孟子則認爲「禹之孝在乎天下，不在乎一家也」。

（五）綜上所述，愈之政治思想甚爲保守，他雖自命孔孟傳人，但尊君抑民使他不如孟子，排佛又使他成爲當時主流思潮「三教合一」的反動份子，最值得一說的，還是他的「道統論」。

道統論闡揚《大學》中的修身、齊家、治國、平天下的理論，開啓宋代理學的先聲。再者，他對中國一貫道統自堯舜以來的傳承發揚光大，使儒家在中國歷史上幾成一種「宗教信仰」，產生更大的無形凝聚力，韓愈與有功焉。

另值一提的，韓愈反佛，但他建立的道統卻摹仿佛教祖統。佛教禪宗自佛祖傳至達摩，爲東土始祖，又傳到六祖慧能，這是一個佛教的「道統」。韓愈爲示區別，以爲儒家的仁義精神，爲佛道兩家都不具備。儒家的道是「天下之公言也」，而道家去仁義「一人之私言也」。（＜原道＞）他的思想影響以後的中國，一九四九年後的兩岸，爭論正統與道統，正是韓愈關心的焦點。

韓愈雖反佛，自己卻深受佛教影響，據河北大學藝術學院教授劉金柱著《唐宋八大家與佛教》一書研究，韓愈詩文明顯受到佛教揭頌的啓發，以佛教文化用於文體改革，推動古文運動。另外，柳宗元、歐陽修、王安石、蘇東坡、曾鞏等人都深受佛教影響。顯示佛教在進行「中國化」，已有很大成果。

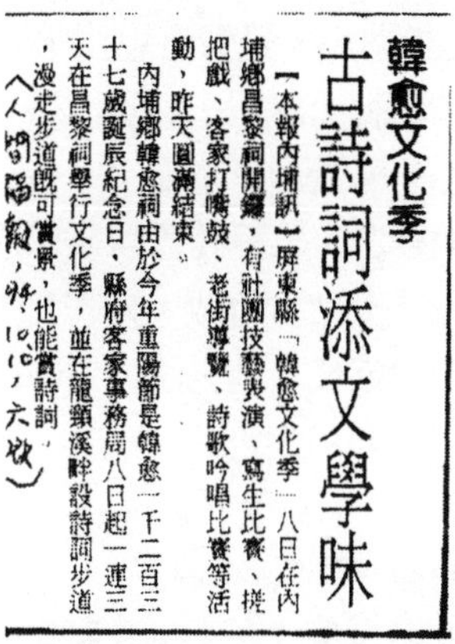
韓愈文化季
古詩詞添文學味
【本報內埔訊】屏東縣「韓愈文化季」八日在內埔鄉昌黎祠開鑼，有社團技藝表演、寫生比賽、挑把戲、客家打嘴鼓、老街導覽、詩歌吟唱比賽等活動，昨天圓滿結束。
內埔鄉韓愈祠由於今年重陽節是韓愈一千二百三十七歲誕辰紀念日，縣府客家事務局八日起一連三天在昌黎祠舉行文化季，並在龍頸溪畔設詩詞步道，漫走步道既可賞景，也能賞詩詞。
（人間福報，94.10.10，六版）

5. 大約和韓愈同時代，有柳宗元，也是了不起的大文豪和政治思想家，但他近乎「異端」，陳老師談談柳宗元的政治思想。

（一）柳宗元（773~819 年），字子厚，自幼「無不通達」，他的思想比韓愈開明，凡事從批判出發，故有「異端」風格。

歷任監察御史、禮部員外郎，後貶柳州刺史。

他是傳統儒家的「異端」，最初不信天、不信佛，喚醒人民自信心之人。似荀子與王充。

（二）政治思想的兩個異端：

1. 不信天、不信佛，天人不相干：「生植與災荒皆天也。法制與悖亂皆人也。二之而已，其事不相預。」

駁禱雨而至，天人感應等，曰：「所謂偶然者信矣。必若人之為，則十年九潦，八年七旱者，獨何如人哉。」

斥「月令」：「聖人之道，不窮異以為神，不引天以為高。利於人，備於事。」

斥「天命」，評董仲舒、劉向、楊雄等人「皆沿襲嗤嗤，推古瑞物以配受命。其言類淫巫瞽史，誑亂後代。」

斥「用卜」，「卜者世之餘伎也…聖人之用，蓋以歐陋民也…卜之害於道也多，而益於道也少。」

凡此，都是愚民政策或工具而已。

2.政權之生，君之立，非天非民，是智者用強權行治安已：

「為人之初，總總而生，林林而群。…交焉而爭，睽焉而?…然後強有力者出而治之。」、「由是君長刑政生焉」。

這裡講到君主、國家的起源，出乎孔孟以來思想家之意外。對於國家和君主的產生，儒家都認為「天命」所致，柳宗元則認為是人與

人利益衝突的結果，頗似近代「進化論」中的叢林法則。只是一種生存競爭的結果，使君主出現，亦為止爭。

（三）由原始鬥爭社會而論封建、郡縣：

封建之產生是原始部落各自獨立，中央政府勢力不足，只有承認其存在，夾雜同姓諸侯，以作屏藩。非堯舜不廢封建，勢不可也。

到唐中葉，地方勢力坐大，又有提封建制，當時也有各家論戰。

柳宗元提＜反封建＞一文，評價很高，蘇東坡也認為該文終結封建制，重新肯定郡縣制，從此結束紛爭。

（四）禪讓與篡奪，宗元觀之相去不多。一反俗儒之見：

「凡易姓授位，公與私，仁與強，其道不同。而前者忘後者，繫其事同。」看我國歷史上，所謂的「禪讓」，尤其三國以來，確實就是「柔性篡奪」。

（五）柳氏論政近乎異端，但論政治目的，則未背孟荀：

孔曰：「苛政猛於虎」：柳曰「賦斂之毒有甚於蛇者」。

取意孟子「仁心仁政」：「吾居鄉見長人好煩其令，…官命促爾耕，勗爾植…鳴鼓而聚之…又何以蕃吾生而安吾性耶。」雖意在養民，但方法煩擾，亦大背養民之目的。

彰顯學，「自天子以至庶人咸守其經分而無有失道」。

「率其職，司其局，交相致以全其功也。是位而處，各安其分，而達道於天下矣。」

柳宗元和韓愈同樣倡導古文，也同是文學家兼政治家，但在思想上柳具有強度的批判性，在吾國先賢中甚爲少見。吾國先賢大多不敢有違祖宗之法，柳則不管這些，故當時看起來像異端，對政治思想影響很大，如他的「反封建論」正是。

6.大唐末葉天下又開始動亂，人民又陷水火，此時的儒家思想家能如何？林慎思是最後儒者的呼聲，談談他的政治思想。

（一）林慎思，字虔中，生當唐代末葉，懿宗、僖宗的亂世，早已忘了祖宗之言，只顧斂財，不顧人民。而藩鎮、朋黨、政爭、宦官、女后、民變相替爲亂，帝王荒淫，政事不修，黎民痛苦。

懿宗時林氏官至進士。後至水部郎中，黃巢亂，迫以僞職，不屈死。他最不幸是生逢亂世，立言稍顯偏激。著有《伸蒙子》、《續孟子》二書。

（二）林氏論政宗旨在存養百姓，除去煩苛。稍有道家味道：

政治最後目的，安民固本。「舜哀天下之民于墊溺也，命禹治之。禹能不私一家之仇而出天下之患。」、「禹之孝在天下，不在乎一家。」

在＜續孟子．樂正子＞設魯君誤會與民同樂，召民共飲。糾正曰：「魯君耽嗜，召民於側，是猶易離於籠，移魚於沼也。使民且恐且懼…。

吾所謂與民同者，均役於民，使民力不乏。均賦於君，使民用足。然後君有餘而宴樂，民有餘而歌詠。」

非皆老莊「無爲」，意在矯煩苛之過。雖主養民，亦不姑息。仁政與峻刑可並行不背。「治民之用恩刑，恩刑之利，孰最？刑最。」

「水火仁於人而人賴之，不見其峻也。狼虎害於人而人畏之，故見其峻也。有道之君如水火然，無道之君如虎狼然。」

雖行仁政，稍有擾民也不行。林氏恐人不明其意，乃設問對以明之，在《伸蒙子》一書中喻民如是說：

干祿先生曰，古民難化於今民乎。伸蒙子曰，今人易化。曰，古民性樸，今民性詐。安得詐易於樸邪。曰，樸止也，詐流也。止猶土也，流猶水也。水可決使東西乎，土可決使東西乎。且嬰兒未有知也，性無樸乎。丱兒已有知也，性無詐乎。聖人養天下之民，猶嬰兒也，則古民嬰然未有知也，今民丱然已有知也。化已有知，孰與化未有知之難乎。

（三）大唐末葉儒家最後的呼聲：

林氏不幸生在大唐末葉，天下又亂，統治者又不顧人民死活，玄宗、德宗皆不免驕奢聚斂，懿宗、僖宗更是荒唐。太宗曾言「爲君之道必先存百姓，若損百姓以奉其身，猶割股以啖腹，腹飽而身斃。」

但這些李氏子孫已然不懂這些了。不管提甚麼政策、方案、改革，都已沒用了，故林慎思的政治思想針對苛政的抗議：

設穽於路，用去害焉。害未及去而人過之，反為害矣。稅金於市，用化利焉，利未及化而人叛，反失利矣。且養其卒，非捕民寇盜邪。寇盜未必由卒捕也，而先盡民之父子焉。條其吏，非勸民之農桑邪。農桑未必由吏勸也，而先奪民之粟帛焉。斯不亦用去害而為害，化利而失利歟。

林氏如此說明苛政之害，只是天下要亂，已非林氏呼聲而可止亂；天下要垮，也非林氏呼聲而可不垮。當一個政權施政的內涵偏離了中國道統（儒家仁政），垮台結束是他唯一的命運。做爲一個政治思想家，林慎思做了他該做的，如文天祥曰：「讀聖賢書，所學何事，而今而後，庶幾無愧！」

輯 25：唐代道家與重要政治思想家

1. 中國歷史上有一個頗為規律性的現象，治世儒家政治思想抬頭，亂世則道家政治思想抬頭。唐代也不離此規範，尤其大唐中衰後，有多位了不起的道家學者，本節要介紹給讀者和聽眾朋友。

這種現象幾乎可以用下圖示之，而成爲一個「定律」，這是中國文化的特色，當天下無道，人民可以回到老莊懷抱，得到人生最後的安慰。而在西方，這是耶穌和上帝的責任，在中國事實上沒有「宗教」，有的只是「中國民間信仰」，儒、道、墨等都不是宗教，但有宗教的內涵和功能。

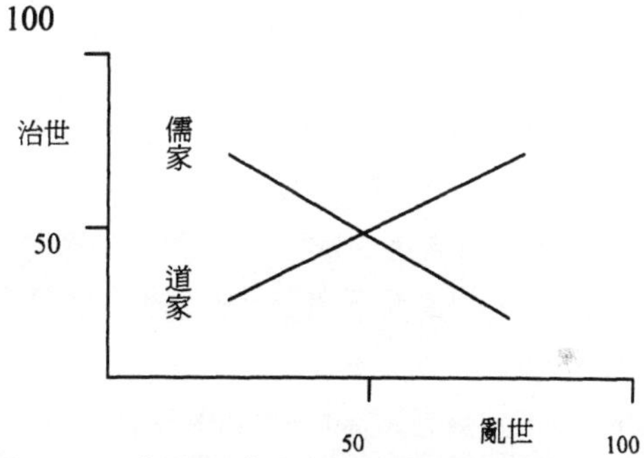

圖 5-12：中國歷史上儒道消長關係圖

（一）佛教之外，道教最盛：

老子姓李，與大唐天子同宗，故唐代尊老子重道教（家）之學。唐高祖時特在終南山建太和宮以祭祀老子，高宗尊老子爲「太上玄元皇帝」，以後又加尊「大聖祖玄元皇帝」等，道家之學成爲國學。

唐代道教之盛另有一因，主要是丹鼎派的長壽成仙，符籙齋醮派的受命於天，延長國祚，深得王公皇室的心靈需求。唐玄宗視道士如皇族，令每戶備《老子》一書。

（二）《老子》列考試項目：（如附表）

玄宗置「崇玄學」，習老子、莊子、文子、列子。亦曰「道舉」，列考試必讀。注《老子道德經》，詔天下家藏其書。天寶初，改稱莊子爲《南華真經》，文子爲《通玄真經》，列子爲《沖虛真經》，康桑子爲《洞虛真經》。有道士劉玄靖，官至銀青光祿大夫。

道教經此提倡，有似國教地位。但老莊無爲之術，未有顯著進展，蓋初唐尙盛世也。這種情形就像現在台灣獨派，用政治力搞「去中國化」，許多人爲一頂烏紗帽或混官位，也大搞「去中國化」（教育部長杜正勝即此類人物），但實際上「去中國化」是去除不了的。

（三）唐室提倡道教

道家和道教原是有別的，道教源於漢代張陵、張角等迷信之士，魏晉後也稱五斗米教、天師教或太平道，道士吸取老莊之學，開始推演出思想體系。晉之葛洪以儒者研習道教，著《抱朴子》一書，道家思想開始融入道教，此後有二者有合一的趨勢。

到唐代二者已合流，唐代帝王多信道教，王公貴族大臣，不分男女，常出家爲道士。唐武宗召道士趙歸真、劉玄靖等八十一人入禁中，修金籙道場。趙、劉二人在武宗面前排斥佛教，說佛教非中國之教，故有會昌五年（845 年）「毀佛之令」，詔毀天下佛寺，僧尼並勒令還俗。

（四）但民間仍信仰佛教，蓋魏晉以來沙門免役之權：

武后時狄仁傑：「逃丁避罪者集沙門。」

中宗李嶠：「今丁皆出家，兵悉入道，征行租賦何以備之。」

文宗李訓：「天下浮屠避徭役。」

武宗時從道士劉玄靖、趙歸真之言滅佛。宣宗即位，殺劉、趙等 12 人，佛教又流行。但安史之後，可能佛的因果已失去人民信心，悲觀之極，只求現世苟全，老莊無爲又流行。

從唐代尊道制佛的過程看，意識型態（已產生信仰力量）的東西，用政治力量去強制倡導或打壓，其實效果不太顯著。朝廷用盡一切力量提倡道家（教），打壓佛教。而民間仍信仰佛教，信道教者仍只一些王公貴族。

<u>表 5-8：唐考試加試老子前後變更表</u>

唐考試加試老子前後變更表 據唐會要卷七十五明經，及新唐書卷四十四選舉

年代		加試老子變更表
高宗	上元二年	加試老子，明經二條，進士三條。
高宗	儀鳳五年	道德經孝經并為上經，貢舉皆須兼通，其餘經及論語任依恒式。
武后	長壽二年	則天自製臣範兩卷，令貢舉人習業，停老子。
中宗	神龍元年	天下貢舉人停習臣範，依前習老子。
玄宗	開元七年	注老子道德經成，貢舉人減尚書論語策，而加試老子。
玄宗	開元十九年	始置崇玄學，習老子莊子文子列子，亦曰道舉。
玄宗	天寶元年	天下應舉，除崇元學生外，自餘所試道德經，宜并停，加爾雅，以代道德經。
德宗	貞元元年	停爾雅，仍習老子道德經。
德宗	貞元十二年	停老子（依天寶元年勅處分），加習爾雅。

資料來源：薩孟武，中國政治思想史

（台北：三文書局，76年3月，增補五版），頁361。

2. 這麼說唐代上半葉朝廷大力提倡道教只是一種「政治動作」，只能形成一些「泡沫」，不能產生思想家囉！必待唐室衰落由民間自然產生才有思想家嗎？

這是最合理的解釋，唐末天下又大亂，天子、政治或儒者都已無力救民於水火。「生物最後一定會找到他的出口」（引電影「侏儸紀公園」結語），

老莊世界正是苦難人民最後的出口（避風港），民心和人民所在之處，是一個最真實的歷史舞台。

唐代上半葉因是盛世，這是儒家的生存空間，沒有道家的「市場」，而政府用政治力量干預「市場」，就會有很大的後遺症。除製造很多「泡沫」和一些逢迎拍馬之外，也有流弊。唐代帝王普遍因信道教而迷信，求長生、講服食、煉丹藥等，許多王公貴族食丹藥中毒致疾病而死，韓愈曾爲文痛批其害。

道教經公權力的提倡，結果得到有如國教地位，但老莊思想未見進展。無爲治術不合盛世政風，其興盛都在喪亂之衰世。就現有文獻，晚唐至五代間老莊學派的政治思想家有五，玄宗時有亢倉子及元子，僖宗時有?能子，五代有羅隱和譚峭。其中惟?能子伸無君之論，這是莊學之正統，足以遠繼鮑生之言。

元譚二家以清靜之術，行養民之政，實已棄內治之玄言，而逃楊歸儒，頗近孟子，而有儒者之風，故亦非純粹的老莊之學。亢倉及羅隱接近雜家，羅隱調和儒道，亢倉子在歷史上有疑案。

亢倉子舊題「康桑楚」撰，唐韋滔謂王士源著（＜孟浩然集序＞），柳宗元斥爲空言。《新唐書》錄有＜王士元、亢倉子＞二卷，《四庫書目提要》謂其「雜剽老子、莊子、列子、文子、商君書、呂氏春秋、說苑、新序之詞。」因其疑惑太多，故本書只介紹元結、?能子、羅隱及譚峭等四家。從以上探討，漢代以後道教才開始流行，春秋到秦代之間，則只有道家而沒有道教。

3. 唐代道家思想家都出現在中唐以後，此時距盛世已有百餘年，政治已開始衰亂。第一位欲以老莊救民於倒懸的是元結，陳老師談談他的政治思想。

（一）元結，字次山。開元 11 年（723 年）生，代宗大曆七年（772 年）卒，天寶進士，攝監察御史，代宗時拜道州刺史。著＜元子＞十篇，＜浪說＞七篇，＜漫說＞七篇。他所生的時代，「天下殘破，蒼生危窘，受賦與役者皆寡弱貧獨，流亡死徙，悲憂路途，蓋亦極矣」。

（二）譏諷衰世很高明。或以爲世亂爲時代所致：

從政教世俗開始壞，「時之化也，道德爲嗜慾化爲險薄，仁義爲貪暴化爲凶亂，禮樂爲耽淫化爲侈靡，政教爲煩急化爲苛酷。」

接者家庭社會也崩壞，「夫婦爲溺惑所化，化爲犬豸。父子爲惛慾所化，化爲禽獸。兄弟爲猜忌所化，化爲仇敵。宗戚爲財利所化，化爲行路。朋友爲勢利所化，化爲市兒。」

而政治腐敗也是必然，「大臣爲權威所恣，忠信化爲奸謀。庶官爲禁忌所拘，公正化爲邪佞。公族爲猜忌所限，賢哲化爲庸愚。人民爲征賦所傷，州里化爲禍邸，姦凶爲恩澤所迫，廝皁化爲將相。」

人，已完全墮落，「惰性爲風俗所化，無不作狙狡詐誑之心。聲呼爲風俗所化，無不作諂媚僻淫之辭。容顏爲風俗所化，無不作邪蹙促之色。」

此時已是肅宗中興，亂且如此。可能是安史之亂才過，大亂平息不久，惟此後大唐內亂外患不斷，才讓思想家覺得人心的腐敗墮落，是一種必然的趨勢。

〔三〕治衰亂之道，在清靜、去苛、去煩、恤民：

王者政教方面，「夫王者其道德在清純元粹，惠和溶油，不可恩會盪爌。衰傷元休。其風教在仁兹諭勸，禮信道達，不可沿以澆浮，溺之淫末。」

農賦方面，「簡薄均當，不可橫酷繁聚，損人傷農。」

刑法方面，「大小必當，理察平審，不可煩苛暴急，殺戮過甚。」

軍事方面，「兵甲在防制戎夷，鎮服暴變，不可怙恃威武，窮黷戰爭。」

生活方面，衣服、飲食、宮室、器用、妃嬪聲樂諸事悉有定制，不可淫溺昏縱，奢侈過度。

凡此種種，「順之爲明聖，逆之爲凶虐。」

小結：

觀察元子譏世之辭，及治衰亂之道，實以道爲體，儒爲用。又有雜家之意，不足以續老莊。

大唐中葉，雖有些亂，但也不算太亂，爲甚麼道家思想就昌盛起來？近世之共產主義言「宗教是人民的鴉片」或可解釋。道家和道教在中國始終若合若離，似爲同一，但有如宗教，都可以讓人民減少（或解除）痛苦。

<u>4. 元結死後一百多年，黃巢禍起，流毒天下，晚唐已是土崩魚爛。此時有位</u>

叫无能子，他的政治思想如何？

（一）无能子，?是「無」的古字，他約生在唐末，姓名年代不可考。《新唐書》有<无能子>三卷，對暴君苛政做總清算，其態度激烈，思想極端前所未有，是最徹底的無政府主義者。

（二）推翻「人爲萬物之靈」之說，萬類平等。

「天地既位，陰陽炁（氣）交，於是裸虫鱗虫毛虫羽虫甲虫生焉。

人者裸虫也。與夫鱗毛羽甲虫俱焉同生天地交炁而已。…生育乳養其男女而私之，無所異也…智慮語言，人與虫一也。所以異者，形質爾。」

人與蟲既同源平等，則人類之中必平等自由。「所以太古之時，裸虫與鱗毛羽甲雜處，雌雄牝牡自然相同。無男女夫婦之別，父子兄弟之序。」觀點與莊子同。

「萬類平等」說，頗合佛教「眾生平等」思想，從現代「極端環保主義」觀點，也有些神似。都認爲一切生物在地球上有平等的生存權，地球資源不應獨厚人類，无能子思想有了現代意義。

（三）社會進化四階段（日逐煩苛）：

1.有家無國的半自然社會，此時人虫已不平等，人尚平等，禍害未興。

「裸虫中繁其智慮者，自名曰人，以法限鱗毛羽甲諸虫。又相教播種以食百穀，…於是有夫婦之別，父子兄弟之序。…結罝罘網羅以取鱗毛羽甲諸虫，於是有刀俎之味。」

2.政治社會（組織）出現人即不平等。「繁其智慮者又於其中擇一而統眾。名一曰男，名眾曰臣。」於是有貴賤貧富之差。此是原始化之政治社會。

3.倫理化之政治社會：有了君臣，則有爭奪紛亂，進而有治術之出現，

「於是立仁義忠信之教，禮樂之章以拘之。臣苦其臣曰苛，臣侵其君曰叛。

父不愛子曰不慈，子不尊父曰不孝。…樂是恥非之心生焉，而爭心抑焉。」

4.自茲以往，每下愈況。「降及後代，嗜欲愈熾。於是背仁義忠信，踰禮樂而爭之。…小則刑之，大則兵之…覆家國亡之禍，錄之不絕。」

（四） 挽救世亂崩潰之要道：破名利、破仁義、破人倫之情：

1. 破除名與利：「天下之人所共趨之而不知止者，富貴與美名爾。所謂富貴者，足於物爾。…朝合而暮壞，何有於美名哉。今人莫不失自然正性而趨之，以至於詐僞奮激者，何也。」

2.破除人類倫理血親之情：「古今之人謂其所親血屬，於是情有所尊焉。聚則相歡，離則相思。則相愛，死則相哭…。」

3.摧毀君臣關係（政治組織也）：「自古帝王與公卿之號，皆聖人彊名以等差貴賤，而誘愚人耳…」。天子與匹夫匹婦一樣，死後淪於腐土，何貴之有。

小結：

无能子最後回歸到老莊無爲，更徹底的無政府主義者。

「凡事任其自然」。「天地自天地，萬物自萬物」。「美不能醜之，醜不能美之。」如「鳥飛於空，魚游於焉」，自然而然也。

「天下自然之時，君臣無分乎其間。爲之君臣以別尊卑，謂之聖人者，以智欺愚也…孝不孝，忠不忠，何異哉。」

惟吾人最感驚訝者，?能子「人與蟲即同源而平等」，甚合現代科學研究一切生物起源的結論，所有生物都從最早的一個單細胞，不斷演化而來。而其平等觀和佛教「眾生平等」最相近，也頗合現代環保觀，真奇也。

无能子思想以自然、無爲之爲德之大也，「西伯曰天地?爲也，日月星辰運於晝夜，雨露霜雪隕於秋冬，江河流而不息，草木生而不止，故無爲則能無滯，若滯於有爲，則不能無爲矣」。凡事任其自然，爲最佳、最大之德。

<u>5. 唐末還有一個思想家叫羅隱，十試不第，他的政治思想如何？</u>

（一） 羅隱（833~909 年），字昭諫，本名橫，因十試不第，才更名隱。著有《讒書》、《淮南寓言》、《甲乙集》，等。他基本思想是「眾生不平等」，而人「又是萬物之靈」，於是亂生。自然界乃有強凌弱，眾暴寡，所以要有政府、君長用政治力量止亂。

（二）「人是萬物之靈」，萬類天生不平等。政治制度爲人性自然之舉。依儒補道。「夫強不自強，因弱以奉強。弱不自弱，因強以禦弱。故弱爲強者所優，強爲弱者所宗。上下相制，自然之理也。」

人爲貴，「然則萬物之中，唯人爲貴。人不自理，必有所尊，亦以明聖之才而居億兆之上也。是故時之賢者則貴之以爲君長，才不應代者則賤之以爲黎庶。」。此亦政治制度所以存在也。

（三）所謂強者，在德與仁慈爲標準：

德與道是強弱的標準：「然處君長之位，非不貴矣，雖莅力有餘，而無德可稱，則其貴不足貴也。」黎庶賤弱，有道則不賤。故人稱尊，異萬物，在德。

仁慈無力，「所謂德者，唯慈唯仁。所謂力者，且暴且武。」德者兆庶所賴，不可弱。力者，一夫所持，九族離心，不可強。

但有德能否得位，也看命，如周公顯貴，孔子絕糧。而有德有位要配合，才能有大作爲。「大舜不得位，則歷山一耕夫耳，不聞一耕夫能翦四凶，而進八元。呂望不得位，則棘津一窮叟耳，不聞一窮叟能取獨夫而王周業。」

（四）人主要有輔臣，並知理亂之道，更要是慈儉與無爲：

「大主上不能獨化也，必資賢輔。」「夫家國之理亂，在乎文武之道也…文以致理，武以定亂。文雖致理，不必止於亂。武雖定亂，不必適其理。」

慈儉與無爲，「益莫大於主儉，損莫大於君奢…爾其儉主之理，則天下無爲。天下無爲，則百姓受其賜…。」

（五）對湯伐桀、伊尹放太甲之事有所批評：

商湯之征，伊尹之放，有愧於堯舜之爲君臣，誓鳴條則揖讓廢，放太甲而臣有權。於是大化不行，渾樸亦壞。後世爭奪篡弒之風，遂愈演愈烈。

羅隱比之无能子，算是樂觀者，大概他認爲天下要垮，他一枝筆也撐不起來。就讓他垮吧！垮了才有機會重組。有他的詩爲証：

「灞岸晴來送別頻，相偎相倚不勝春；自家飛絮猶無定，爭把長條絆得人？」（<柳枝>，七絕）

「今宵有酒今宵醉，明日愁來明日愁。」、「只知事逐眼前去，不覺老從頭上來！」、「採得百花成蜜後，不知辛苦為誰甜？」（<遡齋閑覽>）

試觀羅隱爲何對湯武革命有批評？須知其反對後世許多奸雄，藉仁義之名，行竊國篡位之事，橫亂時起，使黎民塗炭，城邑丘墟，良可悲也。其言未必合理，且有偏激之病，然言人所不敢言，此之隋唐以來學者只拾古人餘唾，尚略勝一籌。

6. 唐代要結束時最後一位道家思想家是譚峭，此時天下已經眼見要垮了，他要對人民或統治者說些甚麼呢？

（一）譚峭字景昇，生卒不詳，知其生於唐結束之際，卒於宋開寶年間。著有《化書》，他的中心思想是老子「我無爲而民自富，我無欲而民自樸」，統治者要「清靜無爲，少私寡欲」，則天下有救了。

（二）世變由盛而衰的治道是六化：道、術、德、仁、食、儉，無爲。

原始之道（清靜）無爲而治，「大人大其道以合天地，廓其心以符至真，融其氣以生萬物，和其神以接兆民。…安用旌旗，安用金鼓，安用賞罰，安用行伍。」

道不能久維，又進仁義禮信，「萬物生必有安危，故授之以義。義濟安拔危，必有臧否，故授之以禮。」、「君子作禮樂以防小人，小人盜禮樂以僭君子。」

前四化不行，用食化：「一日不食憊，二日不食病，三日不食死」。「君無食必不仁，臣無食必不義，士無食必不禮，民無食必不智，萬類無食必不信。是以食爲五常之本，五常爲食之末。」

前五化都不行，儉化是最後方法---無爲而治。禮始於揖讓升降，盛於冠冕燕享，敗於奢蕩聚斂，甲兵以興，爭奪以起，終於王朝滅亡。儉才能無爲。

「君儉則臣知足，臣儉則士知足，士儉則民知足，民儉利天下知足。天下知足，所以無貪財，無競名，無姦蠹，無欺罔，無矯妄。

是故禮義自生，刑政自寧，溝壘自平，甲兵自停，遊蕩自耕。」

（三）峭又恐人疑儉化不可行，復立四說以闡明：

1.慳號不足羞：慳(ㄑㄧㄢ)者度量小：慳吝

「世有慳號者人以爲大辱。殊不知始得爲純儉之道也。於己無所與，於民無所取。我耕我食，我蠶我衣。妻子不寒，婢奴不饑。人不怒之，神不罪之。故一人儉一家富，王者知儉天下富。」

2.文飾非必要：

「有賓主之敬，則?黍可以大養，豈在乎簫韶。有柔淑之態，則荆苧可以行婦道。豈在乎組繡。」內有誠，何須繁文縟節。

3.示民以奢，召其覬覦，適其自致危亡之道：

「君之於民，異名而同愛。君樂馳騁，民亦樂之。君喜聲色，民亦喜之。…所受相同。所以服布素者愛士之簪組，服士之簪組者愛公卿之劍佩服公卿之劍配愛王者之旒冕。」

4.儉爲萬化之柄，不僅爲均食之道：

「儉於私，可以獲富。儉於公，可以保貴。儉於門闥，可以無盜賊。

儉於環衛，可以無叛亂。儉於職官，可以無姦佞。儉於嬪嬙，可以保壽命。儉於心，可以出生死。是知儉可以爲萬化之柄。」

譚峭政治思想以「儉」爲中心，目的在勸人主之清靜無爲，即老子云「我無事而民自富，我無欲而民自樸。」但就現代經濟學觀之，也甚爲合理。蓋農業社會生產力不足而人口增加，儉能減少消費，維持人民生活安定。奢則消費過度，致物價上漲，人民便難以維持安定生活。譚峭思想依然有其理論基礎，現代社會在過度生產、消費和浪費後，已引起若干反思，儉約（極簡主義）再受重視（日本、歐美等）。

輯 26：宋代政治思想（一）北宋激進派

1. 從歷史上看，宋代積弱且貧，但知識份子「成仁取義」熱情遠勝秦漢隋唐，而政治思想的豐富也超越前代，今天先講北宋激進派思想家。

宋代政治思想有四大潮流，兩兩相互對應：激進派對保守派，理學派對反理學派（功利派）。

（一） 宋代思想兩大派
- 理學：承唐代學術餘緒而光大，溯韓愈、李翺。
- 功利：懲國勢之弱而思振救之。

其二者都依傍孔子，但有所變。宋元兩朝可稱儒學再度獨尊之時期，而內容已變古。此兩大思想派?，各因立場互異，又化爲四大潮流。

（二） 理學：是混儒、佛、道三家思想，以道爲本，以儒爲用。
- 北宋有：周敦頤、邵雍、張載、二程（顥、頤）。
- 南宋有：朱熹、陸九淵。

理學家思想也頗分歧，但皆由天說起，而歸到人，再由人欲，說到爲政之道。

（三） 功利（由儒鉅變而來）：宋代政治思想之重心在功利思想，而非理學派。功利派目的在斥心性空談，究富強之實務。
- 北宋有：歐陽修、李覯、王安石。
- 南宋有：薛季宣、呂祖謙、陳傅良、陳亮、葉適。

按經世致用，本爲儒學傳統目的。但先秦至漢唐之儒多注意仁民愛物，休養生息之治術；一遇富強，即斥爲申商之霸術，不以聖人之徒相許。功利派通常即反理學派，在政壇上有很大勢力。到兩宋諸子公然大闡功利，以與仁義抗衡，一反孟子、董生之教。此種儒學思想之鉅變有其原因。

（四） 儒學在宋產生鉅變的二個原因：

1.時勢之背景（此即功利思想之發生）：

趙宋立國之初，有契丹爲患。燕雲十六州未得收復，遼患日盛。澶州戰後，只求苟安。西夏坐大入境。凡此「以大事小」、「以弱示人」。

宋初又因於太祖「弱兵弱將弱民」之政策，且兵額自開寶年間的 37 萬餘，到慶曆年間的 125 萬餘。弱兵又爲國貧的直接原因：如歲幣、軍費、政費、糜費。

造成國弱民貧，而朱陸心性仁義之學不能復國圖強，功利之學因時而生，並兼對理學的反動。

2.思想背景：

儒道二教到唐代已有 1500 年的實驗，其無力感與衰老萎頓已可見再逢此時佛學大量輸入，亦導致佛教在唐的全盛。道教自度不能抗佛，乃採用部份佛的組織和儀式。

儒學則吸收佛的新血，而產生理學。但是，理學的心性仁義，對北宋的積弱，對南宋圖復國，並無幫助。

部份儒者則對先儒經世致用之義，以糾正理學之失，矯之過正，而偏向功利主義。

勿論分理學和功利派，或四大流派，都追源到孔子，只是對孔子思想的詮釋論戰。加上對佛道的融合，使理學發展到極限，故理學也是宋代各大潮流中的主流。

<u>2. 宋代為救弱貧問題，激進派的「富國強兵」之策一度成為「顯學」，宋真宗時李覯的「致用功利說」有那些要點？</u>

（一）李覯字泰伯，真宗大中祥符二年（1009 年）生，仁孫喜祐四年（1059 年）卒。范仲淹荐爲太學助教，著有《潛書》、《禮論》、《平土書》、《廣潛書》。及＜富國＞、＜強兵＞、＜安民＞之策三十篇、＜慶曆民言＞三十篇、＜周禮致太平論＞十卷、＜常語＞三卷。他的政治思想以功利致用，達成富強爲目標。

（二）闡古籍致用說，再進而認聖人無不言利：

《易》之一書，自李氏觀之，不離致用。「然洪範八政，一曰食，二曰貨。孔子曰，足兵足食，民信之矣。是則治國之實，必本於財用。」

人非利不生，欲是人情。孟子謂何必曰利，激也。李覯富國強兵政策由此而出發。

（三） 富國強兵：

1.富國方面：培養稅源

治國之實，必本於財。一切「城郭宮室、百官群吏、軍旅征戍、郊社宗廟、兄弟婚、矜寡孤獨…」都要靠「財」。所謂培養稅源，是薄斂，使民有蓄積。

行限田政策，「貧民無立錐之地，而富者田連阡陌…今將救之…限人占田，各有頃數，不得過制。」

2.強兵方面：

仁義、詐力併用：「儒生曰仁義而已，何必詐力。武夫曰詐力，何必仁義，是皆知其一，未知其二。」仁義是兵之本，詐力是兵之末。

行屯田，使兵農合一，「當今之慮，若興屯田之利，以積穀於邊，外足兵食，內免饋運，民以息肩，國以省費。既安既飽，以時訓練，來則奮擊，去則勿追，以逸待勞，以老其師，以此上策也。」此實即法家的農戰政策。

（四） 王霸之辨：（亦本於富國強兵之說）

1.對孟子謂「聖人之徒無道桓文之事者」，荀子「仲尼之門人，五尺之豎子，言羞稱五霸」。及理學家更新計較於此，提出反駁，「霸也，強國也」，管仲相齊桓，商鞅相秦孝公，是霸，但也是強國之道。

2.糾正前人王霸之別：

王霸只是名位的區別，非施政本質的不同。王，天子之號，以安天下爲務；霸，諸侯之號，以尊京師爲務。

3.糾正前人王政純用仁義：

孟子「以力假仁者霸，以德行仁者王」，後儒誤認德治爲王政，刑治爲霸政。此陷二分法之誤。其尚有粹駁之分。

李覯思想較近荀子，但他又把樂、刑、政、仁義忠信全歸於禮，這也是治弱亂的「藥方」。如同華夷之別，吾國先哲並無絕對之定論，國力強大威服四方時倡四海一家，國力衰弱要抗外敵時倡華夷之別。李覯的政治思想也反應宋代面臨的困境，極須要有大突破。此種大突破是勿論王霸，只要能利國、富國、強兵便好，他說：

儒生之論但恨不及王道耳。而不知霸者強國也，豈易可及哉。管仲之相齊桓公，是霸也。外攘戎狄，內尊京師，較之於今何如。商鞅之相秦孝公，是強國也。明法術耕戰，國以富而兵以強，較之於今何如。

李覯以宋室積弱，累受遼夏壓迫，極思反制，仍多戰敗而簽下不平等條約。遂由民族意識，一反俗儒之見，大倡「富國強兵」之道。

3. 既然李覯的政治思想以「富國強兵」為核心，那麼具體的積極建設是甚麼？

李覯思想近荀子，但富國強兵之策像極了法家。如論強兵，主張行屯田，使兵農合一，培養稅源致富國。李氏論政治國，其政治方法除經世致用、富國強兵，並破俗儒之王霸之別。其政治目的，大旨仍是孟子的民本，參與荀子之禮治，加上法家的部分方法。

（一）安民是君主的天職，亦政治目的。君若失職，可以革命：

「天生斯民，能為民立君，而不能為君養民。立君者天也，養民者君也。非天命之私一人，為億萬人也。」、「民心可畏，是故先哲王皆孳孳焉以安民為務也。所謂安者，非徒飲之、食之、治之，令之而已也。必先於教化焉。」

君若不養民，已失職。若更以暴虐，則一夫可誅。

（二）「禮治」大體可同荀子：

1.禮的內容（定義）：「樂、刑、政，禮之支也；仁、義、智、信，禮之別名也。」、「禮者法制之總名也」。

禮＝樂＋刑＋政＋仁＋義＋智＋信

2.禮的作用：

「禮者君之大柄也，所以治政安居也。」

「夫禮人道之準，世教之主也。聖人所以治天下國家，修身正心，無他，一於禮而已。」

李氏的禮治已有「法治」味道，「民之所從，非從君也，從其令也。君之所守，非守國也，守其令也。」

3.刑賞之用（也是禮治範圍）：

「勉強而行之」－刑的必要。「非好殺人，欲民之不相殺也；非使畏己欲民之自相畏也。」

公平。「先王之制，雖同族，雖有爵，其犯法當刑，與民無異。」

「法者天子所與天下共也…不異貴賤，一致於法。」

但也反對孟子「不嗜殺人者能一之」，認爲仁者亦用刑。

「世俗之仁則諱刑而忌戮，欲以全安罪人，此釋之慈悲，墨之兼愛，非吾聖人所謂仁也。」爵去四凶，湯放桀，都用刑殺。

禮治用刑可以算李覯的治國「方法論」，目的是安民。富國方面重點在興利事業和廣開稅源，強兵則主張兵農合一。

（三）治亂是常情常理：

李覯這一看法很「平常心」，他深知一治一亂是中國歷史的常態，乃人之常情，似乎太消極了。他說：

治之民思亂，亂之民思治。何也？生無事之時，身安而意侈，刑弛矣，急之則驚，斂輕矣，加之則怨，力未嘗?，自謂勇，心未嘗謀，自謂智，知兵之利而未見其害，小不得意，則欲翼而飛矣，故曰治之民思亂也…

這似也說明了人性的悲哀或黑暗，好日子不能過太久，久則生亂子。吾人試觀李氏之「富國強兵」，在富國方面不外培養稅源，薄斂於民，使民有蓄積；在強兵方面不外行屯田，使兵農合一，建軍上達到《孫子兵法》所言「不戰而屈人之兵」。在我國政治思想家中，能倡論《孫子兵法》者不多，李氏有＜強兵十論＞。

4. 蘇洵是蘇東坡的父親，一門三文豪，也是政治思想家，談談他的思想。

（一）背景、時代：（1009~1066）

蘇洵字明允，眉州人。生真宗大中祥符二年，卒英宗治平三年。

屢試不中，閉門讀書，遂通六經諸子。另有二子：軾、轍。

著《六經論》、《權書》、《衡論》、《幾策》。

（二）人類社會進化與禮治：

原始社會「生民之初，無貴賤，無尊卑，無長幼，不耕而不饑，不蠶而不寒，故其民逸。」

人口增加，開始因食而爭殺。並凸顯人性人情。「民之苦勞而樂逸也，若水之走下。」「人之好生也甚於逸，而惡死也甚於勞。」

聖人知人有「與其逸而死，不如勞而生」，乃定禮法。在人的方面要「遵蹈其法制者，禮則使然也…有貴賤，有尊卑，有長幼，則人不相殺。食吾所耕，衣吾所蠶…。」

物的方面則要統一度量衡，「先王欲杜天下之欺也，爲之度，以一天下之長短；爲之量，以齊天下之多寡；爲之權衡，以信天下之輕重。」

（三）禮治要有三術輔之，才能安政治，易風俗，制社會：

1.易：利用宗教鞏固政治之力量。「天下視聖人如神之幽，如天之高。尊其人而其教亦隨而遵。其道所以尊於天下而不敢廢，易爲之幽也。」

2.樂：「聖人不能維禮之用而必求助於樂。」、「禮之所不及而樂及焉。」

3.詩：「人之嗜欲，好之有甚於生，而憤憾怨怒，有不顧其死。於此禮之權又窮。」爲順達達人的情欲，實施詩教。使「好色而無至於淫，怨而爲父兄而無至於叛」。

（四）不測之刑賞最有效，主張重刑：

「用不測之刑，用不測之賞，而使天下之人視之，如風雨雷電。」

姦民滑吏恐懼刑法及其身，而斂其手足，不敢犯法，謂之強政。

重刑「刑者必痛之，而後人畏焉。」刑賞「以刑使人，以賞使人」、「利之所在，天下趨之」。

考課以稱刑賞「有官必有課，有課必有賞罰。有官無課，是無官也。」

刑賞必再配合禮治，及易、樂、詩之教。

（五）王霸義利之標準：

古人皆以湯武爲王，桓文爲霸，王者任德，霸者任刑。但蘇洵謂用刑的未必是霸，用德的未必是王，都視情勢而用。「用刑不必霸，用德不必王。各觀其勢之何所宜用而已。」

義利分不開。武王伐紂，必汲汲乎發粟、散財。武王亦不能以徒義加天下也。「利在則義存，利亡則義喪」。

小結：

蘇洵思想近荀子、李覯。亦最突破古人之言論限制。他評宋代政治深中時弊，「政出於他人，而懼其害己，事不出於己，而忌其成功。」

對宋代用人也很反對，他說「古之用人無擇於勢，布衣寒士而賢，則用之…今也，布衣寒士持方尺之紙，書聲病剽竊之文，而至享萬鍾之祿。」

觀上所言，蘇氏思想近李覯，而義利之言則別於董仲舒，更大大不同於孔孟。董子尚謂義貴於利，蘇子則謂義利合一並重。實已突破傳統政治思想之框架，比其他儒者，尚勝一籌。

5. 有了李覯、蘇洵提出興利、富國、強兵之策，打破宋儒不言也不敢言「興利」的框架，到王安石終於成熟了，有驚天動地的「王安石變法」。

（一）背景、時代：

王安石字介甫。真宗天禧五年（1021）生，哲宗元祐元年（1086）卒。

佐宋神宗變法，達九年。著有《文集》、《三經新義》、《春秋左氏解》、《禮記要義》、《論語解》、《孟子解》、《老子注》、《字說》。

（二）基本政治思想：儒而有爲者→富國強兵。

其論政治之起源，「祖孫一死十百生，萬物不給乃相兵」，勢不得已當經營。故樸散爲器，因立長官，乃聖人無可避免之舉動。亦爲政治本來面目。

宋人反新法者，每斥王氏之學爲申商之異端。其實從政治發展之眼光論之，乃「儒而有爲者」，早光緒戊戌變法 800 年。他最大理想是富國強兵。當時有一批「擁王」學者，稱「荊公新學」派。亦斥道家，

「歸之太古，非愚則誣」。

他的有爲，表現在用禮樂刑政以成萬物。「四術，禮樂刑政也。所以成萬物者也。故聖人唯務修其成萬物者，不言其生萬物者。」

但此四術，亦只是常道，只是吏事；非治之本，非主道。「精神之運，心術之化，使人自然遷善遠罪，主道也。」

（三）王霸有利：

王霸同用仁義禮信之道，而其心異。「王者之道，其心非有求於天下也，所以爲仁義禮信者，以爲吾所當爲而已矣。」

「霸者之心爲利，而假王者之道以示其所欲。」

重禮樂並不廢刑政，聖人兼有「三不欺論」：「任德則有不可化者，任察則有不可周者，任刑則有不可服者。」徒主一端，不足爲治。

（四）安石施政與前代俗儒不同之特點：

1.堅定積極之態度。「慨然有矯世變俗之志」。

「人主制法，而不當制於法；人主化俗，而不當化於俗。」

「天變不足畏，祖宗不足法，人言不足恤。」因爲「時代在變」，制度也要變。

2.切實詳盡的計畫。

每一項目均有老謀深算之擘畫，繼之有徹頭徹尾之行動。比之中國歷史上其他變法（如商鞅、戊戌），有不遜色也。

3.針對時局弊政，全盤改變。

新法有農田水利、均輸、青苗、保甲、募役。改科舉、罷詩賦、設武、律、醫諸學。市易、保馬、方田、均稅。幾乎擴及經濟、社會、政治、教育的全盤改革。面對大變局，就須要大改革，全盤皆變。

（五）王安石變法歸納爲三大領域：

三營種事國業：
- 均輸法（國營貿易局）：政府經營所有大盤、中盤商。
- 市易法（國營零售店管理局）：政府經營所有零售生意。
- 青苗法（農民貸款法），強迫貸款，按時繳納本息。

三種新稅：
- 免役法：改徵兵爲募兵，不當兵的都繳代金－稅。
- 消費稅：凡有消費，都要課稅。
- 所得稅（財產登記制）。

三項管制制度：
- 保甲法：鄰居連保及軍事訓練。
- 保馬法：馬匹寄養在民家的制度。
- 方田法：農田重新登記，爲收稅依據。

觀王安石思想，辨証色彩很濃厚。他認爲世界萬物不斷變動中，任何事物皆有對立及相互統一兩面，兩相作用成爲變化的原動力，且對立的雙方在某一條件可相互轉化。這和十九世紀以來西方流行的「辨証法」非常接近。

6. 再具體說明王安石變法的重要內容，並檢討最後失敗的原因。

王安石變法的基本思維，認定變法在進一步鞏固中央政府的權力，使政府有能力保民保產，突破經濟困境，達成富國強兵目標。故變法勢在必行，在宋神宗支持下，展開大力改革。

（一）富國方面：

行方田求賦稅公平。「方田之法以東西南北各千步，當 41 頃 66 畝 160 步爲一方，歲以九月令佐分地計量。驗土地肥瘠，定其色號，分爲五等，以地之等，均定稅數。」

推行青苗法，行養民之政。「散與人戶，令出息兩分，春散秋斂」、「願取則與之，不願不強也」。

安石反對「聚斂之臣，與民爭利」，其新政之意，在理財以養民，即富強之本。頗似現代的「統制經濟」或「計劃經濟」。

強兵方面：最重徵兵與馬政

1.徵兵：其法爲保甲：

「保甲之法，籍鄉村之民，二丁取一。十家爲保，保丁皆授以弓弩，教之戰陣。」射，爲男子之事。有舉國皆兵之意。

農隙講武，五日一教，後改一月之中併教三日。

保丁自備弓箭，「自生民以來，兵農爲一，耒耜以養生，弓矢以免死，皆凡民所宜自具，未有造耒耜弓矢以給百姓也。」

2.保馬：

「凡五路義保願養馬者，戶一匹，以監牧見馬給之。或官與其直，使自市，歲一閱其肥瘠，死病者補償。」

（三）改進教育政策，考選人材：

漢唐以來都以文詞取士，王安石認爲「大不足以用天下國家，小則不足以爲天下國家用」，改以致用之學考人人，就現代精神講是合乎專業精神的。

（四）對安石變法失敗的檢討：

1.與中國傳統俗儒思想及放任習慣相背，傳統士人多自由慣了，不受統制。又違士大夫既得利益，絕大多數不願配合。

2.欠缺推動之機構、組織。蓋新法內容都是很現代的東西，而均延用傳統組織架構。

3.反對勢力太大，阻力太多，神宗本人亦未全力支持。當時一些人才，如司馬光、蘇軾都未予支持，且大力反對。而神宗未全力支持，導因於他誤任同時用新舊二派，對人事上的制衡有利於帝權之安定。且神宗注意攘外，安石注意內政，未加調和。

4.行之太急：「得其人而行之，則爲大利；非其人而行之，則爲大害；緩而圖之，則爲大利；急而成之，則爲大害。」執政時卻忘此原則，一法未成，又頒一法。且成見頗深，贊成者皆己黨，反對者俱排斥。有治天下之學，而無治天下之才。縱有才，也無量。

5.新政的基本思想與宋代差距太大。安石重刑賞，如孔子誅少正卯。但宋代天子都是「輕用其爵祿」、「凡罪皆可從輕，凡功皆可從重」。

6.各項單項新法施行時的技術錯誤：

如認爲贊同者則用，卻頗多小人。方田使者的舞弊擾民；青苗成爲官吏強迫取息、論功的手段，造成農村破產。

保甲之誤農時，農民無錢買弓箭。

保馬使軍馬當成民馬養，民戶亦無錢可賠。即整個新政最後成了聚斂，只富國，忘了富民。

小結：

其敗頗似清代的戊戌變法，主觀的方法不當，客觀的反對力量太大。

就內容看，也頗似現代社會主義，立意很好，人人有飯吃，也兼顧社會正義，只欠如何可以實踐。

王安石變法雖失敗，王氏本人理當負責，但宋神宗也要負責。神宗雖支持王安石，但又依祖訓，深信人事上的「制衡」有利於帝權的安定，所以新舊兩派人馬都用，政策因而不定，且永遠沒有共識，這難道不是國家元首（宋神宗）的過錯或誤解嗎？

圖 5-13：王安石像

圖片來源：張元，歷史（上），頁 133。

輯 27：宋代政治思想（二）保守派思想家

1. 講到宋代保守派，首先想到司馬光，不僅想到他小時候打破水缸救人的兒童故事，也想到他用一切辦法反對王安石變法。

他的政治思想以尊君爲特色，堅持祖宗之法不可變，用現代術語叫「極右派」，故受到統治者的尊崇。當然，他也是大學者。

（一）司馬光（1019~1086 年），字君實，歷仁、英、神、哲四朝，反「王」健將。爲反對變法最激烈者，以爲變法一無是處，欲恢復祖宗舊制。

官至尚書左僕射兼門下侍郎。著《資治通鑑》、《司馬文集》、《潛虛》。爲一代大學者，尤以《資治通鑑》，史家絕作也，死後追封太師，從祀孔廟，明嘉靖中尊爲「先儒司馬子」，歷史地位崇高。

（二）與王安石形成強烈的兩極：

元佑初年，司馬光實主朝議。?除所有新法，蕭公權稱其爲元佑黨人的代表。認爲一切青苗、均輸、市易…都是聚斂而已。

堅持傳統的勸農貴粟即可，「爲今之術，勸農莫如重穀…穀重而農勸，雖有饑饉，常無流亡盜賊之患。」

中國農民本來就窮。「鳥窮則啄，獸窮則攫，民困難已極，而無救恤，弱者不轉死溝壑，壯者不聚爲盜賊，將何之矣。」

由此，反對一切言利政策。主張如孟子的仁義，又歸到老子無爲。

「孟子曰仁義而矣，何必曰利。…老子曰，我無爲而民自化，我好靜而民自正，我無事而民自富，我無欲而民自樸…。」

（三）由無爲，進而主張墨守祖宗舊法，專制傳子，絕對君臣關係：

「三代之君常守禹湯文武之法，雖至今存可也。…」漢改前代之政，漢業遂衰。由此言之，祖宗之法，不可變。

父傳子，「父傳子，非禹之後而有。蓋自生民以來，有國家者無不然矣。」

絕對臣君（此反孟子說），「君臣之位，猶天地之不可易也。…非有桀紂之暴，湯武之仁，人歸之，天命之。臣君之分，當守節伏死而已。」

現代觀之，迂腐之極，老頑固也。

（四） 既然主張專制政體，君臣絕對，則維持君權（政體）之法：

1.絕對君權的闡釋：

反對孟子「君有大過則諫，反覆之而不聽，則易位」，說：「人臣之義，諫於君而不聽，去之可也，死之可也。若之何其以貴戚之故，敢易位而處。孟子之言過。君有大過無如紂。紂之卿士莫若王子比干箕

子微子之親且貴。微之去之，箕子爲之奴，比干諫而死。孔子曰商有三仁。」

反駁孟子之不朝王，「天下有達尊三，爵一，齒一，德一。朝廷莫如爵，鄉黨莫如齒，輔世長民莫如德，惡得有其一而慢其二哉。」

認爲三者不能比，怎能慢。以德抗爵，有違名分。

又君臣之分不在禮，「天子之職莫大於禮，禮莫大於分，分莫大於名。

何謂禮，紀綱是也。何謂分，度君是也。何謂名，公卿大夫是也。」其所謂禮、分、名，即現代政府的組織架構。

尊君之極，君如同父：「王者萬物之父也，父之命，子不敢逆，君之言，臣不敢違。」逆臣不孝，人人得而誅之，可見其尊君可謂至矣。

2.君主保位之術：即威福之柄。

決定權，「三人群居，無所統一，不散則亂，是故立君以司牧之。群臣百姓，勢均力敵，不能相治，故從人君決之。」

賞罰權，「人君之要道…在於賞罰善惡而已。」且人主不必詳察。雖有公議，惜又回到君決，沒有走到多數決，「公議於朝，使各言其志…然而終決之者，要在人君也。」

司馬光雖反對變法，主張專制君權，但對宋代政治腐敗也有批判，並非一味坦護：

國家採名不採實，誅文不誅意。夫以名行賞，則天下飾名以求功，以文行罰，則天下巧文以逃罪。如是則善者未必賞，為惡者未必誅。

這是司馬光針對當時政風敗壞之言，宋之失政確實如此。「上自公卿，

下及斗食，自非憂公忘私之人，大抵多懷苟且之計，莫肯爲十年之規，況萬世之慮乎？」有宋一代，貧與弱兩大問題便永遠不能解決。

2. 前面所講是司馬光既成的政治思想，是反王安石健將，使變法不成。陳老師，可否追溯源流，背後的原因或背景是甚麼？

中國歷史上有三大政治大變革（商鞅變法、王安石變法、戊戌變法），只有商鞅成功，餘多慘敗，原因也是反對力量太大。但爲何會有這麼強大的反變法力量，如文化、民族性等。姑且勿論，就司馬光反對變法一事，探討如下：

（一） 順天命，祖宗之法不可變：

司馬光認爲政治是「天下爲公」，政治家更應開誠佈公，權術只能短時間有效，久用後遺症也大。對君臣關係，他堅持儒家「君待臣以禮，臣事君以忠」，所以誠信、義利、才德、王霸、奢儉等問題，辨之最切，必須有益於世道人心，這些是他心中的最高道德標。像戰國時代的縱橫家，司馬光直指他們以利口顛覆別國，不擇手段（含欺騙等）亡人國，其爲害世道，破壞善良人倫，對社會、國家甚至歷史都有很大壞處，不值得學習或頌揚。

但司馬光也並非反對適度改革，例如一些救窮時弊，冗兵和冗官等都須要改革，惟祖宗所訂的「根本大法」不能變，所以他的名言是「祖宗之法不可變」。偏偏王安石推行新法的基本理念是「天變不足畏，祖宗不足法，人言不足恤」，可見他二人真死對頭。

（二） 新法立意甚佳，惟執行有傷：

這個傷指的是對人民、國家之傷（見前述王安石變法失敗原因），人民轉而求救於反改革陣營。元豐八年（1085 年）三日，司馬光奉詔回朝廷，首都開封百姓聽說司馬光要來，萬人空巷，夾道歡迎，京城「大堵車」，大家呼喊司馬光說「不要回洛陽了，留下來輔佐天子，救救我們老百姓吧！」真是感傷，也確實新法執行過程產生太大負作用，由此可見。

（三）不得人和，孤軍作戰：

任何事情若陷於這種局面，失敗幾成定局。畢竟「爲政在人」，一個政策若對人民真有利，必有高支持度。但王安石始終孤軍作戰，未得人和，這和他個性有關，他性情執?，不願謀求諒解和妥協，偏偏這是一種重要的政治智慧。從下表可見當時和王安石站在同一陣營者，儘是些「小角色」，這些人只是一時想撈個官當，並非真有才學。王安石領導著一批「阿狗阿貓」，如何成大業。

反觀與司馬光站在同一陣營者，如歐陽修、蘇東坡兄弟、程顥等，都是名重當代的重量級人物。形成這種一面倒的態勢也並不意外，宋代主流思潮是理學（融合儒佛道專講性命之理，避講興利之道）。

回到司馬光的思想特質，他認爲道貫古今，人類古今不變的大道終究不能變，「道何爲而獨變哉？」在他看來，新法是與民爭利，都違背儒家「重義輕利」信念。

司馬光做爲一個大學者，《資治通鑑》使他長生不死，永垂不朽。做爲一個政治思想家，他尊君抑臣，挑戰孟子「君輕說」，也反對孟子「德、齒、爵」同尊，更反對孟子說不稱職的帝王可以「易位」說法。他是統治者的最愛，故死後配享孔廟。司馬光死後不久，另一位大思想家朱熹把他的思想發揚光大成「帝王學」。

司馬光思想近乎「絕對君權主義者」，卻反對中央集權，這應是「矛盾」的，他的主張像是三民主義的「均權制」，他說：

凡天下之事，在一縣者，當委之知縣；在一州者，當委之知州；在一路者，當委之轉運使；在邊鄙者，當委之將帥。然後事可集。

惟宋之剝奪地方官之權，乃太祖欲矯唐末之弊，立下「強幹弱枝」政策，然矯枉過正，弊病又生。此一政策困擾大宋直到亡國，由此觀之，王安石的「變祖宗之法」是正確的，司馬光等人的反對變法是「誤國」了。

表 5-9：王安石變法與反變法人物對照表

主張變法者	反對變法者
領袖人：王安石 贊助與附和者：呂惠卿、曾布、章惇、蔡確、王韶、范子淵、薛向、呂嘉問、陸佃、鄧綰、曾肇、黃履、趙挺之、陳升之、王珪、韓絳、蔡挺。	反對一切新法者──呂誨、司馬光。 反對三司條例司者──程顥、張戩。 反對青苗法者──韓琦、范鎮、傅堯俞、富弼、歐陽修、呂公著、孫覺、李常、程顥、陳襄。 反對免役法者──劉摯、楊繪（蘇軾與范純仁反對其他新法，獨贊成免役法）。 反對市易法者──韓川、文彥博。 反對均輸法者──蘇軾、蘇轍、劉琦、錢顗、李常、張戩。 反對保甲法者──王拱辰、馮京。 反對保馬法者──人多不備錄。

資料來源：陳致平，中華通史，六冊，頁268。

圖 5-14：嶽麓書院

湖南長沙嶽麓書院建於北宋，南宋理學家在此講學，後學者千餘人，時有「瀟湘洙泗」之稱。

圖 5-15：白鹿洞書院

白鹿洞書院位於今江西廬山五老峰下。南宋時朱熹曾在此講學。

兩張圖片來源：張元，中國文化史，頁 67。

親民黨主席宋楚瑜十日前往有千年歷史的湖南嶽麓書院參觀。為了迎接宋楚瑜造訪，書院從裡到外重新打理門面，也讓一進入大門兩旁，分別出自論語、左傳的大字對聯「惟楚有才、於斯為盛」顯得格外醒目。

圖／美聯社

94年5月11日人間福報二版

圖 5-16：親民黨團訪嶽麓書院

3. 歷史上都把蘇東坡當文學家，沒想到他也是政治家，談談他的政治思想。

(一) 蘇軾（1036~1101 年）

字子瞻，號東坡居士。仁宗景祐三年生，徽宗建中靖國元年卒。熙寧中與王安石新法不合，屢外貶。哲宗立，為翰林學士。後又貶瓊州，徽宗立赦還，死道中。著《文集》。

（二）因王安石變法失敗，東坡也趨向保守，但仍主張施政要合時代：

照朱熹說：「荆公（安石）所變革者，初時東坡亦欲爲之，及見荆公做的狼狽，遂不復言，卻去攻他。」又說：「東坡只管罵王介甫（安石），介甫固不是，教東坡做丞相時，引得秦少游、黃魯直一隊進來，

壞的更猛。」可見我國文人對專制政體內的「治國平天下」已是束手無策。

施政合時，「大抵事若可行，不必皆有故事。若民所不悅，俗所不安，縱有經典明文，無補於怨。」

禮也隨時而進，「風俗之變，法制隨之」，古人言亂，含法制。

（三）禮法刑政與仁義的起源：

禮法來自原始鬥爭社會，人類爲與野獸爭奪生存空間，聖人乃作器用，「使民樂生便利，役御萬物」。欲望不斷增加，聖人又憂其詐猾難治，「制禮以反其初」。禮「始諸人情」，出於人情所安，不能出於不安。各有起源：

「仁義之道起於夫婦父子兄弟相愛之間，而禮法刑政出於君臣上下相忌之際。相愛則有所不思，相忌則有所不取。不敢與不忍之心合，而後聖人之道得存乎其中。」

（四）禮法刑政之維持：

同孔子	安而行之（有德者不用刑賞，不多） 利而行之（人類大多如此）：用賞 勉強行之（人類中次於安行）：用刑	，軾且贊成殺貴大。

「用法始於貴戚大臣，而後反於疏賤，故能以其國霸。」如舜誅四凶而天下服。

（五）取士、養士：

取士之法極保守，「詩賦爲名臣者不可勝數，何負於天下，而必欲廢之…」雖知其無用，然自祖宗以來，莫之廢者。

但也主張內郡和邊疆分開，內郡舉賢良文學，邊疆舉勇猛知兵之士。

養士之必要。「智勇辯力」是天生四種有用的士。歷代或用或養，此所以「少安而不即亡」。始皇初，并天下，以爲客無用，「墮名城，殺豪傑」，亡的快。蓋養士使其不搞反政府運動也。

小結：

東坡因反安石，故反變法－亦反富國強兵，反對言利事業。「興利以聚斂，臣肆其奸，國受其害」，蓋權力集中之政體，沒有分權制衡，一切作爲只有當官的得到好處。

又評安石變失敗，乃一次變的太大太多太細之故。故也主張訂法會要簡要。仁義道德治國，「國家之所以存亡者，在道德之深淺而不在乎強弱」。

按東坡之言，「國家之所以存亡者，在道德之深淺而不在乎強與弱。」這似乎有違人類社會發展過程中，國家發展的理論和經驗。蓋因國家的誕生、生存和發展，端賴武力，國家的形成也是武力。

蘇東坡族譜與譜櫃重逢

分離數十年後 蘇氏後人捐三蘇祠 書畫一條街日前揭幕

【本報香港電】中國四川省眉山市三蘇祠博物館，爲紀念蘇東坡誕辰，蘇轍後代蘇克俊及蘇軾世侄孫蘇鶴孫，將蘇氏族譜的檀木譜櫃捐給三蘇祠，使得四十二冊蘇氏族譜，終能與分離數十年的檀木譜櫃重新珠聯璧合，成爲該館珍貴的館藏文物。

此外爲了表彰蘇東坡家族的歷史地位及貢獻，四川省眉山市目前與四川大學合作，在蘇東坡的家鄉眉山市籌設「書畫一條街」，日前揭幕。

蘇洵和其子蘇軾、蘇轍在文學上有很高造詣，同登「唐宋八大家」之列，世稱「三蘇」。尤其是蘇軾，更是中國文學史上的巔峰人物，開創了豪放詞風，書法、繪畫也自成一家。父子三人立身操守，光明磊落，關心國家命運，同情民間疾苦。

三蘇祠自明、清以來就收藏文物，迄今館藏文物共有五千一百八十八件，其中歷代刻印的三蘇文集及有關古籍書三千二百五十六件（冊），字貼拓片五百七十八件。

爲了表彰蘇東坡家族的歷史地位及貢獻，四川省眉山市目前與四川大學合作，在蘇東坡的家鄉四川省眉山市東坡金城籌設「書畫一條街」，日前揭幕。邁出三蘇祠南大門，「書畫一條街」清一色的仿古建築一字排開，商鋪林立，賣字畫、裱字畫、擺弄古玩的熙來攘往。

此一「書畫一條街」，占地近十萬平方公尺，有七百多間的舖面，盡皆古色古香，在三蘇祠西、南兩側形成包圍之勢。眉山市文體局局長龍學淵表示，目前眉山市有十多位國家級書畫家，八十多名省級書畫家。

「書畫一條街」還成立書畫培訓和展覽中心，將成爲一個集作畫、欣賞、購銷於一體的特色街道。四川大學藝術學院汪東升指出，眉山市目前與四川大學藝術學院合作，將該一街」建成該學院的藝術創作及學生培訓中心。

（2006年元月廿三日，人間福報，大陸）

4.「三蘇父子」最小的「小蘇」是蘇轍，在歷史上也是頂頂　有名，談談他的政治思想。

(一) 蘇轍（1039~1112年）

字子由。仁宗寶元三年生，徽宗政和二年死。年19與兄同登進士仕門下侍郎、太中大夫。著《欒城集》。政論略同其兄不論，時政批評倒有可看。子由攻擊新法之論有四端（二~五）

(二) 爲政在順人心，不可強人所不欲：

「飲食男女之際，天下所同欲。聖人不求絕其情，又從而爲之節。」

教之烹飪嫁娶生養之道，使皆得其志。不可「立法以強人也」。聖人立禮法以制人，都緣於人情。

(三) 國者當任貧富之自然不均，不可加以干涉：

「州縣之間，隨其大小，皆有富民。此理勢之所必至。所謂物之不齊，物之情也。」州縣賴以強，國家賴以固，不必去之。

「王介甫小丈夫也。不忍貧民而身疾富民，志欲破富民以惠平民，不知其不可也。」此論調，顯然在爲豪民既得利益者辯護，而王安石則更合孔孟均平理想。轍自陷「小丈夫」而不自覺也。

(四) 重仁義，不求功利。行仁義而利存。

「聖人躬行仁義而利存，非爲利也。惟不爲利，故利存，小人以爲不求而弗獲，故求利而民爭，民爭則反以先之。」

又引孔子去食存信，「自古皆有死，民無信不立」。

但考孔孟二家：孔子與冉有論政謂富而更教。孟子無恆產則無恆心，民饑則救死不暇，奚暇禮義。可見蘇子以偏概全，也僅攻擊之意而已。

(五) 新政爲三代之制，過時不能行：

子由依傍堯舜孔孟以立言，又不主張追仿三代之制。「三代隱兵於農之制既廢則保甲不能行，周官泉府貸民之制既廢青苗不能行，井田版籍之制既廢則方田不能行」。禮儀亦然。

推安石生平權宜變法，雖有因古，但無藉口復古之實，轍恐無的放矢。惟他論六國之亡，和他父親（洵）稍有不同。他父親在＜六國論＞中曰：

六國破滅，非兵不利，戰不善，弊在賂秦。賂秦力虧，破滅之道也。或曰：「六國互喪，率賂秦耶？」曰：「不賂者以賂者喪，蓋失強援，不能獨完。故曰弊在賂秦。」

轍也寫了一篇＜六國論＞，意在補老泉之不足。該文從六國亡於不團結和國際關係論述，謂秦併天下，商君農戰政策為首功，輔以犯睢的遠交近攻，及李斯的離間諸侯。六國竟昧於天下形勢，不能同仇敵愾，背盟敗約，自相殘殺。夫韓、魏塞秦之衝，而蔽山東諸侯，若當時策士能深洞明察利害，說齊、楚、燕、趙為韓、魏後盾，使出當秦，則可應夫無窮。

就蘇轍＜六國論＞見解，也頗有「大戰略」、國際關係及中國地略形勢的基本素養。為何仍反對王安石變法（因他肯定商鞅變法），也是不解。

輯 28：宋代政治思想（三）理學與重要思想家

1. 理學即是宋代的主流思想，發展最為壯盛，首先請陳老師談談理學在宋代的發展或源流。

宋代理學乃自兩晉南北朝以來，儒、道、佛三家經近千年融合產生的新思想，延續到明朝稱「宋明理學」。統治當局的重視，使佛教、道教與儒家並立，在社會生活中起著重要作用。在宋初八十年間，社會文化沿襲大唐多元格局，沒有本質上的改變，是促成三教合流的有利環境。

（一）理學的源流：

1.內在的變化（即儒家思想本身的變化）：

儒家經魏晉南北朝之亂，到唐韓愈、李翱的原道、復性，走向一個新境界，即拋棄漢儒瑣碎章句之說，而致力於修齊治平的工夫，到宋儒乃集其大成。

2.外在影響（即受佛、道外來影響）

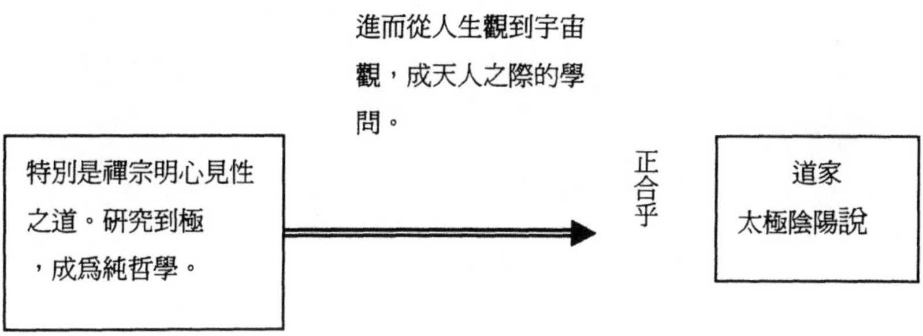

宋儒到了周敦頤、二程子等新儒生，放棄了以往恪守先儒之說的傳統，而以傳統儒家爲基本框架，以是否有益於綱常名教爲價值標準，對佛道進行研究，吸取其思維融於儒學，而成新思想「理學」。

3.政治、社會背景：

唐末五代以來，道德崩潰，寡廉鮮恥。但物極必反，到了宋代學人開始思考如何振作，加上國家統一問題的存在。形成一種學術講學之風－

理學。

「理學」在宋儒又稱「道學」，乃宋代理學家自命他們超越漢唐諸儒，而直承孔孟之道。他們專講修身、齊家、治國平天下之道，故稱「道學」。由道學建立的「道統」才是「正統」，否則爲非正統。在《宋史》有<道學傳>講的詳細。

（二）理學的發展：

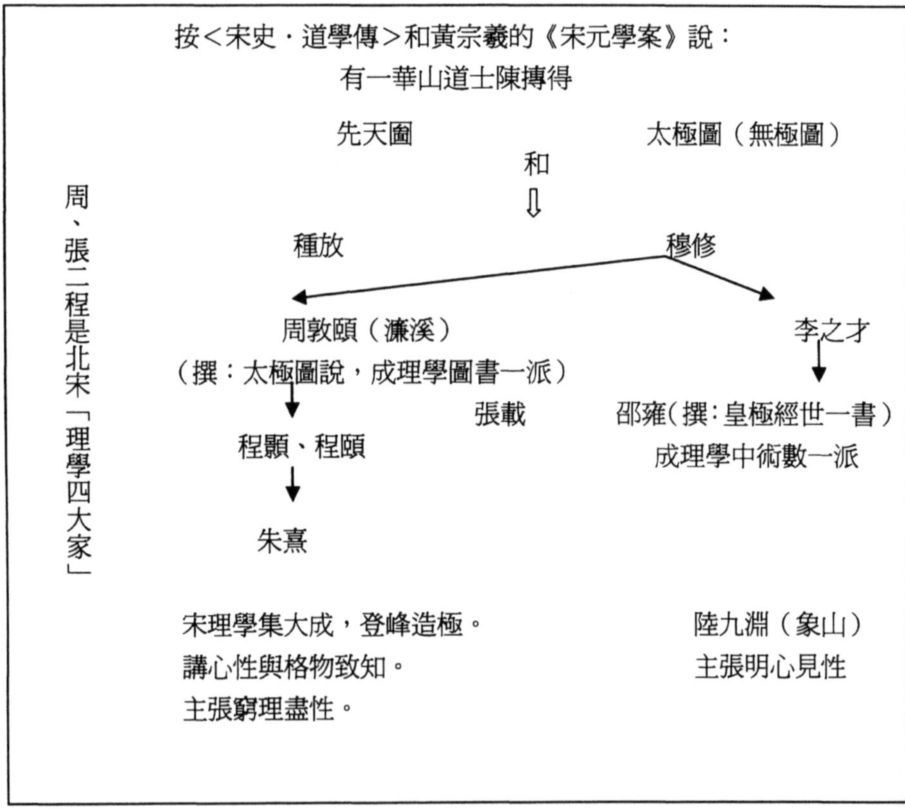

圖 5-17：理學源流

（三）理學的影響：

1.學術上：揚棄漢唐章句考証，從孔孟思想來承受「道統」。孟子地位提高，《學》、《庸》、《論》、《孟》成四大經典，士之必讀。

2.社會上：揚棄五代來無恥頹敗之風，建立忠臣義士烈女之節。爲中國歷史上嚴肅之時代，但因講心性，斥功利，不利於富國強兵。

3.理學家不僅論政嚴苛，且對思想品質的堅持達到「絕對完美」的程度。使人產生一種有如宗教信仰，並勇於殉道的精神，因而知識份子滿懷「成仁取義」熱情，認爲有此通向人生、社會或國家的絕對完美。

（四）重要理學思想家

兩宋理學家之多，有如春秋戰國時代的九流十家一樣，百家齊放，使得兩宋的理學思想和政治思想之豐富，正與宋代之國弱民窮成一鮮明對比。兩宋理學家及其道統傳承，可列表如下。

表 5-10：兩宋理學諸家派系簡表

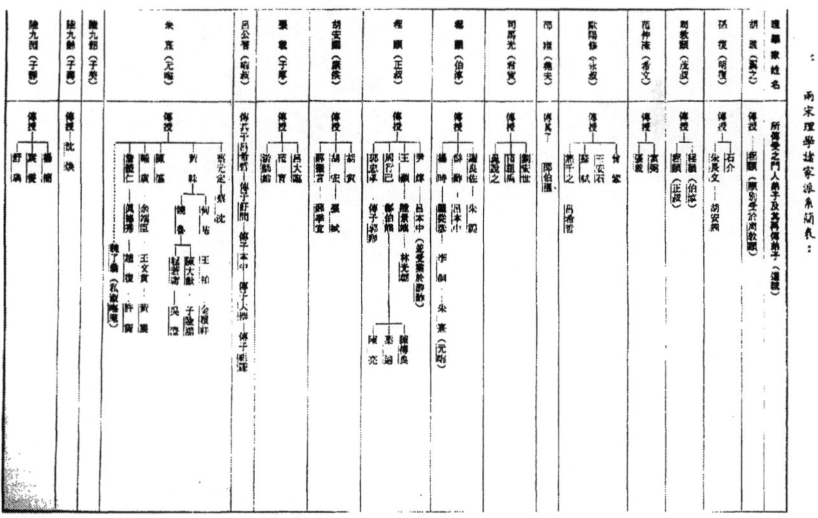

資料來源：陳致平，中華通史，七冊，頁 231~233，。

圖 5-18：朱熹像

圖 5-19：陸九淵像

圖 5-20：程頤像

圖 5-21: 程顥像

2. 兩宋理學家有如春秋戰國的九流十家，各家爭鳴，所不同的，春秋戰國各家思想落差甚大。但兩宋理學家雖多，至少同是理學範圍，所以應有較多的共同點。

理學家派別雖多，共同點也多，因爲有共同源流。秦漢以來經學講究考証，但唐、五代到宋轉而研究經書中的義理，講求性理上的修養，便成爲兩宋理學。有共同源流，乃有共同思想。

（一）仁道爲政治根本，而以正心誠意爲治術之圖：

張載：「乾稱父，坤稱母。」

明道：「仁者以天地萬物爲一體，莫非己也。」

象山：「宇宙便是吾心，吾心便是宇宙」，心即理。

「君有君道，臣有臣道。父有父道，子有子道，莫不有道。」

天理、人心一切活動之準則曰：「道」，亦政治最高目的。

（二）立教政治之主要功用，養生則爲君長無可避免之責任：

象山：「君者所以爲民也。書曰：德惟善政，政在養民。行仁政者所以養民。」

「民爲大，社稷次之，君爲輕。民爲邦本。」

（三）天地爲人類修身之準則，亦爲政治生活之準則：

按朱子之言，每一事物皆有其理，國家社會之組織皆然。本此理治國則國治，反之國亂。此理即治國平天下之道。

「亙古亙今祇是一理。順之者成，逆之者敗。」

理學家言誠心修身，在孔孟時代尚可行之一部，但秦漢後歷史大變，光靠誠心修身是不夠的。故功利譏爲迂腐。

（四）創理學新紀元，但政治思想仍因襲舊說：

例如張載、二程、胡宏等人，力主恢復三代政治，而以井田封建爲主要基礎。「掃滅封建，其大謬世、故封建也者帝王以順天理、承人心、公天下之大端大本也。」

「自秦而降，郡縣天下，中原世有夷狄之禍矣。悲夫。」

理學家又主張行井田封建，井田欲救當時貧富不均之失，封建欲矯當時中央集權之弊。

（五）理學到南宋有下列特點：（蕭公權，17 章，578 頁）

1.究天人性命之理，明天理人欲之別。

2.嚴王霸義利之辨。

3.謹君子小人之防，君子不言功利，小人不務道德。

4.重三綱五常之教，專講仁義禮智信。

（六）反對事功，不談興利，專治心性

這也是理學家共同的思想，投射到政治層面，便反對建功立業，反對積極建設。到朱熹、陸象山，可謂窮究心性到了登峰造極，進入明心見性的唯心論。佛家禪宗所講「明心見性，見性成佛」，至此禪宗和理學便相通了。理學家有諸多派別，正如佛法有十一宗派，途徑不同，但成佛成聖的總目標同樣達到。

理學產生後，成為中國文化的「新文化」，當然也成為中國政治思想的「新思想」，成為當代的顯學。於是漸向史學、文學、藝術、詩詞、山水畫等滲進，也是必然的現象和趨勢，這或許也是一種「市場」效應。以下開始要介紹一些理學家。

3. 宋代理學家以周敦頤為開山祖師，首先談談他的政治思想。

（一）周敦頤（1017 年~1073 年）

字茂叔。宋天禧元年生，宋神宗熙寧年間卒，57 歲，為人博愛力行，築室廬山蓮花峰下，室前有溪，命名濂溪。又號濂溪先生。

著《太極圖說》、《周子通書》、《易通》。

（二）宇宙觀→人生觀

《太極圖說》中的宇宙觀，是「一理、二氣、五行」之道，為對道教「太極圖」的解釋。

一理是太極。二氣是陰陽。五行是金木水火土，這些可和儒家「中庸」相發揮。（太極圖的解釋如後附補充）

《周子通書》曰：太極的至理是誠，誠即是人心寂然不動時的本體。

此寂然不動的「真誠」與外界接觸有了感應，表現出「神」的精神。

這感應的刹那，產生「幾」（現代稱動機）。

此處是善惡分野。《太極圖說》的宇宙論，以解釋宇宙萬物生成由來，但真意在說人在宇宙中的地位最貴，行仁即顯天道。

誠、神、幾都是內心修養工夫。「聖可學乎」，要領是「一」，「一」就是無欲，心如明鏡時，此時的行為一定公正無私。

論濂溪的學說，淵源道家的太極陰陽五行說，從宇宙觀到人生觀，陰陽動靜為宇宙本體，中正仁義為人生大道。

歸納其哲學，只「誠」和「靜」，由此去體認真理，闡揚真理。亦為宋、明理學所宗。

由此看周子的「一」和「誠」，與《六祖壇經》所言「一真一切真，萬境自如如。如如之心，即是真實，若如是見，即是無上菩提之自性也。」，同是「聖」、「神」、「佛」的境界，所以周子說「聖可學」。

（三）一切天道和人道不外一個「誠」

周濂溪的學說，就是一個「誠」字。誠便是天道，一切存在物的根本，誠是聖人之本，「聖只是誠而已，誠是五常（仁義禮智信）的根本，是一切德行的本原。」誠的時候，人生才是真實的，有意義的。人生既然如此，宇宙一切存在也當如此。反之，若不誠，則帝王將相及其功業，都不真實，也沒有意義；往外再推，則社會、國家、宇宙也都不真實，也沒有意義了。

他是宋代儒學的開山祖師，他開始先秦儒家的真精神，由「誠」一字才復活起來。孔孟荀之後，漢代儒者只能傳授經學，從一字一句考証經典解說，並不了解孔孟真精神；魏晉後又儒道混同，所以周濂溪是先秦以來一千多年後，使儒學生命豁醒的第一人。

（四）人人可以達到聖人的境界：

依周子之論，一個人達到完全真誠，心中無欲，便是聖人的境界，也是「神」的境界。這種境界的景象是：

聖人定之以中正仁義而主靜（無欲為靜），立人極焉。故聖人與天地合其德，與日月合其明，四時合其序，鬼神合其吉凶。君子修之吉，小人悖之凶。故曰：

「立天之道曰陰與陽，立地之道曰柔與剛，立人之道曰仁與義。又曰：原始反終，故知死生之說，大哉易也，斯其至矣。」（《太極圖說》）

周子之思想心性，黃庭堅贊美說，「胸懷灑落，如光風霽月」。他的「誠」

與「靜」達致聖人之道，已和禪宗神似，也是儒學的新生命。

補充：周敦頤《太極圖說》對「太極圖」的解釋

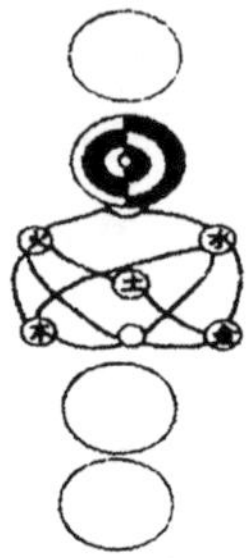

周敦頤所用「太極圖」（見圖）最上圈表示世界「自無極而爲太極」的最原始的狀態；第二圈是坎離二卦的交合圖示，表示陽動陰靜；第三層五小圈歸於一圈，表示五行各有自己本身的特性；第四圈表示乾道成男，坤道成女，極人類的產生；第五圈表示萬物化生，太極產生世界的整個過程的終結。《太極圖說》全文不長，不便於割裂，整個抄錄如下：

自無極而為太極。太極動而生陽，動極而靜；靜而生陰，靜極復動。一動一靜，互為其根。分陰分陽，兩儀立焉。陽變陰合，而生水、火、木、金、土。五氣順布，四時行焉。五行，一陰陽也；陰陽，一太極也；太極，本無極也。五行之生也，各一其性。無極之真，二五之精，妙合而凝，乾道成男，坤道成女。二氣交感，化生萬物，萬物生生而變化無窮焉。惟人也，得其秀而最靈。形既生矣，神發知矣，五性感動而善惡分，萬事出矣。聖人定之以中正仁義而主靜（自注云：無欲故靜），立人極焉。故聖人與天地合其德，日月合其明，四時合其序，鬼神合其吉凶。君子修之吉，小人悖之凶。故曰，立天之道，曰陰與陽；立地之道，曰柔與剛；立人之道，曰仁與義。又曰，原始反終，故知死生之說。大哉易也，斯其至矣。

第一句「自無極而爲太極」被朱熹改爲「無極而太極」。據清代學者考證，宋代《國史》所載的《太極圖說》原文有「自」、「爲」二字，是周氏原文，朱說似乎沒有什麼根據。

《太極圖說》描繪了一個龐大而精密的宇宙生成模式，人類進化和社會發展的順序。萬千世界，芸芸眾生均根源於一個無形無象、寂寞不動的「無極」。這是周子的宇宙觀、人生觀，其政治思想和哲學自然也源自這個《太極圖說》。

浙江古剎長慶寺 陳列魯迅文物

紹興1500年名寺 民初作家曾在此拜師 下月開放參觀

【人間社記者觀箴綜合外電報導】中國大陸浙江省紹興市長慶寺將恢復原貌，並於下月開放參觀。近代名作家魯迅在未滿周歲時，曾按紹興鄉俗寄名於長慶寺，拜該寺住持龍祖法師爲師，後來魯迅爲文〈我的第一個師父〉記述其詳情，該寺將陳列魯迅拜師的系列文物。

長慶寺始建於南朝宋元徽二年，是晉代尚書陳罍竹院，故又名竹園寺，距今有一千五百多年歷史。

明朝廷於長慶寺設「僧綱司」，管理紹興轄內寺院和僧衆事務；清末時，長慶寺爲紹興市八大名寺之一，該寺也是目前紹興城中，唯一保留較完整的古剎。

近代名作家也是中國新文學運動的奠基人魯迅（一八八一－一九三六），原名周樹人，字豫才，是浙江紹興人。紹興市魯迅紀念館副館長徐東波表示，長慶寺占地近九百平方公尺，共有三進，分別是門屋、前大殿、後大殿和南北廂房和各間及竹園等。二〇〇二年，紹興市實施魯迅故里保護工程，將長慶寺列入魯迅故里保護區，寺內將會陳列有關魯迅拜師的系列文字、畫像、物品等，並向民間徵集與該寺有關的文物史料。

魯迅（周樹人）是周敦頤的三十二世孫，而周恩來是他的三十三世孫。

資料來源：人間福報，2005 年 9 月 15 日，9 版。

4. 能夠成為一個思想學派的開山祖師，都是對歷史發展產生影響的人中龍象，陳老師能不能多講些周敦頤這方面的非凡故事，尤其政治思想領域內的。

周敦頤任南安司理參軍時，有個犯人罪未及死，但上司轉運使欲置犯人於死，無人敢出面辯白，惟周子挺身爲犯人請命，轉運使王逵不聽，周子便辭官，他?:「如此尙可仕乎？殺人以媚人，吾不爲也。」周子就是這樣一個人。

周子四十三歲那年，娶尙書左丞蒲宗孟之妹爲繼室，也不願意去拉關係或用心鑽營，始終在蠻荒的湘南、贛南一帶當地方官。如同王陽明貶至貴州龍場驛，蘇東坡貶到海南島，都不減損他們在歷史上的地位，更未動搖周子爲宋明理學的開山祖師，清代張伯行的＜周子全集序＞贊曰：

孔孟而後，千有餘年，聖人之道不傳。道非不傳也，以無傳道之人耳。漢四百年得一董子，唐三百年得一韓子，皆不足以傳斯道。至宋周子出，而始續其統，後世無異詞焉。

由此觀之，周子對孔孟統續的貢獻，勝於漢朝董仲舒和唐代韓愈。明、清兩代以理學爲官學，尊周子爲人倫師表，使周子在中國歷史地位達到高峰。他除《太極圖說》、《易通》，還有一篇＜愛蓮說＞也是傳世經典。世人每以文學觀點欣賞，未知其中隱函有理學及政治思想：

水陸草木之花，可愛者甚蕃。晉陶淵明獨愛菊。自李唐來，世人盛愛牡丹，予獨愛蓮之出淤泥而不染，濯清漣而不妖，中通外直，不蔓不枝。香遠益清，亭亭淨植，可遠觀而不可褻玩焉。予謂：菊，花之隱逸者也；牡丹，花之富貴者也；蓮，花之君子者也。噫！菊之愛，陶後鮮有聞。蓮之愛。同予者何人？牡丹之愛，宜乎眾矣。

周子的深意在引蓮花的潔淨、亭立及出於汙泥而不染的特質，展露他的佛學思想。眾所皆知，蓮花是佛教之花，「如世蓮華，在泥不染，譬如法界真如，在世不爲世法所污。」、「蓮花有四德：香、淨、柔軟、可愛」。周子用蓮花比喻人性至善至美，清淨不染，以蓮花之性爲聖人之性，做爲聖人的象徵，而淤泥則好比污染人性的欲望，如何去除污泥的包圍，保存脫俗潔淨的氣質，使人生達到像蓮花那樣真善美的境界。這是一個人，尤其從政的人要努力的功課。普通人不修這門課，滿身污泥，也許只害他一人；從政之人不修這門課，滿身污泥，受害者就是整個國家、社會和眾生。

朱子稱周子爲「先覺」者，張栻稱之「道學宗主」。周子三十歲那年，任南安郡（今江西大余市）司理參軍，時任南康軍通判的程?，把他的兩個兒子程顥、程頤，送至南安拜周子爲師。二程也成爲有名的理學家。

按周子思想，人生、宇宙、社會、政治等，都不能脫除「誠」的本性和本質。如何達到「至誠」？在《太極圖說》提出了「主靜」的修爲方法，在《通書》進一步指出，主靜的關鍵是寡欲。他回答學子的問題：

「聖可學乎？」

曰：「可。」

曰：「有要乎？」

曰：「有。」，「請問焉。」

曰：「一為要，一者無欲也，無欲則靜虛動直。」

他在<養心亭記>也認爲，不止於寡而已，要寡焉以至於無，無則誠立明通，只有無私無欲，才能成爲至聖。周子思想要旨，是要通過道德修養，換取社會道德的永恆性，維護社會等級秩序的統一性和穩定性。

周子晚年居廬山濂溪之旁，後人稱「濂溪先生」，稱他的思想學問叫「濂學」。死後宋寧宗追贈謚號「元」，封「汝南伯」，從祀孔廟。近代有一名人魯迅，本名周樹人是周子的三十二世孫。曾任中共總理的周恩來，則是他的三十三代孫。

5. 北宋理學家有程顥和程頤是兩兄弟，談談他們的政治思想。

（一）程顥的政治思想

1.哥哥：程顥(ㄏㄠˋ)。字伯淳，世稱明道先生。

仁宗明道元年生，神宗元豐八年卒（1032~1085）。歷任主簿縣令、太子中允、御史。同弟受業周敦頤。，死後他弟贊他「孟子後第一人」。

個性：和樂平易，從不生氣，生命活潑且有情趣。著《語錄》。

兄弟二人思想略同爲心學。但兄偏唯心，後爲陸九淵、王陽明所宗。

2.思想中心：「仁」

明道學問思想以「仁」爲中心。天地宇宙本體就是一個「仁」字。「仁者以天地萬物爲一體」。

人要如何求仁呢？「學者須先識仁，仁者渾然與物同體，義、禮、智、信，皆仁也。」而此仁就在人的本性之中，即心性本善。

故人不須求於外，只要保持住這個至善的本性，便是求仁得仁。此即「定性」，定性之道，「誠」與「敬」而已。

對儒家內聖之學的最本質工夫，明道有最深的體悟。他說：「誠得此理，以誠敬存之而已，不須防檢，不須窮索。」又說：「學者不必遠求，近取諸身，只明天理，敬而已矣。」所以說明道先生的思想以「仁」爲中心，以敬和誠爲途徑。

3.在實際政壇上，程顥利用御史的機會，每次進見神宗時，力陳「君道以至誠仁愛爲本，未嘗及功利」，神宗認爲那是「堯舜之事」，未採納。他也反對王安石變法，因而也被視爲「元祐姦黨」，被放歸田里回老家教書。兩兄弟的學術思想、政治命運都相同，他們的學術世稱「洛學」。

（二）程頤的政治思想

1.弟弟：程頤。字正叔，世稱伊川先生。

仁宗明道二年生，微宗大觀元年卒，（1033~1107），任皇帝講師。

個性：嚴謹凝重，尊卑長幼井然，「程門立雪」是他也。著《易春秋傳》。

與兄思想略同爲心學。但弟偏格致，後爲朱熹所宗。

2.致知格物：

「進學在致知」，而致知格物便是窮理，能窮宇宙之理，則一切脫然貫通。「凡一物上有一理，須是窮致其理，窮理亦多端，或讀書講明義理，或論古今人物，別其是非，或應事接物而處其當，皆窮理也。」

3.「心存誠敬」是伊川平生學問修養的要點：

入聖的工夫：持敬、窮理、格物、致知，「涵養須用敬，進學在致知」。他比哥哥多活 22 年，對宋代儒學貢獻很大。

（三）二程子「天理」的內涵與傳承：

「天理」二字周敦頤和張載已經提出，但還不具有最高範疇的意義，二程則把「理」建立起三個層次的體系：

第一、理是宇宙的終極本源和主宰世界唯一的存在。

第二、「天理」又是封建道德原則及封建等級制度的總稱。

第三、「天理」也具有事務自然特性及發展變化規律的意義。

綜合兄弟二人，學術思想雖同，但深入分析，仍有不同處。弟弟頤偏向格物致知，傳承到朱熹；哥哥顥偏向唯心，爲陸九淵、王陽明所宗。

6. 宋代理學中，能不那麼嚴肅的，把自己居所稱「安樂窩」自稱「安樂先生」。這位是邵雍，談談他的政治思想。

（一）邵雍（1011~1077）

字堯夫。大中祥符四年生，熙寧十年卒。賜謚康節，稱「康節先生」。著有《皇極經世》、《伊川擊壤集》、《漁樵問答》、《觀物篇》。當代有名易理專家，和當代的程伊川、張橫渠都是好友。

（二）思想淵源：

漢朝各種「緯書」中，有一種專講易經學問，揉合道教，流傳到北宋成一種「易數」之學，用八卦陰陽來解釋宇宙人生。此即邵雍思想之淵源，推演出專門學問，並傳授門人。

（三）宇宙論→政治發展：

即＜易繫辭＞謂：「易有太極，是生兩儀，兩儀生四象，四象生八卦，八卦定吉凶，吉凶生大業。」而加以推衍。用「太極」、「動靜」、「陰陽」說明宇宙萬物生成變化盈虛循環之道理，而以六十四卦示宇宙萬物演變的程序。是一陽極而陰，陰極而陽的生死循環世界。

《皇極經世》據此，用「元、會、運、世、年」推定人類所生世界一個消長的年譜。三十年一世，十二世一運，三十運一會，十二會一元。

即天地一個終始爲一元，計 129600 年。人類的政治生活也受此支配，此種「象數政治學」的排配，若純從科學角度去檢驗，並無太多意義。

但從哲學上他說，「以一心觀萬心，一身觀萬身，一物觀萬物，一世觀萬世」，是能「以心代天意，口代天言，手代天工，身代天事者」。

能如之者，這是聖人的思想言行，能代表真理，有超越時空的價值。如何能達到這種境界？不外從「以心觀物」到「以物觀物」。

（四）從「以心觀物」到「以物觀物」：

邵子解釋從「以心觀物」到「以物觀物」的過程（道），乃客觀的，而非主觀的，是一種客觀的真理，他說：

夫所以觀物也，非以目觀之，而觀之以心也，非觀之以心也，而觀之以理也…聖人之所以能一萬物之情，謂其聖人能反觀也。所以謂之反觀，不以我觀物也。不以我觀物者，以物觀物之謂也。既能以物觀物，又安有我於其間哉？是知我亦人也，人亦我也，我與人皆物也。（<觀物篇>）

他的「以物觀物」，是純客觀的觀察，須要「無我」，若有我則理智便被私情所蔽。從去欲、養心到至誠，則上通天地神明。

（五）邵雍象數政治哲學的特別意義：

唐宋以前提倡治亂循環說，有孟子一治一亂說，鄒衍五德主運說，二氏都算樂觀。《呂氏春秋》兼承二氏的治亂偶合說已入悲觀，王充《論衡》大暢此說更悲觀。而邵氏比王充更進一步，把治亂循環立一哲學理論依據，認宇宙萬物都受定格定數支配，可推算預知。且江河日下，更無復國之期。這是對專政制度最悲觀的批判。

綜合邵子的政治思想，似欲從「心到物的合一」，求天人合一。所以，他認爲物即是我，我即是物，故不是以我觀物，而是以物觀物，從客觀入手達到與物合一。此種觀物之學，使他的生命洋溢著與造化合一的悅樂，他把居處稱「安樂窩」，又自稱「安樂先生」。他說：「學不至於樂，不可謂之學」。

7. 大學國文選有張載的<西銘>篇，所以許多人對他並不生疏，談談張載的政治思想。

（一）張載（1020~1077 年）

字子厚。僑居橫渠鎮，又稱橫渠先生。宋天禧四年生，神宗熙寧卒。58 歲。著《正蒙》、《理窟》、《易說》、《西銘》。他也是二程的表叔。

張載早悅孫吳，晚溺佛老，終於回歸儒學。他認爲秦漢以來學者，只敢爲賢，不敢爲聖，只求通人事，不敢說天理，教學生立志爲聖人。

他的名言是；「爲天地立心，爲生民立命，爲往聖繼絕學，爲萬世開太平」。

張子年青時，倜儻不群，愛讀孫吳兵法。范仲淹遇到他說：「儒家自有名教可居，何事於兵？」因令他讀《中庸》，從此發奮讀書，果有獨到領悟。

（二）<西銘>篇的「天人合一觀」是他的傳世之作：

> 乾稱父，坤稱母，予茲藐焉，乃渾然中處。故天地之塞，吾其體；天地之帥，吾其性；民吾同胞，物吾與也。大君者，吾父母宗子，其大臣，宗子之家相也。尊高年所以長其長，慈孤弱所以幼其幼，聖其合德，賢其秀也。

這篇文意是張子的宇宙人生態度，人是宇宙成員之一，我們的天性也就是宇宙的天性。我們應視宇宙如父母，視天下人如同胞，視萬物爲朋友，這是天人合一的境界。

（三）《正蒙》：天道論、心論、性論：儒家式理想主義

蒙是蒙昧，使蒙昧的人明白道理，成爲正人君子，即是正蒙。

1.天道論：儒家式理想主義。

天道不離宇宙間一切的生化現象。佛老的「空」不能解釋世間一切，有些事物（如信、義、仁…）都有永恆意義的。存在一天，便要盡一天之意。

2.性論：人性研究（氣質之性和天地之性）。

天道論肯定人生後，進而研究人性、氣質之性指情緒、生理方面，天地之性指道德方面（或稱義理之性）。

3.心論：要把義理之性發揮出來，便要自覺，這是心的作用。

（四）政治思想：教化、論禮和經濟政策

在政治上他主張政治與教化合一，改變民間習俗。他任雲巖令的時候，據《宋元學案》有如下記載：

> 仕為雲巖令，以敦本善俗為先，月吉具酒食，召父老高年者，親與勸酬為禮，使人知養老事長之義，因問民所苦。每鄉里受事至，輒諄諄與語，令

歸諭其里閭。

可見張子施政不是用政令，而是教育，不用刑威，用德化，因此風俗丕變。政治的基礎張子認爲是禮治，禮教成風化，政治上就能產生效果。經濟政策是政治的配套措施，張子主張恢復古代井田制度並改良（類似現在耕者有其田）。以上三者是一個完整體系，不可偏廢。

張子一生都在爲傳道、授業、解惑而努力，王船山把他和孟子並稱頌揚說：「孟子之功，不在禹下，張子之功，又豈非疏降水之岐流，引萬派而歸墟…是匠者之繩墨也。」他的思想還是以儒家爲終極，自許「爲天地立心…爲萬世開太平」，自成一家，對後世影響深遠。

8. 偉大的思想家朱熹，十八歲登進士，他所註的《四書》，宋代以來都是學子所必讀，到清代仍列官學，談談他的理學及其思想背景。

（一） 朱熹（1130 年~1200 年）

字元晦或仲晦。學者又稱朱晦庵，或稱晦翁。又有時稱紫陽先生，或考亭先生。建炎四年生，慶元六年卒。十八歲登進士。

窮一生研究聖賢經學，著有《易本義》、《啓蒙》、《蓍卦考誤》、《詩集傳》、《大學中庸章句》、《或問》、《論語孟子集証》、《太極圖通書》、《西銘解》、《楚辭集註辨証》、《韓文考異》。

編輯的有《論孟集儀》、《孟子指要》、《中庸略輯》、《孝經刊証》、《小學書》、《家禮》、《通鑑綱目》、《宋名臣言行錄》、《近思錄》、《河南程氏遺書》、《伊洛淵源錄》。

後來朝廷把朱註《大學》、《中庸》、《論語》、《孟子》四書，列爲官學，學子所必讀。

（二） 思想淵源和宇宙觀：

他是集周、邵、張、程之大成的理學大師，以周的《太極圖說》爲本，融合各家，而提出一個「理」字和「氣」字，謂宇宙萬物都有一個超時空的真理存在，這個客觀的「理」便是「太極」。

「人人有一太極，物物有一太極」，此是絕對客觀的形而上真理，是無跡無形的「淨潔空闊世界」。將其表現爲具體的形象，則有賴「氣」。
「理也者，形而上之道也，生物之本也。氣也者，形而下之器也，生物之具也。」

（三）人性論：

理和氣合而購成人，氣中之理是人之性。而氣的清濁決定賢愚。「稟氣之清者，爲聖爲賢，如寶珠在清冷水中；稟氣之濁者，爲愚爲不肖，如珠在濁水中。」故明德修身在如何滌除濁氣，以多一分天理，少一分人慾。其方法：

1.「持敬」：是專心致志。

2.「尊學問」：大約就是《學》、《庸》、《論》、《孟》。如此儒家經學與窮理之學結成一體。

（四）佛學禪宗影響：

朱熹與禪宗關係可分爲三階段：從入禪、脫禪到排禪的思想歷程，體現南宋儒者視野中的儒佛接觸與衝突。並進而融合在自己思想中，成爲自己的東西。

朱熹早年環境使他對禪宗深有好感，並出入其學，其父朱松與禪僧也多有往來。朱松去世後，照顧其母子的劉子羽與劉子翬，皆爲喜好佛禪並試圖融會儒佛的儒者。朱熹透過劉氏兄弟，結識大慧宗杲禪師弟子開善道謙師事之，甚至爲道謙法師作祭文（有關朱熹與道謙的交往，記載在《朱子語類》與《羅湖野錄》）。可見早年因環境因素，接觸禪並受其影響。

步上仕途後，朱熹在二十四至三十四歲間，曾問學於程門三傳的儒者李延平，開始閱讀儒家經典；在過程中，朱熹漸漸一改從前的空談禪理，而專從日用處落實修養工夫，從此歸心儒學。而其中，已包涵了禪宗思想。

之後，朱熹集宋學之大成，建立以格物致知、居敬窮理爲主的思想體系，在其著作中對禪宗進行歸納。他將禪宗長處總結爲三，即：專一集中、不說破和行腳。

（五）人生哲學與政治思想：

宋代有地方「書院制度」，最著名者有白鹿洞書院、嶽麓書院、應天書院和嵩陽書院。另一說石鼓書院代替嵩陽書院，嶽麓書院在湖南長沙嶽麓山下，二〇〇五年五月十日親民黨主席宋楚瑜率團訪問大陸曾往參觀。而白鹿洞書院在江西廬山五老峰下，正是朱熹所主持（時稱院長或山長），朱熹的人生哲學和政治思想就是「白鹿洞書院學規」，錄供參考：

「父子有親，君臣有義，夫婦有別，長幼有序，朋友有信。

右五教之目，堯舜使契為司徒，敬敷五教，即此是也。學者學此而以。而其所以學之之序，亦有五焉，其別如左：

博學之，審問之，慎思之，明辨之，篤行之。

右為學之序，學問思辨四者，所以窮理也。若夫篤行之事，則自修身以至於處事接

物，亦各有所要，其別如左：

言忠信，行篤敬，懲忿窒慾，遷過改善。

右修身之要。

正其誼不謀其利，明其道不計其功。

右處事之要。

己所不欲，勿施於人；行有不得，反求諸己。」

朱熹雖是以理學家聞名於世，但他的政治思想比宋代其他理學家則更具「雄才大略」觀，他主張大改革，贊同王安石變法，主張恢復中原，收復失土，這是宋代理學家所不願「沾鍋」，而朱熹大聲疾呼之。所以，他有一套「帝王學」，用以實踐他的理想。

<u>9. 一個理學家，在政治思想又具有「雄才大略」觀，朱熹是宋代的唯一，陳老師進一步介紹他的政治思想。</u>

理學家不談功利，少言兵事，更別提富國強兵，朱熹是異類。但這積極作爲是否實現，幾乎決定在一人手中，即皇帝，朱子有一套帝王之學。

（一）基本政治思想之背景：

朱子言理頗近玄虛，論政則較實際，且念念不忘恢復中原。

此時宋受金壓迫，高談理學已不能致用。且宋以儒立國，忠厚治國。

故主張糾正萎靡之風，激發英豪的大作爲。朱子認爲只有這些大作爲才能救宋之窮與弱兩大病，而這兩大病解決了，才有機會實現更大的「國家目標」。

（二）大作爲：大弊革命與重刑：

「今之所謂寬者乃縱弛，所謂和者乃哇淫，非古之所謂寬與和者。」於是奸豪得志，善良倒毒。小弊補救，大弊革命。「譬如補鍋，謂之小補可也。若要做，一切重鑄。」

法要簡單，但刑罰不可廢，且要用重典。「號令既明，刑罰亦不可弛，苟不用刑罰，則號令徒掛牆壁耳。」「如劫盜殺人者，人多爲之求生，殊不念死者之無辜。」

（三）恢復中原：

朱子評兵：「財用不足皆起於養兵，十分中八分是養兵，其他用度只在兩分中。」且恢復中原之志不亞於陳亮、葉適。他譏笑晉元帝偏安江右，論評王導「無取中原之意」，孝宗即位，上言：「金虜於我，有不共戴天之仇，則其不可和也，義理明矣…富國強兵，於是視吾力之強弱，觀彼釁之深淺，徐起而圖之，中原之地不爲吾有，而將焉往。」

可見他和北宋保守派是不同的，不僅主張「大弊革命」，且以「富國強兵、進取中原」，暗諷南宋偏安心態的可悲。朱熹的基本核心思維在鼓舞漢民族的民族主義，所以朱熹也最推崇岳飛，認爲「成仁取義」是人類最高貴的情操。文天祥也頌揚岳飛說：「手持干戈，忠義與日月爭光，名在旂常，功在社稷。」而文天祥、陸秀夫等，也效法岳飛「精忠報國」的精神，與宋祚共存亡。他們的＜滿江紅＞和＜正氣歌＞在中國傳統政治思想中，已經內化成中國民族主義。

（四）同意王安石變法：

「新法之行，諸公實共謀之…蓋那時也是合變時節。」

對元佑黨人也有微辭：「元佑諸賢議論，大率矯熙豐更張之失…而不知其墮於因循。既有個天下，兵須用練，弊須用革，事須用整頓，如何一切不爲得。」

即他同意王安石「重鑄一個鍋」。

（五） 朱熹所期待皇帝應有的「帝王學」：

關於朱熹帝王之道政治思想，散見於他給皇帝的奏章或應召陳述等，擇其要者，分別論述如下：

1.致知格物與正心誠意：孝宗於紹興三十三年（1162 年）即位，詔求直言，朱熹奏云：

竊以為聖躬雖未有過失，而帝王之學不可以不熟講也…人君之學與不學，所學正與不正，在乎方寸之間；而天下國家之治與不治，見乎彼者如此其大，所繫豈淺淺哉？易所謂差之毫釐，繆之千里，此類之謂也，蓋致知格物者，堯舜所謂精一也；正心誠意者，堯舜所謂執中也。

2.天下事非一人獨任，判正邪用賢人：淳熙八年（1181 年）奏云：

天下之治固必出於一人，而天下之事，則有非一人所能獨任者…必深求天下敦厚誠實，剛明公正之賢，以為輔相，使之博選士大夫之聰明達理，直諒敢言，忠信廉潔…

淳熙十六年（1189 年）二月，孝宗內禪，光宗即位，朱熹上陳云：「人主之心一正，則天下之事無有不正；人主之心一邪，則天下之事無有不邪。」從這些朱熹奏事言論，可知還是在儒家政治文化範圍，也是儒家所期望國家領導人的形象。朱熹在中國學術思想上，所產生的影響力，為繼孔孟後之第一人，史有定論。而這種影響力，更已內化成為中國政治思想的一部份。

但宋代理學發展也有一些曲折，紹熙五年（1194 年），六十五歲的朱熹經宰相趙汝愚推荐，任皇帝講師，朱子利用侍講之便向寧宗講述「君臣父子之道」及「為學之道」，並議論朝政，對寧宗所信任的朝臣韓侂胄有所指斥。寧宗不滿，朱子罷侍講之職位。

慶元元年（1195 年），趙汝愚罷相，韓侂胄執政，因對朱熹不滿，直指理學是「偽學」，次年朝廷正式下詔稱理學思想為「偽學」。接下來，理學思想及思想家開始受到嚴厲之打擊，朝廷詔立「偽學逆黨籍」。

所幸，嘉定二年（1209 年），始解理學之禁，理學家也恢復原有地位和名譽。宋理宗詔曰：「朕觀朱熹集注《大學》、《論語》、《孟子》、《中庸》，發揮聖賢蘊奧，有補治道，朕定勵志講學，緬懷典範，深用嘆慕，可特贈喜太師，追封信國公。」從此，朱熹代表的理學成爲中國正宗的思想體系。

10.與朱熹同時的，有一位唯心論思想家陸九淵，朱陸二人在當時有辯論會，談談陸子的政治思想。

（一）陸九淵（1139 年~1191 年）

字子靜，賜謚文安，號存齋。講學於江西象山，學者稱象山先生。

紹興九年生，紹熙二年卒。仕至知荆門軍。與其兄九韶、九齡，都是理學家。淳熙二年與朱熹曾有「鵝湖之會」，爲當代盛事。

著有《文集》、《語錄》。

（二）絕對唯心論者：

幼讀「宇宙」二字，便解道：「天地上下謂之宇，古往今來謂之宙」。

又悟到：「宇宙內事，乃己內事；己分內事，乃宇宙內事。」

又曰：「宇宙便是吾心，吾心便是宇宙」，東海、西海、北海、南海，及千百世之下，都同此理。

他認爲人心即真理，宇宙即吾心，吾心即宇宙。充塞天地間的真理，都在我心中。吾心即道，道外無事，事外無道。象山的宇宙觀和人生觀是絕對合一的，唯心論。

所以人生的問題也單純，如何明心見性，如何去心之敝，只此是學，此外無學。

（三）天地間真理盡在方寸之間：

陸子認爲天地間真理，盡在我方寸之間，他和朱熹著作等身不同，陸子說：「六經註我，我註六經。」又說：「學苟知道，六經皆我註腳。」平生只講學不著作（其著作皆後人或門人所集）。他的心和客觀世界（宇宙）是合一的，他說：

萬物森然於方寸之間，滿心而發，充塞宇宙，無非是理。…此理塞宇宙，所謂道外無事，事外無道，舍此而別有商量，別有趨向，別有規模，別有形跡，別有行業，別有事功，則與道不相干，則是異論，則是利慾。

（四）朱陸差異：

陸九淵（象山）	朱熹（晦庵）
1.自作主宰，萬物備於我，主客合一，尊德性，重心主，「心即理」。	1.道學問，言理氣，「理」是客觀存在的實體，「性即理」。
2.先「發人之本心」，而後方能應萬物之變。	2.「窮理而事始」，理明則可以正心誠意。
3.評朱：爲學太支雜瑣碎。	3.評陸：爲學太簡易空洞。
小結：朱熹先求客觀知識（真理），再回主觀的正心。 陸九淵先求主觀意志，進而認識客觀知識。	

但都同重視修身養性，以儒家仁義爲歸宿。朱陸二人爲思想的差異，於淳熙二年（1176 年）在江西鉛山縣之鵝湖，有「鵝湖之會」，辯論並無結果，惟爲當時學術界之盛事。當代台灣學術界爲發揚朱陸理學，有「鵝湖月刊」的發行。

其實朱陸二人思想上並無矛盾，只能說陸子比朱子更唯心，二人都以儒家仁義爲歸宿，以「明心見性」爲人生最高境界，也是佛儒兩家共同的境界：

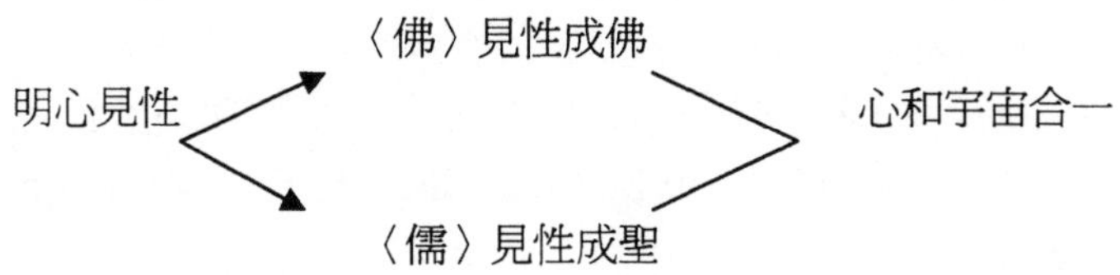

朱陸二人的「終點」相同，所爭者不過方法論。朱子以爲人的主體意識不可能直接認識或領悟心中的天理，必須通過客觀世界的媒介，才能知道天理，方法是讀者治經，從聖人言論中去體察真理的存在，並進而從自身的道德修養，去達到那個境界，這是禪宗「北漸」的方法。陸子則認爲天理在心中，不須外求，只要自省的工夫，人們自然明理，自然會實踐道德規範，這是禪宗「南頓」的方法。吾人以爲，方法因人而異，不必拘泥，能成佛成聖便好。

爲甚麼說陸子思想是「頓悟」成聖之途徑，陸子以爲「心」自有一個世界，「此天之所以予我者，非外鑠我也。」他不同意朱熹凡事都要從客觀的存在才能窮盡天理，「我心」便能窮盡天理。他和學生有一段對話：

> 先生（陸）云：欲正其心者，先誠其意，欲誠其意者，先致其知。致知在格物，格物是下手處。
>
> 伯敏云：如何樣格物？
>
> 先生云：研究物理。
>
> 伯敏云：天下萬物，不勝其繁，如何盡研究得？
>
> 先生云：萬物皆備於我，只要明理。

陸子之意，物理都在我心中，所以他提出「切己自反」，「發明我心」爲認識「心」的唯一途徑。此種途徑只是一種自我反省，改過遷善的過程。它不需要接觸事物（如旅行、讀書、讀經等經驗性的努力），更不需要通過某種實踐或認証（如文憑、學歷等），只需要自我產生一種感悟、頓悟，就達到一悟百悟，一切都悟的境界，在瞬間達到成人、成聖。

陸子思想正是《六祖壇經》頓悟觀，難怪朱陸辯論無交集，如同「南頓」與「北漸」也沒有交集。

11. 陸九淵除了是理學家，也當官從政，談談他從政經驗或重要政治思想。

乾道八年（1172 年）陸子科舉中選，賜同進士，隔兩年授迪功郎、隆興府靖安縣主簿。後又荐爲國子正。在政治上他略同朱熹，主張收復中原，爲王安石變法辯護。

（一）政治之發生略同荀子，「民生不能無群，群不能無爭，爭則亂，亂則生不可以保。王者之作，蓋天生聰明，使之統理人群，息其爭，治其亂，而以保其生也。」

保民而王，貴民君輕，約同孟子，「民爲大，社稷次之，君爲輕。民爲邦本，得乎丘民爲天子，此大義正理也。」

「政在養民，仁政者所以養民。君不行仁政，而反爲之聚斂以富之，是助君虐民也。」

（二）古人古書未必信（吾國到陸快突破藩籬）了

「昔人之書，不可以不信，亦不可以必信，顧於理如何耳。」

亦承認楊朱墨翟爲賢者，謂兼愛、爲我之說，必有道理。不因孟子一言，也認爲異端。

此已快破古人藩籬，可惜政治環境亦同漢唐，不能由此再進而產生新思想。陸子也懷疑孔子的「德治」思想，認爲「後世言寬仁者，類出於姑息。」若孔子真執政，也會用重刑。

（三）明華夷之別，主張恢復中原：

與朱熹同，他對孝宗說：「陛下臨御二十餘年，版圖未歸，仇恥未復生聚教訓之實可爲寒心。」在專制帝王時代，陸子敢用這口氣對著皇帝的面實話直言，可見能爲理學家者，勇氣果然不尋常。換成現代台灣的民主社會，不論國民黨或民進黨，對主席或總統，徒眾噤若寒蟬。

陸子也主張依春秋大義，明華夷之別，一反唐代天下一家的思想。這也是很自然的趨勢，國家強盛時倡國際主義，國弱則倡民族主義以救國，此似中外皆然。

（四）亦同朱熹，爲王安石變法辯護：

基本上，陸氏認爲古人之言可不信，可不必師古。網罟、耒耜在上古也無，後世聖人創之。「今之所謂古，有堯舜，有三代自秦而降，歷代固多…祖宗故事尚且不一，欲建一事，而必師古，則將安所適從。」

爲安石辨，「堯之法，舜變之；舜之法，禹變之；祖宗法自有當變者，使其所變果善，何嫌於同。」

不反對安石言利，「或言介甫不當言利，夫周官一書，理財者居半，冢宰制國用，理財正辭，古人何嘗不理會利。」

安石之財在急功，又太過親決細務，不能分層負責。南渡後更是如此，陸氏主張人主察要即可。對王安石變法失敗，他的評論是：

> 商鞅是腳踏實地，他亦不問王霸，只要事成，卻是先定規模。介甫（安石）慕堯舜三代之名，不曾踏得實處，故所成就者，王不成，霸不就。

另外，陸子也認爲王安石過於急功近利，因而失敗。「臣嘗謂天下之事有可立致者，有當馴致者。」變法要先立規模，「徐圖漸治，磨以歲月，乃可望其丕變，此則所謂當馴致者。」均可見陸子論政也很務實，不是只會講「天人合一」的理學家。

輯 29：宋代反理學與元代「行國」政治思想

1. 有一股力量形成，必有另一股相反的力量隨之出現，已是自然界的常態。宋代流行理學，必有一股反理學的思想勢力形成，陳老師首先介紹反理學派思想陣營健將陳亮。

（一） 陳亮（1143 年~1194 年）

字同甫，學者稱龍川先生。高宗紹興十三年生，光宗紹熙五年卒。他與呂祖謙、薛季宣、陳傅良、葉適等人相師友。以反理學著稱於世，著《龍川文集》三十卷。

（二） 天下爲公之意與王霸之論：

民推之君最合天下爲公理想，但祇行太古。「彼所謂后主君公，皆天下之人推而?之，而非其自相尊異，據乎人民之上也。」

後來天下之民不能制君位，堯制之傳舜，禹制之傳啓。但堯禹皆本利民之心而制之，也仍保有天下爲公的精神。故天下爲公有二義：

1.制位之公：君由民推的形式，此即合現代民主制度。

2.目的之公：無民推的形式，但制位無論公私，都本利民之心爲政。

這是治國根本，大位得失在此。

陳氏持此見解，認爲「王者大公之極，霸者公而未盡」，二者只有程度差別，如漢高祖覆暴秦救百姓，其「初心未有異於湯武」。

（三） 陳亮與朱熹有關「王霸義利」的辯論：

不同的思想透過辯論，最能讓人看的更清明，清楚誰才是最「接近真理」。陳亮即是反理學健將，他和朱熹也曾針對「王霸義利」辯論，概括有三方面。

1.關於「天理」和「人欲」之道：朱熹認爲「道」是天生絕對的存在，天道和人欲是二分的，去人欲才能體認天道，這是聖人的境界。

陳亮認爲二者並存，堯舜聖人也有人欲。

2.關於「王霸、義利」問題：朱熹認爲二者之間都是二分法的，界限分明。陳亮認爲「王霸雜用，天理人欲並行，義利雙用」，所謂「三代無欲利」是錯誤的解讀。

3.關於「成人之道」問題：這是王霸義利辯論到最後，必然走到結論，「要做個怎麼的人？」朱熹要人「獨善其身」做一個道德完善的君子；陳亮則要人「兼善天下」，才德並行，做英雄豪傑。

（四）對理學家之反駁（王霸義利的實務解釋）：

反對理學家把天理人欲做二分法，「自孟荀論義利王聖，漢唐諸儒未能深明其說。本朝伊洛諸公辨析天理人欲，而王霸義利之說於是大明。然謂三代以道治天下，漢唐以智力把持天下，其說固已不能使人心服。而近世諸儒遂謂三代專以天理行，漢唐專以人欲行。…人不立則天地不能以獨運，捨天地則無以爲道矣。」他進而批判理學家：

1.俗儒謂漢唐專以人欲行。是承認私心可長久，不啻爲暴君壯膽。他堅持公心爲立國之要，雖漢唐之主能行之。此更合政治本質。

2.理學家認堯舜湯武皆純任天理，此不過因襲前人之幻想而已。沒有根據，他揭發：「既爲生人，必有人欲。」「才有人心，便有許多不淨潔。」，三代聖王，亦不能盡去人慾。聖王也有人慾，也食人間煙火。

3.百無一用是書生（理學者），「爲士者恥言文章行誼而曰盡心知性。居官者恥言政事書判而曰學道愛人。相蒙相欺以盡廢天下之實，終於百事不理而已。」「至於艱難變故之際，書生之智，知議論之當知，而不知事功之爲何物。知節義之當守，而不知形勢之爲何用。」

誠然，陳亮的反理學思想和朱熹二者沒有交集點，但二人友誼深厚，常有書信往返。朱熹稱陳亮「奇偉英特」，陳亮稱朱熹「一世大賢君子」。陳亮反理學在中國政治思想中，歸爲功利派思想家，在以儒家爲主流的中國政治思想，總是貴義輕利，甚至不言利。但陳亮在政壇上則是一位敢犯顏直諫，有嚴厲的政治批判，有強烈的政治主張。

身爲功利派政治思想家，陳亮「志在天下」、「富國強兵」，這是他的人生目標，所以他欣賞「大作爲」的英雄事業，認爲這樣的人才是大智大勇，大宋才有希望。其間接之用意，則在大力批判南宋苟安主和的局面，當然同時也觸犯了當朝官僚的利益集團，把陳亮視爲大逆不道，急欲拔除的眼中釘。

陳亮才不管這些，他屢遭迫害，始終不屈，依然「以筆爲槍」，對腐敗的政客集團，對空談心性的腐儒展開攻勢。認爲那些腐儒「議論之當正，而不知事功之爲何物；知節義之當守，而不知形勢之爲何用！」陳子之能從形勢判斷大局，顯見他有一些兵家素養，也有國際觀。縱使八百年後的今天，檢驗陳子政治思想或主張，依然是了不起的見解。

2. 陳亮除了是反理學派健將，政治上也有積極的功利派色彩，他的政治主張應可救宋之貧與弱問題。陳老師談談他在這方面的思想和政策。

（一）以強烈的民族意識主張恢復中原：

「君臣上下苟一朝之安，而息心於一隅」、「文恬武嬉，今亦甚矣。」

「風俗固已華靡，士大夫又從而治園囿臺榭，以樂其生於干戈之餘。上下宴安，而錢塘爲樂園矣。」這是陳子的憂心和批判。

他對孝宗說：「豈知安一隅之地，則不足以承天命。忘君父之仇，則不足以立人道。」他反對苟安和議，是基於春秋大義，嚴夷夏之防。漢和親匈奴，唐乞援突厥，宋以錢財事金人，都是奇恥大辱。恥

之由來是「廷臣不講春秋之過也」，他腦海中有強烈的民族意識，「自古夷狄之人豈有能盡吞中國者哉」，成爲民族主義的呼聲。

只可惜這種「弱國的武器」，在南宋始終不振，有如晚清。

（二）造成苟安在制度上的原因：

1.科舉之弊：能得常人，不能得非常之才：「天下之人知經義之爲常程，科舉之爲正路，法不得自議其私，人不得自用其智。」遂成百無一用是書生。知識份子讀書考試，只爲謀官求生，不顧國家前途。

尚有「制舉」之失：「設爲制舉，以詔山林朴直之士，使之極言當世之政，而期之以非常之才。」但其實「皆取文辭而已」。

2.祇論資格深淺之弊：不論才能賢肖，惟以資格先後，得不到能夠成大功、立大業之奇才。「士以尺度取官，以資格而進，不求度外之奇才，不慕絕世之雋功。」「才者以跅弛而棄，不才者以平穩而用。

正言以迂闊而廢，巽言以軟美而入。奇論指爲橫議，庸論謂有典則。」

宋遂在沒有人才下，終於滅亡。讓我們想起「中興以人才爲本」這句名言，考試只能得庸才，不能得奇才，更得不到「雄才大略」之龍象，其實古今中外皆然。

（三）反對吾國「今不如昔」思想，主張用刑，反對察要。

若漢唐不及三代，三代不及堯舜，則人類社會日漸退化。到此，人類已如「半死半活之蟲」，這是鼓動人民自信心的辦法。因宋以儒立國，仁厚治國，人士皆「柔軟」（朱子語）。故陳亮同意用刑以振士氣，「刑者聖人愛民之具，而非以戕民也」。也反對宋帝親理細務：

「下至朝廷之小臣，郡縣之瑣政。一切上勞聖慮，雖陛下聰明天縱，不憚勞苦，而臣竊以為人主之職，本在於辨邪正，專委任，明政之大體，總權之大綱，而屑屑焉一事之必親，臣恐天下有以妄議陛下之好詳也。」

深察陳亮政治思想和主張，也可能和家族背景有關，先祖死於抗金之役，祖父陳益有經略四方志向。青年時期發表＜中興五論＞，主張打破南宋苟安局面，收復失地，洗刷國恥。之後，又有「重六卿之權」、「任賢使能」、「整肅朝政」等提議方案。又隔數年有「第二書」、「第三書」，但因宋金戰事失利，朝野上下主張向金求和，割地賠款也可以，就是不想打仗。故陳亮的政治主張當然也觸犯當權派一批執政者，三次以莫須有罪名被捕入獄，受到嚴重迫害，險成「岳飛第二」。他始終不屈服，並表示「不受世間毀譽怨謗」。

陳亮一生所堅持的政治思想都和朱熹相左，二人初似友誼深厚。淳熙十一年（1184 年）陳亮出獄，朱子去信謂「絀去義利雙行，王霸並用之說」。陳子答「亮雖不肖，然口說得、手去得，本非閉眉合眼，朦朧精神以自附於道學者也。」表示不能苟同朱子之說，看來「道不同」，友誼也受影響，果然陳亮去逝，朱熹無所表示。

紹熙五年他終因「憂患困折，精澤內耗，形體外離」（葉適寫的墓誌銘）而卒。他的思想學問世稱「永康學派」（陳亮是婺州永康人，今浙江永康）。

<u>3. 比陳亮稍晚，陳亮死後幫他寫墓誌銘的是葉適，也是南宋反理學思想家。</u>

葉適出身貧寒，民族主義比陳亮更激烈，他以反理學家思想背景，曾自組抗金集團，終歸無成。淳熙五年（1178 年）擢爲進士第二，始脫離貧困。

(一) 葉適（1150 年~1223 年）

字正則，號水心。高宗紹興二十年生，寧宗嘉定十六年卒。

仕吏部侍郎、兼沿江制置使。與陳亮等人交，思想略同。

著《水心文集》、《別集》、《習學記言》學者稱水心先生。

(二) 對六經、周易、孔孟的見解（兼評理學）：

自葉觀之，六經皆致用之學，他對《大學》、《中庸》、《論語》、《孟子》都有異見。評太極無極之論，「孔子彖辭，無所謂太極者，不知傳何以稱之。自老聃爲虛無之祖，然猶不敢言…後學鼓而從之，失其會歸，而道日以離矣。」

評孟子「君正莫不正」之言，「若宣王果因孟子顯示暫得警發一隙之明，豈能破長夜之幽昏哉。」、「格心之功既終不驗，反乎之治亦不復興，可爲永歎矣。」

評董生，「仁人正誼不謀利，明道不計功。此語初看極好，細看全疏闊。古人以利與人而不自居其功，故道義光明。後世儒者行仲舒之論既無功利，則道義者乃無用之虛語耳。」

基本上，其思想同孟子「仁政」相合，水心謂「仁人視民如子」。對理學有三點相反的意見：

1.「極」存在事事物物中，並非「太極」生陰陽、五行等。

葉子否認「太極」概念由孔子提出，也反對《易經》中太極生兩儀之說，他認爲「太極」只是人生和社會達到圓滿的境界。再者，《易經》中的文言、說卦、上下系辭等，都不是出自孔子之手。

2.四書中「道也者，不可須臾離也」改爲「不可須臾與物離也」。

葉子反對把《大學》、《中庸》納爲理學範疇，對學庸的詮釋也和程朱對立，他認爲一切知識和認識過程，必須經過「物」的檢驗，才能得到証實，「唯心」不可能得到真理，故道也者，「不可須臾與物離也」。

葉子肯定「道」在「器」中，離「器」無「道」也。所謂「道在器中」，可解釋世間之真理或思想，必是「精神和物質合一的」，二者分離便沒有意義了。一個人把精神和物質分開，也不具有「人」的意義，如《六祖壇經》說的，離開世間求佛法，如求兔角，即「道在器中」的解釋。

3.不承認堯舜禹湯…孔子、孟子是一個道統。

他首先對曾子傳孔子思想提出懷疑，認爲用「忠恕」解釋「一貫」，和孔子本意不同，所謂「一貫道統」是不存在的。理學亦無所謂「道統」非源自古聖。

（三） 政權之能運作在「勢」－主權（政治權力）：

葉氏略取商鞅「權者君之所獨制也」意。謂「勢」乃治天下之關鍵，蓋君與臣民「均是人也，而何以相使。均是好惡利欲也，而何以相治。

智者豈不能自謀，勇者豈不能自衛。一人刑而天下何必畏，一人賞而天下何必慕。」推其因，「君者，勢之所在也。」、「堯舜禹湯文武，漢之高祖光武，唐之太宗，皆能以一身爲天下之勢。」而有權在外戚、權臣者，國亂君危。

就史實証之，「勢者天下之至神也。合則治，離則亂。強則盛，弛則衰。續則存，絕則亡。」此甚接近現代觀念了。葉子所見也是中國歷史發展的定律，「合則治，離則亂」，統一能創造盛世，分裂則必然導致戰亂。

（四） 治國之法制（政制之體系）：

論政體，「以封建爲天下者唐虞三代也。以郡縣爲天下者秦漢魏晉隋唐也。法度立於其間，所以維持上下之勢也。」即封建郡縣都是政體，法度依據政體精神，訂其律令施政。

定制度的標準「觀古」，「夫觀古人之所以爲國，非必遽效之也。故觀眾器者爲良匠，觀眾病者爲良醫。盡觀而後自爲之，故無泥古之生而有合道之功。」此似現代的歷史比較法。

水心對政體主張，爲折衷封建郡縣之調和論。他和陳亮雖同是反理學健將，同爲功利派思想家，但因體系不夠完備，也難以和理學派相抗衡。惟在政治上他和陳亮一樣，充滿民族主義的熱情，主張北伐中原，

可惜在南宋是註定被打壓迫害的悲情英雄和思想家。

<u>4. 談談葉適的政治主張，悲情英雄的政治思想，雖與執政者相違背，情操是很可貴的。</u>

葉適在政治實務政策上，充滿中國民族主義，而在政治思想上，極力想衝破先聖先賢（尤其儒家）的高牆，二者均無功。

（一）與陳亮同爲愛國志士，力主恢復中原：

1.「隘處江浙，以爲南北之成形六十年矣…豈可…不思夷夏之分，不辨逆順之理，不立仇恥之義。」他由地理形勢之理由，說明取燕之必要。

「夫燕薊中國之郛郭也。河北河東中國之闤闠也。弁其郛郭，而設扞禦於闤闠，舉一世之謀慮，皆自以爲可以久安而無他。此賈誼所謂非愚則諛，非實知治亂之體者也。」

2.金之弱已與中國同，「待時」須自強：

待時須自強」，待時而無爲，只有滅亡，勾踐復國可証。

昔年金人輕行速捷，因敵取資。但到南宋孝宗時代，其制政已法中國，弱點與中國同，今之「待時」，「似之而非也」。

3.政治腐敗，權臣當國，兵不可用：

「所用誤朝之人，大抵學校之名士也…秦檜爲相，務使諸生爲無廉恥以媚己，而以小利陷之，陰以拒塞言者。士人靡然成風，獻頌拜表，希望恩澤…至於今日，太學尤弊，遂爲姑息之地。」

「進不可戰，退不可守…。」

政治軍事如此，那能北伐中原。但葉適對北伐中原，收復失地依然充滿熱情，與毫不妥協的信念。他指責南宋的腐敗、財竭、軍隊無能，百姓痛苦，社會衰亂等現象過於嚴重。他甚至要求皇帝和貴族地主的封建特權要加以限制，在那種專制時代這是很大膽的主張。假如皇帝權力真的有了法律上的限制，那麼中國在宋代可能誕生近代「法治」思想。只可惜法治的「苗」尚未出土，就死於厚重的打壓。

（二）評宋代積弱的原因：

1.中央集權太甚：

集權對內固然有制，對外則有弊。「然外綱疏漏，有驕橫不臣之虜，雖聚重兵勇將，而無一捷之用，屈意損威，以能求好，此其失也。」

2.科舉、制舉之弊，得不到真人才：

科舉取士之法不足以甄別人才，士人「困於場屋」。

制舉之法反密於科舉，「豪傑特起者輕視而不屑就也。」

太過強求資格，「資格者生於世之不治，賢否混并，而無可別，故以此限之耳。」

真才不得志，權力遂入胥吏之手，即現在的科員政治，古今之道類同。發現專制集權之難處，在權力集中，而從制度來檢討，也是葉適首創，是為前人未有。吾國先賢思考政治問題，不從權力分配入手，而從「誠心正意」開始。假如葉適這種思維能落實成制度，那麼中國在宋代也有民主思想的誕生。

葉適被罷官後，回到永嘉（在浙江）潛心研究學問，「根柢六經，折衷諸子，剖析秦漢，迄於五季。」（＜習學記言序目＞），形成自己的思想體系，把「仁義禮智信」和「功利富國強兵」統一起來，世稱「永嘉學派」。

明代思想家李贄給他很高評價說，「此儒者乃無半點頭巾氣，勝李綱、范純仁遠矣！真用得，真用得！」（＜藏書＞）。黃宗羲也說：「永嘉之學，教人就事上理會，步步著實，言之必使可行，足以開物成務。」（＜宋元學案・艮齋學案＞）葉子政治思想之根本，就是這樣的「實事實功」，用他的話說叫「務實而不實虛」。先賢那些「貴義輕利」、「正其誼不謀其利，明其道不計其功」，他都認為是「無益無用」的空話。「以功業可略」而談心性、義理，不論多高深玄妙，都是空話，足以誤國而已。他的功利思想，仍在中國政治思想發展史上有了地位。

5. 綜合宋代政治思想之倡盛，功利與反功利之爭，理學與反理學之辨，有如春秋戰國，為何仍不能救國家於危亡？

這是一個很大的命題，若將時空拉長，甚至與漢唐時代對周邊少數民族容納（進入中原居住）有關。當然與宋代開國「強幹弱枝」政策有直接關係，惟把因素限制在宋朝這一段時期，外在政治環境的改變，遼金夏蒙開始壯大內侵是重要原因。就內部因素，政治思想以理學為主要思潮，只談心性不講功利，只講修身不談治國，導致功利派的富國強兵之策難以落實。日愈貧弱的南宋，縱使人人做到「天人合一」境界，也不能抵抗蒙古鐵蹄大軍的蹂躪。

到南宋末葉，雖有陳亮、葉適等政治思想家突破性的主張，想要對皇權和君臣權力分配進行大改革，但終究不能衝破傳統君臣關係的框架。當時流行的一本書叫《忠經》，也許可以代表當時君臣和一般人民的思維。

（一）《忠經》一書的背景

姚際恆《古今僞書考》謂託名漢代馬融撰，鄭玄注。

近世亦斷爲僞託，其成應在北宋初年。（國防部，《中國倫理思想》，73 頁，79 年版，爲東漢）。

（二）中國古代忠的觀念（約先秦時期）

魯莊公將拒齊師（莊公十年，前 684），曹劌問何以戢。

公曰：小大之獄，雖不能察，必以情。對曰：忠以屬也，可以一戰。

＜論語・爲政第二＞，孔子答季康子問：「使民敬忠以勤」的方法。

子曰：「孝慈則忠」。

曾子自省（＜論語・學而第一＞）：「爲人謀而不忠乎」。

可見忠的古義，不限君臣父子朋友均可通行，義爲竭誠盡己與人，不限於以下事上。

（三）《忠經》引申古義，成宇宙大道，人倫通則：

「天之所覆，地之所載，人之所履，莫大乎忠。忠者中也，至公無私。

天無私，四時行。地無私，萬物生。人無私，大亨貞。忠也者，一其心之謂也。」

「一於其身，忠之始也。一於其家，忠之中也。一於其國，忠之終也。」

天子之忠在「上事於天，下事於地，中事於宗廟，以臨於人。」「兢兢戒慎。日增其明。祿賢官能。式敷大化。」

大臣之忠在「奉君忘身，徇國忘家，正隆直辭，臨難死節。」

百官之忠在「入則獻其謀，出則行其政，居則思其道。動則有儀，秉職不回，言事無憚。苟利社稷，不顧其身。」

守宰之忠在「在官惟明，蒞事惟平，立身惟清。」

「宣君德以弘大其化，明國法以至於無刑。視君之人如觀乎子，則人愛之如愛其親。」

人民之忠在「祇承君之法度，行孝悌於其家，服勤稼穡以供王賦。」

全國上下各盡其忠，而天下治。

小結（中心思想）：

《忠經》最後歸宿爲尊君，中心樞紐爲君德。故曰：「君能忠，則皇猶丕丕，行於四方，揚於後代，以保社稷，以興祖考。」

又謂「爲臣事君，忠之本也。」

忠臣「尊其君有天地之大，日月之有。」「君德聖明，忠臣以榮。君德不足，忠臣以辱。」

凡此都不合古義交通，亦未出傳統修身化德之理想，其思想與司馬光同屬尊君。皇權終究不受限制，法治難有突破作爲。人民的力量便發揮不出來，任由那些昏君、貪官去惡整胡搞，天下焉有不垮？國家焉有不亡？而這些人民不必負責嗎？這是人民自己「縱容」出來的。

從另一觀點，統治者自成一個「賣國」集團，大宋焉有不亡？南宋才女，也是中國第一女詞家李清照，對南宋賣國投敵，醉生夢死，更是猛烈抨擊，直指皇帝「南渡衣冠少王導，北來消息欠劉琨」、「南來尚怯吳江冷，北狩應悲易水寒」。檢驗大宋那些男人，除岳飛、文天祥等外，何人尚有李清照這種志節？

6. 蒙古入主中國建立元朝，儒家知識份子的社會地位被訂在「九儒十丐」，中國傳統政治思想必有一段消沉期吧！

無法用自然競爭來解釋，「大歷史」和「小歷史」各有原因，試解析如下。

（一）政治思想消沉的四個根本原因

1.元本遊牧民族，沒有進步的政治思想。

2 社會階級不平等所致：如區分四等民及「九儒十丐」之分。

3.承南宋理學之餘唾，本無大作爲。

4.「行國」與「城國」政治思想的衝突過渡。

（二）元本遊牧民族，文化低，滅宋後開始漢化：

元人知漢文化較高，遂有漢化的政策。主其事者前後有耶律楚材、楊惟中、許衡、姚樞等人。至元三年許衡說：

「考之前代，北方之有中夏者，必行漢法，乃可長久…夫陸行宜車，水行宜舟，反之則不能行。幽燕食寒，蜀漢食熱，反之則必有變。以是論之，國家之當行漢法無疑也。」

推其用意，在改變中國漢人的華夷觀念，異族能行漢法，也能君臨中國。與漢唐同倡「天下一家」說，用意相反。

元雖有漢化之意，但不尊重漢人、漢儒，其所學不過漢文化之皮毛（如理學餘唾），不可能有偉大的政治思想家。

（三）社會階級不平等：

1.社會分成四種人：（爲嚴格的種族制度）

蒙古人：蒙古民族。

色目人：西域諸族。

漢人：亡金遺民（黃河流域中國人：女真、高麗、契丹等）。

南人：亡宋遺民（長江流域中國人）。

2.又依職業的不同分社會人士十個等級：

據鄭所南：一官、二吏、三僧、四道、五醫、六工、七獵、八民、九儒、十丐。

據謝枋得：一官、二吏、三僧、四道、五醫、六工、七匠、八娼、九儒、十丐。

元雖在政治手段上要崇儒，但所用之人都來自吏，以至吏儒分家。

成宗大德七年，鄭介夫上＜太平策＞：

「吏之與儒可相有而不可相無者也。儒不通吏，則為腐儒。吏不通儒，則為俗吏。必儒吏兼通，而後可以蒞政臨民，漢書稱以儒術飾吏治，正此謂也。」

「儒吏本出一途，析而爲二，遂致人員之冗，莫甚此時…。」

一方面儒生太迂，不能蒞民臨政，致元代重吏輕儒，致使知識份子地位太低。但胥吏又往往是草包，不識大體，磋跎因循，無修政之　心。元代乃在這種文化水準不足情況下，政治思想消沉。

（四）「行國」與「城國」政治思想的衝突過渡：

「行國」之名，初見<史記・大宛傳>，「隨畜移徙，與匈奴同俗」。故行國就是游牧民族建立的國家，他們不定居於一地，如遼金夏蒙等民族。而中國自黃帝後開始形成農業社會，人民定居一地，稱之「城國」。

宋元時期，正好「行國」民族進入中原，且國力大於漢民族所建立的「城國」。兩種思想體系的衝突爲必然之勢，結果行國取勝，蒙古人入主中國建立元朝。就短時間看，城國政治思想（理學、如家）消沉也是必然之勢，所幸只是過渡時期。

但從大歷史觀之，千百年之後，這些行國子孫早已成爲城國子民，都成爲中國的一份子。所謂「元代政治思想的消沉」，也是過渡，進而融合罷了。蒙古人雖導致宋朝亡國，但他們所建立元朝，不論中國史或世界史，都有更高的意義，尤其國際貿易方面。元朝建立之前，絲綢交易主要在西北絲綢之路上進行。此時，許多中亞的織物和織工被帶到中國，中國的絲綢也傳到歐洲。

元朝建立之後，海上絲綢之路又有發展。元至元十四年（宋景炎二年，1277 年），元朝在泉州、慶元（今寧波）、上海、澉浦設市舶司，總理對外進行海上貿易，到元至正三十年（1293 年），又增加溫州、杭州、廣州，共七處。這些港口十分繁華，往來船舶如梭，大量的絲綢通過這些港口出口海外。

元末的汪大淵在《島夷志略》中記載，南海航線西達摩洛哥、南達非洲坦桑尼亞一帶，航線所至，幾乎都有中國絲綢產品的傳播。其記載所及，有：越南、泰國、馬來西亞、新加坡、印尼、菲律賓、緬甸、孟加拉、印度、伊朗、伊拉克、埃及、摩洛哥、坦桑尼亞、肯亞、沙烏地阿拉伯等國的數十座城市。

而明朝的鄭和西行則將元代的海上絲路擴展到了更大範圍，他的故事已成爲世界航海史和絲路史上的佳話。

元朝建立了橫跨歐亞的大帝國，除政治思想消沉外，其他有諸多貢獻，如歐亞非交通、文化的交流，海上絲路的拓展，把中國當時的科技傳到歐洲，對世界發展貢獻很大。只是後來歐洲科技超越中國，乃始料不及，如今中國崛起，雖晚了五百年，但及時努力，也就不算晚了。

<u>7. 把歷史時空範圍縮小，元代政治思想消沉，和理學思想有　何關係？</u>

理學在元朝算是一個過渡時期，中國學術界稱「宋明理學」，顯然元代是一個「連接期」，這要從傳統「正統」思想說起。

（一）一般所謂「正統」：

正統有兩要素：1.倫理方面是取天下以「正」；2.政治上是「統」天下於一。所以一般人謂「秦西晉隋則統而不正，蜀東晉則正而不統者」。

方孝孺說：「正統之名，本於春秋」。

理學家講的「道統」即是正統，超越漢唐諸儒，直承孔孟，不可須臾偏離。但朱熹以後的「正統」變了，不講春秋華夷，結果民族主義低沉，國家意識趨弱，便不能抵抗外來入侵（如遼金夏蒙）。

（二）朱熹的理學與「正統」影響元朝政治思想：

1.朱熹的「正統」觀把倫理和政治分開：

「何必恁地論，只天下為一，諸侯朝覲，獄訟皆歸，便是得正統。」所以如「秦初，猶未得正統，及始皇并天下，方始得正統。」隋、宋均是。「三國南北五代皆天下分裂，不能君臣，皆不得正統。」

故凡能一統中華者，即有資格成正統。

2.元朝是朱子理學的獨行時代：

元兵虜獲南宋理學家趙復（字仁甫，學者稱江漢先生，是南宋名儒真德秀的弟子，傳程、朱之學）。一方面元有漢化之意，也想用理學籠絡中國讀書人，乃重用趙氏，以朱註四書為取士標準。此後理學家不但仕於元，且助元統一南北。蓋因理學不言民族主義，也就不管誰來統治了。

（三）元代理學家的中心思想：

重視四書，注意個人修養，忽略春秋大義。宋亡後，果然仕元者都是理學家如姚樞、許衡、趙復。

元代理學家要者尚有：劉因、蕭𣂏斗、吳澄、金履祥、許謙、張樞、程紹開等人。尤以吳澄和程紹開二人，努力於「和會朱陸」。

到元末有趙汸倡春秋大義，後才有朱元璋起事，漢民族思想才又復興。理學在兩宋原是保守派，反對富國強兵，偏重專講心性身修，天道人倫。

而到了元代理學家又是承傳南宋亡民的餘唾，故其思想當然不會有創新，且更消沉。加上諸多不平等，「州郡長吏生殺任情，孥人妻女，取貨財，兼土田」，中國受苛政荼毒與異族蹂躪，至元朝達到頂點。元末乃有群雄蜂起，大都反於饑寒。而思想家如劉基、方孝孺等人，正反映此異族虐政及專制腐敗的反抗運動。

(四)「和會朱陸」下啓明代理學：

程紹開以「和會朱陸」爲宗旨，吳澄受學於程子，原來在宋代朱陸辯論，朱熹稱陸學太「簡易」，陸九淵稱朱學太「支離」，各成不同宗派。程吳等人主張統一朱陸思想，陸學人物雖仍堅持反求自我的唯心論，也兼採朱學的篤行工夫，使陸學不流於唯心的禪門。而朱學方面人物，也兼採陸學的「簡易」，避免朱學過於複雜支離。

因有元代程吳等人「和會朱陸」的努力，開啓朱陸合流的趨勢。至明代「致良知」和「知行合一」就成王陽明的新思想。

元代雖獨行「朱子理學」，但基本上只爲統治者的政治工具。原來蒙古統治者本無所謂理學或經學，即要入主中國，乃不得不要籠絡中國知識份子，提倡理學成爲一種必需的「懷柔政策」。

第六篇：第三帝國，

轉型到衰落時期政治思想

輯 30：明代政治變遷與政治思想概要

1. 中國到了明代開始進入一個轉型期，是甚麼原因或動力開啟這種轉變？在中國歷史發展的長程中，轉型會歷時多長？

元朝滅亡是第二帝國結束，明、清兩朝的五百四十三年稱第三帝國，被認爲是「轉型與衰落期」，這是史家黃仁宇的觀點。但吾人以爲，興起之前都是衰落的持續期。在國際上所謂「中國的崛起」不過近十餘年來的事，所以中國到了明代進入的轉型衰落期，事實上是持續到民初、抗戰及一九四九年後的近半世紀。這過程有六百多年，爲轉型、衰落到興起的過程。

至於啓動轉型的動力在明代，內在的原因是鄭和下西洋，中國與海外諸邦有了溝通交流，外在原因是西洋海國政治思想隨著傳教士和商人，不斷進入中國。中國的內陸型城國政治思想受到激蕩，也不斷的質變，最後竟迷失了自己，否定了自己（即民族主義滅亡）。這一切都得從明代開始講起。

明代是這個轉型關鍵的啓動年代，原本有了轉向海洋的開放契機， 又因其緊縮政策，極度中央集權（明太祖廢宰相，權力集中皇帝身上，見後述政治制度），又回到「內向封閉的城國思想」。先將明代政治變遷做一簡略敘述。

明朝從明太祖洪武元年（1368 年）建國，到思宗崇禎十七年（1644 年）清兵入關，爲二百七十七年。加上南明殘局，至康熙二十二年（1683 年）收回台灣，正式完成全國統一爲三百一十六年。

明太祖在位三十年病歿，因長子朱標早死，傳位標之子皇太孫朱允炆，是爲明惠帝，年號建文，故又稱建文帝。但四子朱棣（封燕王）不服，發動政變，內戰三年，終於在建文四年攻陷京城，惠帝在戰亂中失蹤，燕王奪得大位。他是雄才大略型人物，明成祖在位二十二年是明代全盛時期，但他篡國篡位，生性殘酷，殺害忠良無數也是事實。其功雖値頌揚，其罪也應受歷史正義批判。

成祖之後，英宗親征瓦刺，不料兵敗被俘，史稱。「土木之變」，郕王旋即位爲帝，是爲景宗。但瓦刺未殺英宗，又將英宗遣送回國，數年後奪門入宮復辟，史稱「奪門之變」。英宗之後有憲宗、孝宗、武宗、世宗、穆宗及神宗。因穆宗在位六年而歿，神宗即位才十歲，遂由大政治家大學士張居正總攬大權，他是孔明、管仲等一流的人物。他主政下是明代一段政治清明及強調法治的時代，他一死，朝綱大亂，國事大壞，神宗荒於女色，又相繼發生三大戰爭。緬甸之役、朝鮮之役（即倭寇第一次侵華戰爭，企圖統一日中韓，史稱「中日朝鮮七年戰爭」）及滿州之役（即薩爾滸之戰）。

明末在張居正死後，內則政治腐敗，外則三大戰役拖垮財政，朝野名士組成「東林黨」以挽救危亡。但被大宦官魏忠賢打為邪黨，當代忠良非死即入東廠牢房。這時已是明代最後倒數第二任皇帝熹宗，滿州英雄努爾哈赤已攻下瀋陽、遼陽、廣寧和義州諸城。

到了最後一任皇帝明思宗（莊烈帝）時，又有流寇李自成、張獻忠等「八王」起兵造反。就在思宗崇禎十七年三月，李自成破居庸關長驅攻陷京師。至是年十月十九日思宗自縊而死，史稱「甲申之變」。時明總兵吳三桂挽救不及，又聞愛妾陳圓圓被李自成所俘，乃向滿清投降。這年也是清世祖順治元年（1644 年）。

南明雖有史可法、鄭成功等最後的忠臣義士，力圖恢復明室。無奈大江東去的水流不回來，歷史無情的向前碾壓。但他們所堅持的信念，成為中國政治思想重要的內涵。他們致力的事業得到歷史最高的評價，其中又以鄭成功收回台灣一事，具有最高的政治意義和歷史價值。

2. 陳老師很簡略的把明代政治變遷講一遍，現在要深入些談談，明太祖朱元璋的建國規模及政治思想上的意義。

明太祖以一孤苦無依的流浪兒，能奮起於草莽，推翻大蒙古帝國，完成統一中國，此絕非偶然。究其原因有三，其一對政治高度敏感，為超人之政治天才；其二也是軍事天下，他是中國歷史上由偏安的南方發動北伐統一成功的第一人（第二例是民國的蔣中正北伐統一，國史上唯此二例）；其三是太祖出身貧民，深知民間疾苦，也深懂民心，故能「捕抓民意」。

太祖領兵征戰，每得一城池必做的事有告諭父老、安撫百姓、除元苛政、表旌忠義、禮賢下士、訪求人才等。其每次出戰必詔告將士：「此行非必略地攻城，要在削平禍亂，以安生民。凡遇敵則戰，若所經之處，及城下之日，勿妄殺人，勿奪民財，勿毀民居，勿廢農具，勿殺耕牛，勿掠人子，或有遺棄孤幼在營，父母親戚來求者，即還之。」凡此皆得民心，加上他打出恢復漢人政權，能得到廣大支持。太祖建國在政治上最大的意義是喚醒民族主義，他的八字名言「驅逐胡虜，恢復中華」，與孔明「漢賊不兩立，王業不偏安」，同樣在政治思想上有標竿作用，成爲引導中國歷史發展的無形動力。他起兵反元的檄文曰：

自古帝王臨御天下，中國居內以制夷狄，夷狄居外以奉中國，未聞以夷狄制天下也。自宋祚傾移，元以北狄入主中國。四海之內外，罔不臣服。此豈人力，實乃天授。然達人志士尚知冠履倒置之歎。自是之後，元之臣子不遵祖訓，廢壞綱常。及其後嗣沉荒，失君臣之道。又加以宰相專權，憲臺報怨，有司毒虐。於是人心離叛，天下兵起。當此之時，天運循環，中原氣盛。億兆之中當降生聖人，驅逐胡虜，恢復中華。立綱陳紀，救濟斯民。

太祖的八字名言在數百年後，洪秀全和　國父孫中山先生都照章移植使用，縱使民國對日抗戰也用相同概念來凝聚民族主義。明太祖抵定江南後，準備揮師北伐，又有一篇不同的檄文：

予本淮右布衣，因天下大亂，為眾所推，率師渡江，居金陵形勢之地，得長江天塹之險，今十有三年…目視我中原之民，久無所主，深用疚心！予恭承天命，罔敢自安，力欲遣兵北伐，拯生民於塗炭，復漢官之威儀。慮人民未知，反為我讎，挈家北走，陷溺尤深。故先諭告，兵至人民勿避，予號令嚴肅，無秋毫之犯，爾民其體之。如蒙古、色目，雖非華夏族類，然同生天地之間，有能知禮義，願為臣民者，與中國之民撫養異！

真是充滿極高的政治智慧，語意頗似先總統　蔣公的北伐文告。尤其漢蒙關係的轉變也很高明，如同　國父革命檄文先是「倒滿、排滿」，等到民國建立則倡「五族共同」，再轉成「各民族一律平等」的政治主張。

朱元璋一呼百應，當代人才如劉伯溫、李善長、宋濂、徐達、常遇春等盡在麾下所用，不數年北伐完成，中國重回統一。但太祖可能是出自民間，知人民痛恨貪官污吏，故對此類腐敗份子刑戮之慘酷，也是前所未有，動則誅九族。太祖廢宰相制、建錦衣衛及廷杖之制，後二者爲害甚大，「胡惟庸案」（宰相造反）和「藍玉案」（謀反），受誅一萬五千人，都是專制之慘禍。

明太祖在位三十年病歿，傳位皇太孫朱允炆，燕王朱棣起兵造反篡位，史稱「靖難之變」。又是一樁「朱門」骨肉相殘慘禍，也是太祖分封群王，錯誤政治制度形成的惡果。事變之中，清楚的看見一般官吏氣節之蕩然，與理學家忠貞不二「成仁取義」的精神，形成強烈的對比。

3. 燕王朱棣造反，發動兵變向朝廷宣戰，實屬篡位之非法行徑。但明成祖在位武功顯赫，為明代的一段盛世，如何評定他的歷史地位？

在中國傳統思想中，「文史哲政」有很高的統一性，歷史地位還是得從政治思想上找到理論依據，所詮釋的歷史地位才能被接受，也才合乎歷史的正義。而爲了要找到正義，讓事實真相說話，功過並陳是必須的。

明太祖病歿，遺詔傳位皇太孫朱允炆，是爲明惠帝，一稱建文帝。他禮賢下士，重用儒臣方孝孺等，惟他仁厚有餘，而英斷不足。面對諸叔群王（見後附表）各擁重兵，無駕馭之良方，翰林學士黃子澄和尚書齊泰，建議按「漢平七國」之策，進行「削藩」。朝廷從「軟柿子」開始解決，周王朱橚貶爲庶人，囚齊王朱榑，廢岷王朱楩，幽代王朱桂，湘王朱柏自殺死。

朝廷這些動作激怒了燕王朱棣，燕王本是雄才大略而有企圖的人，眼見先下手爲強，後下手恐遭殃，乃起兵叛亂。先以清君側誅黃子澄、齊泰爲名，號其師爲「靖難之師」。戰爭一打三年，朝廷動員全國百萬兵力和物力，仍被燕王十萬餘地方軍所敗，建文四年（1402 年）六月南京城破，惠帝失蹤，後來成爲明史的一樁疑案。城破之時，文武百官紛紛迎拜燕王，並推戴即天子位，是爲明成祖。但一批忠臣義士理學家則堅持不向篡位者妥協。

齊泰、黃子澄、兵部尙書鐵鉉、禮部尙書陳迪、右副僉都御史練子寧等，不僅飽受皮肉之苦，都被誅族。成祖即位命方孝孺「宣詔天下」，孝孺大罵「死即死耳，詔不可草！」燕王怒道：「你那容易就死，你難道不怕誅九族嗎？」孝孺也大聲道：「便十族奈我何！」燕王乃於九族之外，大收其門生朋友等十族全誅，死難計八百七十三人。孝孺慷慨就刑，臨死作絕命詞曰：

天降亂離兮，孰知其由？奸臣得計兮，謀國用猶。忠臣發憤兮，血淚交流。以此殉君兮，抑又何求！嗚呼哀哉，庶不我尤！

明代讀書人也受理學思想影響，大多有成仁取義的精神。尤其有面對暴君舍生反抗的勇氣。在專制時代皇權獨大，濫用權力，無可制衡，理學思想家用生命制衡皇權，「富貴不能淫，威武不能屈」，視死如歸爲他所信仰的道「殉道」。他們的氣節足使自己進入聖賢殿堂，永垂不朽，正義在此得以彰顯。

明成祖以篡位逆取，即位後除對內有許多大建設外，有討安南、征蒙古、經略雲貴，遣鄭和下西洋。今（2005 年）正好鄭和下西洋六百週年，全世界都有紀念活動，二〇〇〇五年也是「中國海洋年」。此種盛事，成祖有功焉。

成祖在位二十二年，國運昌隆，民生富庶，是明朝三百年的全盛時代。特別是成祖遷都北京，最合國防戰略上的佈局，明政權的維持，成祖建都北京居首功。

明初盛世維持約百年之久，到孝宗弘治之政也還有小康局面。但對蒙古、哈密的經略已顯被動，國防力量明顯弱化；在內則宦官與大臣鬥爭日愈白熱化，盛世日遠而衰世日近。

歷史上很多事是很弔詭（或相對），明成祖雖創造一段盛世，他「篡國、篡位」，又殺方孝孺十族八百餘人命，卻也「成就」了方孝孺的歷史地位，使方氏成爲一尊打不倒的偶像。明末大儒劉宗周讚許說「學而有以見性分之大全」，又說「以九死成就一個是，完天下萬世之責。其扶持世教，信乎不愧千秋正學也」（＜明儒學案・師說＞）。

方孝孺以身殉道，是對他自己思想的一個實踐，使他位列聖賢。較之於明成祖，貴爲不可一世的皇帝，論地位和價值皆不能和方氏相提並論，是成祖始料不及吧！

鄭和布施碑 證明尊重各宗教

中文記載巡禮聖蹟 泰米爾文記錄對婆羅門教敬意 波斯文顯示敬仰眞主

【人間社記者觀誼綜合外電報導】斯里蘭卡位居印度洋海上交通要衝，也是六百年前鄭和船隊北上印度、西去東非必經之地。史載，鄭和船隊曾多次到斯里蘭卡，已發現的「鄭和碑」可爲明證，同時也爲穆斯林身分的鄭和，留下對其他宗教同樣尊重的證明。

鄭和碑被史學家稱爲「鄭和布施碑」、「三種文字碑」，是一九一一年工程師托瑪林在斯國南部港口城市加勒發現，清楚載明鄭和在一四〇九年前後，曾經數訪斯里蘭卡。在斯里蘭卡獨立後，這塊碑被送到首都可倫坡國立博物館保存。碑文記載鄭和等人受明朝皇帝派遣下西洋時，至斯里蘭卡巡禮聖蹟，並到佛寺布施香禮的情況，同時碑上還列有布施祭品清單，碑文落款爲明代永樂七年二月。

鄭和碑以當時印度洋地區商人通用的三種文字雕刻，除了中文，還有泰米爾文和波斯文。根據研究，泰米爾的碑文表示對泰米爾人信奉的婆羅門教毗濕奴神的敬意；波斯碑文表示對伊斯蘭教信奉的眞主敬仰之情；兩種文字都記載鄭和一行向他們的宗教神靈敬獻禮的情況。

斯里蘭卡史學家、倫敦大學博士洛娜．德瓦拉賈表示，鄭和身爲穆斯林，卻能在一塊碑上以三種宗教爲對象，表示出同樣的禮敬與尊重，反映鄭和及明朝廷對各國人民的尊重和宗教上的寬容，同時反映鄭和一行希望其經濟、文化交流活動，不至受宗教對立所影響。（人間福報，94.10.10，九版）

圖 6-1：鄭和下西洋想像圖

圖片來源：張元，歷史（上），八十四年教育部公布，頁一七〇。

4. 明代中葉以後，政治日趨腐敗，開始由盛轉衰，再由衰而亡，也請陳老師簡述明代後半一百多年的政治變遷。

明代由盛而衰在英宗一朝，發生三大巨變，爲「土木之變」（英宗被也先俘）;「奪門之變」（英宗被也先釋回奪回政權）;「曹石之變」（宦官政變）。從事件過程，可看出英宗是自私而無主見的人。

英宗之後是憲宗，成天寵愛萬貴妃，宦官於焉亂政。之後是孝宗，史稱「恭儉有制，勤政愛民」，有段小康。到武宗有大宦官劉瑾亂政，與馬永成、高鳳等八人，時稱「八虎」。武宗一朝因中央政亂，在河北、湖廣、江西、贛南開始有匪患。武宗也因年青無知，受宦官煽誘，縱情荒淫，激起寧王朱宸濠之變，已是小規模內戰。到明世宗時，已是明之晚葉，發生「大禮議」，爲稱「孝宗『皇伯考』，昭聖皇太后『皇伯母』，章盛皇太后『聖母』」，形成了朋黨鬥爭，爲這形式上的「正名運動」，一批忠臣義士因而殉道。明儒和宋儒都受理學思想影響，充滿成仁取義的殉道熱情。但爲這種形式上的虛名正名，政治鬥爭至此地步，也是國家的損失。

與世宗一朝相終始的禍亂，還有倭寇（即日本鬼子的流浪鬼），蹂躪江蘇、浙江、廣東和福建長達四十餘年，雖被戚繼光討平，但國家元氣大傷。接著又有韃靼和俺答相繼入寇，此即「後元」或稱「北元」，數十年間百姓塗炭，烽火漫天，國家損失，難以估計。

明代晚葉雖有大政治家張居正爲相，有十餘年算是「治世」。在梁啓超等著《中國六大政治家》，居正爲其中之一，餘五者爲管仲、商鞅、孔明、李衛公、王安石，本書後敘張居正的政治思想。

張居正死後，明神宗是個昏君，政治日愈腐敗。原先一群有勇氣的知識份子形成「東林黨」，倡議挽救危亡，都被宦官打成「亂黨」，又有一批忠臣義士死難。

明代最後的四個皇帝是神宗、光宗、熹宗和思宗。神宗時碰到三大戰役，緬甸、朝鮮和滿州之役（《中國歷代戰爭新詮》詳述）；光宗偏愛女色，即位一月而亡；熹宗在位七年，有大宦官魏忠賢亂政，最後一個明思宗在位十七年，換了五十多位宰相，可見政局之亂。

明末的三大戰役和宦官魏忠賢算是「四大害」，國家元氣被徹底拖垮。但「壓垮駱駝的最後一根稻草」，則是流寇之亂，分析流寇成因有：

（一）連年用兵，經濟破產。

（二）政治腐敗，激起民變。

（三）惡性加稅，百姓不堪負擔。

（四）兵役制度廢弛，軍隊如同亂民。

這時人民的痛苦指數達到極點，流民蔓延，一股一股，數萬或數十萬，其大者如李自成、張獻忠，自稱「闖王」或「闖將」。另有號稱「八大王」、「九條龍」和「混天王」等。這是當時（思宗）的中國，清兵已拿下東北地區，隨時可進取北京。

明思宗崇禎十七年三月，闖王李自成攻陷北京城。十九日，思宗自縊南宮萬歲山（煤山），死後在衣襟上寫下遺詔說：「朕自登極十七年，逆賊直逼京師，雖朕諒德藐躬，上干天咎；然皆諸臣誤朕。朕死後無面目見祖宗於地下，去朕冠冕，以髮覆面，任賊分裂朕尸，勿傷死百姓一人！」

可見明思宗最後仍不認爲自己是亡國之君，可慰的是此刻他是一個愛民的皇帝。寧可任賊分屍，勿傷百姓一人，也是讓人感動。

明代滅亡後，雖有一段南明和鄭成功的反清復明運動，但也只是明代的殘局。大明自中葉開始衰落，大動亂數十年而亡，就在這衰亂之世，出現甚多大思想家、大政治家，如王守仁、李贄、黃宗羲、顧炎武、王夫之等。而爲挽救危亡，也出現一些政治結社，如東林黨和復社。

西方政治思想也在這動亂之世傳入中國，對傳統中國政治思想啓動了「挑釁機制」。至今，這個機制尚在「半自動、半被動」的運作中，遲早中國政治思想又會納涵百家，成爲新思想、新定位。

明清之際有一段史事深值目前兩岸（尤其台灣獨派）警惕，鄭克塽想搞「台獨」，清廷致書鄭氏的一封信，引原文仔細的讀：

福建總督姚啟聖，福建水師提督施琅，致書於　台灣承天府鄭克塽閣下：朝廷頻頻招撫，乃憐台灣黎庶民皆我漳、泉、惠、潮同根骨肉，亦緣台灣文武官員，多為不忘故明、不忘舊君、不忘桑梓、不忘華夏列宗列祖，大義在於同根，大是在於同源、血濃於水，同大於異，故朝廷懷德以待、懷德以求，企盼化解隔閡，同心攜手，共書統一大業，振興華夏，造福海峽兩岸黎庶。然台灣分裂叛國者，上欺天心，下逆民意，冥頑不化，一意孤行，陰懷沐猴之惡，背棄故主鄭成功收復台灣、金甌無缺之願，恃海割據，欲自立乾坤。喪心病狂，莫此為最，是可忍，孰不可忍！我軍揚帆陣列，將行討伐，此舉矛頭所指，唯台灣分裂叛國者，非對台灣思鄉愛國之士和骨肉同胞。分裂叛國者，若能幡然悔悟，收心就安，我將容其自新，不作追究，且依功行賞；彼若執迷不悟，自立乾坤，我將萬船齊發，犁其巢穴，絕其孽種，斷不留情。正義在我，民心在我，勝利在我，特致通牒，勿謂言之不預…

原來是侍衛長馮錫範（鄭克塽兵父）和唐妃相互勾結，挾持年幼的延平王鄭克塽，陰謀「自立乾坤」，搞台灣獨立。董太妃（鄭成功夫人）以年邁之軀，凜然宣布：「自立乾坤，分裂國土，我至死不爲！若有再提自立乾坤，殺無赦！」三百多年前，一介「女流」有此見解，實在了不起。

而這封信的內容，若拿來用在現在台灣這批獨派執政者，更爲貼切不過了：冥頑不靈、一意孤行…持海割據，欲自立乾坤…勿謂言之不預…

5. 簡要敘述明代政治變遷後，接下來請陳老師講講明代的政治制度，據史所載，和前代有重大變革。

明代政治制度最大的特點有三：兩個中央政府、廢除宰相制及恢復封建制，後兩者影響最大，宰相廢後，到清代都沒有。而恢復封建制，則造成「靖難之變」，另宦官組織龐大也是特點。

明代中央是雙軌制，北京有一個中央政府，南京也有一個中央政府，兩者組織編制都相同，惟南京中央政府員額較少。此種建制創中國有史以來首例，如目前的台灣，台北有行政院各部會，高雄另設「辦事處」，似有類同之處。明代設兩中央政府的原因，由於「靖難」後，明成祖以北京是他的地盤，再者當時南方尚有潛在的反對勢力。但最重要的原因是國防戰略配合「前進部署」的需要，當時主要敵人還是蒙古，方便北征蒙古，並有置之死地而後生的用意。

隨著政局的改變，南京中央政府往往用來安置退休清望人士，或無意無力接近權力核心的朝臣。或一些被排擠、疏遠，沒有前途的官吏，成爲有名無實的官府。

太祖建國之初尚未廢相，中央官制依元之舊，先以李善長和徐達爲左右丞相，徐達長年在外征戰，僅李善長在朝爲相。到洪武六年，胡惟庸爲相，十三年因胡謀反誅族，太祖乃廢相，各部、府、院、寺、監等，直轄天子，集大權於皇帝一人（類似現代美國總統制）。洪武廿八年（1395 年），太祖特下聖旨：「國家罷丞相，設府、部、院、寺，以分理庶務，立法至爲詳善，以後嗣君，不得議置丞相，臣下有奏設立者，論以極刑。」從此中國沒有「丞相」之名，爲政治制度之大變革，明代中央政治制度可如表示之。

如表所示，明代雖廢除宰相，宰相事務仍存在，中央政務須要有統整的人，各項業務仍有一定流程，乃設「內閣」，閣揆則由六部尚書兼任稱「內閣大學士」。其名義爲「某部尚書兼任內閣大學士」，內閣大學士有多人，爲首的一人稱「首輔」，其權力最大。這種「內閣制」以大學士爲相，無相名有相實，延用到清代。

表 6-1：明代中央政治組織表

皇帝 → 內閣

- 三公三益（榮譽職）
- 內　閣（內閣辦公室）
- 六　部（吏、戶、禮、兵、刑、工）
- 兩　府（皇族事務）
- 五　寺（司法、外交、禮賓、牧馬、祭典）
- 三　監（教育、農林、天文）
- 三　院（都察、文學、醫學）
- 六　科（稽查六部）
- 中　書（誥敕制詔銀冊等）
- 五　司（傳達、璽印、奉節、僧事、道教）
- 東　宮（太子輔導）
- 宦　官（二十四衙門：十二監、四司、八局）
- 女　官（六局：尚宮、尚儀、尚服、尚食、尚寢、尚功）

依據資料來源：

（一）陳致平，中華通史，十冊，四章。

（二）楊樹藩，明代中央政治制度（商務：71 年 7 月，二版）。

明代政治制度中宦官組織特大，明太祖設錦衣衛，後又有「東廠」、「西廠」之設，依明史職官所載有「十二監、四司、八局」，通稱「二十四衙門」。其成員散布在全國各地，形成一種恐怖的情報組織網，爲害甚大。

明太祖又參酌前代，恢復封建制，惟加以改良，規定「分封而不錫土，列爵而不臨民，食祿而不治事。」但各藩王（諸子）仍有很大權勢和兵力，果然發生靖難之變，這也是制度之爲害。

明代的地方政治制度，初爲「府縣兩級制」，後又設「州」，形式上成爲「府州縣三級制」。又設「布政司」(省)，成爲「省、府、州、縣四級制」。到明代晚葉，省之上又設總督或巡撫而成五級制，但實質上都以府縣兩級爲基礎，制度變化不大，顯示明代政局的穩定性不足。

明代政治制度有一項創舉，是把「御史臺」改成「都察院」，內設左右都察史，左右副都御史、僉都御史等。蓋明代厲行專制，特加強監察權，位高權重，所以控制百官也。地方亦設有十三道監察御史，分別監察地方之行政、教育、財政等。此外，中央尚有臨時特派的「巡按」、「總督」、「巡撫」，代天子監行天下。

「都察院」後來發展成一個特殊龐大的行政機構，職權擴大到司法和軍事。另一個龐大的組織是宦官集團(有十二監、四司、八局，謂二十四衙門)，明代政治制度無端的養了這兩隻「異形」，整垮了明朝江山，此說不爲過也。

6. 制度是死的，人是活的。一個時代的政治現象、政局或制度如何呈現！最後是否仍要追到「政治思想」這個源頭？

政治有五大變項進行排列組合：政治思想、政治人物、政治制度、政治現象和政治勢力。其正常的發展順序是政治思想支配政治人物，由政治人物製訂政治制度，進而形成政治現象，由現象展示政治勢力。

明代的政治思想有兩個主流，其一是朱元璋倡導的民族主義（當時是漢民族主義)，前面已講過。其二是理學政治思想，影響也很深遠。晚葉有類似現代的政治結社，如東林黨、復社等，也有鮮明的主張。明代也是中西思想的直接交流的開端，中國和亞洲各國，包含中亞、西亞、南洋、印度洋等各地區國家，以及歐洲諸國人士東來，都促使中國文化、政治思想在無形中產生質變。本書以理學和東林黨爲主述。

明代理學家受到三個源流的影響，一者當然是上承宋元理學中之「朱學」，國家考試皆用朱熹註的四書；二是《性理大全》頒行，這是明成祖時代完成的大書，是宋代理學集大成。第三是方孝孺在「靖難之變」中成仁取義的精神，對非法的篡國篡位之君，所展現絕不妥協的態度，深刻影響明代以後的理學思想家。黃宗羲作《明儒學案》，以「方孝孺」爲第一人。方氏倡導民族意識，嚴防夷夏，申明春秋大義。他將中國歷史上各朝代統治，分別定位在「正統」、「附統」和「變統」。中國人治中國人，取位以正，又能盡君之職，如三代之君，是爲「正統」。其次得位以正，未善盡君職，如漢唐宋之君，爲「附統」。至於篡位竊國者，不仁不義，或夷狄竊取中國，謂之「變統」。（按此要義，台灣的台獨政權，以「319」槍案竊位，應屬變統。）

明代理學到王陽明，倡「心即理」、「致良知」、「知行合一」思想，大大發揚了陸九淵的「唯心論」。繼陽明後學，有徐愛、錢德洪、王畿、王艮、鄒守益、羅洪先、李贄等人。尤其李贄政治思想，與目前台灣李敖相近，他是明代的李敖。

當理學成爲「王學天下」的時候，立論和陽明不同的有呂坤、、高攀龍和顧憲成、劉宗周等人。他們都以自己的生命，爲東林黨的政治主張辯護。

明末諸儒眼見亡國之痛，又有黃宗羲、唐甄、顧炎武、王船山、呂留良和曾靜等人，爲挽危亡及保留民族思想之傳承，成爲明末清初的大思想家。

明末大儒顧憲成、高攀龍等人講學於當時的「東林書院」許多當代知識份子和「罷官廢吏」也經常群集書院，「裁量人物，訾議國政」。顧、高等人乃成立「東林大會」，提出政治宗旨，其黨綱（東林會約）說：「經，常道也。孔子表章六經，程朱表章四書，凡以詔往示來，維世教，黨人心，爲天下留此常道也。」

東林黨人清楚看到「民不聊生，亂將作矣」，必須依賴「君臣奮興而力圖之」。可惜當今天子倒行逆施，權臣作亂，黨人又無權柄，只有透過言論宣傳救國救世之道。他們經由會約製訂，講習程朱理學，倡明孔孟之道，以挽救天下之亡。高攀龍稱：

是六經者，天之法律也。順之則生，逆之則死，天下所以治而無亂，亂而即治者，以六經在也。

東林黨人所處的時代，是明亡前最後的三十多年，此時的外患內亂已使明廷處於崩解邊緣。這些黨人仍相信六經（《詩》、《書》、《易》、《禮》、《樂》、《春秋》）和四書（《大學》、《中庸》、《論語》、《孟子》），可以救亡。不得不佩服他們對儒家思想信仰之堅定，想法之可愛，寄予幾分同情。他們的基本政治思想只在「君君、臣臣、父父、子子」，希望由這種人倫綱常使即將瓦解的社會秩序回到原來軌道。

可惜他們的呼聲對權臣太「刺耳」，都被大宦官魏忠賢羅織入罪，遭殺關貶。正當東林黨遭到無情攻擊時，又有齊黨、楚黨、浙黨、宣黨及崑黨等興起，也只能鬧一鬧，隨伴著明朝的滅亡。

輯 31：明代以後中國政治思想在民間的潛藏與體現

1. 陳老師，為甚麼說明代以後中國政治思想在民間的潛藏與體現？是不是說前代沒有這種現象？而民間社會從人民生活中，又體現了何種中國政治思想？

政治思想如果不能從民間社會，在人民的生活中體現出來，終究只是思想家的思想和言論，無益於國計民生。若被政客拿來當成口號或誘餌操作，更是有害於國計民生。

怎樣叫有害？又怎樣叫有益？用實例解釋大家較易懂。例如，我們常聽到「民主政治是一種生活方式」，這表示民主政治思想已經在民間社會生根，成爲人民的一種生活方式。同理，社會主義在歐洲，尤其北歐也是人民的生活方式。回頭看我們自己，一部　國父孫中山先生的《三民主義憲法》在台灣地區推行半個世紀，至今的台獨政權仍在用（因不敢也無力另製訂），應該也可以說「三民主義是一種生活方式」，這或許需要更長時間証明。最近台灣當代唯一的「批判主義思想家」李敖訪問大陸（94 年 9 月 25 日），講演說現在的中國，是漢唐以來未有的盛世，果如此，則社會主義在中國會慢慢成爲人民的生活方式，也要更久時間証明。

怎樣的政治思想只是「政治口號」，沒有在民間社會體現，只是政客進行利益操弄的「餌」，用來騙人的，也要舉例才易懂。前蘇聯爲消滅各地區的民族主義，用政治力量塑造出「蘇維埃人」（Sovietister），稱在蘇聯沒有別的族人，只有一種人叫蘇維埃人，花了數十年不斷操弄。結果蘇聯瓦解後，就未見有人再提起蘇維埃人，原來世上並無此人種存在，只是一種臨時的「政治人」。相同情形，在台灣有些人把「鄉土意識」用政治操弄，上綱成「台灣民族主義」，固然也是一種思想，但和蘇維埃人同樣是政治口號，無法植根在人民的生活中，從民間社會普遍的體現出來。

政治思想是否能在現實社會中，體現成人民的生活，做以上的解釋。中國政治思想從五帝以來也不斷在民間深化，例如歷代文學作品和宗教信仰。其中的佛教在中國流傳一千多年，已經「中國化」，到宋明之際更與儒道融合成理學思想。但到了明代有兩個原因，使中國政治思想在民間社會深化，且在下層人民的生活中有更多的另類意涵。其一是有五部長篇小說開始在社會上廣爲流傳：《三國演義》、《水滸傳》、《西遊記》、《封神榜》和《金瓶梅》，除《金瓶梅》外，餘四部，尤其三國、水滸最有代表性，在一般人民心中另外建構了一套「忠孝節義」政治思想。紳士階級的政治道德是忠，下層人民偏重義，若統治者（皇帝）不能主持社會公義，人民有權利來替天行道和劫富濟貧。這個影響是深遠的，到清代、民國，以至當代，都還發揮很大的影響力。（孫廣德、朱浤源，《中國政治思想史》，15 章）

其二是明代在某種機緣下，啓動了人民想要組黨結社的「黑盒子」。大家知道兩岸的憲法早有言論自由和組黨結社自由的規定，但台灣真能落實執行這些憲法中的理想，也還不到二十年，李敖訪問大陸也談這個問題。殊不知在十七世紀的明末，這個「機制」開始啓動，東林黨因揭露權臣腐敗，遭到統治者鎮壓，許多人被迫自殺或冤死獄中。但繼之而起有「應社」、「幾社」、「匡社」、「超社」等組織，最後統合成「復社」，由江蘇太倉人張溥所領導，而黃宗羲可以代表這些結社的政治思想（後述）。可以想見也受到嚴重迫害，明亡後這種結社爲保留民族意識，徹底的地下化的「洪門」、「天地會」等組織，才得以延續到清代、民國及現在的台灣。 國父革命時說，中國的民族主義在上層社會已經滅亡了，只有到這些下層會黨去找回來，否則中國就亡國了。

以上是兩個明代以後，中國政治思想會特別在民間進一步深化的緣故，影響到數百年後的現在，乃至未來。所以，進一步延伸這個主題，從宏觀的大歷史，談談中國政治思想體現在一般人民生活的樣態，從民間信仰和宗教來看。

2. 中國民間信仰的神成千上萬，完全不同於西方的「一神教」，我國的民間信仰有那些政治意涵與政治思想有關？

在宗教學的分類上，中國民間信仰屬無神論，但實際上是「泛神論」。所以，山川河海、人或各種生物都可以爲神，在民間的寺、廟、宮、堂、祠等，也就不計其數。民族祖先如黃帝、炎帝；民族英雄如文天祥、岳飛、鄭成功、孔明等；儒家孔子、孟子等；道教如元始天尊、太上老君（老子）、玉皇大帝等；佛教如佛祖、達摩、觀世音、地藏王菩薩等，都在中國民間永受謨拜，有崇高的歷史地位。

此外，在中國民間信仰的眾多神祇和寺廟，以台灣地區為主加以整理，舉其最常見者列表如後，按諸神背景，試論其政治意涵：

（一）從教派看。不出儒、佛、道三教之範圍，或三教之融合，如一貫道信仰，均與中國文化內涵相通合，其宗旨也有政治意涵。

（二）諸神在世事蹟可用「成仁取義」、「救世救人」或「忠孝節義」概括，在中國思想中，是人類情操的最高境界，和政治思想內涵相同。

（三）諸神都有中國背景，他們生為中國人，死為中國神，永世受中國子民謨拜。許多神雖落腳台灣數百年，但仍定期回大陸的娘家祖廟（如媽祖）尋根，顯示出不忘本的精神。

（四）中國政治思想到漢代雖曾有儒家獨尊，但之後的將近兩千年間都是儒佛道三家融合，特別是宋元明清三家合成的理學成為主流思想。中國民間信仰的內涵已包納三教，而以儒為主流。例如，目前在海內外很流行的一貫道信仰，乃根據孔子「吾道一以貫之」的中國道統思想而來，定期在各地舉辦讀經會考，科目有＜禮運大同篇＞、《心經》、《老子》、《大學》、《中庸》、《論語》、《孟子》、《六祖壇經》等。最近一次是 94 年 8 月 21 日，在中正紀念堂舉辦，五千多人參加盛會。

（五）概結中國民間信仰，正是在落實中國政治思想的核心思維（儒佛道三家共通的忠孝節義仁誠）。但此絕非刻意的政治操作，而是經由千百年的流傳，中國政治思想已在他的子民心中生根，成為「人民的一種生活方式」。

在無限的未來，保生大帝、無生老母、九天玄女、媽祖或關聖帝君等諸神，必仍在中國的大地上展其神威，保佑所有的中華子民。

表 6-2：中國民間信仰諸神背景

神名（廟）	背景
保生大帝	宋太平興國時人，姓吳名本，俗名大道公，神醫濟世。
九龍三公	宋高宗時五軍都督，因功封三公，死後國葬九龍山。俗名魏振。
清水祖師	宋仁宗時高僧，俗名陳應，傳揚佛法，廣渡眾生。
臨水夫人	唐代宗時福州人，救人而亡，俗名陳靖姑。
長春祖師	元代山東登州人，道教，勸成吉思汗漢化政策。俗名邱處機。

九天玄女　黃帝之師，助帝戰蚩尤。

三山國王　隋文帝手下三大將：連清化、趙助政、喬惠威。

開漳聖王　唐代福建人，俗名陳元光，開拓漳州有功。

西秦王爺　即唐太宗李世民，一代明君，創貞觀盛世。

天上聖母　即媽祖。俗名林默娘，宋代福建莆田人，清乾隆封天后。

無生老母　一貫道的信仰主神，源於宋代理學家周敦頤的「太極圖說」。

光淨菩薩　又叫月光菩薩，即孔子得意弟子復聖顏回。

鬼谷先師　戰國縱橫家，有四大弟子：孫臏、龐涓、蘇秦、張儀。

東獄大帝　即東獄泰山主神，唐玄宗時封齊天王。

關聖帝君　即武聖關公，第十八代玉皇大帝（輪值），尊號「玄靈高上帝」。

福德正神　土地公，是炎帝神農氏十一世孫句龍，因功封「社公」。

梓潼帝君　西晉廣東人，俗名張亞，有戰功。與關公、孚佑帝君、魁星和朱衣，合稱「五文昌」，我國民間信仰只有五文昌。

慶 安 宮（六文昌）在台南善化，主祠沈光文，明末太僕寺少卿，爲反清復明奔走，後到台灣教平埔族漢文，稱「台灣孔子」。民國七十一年成爲「六文昌」。

忠義祠　　在屏東六堆，清康熙六十年，六堆軍助平朱一貴亂，朝廷詔令建忠議祠。

南天宮　　在宜蘭南方澳，民國七十八年起常送媽祖回福建湄洲娘家，創兩岸直航首例。最近一次在九十四年九月間，陸委會聲稱要法辦。

三官大帝（三元宮）　三元宮在新竹湖口老街，建於民國七年，主祀三官大帝（堯、舜、禹），其他地方亦有。

媽　祖（大天后宮）　有些廟宇稱「天上聖母」，都指媽祖，各地都有。大天后宮在台南市，爲台灣媽祖開基祖廟，前身是明朝寧靖王府。

靈泉禪寺　在基隆月眉山，光緒二十四年（1898 年）由福建鼓山湧泉禪寺善智、妙密、善慧三師相繼營建完成，內供奉佛祖、十八羅漢、四大天王。

唐牧馬侯祠 陳淵　在金門金城鎮，唐德宗貞元年間（785~805 年），牧馬侯陳淵奉派，率蔡、許、翁、李、張、黃、王、呂、劉、洪、林、蕭等十三姓，至金門開拓。一千多年來，金門人尊陳淵爲「恩主公」，每年舉行祭典，追懷先賢德澤。

資料來源：作者自行整理

天主教「中國化」的努力：（人間福報，2005年12月19日，九版）

巴黎中華聖母堂十八日揭幕

天主教總主教主持賜福 教堂設計新潮 抱著聖嬰的聖母像 完全中國化

【本報巴黎訊】巴黎的華人天主教徒經過漫長歲月的翹首盼望，如今終於得償所願，有了眞正屬於自己的「家」——巴黎中華聖母堂。這座自二〇〇四年復活節開始動工的華人教堂，前不久已全部竣工，擇十八日舉行盛大揭幕儀式，巴黎總主教Andre Vingt-Trois親自到十三區爲中華聖母堂主持揭幕賜福。

位於華人城舒華士街二十七號的中華聖母堂，與聖希普列特教堂毗鄰，屬教會物業，過去曾出租給法國電力公司，作員工的網球俱樂部。後來，教會鑒於十三區華裔人口日益增加，於是考慮在華人城的心臟地帶，蓋建一座華人教堂，以滿足華人願望。上一任巴黎總主教呂斯提耶爲此於二〇〇二年作成決定，收回該網球館，落實華人教堂之興建計畫，並聘名建築師法蘭瓦拜訔負責設計。爲配合時代感，設計走現代風格，完全放棄傳統的哥德式味道，以致落成的中華聖母堂面積雖不大，卻是巴黎設計最「新潮」的教堂之一。

中華聖母堂未設諸聖龕座，也沒有彩繪玻璃天窗，和一般傳統教堂很不同，但最大分別在於抱著聖嬰的聖母像完全中國化。駐鐸中華聖母堂的馬神父說，華人教友對中國化的聖母瑪利亞感到親切，而且這是天主教所容許；在非洲的聖母像是黑膚色，在拉丁美洲聖母則是印地安人輪廓，目的是讓教徒產生親切感。

馬神父表示，中華聖母堂聖母像起初曾找北京美術學院描繪，但無法傳達宗教的博愛思想，後來一位留學生的作品被選上，其所繪聖母瑪利亞一身中國古代婦人打扮，慈祥聖潔，懷中抱垂髫聖嬰，胸前佩古時小孩常戴的「長命鎖」，上有聖若望福音首句「泰初有道」，聖嬰手中還把弄一隻鯉魚玩具；魚除了象徵中國人好兆頭「年年有餘」外，在希臘文還代表「天主之子」。聖母堂目前已委託福建省巧手名匠，雕製一尊中華聖母玉石像，連座基高約一點八公尺，將來迎回巴黎聖母堂。

中華聖母堂座位能容一百八十人，若連站立位置也計算在內，整座教堂可容二百五十人。歷時一年多完工的中華聖母堂，建築費用一百五十萬歐元，全由法國各地教會教友無私奉獻，來自華人教友的捐獻約占一成。日後每周日近中午時分，將有華語彌撒在此舉行，下午三時的彌撒則保持在三區的聖依莉莎白教堂舉行，以方便在餐館打工的教友參加。

中華聖母像的造型設計全部中國化，目前正委託福建巧手名匠依圖製作雕像，是全歐唯一與衆不同的聖母像。

3. 再談到宗教，佛教的中國化最徹底，且中國佛教又和儒道融合，對中國民間政治思想影響又怎樣？

佛教在中國發展兩千多年來，有二位影響力最大的高僧。第一位是唐三藏，或稱玄奘三藏，俗名陳褘。唐太宗貞觀三年（629 年）玄奘從長安啓程，踏上西方取經之路，在印度等諸國遊學十六年。回國後主持譯經工作十九年，翻譯佛經一千三百多萬言，他所譯的《心經》，千餘年來無人能更動一字。第二位是六祖慧能（見後佛教道統圖），他講經說法經弟子記錄成書《六祖壇經》，是中國所有和尙著作中唯一列爲「經」的作品，而他只是一位不識字的伙伕。慧能成爲中國禪宗第六代祖師，禪宗對中國文化、思想影響極大，宋明理學言「心即理、心即天道、一心誠萬物真、一心不誠萬物假」，都是禪宗重要內涵。佛教傳入中國後，與儒道二教的混合、發展過程可如下圖。

在這漫長的發展過程中，佛教始終有一個道統（或稱教統），從始祖釋迦牟尼佛傳西方第一祖迦葉，傳到廿八祖達摩，達摩於梁武帝時東來中國爲禪宗始祖。再傳二祖慧可、三祖僧璨、四祖道明、五祖弘忍，傳到六祖慧能亦爲西天三十三祖。如此代代相傳，教統不斷，傳到當代中台禪寺知安惟覺，他是中國禪宗第六十七代祖，也是西方釋迦牟尼佛的第九十四代祖。（如下圖）佛教的教統傳承一如儒家的道統，偏離教統便不是正信佛教，而偏離儒家正統，就變成「非中國」，這是一個極嚴厲且嚴重的問題。更嚴厲的一點是佛教已經「中國化」，佛統和儒統合一，也表示佛教教統和中華道統是合一了。維護佛教教統等於維護中國的一貫道統。

公元二〇〇四年三月的台灣地區領導人大選時，中台惟覺老和尙痛批獨派候選人陳水扁，就是站在維護道統（教統）的立場。台獨分離主義之於中國道統，有如非正信佛教與正統佛教，是一種邪魔歪道，這是因爲佛教在中國大地生根成長的結果，已經「中國化」，便不可能再「去中國化」。

國內其他宗教團體如天主教、基督教和回教，可能「中國化」程度不足，信眾相對較少。其中的「基督教長老教會」，早期在中南美洲倡「革命神學」，專搞分離主義，製造內亂。後傳到台灣，專搞台獨運動（如李登輝即是）。傳教活動是假的，搞分裂顛覆是真的，可惜許多人不察。就算是天主教、基督教，在二戰之前的數百年帝國主義擴張期，也都是帝國主義的尖兵部隊，他們通常傳教士以人道、傳教或行醫等名目登陸某地區（國），接著是經濟滲透登陸，接著是政治掌控。二戰後只是較收斂，而除了思想家看清這種真相，一般老百姓亦無感覺。當然這也是一種信仰的力量，也會成爲部份寡眾宗教信仰者的生活方式（如李登輝等長老教會），干爲西方鷹而不自覺。

近年在國內很流行的一貫道，是一種中國民間信仰，也是一種宗教。因其思想融合儒佛道三家思想，用於教育信眾與傳揚理念的教材，都是四書五經等三家重要經典，故有「民間中華文化復興委員會」的稱號。一貫道興起的動機，很大的成份也爲挽救台灣經日本五十年的「皇民化」（當時的去中國化），所造成文化思想的「失根、迷失」，餘毒百年而未清除（如李登輝、金美齡等日本皇民），實在悲哀。對一貫道的努力深獲民間肯定，目前在世界各地推展「讀、背經運動」（中國文化經典），掀起一陣陣回響，表示受到高度歡迎。

以上不論是宗教或民間信仰，本質上雖是宗教或文化的，其實也非常政治的，充滿豐富的政治思想內涵。誠如李敖訪問大陸，形式上的定位是「神州文化之旅」，但李敖也認爲講的都是政治，自由主義、馬克斯主義、共產主義、社會主義。並在世人面前再一次揭開台獨面目，「根本是玩假的、騙老百姓的」。多麼的文化！又多麼的政治！

一國民間的普遍宗教信仰，通常是國家民族之歷史和文化之體現。清儒龔定盦說：「滅人之國，必先去其史；隳人之枋，敗人綱紀，必先去其史；絕人之材，湮塞人之教，必先去其史；夷人之祖宗，必先去其史。」今日台灣獨派不擇手段，不計全民死活，硬幹「去中國化」，其理在此。

但「去中國化」果能「去」乎？別的不提，光看民間信仰這部份，廣大的人民群眾所信之神，都有豐富的「中國文化」內涵，包括供奉的先祖父母儀式，也有儒道佛三家的涵義。二〇〇六年三月初，第五屆中華國際佛學會議，在法鼓山舉行，會中由美國哥倫比亞大學教授于君方，以「觀音菩薩與中國文化」爲題，發表主題演講。在三天議程中，有各國學者以此爲核心思想，發表十二篇論文，論述觀音菩薩在中國民間信仰中，所具有中國文化的內涵和意義。

所謂文化、宗教，雖說和政治思想爲不同領域，實則爲政治思想和政治文化之體現。台灣民間信仰若真「去中國化」後，所有的神都「不神」了。

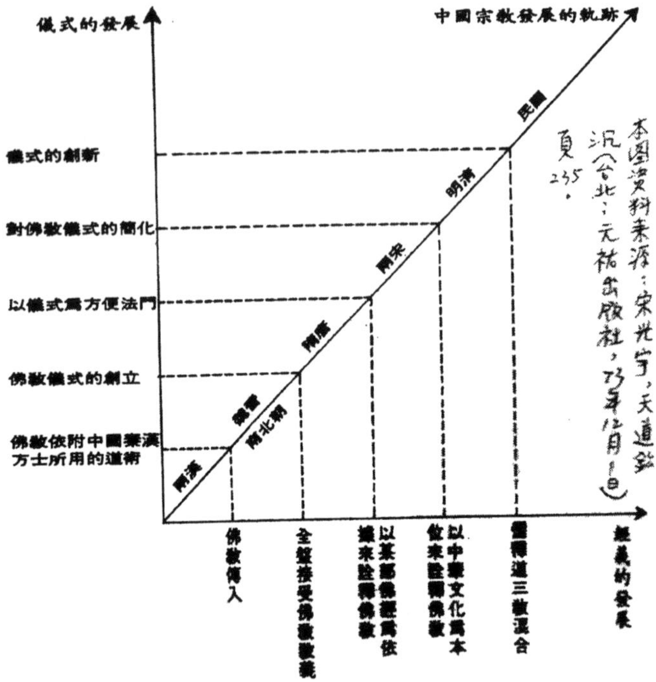

圖 6-2：中國宗教發展的軌跡

般若波羅蜜多心經

唐三藏法師玄奘譯

觀自在菩薩，行深般若波羅蜜多時，照見五蘊皆空，度一切苦厄。舍利子！色不異空，空不異色，色即是空，空即是色；受想行識，亦復如是。舍利子！是諸法空相，不生不滅，不垢不淨，不增不減。是故空中無色，無受想行識。無眼耳鼻舌身意；無色聲香味觸法。無眼界，乃至無意識界。無無明，亦無無明盡；乃至無老死，亦無老死盡。無苦集滅道。無智，亦無得。以無所得故！菩提薩埵，依般若波羅蜜多故，心無罣礙，無罣礙故，無有恐怖，遠離顛倒、夢想，究竟涅槃。三世諸佛，依般若波羅蜜多故，得阿耨多羅三藐三菩提！故知般若波羅蜜多，是大神咒，是大明咒，是無上咒，是無等等咒。能除一切苦！真實不虛！故說般若波羅蜜多咒，即說咒曰：揭諦，揭諦，波羅揭諦，波羅僧揭諦，菩提娑婆訶！

表 6-3：中國佛教三期道統的傳承

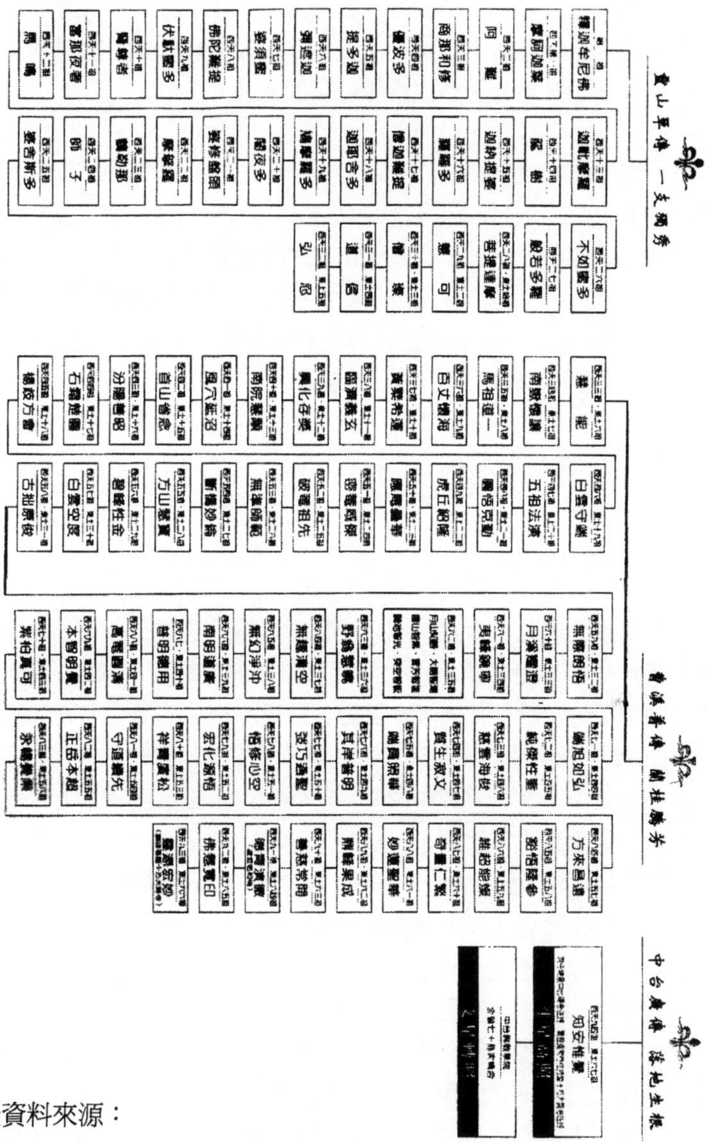

本表資料來源：

中台世界，財團法人中台佛教基金會，90 年 3 月，頁 2~3。

4. 陳老師，中國政治思想離開了政治家或思想家的層次，落地成為民間的政治思想，還有那些方面有代表性的詮釋？以及尚有那些原因，使明代以後，中國政治思想在民間潛藏更深化，體現也更豐富？

中國政治思想隨著歷史文化的源遠流長，最初的源頭固然是某一位思想家，如周公、老子或孔子等。但最後的流向必然是廣大的人民群眾，且落地生根在人民的心田中發芽成長，並體現在人民的生活中，成爲人民的一種生活方式。從三皇五帝至今，這種歷程不斷在進行，其他方面再舉例如後：

（一）在文學方面：稱《詩經》、《離騷》、唐詩、宋詞、元曲或說，或屈原、李白、杜甫等，都代表著一種「中國式」的傳承。乃至「五四」以來現代文學的革命，都仍堅持必須源於中國文學的內涵。文學「去中國化後便不是中國文學」，只是用中國字寫的東洋文學或西洋文學，中國人看不懂。目前台灣現代詩壇如「秋水」、「葡萄園」都仍堅持「中國風格」，傳承民族文學。雖有所謂「台灣文學」，但也不能和「母體」割離，其活水仍源自母體，來自「中國」。

（二）傳統民間戲曲、會黨和廟宇活動。這幾乎是「三合一」的政治活動，在研究近代史的學者如蕭一山、余嘉錫和胡適之等人，都考証?合。天地會每個堂口所用的暗號全部自《水滸傳》拷貝而來，故道光年間禁讀《水滸》。會黨人士經由廟宇活動傳遞天地會消息，宋江陣則聯絡各方武力。（《台大人類學專刊》第十一種，尹建中編 77 年 8 月，69 頁）反清復明思想，忠孝節義觀念也因而更深化在民間。

目前在台灣民間流行的宗教，以中國文化爲核心內涵的尙有天帝教、天理教、天德教、軒轅教等，以及無數的廟宇宮堂。以上各民間信仰中，天帝教的法會迴向文常是「發揚中華文化，促成中國和平統一」，教徒並以此爲天命和努力的目標。（見《天帝教復興簡史》，民 86 年 10 月，帝教出版社）。另外，同鄉會等宗教團體，都有豐富的中國內涵，經常要回大陸祖國（或娘家）尋根，畢竟這是人類的天性。由此也詮釋「去中國化」，是不可能去除成功的。以民國九十四年九月間，宜蘭南天宮媽祖「直航」回大陸湄洲祖廟爲例，陸委會說直航違法，要法辦，人如何辦得動神？

至於爲甚麼明代以後民間政治思想更深化？更有豐富的體現？明代的長篇小說直接影響會黨的形成是很重要的一部份。另外，明末到康熙年間，民間宗教寶卷經典大量出現，用戲曲的形式和思想，以通俗文字的表達，在民間社會普受歡迎。而明代的后妃們也篤信佛教，每部經典都有專人去抄寫，也有用緙絲刺繡。宮廷出錢出力，太監也發心供養，形成風潮，對明清之際的民間信仰乃產生深化植根作用，也直接影響了民間宗教的流行。在這種機緣創造下，明代流行的民間宗教，還有涅盤教、紅封教、老子教、羅祖教、大乘教、黃天教、悟明教等數十種，而以白蓮教爲民間宗教的總稱。這些民間宗教都含有儒佛道思想，以間接使中國政治思想在民間生根。

但中國民間信仰或宗教，不論如何發展，分門分派，萬變不離其宗，都源自儒佛道三教。而中國政治思想的核心思維（忠孝節義誠信仁政），則永遠不會流失，永遠成爲民間信仰的內涵，成爲人民的一種生活方式。從年頭到年尾，儒佛道的各種節目慶典如祭祀、齋醮、酬神、祭祖、謝平安等，和人民每天過日子亦息息相關，這是千百年自然形成的。

同樣是外來宗教的伊斯蘭教（回教），到明末清初也開始「中國化」運動，以吸收「客源」。不僅名稱改「清真教」，教堂建築也改成中國廟寺形式（如圖）。

洛陽關林 朝聖關聖帝君

關林國際朝聖大典上月二十九日在中國大陸洛陽舉行，來自二十多國和地區的各界人士，到洛陽祭拜一生忠肝義膽，正氣千秋的關聖帝君—關羽。

關林位於洛陽城南七點五公里，清康熙五年（一六六六年）被皇帝加封為「忠義神武靈佑仁勇威顯關聖大帝」外，並勒碑於洛陽關林。自北宋以後，道教即尊奉關帝為護法天神之一，亦稱「蕩魔真君」或「伏魔大帝」。民間則俗稱關聖帝君或關帝、玄靈高上帝；佛教則尊為護法神祇。

關林相傳是埋葬三國蜀將關羽首級的墓塚，故又稱關帝塚，是一處塚、廟、林三祀合一的古代經典建築群。（圖片，資料來源：2005年10月1日，人間福報）

圖／本報香港傳眞

圖 6-3：洛陽關林朝聖關聖帝君

蒙古佛教徒 瞻仰釋迦如來

蒙古首都烏蘭巴托市南宰相山旁，許多佛教徒前往瞻仰、朝禮釋迦牟尼佛，並在佛像前祈福。

藏傳佛教是蒙古主要宗教。一九二一年前，蒙古曾有近十萬名喇嘛，廟宇一千一百一十八座，寺院七百四十七座。至二十世紀約六〇年代，廟宇大幅度減少，喇嘛人數也減至三百人左右。九〇年代時，蒙古政府開始支持藏傳佛教的發展，寺院數量才有所增加

圖／本報香港傳真

圖 6-4：蒙古佛教徒瞻仰釋迦如來

圖片來源：2005 年 10 月 1 日，人間福報。

南天宮載送媽祖回娘家船隊，昨天陸續返回南方澳漁港。 吳淑君攝

圖 6-5：媽祖回湄州祖廟船隊

宜蘭南方澳南天宮慶祝金媽祖安座十週年，於 2005 年 9 月 7 日由大批船隊恭送二十一尊媽祖神像回大陸湄洲祖廟。陸委會稱涉及直航，要依法追究。南天宮自 1989 年開始有此活動。（圖片來源：2005 年 9 月 17 日，人間福報）

漢化清真寺
／明末清初以後，回族信仰的伊斯蘭教義同中國傳統文化結合。各地的禮拜寺多以清淨、淨覺、真教等來命名，同時伊斯蘭教在中國也開始被稱爲清真教，此外連禮拜寺的建築也由中東風格的圓頂、拱形廊柱轉變爲中國傳統的廟寺形式。

圖 6-6：中國的清真寺

圖片來源：張元，中國文化史，頁 131。

圖 6-7：道教鼻祖張天師

圖片資料來源：2005 年 10 月 1 日，人間福報。

輯 32：清代政治變遷與政治思想概要

1. 陳老師，我們常把滿清視同腐敗的代名詞，是否過度污名化？請陳老師先略述清代政治變遷概要。

民國以來對滿清確實過於污名化，其實在我國歷史上，漢、唐、宋、明及清五個結構最完整的朝代，清亦不亞於前四者。原因（一）清代無暴君和昏君，開明者居多；（二）清代盛世國勢超越宋明，直追漢唐；（三）中國疆域（如現代）到清代才定型化，西康、青海、西藏、新疆及內外蒙古到滿情才正式成為中國領土；（四）漢滿蒙回藏多民族的「民族國家」（Nation-state），到滿清才算達到成熟完成的階段；（五）第一次近海作戰（澎湖海戰）成功，收回台灣並完成台灣建省，從此台灣才算是中國領土。

從以上五點看，滿清是很了不起的朝代，中葉以後衰落又碰上帝國主義侵略，才使中國險些滅亡。惟中葉以後的衰落不應過於苛責，甚或污名之，漢唐宋明到中葉也都開始衰敗，這是「家天下」的制度問題。

現在我們講清代的政治變遷，從清世祖順治元年（1644 年）到宣統三年（1911 年）溥儀退位，中華民國建立，共二百六十八年，若上推到清太祖努爾哈赤建大金汗國，定元天命（1616 年），則有二百九十六年，概稱三百。區分三個階段：（一）建國、統一與盛世；（二）驕怠、頹風與中衰；（三）封建、腐敗與滅亡。

滿清的興衰亡和漢唐宋明，其實是同樣的。這是中國傳統歷史的「天病」，國父要推翻滿清，建立民主共和的現代國家，就是要解決這個兩千年的大病。

（一）建國、統一與盛世

這個階段包括順治、康熙、雍正及乾隆四朝共一百五十二年，超過滿清國祚之半數。尤以康熙在位六十一年，乾隆在位六十年最為後世稱道，也是文學、電視及電影最愛的題材。

康熙是個有為之君，八歲繼位，十六歲就「解決」了驕橫的鰲拜。接著平定「三藩」（明朝投降清朝而成清朝開國元勳的三個王：雲南平西王吳三桂、廣州平南王尚可喜、福州靖南王耿仲明）。康熙二十二年（1683 年）收回台灣，完成全國統一。

乾隆時代是滿清的全盛之世，文治武功盛極一時，《四庫全書》編纂完成，亦利用機會消除反清思想。武功方面，兩平準噶爾、一定回疆、兩掃金川、一靖台灣、一定緬甸、一定安南、兩勝廓爾喀，稱「十全武功」，乾隆自稱「十全老人」。

在清代全盛時期也開始和近代西方外交關係有接觸，這只是「史無前例大變局」的開端。康熙二十六年和俄國訂立尼布楚條約，雍正五年又訂洽克圖條約，傳教士又紛紛東來。但天主教教皇頒旨，禁止教徒祭孔拜祖，這大大違反中國的文化、禮教和一般人民的生活方式。康熙一怒又將西方傳教士驅逐出境，到雍正、乾隆都仍禁止西方傳教。而西洋各國通商活動僅限於澳門和廣州，惟因滿清國運正隆，富國強兵之勢遠超漢唐，西方帝國主義尚無「縫」可插針。

乾隆在位的第六十一年，傳位給皇子顒琰，改年號嘉慶，自稱「太上皇」。再隔四年去世，享年九十，他是歷史上最幸福的皇帝。

（二）驕怠、頹風與中衰

正當乾隆時國運如日中天，惟日中則昃，在鼎盛之點也同時是中衰的轉捩點。因爲乾隆晚年不免驕泰，怠於政事，把大權交給寵臣和珅，和珅是一位貪官，到道光又用貪財弄權的佞臣穆彰阿爲相，清廷中央政治開始快速腐敗。於是內有天地會反清及白蓮教之叛日愈活躍，道光的「鴉片戰爭」和英法聯軍攻北京，咸豐時又有太平天國的起事革命。

清代這段中衰，從乾隆晚年，經嘉慶、道光和咸豐三朝，約有七十年。此期間雖有所謂「中興名臣」，如林則徐、曾國藩等，已不能改變結構性的中衰趨勢。

（三）封建、腐敗與滅亡

英法聯軍陷北京後，咸豐病死在熱河行宮，子載淳繼位，時皇帝才五歲，由生母慈禧太后垂簾聽政。她是一個頑固、自私與封建的女人，注定政治已不可救。內有革命黨繼太平天國而起，一般人民開始接觸到西方思想。而西方帝國主義看清政府的腐敗無能，加緊侵略，打算瓜分中國。

滿清最後的掙扎是洋務運動和戊戌變法，但其以「不變」應萬變終歸失敗。同治、光緒和宣統三朝掙扎，正好五十年。

中華民族的歷史、政治和思想，到滿清結束暫告一大段落。再下來就是「現代」中華民國了。當清帝退位，革命黨方面有幾項建議，表示中國即將進入一個全新的時代。其一清帝遜位後暫居宮禁，以後不得再招用閹人（宦官），原有禁衛軍由中華民國陸軍收編。其二清皇族對中華民國國家之公權和私權，與全體國民同。其三滿蒙回藏及中華民國境內各族，與漢族平等，各族宗教信仰聽其自由。清隆裕太后就在宣統三年十二月二十五日（即中華民國元年二月十二日），率同宣統皇帝退位，滿清自世祖入關凡十世二百六十九年而亡。

從此，中華民國成為遠東第一民主共和國，結束幾千年的君主專制政體和專制皇朝思想。但是想要結束「次殖民地」困境可能得花更久時間，中國要重新崛起，成為統一、獨立、繁榮、強盛的國家則需要百年努力。在廿一世紀初期，不論中華民國和中華人民共和國將如何，中國崛起已成事實，超越漢唐之盛世已可預見。

2. 按陳老師略述清代盛→衰→亡之過程，盛的時間最長，就請陳老師講講清代盛世的規模和政治變遷。

中國歷史上各朝代的盛世之形成能，必須解決兩個問題，盛世才能創造並持久。其一是平定前朝的反動勢力（行動與思想）；其二是獲取普遍支持，尤其是知識份子的支持。而此二者是互動的，甚至是合一同一件事。

清朝到康熙親政，反滿勢力依然強大，一般人民保文化衛衣冠的情緒，比保衛國家政權還要強烈。後用投降滿清的明進士金之俊「十從十不從」之策，為「男從女不從，生從死不從，儒從釋道不從，娼從而優伶不從，仕宦從而婚姻不從，國號從而官號不從，役稅從而言語文字不從。」如此一緊一鬆，才緩和了漢人的反抗運動，而最主要是推行科舉，用利祿來羈縻，網住廣大的知識份子。康熙以儒治國，倡導理學，打下內政安定的基礎。

平定三藩與收回台灣是康熙一朝的盛事，台灣劃入中國版圖，設台灣府（即鄭氏之承天府今之台南），及台灣、諸羅（今嘉義）和鳳山三縣，歸福建省管轄，到 1885 年才建台灣省。同時蒙古和西藏動亂均在康熙一朝平定，康熙廿八年的中俄「尼布楚條約」，是中國和西方所訂第一個正式條約，雖非勝利也算不失敗的條約。

康熙之世雖完成統一中國的任務，但民間反滿運動仍未平息，「洪門」組織在各地滲透，並以「天地會」、「哥老會」等不同名稱在各地秘密進行「反清復明」運動。康熙六十年，台灣有朱一貴等人的天地會革命運動，文告曰「橫渡大海，會師北伐，飲馬長城，搗彼虜廷」，後朱一貴兵敗被俘時仍稱「欲復大明耳！」。當時參與討平朱一貴起事有功的屏東六堆軍，朝廷因此詔令敕建忠義祠。二百多年來，忠義祠始終是六堆客家人的忠義精神代表。二〇〇五年九月十九日忠義祠在竹田鄉舉行秋祭大典，屏東代縣長吳應文和客委會副主委邱議瑩前往祭拜，表達對先烈先賢的追思。（94 年 9 月 20 日人間福報）

雍正執政嚴厲而狠斷，屬明成祖型的人物。雍正一朝只有十三年，對外平定青海，討伐準噶爾，與俄國訂立洽克圖條約，內政方面設軍機處，加強專制控制。再興文字獄，頒行「大義覺迷錄」，申明滿清統治中國的合法性，並進一步破除漢人的民族意識。

乾隆時代是滿清的全盛時期，而乾隆最得意的是「十全武功」，其中之一是平定台灣林爽文之變。這是台灣繼朱一貴之後，又一次的天地會革命運動，領袖是彰化人林爽文，乾隆五十一年冬，天地會同志起事，彰化、諸羅（嘉義）和鳳山相繼攻下，改服明朝衣冠，建元順天。清廷調集大軍增援當時台灣總兵柴大紀，歷時二年才平定天地會的革命運動。而在大陸內地的天地會也仍然在漫延，這些証明滿清統治到了中葉，反滿運動仍很積極，只是未能動搖既成事實的政權。統治者既已掌握國家機器，要再「翻盤」是極困難的，除非政權自己開始腐敗。

乾隆晚年重用和珅爲相，和珅是古今第一大貪污，雖乾隆一死，嘉慶帝便殺了和珅，抄沒其家產兩億兩千萬兩銀子，等於當時國家三年總收入。和珅雖死，腐敗的政風已經成形了，清代盛世隨著乾隆、和珅之死，結束了。

3. 這又証明要使一個政權垮台，其實只要一、二貪官就夠了。陳老師，接著談談滿清中衰的經過。

乾隆一死，中國開始從「天朝」地位快速下墜，且速度驚人。接下來的嘉慶、道光和咸豐三朝算是中衰期。

中央政治的腐敗必然帶來內憂外患，嘉慶一朝廿五年的內政變亂可列表：

白蓮教之亂：亂擴五省，歷時十年始平。

苗亂：在湘黔等地，發生於嘉慶元年、二年、六年。

海盜：東南沿海，群盜蜂起，歷十五年平定。

兵變：嘉慶十一、十二年，在陝西相繼發生。

天理教之亂：嘉慶十七年於京畿一帶，死兩萬多人。

天地會之變：嘉慶十九年在江西。

捻匪：嘉慶十九年在河南。

夷亂：嘉慶二十二年在雲南，歷時兩年。

內部變亂開始頻繁，表示滿清到嘉慶之世的社會控制已經鬆動，就像物體內部崩解蓄積的力量即將大過外部制約的力量。加上此時西洋人在中國傳教和通商問題，雙方溝通談判破裂，動搖滿清國本的劇變就發生在接下來的道光和咸豐兩朝。

道光在位三十年，面臨兩大變局，「中英鴉片戰爭」和「太平天國革命起事」，一外一內，全面動搖了滿清國本。鴉片戰爭發生在道光二十年（1840年），英國人強賣鴉片毒害中國人固然可惡，但清廷的無能和沒有國際視野則暴露無遺。是役也是東西方文明接觸第一個關鍵性戰役，西方資本主義和帝國主義等於用武力轟開中國大門，禿鷹便一群群侵奪中國資源，啃食中國子民的骨肉。接下來許多割地賠款，中國幾遭割分，史書已多詳述，此處不再贅論。

而道光末年的太平天國革命運動蔓延到咸豐，構成太平天國起事原因有三：（一）民族意識，以天地會爲背景；（二）以曲解的基督教義創「拜上帝教」，所到之處盡毀孔廟，強迫人民信仰上帝教；（三）懷才不遇的野心家想滿足帝王的癮。

大換幾擴及半個中國達十餘年，最後滿清還得請出孔孟名教才平亂，曾國藩在討伐太平軍檄文中說：

士不能誦孔子之經，而別有所謂耶穌之說，新約之事，舉中國數千年禮義人倫，詩書典則，一旦掃地蕩盡，此豈獨我大清之變，乃開闢以來，「名教」之奇變，我孔子、孟子之所痛哭於九泉…嗣是所過，郡縣先燬廟宇，即忠臣義士，如關帝岳王之凜凜，亦皆污其宮室，殘其身者，以至佛寺道院，城隍社稷，無廟不焚…

原因洪秀全起事之初，因有天地會背景，確實喚醒漢人的民族意識，故廣受支持得以革命建國成功。但成功後確在進行「去中國化」，清除儒佛道等民間信仰，即陷「去中國化」境地，乃注定要失敗。除了動搖滿清國本，也加強漢人的民族意識，加速倒滿。而滿清的中央權力也因曾國藩、李鴻章平亂有功，提昇了漢人大臣的權力地位。

太平天國雖被孔孟名教所平定，但清室已成殘局。最後的同治、光緒和宣統只是面對滅亡前的掙扎。

4. 雖是殘局也有重大的歷史意義，一者殘局通常是一段關鍵變化的歷史，再者殘局結束才有重生的機會。所以陳老師要談談這段清末殘局的政治變遷及其重大意義。

這段殘局是最後的同治、光緒和宣統三朝五十年，此期間雖有曾、左、李、胡的「同治中興」。接著有自強運動、維新變法等，但這終究是掙扎。因爲這中間「卡」著一位封建、頑固的反改革份子慈禧太后，她的當政是因爲同治皇帝即位才五歲，由太后垂簾聽政。

同治年間的施政重點是「自強運動」，同治三年李鴻章上書恭親王奕訢說：「鴻章以爲中國欲自強，則莫如學習外國利器，欲學習外國利器，則莫如覓製器之器，師其法不必盡用其人！」。於是由此時到光緒年間，機器局、礦務局、兵工廠、北洋海軍等相繼成立。但爲甚麼歸於失敗呢？絕大多數政府中人仍都是頑固保守，認爲洋務只是「奇技淫巧」，非天朝禮義之邦所當學習。由此也見思想的改變是多麼的困難，自強運動光在「器物」上打轉，思想依然封建。而整個反改革陣營最頑固，莫如慈禧太后，多數大臣也怕改革流失利益，後面的維新變法，滿清政府多數人的心態和目前台灣獨派執政者是一樣的；搞假的，做樣子給人看。

光緒即位，他只是一個傀儡，實際由慈禧當政。英、法、日和美國繼續掠食中國資源，日本人並未忘情於豐臣秀吉時代（我國明萬歷），所提「統一日中韓」成一大日本國的國策，成爲領導亞洲的盟主。此時明治維新有成，正是佔領中國的機會，欲佔領中國必先拿下中國的左右手（朝鮮、台灣）。是故，甲午一戰，日本先就拿走朝鮮和台灣，原包含遼東半島，俄國阻止退還（因俄國早想要遼東半島，爲此事後來爆發日俄戰爭）。

四百年來，日本不斷發動對中韓的戰爭，許多史書只寫出近因，沒有寫出背後的動機。多少也讓人不解，爲甚麼每一代的日本人都要發動戰爭？都要侵略鄰邦？在光緒年間還有一件大事，許多中國子民可能忘了。日本侵佔中國屬國琉球，改成沖繩縣，中國始終不承認。直到一九七一年六月十一日，我國外交部仍有「中華民國外交部關於琉球群島與釣魚台列嶼問題的聲明」，指稱「美國逕將該列嶼之行政權與琉球群島一併交予日本，中華民國政府認爲絕對不能接受…」事隔百餘年，被侵奪的土地仍未收回，因無力收回也，待中國強盛也勢必要收回。這是後話！

甲午戰爭後，各國加緊腳步瓜分中國，列強八國聯攻北京簽訂「辛丑和約」，使中國領土主權完全解體。就在這段時期，孫中山先生策動成立的興中會，在廣州（1893）、檀香山（1894）、香港（1895）、橫濱（1895）、南非（1896）、台灣（1897）、河內（1902）、舊金山（1903）等地，掀起一陣陣推翻滿清，挽救中國的革命浪潮。到一九〇五年，孫中山又整合各會黨及革命團體成立同盟會，加緊革命運動。

「有一力必有另一反作用力」是自然法則，故當時也有另一派以康有爲的「保皇黨」，倡君主立憲來和革命黨相抗衡。惟滿清已病入膏肓，光緒三十四年（1908 年）十月，慈禧也病入膏肓，自知不起，設計先毒死光緒，老女人死於二十二日，光緒帝先一日死。宣統即位，年才三歲，由生父醇親王戴灃攝政，惟大勢已去！

宣統三年農曆八月十九日（陽曆十月十日），革命軍在武昌起義，才三天就攻陷武漢三鎭，不到兩個月全國響應。十三日，孫中山先生在南京就臨時大總統職，正式頒布國號爲中華民國，改用陽曆。是日爲中華民國元年元旦，中華民國正式誕生。這是殘局結束最重大的意義。

殘局除了是從滅亡走向重生的必經之路，絕大多數人的記憶都是無盡的傷痛，但若從現代化進程的層次看，殘局的過渡便更有意義了。因爲這段現代化近程有三個層次逐漸加深，一是器物技術層次（Technical level），洋務自強運動屬之；二是制度層次（Institutional level），康梁變法屬之；三是思想行爲層次，（Behaviorial level）陳獨秀、胡適等新文化運動屬之。中國要重生走上現代化富強之路，滿清政權滅亡是必然的宿命。

5. 了解清代政治變遷，再從政治制度面探索清代政局。西風東漸，清代政治制度面臨怎樣的困境？

清代政治制度大都承襲明朝而略有損益和變革。有三個特點：（一）官府主管滿漢並設，滿人爲主，漢人爲輔，大權操於滿人手中。（二）皇帝集權更甚於明代，皇帝成爲全國最高行政領袖，一切命令出自皇帝。（三）政治大權集中皇帝一人，使其他臣民盡成奴隸，必須絕對服從，自稱「奴才」。清代這種經由制度執行奴化政策，滿清自認爲是少數異族統治中國的必要手段，目的在清除漢人的自我意識，徹底拔掉反抗心理。

在中央政治制度方面，內閣、六部、三府、四院、五寺、兩監等，大致類同明代。惟各時期因應環境需要，另有特別編制，雍正時設「軍機處」，參贊國家最高機要。咸豐時設「總理各國事務衙門」，負責一切洋務（外交）事務。至清末爲緩和革命情勢，挽回民心，有所謂「立憲運動」，在中央設立「資政院」，各省設立「資議局」。宣統二年宣布五年內完成立憲改革，宣統三年成立「內閣總理大臣」。然而，晚清中央制度的新變革，都來不及施行了。

清代的地方制度爲省、府、縣三級制，所不同者，在青海、西藏、新疆、滿州及內外蒙古，各設特別行政區。光緒時增設台灣省和新疆省，後又將滿州分爲奉天、吉林、黑龍江三省（稱東三省）。

清代政治制度最具特色是「軍機處」，其職權「贊理萬機，政事無所不統，並非專辦軍務」。職掌有備應君主諮詢、商定軍事計畫、議決國家大政、起草上諭、審理大獄（破壞國憲紊亂朝政的政治犯有最後審理權）、審議撰擬臣工題奏及奏請任免文武大臣等。故軍機處職權已凌駕內閣。迄光緒二十七年又另設「督辦政務處」，分去軍機處大部份職權。

另有兩個政治制度短暫行於清代，而不是清代，卻在中國地盤上，太平天國和台灣。太平天國建都南京，其政治制度略陳如下：

（一）恢復封建，洪秀全自稱天王，以天王爲皇帝，下設首相和六部。

（二）軍政教合一，經濟上行共產制度，所得除自用外全歸國庫。

（三）倣摩西十誡制「六天條」，犯者殺無赦：淫亂、忤逆、殺害、盜賊、巫覡、賭博。

（四）臣民一律信仰「上帝教」，排斥儒佛道等其他信仰。

（五）禁娼妓、禁蓄奴、禁鴉片、禁女人纏足，嚴男女之大防。

從太平天國的政治制度看，有進步亦有落伍，亦違反或曲解基督教義。尤其排斥儒佛道等各種中國式信仰，讓滿清有機會高舉孔孟名教大旗，平定洪楊的革命起事。太平天國的政治制度不中不西，洪秀全那批人也沒有近代的國際視野，對中國近代政治的影響，反而在思想層面較重要。

馬關條約成立，台灣軍民不願做異國臣奴，宣布「台灣民主國」獨立，推唐景崧爲大總統，成立議會，頗有現代國家的格局。若真能維持，則台灣在百餘年前就是一個標準的「總統制」國家。只是，不論百年前或百年後，台灣都沒有獨立的機會和能力，不知有多少政客看清了真相。至少陳水扁說了實話，台獨是「自欺欺人」的事。

清代政治制度的多變和多樣，也顯示清代政局的劇變。確實是中國二千年未有之遽變，是從秦漢以來，所面臨最大制度上的困境，蓋因中國自秦漢以來，中央集權式的皇帝專權帝國，始終沒有產生結構性變化。此種政治體制和儒家思想結合，產生了「超穩定」制度和社會，經歷二十多朝代的改朝換代，也沒有打破專制皇朝的制度結構。

然而，到了十九、二十世紀，西方海國政治思想如洪水般沖向中國，衝垮了兩千年皇朝制度，辛亥革命水到渠成，一舉結束帝制，新中國的新制度才誕生。

6. 清代政局面臨二千年未有之劇變，想必政治思想也是多元的，而面對西方政治思想的衝擊，中國政治思想會有怎樣的變化？

清代三百年雖有前半盛世，但政治思想卻很消沉而分歧，甚至對立。縱橫上下三百年，政治思想找不到主流，只存在著許多「支流」。若有主流，就屬「經學」，但經學發達雖有政治動機，內涵則已遠離政治思想，走入純學術領域。故概括清代政治思想眾多「支流」，有理學式微而經學發達、文字獄與漢人民族意識的制壓消滅（倡世界主義）、洪門會黨與民族主義的保存留傳、西方海國政治思想傳入與融合、民主共和與君主立憲（國民革命運動和保皇黨的鬥爭），各項略論如下。

（一）理學式微與經學發達

造成清代理學式微經學發達的原因有二：一是明代理學的反動，明末清初諸大儒檢討亡國之痛，認爲理學空談心性之誤國，乃倡經世致用之學，如顧炎武、黃宗羲等。二是清代屢興文字獄，在政治壓力下，學者遠離政治，埋頭純學術的經學。所以，清代經學包含了理學，亦包含全部國學。

清代經學概分三期。初期（也算明末）順治到康熙，以顧炎武、黃宗羲、王船山、李二曲爲代表性經（理）學家，都是明朝遺民。中期爲乾隆、嘉慶和道光，尤以乾、嘉之際「乾嘉學派」最盛，有紀曉嵐、孫星衍等大師。至晚清有章柄麟、康有爲、梁啓超、譚嗣同都是重要經學兼政治思想家，亦積極參與救國之政治運動。

（二）倡世界主義立滿清統治合法性

這是一個長期的思想改造運動，也是「去漢化政治運動」，約持續一百五十餘年。目的在消滅漢人的民族意識及反滿思想，以立滿清統治的合法性基礎，倡世界主義和天下一家思想。其和緩手段是科舉和書籍重編（如《四庫全書》）。有三個時期進行的最積極。

第一、康熙時期：主要有「朱三太子案」、莊廷鑨的「明史之獄」和戴名世的「南山集之獄」，都因反動思想或文字（依統治者判斷），而惹殺身之禍。

第二、雍正時期：更雷厲風行，大興文字獄，著名者有查嗣庭、曾靜、張熙、陸生柄等案，雍正皇帝頒行＜大義覺迷錄＞，申論華夷思想的不通，其文曰：

> 自古帝王有天下，無非懷保萬民，恩加四海，膺上天之眷命…惟有德者可為天下之君，此乃天下一家，萬物一體…何得以華夷殊視？…舜為東夷之人，文王為西夷之人…

這些說詞在詮釋滿清統治的合理合法，在消滅國家觀念和民族思想，此在滿清上半葉承平盛世尚可。到中葉以後有了外患，而國家觀念不在於民族思想不存，乃直接使中國淪於「次殖民地」。

第三、乾隆時期：重要文字獄有齊周華、胡中藻、鄂昌、徐述夔、沈德潛等獄，殺曾靜和張熙（二人在雍正時未殺以示寬大），毀禁錢謙益（明末大儒）書。

有清一代對反滿思想的制壓，對漢人民族思想的清除，真是動用了一切政治力量。受害者輕則抄家，重者滅族，真是清代人文與政治思想的損失，也是遭來亡國的禍源。孫中山先生在<民族主義>第三講說，「興過了好幾回文字獄之後，中國的民族思想保存在文字裡頭的，便完全消滅了。到了清朝中葉以後，會黨中有民族思想的，只有洪門會黨」。

清代這種思想改造運動，配合政客的推波助瀾，形成一種潮流。有如現在台灣獨派執政搞「去中國化」，許多人爲一頂烏紗帽，追逐權力和富貴，也就不顧是非道德了。但是，有一力必有另一反作用力，清代也一樣。

（三）民族思想在洪門會黨的保存

洪門會黨爲鄭成功始倡，部將陳永華（近南）策劃，約從西元 1661 年（明永曆十五年，清順治十八年）在台灣開「金臺山」開始，到滿清末年有山堂四十七。孫中山先生是在一九〇四年元月十一日加入洪門成爲「大哥」，並整合當時的革命團體和洪門，推翻滿清，建立民國。

洪門在各地有不同名稱，但目的一致，即「反清復明」和留存民族思想，洪字旁三點是暗語：「三點暗藏革命宗，入我洪門莫通風，養成銳氣復仇日，誓滅清朝一掃空」。惟民間下層秘密會黨所保存的民族思想並非始終都存在，有時「消滅」，有時被利用。按孫中山先生的詮釋：

> 從左宗棠做了大龍頭後，他知道其中的詳情，就把馬頭破壞了，會黨的各個機關都銷滅了，所以到我們革命的時候，無機關可用。這個洪門會黨都被人利用了，所以中國的民族主義真是老早亡了。（孫中山，<民族主義>第三講）

孫中山認爲左宗棠利用了洪門，但原因要推到洪秀全，當洪秀全起義革命時，洪門會黨都來相應，民族主義便復興起來。但洪秀全失敗後，民族主義流到湘軍和淮軍，當時湘軍和淮軍都是會黨，反清復明思想傳到軍隊，因而被利用了。，（<民族主義>第三講）到孫中山加入洪門並成爲大哥，才又恢復了民族意識。也証明漢人的民族思想其實沒有滅亡，它始終保存在下層社會中，廣爲流傳，當洪秀全、孫中山點燃革命之火，民族意識便如野火般開始燎原。

至於爲甚麼國家之民族思想要藏在下層社會中？孫中山說，「明朝遺老看見滿州開博學鴻詞科，一時有知識有學問的人差不多都被收羅去了，便知道那些智慧階級都靠不住，不能藏之名山傳之其人，所以要在下流社會中藏起來。」（<民族主義>第三講）這道理和孔子說「禮失藏諸野」一樣。如同現在台灣政壇上用政治力量搞「去中國化」，但民間的儒佛道信仰都在推行「中國化」。

（四）海國民主思想傳入與流行

清代西方民主思想的傳入已是擋不住，受影響的除曾國藩等一批體制內的「中興名臣」外，思想家如龔自珍、魏源、張之洞、康有爲、梁啓超等均著書論說，引介西方民主思想。晚清大翻譯家嚴復（作者註：台灣紅頂商人、海基會董事長辜振甫的夫人辜嚴倬雲，正是嚴復的孫女。）將西方近代政治學經典譯成中文，有<天演論>（赫胥黎）、<原富>（亞當斯鳩）、<名學>（米勒）、<法意>（孟德斯鳩）等，對中國政治思想必然產生重大衝擊。

（五）眾多支流要流向何處？

清代政治思想是傳統與近代的對撞，保滿與倒滿的鬥爭，到晚清演成革命黨和保皇黨的政治運動。「到底眾多支流要流向何處？」其最後的答案尚未出來（本書總結時試論之），因爲「中學」與「西學」到二十一世紀初都尚未找到平衡點。惟就階段論和結果論，孫中山推翻滿清，建立民國，在當時三民主義思想取得了主導權，三民主義可以代表當時政治思想的暫時總結。但廿世紀上半葉，世界開始流行共產主義，尤其到了三〇年代，凡是嘴巴講不出幾句「共產主義」的人，便是封建和落伍的人。由此觀之，共產主義在中國流行也是當然，三民主義中國變成「共產主義中國」更是當然。惟經二十年實驗，共產主義（指列寧式）終究不合人類社會，於是換走「中國式社會主義」。

放眼未來，「中國式社會主義」尚需要進一步論証和實驗，在「美式民主」、資本主義、孫中山思想和自由主義衝擊下，中國政治思想會有新的融合，「中國式民主政治」也許可以得到全體中國人的認同（見總結論述）。

輯 33：明代政治思想（一）對專制思想的反動

1. 陳老師，宋代病在貧弱，明代病在專制集權，但明代也流行理學思想，是否對專制有所制衡？

在專制時代，皇帝獨尊，除了明君自制，其實是沒有所謂「制衡」機制的。頂多是政治思想家用「筆」爲制，這是本輯所講的對專制思想的反動，除了對統治者的反制，明代思想家特別強調個體意識的重要，培養個人的獨立思考和個性解放，到明末清初出現了早期的「啓蒙運動」。本輯先從劉基、方孝孺、張居正和呂坤說起。

（一） 劉基（1311 年~1375 年）

字伯溫，元武宗至大四年生，元末進士，明太祖洪武八年卒。元亡後，棄官歸隱，後又被朱元璋請出，授弘文館學士，封誠意伯。他和明太祖商定，繼續把理學奉爲官方思想，將四書、五經和《性理大全》頒行天下，作欽定教本，內容也全是程朱理學。劉基著有《郁離子》一書。

（二）「天」爲政權最後之根據：

一掃陰陽家之說，而近主宰與自然二觀念間，「天生民，不能自治，於是乎立君，付之以生殺大權，使之禁暴誅亂，抑頑惡而扶弱善也。」

反孟子民意通天心說，採宋儒理氣二元說，天有病，人助之。「天以氣爲質，氣失其平則變。」、「桀紂暴虐，湯武又醫而瘳之…周末孔子善醫而時不用，故著其方以傳於世，易書詩春秋也。」

反對天譴說，「有耕夫於野，震以死。…天生民而立之牧，付之以生殺之權，而又自震以討焉，惡用是司牧者爲也。」

觀劉伯溫論「天」是政權最後的依據，意指天有「心」，有獎善警惡之能力，若天心不能貫徹，天亦將失其主宰之能力，本旨還是在反抗暴君專制。

（三） 守孟子「民本思想」，譏元之苛政：

1.立君以養民：養民要務在「聚欲去其惡」。若不能養民，則人心離散，君位動搖。

2.有一瓠里子要乘舟，舟很多，曰：「視其弊蓬折櫓而破颿者即官舟。」顯示人都自私，公務無人管。也寓示人君要從公，否則百事皆廢。

3.政治腐敗而不自救會亡：有一郭氏，房子破而不修，快垮才召工人要修。「其一曰，向也吾饑，請粟而弗得，今吾飽矣。其二曰：子之饔餲矣，弗可食矣。其三曰：子之室腐矣，吾無所用其力矣。相率而逝，室遂不葺而圮。」

4.終於革命：「楚有養狚（猿類）以爲生者，楚人謂之狚公（亦喻：用計牢人的人）」，動則打狚。狚終於領悟，野果是天生養「狚」的。不甘受役，破柵而去。狚公卒餒而死。

（四）似有道家的大同觀，各民族平等相處。

劉基均從民本而言革命大義，不談夷夏之辨。他所反，是腐敗政府，非異族政府。「中國以夷狄爲寇，而夷狄亦以中國之師爲寇。必有辨之者是以天下貴大同也。」這等於把中國種族、文化兩種區分民族主義的標準都推翻。其政治哲學，民本爲最高原則。

小結：

劉基政治思想，在有道或無道，而不在是否異族。元朝末年政治腐敗，苛政猛於虎，時朱元璋逐鹿群雄之中，正需要知識份子輔佐。劉基向朱元璋獻＜時務十八策＞取天下之計，他不僅是思想家，也是政治家。

劉基向明太祖建議，制頒三部「大全」，是指《五經大全》、《四書大全》和《性理大全》三部大書。其在政治思想上的意義，如同漢武帝「罷黜百家，獨尊儒術」及唐太宗頒行《五經正義》，都是爲了思想統一上的需要，這或許和中國自古以來的統一思想有關。

<u>2. 方孝孺是明代理學家的標竿，前面講過他成仁取義的事蹟，現在要講他的政治思想。</u>

（一）方孝孺（1357 年~1402 年）

字希直，一字希古。元順帝至正十七年生。「欲以伊尹周公自望，以輔明主」，從宋濂學。惠帝時爲翰林侍講，燕王篡位，命草詔，不屈，磔於市。時惠帝建文四年。著《遜志齋集》。

（二）基本政治思想：

前者劉基捨民族，專闡民本。方氏則二者兼。且頗有創見，爲前所未有。約有四端：政治原起、君主職務、宗法井田、民族思想。

（三）政治原起：在補救人類天生的不平等，使人人得遂其生：

「天之生人，豈不欲使之各得其所哉。然而勢有所不能，故託諸人以任之，俾有餘補不足。」

「天非不欲人人皆智且富也。而不能者，勢不可也。勢之所在，天不能爲也，而人可以爲之。故立君師以治，使得於天厚者不自專其用，薄者亦有所仰以容其身。然後天地之意得聖人之用行。而政教之起。」

（四）君主職務：

承孟子民貴說而超越之。君位以君職而尊，非本身有可尊。「天之立君，所以爲民」、「人君之職，爲天養民者也」。

君與百官各有其職，「如使立君而無益於民，則於君也何取哉。自公卿大夫至於百執事莫不有職。而不能修其職，小則削，大則誅。」

君職比百官重要，若君不修其職，天其謂之何。

誅一夫之論亦超越孟子。孟子認能誅一夫者，惟「天吏」之湯武，可受命伐君，非一般平民可犯上革命。方氏承認平民可以革命抗暴。謂秦「任刑罰以劫黔首」，民可不甘「以可生之身，蹈必死之禍」。

「斯民至於秦而後興亂。後世亡人之國者大率皆民也。」

方氏雖未鼓勵革命，卻承認人民有革命權利，其重視人民的政治力量，前人未及及。

君職在養民，其方法有二：

1.「用天之所產以養天民」：教育人民利用萬物，「使生乎天地之間者不至於無用，用天下之物者不至於無節」。

2. 使民安生復性，然後治之。治術之本在仁義禮樂之中，在法制之外：

「欲禁民之無相攘奪盜竊也，必先思其攘奪盜竊之由，使之有土以耕，有業以爲，有粟米布帛以爲衣食，而後禁之，則攘奪盜竊可止。」

欲民無詐僞不倫，先教之。其他亦同。

小結：

方孝孺真有骨氣也！以一介書生力抗暴君，空前絕後了。明成祖篡位時，命先生詔告天下，先生罵曰：「大丈夫要殺就殺好了，要利用我欺騙天下決不可以。」成祖大怒，殺滅方家十族，死者 847 人。

假如當時方氏爲篡國者草詔，則在歷史上他是「二臣」，或政客。但用 847 條人命，換取思想家聖賢烈士的歷史地位，代價也實在很高。

就是因爲代價高，彰顯其史無前例「價値感」，實在是中國政治思想之「重寶」。

<u>3.「宗法井田」制度為三代古制，戰國時代已告瓦解，秦以後不再實行，但方孝孺則主張恢復宗法井田制，其立論何在？</u>

（一）方氏認爲「宗法井田」必然可行的理由：

1.人類社會發展的過程，家族形式先於政治組織。五倫之興，始男女結爲夫婦，才有父子、兄弟等。而後再有爵祿封邑之制。宗族之制爲人性的自然表現，爲最自然的政治基礎。鄉黨無亂子，天下無亂民。而井田可使民無貧，秦亡就是人貧作亂。蓋經界正則耕者有田，國無貧民；井田壞則土地兼併，貧富懸殊。

「井田廢而天下無善俗，宗法廢而天下無世家。」終於貧富過於懸殊，社會動蕩，天下大亂，政權因而瓦解。

2.不全復古，但可行。再以鄉族之法救之。明初人口少，「江漢以北，平壤千里。畫而并之，甚易爲力。」江南地險人口密，不行井田，可法其意，人各有田，田各有公，通力以趨事。

（二）族長之法：

族立齒德尊長爲「族長」，立能文者一人爲「典禮」，立能敦睦一人爲「典事」，立行而文者爲「師」，擇一人爲「醫」。此族中常設執事機構。族中要務有四：

1.田：族長與廉者掌之，管理族中田地。

2.學：立學校，管理教育工作。

3.祠：立祠。表彰族中有道，有貢獻者。

4.會：族中社團兼政治、教育性組織，似「民權初步」。燕樂會於祠。也有禮儀之會，似教育講習之類。

（三）鄉法。推有德有才有產而爲出眾者爲「鄉表」。鄉之要務有四：

1.廩：百畝以上之家，按多寡「入稻麥於廩」。於凶荒貧家以振之。

2.祠：廩之右左立祠。左曰「嘉善」，表揚壞人。

右曰：「媿頑」，記錄無德漁利不恤之人，爲勸戒。

3.學：立有德望者一人爲「師」，下設「司教」二人，「司過」二人，「司禮」三人。有教育與司法執行之功能。

4.會：同族長之會。

（四）鄉約的歷史背景及方氏鄉約的特殊意義：

1.歷史沿革：

周禮：六鄉中各有鄉官：比、閭、族、黨、州、鄉。

秦漢：三老：孝弟、力田、嗇夫。

隋唐：里長、鄉正。

宋：保甲、鄉約、社倉、社學。呂大忠、大鈞有「呂氏鄉約」，藍田試行。

元：三長：里、鄰、黨。（以上見楊開道，《中國鄉約制度》，一章）

2.鄉約的特殊意義：

宋代「呂氏鄉約」：於官治外，別立人民自治團體，有政治、社會、經濟、教育、司法等多重目的。爲鄉民自由組織，非地方自治政府。但已是空前。

方氏鄉約：欲憑鄉民自動推進政教，此對專制之失望也。

方氏認定人民福利爲政治目的，由鄉族代政府行之。孔子「民可使由之，不可使知之」，千餘年儒家思想否認人民有自治能力，政教由君行之。方氏始承認三代以後的君主缺乏能力，而由鄉族行使部份政教工作。其比呂氏進步。

4. 陳老師提到明代是漢民族復興之戰，恢復民族主義是政治思想的重點，尤以方孝孺「正統論」對後世影響最大，談談方氏的民族思想。

（一）中國民族思想在明朝以前的兩次受侵與淪亡：

1.前有北朝：魏晉佛教盛行，政治腐敗，士不夫多受痲醉。

除道士利用種族文化觀念，做衛教工具外，儒家已少申華夷之別。

2.後有蒙古：宋代理學家專精性命身心之學，三綱五常之教，而夷夏之防，反少闡揚。故到元朝，中國的民族思想已亡。

（二）元末中國民族思想的復興：

先有趙汸昌春秋大義，後有朱元璋揭攘夷之口號：「自古帝王臨御天下，中國居內以制夷狄，夷狄居外以奉中國，未聞以夷狄治天下也。」、「歸我者永安於中華，背我者自竄於塞外。蓋我中國之民，天必命中國之人以安之，夷狄何得而治哉。」

此實創二千年來民族革命之宣言，表現民族國家之觀念。

（三）方氏承朱元璋的檄文而引申之，進而有歷史正統論：

1.正統：三代之君，取位以正，人皆華族，而其守天下也克盡君職，毫無怠廢。二千年之正統，僅此而已。

2.附統：漢唐宋之君，取位尚非篡奪，爲人亦非夷狄。「雖不敢幾乎三代，然其主皆有恤民之心，則亦聖人之徒。」

3.變統：如晉宋齊梁之君取之不以正，「使全有天下，亦不可爲正矣」。如秦隋之君守之不以仁義，「使傳數百年，亦不可爲正矣」。

如「夷狄而僭中國，女后而據天位，治如符堅，才如武后，不可繼統」。

方氏重取位而輕守位之標準。故正統繼世之暴君上可尊，變統繼世之賢君還是賤。

（四）正統論：

方氏取位標準有二：君臣之分、華夷之別。但同是變統的篡君女后與夷狄，則夷狄更賤，排斥更激：

「夷狄之不可爲統，何所本也。曰，書曰，蠻夷猾夏，寇賊姦宄。以蠻夷與寇賊並言之。」

篡臣賊后猶可說，「彼弒而奪其位，人倫亡矣。而可以主天下乎。苟從而主之，是率天下之民無父無君也。是猶可說。」

夷狄則是禽獸也，「彼夷狄者侄母蒸雞，父子相攘。無人倫上下之等也，無衣冠禮文之美也。故先王以獸畜之，不與中國之人齒。」

若入主中國，則率天下爲禽獸也。是犬馬，三歲之童也能打罵它。

元代 90 年，中國民族之消亡。故明初方氏有激烈的民族思想之論，朱元璋也有恢復民族精神的政策。方氏認爲民族成分是「正統」的唯一條件，他論証夷狄不得爲正統的理由說：

夷狄不可為統，何所本也？曰，《書》曰，蠻夷猾夏，寇賊姦宄，以蠻夷與寇賊並言之。《詩》曰，戎夷是膺，荊舒是懲。《孟子》曰，禹過洪水，驅龍蛇，周公膺夷狄，以戎狄與蛇蟲洪水並言之。《禮》之言戎狄詳矣。異服異言之人，惡其類夷狄則察而誅之，況夷狄乎！孔子大管仲之功曰：微管仲，吾其披髮左衽矣，如其仁。管仲之得為仁者，聖人美其攘夷狄也。然則進夷狄而不攘，又從而助之者，其不仁亦甚矣，曾謂聖人而肯主之乎。

方氏的民族思想影響明清兩代，凡篡位和夷狄（異族），雖能統一天下，均不能稱正統，這是孔子所述春秋大義的力量。故後世像袁世凱、曹錕及公元二〇〇四年「319 槍案」的台獨篡國勾當，在中國大歷史上，真是永遠、永遠的抬不起頭來，這就是思想的力量。

5. 張居正是我國六大政治家之一，明代晚葉也有一段「張居正時代」，談談他的政治思想。

明神宗以幼主臨朝，由宰相張居正輔政，居正精勵圖治，前後十年，是明代宰相中聲望最隆盛者。譽爲「中國六大政治家之一」（餘是管仲、商鞅、孔明、李靖、王安石），但「樹大招風」，飽受政敵攻擊。

(一) 張居正（1525 年~1582 年）

字叔太，號太岳。嘉靖四年生，萬曆十年卒。輔政神宗十年，屢受譖毀。死不久，神宗削其封爵，籍其家，流其二子。著《秦對稿》、《詩文集》。

(二) 基本政治思想－論學：

可算是專制尊主思想之餘波，是實行家而非思想家。可從論學、論政二者說明之。

論學方面：揭致用之標的，寓尊君之宗旨。與宋功利不同，張欲兼性命、經濟而用之。「學不究乎性命，不可以言學。道不兼乎經濟，不可以利用。」反對理學家的心性空論，主張要有「經濟價值」。

學術的最後目標，在爲政治服務，這也是性命經濟之標準。「凡學，官先事，士先志。士君子未遇時則相與講明所以修己治人者，以需他日之用。反其服官其事，即以其事爲學，兢兢然求所以稱職免咎者，以共上之命。未有舍其本事而別開一門以爲學者也。」

即別立門戶，就是離經叛道，可誅。所以教育政策須合政令。

1.抑異學：

「國家明經取士，說書者以宋儒傳註爲宗，行文以典實純正爲尚。

今後務將頒降四書五經、《性理大全》、《資治通鑑綱目》、《大學衍義》、《歷代名臣奏議》、文章正宗及當代誥典制等書，課令生員，誦習講解，卑其通曉古今，適用於世。其有剽竊異端學說、炫奇之異者，文雖工弗錄。」此無異就是思想上的專制統治也。

2.禁私學：主張思想要統制、要統一。

「不許別創書院，郡聚黨徒，及號召他方遊食無行之徒，空談廢業。因而啓奔競之門，開請託之路。違者提學御史聽吏部督察考察奏黜，提學按察司官聽巡按史劾奏，遊士人等許各撫衙門訪拏解發。」

3.不許生員干政：

「我聖主設立人碑，天下利病，諸人皆許直言，惟生員不許。」凡到處議論、陳說官員賢否者，以行止革退。糾眾十人以上，漫罵官長，肆行無禮，爲首者照例問遣，黜退爲民。此無異用「集會遊行法」約束生員，即嚴禁集會或談論政事。

(三) 儒體法用的施政－論政：

基本施政方針，「以尊主威，定國是，振紀綱，剔瑕蠹為務」。

尊主威，定國是之政策，實緣「幼主新立，朝議不定。紀綱倒植，名實混淆。」、「國威未振，人有侮心。不稍加淬勵，則庶事日墮，姦宄竊問，後欲振，不可得也」。

張氏以為寬緩之政似仁而有害，嚴肅之政似苛而有利。並甚推崇秦始皇、明太祖的專制嚴飭。「若始皇有賢子。守其法而益振之…即有劉項百輩，何能為哉。」此實翻儒家千古大案。

專制為手段，民本是目的。「整齊嚴肅，懸法以示民而使之不敢犯。」但政治目的是「民為邦本」、「天之立君以為民」。

張居正政治思想，他應為政治實行家，非思想家或政治家，因為他的思想尚不能夠成一個完整的體系。他的思想和政策，皆為救晚明時弊，而欠缺「普遍性」超越時空可用之論述。惟張居正一死，晚明政治更快速沉淪，也可見他還是了不起的宰相。他在＜答南司成屠平右論為學＞說：

記曰：凡學官先事，士先志。士君子未遇時，則相與講明所以修己治人者，以需他日之用。及其服官有事，即以其事為學，兢兢然求所以稱職免咎者，以共上之命，未有舍其本事而別開一門以為學者。

這就是張居正的思想，以致用為核心思維，尤以馬上要用或未來即將要用為所學對象，別無所學。其態度如此，則其從政、掌權所投注者，便是實際政治事務。也就是對實際政治問題的處理和主張，並堅定的身體力行之，所以說張氏是政治實行家，而不是政治思想家。

6. 我國政治思想家每到朝代之末，愈是悲觀，也是人之常情。晚明還有一位反專制思想家，他是呂坤。

(一) 呂坤（1526~1618 年）

字叔簡，號新吾。嘉靖五年生，萬曆四十六年卒。仕知縣、刑部左侍郎。著《呻吟語》、《去偽齋》、《閨範》、《圖說》等。其門人趙文炳著《呂公實政錄》。他也是反理學健將，斥理學爲「僞」和「腐」。

（二） 致用論學－人生觀：

一切以致用爲本。一切性命、天人微窈之說，無補「國家之存亡，萬姓之生死，身心之邪正」、「天地人物原來祇是一個原體，一個心腸」。

故學者所當講求者，乃如何用此一身，以濟萬物。他所抨擊理學爲「僞」和「腐」，僞是言行不一，腐是空談無用，二者都是誤國誤民。

（三） 尊君爲手段，定民爲目的，君民的「勢利」關係：

劉、方針對亡元苛政而主張貴民。張則對晚明弊政而主張專制。呂坤則折衷二者，兼採貴民、尊君。而以定民爲目的，尊君爲手段：

「天下不可一日無君。故夷齊非湯武，明臣道也。此天下之大防也。不然則亂臣賊子接踵矣。」而難爲君，難爲民。

君民的勢利關係有五：

1.以勢制利：「天下皆趨於利，而無勢以禁之則亂」。（此指權要制錢）。

2.勢利分享：「帝王之御世也，利在下，勢在上。利欲公之天下，勢欲攬之一人。」、「利在上，勢在下，亡道也」。（利益分享，並權在上）

3.攬勢必專：「勢在臣則劫，勢在萬姓則亡。雖堯舜不敢以勢與天下。此統一四海、平定六合之靈器也。」（主權要出於一）

4.分利必均：「天下之利，天下之所以相生相養者也。」故利必須均分－分的公平。（利益分配）

5.君不專利：「天子者衣租食稅而已，足以供軍國之需而已，不專天下之有。」故曰利當公，利當在下。

（四） 重申孟子順民之意，進而反對專制：

「勢在上，利在下」，是中國古代君治民享，仁惠專制的理想。但呂氏深知高壓政策不足爲，乃申順民。「民情甚不可鬱也，防以鬱水，一決則漂涯推山」，是謂以天下人行天下事，事不勞而底績。

呂氏生在居正厲行「剛治」之時，而發順民之意。進而主張無爲「伏羲以前是一截世道，其治任之而已，己無所與也。五帝是一截世道，其治安而已，不擾民也。」

張居正：秦是混沌再闢之言。

呂坤：秦是愚民政策的開始。

（五）歷史退化觀：顯示對專制的失望。

1.「天」分先天與後天（區分爲二）：

「無極之光，理氣渾淪而不分」此理道之天，先天也。

「氣化之後，善惡同源而異流」此氣運之大，後天也。

2.先天爲一，後天惟九：且後天每況愈下

（1）淳龐之天：洪荒之初，人物雍熙之時。

（2）泰寧之天：唐虞夏四海歡欣之時。

（3）平常之天：三代迭興，有隆有替。

（4）巧僞之天：訛言譏說，排闔縱橫。朝無國士，野無公言，以亂天下。

（5）殺戮之天：春秋戰國到秦項三百年間。

（6）淫濁之天：當武后僭亂淫時。

（7）虐厲之天：癘疫時行，妖孽爲祟，旱以七歲，水以九年。

（8）混沌之天：君子小人同禍福，玉石不分。

（9）倒置之天：小人得志，安富尊榮。君子潛身，危亡困辱。

按呂坤政治思想，他認爲理學根本是儒家的異端，認爲程顥、王陽明等皆背叛了儒家，而入於佛、老。爲政應回到孟子的民本思想、人治和法治並重，惜未得明廷重視，憤而回鄉講學。

輯 34：明代政治思想（二）思想解放論

1. 比思想反動更徹底的，是思想解放論。明代有那些思想解放論之政治思想家？

理學思想之本質，不反異族，但反暴君和專制，而明代專制集權最甚，故有更徹底的思想解放。。舉王陽明和李贄兩家。

（一） 王陽明（1472 年~1528 年）

字伯安，學者稱陽明先生。成化八年生，嘉靖七年卒。因得罪閹官劉瑾，廷杖四十，貶貴州龍場驛丞。九死一生中，得悟格物致知之理（37 歲），與知行合一之學（38 歲）。文武全才，文仕有禮部侍郎、御史等。武官曾帶兵討平甯王宸濠、思田州土酋叛、斷藤峽猺賊等亂。一生遭忌多讒。穆宗立，詔贈新建侯，謚文成。

（二） 明代政治思想之消沉（導致陽明解放論的背景）

1.暴虐苛政：太祖開國，誅殺功臣，用法苛嚴。成祖篡位，倚宦官爲腹心，廷杖、錦衣衛、東廠大行於此。專暴達極點。

2.科舉八股，敗壞人才，控制思想。

3.理學末流，約束思想。明初承「朱學」，科舉考朱注四書。

到陳憲章又由「朱學」→「陸學」。再傳「陽明之學」，明末再有顧炎武倡致用。宋元明都是理學時代。

4.上則士無廉恥，下則民不聊生。流寇起於中，夷狄迫於外。

一朝垮台，瓦解土崩，又淪異族。對專制政府所御用之正統學術，遂展開反動攻擊。王陽明開其風，李贄極其流。

思想家提出一種學說，必然和當時社會背景有關。陽明一生經歷成化、弘治、正德、嘉靖四朝，此期間封建專制主義危機日愈加深，宦官專權嚴重，政治和經濟面臨種種解不開的矛盾。他想找到藥方，用他自己的話說，要使天下事「起死回生」(《王文成公全書》，六卷)，王學的產生是要從理論上回答這些問題。也可以說，明代政治思想陷於消沉的困境，給王陽明的思想有產生的「平台」。

（三）思想解放之內容：

1.解放於四書五經章句之外：「世之學者承沿其舉業詞章之習，以荒穢戕伐其心，既與聖人盡心之學相背而馳，日騖日遠。」

「…而聖人之學遂廢，則今之所大患者，豈非記誦詞章之習。」

2.不信六經（詩、書、易、禮、春秋、樂），推翻古來學者註疏：

對六經持懷疑態度，「天下之大亂，由虛文勝而實行衰也」。

詩、書：是誨淫之書。且是秦火後世儒附會，湊三百篇而已。

易：「自伏羲畫卦，至於文王周公，其間言易，紛亂」，易道大亂。

禮、樂：名物度數至是亦不可勝窮。<禮記>亦後儒附會而成。

春秋：非孔子作，其實皆魯史舊文。

更認始皇焚書，若非「出於私意」，「志在明道」，「正暗合刪述之意」。

3.打破以孔孟如偶像，反對俗儒排斥「異端」：

「墨子兼愛，行仁而過耳。楊子爲我，行義而過耳。」老子清靜自守，釋氏究心性命，「彼於聖人之道異，然猶有自得也」。

進而主張不以孔孟爲絕對真理，言行以是非爲標準，不以孔孟之言爲準。

且「…夫道，天下之公道也。學，天下之公學也。非朱子可得而私也，非孔子可得而私也。天下之公也，公言之而已矣。故言之而是，雖異於己，乃益於己也。言之而非，雖同於己，適損於己也。」

中國政治思想到了王陽明已產生革命動因了。可惜廣大的人民眾生，知識階層和領導階層，甚至整個社會，都還在帝王專制思想的框框裡過活。但這並不表示王陽明的思想解放對統治者產生不了作用，陽明之能超越朱熹，在於朱子把「天理」放在人心之外，如此便有利於鞏固封建主義。反之，陽明把「天理」放在人心之內，宣稱良知即是天理，人的個體意識便覺醒了，對封建專制便有了批判力。

2.陽明的「心學」是明代心學的代表，亦是王學的中心思想，這才是王陽明思想的重點。陳老師請介紹這個核心思維。

王陽明的核心思維，直接或間接借用了佛教（尤其禪宗）思想，他認爲儒佛是可以相通的，心性論証和直覺修養共通。

（一）唯心論：

陽明之學是反對朱熹「二心論」，而承陸九淵「一元論」，是更進步的「唯心論」→中心思想「心即是理」：

1.致良知：既然心即是理，則一切萬事萬物之理，都在我心中。這就是「知」，此種發自內心而代表真理的基本知識，即孟子所謂的良知－惻隱、是非、羞惡、恭敬四種心。表現於行動「良能」。

2.知行合一：真正的「知」和「行」是一件事，不是兩件事。

「知是行之始，行是知之成」，不行就是不知。此三者也叫「三綱領」。

若如上所言，則人人有良知，行良能－ 達「知行合一」。

但是，反之。世人爲何多的是知行分開了。因我們缺「誠意」，且爲「私慾」所蔽；則我們必須「盡誠意」，「祛私慾」，以發現我們的良知，使其與「良能」合一。此即「致良知」，亦「行」也。

（二）三綱領的解釋：

1.心即理：

「此物此理，不外我心。於我心外求物理，無物理。遺物理，求我心，我心又何物邪。」心即理，即是天理。

「此心在物則爲理，如此心在事父則爲孝，在事君則爲忠。」

「心不是塊血肉，凡知覺處，便是心。」

「心即理」說有二個特點，其一是作爲「天理」的「良知」就在人心之中，不需向外探求。其二是「良知」，人人皆有，聖、愚皆同，這等同佛學所說「人人皆有佛性」。這和他很早習佛，研究禪宗有關。

2.致良知：

它是前者「心即理」的推演。「見父自然知孝，見兄自然知弟，見孺子入井，自然知惻隱，此便是良知，不假外求。」

「集義只是致良知，君子之酬酢萬變，當行則行，當止則止，當生則生，當死則死，斟酌調停，無非是致良知。」

3.知行合一：

「知之真切篤實盡，即是行。行之明覺精察處，即是知。」

「知爲行之始，行爲知之成。知而不行，未爲真知，真知則必行。」

「一念發動處，便是行了。」

其心即理是「唯心論」，致良知寓人人可明德，「見滿街人都是聖人」，有平等自由之義，亦含打破偶像，解放思想之意。理學稱「姚江學派」。

（三）陽明後學：

到了晚明，後起者只承其「唯心」空論，不能效行「知行合一」的實踐工夫。但陽明的「姚江學派」已風行天下。

江西：「江右王學」：鄒守益、羅洪先、聶豹、王時槐。

浙江：「浙中王學」：徐愛、王幾、錢德洪，稱「浙中學案」。

江南：「南中王學」：周衔、黃省曾、朱得之。

湖廣：「楚中王學」：蔣信、冀元享。

閩粵：「閩粵王學」：薛佩、周坦。

北方：「北方王學」：穆孔暉、張後覺。

泰州：「泰州學派」：王艮、王襞、韓貞、顏鈞、羅汝芳。

李贄：承王學，由儒→禪→狂→反兩宋程朱。

3. 王陽明一生也有豐富的從政經驗，官至兵部尚書，談談他的論政思想，並針對他的思想特色做一小結。

陽明先生對統治階級內部的權力鬥爭痛心疾首，他說：「今日所急，惟在培養君德，端其志向。在此有立，政不足間，人不知謫，是謂一正君而國定。」他所期望的，還是儒家的仁政。

（一）陽明先生論政的基本思想：

其政治思想一部份已可包含解放論和哲學思想。

因中國的政治家論政和爲學是一體的。但他論學解放，論政則較無新義，大體不脫離儒家仁政思想。他論政，大略以孟子仁政爲藍本，而表現唯心之觀點：

「大人者以天地萬物爲一體者。其視天下如一家，中國猶一人。」

「大人者其心之仁本若是，其與天地萬物而爲一也…。見孺子之入井而必有怵惕惻隱之仁焉，是其仁之與孺子爲一體也。」

此不忍人之心，便是仁心。

（二）本此仁心，表現於施政，則是明德親民：

「明明德者立其天地萬物一體之體也。親民者達其天地萬物一體之用也。故明明德必在親民，而親民乃所以明其明德也。」此體用兼全，教養合一之政治，只有唐虞三代才有。

在那個時候，不論教者學都是「父子有親，君臣有義，夫婦有別，長幼有序，朋友有信，五者而已。」所以是個諧和平安的大社會。

他雖推崇唐虞三代，但認爲後世不必拘守其制，法其道可也。蓋「因時致治」也。

（三）鄉約社學保甲諸法，爲較可稱道的治術：

最可注意是南贛鄉約，是明代鄉約的肇始，似近代地方自治：

1.約中職員出於約眾之推選。

2.約眾赴會爲不可規避之義務。

3.約長會同約眾，得調解民事之爭訟。

4.約長於開會時，詢約眾之公意以彰善糾過。

陽明思想的特色是思想自由（如今之自由主義），堅認自己是自己的主人，有獨立判斷和思想自由的權。由此推演對六經的懷疑，認爲六經之言都欠缺實踐檢証：

天下之大亂，由虛文勝而實行衰也。自伏羲畫卦，至於文王周公，其間言易，紛紛籍籍，不知其幾，易道大亂。孔子以天下好文之風日盛，知其說之將無紀極，於是取文王周公之說而贊之，以為惟此為得其宗，於是紛紛之說盡廢，而天下之言易者始一。《書》、《詩》、《禮》、《樂》、《春秋》皆然，詩自二南以降，如八索九丘，一切淫哇逸蕩之詞，蓋不知其幾千百篇。禮樂之名物度數，至是亦不可勝窮。孔子皆刪削而述正之，然後其說始廢。如《詩》、《書》、《禮》、《樂》中，孔子何嘗加一語。今之《禮記》諸說，皆後儒附會而成，已非孔子之舊。至於《春秋》，雖稱孔子作之，其實皆魯史舊文。所謂筆者筆其舊，所謂削者削其繁，是有減無增。

陽明的思想解放論，對晚明學者發生相當大影響，縱然到廿一世紀的今天，也仍是顯學，大家不都仍在論戰自由主義嗎？陽明之後起者，王幾、王艮、李贄等，立論均日愈「解放」。

為甚麼陽明政治思想能在明代中晚葉，產生重大的影響，其後數百年中國知識份子必讀王學。（作者註：民國 75 年作者仍在軍中，「王陽明傳習錄」附大學問，仍是軍官團必修書籍，三軍大學必考。）有三個原因：第一是「別立宗旨，與朱學背馳」；第二是講學活動的推動；第三是合乎當時社會的需要。

尤其第三點「需要」，明代中期以後的社會，封建思想衰落，資本主義萌芽興起，個體意識抬頭。（引王豈之，《中國思想史》，下冊，p762。）陽明思想合乎此時的「市場需要」。而到清代、民國，此種需要只會愈來愈盛，不會愈來愈弱，故一九四九年政府遷台，為鼓舞軍民凡事「知行合一」，不要只用嘴說，仍不斷倡導陽明學說。把草山改成「陽明山」，設「陽明醫學院」（已改大學），都為紀念王陽明先生。

圖 6-8：王守仁像

圖片來源：張元，歷史（上），教育部八十四年公布，頁一八三。

4. 陳老師，明末有位政治思想家，據稱可視為現代李敖的前世，叫李卓吾，先介紹他的基本思想。

用一句話形容大家易懂，「李卓吾是明末的李敖，而目前台灣的李敖是當代的李卓吾。」這兩個人的思想，用自由主義和批判理論大概可以涵括。

（一）李贄（1527 年~1602 年）

初明載贄，字卓吾，又字篤吾，號溫陵居士，晚年又號龍湖叟。曾仕國子監、知府，七十一歲時曾在南京三度和利瑪竇相見。他的政治思想有三方面：人性本性論、反孔孟名教、推翻宋明理學。著作有《焚書》、《藏書》多種。

（二）人類進步動力食色而已：

色慾：「初生人惟是陰陽二氣，男女二命，初無所謂一與理也，而何太極之有。以今觀之，所謂一果者何物，所謂理者果何在，所謂太極者果何所指。…故吾究物始而見夫婦之爲造端也，是故但言夫婦二者而已。」夫婦正，萬事萬物都正。

食慾：「穿衣吃飯即是人倫物理，除卻穿衣吃飯，無倫物矣。世間種種皆衣與飯類耳。故舉衣與飯，而世間種種自然在其中，非衣食之外，更有所謂種種絕與百姓不相同者也。」

因食、色而起的有私心，「夫私者人之心也。人必有私，而後其心乃見，無私則無心矣。如服田者私有秋之穫，而後治田必力。…苟無高爵，則雖勸之，必不至矣。雖有孔子三聖，苟無司寇之任，相事之攝，必不能安其身於魯也決矣。…無私之說者皆畫餅之談…。」

可見政治之作用，都是食、色、私的交互作用而有。李氏真說出人類生存，社會發展之「真相」了。

（三）用人、戰爭、治亂都因食色而有。求生爲最高目的：

1.國家用人無非順人性之心。「貪財者與之以祿，趨勢者與之以爵，強有力者與之以權。」、「各從所好，各騁所長，無一人之不中用，何其事之易也。」

「孔子知人之好名也，故以名教誘之。大雄氏知人之怕死也，故以死懼之。老氏知人之貪生也，故以長生引之。」

2.性慾涉及人與人間問題，難辦，婚姻只是辦法之一。

食慾則是單方面問題，「我要」或「你要」，有爭則亂。「蓋有此生，則必有以養此生者，食也。有此身，則必有以免衛此身者，兵也。食之急，故井田作。衛之急，故弓矢甲冑興。」

3.人口（色慾）和糧食的消長造成文（人口多，文化高）質（人口少，文化低）現象。

這是一治一亂的原因：「自戰國以來不知凡幾治亂矣」。亂時，保命已幸；治時，吃飽已足。「此其極質極野無文之時」逐漸進步，但「文極而天下之亂復起」。也很悲觀。

4.人類爲求生存，取衣食，則競爭乃天演公理，超越道德之外的最高目的：「強者弱之歸，不歸必併之。眾者寡之附，不附即呑之，此天道也，雖聖人其能違天者哉。」

李卓吾可能也是一位天生的批判者或叛逆者，他自稱「自幼倔強難化，不信道，不信仙釋，故見道人則惡，見僧則惡，見道學先生則尤惡。」他因天天喊著「打倒孔家店」，最後以七十六歲高齡，以「惑世誣民」罪被捕於通州（今北京通縣），自殺於獄中。李氏基本思想乃上承王陽明的「自由主義」，進而對六經，乃至儒家思想的反叛。

5. 李卓吾欲推翻孔孟名教，是否要「打倒孔家店」？他用意何在？

他的立論並非打倒孔家店，而是反對孔家店「獨佔道德標準市場」，反對儒家框制天下，希望思想解放。

（一）反對以孔孟爲唯一標準：

推翻以孔子爲是非標準。「夫天生一人，自有一人之用，不待取給於孔子而後足也。若必待取足於孔子，則千古以前無孔子，終不得爲人乎。且是非因時而異，孔子亦因人因時而發，今怎能再以孔子之言是從，「是非之爭，如歲使然，晝夜更選，不相一也。昨日是而今日非矣，今日是而後日又非矣，雖使孔子復生於今日，又不知作如何是非也。而遽可以定本行賞罰哉。」

（二） 推翻六經語孟的經典地位：

「夫六經語孟非其史官過於褒崇之詞，則其臣子極爲讚美之語。

又不然，則其迂闊門徒，懵懂弟子記憶師說，有頭無尾，得前遺後，隨其所見，筆之於書。後學不察，便謂出自聖人之口也。」

可見李氏欲推翻一切傳統思想，這是對專制御用孔學的大反動。

「仲尼雖聖，效之則爲顰，學之則爲步醜婦之賤態。」

「豈人無是非哉，咸以孔子之是非爲是非，故未嘗有是非耳。」

（三） 君臣關係略同孟子，而有超越。

「早知其不可諫即引身而退者上也。不可諫而必諫，諫而不聽乃去者次也。若夫不聽復諫，諫而以死者癡也。」

臣遇暴君固當引退自全，「若遇庸主則更當攬權以自固」。蓋臣之強，是因主之庸，若不強固豈不被讒而死。他似同意合理的奪權鬥爭。

（四） 孔孟六經不足信，則後儒都不值一文，尤其宋儒：

「平居無事祇能打恭作揖，終日匡坐，同於泥塑。以爲雜念不起，便是真實大聖大賢人矣。…一旦有警則面面相覷，絕無人色。甚至互相推委，以爲能明哲。蓋因國家專用此輩，故臨時無人可用。」

（五） 卓吾所期望的君臣

李卓吾雖主張推翻孔孟名教，只是推翻傳統思想以孔孟爲唯一道德標準。而另一方面，他所期待的君、臣，則頗有儒道風範。

1.君應具體的條件有：敬德、尊賢、退讓、任法、察邇言；君的責任則有保民、養民、教民，這是儒家觀念。

2.君依好壞程度分九種：聖君、賢君、明君、英君、暴君、縱君、庸君、昏君、譎主等。

3.臣應具備的條件有：因時、忍辱、結主、容人、忠誠。

4.臣的責任在「事君」，但非君之僕從，服侍君個人等，在使君做好保民、養民和教民的工作。

5.臣的類別也有：大臣、名臣、儒臣、武臣、賊臣、親臣、近臣、外臣。

（整理自潘台雄，李贄的政治思想，政治大學碩士論文，76年6月。）

綜上所言，李卓吾確實是反傳統專制思想之健將，也是歷史上「批儒」最厲害的思想家。無奈傳統如古木參天的大叢林，李卓吾只是叢林中一株小草，最後一死滋養叢林。只是他對六經、儒家思想的批判、懷疑，在廿一世紀的今天來看，仍然是對的，深值知識份子思索：

夫天生一人，自有一人之用，不待取給於孔子而後足也。若必待取足於孔子，則千古以前無孔子，終不得為人乎？故為願學孔子之說者，乃孟子之所以止於孟子；僕方痛憾其非夫，而公謂我願之歟。且孔子未嘗教人學孔子也。使孔子而教人以學孔子，何以顏淵問仁，而曰為仁由己，而不由人也歟哉？何以曰古之學者為己；又曰君子求諸己也歟哉？惟其由己，故諸子自不必問仁於孔子；惟其為己，故孔子自無學術以授門人，是無人無己之學也。無己，故學莫先於克己；無人，故教惟在於因人。

台灣的教育改革進行幾十年，思想家或教育家都?，教育之目的在培養人們的「獨立思考和判斷能力」，這不就是李卓吾所說嗎？人要做自己的主人，不要被「偶像」（孔子、柏拉圖或林志玲等）牽著鼻子走，但有幾人做得到？至少李卓吾做到了。

6. 陳老師，明代也是理學思想發達的朝代，但李卓吾也反對理學，批判當代所有理學家，他立論何在？

思想統一有助國家統一，這大概所有統治者所認為是的，統治者都不願受到批判。但思想統一過「緊」，就成了思想控制，理學在宋明清三朝都是一種思想控制，卓吾欲破之。

（一） 理學家都是假道學之名，達做官發財之目的：

李氏反孔孟六經，則當然反理學。「彼以爲周程張朱者皆口談道德，而心存高位，志在巨富。既已得高官巨富矣，仍講道德說仁義自若也。」「世之好名者必講道學，以道學之能起名也。無用者必講道學，以道學之族以欺罔濟用也。欺天罔人者必講道學，以道學之足以售其欺罔之謀。」

「其未得富貴也，養吾之聲名，以要朝廷之富貴，凡可以欺世盜名者無所不至。其既得富貴也，復以朝廷之富貴養吾之聲名，凡所以臨難苟免者無所不爲，豈非真穿窬之人哉。」

理學祇是欺世盜名，榮華富貴之工具哉。

（二）僞君子比真小人可鄙，市井小民還實在些：

「自有知識以至今日，耕田而求食，買地求種田，架屋而求安」，讀書求科第，都爲自己身家計，無一釐爲人謀者。及理學者，動口便說，我爲世人，你爲自己；我爲利他，你爲自私。…翻思此等反不如市井小民身履是事，口便說是事；做生意者但說生意，力田者但說力田，鑿鑿有意，真有德之言，令人聽之忘厭倦矣。」

此輩僞君子更甚於小人，「公但知小人能誤國，而不知君子尤能誤國也。小人誤國猶可救，君子誤國，則未之何也。何也？彼蓋自以爲君子本心無愧也，故其膽益壯，而志益決，孰能止之。」

（三）理學家多半無學無才無爲無識又無恥：

「夫唯無才無學，若不以講聖人道學之名要之，則終身貧且賤焉，恥矣。此所以必講道學以爲取富貴之資也。然則今之無才無學無爲無識而欲致大富貴者，斷斷乎不可以不講道學矣。」

宋儒每謂上承孟軻，以「軻之死不得其傳焉」，則宋代以前人道亡也。宋之後人道才又興乎，不然，宋乃如垂死之人，而亡於蒙古。宋儒真是不知恥又有自大狂：「彼謂軻之死不得其傳焉，真大謬也。惟此言出，而後宋人直以濂洛關閩接孟氏之傳，謂爲知言矣。」…中間數百千年都無人道嗎？宋反不如失傳時，「好自尊大標幟而不知其詬誣，亦太甚矣。」

李氏思想與論政大抵可爲：

1.承黃老之旨，行自然或必然之需要爲聖王治術。是個人自由主義。

2.施政方面，持不干涉。「聖人順之，順之則安之」，各從所好，各騁所長，則有似道家思想，也有現代「市場法則」的意味。

3.對思想、學術、政治、施政等，恆採批判觀點，則似近代德國批判理論（Critical Theory）或康德（Kant）的批判哲學（Critical philosophy）。

4.他倡論男女平等，在十六世紀中葉也是了不起的。

5.人是自己的主人，有獨立思考和判斷的能力與權力。

總之，李氏思想上承王陽明的思想解放，進而主張個人的生存價值，在於獨立、自由、平等，這實在是法國大革命和美國獨立宣言所論述之先驅。應爲中國政治思想的寶貴「祖產」之一，放在廿一世紀的今天，其「市場佔有率」定會不斷攀升，吾人拭目以待。

7. 陳老師，明代晚葉西方思想正傳到中國，這是中國走向現代化和思想開放的契機，但為何又退縮走向「鎖國」思想。

明代和海外的接觸始於鄭和七下西洋，但這並非建立在經濟需求的基礎上，無利可圖且成爲國家的負擔，故不久就中止。真正和西洋政治思想有接觸，始於明末。大約到十六世紀，歐洲重商主義已很發達，成爲此後二百年經濟思想的主流，而米爾頓（John Milton）、哈林頓（James Harrington）和霍布斯（Thomas Hobbes）等人的自由共和思想已很流行。以下看看有甚麼西方思想傳入當時明末清初的社會。

（一）西方教士與著作：

利瑪竇（Mattes Ricci，1595 到南京）：著有《幾何原本》、《萬國輿圖》、交友論》，意大利人。

龍華民（Nicolao Longobardi，1597）：著《地震解》，意大利人。

王豐肅（高一志，Alfonso Vagnoni，1605）：《寰宇始末》、《童幼教育》、《西學治平裴錄問答》，意大利人。

熊三拔（Sabatinus de Ursis，1606）：《泰西水法》，意大利人。

艾儒略（Giulio Aloni，1613）：《職方外紀》、《坤輿圖說》，意大利人。

湯若望（Johannes Adam Sohall Von Boll，1622）：《測天略說》、《火攻揭要》，德國人。

（二）中國人信奉天主教的成長（陳致平，《中華通史》，十冊，308 頁）：

明萬曆十二年（1584 年）：3 人 明萬曆四十五年有一萬三千人，明崇禎九年三萬八千人。

當代重要人物如徐光啓、李之藻，及永曆帝的太后、皇后、妃子、太子、嬪妃都入天主教。

（三）失敗原因：

明末西學東來，原有機會跳出傳統專制的框框，可惜西學初來失敗，使中國現代化運動，遲誤 200 年，實中國歷史的大不幸。考其原因：

1.自發轉變因素尚未形成：如王守仁、李卓吾等人，雖有激烈的攻擊專制言論，但知民本，不知民主；知放縱自由，無法治自由等觀念。即政治思想仍在「專制天下」的框框內。

2.一般儒者士大夫思想未開：或擁孔拒耶穌，或爭哲學宗教上的基本問題，如宇宙、心性、生死等。以李卓吾之先進，與利瑪竇三度相見，仍疑其「欲以所學易周孔之學」爲太愚。

3.西傳之學多是器物枝節上東西，文化層面上未有大刺激，欠缺思想作品。如算學、天文、地理、機械、製炮、水法等，大多和思想無關。

小結：

中國現代化雖晚了 200 年，而明末清初西學東傳一度失敗，但仍爲大轉變的開端而已。整個轉變期則長達明清 500 年，清末革命與維新運動發動，中國政治思想成熟才算開端。

另外就中國本身的內部環境言，一切人民所需食衣住行，及政治思想上的流派如儒墨道法等，在中國內部仍自成一個「內需」的完整系統，不假外求。即不求於外，而仍可維持生存及天朝的存在。而天主教和中國人生活信仰差異太大也是主因。

所以，明末西學東來雖是一個思想解放的機會，其實西學或東方中國仍未俱備促成思想解放，或僅是開放的成熟機會。

輯 35：明末清初政治思想家

1. 有那些政治上的弊端造成明代的滅亡，而明末已有思想解放的呼聲，應有機會揚棄專制制度，為甚麼繼起的滿清又重回專制皇朝？也略談明末清初的政治思想家。

（一） 明代政治上之弊端（明代政治上的檢討）：

1.吏事之弊：（政治）

有明諸帝，倚專制君主之淫威，薄待朝臣，摧毀士氣，爲前代未有。如太祖屠殺功臣，成祖篡位後更慘毒。

成祖首開宦官弄權，閹禍日盛。如王振、劉瑾、魏忠賢等輩，其殺害忠良，私於朋黨。

2.兵制之弊：（軍事）

有明兵制龐大而複雜，綜合漢、唐、元兵制而成。但不能去其弊病，武宗（1506）後，軍職冒濫，餉費虛侵，官士兵皆不能用。

流寇所到，州縣風靡。世宗（1522）後，用兵邊疆，軍資徒增。

3.開礦之弊：（礦業）

太祖、成祖大事開礦，利國少害民多。甚至誣富家盜礦，直田宅爲脈礦，因而屠害百姓、婦女有之。

4.田賦之弊：

巨室占田，如皇莊、天莊、莊田，有豪強侵佔達七萬頃。而租稅則貧民負擔。官吏貪污，「鄉官爲虎，小民爲肉」。

但講政治上的弊端，又不能不提政治制度，明代中央集權過甚，尤其成祖開始怕地方造反，更把權力集中在中央。「東廠」、「西廠」等廠衛組織的設立，也是使政治快速腐敗的原因。

（二） 只有民本、民族的循環消亡，而無民主理念之產生：

明初有以方孝孺等人的民本和民族思想爲代表，是當時的主流思潮，惟專制使民本成空洞理想，元亡也使民族思想失去實際意義。到了明亡，西學又沒有足夠的刺激，內環境也沒有重大改變，輪替的滿清「專制重建」，民本和民族思想重現清初。然後沒有民主萌芽的機會，連「種子」都沒有。

（三）根本弊端，在專制天下的框框脫不掉：

專制天下內，繼位之君多昏庸無能，自秦漢三國，兩晉南北朝，隋唐五代，宋元明清，專制 2000 年中均可爲証。故朝代興亡，只是一姓興亡，換一批政治利益持有人而已。清末若非列強入侵的「刺激」，中國專制政體恐尚在惡性循環中，生生不死。

（四）明末清初對曾經成長在明朝的政治思想，他們飽受亡國之痛，更悲哀的是淪入異族，那種痛苦也是難以想像。而垮了一個腐敗的政權（母朝明政權），來了一個也是集權專制的政權（異族滿清），內心更是無奈。就在這亡國當頭，明末清初在政治思想界又大放異彩，許多思想家不計身家性命，提出他們充滿民本、民族、反專制集權的經典作品。他們是黃梨洲、唐甄、顧亭林、王船山、呂留良、曾靜等人，後面將個別談論他們的政治思想重點。

2. 明末政治思想家黃宗羲，於北京失陷以後，與東林黨人募義兵，力圖恢復大明江山，人稱其所部「黃氏世忠營」，顯見他不僅是思想家，也是有革命精神的英雄，先談談他的基本政治思想。

（一）黃宗羲（1610 年~1695 年）

字太沖，人稱梨洲先生。萬曆三十八年生，康熙三十四年卒。國亡時，募義兵圖恢復，人稱所部「黃氏世忠營」。事不成，歸隱養母著書。

著《宋元學案》、《明儒學案》，《明夷待訪錄》爲有關政治思想的名著。

（二）清初民本思想代表：待訪錄最高原理出於孟子貴民和禮運天下爲公：而表現在原君、原臣、原法上。原君要義如下：

君是勤勞之義務，享樂不是權利。「不以一己之利爲利而使天下受其利，不以一己之害而使天下釋其害。」

對當代君王的批評，「古者以天下爲主，君爲客，凡君之所畢世而經營者爲天下也。今也以君爲主，天下爲客。」把天下視爲己之產業，則君是天下之禍害。皇帝不該把天下視爲自己的產業。

對專制之攻擊，「豈天地之大，於兆人萬姓之中獨私其一人一姓乎」、後世之君私天下以利己，視之爲產業而欲其長保」，既視爲產業，人人欲得之。

原君之意，君臣都是民之公僕，君以利民爲職。若不明職分，終將君民兩敗俱傷，這是專制政體悲觀結論。

（三）原臣：

推翻傳統絕對、相對君臣關係，採「公僕說」：

「故我出而仕也，爲天下，非爲君也，非爲一姓也。」

「殺其身以事其君，可謂之臣乎。曰，否。」

「蓋天下之治亂，不在一姓之興亡而在萬民之憂樂。」

「故君與臣，名異而實同。」臣佐君而治，非以奉君之身。「官者分身之君」。

以上是梨洲政治哲學基本原理，這在當時是很大膽的言論，等於否定了皇權的絕對獨大。而認爲君與臣地位相等，惟工作內容不同。

（四）原法：

1. 由前述的政治哲學，發而爲政治制度，是爲「原法」。三代以下多亂，癥結在君職不明，天下爲私，此一念之間而已。

「三代以上有法，三代以下無法」，蓋三代以上立法爲公，三代以下何曾有一毫天下之心哉。

三代以上是「無法之法」，以下則是「非法之法」：「三代之法，藏天下於天下者也。山澤之利不必其盡取，刑賞之權不疑其旁落。貴不在朝廷，賤不在草莽也。」法疏亂不作，是「無法之法」。

後世之法，藏天下於「筐篋」內，又掌握了一切經濟、政治利益。法密而亂生，是「非法之法」。

2.糾正兩個流行的謬說：

子孫以法祖爲孝，是「周旋於此膠彼漆之中，以博憲章之餘名，此俗儒之剿說也。」此糾正法祖之謬說。

斥「有治人，無治法」說，論者謂治亂不在法。梨洲辨正「有治法而後有治人」。糾正治人謬說，而認法治先於人治。

梨洲本民本而反對專制，但未能突破君主政體範圍。

黃氏雖躬與反清復明運動，但對民族大義認識不清。其《明夷待訪錄》絕不提夷夏大防。晚年又曰：「素中國行乎中國，素夷狄行乎夷狄。

古來相傳禮教二字，就是當路之準的。蒙古據有中國，許趙之功高於弓矢萬倍。自許趙出，蒙古亦中國矣。」基本思想類似孟子貴民及民本思想，但君臣關係之論則開始有「民主」的味道。在他的眼中，皇帝是天下之「禍源」，在＜原君＞說：

後人為人君者不然，以為天下利害之權皆出於我，我以天下之利盡歸於己，以天下之害盡歸於人，亦無不可；使天下之人不敢自私，不敢自利，以我之大私為天下之大公。始而慚焉，久而安焉，視天下為莫大之產業，傳之子孫，受享無窮。…………凡天下之無地而得安寧者，為君也。是以其未得之也，屠毒天下之肝腦，離散天下之子女，以博我一人之產業，曾不慘然，曰：「我固為子孫創業也。」其既得之也，敲剝天下之骨髓，離散天下之子女，以奉我一人之淫樂，視為當然，曰：「此我產業之花息也。」然則為天下之害者，君而已矣。向使無君，人各得自私也，人各得自利也。

君只是「官位」之一，並非天下至尊，更不應視天下人爲臣民，甚至奴才。君只是比其他的官位，在等級上高些，在＜置相＞篇他說：

原夫作君之意，所以治天下也。天下不能一人而治，則設官以治之；是官者，分身之君也。……蓋自外而言之，天子之去公，猶公、侯、伯、子、男之遞相去；自內而言之，君之去卿，猶卿、大夫、士之遞相去；非獨至於天子遂截然無等級也。

黃氏政治思想，指出君、臣、民的「平等觀」，只是各人工作職務內容不同，已是吾國二千年專制皇朝思想中，最具有現代民主性格的思想家。而他的政治制度（含政治、經濟、社會等），也頗有現代民主和資本主義理念。

3. 黃梨洲深感皇帝集權之害，對專制展開尖銳的批判外，也提出一套理想中的政治制度，可以算是他的政治藍圖。

他的政治藍圖是明末清初算是最進步的思想，某些地方已經有民主政治思想的啓蒙性質，惟不夠有體系。這是思想家生存的時代環境，必然受到一些框架的限制。

（一）國體：傾向封建分治，主行唐代方鎮之制：

封建之弊「強弱吞併，天子之政教有所不加」，封建制度改良再用。郡縣之弊「疆埸之害苦無已時。欲去兩者之弊，使其並行不悖，方鎮最爲可取。」「於邊境地方設立十數分鎮」、「務令其錢糧兵馬內足自立，外足捍患。田賦商稅聽其徵收，以充戰守自用。一切政教張弛，不從中制。」每年一貢，三年一朝。

此用反專制之鼓動則可，實際不行。該鎮是「附庸國」或「獨立國」？

（二）官制：他注意宰相、胥吏、閹官者：

1.梨洲反對罷宰相與任用宦官。主張設宰相一人。「宰相既罷，天子之子一不肖，吏無與爲賢者矣。」、「有明之無善治，自高皇帝罷丞相始也。」

2.胥吏則有四害，最大者是弄法和據位：

弄法之害，「凡今之所設施科條皆出於吏，是以天下有吏之法，無朝廷之法。」

據位之害，「京師權要之吏…父傳子，兄傳弟。…是以今天下無封建之國，有封建之吏。」

按梨洲，胥吏分別選自進士、監生、弟子員。能者升，差者退。

3.尤其反對閹官把持朝政：

「漢唐宋有干預朝政之閹官，無奉行閹官之朝政。」

宰相罷了，權歸宦官，吏胥又爲害，明亡也。

（三）學校選舉（頗有反專制之意）：

學校之目的「使朝廷之上，閭閻之細，漸摩濡染，莫不有詩書寬大之氣。天子之所是未必是，天子之所非未必非，天子亦遂不敢自爲是非，而公其是非於學校。」即不僅養士，也在培養健全輿論。

中央、地方之吏又可由太學生、荐舉、辟召、任子、上書各種方法羅致人才。

（四）財計不切實際從略，田制兵制有復古封建之味：

兵制，「天下之兵當取之於口，而天下爲兵費當取之於戶。」

「調發之兵十戶而養一」，二十入伍，五十出伍。略似現代徵兵制。

田制，仿屯田以行井田，依田額以定賦稅，使耕者有田。

黃氏的政治藍圖，以下有幾點重要的觀念，是已經很有突破性，且有民主的味道。第一是「人人各私其利，勿讓君主一人得天下之利。」；第二「君臣關係是朋友，絕非主奴，君爲客，天下爲主。」；第三「君臣只是一種官位和工作，相互配合，才能共生共榮。」；第四「改一家之法爲天下之法，廢除只是保護君主私利的法制思想。」這些觀念在當時都是可遭惹誅族的「反動言論」，思想家不顧性命筆之於書，是很了不起的地方。就是把黃氏思想放在現代社會來評價，也還不算落伍，甚至是進步的。例如，君臣是朋友的關係，不是主奴關係。若用李登輝掌權時和蘇志誠的關係，各界都解讀成「主奴」關係。所以，李被趕下台時，許多媒體報導大家罵蘇是「走狗」，是主奴也。此二人思想比明末更封建，其主乃亡國之君也。

黃氏政治思想中，「人人各私其利」應可視同西方資本主義理念，「私利」也是現代民主政治的核心價值，若「去私利化」，則民主政治制度將全面解體。由此也見，黃氏思想在當代之先進了。

補充資料：黃梨洲政治思想

且夫人主之奄宦，奴婢也；其有廷臣，師友也。所求乎奴婢使令；所求乎師友者道德，故奴婢以伺喜怒為賢，師友而喜怒其喜怒，則為容悅矣。師友以規過失為賢，奴婢而過失所過失，則為悖逆矣。自夫奄人以為內臣，士大夫以為外臣；奄人既以奴婢之道事其主，其主之妄喜妄怒，外臣從而違之者，奄人曰夫非盡人之臣歟，奈之何其不敬也。人主亦即以奴婢之道為人臣之道，以其喜怒加之於奄人而受，加之於士大夫而不受，則曰夫非盡人之臣歟，奈之何有敬有不敬也。蓋內臣愛我者也，外臣自愛者也。於是天下之為人臣者，見夫上之所賢所否者在是，亦遂舍其師友之道，而相趨於奴顏婢膝之一途。習之既久，小儒不通大義，又從而附會之曰，君父，天也。故有明奏疏，吾見其是非甚明也，而不敢明言其是非，或舉其小過而遺其大惡，或勉以近事而闕於古，則以為事君之道當然。豈知一世之人心學術為奴婢之歸者，皆奄宦為之也。禍不若是其烈歟（《明夷待訪錄》，＜原宦＞上）。

有人焉，視於無形，聽於無聲，以事其君，可謂之臣乎。曰否。殺其身以事其君，可謂之臣乎。曰，否。夫視於無形，聽於無聲，資於事父也。殺其身者無私之極則也，而猶不足以常之，則臣道如何而可。曰，緣夫天下之大，非一人之所能治而分治之以群工。故我之出而仕也，為天下，非為君也。為萬民，非為一姓也。吾以天下萬民起見，非其道，即君以形聲強我，未之敢從也，況於無形無聲乎。非其道，即立身於其朝，未之敢許也，況於殺其身乎。不然，而以君之一身一姓起見，君有無形無聲之嗜慾，吾從而視之聽之，此宦官宮妾之心也。君為己死而為己亡，吾從而死之亡之，此其私暱者之事也（仝上，＜原臣＞）。

世之為人臣者昧於此義，以謂臣為君而設者也，君分吾以天下而後治之，君授我以人民而後牧之，視天下人民為人君囊中之私物。今以四方之勞擾，民生之憔悴，足以危吾君也，不得不講治之牧之之術。苟無係於社稷之存亡，則四方之勞擾，民生之憔悴，雖有誠臣，亦以為纖芥之疾也（仝上，＜原臣＞）。

後之人主既得天下，唯恐其祚命之不長也，子孫之不能保有也，思患於未然，以為之法。然則其所謂法者，一家之法而非天下之法也。是故秦變封建而為郡縣，以郡縣得私於我也。漢建庶孽，以其可以藩屏於我也。宋解方鎮之兵，以分鎮之不利於我也。此其法何曾有一毫為天下之心哉，而亦可謂之法乎（仝上，＜原法＞）。

論者謂有治人無治法，吾以謂有治法而後有治人。自非法之法桎梏天下之人之手足，即有能治之人，終不勝其牽挽嫌疑之顧盼，有所設施，亦就其分之所得，安於苟簡，而不能有度外之功名。使先王之法而在，莫不有法外之意存乎其間。其人是也，則可以無不行之意。其人非也，亦不至深刻網羅，以害天下。故曰有治法而後有治人（仝上，＜原法＞）。

4. 顧炎武是明末清初的思想家、史學家和音韻學家，一生致力於反清復明事業，談談他的政治思想。

顧炎武一生奔走，都爲反清復明運動，寧死而拒絕清廷延聘，表現他不凡的民族氣節。

（一） 顧炎武（1613 年~1682 年 ）

初名繼紳，更名絳。字寧人，明亡後始名亭林，學者稱亭林先生。

萬曆四十一年生，康熙二十一年卒。少遊於復社。國變後與黃宗羲、王夫之等人圖復明室。著有《日知錄》、《天下郡國利病書》、《區言》等。拒不仕清，客死北方。

（二） 基本政治思想：

亭林政治思想略同梨洲，同主致用。但亭林更反對程朱理學，而陽明心學爲害更大。他重視實際政治利病，少做原理探討。其政治改革表現在改良封建郡縣、行縣自治、鄉治、宗法、法律簡化、生員改進等。

（三） 改良郡縣封建行縣自治，分天子之權：

「封建之失，其專在下。郡縣之失，其專在上。」今郡縣已是末流，封建又不可復，「有聖人起，寓封建於郡縣之中。」亭林欲在全國行封建，使百里長令能自立，愛其子民，治其田疇，繕其城廓。而梨洲的封建只行在邊疆。亭林的辦法有三：

1.尊令長之秩，而授給生財治人之權。（縣內農田、學校、軍事得專斷）

2.慎令長之選，而獎以世官之仕。（三年試令，三年封父母官，三年任終身）

3.罷監司而設郡守與巡方御吏。

縣以下設丞、吏部選授。丞以下設有簿、尉、博士、司倉、游徼、嗇夫，都可自行料理。使縣有大權，可行縣自治。

（四） 鄉族、宗法、封駁以助縣治，分縣之權：

縣雖小，無鄉族等地方制度以佐令丞，也可能廢治。「以縣治鄉，以鄉治保，以保治甲。」、「夫惟於一鄉之中官之備而法之詳，然後天下治，若網之在綱。」、「人聚於鄉而治，聚於城而亂。」可見其反對專制集權，主張分權，重視鄉治之程度。

宗族盛行於先秦封建時代，其可分國君之權。六朝門閥勢足上抗天子，「扶人紀而張國勢」。但封駁制度所能抗君權甚弱。

（五）對專制的另一反抗－法令繁瑣、天子一把抓、行政腐敗：

「法制禁令，王者之所不廢，而非所以爲治也。」

反對天子一把抓：「內外上下，一事之小，一罪之微，皆先有法以待之。」

「一兵之源，一財之源，一地之守，皆人主自爲之也。」人才不得，志不申也。

上下「以虛文相應酬」，官不管政事，一切付之胥曹。「胥曹所奉行者不過以往之舊牘，歷年成規」，此即現稱之「科員政治」。

他仍反對法治，主張人治。「法令者敗壞人才之具」。

明代中葉以後，王陽明之學興盛，在知識份子學術界，大家暢論致良知、心性之學，但對民生疾苦和國家危亡都視而不見，高談闊論，無救國良策。在顧炎武看來，明朝滅亡，正是王陽明思想誤國的必然結果。（＜日知錄・夫子之言性與天道＞）此說也許過於武斷。另一實例，台灣在兩蔣的「反攻大陸」時代，不也高舉王陽明思想（國軍必讀，三軍大學必考），思想如「憲法」，有很寬的解釋空間吧！或可以應不同時代，做不同解釋。

5.顧炎武論政重實際，故批判理學，改革明代科舉，談談他對這方面的主張。

顧氏除批判理學外，對實際政治制度也頗多著墨。亭林論政頗重正風俗，養人材二事。深斥明代科舉，敗壞人才，甚於始皇之焚書坑儒。

（一）科舉所生之弊端：

「合天下之生員，縣以三百計，不下五十萬人，而所以教之者僅場屋之文。然求其成文者數十人不得一，通今知古可爲天子用者數千人不一。」綜其爲害有四：

1.亂政：生員出入公門，武斷鄉曲。與胥吏結，或爲胥吏。官府一拂其意，則群起囂?鬨，以殺士坑儒相誣謗。

2.困民：天下之病民者鄉宦、生員、胥吏。在民間不做事光吃飯，「生員於其邑人無秋毫之益而有丘山之累」。

3.結門戶：生員登科就師友相結交，「書牘交於道路，請託徧於官府」，小則亂政害民，大則立黨傾軋，取人主之柄而顛倒之。

4.壞人才：生員不治經史有用之學，專讀時文無益之書。壞敗天下之人才。至「士不成士，官不成官，兵不成兵，將不成將」，寇亂外患乘之來。

亭林對明代科舉的結論：廢天下之生員，而「官府之政清，百姓之困蘇，門戶之習除，用世之才出」。

依顧氏觀點，廢除科舉考試，則政治得以清明，百姓之痛苦得解除，黨派鬥爭自然消失，國家所需的人才會一一浮現。這恐怕是過於樂觀了，不過他對科舉改良也提出見解。

（二）對科舉之改良：

1. 行推荐之法，以另闢出身之路，則人才可興。

補充資料：顧炎武政治思想

明代之患大約與宋同，岳飛說張所曰「國家都汴，恃河北比為固。苟馮據要衝，峙列重鎮，一城受圍，則諸城或撓或救，金人不敢窺河南，而京師根本之地固矣」。文天祥曰，「本朝懲五季之亂，削除藩鎮，一時雖足以矯尾大之弊，然國以變弱。故敵至一州，則一州破，至一縣，則一縣殘。今宜分境內為四鎮，使其地大力眾，足以抗敵，約日齊奮，有進無退。彼備多力分，疲於奔命，而吾民之豪傑者，又伺間出於其中，則敵不難卻也」。嗚呼，世言唐亡於藩鎮，而中葉以降，其不遂並於吐蕃回紇，滅於黃巢者，未必非藩鎮之力（《日知錄》卷九＜藩鎮＞）。

昔者河東之折，靈武之李……自五代來，世有其地。二寇畏之，（宋）太祖於是俾其世襲。每謂邊寇內入，非世襲不克守；世襲則其子孫久遠家物，勢必愛吝，分外為防……議者以太祖之懲五季，而解諸將兵權，為封建之不可復。愚竊以為不然，夫太祖之不封建，特不隆封建之名，而封建之實，固已默圖而陰用之矣（《日知錄》卷九<藩鎮>）。

而天下治矣……封建之失，其專在下，郡縣之失，其專在上。古之聖人以公心待天下之人，胙之土兩分之國。今之君人者盡四海之內為我郡縣，猶不足也。人人而疑之，事事而制之。科條文簿日多一日，而又設之監司，設之督撫。以為如此，守令不得以殘害其民矣。不知有司之官凜凜焉救過之不給，以得代為宰，而無肯為其民興一日之利者。民烏得而不窮，國烏得而不弱，率此不變，雖千百年而吾知其與亂同事，日甚一日者矣（顧亭林遺書彙輯，《亭林文集》卷一<郡縣論一>）。

天下之人各懷其家，各私其子，其常情也。為天子為百姓之心，必不如其自為，此在三代以上已然矣。聖人者因而用之，用天下之私，以成一人之公，而天下治。夫使縣令私其百里之地，則縣之人民皆其子姪，縣之土地皆其田疇，縣之城郭皆其藩垣，縣之倉廩皆其囷。為子姪，則必愛之而勿傷。為田疇，則必治之而勿棄。為藩垣囷，則必繕之而勿損。自令言之私也，自天子言之，所求乎治天下者如是焉止矣，一旦有不虞之變……於是有效死而勿去之守……非為天子也，為其私也，為其私，所以為天子也（《亭林文集》卷一<郡縣論五>）。

2.立「保身家」之爵，聽民得買，則士流不雜。

3.改良科舉，限名額，重實學。

此種立論平平，無甚高見。惟顧黃二家不同。

黃梨洲	顧炎武
改革生員學校，使天下是非、政事，以京師郡縣學校之公論爲標竿。	斥亂政敗俗之生員。
曰：「世亂則學士大夫，風節凜然，必不肯以刀鋸鼎鑊損立身之清格。」	曰：「士大夫之無恥，是謂國恥。」

（三）對理學的批判：禪學、儒學與經學

顧氏認爲，所謂「宋明理學」，都是「禪學」，而非「儒學」，所謂的「儒學」乃正統之「經學」。科舉考試所考的盡是一些無用的禪學，國家之人才盡去談佛道禪，講些空論，國家焉有不亡？正本清源回到原點才能救國，這個原點是儒家思想中的經世致用之學。他給黃梨洲的信中說：

> 積以歲月，窮探古今，然後知後海先河，為山覆簣，而於聖賢六經之旨，國家治亂之源，生民根本之計漸有所窺…近世號為通經者，大都皆口耳之學，無得於心，即無心得，當安望其致用哉？（轉孫廣德、朱浤源，《中國政治思想史》，p406）

禪宗自唐代六祖慧能以來，漸漸融入儒家思想，但在顧氏看來，禪學空論適足以誤國誤民。惟目前台灣的佛教盛行，其中一支「中台禪寺」大倡禪宗，說禪宗可以救國救民，救社會於沉淪。吾人以爲，亡國的責任應該是內求於「心」，而非探求於「外」，才有答案。

6. 在明末清初所有思想家中，有一位無可妥協的民族主義者，他是王夫之，他對封建、郡縣等制度也有許多高論。

（一）王夫之（1619 年~1692 年）

字而農，號薑齋，學者稱船山先生。萬曆四十七年生，康熙三十一年卒。明亡後（永歷元年，1647 年），起爲行人司（如今之外交官），後知不可爲。

歸隱著書，自題墓銘：「明遺臣王夫之之墓」。

著《黃耆》、《噩夢》、《讀通鑑論》、《宋論》。

（二）船山論制度，基於社會進化論（第一義）

駁斥退化說，「謂古人淳樸，漸主澆僞，則至於今日，當悉化爲鬼魅矣。」人類社會是一發展過程，天下之勢跑不了是離合治亂。

封建變到郡縣，是理勢必然所致，亦是政治進步，非始皇有意破壞三代古法。此與黃梨洲欲復方鎭，顧亭林域寓封建於郡縣中都不相同：

三代世及之禮，到戰國僅存無幾。於是「分國而爲郡縣，擇人以尹之。郡縣之法已在秦先。」秦滅七國，非盡滅三代之封也。「則分之爲郡，分之爲縣」

重視歷史演變，反對人爲之因革，「漢以後之天下，以漢以後之法治之」，理勢變制度也變，「春秋以前，勢理未變。故列國之弊雖極，而二帝三王，莫之能改。戰國以後，勢理已變。故七國不能自存，而始皇得私天下。秦漢之際，郡縣之理初具未全，封建之勢已衰而未盡。而始皇「暴裂之」而國祚不長。」

船山能著眼於政治進化客觀之事實，已有歷史家的科學眼光。他的學術實在黃、顧二人之上。

（三）船山論制度第二要義：一代的政治制度自成一體系，不要雜揉：

「一代之治各因其時，建一代之規模，以相扶而成治。」

「禮樂刑政，均四海，齊萬民，通百爲者也。以一成純，而互相制裁。舉其百，廢其一，而百者皆病。廢其百，舉其一，而一可行乎。」舉三事爲例：

1.選舉爲例：

「郡縣之與封建殊，猶裘與葛之不相沿矣。…」

故封建選舉之法不可行於郡縣也。

2.井田爲例：（含限田、均田、王田）

秦漢之後，封建天下的井田、限田、均田都不可行，「封建天下，天子僅有其千里之幾，且縣內之卿大夫分以爲祿田也。諸侯僅有其國也，且大夫分以爲祿田也。大夫僅由其采邑，且家臣遷食其中也。士幾有代耕之祿也，則農民亦有其百畝也。皆相若也。天子不獨富，農民不獨貧。相彷相差而各守其時。」而郡縣天下富貴擅於一人，其根本精神在「私」和「不平等」。船山認定自謀其生爲人類之本能，井田廢後，爲政者當任人各遂其「私」，而民之生理自得：「人則未有不自謀其生者也。上之謀之，不

如其自謀。上爲謀之，且弛其自謀之心而後生計愈蹙。」此很有現代私有財產制的觀念。

徹底推翻王莽王田「普天之下，莫非王田」，而說：

「天無可分，地無可割。王者雖天之子，天地豈得而私之，而敢貪天地固然之博厚以割裂爲己土乎。」

「王者能臣天下之人，不能擅天下之土。」土地非天子能私有。

井田能行於封建天下，不能行於郡縣天下的道理：「井田之法，私八家而公一。君與卿大夫共食而君不敢私。惟役民以助耕，而民所治之地君弗得而侵焉。民之力上所得而用，民之田非上所得而有也。」

筆者按：三代乃實行「公私財產混合制」，人民各能保有私有土地，但也只有九分之一土地是公產。從天子到百姓都能均分到「大餅」的一部份，故井田制能行於三代的封建天下。

秦漢以後，廢封建井田，行郡縣。結果天下臣民土地都成爲天子的私有財產，富貴集於天子一人，百姓土地隨時受到天子巨室的侵奪，故行井田、限田、均田均不可行，因其無法。按船山之意，秦漢後的郡縣時代，似「各遂其私」－行私有財產制，不要公有制。

3.兵農爲例：

三代寓兵於農，行兵農合一制，其可行之理由：「戰術未精，殺伐未烈，所謂兵者，固猶農也。」

「古之用兵者以中國戰中國，以友邦戰友邦，以士大夫戰士大夫，即以農人戰農人，壤相接，人相往來。」其戰，只是農人相爭，爭雞犬而揮拳。無生死兩不立之情節。故兵農可不分。

到了戰國，「吳起、暴鳶、白起、尉繚之屬以兵爲教，以戰爲學，以級爲賞，以俘爲功。一戰而捷，騈死者數十萬。」兵戰已是專門學問，非農所能勝任，兵農兩分，不可合了。

再以後，「兵而使之爲農，則愛惜情深，兵之氣餒。」對鄉土綣戀，不能打仗。「農而使爲兵，坐食習成而農之氣狂，伏兵必起爲盜。」農兼兵使國弱，兵兼農使兵弱。

船山之意，「宰天下者因其可兵而兵之，因其可農而農之，民不困，兵不枵」。

船山論制度，不因襲古人，不唱高調。就事實以立原理，接近現代觀念（亦人情、人性上的事實），尤其論法治、井田、兵農，爲兩千年中鮮有其右（三代到明）。可自成一家而無愧。

7. 說王船山是無可妥協的民族主義者，一定是獨到且精彩。請陳老師講述王氏民族思想及現代意義。

王氏本民族本位觀與歷史觀，大倡民族主義，重視種族之界限，大大有別於中國傳統的文化觀，這是現代民族主義的基本觀點。對救晚清以來中國之弱，助力很大。

（一）種族自保自固是自然界的普遍定律：

下至微蟲，上至人類，都受此規律支配。政治組織之基本作用，即在保類衛群。「今夫玄駒之有君也，長其穴壤，而赤蚍非?之窺其門者必部其族以噬殺之，終遠其垤，無相干雜，則役眾蠢者必有以護之也。」

蟻類如此，人類亦然。「民之初生，自紀其群。遠其沴害，擯其夷狄，建統惟君。故仁以自愛其類，義以自制其倫。」

（二）依此普遍定律來衡量：

兩漢以前的政權，雖或也有家天下而私一姓，但就民族自主標準看，合乎衛群保類宗旨，尚可稱天下爲公：「是豈有私神器以貽曾玄之心哉」。

但中夏衰微，肇始於秦，大肆其心，盡忘保類保種之責任：「詹詹鑿陋，未嘗迴軫神區而授立靈族。」所幸漢興，沉淪之禍暫免。

延至宋，忘種自私之弊政，是結局：「宋以藩臣，暴興鼎祚」、「卒使中區趨靡，形勢解散。一折而入於女真，再折而入於韃靼。」

「生民以來未有之禍，秦開之而宋成之也。」「盡王道泯絕而春秋之所大憖也。」

（三）從地理環境解釋，先有種類之差別，再生出文化上之區別：

「夷狄之與華夏所生異地，其地異，其氣異矣。氣異而習異，習異而所知所行蔑不異焉。」、「是故聖人審物之皆然而自畛其類，尸天下而爲之君長，區其靈冥，湔其疑似，乘其蠱壞，峻其墉廓，所以絕其禍而使之相捄。」可見保種大防自裂，禍亂隨生。

（四）中國不容夷狄侵犯，意義有二：

1.中國疆土之不可侵犯：

從地理區分民族，「中國之形如箕，坤維其膺也。山兩分而兩迤，北自賀蘭，東垂於碣石，南自岷山，東垂於五嶺，而中爲奧區，爲神皋焉故裔夷者如衣之裔垂於邊幅，而因山阻漠以自立。

地形之異即天氣之分，爲其性情之所便即其生理之所存。」拓拔氏、完顏氏都因遷離而敗亡。

夷狄遷地不良之故，「夷狄所恃以勝中國者，朔漠荒遠之鄉，耐饑寒，勤致富，習射獵，以與禽獸爭生死。故粗獷悍厲，足以奪中國膏粱豢養之氣。而即入中國，沉迷於膏粱豢養以棄其故，則乘其虛以居其地者又且粗獷悍厲以奪之。」

2.中國文化不容侵犯：異族仿行中國制度，乃自取滅亡：

斥慕容寶：「夷狄而效先王之法，未有不亡者也。…父驢母馬，其生爲羸。羸則生絕矣。相雜而類不延，天之道，物之理也。」

論石勒與拓拔曰：「天下所極重而不可竊者二。天子之位也，是謂治統。聖人之教也，是謂道統。」竊道統與治統，都受罰於天，亡也。

王氏論漢傅介子誘斬樓蘭王之事，謂：「夷狄者殲之不爲不仁，奪之不爲不義，誘之不爲不信。」、「信義者人與人相與之道，非以施之夷狄。」

中國文化絕對高於夷狄，真是偏激痛快。

但文明不會永存，因爲「天地之氣衰旺，彼此迭相易也。」中國亦有退爲夷狄之可能，故君臣上下共本保類衛群之旨，使其不墜。是二千年中最徹底的民族思想，最積極的民族思想。

把王氏的民族主義放在近代歷史印証，不論西方或近代中國，都仍合於歷史事實。是故，孫中山先生的三民主義首言民族主義，認爲是「國家求生存，種族求發達的寶貝。」（＜民族主義＞，第三講。）王船

山早二百年如是觀，真是慧眼英雄。

綜合船山政治思想，有兩個重點。其一是居於歷史進化論之觀點，每一時代的政治制度要隨著時代進步，自成一新體系。其二是以種族和血緣關係爲準的民族主義，各民族在自己的「地盤」上生存，若異族入主中國，終必亡其國，成爲中國的一部份。故異族入侵中國，實在是自取滅亡。

補充資料

王船山對於法令滋章，極其反對。蓋因「律簡則刑清，刑清則罪允，罪允則民知畏忌」，然而「法之立也有限，而人之犯也無方，以有限之法，盡無方之慝，是誠有所不能該矣。於是而律外有例，例外有奏準之令，皆求以盡無方之慝，而勝天下之殘，於是律之旁出也日增，而猶患其未備」。法令如毛，其結果如何？船山說：「律之設也多門，於彼於此，而皆可坐，意為重輕，賄為出入，堅執其一說，而固不可奪，於是吏與有司爭法，有司與廷尉爭法，廷尉與天子爭法，辨莫能折，威莫能制也」（《讀通鑑論》卷四＜漢宣帝＞）。

繼船山之後，以民族思想鼓動人心者，有呂留良（號晚村）。他的著作，前清列為禁書，今所存者不過數種，即此數種，臺灣亦不之有。留良嘗說：「孔子何以許管仲不死公子糾而事桓公，甚至美為仁者，是實一部春秋之大義也。君臣之義固重，而更有大於此者。所謂大於此者何耶，以其攘夷狄、救中國於被髮左衽也」（引自梁啟超著《中國近三百年學術史》，中華書局版一七四頁）。其後，有曾靜者因讀留良之書，大受感動，雍正初年，曾靜勸川陝總督岳鍾琪革命，事洩，留良剖棺戮屍，子孫族滅，門生故舊株連無數，留良所有著作焚毀殆盡（參閱梁啟超著《前揭書》一七四頁，蕭公權著《中國政治思想史》臺灣版六四〇頁以下）。

8. 雍正皇帝刊行《大義覺迷錄》，為反制民族主義，並涉及呂留良、曾靜和張熙等人的民族思想，其實情如何？

(一) 時代、背景和人物：

呂留良，字用晦，號晚村。崇禎二年生，康熙二十二年卒。（1629~1683）與梨洲交游久，避不仕清。寄情詩文，發明洛閩之學，編輯朱子書，大聲疾呼民族思想。著書五十餘種，大多列清代禁書總目。

曾靜，號蒲潭。見晚村夷夏論，與徒張熙欲利用川陝總督岳鍾琪叛清，岳舉發之。牽連多人，曾、張雖得雍正「有條件」特赦，但高宗即位便加殺害。民族運動至此全歸失敗。

（二）呂晚村政治思想：（在《大義覺迷錄》，曾靜供詞等可見一些）

1.基於一貫排滿的民族思想，不承認滿洲政權。稱清「或曰北，或曰燕，或曰彼中」。

2.專制政體，禍害生民，更大的流毒是瓦解夷夏之防，使中國之儒者自陷於被髮左?而不自覺。「自秦漢後許多制度」、「本心卻絕是一個自私自利，惟恐失卻此家當」，後儒不明春秋，尊君好利過甚，竟至事異族，而假借程朱道統爲掩飾。

3.爲朱子申辯：

夷夏之防已潰，仁義之本不立，此非朱子之本來面目乃元代儒家厚誣前人。「故紫陽之學，自吳許以下已失其傳，不足爲法。」

（三）雍正反民族思想策略：

特赦曾靜、張熙罪行，刊行《大義覺迷錄》以駁斥呂晚村。令曾撰歸仁說，自表其民族思想之錯誤。大端有四：

1.立君在德，不應有地域歧視：

「生民之道，惟有德者可以爲天下之君。」、「撫我則后，虐我則仇。」清之開國正合有德受命之標準。且流寇亡明，生民塗炭。清則定亂安民，「有造於中國大且至矣」，怎能視之夷狄。

2.文化有高下之分，道德無種族之別：

「本朝之爲滿洲，猶中國之有籍貫。舜爲東夷之人，文王爲西夷之人，曾何損聖德。」、「三代以上之有苗荊楚玁狁，即令湖南、湖北、山西之地，在今日可目爲夷狄否。」，且韓愈有言「中國而夷狄則夷狄之，夷狄而中國則中國之」。

3.君臣之義不可悖亂：

「從來君上之道當視民如赤子，臣下之道當奉君如父母。若爲子之人，其父母雖待之以不慈，尚不可疾怨忤逆，況我朝之君實盡父子斯民之道乎。」、「夫人之所以異於禽獸，以有此倫常之理。」，五倫之所謂人倫者，非因華夷以區別人禽也。徒辨華夷，而悖亂君臣，自陷禽獸也。

4.倒滿復明運動缺乏根據：

「明之太祖即元之子民。以綱常倫紀言之，豈能逃篡逆之名。至於我朝之於明，則僅鄰國耳。且明之天下喪於流寇之手。」「我朝統一萬方，削平流寇。」

小結：

雍正之論，不過牽附中國古代華夷舊說，拾宋明理學牙慧。不能駁春秋內外之義，故高宗即位就不用了。

9. 明末清初的思想家而能在滿清朝廷為官，他定有不同的言論，此人是唐甄，陳老師談談他的政治思想。

明朝滅亡那年，唐甄是個十四歲的少年，「大明」對他的記憶應該尚未深刻或成熟。故他的思想重民本，輕民族，能在滿清爲官。

（一）唐甄（1630 年~1704 年）

原名大陶，字鑄萬，號圃亭。崇禎三年生，康熙四年卒。順治十四年舉人，仕知縣，昌養蠶事業。著《衡書》（又名《潛書》）。其政治思想論心性，談事功，主張改革，也有獨到之處。

（二）基本政治思想：

梨洲重民本輕民族，唐氏更進之，大倡養民說而仕於清廷。其學，直宗陽明，遠承孟子。論學主致用，論政主養民。而漢儒明道不計功，宋儒精研心性，都加以反對。以爲「儒之爲貴者，能定亂除暴安百姓也」。「古之聖人，言即其行，行即其言；學及其政，政即其學。」

評程朱，「程朱講學而未及爲政，故其言學可師也，其言政皆可疑也」。

評佛老，「釋老出家，尤不足以爲正學」、「釋出天地之外，老出人外。

眾不能出天地外，不能出人外。一治一亂，非老釋所能理。是以乾坤管鑰專歸於儒。」

按唐之意，修身－平天下都是一體的，其一未成，即未成。

（三）政治和行政之目的在養民：

「官有百職，職有百務，要歸於養民。」亂是民未得養。虐政極行，家中無米，民無所顧。開始一人爲竊，十人爲盜，千百爲賊，數萬成軍，稱帥稱王。「若茅屋中有數石粟，數匹布，婦子飽暖，相爲娛樂，」，誰去爲禍？此說與現代中產階級論頗相近。

仁政不行，民不得養，貪吏爲害，無心惠民也是原因：

「天下雖治，人皆以爲民難治也。不知難治者非民也，官也。」

「雖有仁政，百姓耳聞之而未嘗身受之，此非有司之故，而悉故哉。」

當官的心理在無心從公，事不關己之私，爲吾國固弊：

「我在其間，一旅客之信宿耳。土地非我之產，府庫非我之藏，人氏非我之族黨，於我何有焉。」、「心不在民，田園荒蕪，廬舍傾倒，而不一顧也。」朝廷所望牧民之人，大官小官，皆如此。

（四）對專制政體的攻擊：

君是禍害之源，「治天下者惟君，亂天下者惟君，治亂非他人所能爲也，君也。」小人奸雄能亂天下，是君用之也。

專制正體難有良君出現：天生賢也難，豪族貴家子孫鮮有賢者。何況帝王世家，生性驕縱，豈能成賢。十數世有二三賢已算多，餘非暴則闇，或辟或懦。這其實是生人之常。

君病日重，權力愈多，「爲上易驕，爲下易諛。君日益尊，臣日益卑。」推翻秦代以後所以專制帝王，「自秦以來，凡爲帝王者皆賊也。」設與妻對白，半路殺人搶東西是賊乎？是賊。「三代以下善者莫若漢，然高帝屠城陽，屠穎陽，光武帝屠城三百。」殺盡天下，佔有全部財富，是賊。以養民者而殺人，若設正刑，則「百其身不足以抵其殺一人之罪」。

可嘆乎！專制政權問題多，非人所能爲，非天所能爲，故秦漢以來帝王都是賊。真是對專制天下最大評擊，惜受環境限制，不能由民本進到民主。但他的思想如孟子，貴民輕君，提高臣民的地位，有傲視君主的氣魄，也是可敬。

輯 36：清代前半政治思想消沉與太平天國政治思想

1. 陳老師，談清代政治變遷時提到清朝上半段，是了不起的太平盛世，為何政治思想消沉？到中葉碰到太平天國，政治思想有何轉變？

（一）清庭爲消滅漢民族的民族精神，使用兩種政策：

1.積極籠絡方面：

對一般平民：減免租稅（康熙五十年後出生人丁永不加賦）、解放賤民。

對士大夫：徵山林隱逸、開博學鴻詞、興科舉、開史館、求遺書、表章程朱、編纂書籍。

2.消極壓制方面：

下令薙髮，孔聞漂亦難違。科場獄。文字獄。多立忌諱，約束文人。禁立社結盟。禁學者與師辨論。禁上書諫言。焚書篡改史實。

此種政策比秦始皇焚書坑儒厲害，到「雍乾以來，志節之士蕩然無存」。有思想有才能者，惟寄之考古，或徜徉山水，及應酬之作。

下焉者騖心科名，頌諛獻媚，博取功名。政風頹廢，政論消沉，民族元氣傷亡不起。

但對清廷政局也有負作用，龔自珍於嘉慶二十述當時社風：「左無才相，右無才史，閫無才將，庠序無才士，隴無才民，廛無才工，衢無才商。」此似言過，但世風之消沉屬實，亦對專制之嚴厲批判。

（二）太平盛世日子好過：

「太平盛世人民日子好過」原是好事，爲何也是導致政治思想的消沉原因之一。這可能未必有理論依據，只是人類社會的一種「現象」，百家齊放都在動亂之世，太平盛世又成了「一言堂」，大家歌功頌德，吃香喝辣，日子好過，也就無心去發展「思想」問題。清代上半一方面民族思想被消滅的差不多了，再者也是盛世，沒有刺激，沒有反對，更沒有反動。直到太平天國，滿清朝廷才突然警覺問題來了。

（三）消沉時期的一點生氣：

尙有部份冒不測之禍而發議論，有查嗣庭、陸生柟、方苞、杭世駿、汪縉、余廷燦、洪亮吉、包世臣、管同、龔自珍等爲最。有兩類：

1.反對專制，或積極申民之貴，或消極抑君主之尊：

汪縉（雍乾間人）;「以憂民憂，樂民樂，王道始終之大端也。」

余廷燦（雍乾嘉人，進士）:「以民衛民，非用民而爲民用也，此天地之心。」

陸生柟（雍正時卒）：專制天下之害，「至於今日，害深禍烈，不可勝言，郡縣故也。」攻擊專制，「人愈尊，權愈重，則身愈危，禍愈烈。」

方苞（康、雍、乾，進士）：魏晉以來，「雖亂臣盜賊闇姦天位」皆泰然自任而不疑。其暗諷唐宋以後之君妄自尊大，自命爲賢。

龔自珍（乾、嘉、道，進士）：專制之天下，「震盪摧鋤天下之廉恥」以至於盡。

2.議論時政：

陸生柟：論及人主、相位、臣儲、兵制、無爲等，大體評雍康政治。杭世駿（康、雍、乾人）：滿漢畛域不可太分。

洪亮吉（乾、嘉人）：吏治敗壞，和紳用權，導致八卦白蓮教亂。

包世臣（乾、嘉、道、咸）：主張變法：

1.革新科舉，廢八股，改以經術時務策士。

2.限制君權，設給事中，封駁朝廷詔敕。

3.發揚士氣，通達民情，國學生得議大政大獄。

清初盛世亦爲政治思想的消沉時代，不僅和!社會環境有關，也和地緣環境有關。中國歷史上多數朝代的前半，都是較爲和平安逸，整個內部環境自成一個「內需體系」，清初也是一樣，因而外力（指西洋思想）進不來，必待太平天國打破了內在的平衡體系。動亂於焉發生，外力藉機滲透進來，清代中葉以後，中國政治思想才有了「質變」的機會。

2. 先談談太平天國形成的背景和失敗的原因。

（一）形成背景：

1.以基督教義相號召：

是中國第一次受外來文化激動而引起的思想革命。其內容、目標理想雖不足建立現代國家，但歷史意義重大。洪秀全（嘉慶十八年生，同治三年自殺，1812-1865），「每見書中有全字，則輒以爲是指其本名秀全」。如舊約詩篇十九篇四節云：「聲聞全世」，彼則解爲「秀全的世界」。此近乎心理學上的妄自尊大，的病態心理

（Megalomania）。太平天國雖以基督教義相號召，但其「上帝會」與新舊約相去甚遠，如「天父天兄」之義，曲解聖經語意。以現代觀之，則甚荒謬。

2.三合會：

是洪門分支。亦爲清代最重要的秘密結社，以「反清復明」爲宗旨。如順治五年天津張氏婦稱「天啓皇后」，康熙十二年北京楊起隆稱「朱三太子」，四十六年雲南李天極稱「明桂王孫」，都與三合會有關。太平軍的反滿運動受三合會影響應可確定。但洪秀全認爲「復明」之在康熙年間尚可，而不適於在二百年後。按其主張，到道光時代當恢復漢土，開創新朝。

3.幹部多出身下層社會：（下層社會民怨的代表）

天王洪秀全
　　　　　　家貧，讀書，屢試不第。
干王洪仁玕

東王楊秀清：「在家種山，燒炭爲業。」

西王蕭朝貴：農人。

北王韋昌輝：監生，曾在衙門。

忠王李秀成：幫工。

天官丞相：奉日昌：與人做工。

翼王石達開：「家富讀書，文武備足」。

從以上背景看，似乎很複雜。只是一群失意而有帝王野心的人，走投無路所搞的「造反」。但因挾著民族主義的氣氛，故能提昇層次成爲革命。而從經濟上看，是當時社會貧富兩極化，下層社會民怨升高所致。

有美國教士 Rev.J.J.Roberts 謂：其領袖不知政府爲何物。

（二）考其失敗原因：

1.政治意識混沌：

即本基督教義，又曲解新舊約。即要復「漢」，又不尊重漢文化，而禁談孔孟書，破壞孔廟。且政教不分。實不倫不類而已。

2.離不開帝王封建觀念，放不下利權享樂：

主張打破階級，男女平等。乃設「男館」、「女館」。但諸王當權後無不嬪妃數十，又將女館女子配給文武官員。洪秀全入南京，乃是帝王態勢。雖名之「共產式的天朝田畝制度」，諸王無不廣植田產，都與革命目標相遠。

3.軍政教相結合，行極權恐怖統治：

政治理想與軍事行動相背，「教」祇一時的迷信。軍事上只有一些「衝擊」、「屠殺」、「流竄」等，談不上戰術。其「眼界」比之中國歷史上大多數開國者太遠了。

4.內訌而亡：

秀全建都南京後，似已躊躇自滿，深居簡出。諸王猜忌殘殺。最後剩下石達開、李秀成。

曾國藩的勝利，實即洪秀全的敗亡，原因相同，成爲勝敗的相對原因。

對人才、人性、時代潮流認識不清，而其關鍵政治思想在對中國文化是否正確認識和認同。曾國藩等人代表清廷，高舉中國文化大旗，而洪秀全在搞「去中國化」，但又曲解基督教義，中不中，西不西，因而失敗。太平天國政治思想對中國近代之影響，還是以恢復民族主義爲要，如＜奉天討胡檄＞曰：

> 予惟天下者上帝之天下，非胡虜之天下；衣食者上帝之衣食，非胡虜之衣食；子女人民者上帝之子女人民，非胡虜之子女人民。……天地山海是所造成，故從前以神州名中國。目胡虜為妖人者何。蛇魔，邪鬼也。惟韃靼妖胡實敬拜之，故當今之妖人目胡虜也。奈何反足加首，妖人反盜神州，驅我中國悉變妖魔也。

吾人比較檄文之精神，其上較之朱元璋之諭中原，下較之以孫中山倡革命倒滿時之民族主義，均不遜色。若朱檄爲中華民族革命第一聲，洪檄承之，孫中山爲第三聲，並固結發揚光大爲中國民族主義，太平天國洪秀全等人其敗也榮。

補充資料：太平天國在政治思想上的特殊意義

士大夫雖多受清廷之恫嚇麻醉，而民間尚有未死之心。滿洲政府之發展至乾隆已盛極而衰。政汙俗弊，國耗民窮。教亂四起，此仆彼興，至道咸豐間遂有洪人楊之亂。揭覆清復漢之旗幟，以天主教義為號召。苟非漢人憤其侮滅孔教，出而相抗，則清社之屋或不俟宣統辛亥。故乾嘉之思想消沉，不啻為二千年專制政治最後之回光反照也。
太平天國自洪秀全定都南京至城破自殺，雖僅有十餘年之存在，而其在政治思想上之意義，及其對近代政治史之實際影響，均頗為重大。蓋太平天國以基督教義相號召，為中土第一次受外來文化激動而引起之思想革命。稽之往古，實無先例。無論其思想內容是否可觀，其歷史上之意義則未容忽視也。洪楊以失意之平民，起事一隅，不逾三年而建都稱王，蔓延及於十省。苟非曾國藩之力征及外人之協助，滿洲政權傾覆，殆屬可能之事。清廷經此嚴重打擊，元氣因以大傷。本已就衰之國勢，此後更趨於微弱。辛亥革命之成功，未始間接非受太平天國之賜。故曰其實際上之影響頗為重大也。（蕭公權，中國政治思想史下，六七四頁。）

補充資料：太平天國起義革命檄文

夫天下者中國之天下，非滿洲之天下也。寶位者中國之寶位，非滿洲之寶位也。子女玉帛者中國之子女玉帛，非滿洲之子女玉帛也。慨自明季凌夷，滿奴肆逆，乘釁竊入中國，盜竊神器……迄今二百餘年，濁亂中國，鉗制兵民，刑禁法雜，無所不至……茲者，三七之運告終，九五之人已出，恭維天父、天兄，大開天恩，命我真聖主天王，降凡御世，用夏變夷，斬邪留正，誓掃胡塵，拓開疆土，此誠千古難逢之際，正宜建萬世不朽之勳。是以一時智謀之士，英傑之儔，無不膽雲就日，望風景從，誠深明夫去逆效順之理，以共建夫敬天勤王之績也……夫滿洲之籠絡漢人，首以官職，爾等試思，凡有美缺要任，皆係滿人補授，而衝繁疲難者，則以漢人常之，使之虧空挂誤，動輒得咎，名雖為官，何異桎梏。若夫陞遷調除，滿人則通問保荐，各踞顯要，一屬漢人，不遭批駁，即受阻隔，縱使功績赫奕，終亦非賄不行。至兵則滿兵雙糧，漢兵單餉，一遇戰陣，則漢兵前驅，滿兵後殿。故每天兵臨壓，立成虀粉，其肝腦塗地，屍首堆山者，惟漢兵最多，而滿兵在後，雖前鋒失利，可鼠竄奔逃，故世俗謂鄉勇為檔死牌，而呼漢兵為替死鬼也。至於頒賞犒賜，則又滿兵多得，而漢兵無與焉。且爾等之所以拋父母、離鄉井、被霜觸、出生入死者，非欲圖建功之名耶？而滿奴於軍中功名，則又無所定準，任是紅藍白頂，皆是虛無假借，故俗以軍功頂戴，謂之「太平消」，蓋以急則興之，緩而奪之也。爾等又何苦以百戰之餘生，而博此虛假之名器乎？且千里徵調，飛符迅急，千山萬水，跋涉從戎，露宿風餐，辛勤畢備，身未建夫功名，生已喪失鋒鏑，良可惜也……

3. 太平天國雖前後維持十四年而亡，但至少曾經建國，且建都南京，據有近半個中國，介紹一下太平天國的政治思想。

從現代眼光看，有些仍很先進，如男女平等；有些很荒謬，如規定人人拜上帝。但在當時仍是驚天動地的，其理想有三：

（一）反清復漢－民族革命：

「太平天國」建於咸豐元年（1851）廣西蒙山縣。奉天討胡檄曰：「滿洲肆毒，混亂中國。以六合之大…中國尙有人乎…夫中國，首也。

胡虜，足也。中國，神州也。胡虜，妖人也。名中國爲神州者何。天父皇上帝，真人也。」

洪氏的民族革命也有一點「國際平等」想法，謂若上帝助而恢復祖國，當使國際間相互尊重平等，不相互侵略等。

（二）奉天博愛－民生主義：

天國政治思想爲一天治神權政體，「天父曰，我差爾主下凡作天王。他出一言是天命，爾等要遵。爾等要真心扶主顧主，不得大膽放肆，不得怠慢也。若不扶主顧主，一個個都難逃命。」

但其宗教思想有二點特別：

1.人民與君長在宗教上平等，都可祭天。「如謂君長方拜得皇上帝，且問家中父母，難道單是長子方孝得父母嗎？」依傳統禮制，惟天子可祭天。

2.天主本人也受上帝督制。這個意義超過「下詔罪己」，與傳統皇帝不受督制之思想。

天下為公思想濃厚，「天下凡間，分言之則有萬國，統言之則實一家」。

天下男人盡是兄弟，天下女人盡是姊妹。何必存疆界之私，不有侵略之念頭。

實現奉天博愛，天下一家政治理想的制度－天朝田畝制度：

「農不能自耕以納賦，謂田皆天主之田也。商不能自賈以取息，謂貨皆天主之貨也。」天下之田分「尚尚」至「下下」九等，不論男女，按口分給人民。

「物物歸上主，則主有所運用」運用重點在：

1.鰥寡孤獨廢疾，不能勤耕服役者，國庫養之。

2.婚娶嘉禮，立有定式，國庫行之。

此類似歐洲初期基督教的共產團體生活：「有田同耕，有衣同穿，有錢同用，無處不均勻，無人不飽暖」。

（三）平等尚賢－屬政治、政權的範圍：

天國各級幹部都是落第士子，深感社會不平等的痛苦：

1.前述天朝田畝制定已見掃除階級，表現選賢與能的精神。

2.天京初定，即開科取士。

3.宗教生活中，按個人才能高下居位。官民升降，都有選舉考績及功罰罪賞二途行之。

雖合尚賢公平之意，但法煩難行。光看太平天國宣示天下的所謂「政治理想」，就民族革命、民生主義和平等精神還是很吸引人的。故能短時間吸引許多人認同，可惜思想必須要落實成制度，領導階層要率先實踐力行，才能可長可久。這部份是太平天國最欠缺，也是最大的敗筆。

輯 37：晚清近代國家的政治思想（一）維新派

1. 清代大變局中，以晚清最為動蕩，近代國家政治思想紛紛出現，陳老師如何介紹此期間的中國政治思想？

晚清在戊戌維新前後到清室結束，爲政局最動蕩而思想最活潑的一段。尤以各類政治思想紛紛展示，在眾多思想中沒有何者爲主流，而是各家併陳，顯得分歧亦複雜。以下介紹康有爲、譚嗣同、梁啓超、馮桂芬、張之洞、何啓、胡禮垣、嚴復、章柄麟等，及孫中山在興中會和同盟會時期政治思想。先談談戊戌維新形成的歷史背景。

（一）滿清風氣閉塞：

如乾隆五十八年英國使臣馬戛爾（Earl of Macartnty）來華交涉通商、傳教。諭英王「與天朝體制不合，斷不可行」、「華夷之辨甚嚴」。此時，爲 1793 年，距西洋教士初到北京已過 200 年。朝廷對世界大勢如井蛙觀天，一般學者更閉塞，魏源論天主教更荒謬。

（二）外患刺激，打破天朝迷夢：

如 1840 年，鴉片戰爭

1858 年，英法聯軍陷北京。

1894 年，中日甲午戰爭。

此期也叫自強運動（或稱：洋務運動、西法模仿、同光變法），歷時五十四年。

此期間亦有內亂：如太平天國、回亂等。

（三）同光變法內容：

總理各國衙門、同文館、派使臣出國、留學歐美、江南製造局、電報局、海事衙門…。從此「天下」觀念動搖，現代國家觀念才產生。帝國主義侵略雖罪無可逭，但有可學習之處。

李鴻章在同治十一年（1872 年）的「籌議製造輪船未可裁撤摺」內說：「自強之道，在乎師其所能，奪其所持耳！況彼之有此鎗砲輪船也，亦不過　創制於百數十年間，而浸被於中國已如是之速，若我果深通其法，愈學愈精，愈推愈廣，安見百數十年後不能攘夷而自立耶？」於是展開一系列自強變法運動，亦稱同光變法或洋務運動。實際上並未變「法」，甚至和「法」無關，不過開些機器工廠，或買些船艦，北洋艦隊即此時成立。因未變「法」，故最後是失敗的。

（四） 但同光變法終於失敗，其原因：

1.頑固黨阻撓太甚：

僅少數支持新政，餘絕大多數士大夫乃守華夷門戶，對當時國際仍無所知。如中興名臣曾國藩竟不能納戈登整頓武備之言；中興名將彭玉麟至謂洋槍呆笨，洋務有不必講者；而大學士倭仁痛惡西學。

2.承辦維新者認識不足：

只知物質文明的富強之由，不知政教制度又爲物資文明之基礎。

嚴復、郭嵩燾較能明白其中道理。

小結：

戊戌維新的歷史背景：在滿清風氣閉塞、外患內亂刺激，同光變法雖敗亦有影響等方面。但總的言之，由同光變法運動孕育而成。

然青出於藍，後來居上。同光變法僅知西器可用，西技當師。到戊戌兼知政教。昔朝廷愚昧，舊黨頑固，又歸失敗。

同光變法失敗，甲午戰爭再敗，戊戌維新運動再起。康、梁等人力倡變法，要救中國非改制變法不可，不變法要亡國，不亡國就得變法。

最後又有戊戌變法，是我國二千多年專制政體中最後一次變法。

<u>2. 康有為是戊戌維新始倡者，也是維新健將，首先談談康氏的基本政治思想。</u>

（一） 康有爲（1858 年~1927 年）

原名祖詒，字廣夏，號長素。生咸豐八年，卒民國十六年。

宗程朱，有志爲聖人。學於朱次琦，朱氏稱九江先生，主融通漢宋。

演禮運大同說，合春秋三世之義，兼採西洋，著《大同書》。

（二） 以孔子爲萬世不祧之教主與素王：

六經爲教主改制之教之主張，春秋是秦王所修萬世之憲法。

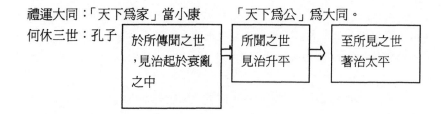

禮運大同：「天下爲家」當小康　　「天下爲公」爲大同。

何休三世：孔子 於所傳聞之世，見治起於衰亂之中 ⇒ 所聞之世見治升平 ⇒ 至所見之世著治太平

故三世：據亂世→升平世→太平世

（三）孔子爲三世之憲，兼備成文與不成文憲法：

「今各國之憲法，眾人修之。春秋之憲法，一聖修之。今各國之爲憲法，限於其一國，及其一時。春秋之爲憲法，則及於天下後世。」孔憲博大悠久之原因：

1.「大義」法（即成文憲法）：

「二千年來帝皇卿士動作典禮，皆行春秋法，若大居正，大一統…奉爲憲法實行之。」已沿成例。此據亂世憲法，行於專制天下。

2.「微言」法（即不成文憲法）：

「孔子以匹夫制憲法，貶天子，刺諸侯，故不能著之書而口授弟子。師師相傳，以待後世。」此升平，太平之憲法，行於升平太平之時。

（四）康氏政治哲學要義有五：

1.孔子爲天下萬世制憲法。故立國撥亂政治之道，無待於外求。

而西洋各國古今之政治，實際與孔學相融合。

2.政治社會爲一由亂至治之進化程序。

時已至則法隨以變，時未至則不能躐等。

3.社會進化之秩序：據亂世→小康升平→大同太平。

4.中國自秦漢到明清，是由據亂達於升平，當用小康之法治之。

5.大同爲人類最後之歸宿。

康氏一生政治哲學均本此未改，也是他的基本政治思想，惟上述略說似不易懂。康氏以爲，人類社會是不斷進化的，當時嚴復已翻譯「進化論」，康氏可能受到影響。進化的軌跡是據亂世→小康升平世→大同太平世。他說：

三世為孔子非常大義，托之「春秋」以明之。所傳聞世托據亂，所聞世托升平。所見世托太平。據亂者文教未明也；升平者漸有文教；太平者，大同…文教全備也。（春秋董氏學）

康氏三世之說不夠清楚明白，似可解讀成君主專制時代是亂世，君主立憲時代是小康，民主共和時代是大同。這也不通，二千年專制時代都成了亂世，而民主共和（大同）根本遙遙無期。

觀康氏基本政治思想，不僅在傳統舊思想中打轉，且對「客觀世界」的認識過於主觀。這也難怪到民國六年時，康氏乘亂與張勳、王士珍等一批滿清遺老，至清宮奏請清廢帝復辟，改民國六年爲宣統九年。所幸者，他在晚清是個維新派，維新變法還是有他的歷史地位。

3. 康有為政治思想雖過於主觀，但他對「大同理想」的實現充滿著熱情，也有實行的政治綱領。自古以來，大同皆止於理想，也可見思想家的天真可愛。

康氏的大同理想之實現，透過政治和社會兩套制度完成。政治制度要「破國界」，社會制度破「種、家」等八界。

（一）政治制度方面破國界：

1.康氏以制憲自任，「合國有三體，故大同有三世」。

（1）各國平等聯合之體。如春秋之晉楚，今希臘。「聯合之據亂世之制」也。

（2）聯邦受制於公政府之體。如齊桓晉文，德意志。「聯合之升平世之制」也。

（3）去國界而世界合一之體。如美國、瑞士之聯邦。「聯合之太平世之制」也。

2.立表以明綱領（實施步驟）：

（1）設「公議政府」：職務有維持國際和平與準備大地聯合二端。

前者：弭兵制暴、議定各國公律、平均關稅。「各國有大破文明及公共安樂，背萬國公法者」，得調合各國兵力禁之。

後者：統一語言、文字、度量衡，建立公政府海軍武力。

（2）進而設「公政府」：約有廢國、廢軍、廢兵、同文、共曆等項。

（二） 社會制度方面破另八界：

1.級界（貴賤）：「賤族」如印度首陀，「奴隸」，「婦女」指男女平等。

2.形界（男女不平等）：男女在政治、社會上的不平等均破之。

3.種界（人類的黃白黑）：破除之法有三，「遷地」、「雜婚」、「改食」。

4.家界（私父子夫婦兄弟之親，最難）：

（1）家有其利，但有其害，其害有三：

「家族托根於私愛，私愛必妨公理」，其一。

「家庭之範圍及能力均不廣，所教個人不能得充分身心發展」，其二。「家庭倫理似甚優美高尚」，亦有虛僞之極，其三。

（2）破除之道（另建制度）：逐漸廢棄私養、私教、私恤。代之以

「公養」：寄於「人本、育嬰、懷幼」三院。

「公教」：寄於公立的「蒙、小、中、大」四個學院。

「公卹」：寄於公立的「醫疾、養老、卹貧、養病、化人」五院。

5.破業界（農工商之產）：「公農、公工、公商之制」、「其所生產物質均歸公配。一切商業，均歸公管」，

6.亂界：破不平不通不公之法，立大同之政制。

7.類界：破人與動物之別，推仁民以愛物。

8.苦界：發展物質文明，極人生之樂。

其內容不免荒誕可笑，但論康學不能少。人類之最後，「神仙者大同之歸宿」、「神仙之後，佛學又興」，於是大同教主由儒轉墨，歸入老釋。

主張甚爲玄虛，不僅主觀，而且像是一個人坐在金字塔中想像，描繪出大同之世的夢境：

第一、天下爲公，沒有階級，眾生平等，無貴賤貧富等差。無人神之別，亦無男女之別，人人不須操勞，永遠過著幸福美滿的日子。

第二、國家機器全都不存在了，不需要軍隊和監獄，人人享受著和平、安全和平等的生活。全球已經合成一個政府，沒有戰爭（因爲沒有國家、軍隊），各地方自行治理。

第三、沒有家庭，沒有婚姻制度，雙方只須訂某一時段的合約。所有兒童在育幼院長大，所有老人或鰥寡孤獨殘病者，都在養老院或養病院

恤。人人道德高，無私心，一個盡善盡美的社會。

康氏對未來世界大同理想的描述，不論是「預測」或「預言」，有一項是很有趣的，即婚姻制度的瓦解，不論男女，任何時候想和誰相愛都是「合法」的。二〇〇五年九月間，有「外交政策」期刊邀請新加坡李光耀等全球十六位精英，放眼未來人類社會可能的發展，竟認爲二〇四〇年間，人類的一夫一妻制婚姻會全面瓦解。（94.9.27 中國時報，A14）

這些精英的預測竟和康有爲之言相同，以爲一夫一妻制不過是一種「不合人性」的習俗，三十年內將會崩解，回到多配偶制（一夫多妻或一妻多夫）的社會。這個立論乃從資本主義的自由市場出發，論述人性必須「解放」才是真自由，而一夫一妻制根本違反人性，是「僞善」制度，人的「虛僞」莫此爲甚。康有爲和李光耀等人，皆時代精英，所言應不假。

上述期刊所訪精英最後總結，我們終將承認：同時間愛不同的人是合乎人性的，這是時代的潮流。其影響之巨大，中國政治思想也必將產生本質性的改變。

4.康有為的政治思想有些雖是空想與天真，但他最重要的「維新論」在當時自成一個堅強的陣營，對抗革命陣營。陳老師介紹他的維新論主要內容。

（一）變法而不革命：

天地萬物，能變者久存。「王者三百年一變政，蓋變者天道也」，春秋三世漸變，康氏以能變與否斷國運之長短，其重視維新實儒家少見。

自康氏觀之，清末爲據亂世，維新可進至升平小康，不可好高騖遠，妄冀大同太平。換言之，戊戌前後之中國要維持天下爲家的君主政體爲條件，而中國之政權既握清室，則當擁清立憲。

（二）種族革命不能成立：

世界民族本無純種，「滿洲之轉從肅慎。其在周世曾貢楛矢石砮，皆黃帝二十五子分封之所出」，滿人亦黃帝子孫，則漢滿之界不立。

「滿洲既未嘗滅周孔之文化，則漢族固未嘗亡國」、「滿洲非異類，漢族未亡，則民族革命黨復漢土之義不能成立」。

（三）反對政治革命：

康氏反對政治革命的理由，爲按春秋三世之義，中國祇能行君主立憲之制，不宜行民主共和之制。據亂世不能行太平之法。

「獨立自由之風，平等自主之義，立憲民主之法，孔子懷之。」待平世才行。以亂世民智未開，遽欲去君主，徒造動亂。

歐美行民主之制而能安樂，僅美國與瑞士，餘皆大亂數十年。

「民主共和，無一良憲法。」「積四千年君主之俗，欲一旦廢之，以起爭欲亂，甚非策也。」

避革命之禍，兼收變法之長，適合國情，除君主立憲外，無他法。

（四）康氏君憲宗旨前後三變：

1.第一變：戊戌變法時。

意在改造專制，立言重在發揚民貴，與民權思想相近。「夫寡不敵眾，私不敵公，理之公則也。安有以一人而能敵億萬兆國民者。」

本君憲攻專制，康氏儼然一激進之維新人物。

2.第二變：革命軍興時。

擁護立憲，宣統辛亥之救亡論爲代表。言革命之危險，明清廷已有共和立憲之誠意。「一切付之資政院，立開國會，公之國民」，數千年君視國爲私產，已盡捨之。許資政院定憲法，立法行政大權，君主不能預，可名之「虛君共和國」。漢已興，亦又何求。

3.第三變：民國成立後，成守舊反動份子。

革命共和是亡國前奏。「民主共和無良憲法」、「國會政黨，立憲之二巨物也」，反對西化，立國魂孔教，創「重國」之論。

小結：

戊戌之激進維新，民國之守舊實有矛盾，使康氏的歷史地位遜色。

吾人以爲康氏第一義在保皇，其次才愛護孔教國魂。其所號召不過假民權，假維新。康梁的維新派和孫中山先生的革命派，到光緒三十二年（1906 年）論戰達到高潮。雙方差異可列表如下：

維新派主張	革命派主張
主專制，因國民素質低劣。	主共和，因政府能力低劣。
開明專制和政治革命並舉。	政治革命和種族革命並舉，以民權立憲。
政治革命和種族革命不能並容。	政治革命和種族革命能並舉。
革命突變所得專制。	以革命終結專制，求得民主共和。
社會主義不過煽動乞丐流民之具。	倡社會主義，爲世界之潮流。

補充資料：康有為政治思想

夫政治非空言理想所能為也，以政治法律皆施於人民者，必與人民之性情習俗相洽相宜，乃可令下如流，施行無礙也。非可執歐美之成文，舉而措之中國，而即見效也。豈徒不效，其性情風俗不相宜者，且見害焉（不忍雜誌彙編二集卷一＜中國顛危誤在全法歐美而盡弃國粹說＞）

夫法之不能無弊，窮之不可不變，自然之勢也。然舊者有堅固之益，新者順時變之宜，二者不可偏廢也。故孔子曰溫故而知新，雙輪並馳，則車行至穩也。英國之為治也，其常新舊並行，其溫故者操守極堅，其知新者進行不失，二者相牽相制，且前且卻，各一步而一驟，而得其調和焉。故常度舊而保俗，而又日更新以爭時，夫守舊而能保俗，則國民德性不改，風俗不變，持重不恌，而無顛仆之患。更新而能爭時，則國民進趨不後，比較不失，競爭進化，而無敗退之虞（不忍雜誌彙編初集卷一＜中華救國論＞）。

近人多謂中國漢族全為黃帝子孫，有欲以黃帝紀年者。其實大地萬國無有能純為一族者也。夫黃帝出自崑崙，實由中亞洲遷徙而來。史記黃帝本紀稱以師兵為營衛，而實由遊牧而入中國之北方。其時中國地屬有苗……至堯舜時，大江以南尚為苗人所據。歐人以中國人種同於蒙古人種，而馬來人別自為種。蓋馬來人種出自苗人，其音本同。而黃帝徙自中亞，實即蒙古之種。惟孔子作春秋，以禮樂文章為重，所謂中國夷狄之別，專以別文野而已。合於中國之禮者，則進而謂之中國，不合於中國之禮者，則謂之夷狄……春秋以吳為夷狄，則吳為泰伯之後，實周之宗室，安有以為夷狄者哉。可知春秋中國夷狄之辨，不純在種族矣……魏齊周隋五代遼金元諸史中由諸番改漢姓者不可勝數，吾未及徧舉之。但舉簡要，則北魏書官氏志九十九姓之所改，蓋中國之自負為三代華冑者，乃無一能免於北狄所雜亂者矣……滿洲之音轉從肅慎，其在周世曾貢楛矢石砮，皆黃帝二十五子分封之所出。而匈奴之祖出於淳維，實為殷後，則北魏亦吾所自出耳。即鮮卑之種今為為西伯利，面目神骨實與我同。遠徙入美而為墨西哥秘魯，實皆我種（不忍雜誌彙編初集卷一＜民族難定漢族中亦多異族而滿洲亦祖黃帝考＞）

我中國雖屢更革命，而五千年文明之中國禮樂文章教化風俗如故也。自外入者入焉而化之。滿洲云者，古為肅慎，亦出於黃帝後。其於明世封號龍虎將軍。然則其入主中夏也，猶舜為東夷之人而代唐，文王為西夷之人而代商云爾。教化皆守周孔，政俗皆用漢明。其一家帝制，不過如劉李趙朱云爾。五千年文明之中國禮樂文章政俗教化一切保存，亦如英國也，則亦不過易姓移朝耳。易姓移朝者，可謂之亡君統，不得以為亡國也（不忍雜誌彙編初集卷一＜君與國不相關，不足為輕重存亡論＞）。

<u>5. 梁啟超是康有為的弟子，同時戊戌變法的主角，但二人漸行漸遠。梁氏政治思想比康氏進步許多，陳老師先談談此二人的差異，再講梁氏政治思想。</u>

（一） 梁啓超（1873 年~1929 年）

字卓如，一字任甫，號任公，廣東新會人。1891~1894 年就學於康有爲主持的萬木草堂，深受康氏變法維新思想影響。梁氏一生以救國新民爲己任，他奔走國事，無非就是愛國。他能越其師而青出於藍，且勝於藍，分析於後。

（二） 梁啓超政治思想超越康有爲的原因：

1.梁氏辦報多，晚清他所辦的報有「湘報」、「湘學新報」、「新民叢報」等，並任「時務報」主筆，有機會接觸更多新思想。

2.康梁變法都主張從「根本」起，此二人皆同。但康氏的「根本」只改政體，僅涉「制度面」；而梁氏所認知的「根本」重點在「開民智」、「育人才」，已進入思想維新層面。

3.梁氏的政治思想直接引用西方政治概念。如他解「三世」爲：「多君爲政之世」、「一君爲政之世」、「民爲政之世」。其中「民爲政之世」再分「有總統之世」和「無總統之世」。反觀康氏，用傳統思維概念論政治，往往陷於概念不明確的困境。

康梁二人就性格上的差異，康富於自信心而「太有成見」，屬宗教家性格。梁氏富感情而「太無成見」，是文學家、詩人的性格。康氏努力重點是尊孔保皇，梁氏則在救國救民。

（三）康梁關係分合：

1.光緒 21 年，梁氏從康，奔走變法。聯合「公車上書」，爲參與政治運動始。

23 年，發行「知新報」於澳門。

24 年，康梁因政變，亡命日本。

25－27 年發行「清議報」，以宣揚立憲與攻擊朝政爲中心。

2.梁氏思想開始產生變化：

在 27－28 年間，居東較久，與彼邦人士、學術接觸漸多。對康氏假維新漸感不滿，又以宮崎平山之介，得見孫中山先生，深有動於革命之義，於是在其「新民叢報」中倡民權革命諸說。

至「徘徊於孫康之間」，公然反駁康氏尊孔之主張。「日倡革命排清之論」。光緒 28 年「康梁學派」永遠分歧。但到民國成立前夕，都擁護君憲。

3.民元之後，隨國體之改變而改變其政治立場，投身政黨政治：

於民 2 年入共和黨，與民主統一黨合併成「進步黨」。九月任熊希齡內閣司法部長。

其次，袁氏帝制，梁與蔡鍔起「護國軍」以覆之。張勳復辟，則與段祺瑞討之，均與康氏反民國相背。

小結：

致力學術與社會事業以終，是後來梁氏的生命重心，故能成大思想家。民國後，講學於南開、清華、東南等大學。「先秦政治思想史」乃於民 11 年秋完稿，一生著述千萬言。他的作品後來編成《飲冰室合集》，是研究梁氏思想的重要資料。

梁氏政治思想的重點包括：世界大同與民族國家、民權與君憲、民治理論和進步思想等。在論述上，比他的師父康有爲更有體系，更有現代感，對中西政治思想的融合更進步而實際。

6. 到底國界該不該破除？或建立民族國家？梁啟超對世界大同和民族國家有何論述？和當時世界潮流比較如何？

（一）民族主義是最佳主義，但僅是政治進化的過渡：

戊戌以前，梁氏仍守其師三世之義。光緒 27、27 後才變：「民族主義者，世界最光明正大之主義也。不使他族侵我之自由，我亦勿侵他族之自由」。此爲政治進化之過渡，非人類最後之歸宿。

中國當時正遭逢「民族帝國主義」時代，不可浮慕萬國大同之理想。「凡國而未經過民族之階級者，不得謂之國」，帝國主義來侵，我當用民族主義抵抗。

（二）具有近代國家思想的四個要義：

1.對於一身而知有國家：

人爲求自保，「於是乎國家起焉。國家之立，由於不得已也。即人人自知僅恃一身之不可，而別求彼我相團結，相助，相捍救，相利益之道也」。

2.對於朝廷而知有國家：

「朝廷由正式而成立者，則朝廷爲國家之代表，愛朝廷即所以愛國家也。朝廷不以正式成立者，則朝廷爲國家之蟊賊，正朝廷凱所以愛國家也」，即朝廷僅是政府機關，與國家有別。

3.對外族而知有國家：

人類發展，各有其國。「循物競天擇之公例，則人與人不能不衝突，國與國不能不衝突。國家之名，立之以應他群者也」，不從於他國主權之下，維護本族權利。

4.對於世界而知有國家：

破除國界的「世界主義」是永不能達到的「理想」，設若今日達到，競爭止，而文明絕也。是又歸野蠻。「故國也者，私愛之本位，博愛之極點。不及焉者野蠻也，過焉者亦野蠻也。」

（三）對中國國家思想之檢討與批判：

1.從近代國家思想的四個要義批評：

自第一義觀之，四萬萬人中無幾人眼光及一身以上，私利獨善，國事遑恤。自第二義觀，二千年古訓知忠君不知愛國，爲一家走狗，君無以報國事民。第三義觀，漢末一千七百年間，異族入侵三百五十八年，黃河以北更達七百五十九年。第四義觀，儒者動曰平天下，治天下，橫渠西銘視國家爲渺小之物。國家思想乃衰微。

2.從地理形勢與歷史發展檢討我國國家思想欠缺原因：

從地理：我國地勢平衍，政教統一，自成「天下」，而缺「國」；歐洲山河綜錯，各國分存迥異。從歷史：秦漢一統後，列國已亡，「天下」觀念形成有據，先秦之國家思想隨之絕滅。

（四）對當時民族、國家的主張：

1.「吾中國言民族者，當於小民族主義之外更倡大民族主義。小民族主義是漢族之對國內各族，大民族主義是對國外諸族。」此比康氏近情理。

2.保存國粹，支持國家。<國性篇>曰：「國立天地，必有與立」，名之國性。具體言之有國語、國教、國俗。「凡爲國民者應愛護扶持之，以爲安身立命之憑藉。」

小結：

西元一七八九年法國大革命播下現代民族主義的種子，使十九世紀進入民族主義的時代。民族國家（Nation-State）被認爲是最合理的國家型態，勿論一民族組成一國家，或多民族組成一國家，成爲近代世界史上風起雲湧的政治運動，許多國家因而得以獨立或建國。梁啓超先生接觸西學頗多，對於世界主義（世界大同）和民族主義（民族國家）的見解，比康有爲進步許多，尤以倡民族主義抗帝國主義之侵略，和孫中山先生相同主張。

補充資料：梁啟超政治思想

為我也，利己也，私也。中國古義以為惡德者也。是果惡德乎？曰惡，是何言，天下之道德法律未有不自利己而立者也……人類之所以能主宰世界者賴是焉，對於他族而倡愛國保種之義，則利己而已。而國民之所以能進步繁榮者，賴是焉。故人而無利己之思想者，則必放棄其權利，弛擲其責任，而終至於無以自立。彼芸芸萬類，平等競存於天演界中，其能利己者必優而勝，其不能利己者必劣而敗，此實有生之公例矣……國不自強，而望列國之為我保全，民不自治，而望君相之為國興革，若是者皆缺利己之德而已……西國政治之基礎在於民權，而民權之鞏固由於國民爭權利，寸步不肯稍讓…觀於此，然後知中國人號稱利己心重者，實則非真利己也。苟其真利己，何以他人剝奪己之權利，握制己之生命，而恬然安之，曾不以為意也（飲冰室文集之五，十種德性相反相成義，其四，利己與愛他）

中國先哲言仁政，泰西近儒倡自由，此兩者其形質同而精神迥異，其精神異而正鵠仍同者，何也。仁政必言保民，必言牧民。保之牧之者其權無限也。故言仁政者祇能論其當如是，而無術以使之必如是。雖以孔孟之至聖大賢，曉音瘏口以道之，而不能禁二千年來暴君賊臣之繼出踵起，魚肉我民。何也？治人者有權而治於人者無權。其施仁也常有鞭長莫及，有名無實之憂，且不移時而熄焉。其行暴也，則窮凶極惡，無從限制，流毒及於全國，亘百年而未有艾也。聖君賢相既已千載不一遇，故治日常少而亂日常多。若夫貴自由，定權限者，一國之事其責任不專在一二人。分工而事易舉，其有善政，莫不徧及。欲行暴者隨時隨事皆有所牽制，非惟不敢，抑亦不能，以故一治而不復亂也。是故言政府與人民之權限者，謂政府與人民立於平等之地位，相約而定其界也，非謂政府畀民以權也。趙孟之所貴，趙孟能賤之，政府若能畀民權，則亦能奪民權。吾所謂形質同而精神迥異者此也（飲冰室文集之十，論政府與人民之權限。）

几一國之進步必以學術思想為之母，而風俗政治皆其子孫也。中國惟戰國時代九流雜興，道德最廣。自有史以來，黃族之名譽夫有盛於彼時者也。秦漢而還，孔教統一。

夫孔教之良，固也。雖然，必強一國人之思想使出於一途，其害於進化也莫大。自漢武表章六藝，罷黜百家，凡非在六藝之科者絕勿進。爾後束縛馳驟，日甚一日，虎皮羊質，霸者假之以為護符。社鼠城狐，賤儒緣之以謀口腹。變本加厲，而全國之思想界消沉極矣。敘歐洲史者莫不以中世史為黑暗時代。夫中世史則羅馬教權最盛之時也。舉全歐人民，其軀殼界則糜爛於專制君主之暴威，其靈魂界則匐伏於專制教主之縛軛。故非為不進，而以較希臘羅馬之盛時已一落千丈矣。今試讀吾中國秦漢以後之歷史，其視歐洲中世何如。吾不敢怨孔教，而不得不深痛絕夫緣飾孔教，利用孔教，誣罔孔教者之自賊而賊國民也（文光圖書公司印行之飲冰室全集第二冊新民說，論進步）。

而所稱誦法孔子者，又往往遺其大體，摭其偏言，取其狷主義，而棄其狂主義；取其勿主義（懲忿窒慾之學），而棄其為主義（開物成務之學），取其坤主義（地道妻道臣道），而棄其乾主義（自強不息），取其命主義，而棄其力主義……於是進取冒險之精神漸滅以盡（文光圖書公司印行飲冰室全集第一冊，論進取冒險）。

大抵中國善言仁，而泰西善言義。仁者人也，我利人，人亦利我，是所重者常在人也。義者我也，我不害人，而亦不許人之害我，是所重者常在我也。……夫出吾仁以仁人者，雖非侵人自由，而待仁於人者則是放棄自由也。仁焉者多，則待仁於人者亦必多，其弊可以使人格日趨於卑下。若是乎仁政者非政體之至焉者也。吾中國人惟日望仁政於其君上也，故遇仁焉者，則為之嬰兒，遇不仁焉者，則為之魚肉。古今之仁君少而暴君多，故吾民自數千年來，祖宗之遺傳即以受人魚肉為天經地義，而權利二字之識想，斷絕於吾人腦質中者固已久矣（文光圖書公司印行飲冰室全集第一冊新民說，論權利思想）。

7. 晚清維新立憲和民主共和兩大政治勢力，論戰的另一焦點是人民到底有沒有政治能力可以自治？雙方陣營皆言之成理，梁啟超的民權和君憲如何解釋這個問題？

（一）關於民權和君憲的基本思想：

人類政治進化分六級：族制政體→臨時酋長政體→神權政體→貴族封

建政體→專制政體→立憲君主或革命民主政體。

足見梁氏思想含蘊基本二義：一曰政治進化有一定階級，次民權政治終歸。其民權觀念得自歐洲 18、19 世紀之民主自由學說，「不自由，毋寧死」。所爭者政治、宗教、民族、生計四大自由也。「國政者何，民自治其事也。」、「爲國民者當視專制政體爲大眾之公敵。」

（二）中國積弱守舊，人民無政治能力之原因：

1.仁君專政之害：其與自由民權之精神相背，「夫出吾仁以仁人者，雖非侵人自由，而待仁於人者則是放棄自由也」，仁君專政摧殘人格，亦消滅人民政治能力，數千年不能組一良善政府，全是專制爲害。

2.進化論之依據：「物體中無論何種官能，廢棄不用良久，本性漸消」、「專制之國，其民無可以用政治能力之餘地」。

3.我國無貴族爲中介制衡：秦漢貴族已失，而「貴族政治者，雖爲平民政治之蟊賊，然亦君主政治之悍敵也」，蓋君主、貴族、平民可相制衡監督。中國無貴族，民權不生。舉國除皇帝，餘都奴才。

（三）中國必須改君主專制，立民權憲法之步驟：

其民權思想起於光緒 27、28 年間，「欲救亡國存，非改君主專制，立民權憲法不可」，一國之人，無論君主、官吏、人民皆守之。但中國民智未開，欲速不達，其程序：1.政府派員考察外國憲政。2.擬定及研究憲法草案。3.公布草案，任國民公開討論。4.二十年爲預備立憲之期。其後清廷所行略同。

（四）光緒 31 年的開明專制；32 年的「虛君立憲」：

開明專制有二義，一曰有固定法度，二曰以公益爲目的。國家初成，久經紊亂，皆宜行之。蓋欲行共和立憲，要先革命，但國民自治水準不足，恐爲政客利用；欲行君主立憲，則人民程度不及格，施實機關準備不周，議會選舉均尚不能行。故此時，行開明專制最佳。

光緒 32 年清廷預備立憲詔下，梁氏又變。其政聞社宣言、宣統三年的憲政淺說，中國國會私議，三年內的責任內閣釋義，大體均附和康氏。以英國「虛君立憲」、責任內閣、兩院議會、政黨政治爲楷模。

中國到晚清到底人民有沒有推行民主共和的能力？這恐非用「二分法」所能簡單回答。若有，則推翻滿清，建立民主共和政府，孫中山的三民主義仍設計了一段「訓政時期」，即指人民的政治能力不是革命後「突然」變有，而是經過訓練學習「漸漸」才有。而梁啓超先生也認爲民權是漸進的，「政治進化有一定的階段」，最後「民權政治終歸」，一定會走到由人民自治的時候，只是要經過一定的過程。準此而言，梁啓超和孫中山的民權思想並無差別。

只是在晚清那個時代，依梁氏看，國民素質不及格，也沒有合格的政黨可以推行民主共和。「故今日中國國民非有可以爲共和國民資格者也，今日中國政治非可採用共和立憲制者也」，人民的政治能力在國家承平時期，非有一二十年歲月才能養成。故梁氏訂「二十年爲預備立憲之期」，當下就要革命，用激烈手段變更一切是很危險的。

8. 在民權思想中，還有民治、自由、法治、政治道德和政黨政治等領域，梁啟超有何立論？

（一）民治理論要義：

1.群己互賴而成：（光緒 26 年論獨立與合群）

「今日救治之策，惟有提倡獨立，人人各斷絕依賴」，先言個人獨立，再言全體獨立。合群者「肯絀身而就群，以小群對大群，絀小群而就大群」。「獨立之反面，依賴也，非合群也。合群之反面，營私也，非獨立也。」

2.自由與制裁：

「自由者權利之表證也」非操之在官吏之手也。故欲救中國，必使國民有自得自享之自由。而「制裁云者，自由之對待也。有制裁之主體，必有服從之客體，既曰服從，尙得爲有自由乎」，故真自由之國民，服從有三：公理、自定之法律、多數之決議。故政府和人民的權利都受限制，蓋「政府與人民皆構造國家之要具也」。說政府就是人民不可，反之亦不可。

（二）政黨政治爲民治必需條件（梁氏稱「政治對抗力」）：

1.「有少數能任政務官或政黨首領之人」，其器量、學識、才能皆足矜武。

2.「有次多數能任事務官之人，分門別類，各有專長。」

3.「大多數能聽受政談之人」，政策好壞，有所了解。

4.「爲政治活動者皆有相當之恆產，不借政治爲衣食之資。」

5.具備相當之政治道德，不擲其良心。

6.「養成良好政治習慣，使闒茸卑劣之人不能自存於政治社會。」

7.「特別勢力」行動出軌時，政治家有能力相抗衡。

8.人民應有力量，能爲政治家之後援，亦能約束政治家。

（三）政治道德是亦立憲最要條件：

「吾所憂者則道德之程度問題」，官吏與人民都要提昇。「若道德程度與立憲國所需者背道而馳，則朽木不可雕」，歐洲政治進步，實在人民品性：

1.承中世貴族武士之遺風，而國中有「士君子」以爲人望。「國有難則執干戈以爲捍城，暴君非理之壓制則聯而抗之，使之不得逞也。」

2.襲宗教改革之嚴正精神而人民有堅定之信仰。易於團結，每遇強禦，生正當反抗，從事政治改革運動，敢做敢當。

3.藉自由市府之習慣而養成人民之公德。即希臘之市府政治，人民有自治之經驗。

（四）政治之根本在社會：

「吾以二十年來幾度之閱歷，深覺政治之基礎恆在社會」，不在官吏與制度，「運用之者此時代之中國人耳。均是人也，運用甲制度不能致治，運用乙制度能致治，吾之愚頑」、「凡一國之政家，皆其國民思想品格之反影而已」。即政治之好壞，已不在國體、制度等有形條件，而在政治文化、政治道德及政治思想。

小結：

梁氏之民治理論，含自由與治法（制裁）、政黨政治、政治道德、政治文化四者，國家政治才能上軌道。其中涉及硬性的制度和軟性的文化，而文化和制度存在著辯証關係，作者以爲大多時候是「因果關係」。政治道德和文化低劣，不論用何種制度，政治都搞不好。梁氏在晚清有此見解，誠屬難得。

補充資料：梁啟超政治思想

儒家之政治思想有自相矛盾者一事，則君民權限不分明是也……儒教之所最缺點者，在專為君說法，而不為民說法。其為君說法奈何。若曰汝宜行仁政也……若有君於此，而不行仁政……則當由何道以使之不得不如是乎？此儒教所未明答之問題也。夫有權之人之好濫用其權也，猶虎狼之嗜人肉也。向虎狼諄諄說法，而勸其勿食人，此必不可得之數也……二千年來，孔教極盛於中國，而歷代君主能服從孔子之明訓，以行仁政而事民事者，幾何人也。然則其道當若何？曰不可不箝制之以民權。當其暴威之未行也，則有權以監督之；當其暴威之方行也，則有權以屏除之；當其暴威之既革也，且有權以永絕之。如是，然後當權者有所憚，有所縛，而仁政之實乃得行（飲冰室文集之七論中國學術思想變遷之大勢，儒學統一時代）。

苟一國而無強健實在之對抗力以行乎政治之間，則雖有憲法而不為用…強健正當之對抗力何自發生耶。曰，必國中常有一部分上流人士惟服從一己所信之真理，而不肯服從強者之指命，威不可得而劫也，利不可得而誘之。既以此自勵，而復以號召其朋。朋聚眾而力弼於中而申於外，遇有拂我所信者則起而與之抗，則所謂政治上之對抗力，厥形具矣。今代立憲各國之健全政黨，其所以成立發達者恃此力也。夫既知對抗力之可貴，則於他人之對抗力亦必尊重之。（飲冰室文集第三十，政治對抗力）

及其革命後所演生之政象，則又仍視乎對抗力之發達何如，使能於革命前革命中醞釀成一種強健正當之對抗力而保持之，則緣革命之結果，專制可以永絕，而第二次革命可以永不發生。而不然者，以疇昔厭苦專制之人，一旦為革命之成功者，則還襲其專制之跡以自恣…若此者無論革命後仍為君主國體或變為民主國體，而於政象之革新，國運之進化，絲毫無與焉。其仍為君主國體者，則易姓之君主專制也。其變為民主國體者，則或少數之梟雄專制，或多數之暴民專制也。其易姓之君主專制，則中國二千餘年之史蹟是也。其少數之梟雄專制，則克林威爾之在英，爹亞士在墨，與夫中南美之武人迭僭，皆是也。其多數之暴民專制，則法蘭西大革命後十年間是也。其形式不同而其專制則同，其醞釀第二次革命則同。其經一兩次革命之後漸能養成強健正當之對抗力者，則及其既養成焉，而革命隨而絕跡，如英法是也。

亦有經數次之革命，而終不能養成強健正當之對抗力者，則其國之歷史以革 命相始終，如中國自秦迄清是也，如中美南美諸國自共和國成立迄今皆是也。若是者，苟其國能閉關自守，則僅內亂以塗炭其民已耳；若有大敵以臨之於外，則國必且折而入於敵矣（飲冰室文集之三十，政治上之對抗力）。

排滿者以其為滿人而排之乎，抑以其為惡政府而排之乎……如以其為滿人也，且使漢人為政，將腐化而亦神聖之也。如以其為惡政府也，雖骨肉之親有所不得私，而滿不滿悉擇焉……今日之中國……其蠹國殃民者非芸芸坐食之滿人，而其大多數乃在闒婀無恥媚茲一人之漢族也……故今日當以集全國之鋒刃向於惡政府為第一義，而排滿不國其戰術之一枝線。認偏師為正文，大不可也……今之論者或乃至盜賊胡曾……吾中國言民族者（飲冰室文集第十三）。

9. 梁啟超思想進步，至民初政黨林立，梁氏與黎元洪合組政黨亦叫「進步黨」，綜合一下梁氏有那些進步思想？

（一）維新論比康氏進步：

1.徹底破壞：

英法之進步在一度大破壞，中國老大閉塞，束縛太多，勢非徹底破壞不可。「破壞即終不可免，早一日則受一日之福，遲一日則重一日之害。」、「一度破壞而可以永絕二次破壞之根。」其方法，一曰有血之破壞，如法國；無血之破壞，如日本。

2.根本變法：（突破中體西用）

不徒取西洋物質文明，此非真維新。同治初年中日皆講變法，而「日人遊歐洲者，討論學業，請求官制，歸而行之」，中人則詢廉價之船廠砲利，購回用之。其興衰在此。突破「中體西用」，「政無中西，列國並立，不能無約束，於是乎有公法」，不必辨何者爲中法，何者西法，擇善而從。中西之辨，無謂之學。

（二）超越古人，脫離古人束縛：

獨立論曰人有三等：「一曰困縛於舊風氣中者，二曰跳出舊風氣中者，三曰跳出舊風氣而能造新風氣者。」中國數千年跳不出舊風氣，因受古人束縛。非古人言不敢言，非古人行而不敢行。「夫古人自古人，我自我，我有官體，我有腦筋，不自用之，以古人之官體爲官體，以古人之腦筋爲腦筋。」此奴隸根性也，一土木偶而已。

梁氏能跳出古人束縛，又超越古人，是很有勇氣的。在中國歷史上，政治人物或知識界每謂三代如何完美，以後便愈來愈不行了，若然，今日豈不成了禽獸世界。梁啓超等人合編《中國六大政治家》，即管仲、商鞅、孔明、李衛公、王安石和張居正，此六人在他的時代都是最先進的知識份子。這種「選樣」應和梁氏本人進步思想有關。

（三）孔學不必一尊，仍是中國文明代表：

1.中國不進步，兩漢以後尊孔爲一重要原因。一國之進步，必以學術思想爲之母，「自漢武表彰六藝，罷黜百家」，思想束縛過甚因而消沉。恰如歐洲中古，羅馬教權大盛。此不怪孔子，怪後人。

「孔子之所以爲孔子，蓋彼有立於堯舜之外者也。使孔子之爲堯舜之隸，則百世後必無孔子存也。」

2.孔學不必一舉推翻，仍中國文明之代表。吾國二千年一體之維持，賴孔子爲無形之樞軸。今後社會教育仍應以孔學爲中堅。擇佳而從，發揚光大，梁氏對儒家思想還是肯定的。

小結：

梁氏一生維新從政皆失敗，但其亡命日本後在「清議報」與「新民報」所寫對朝廷之攻擊，實有助革命勢力日增也。他不失爲有力之政論家和思想家，綜其一生論政，約可四端：

1.愛國重群爲個人不可少之公德。

2.民主政體爲人類政治生活最後歸宿。

3.智識與道德爲政治之基礎。

4.進步爲人生與社會正常趨勢。

檢視以上四點，就是放在現代民主社會，也還是政治的重要內涵，吾人以爲梁氏政治思想的內涵亦具有超越時空的力量和價。舉其對儒家思想的看法，近代每談進步者，便要打倒「孔家店」，以為不打倒孔家店便不夠進步，但梁氏沒有這種「二分法」的思維，溫和而實際，是個了不起的思想家。梁氏的《飲冰室合集》目前仍有許多讀者，其師康氏作品則只剩下研究近代史的研究生；梁氏仍活在世人心中，康氏已成圖書館中陳列的資料。

10. 康有為另一弟子譚嗣同也是晚清著名政治思想家，李敖的諾貝爾提名小說《北京法源寺》，有大篇幅寫這位成仁取義的先烈，請陳老師談談他。

（一） 譚嗣同（1865 年~1898 年）

字復生，號壯飛。同治四年生。師承康有為，但因死於戊戌，受於康氏者皆早年大同、維新之理論。戊戌被斬曰：「各國變法無不從流血而成。今中國未聞有因變法而流血者，此國之所以不昌也。有之，請自嗣同始。」。著《仁學》、《治事篇》、《兵制》。

（二） 以《仁學》傅會莊子＜在宥＞，即自由也。

「治者有國之義也，有宥者無國之義也。曰，在宥，蓋自由之轉音。」

旨「人人能自由，是必為無國之民」、「千里萬里，一家一人」。如＜禮運．大同＞。

此種「在宥」的自由美景不能實現，網羅重重也。辦法：

1.衝決名教與人倫之網羅：「名教既立，雖身受荼毒，亦俯首帖耳。無敢呻吟。人倫失其平等，社會趨於腐敗，非先變三綱五常之名教不可。」

2.變君臣之義（仁學的君臣關係）：

「君也者，為民辦事者也。臣也者，助民辦事者也。」

「古之所謂忠，中心之謂忠也。」、「心無偏袒，可謂中。」

「君為獨夫民賊，而猶以忠事之，是輔桀也，助紂也。」不中乎。

「君亦一民也，且較尋常之民而更為末也。民之與民無相為死之理。」

在這裡譚氏由批判封建專制進而抨擊「三綱五常」，要把人從這綱常網羅中解放出來。他說：

以名為教，則其教已為實之賓，而決非實也。又況名者，由人創造，上以制其下，而不能不奉之，則數千年來，三綱五常之慘禍烈毒，由是酷焉。

由上可知，譚氏對專制政體下的名教痛恨的，尤其同情婦女既無社會地位又無權力，故也極力主張男女平等。

（三）仁學反異族統治（此與其師康氏相反）

異族入主中原，「逞其凶殘淫殺之威，以攫取中原之子女玉帛」。

「悲夫！王道聖教典章文物之亡也。」

列強瓜分迫在眉睫，而滿清政府，毫無所恤。「國與教與種將偕亡矣。

唯變法可以救之，而卒堅持不變」，譚氏民族思想與師異，但維新則同。推其義，「仁以通爲第一義」，通有四義：上下通，中外通，男女通，人我通。

（四）變法內容已進至到法政層面：

槍砲、輪船、火車，凡皆洋務之枝葉，非其根本。實有其政教爲基礎，其實無所謂洋務，皆中國應辦之事。2000 政治都是鄉愿亡國政治，應廢棄以自救，別採西洋之制度。其維新純出愛國，動機與建議均在康有爲之上。

譚氏思想在三十歲以前仍很守舊的，但甲午戰後，在民族危機的刺激下產生空前變化。他在＜與唐紱丞書＞中說：「三十之年，適在甲午，地球全勢忽變，嗣同學術更大變。」、「過此以往…長與舊學辭矣。」到最後竟主張變衣冠，變中國之人倫制度，變中國之學術，他是後來「全盤西化」的先河。

戊戌維新變法失敗，慈禧、榮祿、徐桐等舊勢力反擊，徐桐甚至謂「寧可亡國，不可變法」，可見頑固勢力之可怕。慈禧復垂簾聽政，幽光緒帝於南海瀛台，六君子（譚嗣同、楊銳、林旭、劉光第、康廣仁、楊深秀）均被逮殺殉難。本文以李敖著《北京法源寺》最後一段化爲嗣同思想做小結：「書中大人物之一譚嗣同，他以身殉道，『踔厲敢死』（章太炎語），更是『清季以來』『一人足以當之』的『真人物』（熊十力語）。他一生心血，全在《仁學》一書。寫成之後，他感於台灣新喪日本之手，乃不用真名，而以『台灣人所著書』顏其封面，藉哀濁世。」

輯 38：晚清近代國家的政治思想（二）革命派

1. 陳老師，清末革命派的政治思想幾乎就是　國父孫中山先生的政治思想，以前高中或大學要修一年，現在要怎樣簡單扼要的介紹？

中山先生的三民主義思想到民國十三年演講，才算成熟並有完整的思想體系，這部份留待下篇＜民國以來政治思想＞再講。本輯只講清末革命派政治思想，包含孫中山在興中會、同盟會與部份黨人之政治思想。

清末革命派的政治思想重點在倒滿，而倒滿之前提要恢復民族主義，但民族主義依孫中山先生的看法是已經滅亡，按筆者之見並不是滅亡，而是「隱而不顯」。那麼中山先生爲何說「滅亡」呢？這正是中山先生說話的妙處，他?「滅亡」是一種「刺激方法」，刺激國人麻木的腦神經，使民族意識「恢復知覺」，進而恢復民族主義。所以，民族意識和民族主義深藏於每個人的潛意識中，隨著客觀環境變化，時隱時顯。如大唐盛世倡世界主義，則民族主義弱隱；宋代積弱與元代異族統治，則民族主義亦弱，但人民的「痛苦指數」達到極限，又有利於刺激自我覺醒，而有明代漢人民族主義之復興。到滿清入關爲統治方便又倡世界主義，民族主義再被打壓。到晚清時人民痛苦指數又達極限，這正是民族主義復興的機會。

中山先生要號召人民倒滿，推翻滿清，重建新的民主共和政權，除了武力戰發動一波波革命外，在政治思想戰線上的重點就是透過宣傳途徑恢復民族主義，

國父努力的方向約略有三：

（一）個人自覺到全民自覺：認知亡國亡種將臨頭

這是晚清中山先生不斷演講宣傳的內涵，最後在民族主義第六講說「能知與合群，便是恢復民族主義的方法」。「能知」便是個人的自覺醒悟，看到了亡國亡種大禍要臨頭，奮不顧身起而救亡圖生。「合群」是指從個人到家族，再擴大到宗族和國族，聯合成整體的力量，是全民的自覺醒悟，便能挽救國家民族於危亡。當時中山先生走遍全世界，在美洲、歐洲、南洋等地，喚醒許許多多沉睡的中國人投身革命行列，故他也是「革命先行者」。

（二）反制保皇黨思想混淆：倡唯一革命論

中山先生領導的革命陣營利用種種方法，要喚醒民族意識，恢復民族主義，宣傳革命思想。但另一個由康有為、梁啓超領導的「保皇黨」陣營，則倡「反革命」，保護大清維新變法，同時亦模糊了民族主義。許多人又徘徊在思想的十字路口，到底革命或反革命？反清或扶清？雙方展開思想大戰。民前九年十一月（1903 年 12 月），中山先生於檀香山「駁保皇報」曰：

> 彼開口便曰：「愛國」。試問其所愛之國，為大清國乎？抑中華國乎？若所愛之國為大清國，則不當有「今則驅除異族謂之光復」之一語自其口出；若彼所愛之國為中華國，則不當以保皇為愛國之政策，蓋保異種而奴中華，非愛國也，實害國也。（國民黨黨史會，《國父全集》，二冊，頁六二。民 77 年 3 月版。）

在這篇文章中，中山先生亦駁斥保皇黨保大清的錯誤，導正革命與洪門的關係。彼又曰：「會外人何以圖羊城，而利用洪門之勢力？不知革命與洪門，志同道合，聲應氣求，合力舉義，責有應盡，非同利用。如彼等欲暗洪門之宗旨，而令洪門之人，以助其保救大清皇帝也。」此時中山先生尚有許多演講，宣傳革命之必須。如民前九年「革命是拯救中國的唯一法門」、「實行革命建立共和國家」、「發民族主義精神建立共和政體」等，民前五年「欲救中國必先推翻滿清」，民前四年「滿清不倒中國勢必再亡」。

（三）喚醒洪門會黨民族主義：中山先生加入洪門

洪門本是「反清復明」組織，至清代中葉失其目標，被滿清利用，部分助左宗棠平新疆，由反清變成擁清，到義和團又變成「扶清滅洋」。到革命派和維新派論戰時，更成雙方爭取的龐大勢力。中山先生為喚醒洪門會黨的民族意識，於「駁保皇報」發表次年（1904 年），加入洪門，重新編組會黨及註冊人數，＜重訂致公堂新章要義＞除本文外，有八章八十條，其要點：

1.本堂名曰致公堂，總堂設在金山大埠，支堂分設各埠。間有名目不同者，今概改正，名曰「致公堂」，以昭劃一。

2.本堂以驅逐韃虜，恢復中華，創立民國，平均地權爲宗旨。

3.本堂以協力助成祖國同志施行宗旨爲目的。凡新進堂友，須遵守洪門香主陳近南先生遺言，行禮入闈。

此時的「致公堂」是洪門在美洲的組織。不久孫中山改組興中會，成立同盟會，其宗旨亦同洪門的致公堂，如此便將革命組織和洪門會黨連結起來，孫中山身兼革命領袖與洪門大哥。

美洲致公堂任務多元，也要負責籌款響應革命起事。民前二年（1910 年）孫中山有＜致美洲致公堂同志請籌款以應起義＞函中說：「弟望美洲各埠同志，各盡義務，惟力是視，能籌足十萬元固佳，否則多少亦望速速電匯，以應急需，是爲至禱。中國興亡，在此一舉，革命軍盡此一役也。」至民前一年有洪門籌餉局的成立，其文曰：「本總堂茲承孫大哥指示，設立籌餉局於金山大埠，妥訂章程，務期完善無弊，收其效果。捐冊寄到之日，切望各埠手足竭力向前，踴躍捐資，以助成革命大業，則洪門甚幸！中國甚幸！」章程要點：

1.革命軍之宗旨爲廢滅韃虜清朝，創立中華民國，實行民生主義，使我同胞共享自由、平等、博愛之幸福。

2.凡我華人皆應供財出力，以助中華革命大業之速成。

3.凡事前曾捐助軍餉至少十元（美金）者，皆得列名爲優先國民；他日革命成功，概免軍政府條件之約束而入國籍。

以上均見洪門與中華民國建立的關係，至民國三年孫中山爲討袁世凱，有＜致南洋洪門同志論中華革命黨以服從黨魁爲唯一條件書＞函，要求洪門兄弟再啓革命，推翻不法政權。是年年底，中山先生改組洪門爲中華革命黨之部，洪門各團體及成員，也同時成爲革命黨及黨員，共同致力於二次革命。

上述孫中山先生在晚清爲恢復民族意識和民族主義的幾種方法，証明是成功的。他曾經是中華民國臨時大總統、革命黨黨魁、洪門大哥兼美洲致公堂堂主。恢復民族主義，推翻滿清，建立人民自主的新中國，是晚清革命派的政治思想主流思潮，洪門於有功焉。

圖 6-9：孫中山像
圖片來源：李孝悌，歷史（下），頁九八。

補充資料：陸皓東就義供詞

吾姓陸，名中桂，號皓東，香山翠微鄉人，年二十九歲，向居外處，今始返粵。與同鄉孫文同憤異族政府之腐敗專制，官吏之貪污庸儒，外人之陰謀窺伺。憑弔中原，荊榛滿目。每一念及，真不知涕之何從也。居滬多年，碌碌無所就，乃由滬返粵，恰遇孫君。客寓過訪，遠別故人，風雨連床，暢談竟夕。吾方以外患之日迫，欲治其標，孫則主滿仇之必報，思治其本。連日辯駁，宗旨遂定。此為孫君與吾倡行排滿之始。蓋務求驚醒黃魂，光復漢族。無奈貪官污吏，劣紳腐儒，靦顏鮮恥，甘心事仇，不曰本朝深仁厚澤，即曰我輩食毛踐土。詎知滿清以建州賊種，入主中國，奪我土地，殺我祖宗，擄我子女玉帛。試思誰食誰之毛，誰踐誰之土。揚州十日，嘉定三屠，與夫兩王入粵，殘殺我漢人之歷史尤多，閱而知之，而謂此為恩澤乎。要知今日非廢滅滿清，決不足以光復漢族，非誅除漢奸，又不足以廢滅滿清。故吾等尤欲誅一二狗官，以為我漢人當頭一棒。今事雖不成，此心甚慰。但我可殺，而繼我而起者不可盡殺。公羊既歿，九世含冤。異人歸楚，吾說自驗。吾言盡矣，請速行刑。

補充資料

（一）吳樾謀炸五大臣遺書：

世界既不能立躋大同之域，民族間之禍害衝突勢所不免……漢之不能容滿，亦猶夫滿之不能資漢。故我輩欲滅漢以榮滿也，斯已矣。如有良知，思恢復我族之權利，斷不得不顛覆漢視漢人勢不兩立之滿清政府，而建立皇漢民族新國家，以自行意志，以自衛同胞……我簡言之，建立漢族新國家，為吾四萬萬同胞唯一之天職，傾覆異族寄生之新政府，為吾四萬萬同胞之手段（烈士吳樾君意見書）。

（二）汪精衛革命論：

今日之中國，不革命決不能立憲，此有二理由：一曰不為政治革命者，則不能立憲……革命者謂於其政體上生一大變動也……然有國於此，所以能由君權專制政體變而為民權立憲政體，或變而為君權立憲政體者，何也？非其君能自變革，乃民權發達結果使之然也。民權發達而實行革命，因所遇之敵不同而結果有異……故吾之意，以為欲得立憲，必民權發達，有革命之能力，然後乃得達其目的也。二曰不為種族革命者則不能立憲……世界各國有以一民族構成一國家者，有以數民族構成一國家者。以一民族成一國家，其民族之觀念與國家之觀念能相融合，故於政治之運用無所窒礙。使以數民族成一國家，則當察其能相安同化與否。果其相安同化，則亦能式好無尤。如其否也，則各民族位置不平等，勢力不均，利害相反，各顯其本族而不顯國家。如是，則惟一民族優勝獨占勢力，而他族悉處於劣敗之地位，專以壓制為治，猶足苟求一日之安。

2. 興中會時代還有那些有代表性的政治思想？中山先生創立興中會後，整合完成此時的革命政治思想為何？

興中會時代的革命家，除中山先生外，鄒容、楊衢雲、章柄麟都有鮮明的政治主張。此處先介紹鄒容的政治思想，及中山先生創興中會後，興中會所代表革命派政治思想。

（一） 鄒容（1885 年~1905 年）

字蔚丹，與章炳麟見於愛國學社，著《革命軍》一書，爲當時排滿最烈之言論，是無可妥協的民族主義者兼革命者。

（二）達成革命目的的兩種步驟：

掃除數千年專制政體，脫去數千年種種奴隸性，誅絕五百萬滿洲種。達此目的，須有直接行動與革命教育兩步驟：

1.直接行動：驅逐異族，實現獨立，其條目：

（1）推翻滿洲人所立北京之野蠻政府。

（2）驅逐住中國之滿洲人，或殺以報仇。

（3）誅殺滿洲人所立皇帝，以儆萬世，不須有專制之君主。

（4）敵對干預我革命獨立之外國人及本國人。

（5）建立中央政府爲全國辦事之總機關。

2.破壞後的建設－革命教育：剖清人種，去奴隸性：道德方面：

（1）養成獨立精神。

（2）「養成冒險犯難，赴湯蹈火，樂死不避之氣概。」

（3）養成相親愛、愛群敬己，盡瘁義務之公德。

（4）養成個人自治、團體自治，以進人格之人群。

在政治方面：

全國人人「當知平等自由大義」、「政治法律觀念」。

「政治者一國辦事之總機關也，非一二人所得私有。」

（三）革命教育已成，可行革命建設：

臨時政府設大總統、副總統各一人。全國國民，無論男女，一律平等，同負義務，同享權利。「生命、自由、及一切利益之事，皆屬天賦之權利。」政府干犯人民權利，即可革命。爲求長治久安，須改民主政體。鄒容對新中國的政治建設有：

1.國名定爲「中華共和國」，自由獨立之國體。

2.參照美國憲法，中國性質，立憲法，政府組織參照美國。

3.宣戰議和，訂盟通商，均與各國平等。

顯見鄒氏政治思想爲「美式民主」，他並主張法律和地方自治都參照美國。可惜他在清廷獄中被折磨至死，年才二十歲。他所著《革命軍》，章炳麟爲之序，是後的百年，「革命軍」始終是國軍內部發行人手一冊的刊物（即《奮鬥月刊》的前身）。

（四）興中會政治思想是革命派代表：

興中會創立時，只提到「振興中華，維持國體」，未提到民權和民生問題。事後中山先生在＜孫文學說．有志竟成＞解釋，當時人在英京，事多忌諱，不便明言傾覆滿清。之後，在香港興中會便有「驅除韃虜，恢復中國，創立合眾政府」等語。至一九〇四年，「重訂致公堂章程」為「本黨以驅除韃虜，恢復中華，建立民國，平均地權為宗旨」。

興中會的政治思想或主張，便是中山先生的革命主張，也是洪門會黨及各地致公堂的組織宗旨。民族、民權、民生的三民主義思想在興中會時正在萌芽，此時中山先生開始有許多「粉絲」追隨革命，如鄒容、鄭士良、陳少白、楊鶴齡、陸皓東、尤少紈、朱貴全、史堅如、黃興、陳天華、宋教仁等。而廣州、惠州、長沙等革命之役，正一波波掀起。

3. 陳老師，1905 年中山先再整合各會黨成立同盟會，此時政治思想應成熟了。

同盟會時代的政治思想已不限於消極的排滿，而在積極從事創建民國的民權革命和民生革命，以「民報」六大主義為代表。

（一）中國同盟會「民報」發刊六大主義：

1.顛覆現今惡劣政府（對內）

2.建設共和政體（對外）

3.維持世界之真正和平（對外）

4.土地國有（對內）

5.中國與日本之國民連合（對外）

6.要求世界列強贊成中國革命事業（對外）

（二）胡漢民對六大主義的說明：

1.顛覆現今惡劣政府，是「造端之事業」，「排滿者為獨立計，為救亡」。

2.建設共和政體：一如美國，我自秦漢來已無貴族階級，滿族再倒，立憲均易，宜建立共和政體。

3.土地國有：近世文明國之病者，非政治階級，是經濟階級。土地私有流弊已生，共和國應行國有制。

4.另外之三主義以維持世界和平爲中心，而中日連合與列情贊成爲義：

「和平爲人類之福，猶一國之安寧秩序」，「中國積弱，供人侵略，均勢不能維持，而和平易於破壞」。

此處亦可見，中山先生對於日本以侵略中國爲其歷史使命是了然於心的。「民報」發刊也想喚醒日人良知，「泯其雄心」，中日合則兩利，戰則兩害，可惜侵略者聽不進去。但也讓我們知道，馬關條約日本得到台灣，到同盟會時代日本已更積極覬覦中國之本土。中山先生在百餘年前，已看清日本野心。

（三）爲列強之贊同，新政府對國際債務及義務的繼承：

「於國際法舊政府雖傾覆，而其外交所訂條約，則當承認於新政府而不失其效力」、「吾人革命軍起，必恪守國際法而行」即分割數省而宣告獨立，也不許各國債權有損失。這是一種國際慣例，也表示同盟會政治思想已達現代國家水平。

此時期革命思想已受中山先生指導。除六大主義，朱執信的國家主義，章炳麟的排滿平議，汪兆銘的民族國家，無樾的暗殺主義，陳天華的民主政體。內容手段有異，宗旨則一。同盟會時代除一波波的革命運動外，也鼓吹三民主義思想，革命思潮日形澎湃。辛亥武昌之役是同盟會時代最後一役。當民國元年元月一日，中山先生就中華民國臨時大總統職，行宣誓禮，誓曰：

傾覆滿洲專制政府，鞏固中華民國，圖謀民生幸福，國民之公意，文實遵之，以忠於國，為眾服務。至專制政府即倒，國內無變亂，民國卓立於世界，為列邦公認，文當解臨時大總統之職，謹以此誓於國。（鄒魯著，《中國國民黨史稿》）

中華民國的成立，表示中山先生、同盟會和革命黨人等的理想實現了，也是中國政治思想到晚清的迷失，在西洋近代國家之政治思想之衝擊下，中西融合過程中所得到一個「暫時的果」。

清末革命派章炳麟先生，是中山先生以外很有體系的政治思想家，李敖在《北京法源寺》一書中甚爲推崇。

4. 在革命派陣營中，有一學者型政治思想家章炳麟先生，他有那些重要政治思想？

戊戌變法是章氏政治思想分水嶺，之前和梁啓超交往，變法失敗後接觸到孫中山，開始趨向革命。

（一）章炳麟（1868 年~1936 年）

另名太炎，字枚叔，易名曰絳，另有綽號「章瘋子」，同治七年生，民二十五年卒。學人投身革命，受顧亭林、呂留良、曾靜事影響，與蔡元培結光復會，曾與國父晤於東京對陽館。民元與宋教仁等組統一黨。晚些設國學會專事講學著書。政治思想有民族、民權、個人三大主義。

（二）民族革命思想（此為貢獻最大之部份）：

1.血統為區分民族之根據：

遠承呂晚村、王船山之墜緒，取「天演論」之大意，掃據以文化辨民族之說，而以血統為根據。「民族主義，自太古原人之世，其根性固已潛在」。若同一地域，人種複雜，則「銖兩衡校於血統之間，必以同一多數血統者為主體」。此則驅逐異族有理論依據，康氏滿漢一族說乃破。

2.文化之異，來自種姓：「文化相同自一血統而起」

中國之所以為中國，非由其有周孔之文化，乃由其為炎黃之類族，始創周孔之文化。

文化即生於民族，則文化之盛衰存亡可以証民族之興廢起伏。

凡文化昌盛之民族決無覆滅之前例，民族文化之要素有三：言語、風俗、歷史。三者喪一，其萌不植。

章氏民族主義最終鵠，「吾謂革命者非革命也。曰，光復也，光復中國之種族也，光復中國之州郡也，光復中國之政權也」。但也非狹義，非帝國侵略主義，「欲圓滿民族主義者，則當推我赤心，救彼同病，令得處於完全獨立之地」。

（三）駁斥康黨保皇立憲謬說：

1.斥康黨謂排滿不必要，誤認滿洲已同化於漢人：

所謂同化，「己族爲主人而使彼受吾統治」，必主權在我。今彼已覆我邦家，攘我主權。「是故排滿洲者，排其皇室也，排其官吏也，排其士卒」其同化說，基於民族國家觀念。「民族主義者，與政治相繫而成名，非脫離政治之外別有所謂民族主義者」。

2.斥「變法足以圖存，革命不免召亂」說：

清廷無能爲力變法，除革命外別無救亡之途。彼且無誠意，而德宗以庸才居大位，攝於太后，制於宗室，震於外人，欲假美名以自固。

以庸才亞流，圖成立憲大業，其誰信乎。

而康氏以爲中國之人心公理未明，革命召亡。章曰「人心之智慧自競爭而後發生。今日之民智不必恃他事以開之，但恃革命以開之。」

「公理之未明，即以革命明之。舊俗之俱在，即以革命去之。」

一九〇三年，章氏爲鄒容著《革命軍》作序，又作《駁康有爲論革命書》，強調必須以革命手段推翻滿清統治，因而被補入獄。服刑三年，出獄後東渡日本，任「民報」主編，利用報紙做了許多革命宣傳。他說，革命要有感情力量來支持，形成這種感情有兩個源頭，一是振奮信心增進國民道德，另一是激勵種性增強愛國心。「光復者，義之所任，情之所迫也。」

<u>5. 除民族思想外，自由、民權思想在當時風起雲湧的吹向中國，章太炎先生有何高見？</u>

章氏雖主張革命，但革命後會不會更好？他卻有些複雜或矛盾，他認爲政府都是罪惡，又不能無政府，只能採行爲害較低的共和政體。某些地方，章氏比時人先進一世紀。

（一）反對代議政府，其理由：

1.代議是封建遺制，不適於平等社會：

自中國歷史觀之，代議者封建之變形。周禮有外朝詢庶民，漢昭帝之賢良文學略似國會。其不能伸民權，政府多一牽制。

2.中國地廣人稀，勢不能行代議：

自章氏觀之，是指困難。若以十三萬選一則有議員三千二百，人多聲吵，遑論議事；而六十萬選一則議員七百。且眾所矚目，不在學術人品，而在權力或土豪，「名曰國會，實爲姦府」。若以識字爲準，則識字人少時，則權在少數。若以納稅爲限，額數難定。

3.議員不能代表民意：

「選人一朝登王路，惟以發抒黨見爲期，不以發抒民意爲期。」，或徇私意。

（二）反代議，不反民權，其有更佳之民權制度：

1.行四權分立：總統立行政國防，司法不成元首陪屬，法律由通達之專家立之，學官不與行政相奸。即行政、立法、司法、教育四權。

2.宣民意：民有集會，言論，出版諸事，除外叛淫穢，勿得禁止。有則訴法治之。

3.行法治：此其民權思想之大特點：

「法律既定，總統無得改，百官有司毋得違越。」

法字從廌。後來演變成一切制度均稱法。即官制起於士師。法律乃成政治社會盛衰之主要關鍵。法律爲政治之根本。

（三）以上之見解，論專制與共和：均任法而成，而敗。

1.就專制而言之：

專制亦賴法治以行，君主釋法則失其制人之工具。「人主獨貴者政亦獨制。雖獨制，必以持法爲齊」。中國二千年中惟秦始皇能行法治，惟始皇能收獨制之效。

2.共和而不守法，其弊過於專制：

以民意與賢能二者爲大。「凡政惡武斷，武斷與非武斷者，則聽法尙賢爲之分」。

爲甚麼說「某些地方，章氏思想比時人先進一個世紀」？因爲章氏確實獨具慧眼，他透視了西方以資本主義爲基礎所建構的「自由、平等、民主」都是假相。「始創自由、平等於己國之人，即實施最不自由、平等於他國之人」。議員大抵出於富人，「名爲代表人民，其實依附政黨，與官吏相朋比」。法律不是爲了保護人民，，而是「爭地劫人」，「名爲國會，實爲奸府」，「今者法令滋章，其所庇仍強者」。所以，章氏反對代議制，主張實行直接民權。

章氏所見是資本主義的問題，也是民主政治的問題。民國以後雖名之曰

「民主」時代，而西方「民主國家」也號稱「民主」，都存在章氏所見（吾人百餘年乃至眼前所見）諸大問題而無解。章氏在百多年前就看到，實是獨具慧眼的政治思想家。

6. 章太炎先生對國家、政府、民主、法治都失去了信心，個人如何處在這個世界，談談他的個人主義。

（一）政治哲學以個人為中心：

一切社會關係、社會制度，皆為個人自利而產生。小我對大我本無內在之義務。「人者委蛻遺形，倏然裸胸而出。要為生氣所流，機械所制。非為世界而生，非為社會而生，非為國家而生，非互為他人而生。」、「然人倫相處，以無害為其界限。」

但社會對個人也有要求，「有害於己，無害於人，不得訶問之。有益於己，無益於人者，不得訶問之。有害於人者然後得訶問之。」

此言似不合「公理」，但章氏認為本無神聖不可干之公理，亦無統一之「概念」。「此理者非有自性，非宇宙間獨存之物。」、「公理者勢必為大群言行之規律，非一家學說私理之謂也。」但荀子「離居不相待則窮」，足破章氏所說。

（二）個人主義的國家觀：

1.國家無自性：「眾相組合，即各各有其自性，非於其組合上別有自性。」、「個體為真，團體為幻。」，因國無自性而可以愛，「不認許國家為實有物，凡言愛國者悉是迷妄」，愛國之念，強國之民不可有，弱國之民不可無。

2.國家非當設：章氏認其原始功能邪惡卑賤。故非當設：

國家由禦外而立，「國字作或，從戈守一」，向無外患，安用國家。政府由爭殺而起，原政府初設，以爭地劫人而成。君主由造酒而立，人君為酋，酋者繹酒，其始於淫蕩飽煖。

宰相由奴隸以興。官制由法吏而出，法吏又自軍政以分（已在法治思想講）。

國非當設但不可無，顧慮安全，外迫侵侮，不得已立政府。

3.國家不神聖：無自性，非當設。「凡諸事業必由一人造成，乃得稱為出類拔萃」，眾力而成者，雖有顯功，亦分在各人，非元首與團體可居功。

雖民選政府，自章氏視之，也是鄙賤。中國專制雖醜，但「民主立憲，世人矜美法二國，以爲美談。今法之政治以賄賂成，美人亦多以苞苴致貴顯」，但國非神聖可以救。

自章氏視之，國家本罪惡，又以鳥糞比國家，不恭之至。蓋他只見國家與民主之醜面，未見其光明面。

（三）無政府最適合人性，乃著「五無」之說：

1.一曰無政府：「種族相爭，皆以有政府使其隔閡」，假令政權墮盡，錢幣、軍器、人倫俱消滅，從此無爭。

2.二曰無聚落：「國界雖破，而聚落猶未破，則慘烈之戰爭未已」，所依之地本不平等，「農爲游農，工爲游工，女爲游女」，使其自然自適。

3.三曰無人類：「縱大地患無政府、無聚落，銷兵共產之制得以實行，而相毀傷殺猶不能絕其愈於有政府者。」無人類者，斷人道也，謂斷其我見而已。此爲五無之最要。

4.四曰無眾生：「新生之種漸爲原人，久更侵淫，而今之社會，今之國家，又且復見。」大士乃令証無生而斷後有。此要與無人類說同行。

5.五曰無世界：「世界本無，不待消滅而始爲無。」今之世界本非實有，「是則眾生既盡，世界必無毫毛圭撮之存」。

此五無，前二無爲一期，次二無漸成一期， 最後一無才成。

總結章氏思想：

種族革命學說遠承儒家春秋，民權制度似法家商韓，個人主義歸入道釋。如謂大同書爲享樂主義之烏托邦，則五無論爲失望自殺之虛無主義，中國最悲觀之政治思想家也。

章太炎於慈禧太后七十歲生日－（西元一九〇四年農曆十月十日）寫了一副串對式對聯：

今日到南苑，明日到北海，何時再到古長城？嘆黎民膏血全枯，只為一人歌慶有；五十割琉球，六十到台灣，而今又割東三省！痛赤縣幫折益蹙，每逢萬壽祝疆無。

上聯描寫平定太平天國後，中國滿目瘡痍。慈禧太后卻仍為了個人的貪欲，不顧人民死活，在京城大興土木，什麼「修復圓明園工程」、「南北海工程」……鬧得民怨沸騰，費時三年，用銀千萬。

下聯描寫慈禧太后每過一次生日，就意味著國家進一步面臨末日：她五十歲時，法國發動侵華戰爭，日本乘機染指朝鮮，並在這之前，併吞了琉球；她六十歲時，日本打進了東北大門，掠奪了中國神聖領土台灣；她七十歲時，沙俄和日本又為爭奪東北，在中國領土上大打出手，是為「日俄戰爭」。而她卻無恥宣布，中國嚴守「局外中立」，真是「每逢萬壽祝疆無」。她大慶「聖壽」之時，竟成了中國疆域被瓜分之日。她其實是腐敗滿清政府的「代言人」。

補充資料：章太炎政治思想

長素（康有為）以為革命之慘，流血成河，死人如麻，而其事卒不可就。然則立憲可不以兵刃得之邪？既知英奧德意諸國數經民變，始得自由議政之權。民變者，其徒以口舌變乎，抑將以長戟勁弩飛丸旝變也。近觀日本立憲之始，雖徙以口舌成之，而攘夷覆幕之師在其前矣。使前日無此血戰，則後之立憲亦不能成。故知流血成河，死人如麻，為立憲所無可幸免者（駁康有為論革命書）

今以革命比之立憲，革命猶易，立憲猶難。何者，立憲之舉，自上言之，則不獨專恃一人之才略，而兼恃萬姓之合意。自下言之，則不獨專恃萬姓之合意，而兼恃一人之才略。人我相待，所倚賴者為多。而革命則既有其合意矣，所不敢證明者，其才略耳。然則立憲有二難，而革命獨有一難。均之難也，難易相較，則無寧取其少難而差易者矣（駁康有為論革命書）。

吾儕所執守者，非排一切政府，非排一切滿人，所欲排者為滿人在漢之政府。而今之政府為滿洲所竊據，人所共知，不煩別為標目，故簡略而言之，則曰排滿云爾。若滿洲政府自知不直，退守舊封，以復靺鞨金源之迹，凡我漢族當與滿洲何怨。以神州之奧博，地邑民居，殷緐至矣，益之東方三省，愈泯棼不可理。若以漢人治漢，滿人治滿，地稍迫削，則政治易以精嚴。於是解仇修好，交相擁護，非獨漢家之福，抑亦滿人之利，寧有復祟舊怨，勠面相攻之事。雖然人性之貪狼無厭，背違正義，更萬億年而不可變也。是故滿洲政府必無讓地自歸之事，為漢族者亦固知其不可望於滿人，則有昌言排滿而已（章氏叢書別錄一，排滿平議）。

輯 39：晚清近代國家的政治思想（三）其他各家

1. 陳老師，晚清政治思想家除革命和維新派兩派外，晚清思想界如戰國時代，也應有其他思想家，也介紹給大家知道。

晚清政治思想界也算是百家齊鳴，如馮桂芬、張之洞、嚴復、何啓、胡禮垣、薛福成、王韜、馬建忠、鄭觀應等都是名家，簡介前五家。

（一）馮桂芬（1809 年~1874 年）

字林一，號景亭，嘉慶十四年生，同治十三年卒。著有《校邠廬抗議二卷》，略有變法思想和國際觀。

（二）變法的程度：

今之天下已非三代，欲致中國於富強，非合用中西學術不可。今之中國不應閉關自守，故步自封，當取彼所長，轉我所固有。

「用其器，非用其禮也。用之乃所以攘之也。」足見馮氏變法，非其形上之道，僅爲其形下之器，故其主張設船?局、學譯書、派留學生。

（三）國際關係：

中國未遽瓜分，乃當時各國互相箝制，而莫敢先發。但此種均勢不能長久。治本之法在圖富強，治標之法在「善馭夷」。此與中國傳統王朝不同。而與近代國際關係近似，故馮氏乃主張培育外交人才。在當時爲獨到之見解，馮氏＜鑒諸國＞、＜致富強＞說：

太史公論治曰，法後王，爲其近己而俗變相類，議卑而易行也。愚以爲在今日又宜曰鑒諸國。諸國同時並域，獨能自致富強，豈非相類而易行之尤大彰明較著者。如以中國之倫常名教爲原本，輔以諸國富強之術，不更善之善者哉。（＜校邠廬抗議卷下・采西學議＞）

觀馮氏國際觀，算已走出傳統天朝中國之門，而向西方「取經」以圖自強，惟僅用諸國富強之術。故曰略有變法程度和國際觀。

（四） 論內政偏重吏治教育：

1.官吏經由各級推舉：「吏部或上司銓選，往往不順輿情，不得人才。」、「保舉爲長吏之權，今私之於下位。」舉多者始得任用。此暗合西洋選舉之法。

2.諸生不得上書直陳時勢：以免朋曹干政，鬥訟成風。但准許陳詩，「不令呼群引類以啓黨援，不令投匭擊鼓以近訐訟」。

3.尊師重道，改革科舉：

「擇師之法，勿由官定」，由諸生各推，所推最多者聘之。「不論官大小，皆與大吏抗禮，亦尊師也」，改革科舉，其考試內容有：經學（漢學爲主）、史學（考據三代以下爲主）、試文賦詩。此與黃梨洲相似。

4.鄉族爲政治基礎：

略取宋明鄉約宗法之制，兼採西洋地方自治之意。民間每姓立一莊，莊之效用有四：一曰人無饑寒失所者，故盜賊可免；二曰教治嚴明，邪教不興；三曰爭訟械鬥得息；四曰保甲社倉團練易行。

小結：

馮氏政治思想，承魏源「師夷長技」之法。中華「以地球中第一大國，而受制於小夷…非天時地利物產之不如也，人實不如耳…人又奚不如，則非天賦人以不如也，人自不如耳。天賦人以不如，可恥也，可恥而無可爲也。人自不如，尤可恥也，然可恥而尤有可爲也。如恥之，莫如自強。」（＜校邠廬抗議卷下．製西器議＞）自強之法則爲師夷長技。

2. 陳老師，晚清除革命和維新兩派外，洋務派的代表之一張之洞，他在體制內當官，曾任湖廣總督，能有改革思想，定是了不起的人。

張之洞提出「舊學爲體，西學爲用」、「中學治身心，西學應世事」的「中體西用」主張，對清末政治，乃至近代政治思想影響很大。

（一） 張之洞（1837 年~1909 年）

字孝達，又字香濤。道光十七年生，宣統元年卒。京漢鐵路、萍鄉煤礦、漢陽鐵廠，均其開辦。著＜勸學篇＞，倡中學爲體，西學爲用。

與馮氏相呼應。

（二） 保國、保教、保種：

欲救今日世變，保聖教、保華種、保國家，三事一貫，合爲同心。

保種必先保教，保教必先保國。種何以存，有智則存。智者教之謂也。

教何以行，有力則行。力者兵之謂也。國不盛，教不尊。故能保國，教、種有賴也。

（三）對「保國、保教、保種」之批評：

1.國與種均有疑義，張氏認清室即中國，混華族於蒙古。又頌清朝之「深仁厚德」、「良法善政」，應「各抒忠愛」，實與康黨保皇同調。

欲保國不可不保清室，欲保種不可自外滿人，故保種之計，在聯漢滿以抗西人。此淆亂愛國心理，削弱民族思想，陰阻政治革命之主張也。其保國保種，不過保清之飾詞。

2.保教不外表彰荀學：

所謂聖教，獨取孔氏，即宋明理學家所闡三綱五常而已。至於孔子「君君臣臣父父子子」與孟子「民貴君輕」則視若無睹，可見乃假借聖言，爲鞏固清室政權之工具，並抗拒民權潮流。

（四） 反對民權：

1.民權召亂：「民權之說無一益而有百害。」、「民權之說一倡，愚民必喜，亂民大作，紀綱不行，大亂四起。」

2.斥自由民主：「若人皆自主，家私其家，鄉私其鄉…子不從父，弟不尊師，婦不從夫，不盡人類不止。」

3.議院不必設：「民權不可僭，公議不可無。遇有大政事，詔旨交廷臣會議，外吏令紳局公議，中國舊章所有也。」、「方今朝政清明，果有忠愛之心，治安之策，何患不能上進。」，何必慕議院之名。

（五） 維新主張，分益智和變法，比馮氏進步：

1.益智：欲變國人愚昧結習也。「智以救亡，學以益智」、「士不智，農工商兵不得而智也。」，故富強之基，在開士智，其辦法有四：

遊學、設校、譯書、閱報。而各級學堂的課程標準與原則，「新舊兼學」、「政藝兼學」、「不課時文」、「不令爭利」、「師不苛求」。

2.變法：限於法制器械工藝諸端，不必詳說。其辯護新法可提，張氏以爲排斥新法有三等人：泥古之迂儒、苟安之俗吏、苛求之漢士。凡皆變法障礙，應加駁正。

張氏又恐西法有違聖教而不敢行，立中西會通說，西學與儒術相合。體制內爲官的人有思想是不容易的，張之洞一生爲官，不斂民財，珍愛人才是他的特色。時有翰林院編修梁鼎芬，上書光緒帝彈劾李鴻章，結果被以「妄劾」罪名連降五級。張之洞卻把梁氏請到武昌任知府，可見張氏行事是有些「獨立性」，故能有近代改革思想，但畢竟他是「體制內的人」，掙脫不了框架，也只能倡些康梁之保皇同調。

3. 現在要介紹這位嚴復，陳老師提過是前海基會董事長辜振甫的夫人，辜嚴卓雲女士的外祖父，談談他的政治思想。

（一）嚴復（1853 年~1921 年）

字幾道，號又陵。咸豐三年生，民國十年卒。留學英國習海軍，時英國民主運動，天演思想、John Mill 的功利論大興，嚴氏有受影響，譯有 John Mill《名學》、《群己權界論》；亞當斯密《原富》、孟德斯鳩《法意》、赫胥黎《天演論》等；著《政治講義》，爲我國首部政治科學。

民國以民權評專制爲激進，民元後列入「籌安會」，淪爲落伍。

（二）維新主張：

今中國「若仍故步自封，不相體合，則逆天演之洪流，久必歸於淘汰」，中國言新法未致富強，病在根本未立而徒鶩枝節，「富強不可爲也，政不足與治也，相其宜，動其機，培其根本」，其效乃成。民元前西洋學術文化及政治合於天演之趨勢，爲中國當借鑑。故今日要政：「鼓民力、開民智、新民德」。

據天演論故反對革命或驟變，人類力求進步可也，「其進彌驟，其途彌險。新者未得，舊者已亡。」、「中西二化絕然懸殊，而人心習俗不可猝受」。

（三）民權是維新的必要條件，駁仁君專制：

中國欲圖強須斷然廢除君主專制而行民權，專制之不能治在「君無法，而民無權」。韓商雖曰法，「驅迫束縛其民而國君超乎法之上」，其法適成專制。而仁君仁政之假定，不過口惠，其病有二：

1.仁君不易得：中國天子「生於帷牆，度於阿保，教育之法不善，是天下最不更事之人」。

2.仁君不可恃：國欲久安，民欲不受暴，「恃制而已，非恃其人之仁也」、「必在我，無在彼，此之謂民權」，中國民無權，亂多治少。

民權與專制有別，民權以民自治，國與民一體而國強；專制則君獨斷，民不愛國而國弱。此點甚合現代民意觀念。

3.秦漢一統乃致弱原因：「一統而後有無權之民以戴有權之君」，當時可也，今萬國相通。其民無權國亦無權，民勿自由國亦然。外國帝王只做君，中國則帝王到各級官吏「皆身兼天地君親師之眾責」，蓋權皆在官，民無權也。

（四）重視民權，兼取自由平等：

不平等爲國弱民困之大原因，滿漢不平等尤烈。「秦以降，爲治雖有寬苛之異，大抵皆以奴虜待吾民。」

論自由則在思想、言論、學術三者。且政府之干涉或放任皆有合理限度，「民所不得自由也，必其事之出乎己而反乎社會者也」，或法律所禁以外者。至於學術，當離政治而獨立。

小結：

嚴氏依天演論而維新，不可躐等，並重視自由、平等、民權，而中國仁君專制則是致弱之因。有關政治科學方面則表現在《政治講義》一書中。

嚴氏留學英國，整個西方世界正在流行達爾文（Charles Darwin，1809~1882）、孟德斯鳩（Baron de Montesquieu，1689~1753）、亞當斯密（Adam Smith，1723~1809）等人之思想。嚴氏是翻譯名家，「信、達、雅翻譯三要素是他提出，由他把西方流行經典譯成中文，自然對中國政治思想產生很大衝擊。

本書提及嚴復是前海基會董事長辜振甫夫人辜嚴倬雲的祖父，而辜振甫的祖父是清末名儒辜鴻銘，外祖父溥儀皇帝老師陳寶琛，姑父盛宣懷是清末大實業家、藏書家。以上諸君，都是當代很有新思想的儒者，對後世思想也有相當影響。

補充資料：嚴復政治思想

夫制之所以仁者，必其民自為之。使其民而不自為，徒坐待他人之仁我，不必蘄之而不可得也。就令得之，顧其君則誠仁矣，而制則猶未仁也。使暴者得而用之，向之所以為吾慈母者，乃今為之豺狼也。嗚呼，國之所以常處於安，民之所以常免於暴者，亦恃制而已，非待其人之仁也。恃其欲為不仁而不可得也，權在我者也。使彼而能吾仁，即亦可以吾不仁，權在彼者也…（權）必在我，無在彼，此之謂民權（法意，第十一卷第十九章）。

考古今所至不同者，今謂國家（國家二字宜改為政府）民之公隸，古謂君上民之父母。既曰父母，則匡拂勞來之政，樊然興矣。卒之元后聰明，不必首出於庶物。其為顓愚計者，名曰輔之，適以錮之；名曰撫之，適以苦之。生於其政，害於其事，此五洲國史可編徵以知其然者也。是故後之政家僉謂民之生計，祇宜聽民自謀，上惟無擾，為裨已多。而一切上之所應享，下之所宜貢者，則定之以公約。如此，則上下相安而以富（原富，部乙，篇三，論人功有生利有不生利）。

西人之言政也，以其柄為本屬諸民，而政府所得而操之者，民予之也。且必因緣事會，而後成之。察其言外之意，若惟恐其權之太盛，將終不利於民也者，此西說也。中國之言政也，寸權尺柄皆屬官家，其言政也，乃行其所固有者。假令取下民之日用，一切而整齊之，雖至纖息，終無有人以國家為不當問也，實且以為能任其天職。其論現行政柄也，方且於之而見少，又曷嘗於之而見多（嚴復譯社會通詮，國家之行政權第十三）。

西國之王者，其事專於作君而已。而中國帝王，作君而外，兼以作師。且其社會固宗法之社會也，故又曰元后作民父母。夫彼專為君，故所重在兵刑，而禮樂宗教營造樹畜工商，乃至教育文字之事，皆可放任其民，使自為之（嚴復，社會通詮）。

其身兼天地君親師之眾責，兵刑二者不足以盡之也。於是乎有教民之政，而司徒之五品設矣。有鬼神郊禘之事，而秩宗之五祀修矣。有司空之營作，則道里梁杠皆其事也。有虞衡之掌山澤，則草木禽獸皆所咸若者也。卒之君上之責任無窮，而民之能事無由以發達。使后而仁，其視民也猶見兒子耳。使后而暴，其遇民也猶奴虜矣。為兒子奴虜異，而其於國也，無尺寸之治柄，無絲毫應有必不可奪之權利，則同（社會通詮，國家之行政權第十三）。

總之，中西政想有絕不同者。夫謂治人之人，即治於人者之所推舉，此即求之於古聖之胸中，前賢之腦海，吾敢決其無此議也……考為上而為其下所推立者，於中國歷史，惟唐代之藩鎮。顧彼所推立者為武人，非文吏也（武案下當加一語，推舉之人為武卒，非一般人民也），故其事為亂制（社會通詮，國制不同分第十四）。

宜乎古之無從眾也。蓋從眾之制行，必社會之平等，各守其畛畔，一民各具一民之資格價值而後可。古宗法之社會不平等之社會也。不平等，故其決異議也，在朝則尚爵，在鄉則親親，或長長，皆其所以折中取決之具也。便是數者而無一存，固將反於最初之道。最初之道何？強權是已，故決鬥也。且何必往古，即今中國，亦無用從眾之法以決事者。何則，社會貴者寡而賤者眾，既曰眾，則賤者儔也，烏足以決爭。以是之故，西文福脫（Vote）之字，於此土無正譯（社會通詮，國家之議制權分第十三）。

吾國公家之事，在在任之以官……彼於所官之土固無愛也，而著籍之民又限於法，雖欲完治其地而不能。若百千年之後，遂成心習，人各顧私，而街巷城市以其莫顧恤也，遂無一治者（法意，第十八卷）。

4. 嚴復除翻譯西方經典外，《政治講義》是他自己著作，為我國首部近代政治科學，介紹一下這本書。

（一）我國首部政治概論，闡釋政治科學基本概念：

《政治講義》爲光緒三十一年，嚴氏在上海青年會的八次演講稿，多襲取西說，鮮有創意，在當時亦不失爲創舉。「中國此後教育在著意科學，使學者之心慮沉潛浸漬於因果實証間」，能破舊學之拘攣，是中國之福。政治學於十九世紀自群學分出，群學本爲科學，政治學爲科學應無誤。古人談治之書，大抵可稱術，不足稱學。重視其事實方法，不說價值，所求有四：

1.所察日多，視其不同，區以別之。（觀察分類）

2.一物之中析其官體之繁而知其功用。（功能分析）

3.觀其演進之階級而察其反常，知疾痛腐敗之情狀。（常態變態）

4.見其後果不同，察其會通而抽爲生理之大例。（概念通則）

（二）國家分類：

1.按天演深淺分類：凡物有三類：形上之物、有生（有機、官品，國家屬之）之物、無生（無機、非官品）之物。

- 國家
  - 草昧 ⇨
    - 宗法（Tribe）－同種族合，同祖宗故。
    - 神權（theocracy）－同信奉合，同宗教故。
  - 文明 —— 真正（The State）－同利益合，同信護故。

「初級社會，大抵不離家族性質」，草昧文明爲國家發展必經過程，演進有遲速，無超躍之時。

2.文明國到達，再按制度區分市府與邦域兩類：

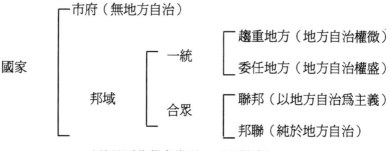

- 國家
  - 市府（無地方自治）
  - 邦域
    - 一統
      - 趨重地方（地方自治權微）
      - 委任地方（地方自治權盛）
    - 合眾
      - 聯邦（以地方自治爲主義）
      - 邦聯（純於地方自治）

（其說近代學者常用，不必詳述）

3.按自由程度、政府干涉放任界限分類：

「視其國所當外來壓力之如何，而民眾自由乃與此成反比例。」

政府
- 總政府（無不干政）－教化政府（Culture State）
- 專政府（但事一端）
  - 兵政府（War State）
  - 刑政府（Law State）
  - 商政府（Trade State）
  - 警察政府（Police State）

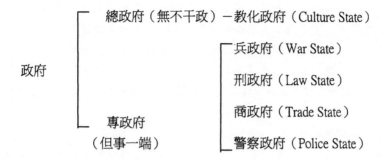

此就治權分也。嚴氏認爲現代政府有「獨治之專制」與「以眾治寡之立憲」，民主自治當廢也。

小結：

嚴氏屬意之政體有二：一曰無輿論機關之專制，一曰有輿論機關之立憲。而卷末結曰「政府以專制爲常，以眾治爲變」，與康之虛君立憲同，故講義之作乃應清廷立憲，非純爲科學研究。

嚴復思想在晚清算是很先進，依天賦人權說批判韓愈＜原道＞的封建君權論。但至第一次世界大戰後，他又回到舊學，成爲傳統的擁護者。

他說：「回觀孔孟之道，真量天與地，澤被寰區。」，他甚至把救中國的希望放在帝制復辟，人的成長和思想真是有奇妙的因緣。

補充資料：魏源政治思想

一、肯定歷史的進化發展觀：

雖聖王復作，必不舍條編而復兩稅，舍兩稅而復租、庸、調也。……雖聖王復作，必不舍科舉而復選舉，舍偏役而為差役也。……
雖聖王復作，必不舍營伍而復為屯田為府兵也。天下事，人情所不便者變可復，人情所群便者變則不可變。＜魏源集・上冊＞

二、積極主張變法改革：

莊生喜言上古，上古之風必不可復，徒使晉人糠秕禮法而禍世教；宋儒專言三代，三代井田、封建、選舉必不可復，徒使功利之徒以迂疏病儒術。君子之為治也，無三代以上之心則必俗，不知三代以下之情勢則必迂。讀父書者不可與言兵，守陳案者不可與言律，好剿襲者不可與言文；善琴奕者不視譜，善相馬者不按圖，善治民者不泥法；無他，親歷諸身而已。讀黃、農之書，用以殺人，謂之庸醫；讀周、孔之書，用以誤天下，得不謂之庸儒乎？<默觚．下篇>

三、師夷長技以制夷：

是書何以作？曰：為以夷攻夷而作，為師夷長技以制夷而作。……故同一禦敵，而知其形與不知其形，利害相百焉；同一款敵，而知其情與不知其情，利害相百焉。<海國圖志>

《天演論》翻譯110周年 昨研討

「紀念《天演論》翻譯一百一十周年─嚴復與天津」國際學術研討會，昨天在中國河北省天津南開大學嘉園揭幕，這是首次舉行專題研討嚴復與天津歷史文化的關係。嚴復是一八五四至一九二一年中國近代知名的啓蒙思想家、社會改革家及翻譯家和教育家，他將西方經典的社會政治學說介紹到中國，其中以《天演論》影響最大；融合嚴復的翻譯思想、宗教觀、教育思想、儒學觀，「物競天擇，適者生存」的進化論思想系統對中國近代社會變革有重要的推動作用。（觀棠）

《二〇〇五年十月三十日，人間福報，六版》

圖 6-10：嚴復像

圖片來源：李孝悌，歷史（下），教育部八十四年十月公布，頁一一一七。

5. 清末政治思想尚有那些要介紹給大家知道？也請陳老師對清末君憲維新和共和革命做一個小結。

（一）何啓、胡禮垣：

何啓字沃生，遊學英倫，深受西洋文化薰陶，欲救中國衰亡，鼓吹變化。乙未助廣州之役。變法主張均與胡禮垣合作。

胡禮垣字翼南，何氏同學。潛心西學，以備世用。香港大學肄業。

何、胡所論，今彙成《新政真詮》。

（二）駁中體西用說：

二氏立言宗旨在採取西洋民權思想以徹底改革中國之政治，西學本身，體用兼備，其所長非僅船堅砲利。今或以中學爲體，西學爲用，皆於其理有未明也。

（三）自由主義與天賦人權：

民權乃立國真詮，君憲則爲最佳政體，於是闡揚十八世紀自由主義與天賦人權說，謂生命、財產、自由皆天賦人權也。

「一切之權皆本於天，然天自不爲也，以其權付之於民。」

但個人對民權有誤解：

1.誤認民權不合聖教：守舊之徒，以忠君爲三綱要旨，視民權如洪水猛獸。「國者何，合君與民而言之也。民，人也。君亦人也。」即爲人各有其權利與義務。「中國民權之理，於古最明。」

2.誤認民權不能行於中國：

論者謂中國今之廷臣部員及都察院等官都是議員，可不必另設議院立議員。二氏反駁「民權之復，首在設議院，立議員」、「議員非由民舉則民失去民權」，議員之法立，則民志申，民心結。頗有現代民意基礎。

（四）中國所當行之政治制度：

1.略似英國虛君立憲及地方自治：此即民權之國，非民主之國也。考其用意，一爲中國喪失民權甚久，民眾已無運用智解，「欲復民權，須由君上」。二爲民主要用革命，此僅對暴君。而清朝「歷代之君，行誼非過，德澤有加」。

2.議院之制當行於地方：縣議員由平民於秀才中公舉之，府議員由秀才於舉人中公舉之，省議員由舉人於進士中公舉之。宰相由議員公舉，天子任命。部長由省議員保舉，宰相擇定之。

小結：

何胡二氏除採西洋自由、民權思想，行虛君立憲及地方自治外，甚重視國際和平之議，而與大同書相呼應。「寰球一家，中國一人」，協和萬邦，反對一切排外思想。

清末的立憲和革命已經結束一百年了，但爭論並未結束，原因是這一百年來中國政局前所未有的大亂，又開始懷疑「中國是否適合民主政治？」或「民主政治（指美式民主）並非最好的政治制度」等。以台灣目前研究中國政治思想很有見解的二位名家，孫廣德、朱浤源合著《中國政治思想史》（賀凌虛、盧瑞鍾、黃競新、葉仁昌校閱），在總結時仍認爲，變法派的君憲主張，合理而和平，如果照著做，國家將在穩定中，以緩慢的速度進入民主共和的新政生活。而革命派理想而多暴力，自從中華民國建立以來，整個國家長期處在動亂之中，固然因素殊多，但倉促大幅度變換政府的基本架構，不但不易成功，而且製造了權力真空，給人有機可乘，應係重要原因之一。

作者研究美國式民主、中南美洲、菲律賓及台灣所推「美式民主」，見民主政治之空架構，而自由、安全、公平及正義內涵則已流失，也開始爲百年前的革命理想「民主」產生懷疑，此下篇再述。

第七篇

當代中國政治思想

輯 40：當代中國政治思想（一）
民主政治思想的理論、實務與現況檢討

1. 在其他研究「中國政治思想」的著作中，只寫到清末，未提及民國以來，陳老師為何包括了民國以來政治思想？有那些重要的政治思想？

不提民國以來政治思想的學者，可能認爲兩岸爭議沒完沒了，也有認爲時間太短，故略而不述。作者認爲不能不講的理由有：

第一、民國以來已近百年，目前兩岸雖暫時分裂而治，但政治思想同屬「中國政治思想」領域。在時間上，超過秦、元朝代。

第二、民國以來重要的政治思想如民主政治、三民主義、社會主義等，爲中國傳統政治思想注入新元素，使傳統思想進一步現代化，殊爲重要。

第三、民國至今爲思想之爭（註：國共內戰雖爲爭政權之戰，也是三民主義和共產主義的思想之爭，亦爲政治制度之爭。），所爆發的戰爭，其兵力、規模、時間，爲中國歷史上前所未有之記錄，一九四九年初國共雙方總兵力約七百萬，一場接一場的大決戰。思想之爭至此地步，民國以來政治思想何能不說？

第四、從滿清最後衰敗的一百年，至今日中國之崛起前夕，這兩百年間實在是吾國自戰國以來，政治（思想）未有之變局，何能不論？

民國以來重要政治思想，除傳統儒家思想積極尋求現代化途徑外，尚有社會主義（含共產主義）、融合中外及孫中山獨創的三民主義、西方主流的民主政治。其他，自由主義和無政府主義亦有一些聲音。二〇〇五年十月十七日晚，我國二十世紀最偉大的「人民作家」巴金（原名：李堯棠）病逝，享年一百零二歲。巴金是四川成都人（本書作者亦同），他年輕時即受無政府主義的啓發下，「在巴黎聖母院沉重的鐘聲下」，寫下＜家＞、＜滅亡＞等作品，批判封建思想的衰落，他的思想可用「說真話」三個字代表。

有關民國以來重政治思想，各種研究著作汗牛充棟，本書不想再做太多贅述。只針對民主政治、三民主義及社會主義，略論其思想理論，置重點在現狀制度之執行檢討，此三種政治思想可謂二十世紀，仍至二十一世紀衝擊中國政治思想最鉅之「三條大河」。中國政治思想要如何匯入三條大河流，恐是二十一世紀中國最艱鉅之思想工程。本輯先從民主政治講起。

民主政治（Democracy）的淵源可上推到古希臘城邦（City-State）。但近代民主政治思想和理論，有三個「思想淵源」和三個「發展成熟」的背景，依此背景建構成各種民主政治制度。

三個思想淵源。其一是洛克（John Lock，1632~1704），英國人，著《政府論》（Two Treatises of Government），主張用分權限制國家權力，把國家權力分成立法、執行和外交三種。其二是法國人孟德斯鳩（Baron de Montesquien，1689~1755），著《法意》（De L' Esprit des Lois），倡行政、立法、司法三權分立。其三爲盧梭（JoJo Rousseau，1712~1778），著《民約論》（Contrat Social），倡公意（Volonte Gerneral）和社會契約說。

另三個「發展成熟」的思想理論。其一是蘇格蘭人亞當史密斯（Adam Smith，1723~1809），著《國富論》（我國學術界也曾譯《原富》，An Inquiry into the Natural and Causes of the Wealth of Nations），倡自由競爭及放任市場，是資本主義的經典作品。其二是英國人達爾文（Charles R.Darwin，1809~1882），著《進化論》（On the origin of Species By Means of Natural Selection），倡「物競天擇、適者生存、優勝劣敗」爲天演之公理。其三是功利主義（Utilitarianism）學派，認爲人性本私，唯利是視，政治之標準便是謀個人之利和「最大多數」之利益。重要思想家有邊沁（Jeremy Bentham，1748~1832）、老彌勒（James Mill，1773~1834）及小彌勒（John Stuart Mill，1806~1873）父子等人。

另外，在十七、十八世紀所發生的法國大革命、美國獨立和英國政治改革，對現代民主政治思想影響也大。當代能稱「先進民主國家」者，其國家、政府的制度設計，也大致參考上述所提各政治思想家的構想。

二〇〇三年十一月，一群學生正走過北京的中國現代文學館前的巴金百歲看板　圖／路透

二〇〇五年十月十九日 人間福報．十版

圖 7-2：林徽音、泰戈爾和徐志摩

圖片來源：2005 年 9 月 28 日，人間福報，徐剛，「梁啓超與徐志摩」。

2. 前面說的是政治思想家有關民主政治的一些重要理論，進一步要追問這些理論經由實踐印証，建立成一種國家和政府制度，呈現出怎樣的政治現象？

民主政治思想之「政治理論」和「政治現象」，圖解其因果關係更容易懂。

表 7-1：民主政治的理論和現象因果關係

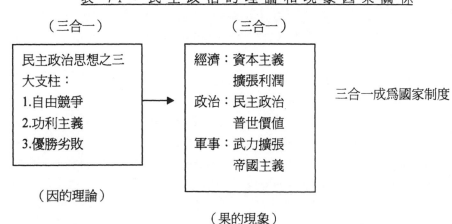

（三合一）		（三合一）	
民主政治思想之三大支柱： 1.自由競爭 2.功利主義 3.優勝劣敗	→	經濟：資本主義 擴張利潤 政治：民主政治 普世價值 軍事：武力擴張 帝國主義	三合一成爲國家制度
（因的理論）		（果的現象）	

民主政治思想的三大支柱卻只有一個核心思想，便是「資本主義」。若將資本主義抽離，全世界所有民主政治便如骨牌般全部瓦解。當然，若將自由競爭、功利主義和進化論法則中任一項抽離，民主政治也同樣逐一崩解。可見這「三大支柱」對民主政治制度的建立，缺一不可，而資本主義可以貫穿民主政治全部的理論。故所謂「資本主義」(Capitalism)，有四大內涵（也成爲制度）:

第一是「私有財產制」(Private property）乃是資本主義最基本元素。洛克（John Locke）稱爲「自然權」，私人擁有財產控制權，國家力量不能干涉，這種權利可爲社會帶來最大利益。

第二是「利己主義：看不見的手」(the invisible hand)，這是創造利潤的手，也是推動歷史前進的手。

第三是「自由放任」(Laissez nous faire or leave us alone)。政府不干預情形下，所產生經濟上的個人主義和經濟自由。

第四爲「競爭與自由市場」，這是自由市場制度的基本信念，由此途徑決定供需和價格。

這四點是資本主義基本內涵，也是英美資本主義國家基本信念，資本主義和民主政治爲一物之兩面，並視爲一般西方社會共識和普世價值。憲法有明確保障，並不得制定法律限制這種普世價值的推行，這是人們天賦的權利，理當享有，國家不能剝奪。在這種信念之下（因），國家與社會的「政治現象」(果）展示三方面的特徵：

第一、無限制擴張資本主義市場與利潤。賺錢本來是民間企業存在之目的，但資本主義思想認爲國家存在之目的是追求最大的利潤，因此擴張市場是國家最重要的責任，甚至可以不擇一切手段擴大市場和利潤。「最高的利潤、最大的市場便是最高道德」是國家給人民的交待。是故，英國以發動戰爭打開中國「鴉片市場」，美國亦以侵略伊拉克，控制中東石油及各種利益。

第二、以民主政治爲普世價值，進行全球「美國化運動」。儘管這是已經進行二百年的政治運動，企圖將亞、非和阿拉伯世界「民主化」。實即「美國化」或「歐化」，最終目標則是「基督化」。這個運動的高潮是一九九〇年「蘇東波」，導致前蘇聯垮台。阿拉伯世界亦抗拒「美國化運動」，「九一一事件」是抗拒的作品之一。

第三、帝國主義向全球擴張，以武力爲後盾，民主政治和資本主義經濟爲前導，建立全球殖民地。今日之「美帝」和往昔之「英帝」，只有手段上的不同，並無本質上的差異。

第四、鼓勵無限制消費，因爲資本家要擴大市場和利潤。結果是地球資源被無限制消耗，光是一個美國，就能「消費」掉將近半個地球。

以上四點是民主政治思想理論，經國家政治和制度之實踐，所展現出來的「政治現象」。前面所提資本主義國家進行市場擴張的策略，在經濟、政治、軍事之前是以宗教爲「先鋒隊」。換言之，第一波傳教士（天主教或基督教）以宗教或人道救濟之名，登陸建立人情關係「橋頭堡」。第二波商人登陸建立經濟關係。第三波外交或政治人員登陸，經由談判建立「合法關係」。第四波武力爲後盾，視狀況使用。

民主政治思想流行至今約三百年，在全世界的擴張和漫延便依上述「四波」之模式進行。世界各地幾無招架之餘地，因爲民主政治把人性之中最深沉的渴望，如利己、自由、競爭、需要、欲望，乃至享樂、性欲等，全部從「黑盒子」中解放出來。所以，真正徹底的思想解放是民主政治思想，而不是三民主義、共產主義或社會主義。

3. 民主政治思想經近三百年演進，至今，其理論和現象有無改變？現代民主政治的內涵又是甚麼？

民主政治經過大約三百年演變（我國清初至今），有關的思想、理論、制度之研究，實在非常的多。只能按現階段呈現的「結果論」，來談制度和思想內涵。

在制度方面，所謂「民主政治制度」在全世界所展現者有以下五種典型的國家體制。

（一） 美國式總統制、三權分立：

基本原則是成文憲法、主權在民、聯邦制各有主權、政府行三權分立（行政、立法、司法）、有限政府、自由主義和個人主義。

（二） 英國式內閣制、國會政府：

基本原則是不成文憲法、君主立憲、虛位元首、單一政府（不分中央、地方)、議會政府、內閣政府和政黨政治。

(三) 法國式總統、內閣混合制:

成文憲法(第五共和憲法爲準),總統和內閣總理分擔行政權,限制國會權力,總統民選、政黨政治、左右共治等。

(四) 德國式聯邦制:

德國政治制度的設計,在促成政治穩定,避免「威瑪德國」民主崩潰的再發生,避免納粹式政治體系的出現,爲「德國式聯邦制」。總統由全國黨代表選出爲虛位元首,總理由眾議院多數選舉產生並掌握國家大權。統一後的德國仍維持原有制度,總統和總理並不民選,稱「總理式民主」。

(五) 三民主義「五權憲法」制:

無疑的,中華民國依據　國父孫中山先生遺教所製訂的五權憲法,是民主政治的一種,且更重視分權原則。於下輯專述。

全世界有近兩百個國家,民主政治體制如此五區分,其實很簡略,甚且過於「形式」和「表相」。若從內涵去深究,還有「共產主義式民主」、「社會主義式民主」、「國王式民主」。任何國家體制只要其人民支持肯定,合於人民願望便是「民主」。

到底民主政治演變至今,其理論和現象有無改變?吾人以爲,本質面並沒有改變,惟其方法改變。即「政治思想」、「政治理論」沒有改變;「政治方法」調整,故「政治現象」看起來有重大改變。這部份後面檢討再論,先講現代民主政治的具體內涵,也是重要特徵。說明如下:

(一) 民意政治(Opinion politics):

人民同意受治觀念源自盧梭「民約論」(社會契約論),統治者要得到人民同意支持才有合法性。其施政也要依據多數民意,並尊重少數民意。

(二) 法治(Rule of Law)政治:

治國、治人、治事須依國家之憲法和法律行之,任何人不得在法律之上,且法律之前人人平等。立法、司法和執法亦有一定法律程序,人民權益皆依法保障。

（三） 責任政治（Responsible Politics）：

有權力就必須負責，無權力（如英王）不必負責（所謂「英王永無過錯」，是指英王無權無責，故錯不在王）。這也是民主政治重大原則，責任有政治和法律二者，亦須法律定之。

（四） 政黨政治（Party Politics）：

人民基於結社自由而組黨，並經公平合法的競爭參與選舉，可以獲得問政或執政機會。兩黨輪治或多黨共治，是現行民主國家的常態。

（五） 多數決定（Majority Decision）：

任何決策難免各有意見，最後執行取決於多數，是一種必要的選擇。多數是基本規範和合法的象徵。相對的少數也須要給予尊重，畢竟多數有權決定，但不一定能治理，決定靠數量，治理靠才能。

（六） 民主社會（Democracy Society）：

民主社會是開放社會，流動性（Mobility）較大，意見公開，機會公開，具多元性（Polyarchy）。國家和社會分開，社會亦有多重價值。

（七） 公民社會（Civics Society）：

在國家、政府和政治之外，在社會上，人民自動自發形成各種團體，實現各種不同的目標，如修橋、補路或環保等公益活動。公民社會的基本概念，在主張社會應獨立於國家之外，是維繫民主社會不可或缺的資本。

4. 陳老師，前面所提到民主政治思想或理論，到底「好不好」或「對不對」，是否有檢討或批判的空間？

可檢討或批判的空間很大，「好不好或對不對」亦難有可以衡量的標準。重點在民主政治思想或理論所設計出來的制度，能否爲人們帶來幸福美滿，及公平正義的社會。以下分兩部份提出檢討批判，分別是「民主政治基本理論」和「現代民主政治七項內涵」。

（一）民主政治的基本理論批判：

理論（Theory）有規範性和經驗性理論，不管那一種理論，就宏觀視之，都不過是一種「暫時性」的假設（Hypothesis），遲早都會被推翻取代。包括牛頓或愛因斯坦的定律，也不能永久普世。故吾人以爲民主政治的基本理論，充其量也只是一種學說或思想，從早期思想家提出至今，仍被西方民主國家視爲「鐵則」。

第一是「進化論」所標榜「優勝劣敗、適者生存、不適者淘汰」，只能適用在人類以外的生物生態環境，不能用於人類社會。此在孫中山先生演講三民主義時，已有許多詮釋和批判。因爲，若用於人類社會，將造成「弱肉強食」，老弱婦孺鰥寡孤獨將成「被淘汰、強食」的對象。人類社會將變成生物、禽獸社會，西方思想家也知道「大事不妙」，但因人性之中的生物欲望被從「潘朵拉之盒」中解放出來，已無力回天。

第二「自由、放任、競爭」是資本主義和進化論的基本信條，引用於民主政治成爲「自由市場」和自由思想之依據。但亦往往無限上綱成爲一種「叢林法則」，人與人之間只剩利益競爭，個人主義至上。結果也是導致人際、家庭和社會的倫理道德瓦解，而企業爲了擴張利潤進行不擇手段的競爭，未知結果爲何。

第三「功利主義是民主政治之基石」。資本主義謀功利也罷，民主政治思想家們認爲人性唯利是圖。所以，人生、社會和國家的存在目的，便是謀最大之利。資本主義國家無限制擴張謀利，帝國主義於焉形成，大家別忘了，民主政治和帝國主義是同一國家，同一政府。再者，人類社會既然唯利是圖，「利」成爲唯一價值標準。那麼，文化、人倫、道德、人格，乃至禮義廉恥就被顛覆，甚至推翻了。男人、女人和一切東西，只須要「標價」就夠了，資本主義（民主政治）社會未來結果將如何，也不是很樂觀。

以上三項民主政治「因的理論」，流行於美國，又以其強權推展到全世界，企圖對「非美式民主」地區進行「和平演變」，所以被美國人操作成普世價值。但歐陸國家，特別是德、法等國，對「美式民主與文化」最爲反感，而聯合國也開始制定法律，反制「美式民主」和「美國霸權文化」的蔓延（後述)。

（二）現代民主政治七項內涵的批判：

這七項內涵在當代政治學中，亦被當成「理論」看。惟理論「破洞」百出，只是一種「假理論」。

1.民意不明易被操弄：政客常鋪設、僭奪或操弄民意，質變成民粹，甚至「強姦」民意，近年在美國、台灣的大選最明顯。二〇〇四年「319 槍擊」弊案，是民粹操弄和作弊的結合。

2.法治碰到政治就輸：美國三權分立的司法和我國五權分立的司法皆然。是故，台灣「319」大選舞弊案司法官判不下去，法官要是依法判綠營作弊成立，性命恐就不保。蓋因情治單位受控於政治勢力，法官不得不有顧慮。

3.責任不明：尤其政治責任灰色地帶最多，台灣綠營施政決策錯誤而無人負責，美國雖承認打伊拉克決策有誤，但誰負責？如何負責？

4.政黨政治（兩黨輪治或多黨共治），常淪於「肉桶政治」或「分贓政治」，施政或建設欠缺持續性。放眼全球的「美式民主」國家，政黨政治都是分贓政治。

5.多數決定只解決「量」的問題，沒有解決「質」的問題。例如，五十票比五十一票的品質差嗎？多數決定使人類品質退化，增加社會動亂和對立。

6.民主社會所謂「多元、流動、開放」，也表示社會日愈分歧，愈來愈亂，人人自身難保，沒有安全感。民主政治所標榜的自由、和平、安全等價值大量流失，而民主政治制度只剩「空架子」。愈民主，人們愈沒有安全感。

7.公民社會終究只是「神話」，因爲社會受制於國家政治力量。政治黑手控制全社會，放眼世界有那一個社會能獨立於國家的政治干預之外？

綜合以上民主政治的七項內涵（理論），民意質變成民粹，法治受控於政治勢力，責任不明，政黨政治即分贓政治，多數決定使人的品質低落，民主社會成爲腐敗和亂源，公民社會是政客和學界憑空創造的「神話」。這才是「美式民主政治」的真相，不是嗎？

顯然「美式民主政治」是人類社會，有史以來最「惡質」的政治制度，並非真正的民主政治，只是政客和資本家結合，爲謀「互利」的政治。

5. 陳老師概略講解了民主政治的思想、理論和實務，民國以來我國已是民主國家，如何針對現狀檢討民主政治？

在一九四九年以前的中華民國，和以後中華民國在台灣，在「理論」上是推行民主政治的（下輯詳述）。此處先針對民主政治的現狀進行檢討批判。

首先大家要知道，目前所謂「民主政治」已被美國的霸權文化窄化成「美式民主」，大家只知有美式民主文化，不知有其他。這是一個全球危機，聯合國教科文組織在全世界一百多個國家的推動下，於二〇〇五年十月二十日以壓倒性的多數，通過「保護暨促進文化表達多樣化公約」，希望能遏止銳不可當的美式民主文化全球化的趨勢。公約規定各國可以採取有利於保護本國文化產業的措施，以對抗美式民主的文化侵略。在一百五十四個參與投票的國家和地區，一百四十八票贊成，四票棄權，只有一對「父子」（美國和以色列）反對。（詳見當時各媒體報導，本文資料來源：94 年 10 月 22 日，人間福報。）相信這是世界各國對美式民主文化最有力的覺醒、檢討和批判，所採有力的反制行動。

在十九、二十世紀的二百年間，英美曾是帝國主義者，也號稱「民主大國」。英國已衰落，目前學術界爭論美國是不是仍是帝國主義者。我在前面講過「進化論、功利與資本主義」理論，仍是美國人的立國思想和價值觀，本質未變。所以，美國仍是帝國主義者。如此，有些讀者、聽眾以爲我是「反美份子」，再看美國學術界怎麼說。

現任哈佛大學約翰甘迺迪政府學院人權實務教授及「卡爾人權政策中心」（Carr Center of Human Rights Policy）主任 Michael Ignatieff，他在「美國帝國勢力的挑戰」（The Challenges of American Imperial Power）一文說，帝國不盡然需要殖民地，亦不須藉由征服或侵略手段建立，美國之所以成爲帝國在於其掌握世界秩序。美國控制世界之手段，主要藉軍事力量、外交資源與經濟資產，而主要目標在確保美國利益。美國正在行使一種帝國對世界進行安排與組織的角色，美國正是一個現代版的羅馬帝國，但羅馬帝國崩潰前的「恐怖感」，也正在美國漫延。

近五十年來，美國重新組合中東版圖，以滿足美國人的國家利益，這不是帝國主義式作爲，那又是甚麼？在全球其他「非美式民主文化地區」，美國不斷利用「四波」力量（本輯第二講題），進行干預轉化成爲「美式民主」。

武力則是最後手段，美國讓美軍成爲解決混亂（美國造成）的手段，結果因抗拒產生的混亂在全球各地重疊產生，使美國本土也燒起戰火，美帝國正一步步走向災難。美國就是這樣一個「帝國主義」，目前世界正在質疑美國是否合乎民主社會的資格。(《國防譯粹》，92 年 12 月，黃文啓譯文。)

這真是對「民主大國」的美國最大的諷刺，由以上分析，我們很清楚的透視資本主義式的「美式民主政治」是世界的「亂源」。大家一度覺得不可思議，但事實如此，「潘朵拉」的盒子打開了，焉有不亂？過去一百年，「民主風」吹垮了滿清王朝及許多舊式專制國家，一九九〇年吹垮了前蘇聯及許多共產國家。那時人們來不及思考，現在世界各地開始覺醒，美式民主全球化是錯誤的方向。

以資本主義和擴張功利爲基本價值觀的美國人，幾乎以「無限制」生產和消費在生活，因而必須掠奪全球資源。只佔全球總人口百分之四人口的美國人，消耗全球百分之四十五能源。如果中國未來走上「美式民主」道路，將是全球災難，因爲全體中國人都用美國人的消費方式，四十年可以「消費掉兩個地球」。

就是不談環保，中國未來若推行「美式」民主政治，也必將帶來更多動亂和分裂。中國必須推行「中國式」民主政治，在吾國，民本、仁政、正統和統一，正是「中國式民主政治」的核心思維。(見 42、43 輯分析)

6. 陳老師，這麼說民主政治並不是最好的政治制度，但目前流行於各國，施行之現狀有那些問題？

民主政治並非最好的政治制度，古代西方聖哲如柏拉圖（Plato，427~347.B.C）、亞里斯多德（Aristotle，381~322.B.C.）早有論述，柏拉圖對各種政體優劣區分如表：

表 7-2：良政體和惡政體的區分

良惡、守法與 / 主權者人數	守法（良）	不守法（惡）
一人	君主政體（Royalty）	暴君政體（Tyranny）
少數人	貴族政體（Aristocracy）	寡頭政體（Aligarchy）
多數人	立憲的民主政體（Constitutional Democracy）	極端的民主政體（Extreme Democracy）

表中「極端的民主政體」便是「美式民主政治」，但一種制度之流行總有特別背景，尤其二戰之後到廿世紀結束最流行。廿一世紀起頭的「911 事件」、美國攻打伊拉克和阿富汗等，促使人們反省美式民主，聯合國通過限制美式文化蔓延，及各地反全球化之聲浪起。美式民主政治在各地漫燒，綜合美國、菲律賓及台灣現狀，有以下檢討批判：

（一）民主政治對內外雙重標準：

民主政治所標榜的普世價值，如自由、平等或人權，在對內對外，對執政黨與在野黨，都是雙重標準。美國拿放大鏡看國外人權問題，但本身黑白之間的不平等，卻是黑人永遠的痛。

（二）總統民選，全民發瘋：

世界各國民選總統不多，美國是較上軌道的制度，餘多失敗。國家大位也象徵重大利益，大多是不擇手段謀取。不是操作民粹，便是作弊或使出其他陰謀，如菲律賓艾若青。台灣二○○四年「319 案」，都是明顯作弊。而小布希當選，至今也有半數美國人懷疑。

（三）腐化惡化淪爲「肉桶政治」：

總統任期有一定期限，各級政務官少則數月，久則二、三年。絕大多數存著「撈一票走人」的心態，以台灣民進黨執政以來的政壇現象，有朝一日握權，便能吃儘量吃、能拿儘量拿、能撈儘量撈，明的搬不走，暗中「五鬼搬運」給親友。美、菲等美式民主地區大多如此，資本主義鼓動人性唯利是圖使然。

（四）倫理道德和人性美善蕩然：

這是美式民主社會普遍現象，一方面是打開了人欲的「黑盒子」，再是功利主義使然。於是，男人、女人及一切東西俱被「物化」，貼上「價格」，價格代表一切。其他忠孝仁愛禮義廉恥乃被顛覆，並把顛覆當成多元價值。所有「美式民主」國家，都不能避免人性、社會的沉淪、墮落。

（五）生物叢林競爭貧富差距大：

民主政治以資本主義爲信仰，以進化論的生物競爭用於人類社會，不僅弱肉強食，貧富差距日愈拉大，將使人類社會存在更多引爆戰爭的火種，也使人類社會退化成禽獸社會。

（六）民主政治只剩「空架子」：

近兩百年來，民主政治之流行，因其有「人民自主」的誘力，又有公平、公開、公正及人們期望的社會正義，可以爲人們帶來幸福美滿。不幸的，現在凡實施美式民主的地區，包含美國，民主可貴的內涵和精神大多已經消失，只剩民主政治的「空架子」。

正當世界各國質疑美國還合不合民主社會資格，聯合國立法限制美式民主文化全球化的蔓延。在台灣地區許多人把美式民主文化當寶貝的同時，也開始有更多有智慧、有自覺自省力的人，起來質疑批判「台灣所實施的是不是民主政治」（94 年 10 月 23 日上午飛碟電台趙少康新聞評論）。有人反省，代表還有一點希望。

以上對民主政治的批判，實即美國式民主政治之現狀。美國以其強大武力，把「自由、民主、人權」推成普世價值，而此種價值也以美國利益爲唯一標準。世界各國凡合乎美國利益便是民主自由，不合美國利益就是不民主又違反人權。

就算是把範圍縮小，只看美國內部，以充斥不平等和違反人權的「反民主」現象。兩百多年來黑人的不平等如故，在美國社會流行著「黑人選總統」即被暗殺，美國社會只是一座「弱肉強食」的大叢林，政客和資本家搶食大餅的舞台。

民主政治思想是民國以來，中國政治思想重要內涵的一部份。因此，不論三民主義或中國式社會主義，亦難免受到衝擊，將在後二輯講解。

輯 41：當代中國政治思想（二）

三民主義政治思想的理論、實務與現況檢討

1. 陳老師，住在台灣的人對三民主義思想、理論或實務，絕大多數應該不陌生才對。但是，現在講三民主義是不是過時落伍了？

表面看過時落伍了，實際上我們正在享受三民主義建設的成果。沒有以前五十年三民主義建設，台灣今天只是亞洲第二個「菲律賓」。再者，說不過時不落伍，也有原因，三民主義面臨的困境正好和民主政治相反。民主政治目前只剩「形式」，流失了內涵（看前輯）；而三民主義的「形式」被去除，內涵仍在，因爲依據　國父遺教所製訂的中華民國憲法仍在運作。

三民主義所要追求的理想，只是民族平等、主權在民和民生樂利三者，這麼的單純。許多人讀過，故本輯也簡略述之。首先從三民主義思想的淵源講起，　國父在《中國革命史》說：「余之謀中國革命，其所持主義，有因襲吾國固有之思想者，有規撫歐洲之學說事蹟者，有吾所獨見而創獲者。」所以，三民主義政治思想淵源來自三方面。

（一）來自中國傳統政治思想：

1.與民族主義思想有關者：主要是儒家思想中的夷夏之防、天下爲公、王道主義、固有道德、濟弱扶傾。此種思維理則完全不同於西方，甚至是相反的，西方講「弱肉強食」，中國講「濟弱扶傾」。

2.與民權主義思想有關者：儒家「湯武革命」、共和政體、民本思想、伊周訓政、賢能政治、權能區分。再者，將中國施行兩千年的考試、監察制度獨立出來。

3.與民生主義有關者：有儒法二家的養民思想、均產主義和王道仁政。再者管子、桑弘羊和王安石變法中的國營事業和公賣制度。

（二）來自歐美近代政治制度：

1.與民族主義有關者：民族國家與民族思想、反帝思想與民族解放、第一次世界大戰後的「民族自決說」、馬爾薩斯（Thomas Robert Malthus，1766~1834）「人口論」。　國父不同意「人口論」之說，另倡中國人口壓迫

說。

2.與民權主義思想有關者：有彌勒「自由論」、洛克「政府論」、孟德斯鳩三權分立、盧梭天賦人權說、威爾確斯（Wilcox）「全民政治」等。

3.與民生主義有關者：社會主義、自然科學實証思想、土地單一稅、土地增值稅及德國俾斯麥國家社會主義。

（三）來自　國父自己創見政治思想：

1.與民族主義思想有關者：以民族主義爲世界主義之基礎、新八德說、人口壓迫論、次殖民地說。

2.與民權主義思想有關者：革命民權取代天賦人權、權能區分、五權憲法、均權制度、要有內涵的「真平等」說。

3.與民生主義思想有關者：平均地權、耕者有其田、節制私人資本、發達國家資本、實業計畫和社會價值論。

以上略述三民主義外，尚有五權憲法、民權初步、建國大綱、實業計畫及其他宣言雜著甚多。而以三民主義爲代表，也是　國父思想系統化的知識。

圖 7-3：台北孔廟釋奠典禮

2. 三民主義思想淵源講完，陳老師接下來要講三民主義所依據的基本理論。

孫中山先生的三民主義不僅要救中國，且要建設中國成爲現代化國家，自有他一套完整的理論體系。以下仍按民族、民權、民生來闡述其一般理論。

（一）民族主義基本理論有四：

1.民族主義須植根於民族倫理與文化：故民族文化和道德都要恢復，倡「忠孝仁愛信義和平」新八德。民族政策主張各民族平等，反對帝國主義侵略，且中國強盛後對國際各弱小民族要盡「濟弱扶傾」之天職。

2.民族國家、民族自決與民族同化：民族國家是十九世紀以來的民族運動，經民族自決途徑完成。中國之民族自決在使中國脫離帝國主義掌控，成爲獨立的現代國家。而中國又是百餘民族組成，故需進行融合同化成一個中華民族，中國才能統一富強。

3.質量並重的人口理論：馬爾薩斯認爲全球人口要減少，而清末到民初因戰亂，中國人口成負成長。　國父認爲以中國之土地面積若不增加人口，百年之內即亡國亡種，故須增加生育，且提高人口品質。

4.世界各民族一律平等：循序漸進包括中國民族自求解放、中國境內各民族一律平等、世界被壓迫民族全體解放，最後世界各民族一律平等。

（二）民權主義基本理論有五：

1.合理自由：資本主義、進化論「叢林放任」式自由只適用生物社會，不適於人類社會，此　國父有很多駁斥，並另主張「合理自由」才是人類社會的真自由。

2.真正平等：　國父認爲「帝王公侯伯子男民」是人爲不平等，而「聖賢才智平庸愚劣」平頭爲準則是假平等，務必以立足點爲準的政治地位平等，才是真平等。並以服務、道德和利他觀念，彌補天賦不平的鴻溝。

3.權能平衡（權能區分）：權能是古今政治難題，　國父認爲權（民權、政權）要控制在人民手上，人民有四權。而能（政府權、治權）要控制在政府手上，政府才有能力治國，政府有五權。]

4.五權憲法：合人民四權和政府五權構成五權憲法，爲　國父改良三權分立的成文憲法，可形成「萬能政府」。

5.全民政治：就是直接民權，人民具體擁有選舉、罷免、創制和複決四權。達到國家爲人民共有、政治由人民共管、利益爲人民共享的目標。

（三）民生主義基本理論有五：

1.民生主義以「養民」爲目的：這是儒學思想的基本思維，充實人民的物質和精神生活。不同於西方資本主義目的在賺錢，國家目的在擴張利潤。

2.公有財產和私有財產制並存：純公有或私有都是極端，故須調和，節制私人資本，發達國家資本。

3.農業與工業平衡發展：當時中國屬新興國家，二者平衡發展是經濟發展的策略。同時施行尙有耕者有其田、公地放領和「三七五減租」等。

4.自由主義與社會主義：自由主義和資本主義「放任自由」，雖個人欲望得以全面解放，卻反而失去安全。於是社會主義的社會安全制度受到重視，　國父的民生主義正是社會主義，爲預防資本主義之禍於未然。

5.均富－民生主義的真諦：

各種主義都有經濟發展的方法，目的不外求「富」。但　國父認爲資本主義的富是資本家掌握財富，患在不均，中下階層總人口多數，反受其害。所以，民生主義的「富」是均富，務使全民得利，故有平均地權的主張，有實業計畫的推動。

三民主義思想理論體系完備，融合古今中外及孫中山先生獨創之見解完成。在我國二千多年來，包含先秦九流十家、宋明理學等，均不能如三民主義體系的完整。三民主義從思想、理論到實踐過程，也有一定的步驟。

表 7-3：三民主義思想、理論及實踐體系

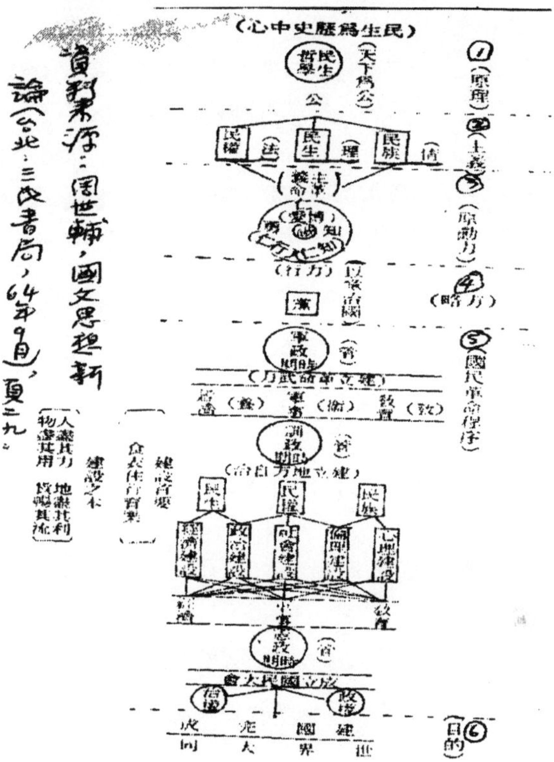

3. 這麼說三民主義全部的理想，賴一部五權憲法和一個五權憲法政府才有機會實現，先談談五權憲法。

當然，但要從民國三十六年國民政府公布施行的「中華民國憲法」說起，憲法前言說：「中華民國國民大會受全體國民之付託，依據孫中山先生創立中華民國之遺教…」，第一條又說：「中華民國基於三民主義，爲民有民治民享之民主共和國。」，以上即表示，中華民國是依據孫中山先生五權憲法所建立的「民主共和國」國體。

憲法第二章「人民權利與義務」、第三章「國民大會」、第四章「總統」、第五至九章依序為行政、立法、司法、考試、監察，第十章「中央與地方權限」、第十一章「地方制度」、第十二章「選舉、罷免、創制、複決」、第十三章「基本國策」、第十四章「憲法之施行與修改」。論結構、論內涵，在當時這是亞洲最好的一部憲法，依本憲法圖解「國家機器」運作圖如下：

（一） 由各縣市（同等區域）、盟（蒙古）、西藏、邊疆民族、華僑、職業及婦女代表，組成國民大會，為人民權力最高機關，代表人民對中央政府行使四個政權。

（二） 國民大會職權：選舉總統與副總統、罷免總統與副總統、修改憲法、變更國土、複決立法院所提憲法修正案。

（三） 國家最高元首是總統，督導五院，執行政務。

（四） 五院分立、平行、獨立行使職權，互相分工合作。

（五） 以縣為地方自治單位，行使直接民權，政治制度採中央、省、縣三級制，權限劃分以均權為原則，採列舉主義。

（六） 以人民四個政權，管理政府五種治權，使權能平衡。不會流於民主政治或資本主義的放任，導致暴民政治；也不會權力過於集中，導致專制政治。

國家機器有了組織架構，如何推動運作？　國父鍾情「美式兩黨制」政黨政治。

現行憲法（36 年頒）雖稱「五權憲法」，但因時局推移所限，和原來三民主義的主張已有落差。這可能是制憲時各黨派妥協的結果。

（一）現行憲法中，國民大會雖有「全國最高政權機關」之名，並無其實。所謂「代表人民對中央政府行使四個政權」，只是選總統等微弱的職權。

（二）現行憲法中，國家元首近於「虛位」，並非監督五院、執行政務。

（三）五院關係並非分工合作，尤以行政院對立法院負責（57 條），類似英國內閣制，與　孫中山五權憲法構想頗有距離。

中華民國憲法雖在民國三十六年十二月廿五日公布施行，但只施行五個月，因內戰關係，三十七年五月十日公布「動員勘亂時期臨時條款」。憲法所規定者多處不能執行，如人民集會結社自由、總統權限和選舉、中央政治制度調整和人民四大政權，都有重大改變。到七十六年七月十五日解除戒嚴，憲法頒行至今快六十年，事實上可以說沒有全面依憲法施行的機會。

表 7-4：五權憲法組織體系

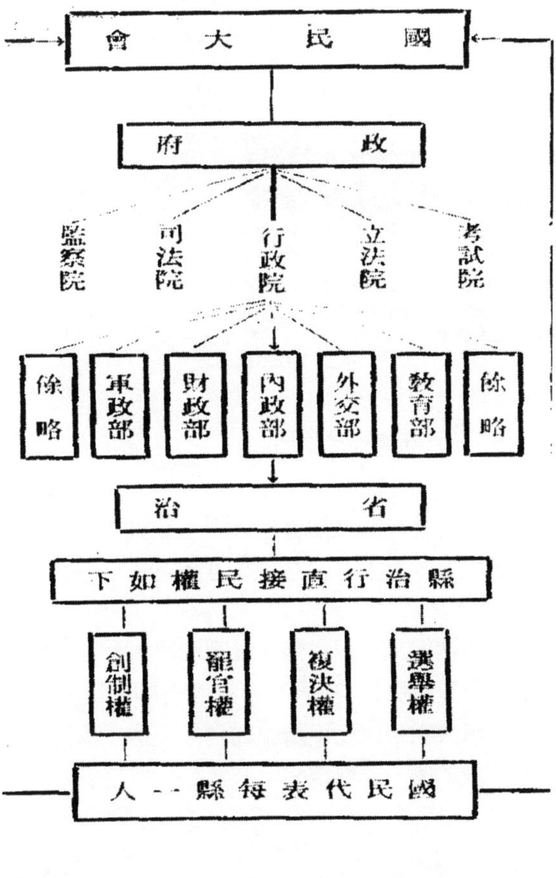

馬英九接受當選證書

國民黨新任黨主席馬英九昨天接受國民黨中評會主席團頒發的當選證書。他表示，感謝黨主席連戰修訂黨章，制定黨主席選舉辦法，也感謝黨員的支持，讓他順利當選，未來他會努力讓國民黨成為有競爭力的政黨，創造有利條件，讓國民黨重新執政。 圖／法新社

圖 7-4：中國國民黨的傳承

4. 原來　孫中山原意的五權憲法和頒行的憲法，都沒有機會全面施行。現行憲法多次修訂，目前我國所施行還算「三民主義五權憲法」嗎？

憲法頒行六十年而沒有全面施行，全體人民都要反省。但全世界也沒有一部憲法，可以被百分百充分實行。在兩百多年前美國憲法就規定黑白平等，但到一九五〇年代，黑人在公車上不讓位給白人，是一種可以被當場逮捕的現行罪犯。不論我國或美國，憲法規定而未實行，總是遺憾，應該記取歷史教訓。

表 7-5：94 年修憲內容與各政黨立場

五項修憲內容與其重大影響

修憲議題	修憲內容	重大影響
立委減半	立法委員席次由225席減為113席（自第七屆立法院開始實施）	立委權力變大，國會生態重整
立委任期	立法委員任期由3年改為4年（自第七屆立法院開始實施）	立委與總統任期將接軌，行政立法衝突有減少可能
立委選舉制度	立法委員選舉制度改為「單一選區兩票制」（未來選民投票，一票選立委，一票選政黨，政黨不分區席次由政黨票依比例分配）	朝「兩黨制」趨勢，政黨政治強化，地方派系化將轉為政黨化
公投入憲	廢除國民大會，改由公民複決憲法修正案、領土變更案（公民複決方法：修憲案、領土變更案經公告半年後，應於三個月內由公民投票複決，有效同意票超過選舉人總額之半數，即通過之）	國大走入歷史，彰顯人民主權
正副總統彈劾	總統副總統之彈劾改由司法院大法官審理（憲法法庭判決彈劾成立時，被彈劾人應即解職）	提升憲法法庭的憲政地位，解決重大政治問題

製表：蕭旭岑

[illegible]	[illegible]	[illegible]	當日表決動態及策略
農民黨	1席	贊成	應會依原立場投票
中國國民黨	117席	贊成	依原立場投票，黨團成員分十四組，黨總全程緊迫盯人預防跑票
親民黨	18席	反對	依原立場投票，策反投贊成票陣營，持續議事杯葛
民主進步黨	127席	贊成	依原立場投票，總統府秘書長游錫堃、黨主席蘇貞昌親自督陣，上午8:50不到黨紀處分，當場撤換
公民黨	1席	贊成	應會依原立場投票
台灣團結聯盟	21席	反對	依原立場投票，鼓吹贊成修憲陣營投廢票，並進行議事杯葛
新黨	3席	反對	依原立場投票
中國民眾黨	3席	贊成	不明，進行議事杯葛
王廷興等20人聯盟	1席	反對	應會依原立場投票
建國黨	2席	反對	應會依原立場投票
無黨團結聯盟	1席	反對	依原立場投票
民主行動聯盟張亞中等150人聯盟	4席	反對	依原立場投票，並持續進行議事杯葛

製表：何博文

資料來源：94 年 6 月 7 日，中國時報，第四版。

我國從解嚴以來，憲法經多次修訂，分別是八十年五月一日、八十一年五月廿八日、八十三年八月一日、八十六年七月廿一日（以上按總統公布日爲準）。

最近一次修憲是民國九十四年六月七日，如下表是事前各政黨對五項修憲的立場，當日亦順利完成修憲。特別注意是廢除國民大會，五權憲法架構改變。就形式上看，違反孫中山先生三民主義構想及五權憲法制度。但從內涵看，公民複決入憲，未來修憲案由立法院提出，交公民直接複決，更能體現三民主義的直接民權理念。國民黨發言人張榮恭也認爲，公民複決入憲，落實　國父孫中山先生的民權理念，和法理台獨無關，反而強化對法理台獨的防範，有助兩岸和平。三民主義之「民族、民權、民生」，是指中國子民的自由平等博愛，中國子民的民有民治民享。

中山先生倡三民主義除救中國，也有收回台灣使中國重回統一富強的局面。所以，三民主義的理想若只行於台灣，便不是孫中山先生的三民主義。「目前台灣所行還算不算三民主義五權憲法？」，就形式上廢了國大，已經不是了；就內涵上只要做到「國家為人民共有，政治由人民共管，經濟利益由人民共享」也是三民主義所追求的目標。另一個關鍵性的問題，孫中山創造三民主義時有三種組成要素（中國傳統政治文化思想、西方、自創），故三民主義的本質是「中國式」思想，若台灣獨派政權不斷進行「去中國化」，則不論形式或內涵都不是「三民主義五權憲法」。

若我們不計較形式或稱謂，今日中國之興起受全世界注目。不管共產主義、社會主義或三民主義，也不管中國共產黨或中國國民黨，只要能讓中國統一、繁榮、富強，這不就是許多先烈先賢，孫中山、蔣中正、毛澤東、鄧小平等所追求的目標嗎？目標既已達成，何須計較誰功多，誰又功少呢？又何須計較甚麼主義呢？李敖先生在大陸演講，希望廿一世紀中國人不要再搞甚麼主義了。我所說要拼「統一、繁榮、富強」，別管形式，也是同義。

今日台灣所行，到底還是不是三民主義五權憲法？未到「最後」很難說。誠如奇美企業領導人許文龍先生，曾是台獨健將，但最後終於承認自己是中國人，支持兩岸三通及統一。他為中國之統一繁榮做出貢獻，歷史會給他應有的地位。

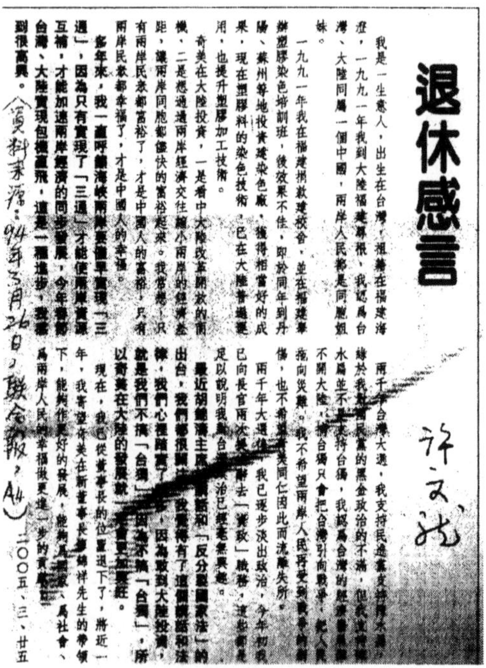

退休感言

許文龍

我是一生意人，出生在台灣，祖籍在福建海澄，一九九一年我到大陸福建尋根，我認爲台灣、大陸同屬一個中國，兩岸人民都是同胞姐妹。

一九九一年我在福建捐款建校舍，並在福建舉辦塑膠染色培訓班，後效果不佳，即於同年到丹陽、蘇州等地投資建染色廠，獲得相當好的成果，現在塑膠料的染色技術，已在大陸普遍運用，也提升塑膠加工技術。

奇美在大陸投資，一是看中大陸改革開放的商機，二是想通過兩岸經濟交往縮小兩岸的經濟差距，讓兩岸同胞都愉快的富裕起來。我常想，只有兩岸民衆都富裕了，才是中國人的富裕，只有兩岸民衆都幸福了，才是中國人的幸福。

多年來，我一直呼籲海峽兩岸要儘早實現「三通」，因為只有實現了「三通」才能使兩岸資源互補，才能加速兩岸經濟的同步發展，今年春節台灣、大陸實現包機直飛，這是一種進步，我感到很高興。

兩千年台灣大選，我支持民進黨支持陳水扁，緣於我對國民黨的黑金政治的不滿，但我支持陳水扁並不是支持台獨，我認爲台灣的經濟發展離不開大陸，搞台獨只會把台灣引向戰爭，把人民推向災難。我不希望兩岸人民再受到戰爭的創傷，也不希望奇美同仁因此而流離失所。

兩千年大選後，我已逐步淡出政治，今年初我已向長官兩次提出辭去「資政」職務，這些都足以說明我與台[illegible]治已經毫無[illegible]。

最近胡錦濤主席[illegible]講話和「反分裂國家法」的出台，我們都很關注，我覺得有了這個講話和法律，我們心裡踏實了，因為我到大陸投資，就是我們不搞「台獨」，因為不搞「台獨」，所以奇美在大陸的發展就[illegible]會更加[illegible]。

現在，我已從董事長的位置退下了，將近一年，我寄望奇美在新董事長廖錦祥先生的帶領下，能夠作更好的發展，能夠爲國家、爲社會、爲兩岸人民的幸福做更進一步的貢獻。

二〇〇五、三、廿五

（資料來源：94年3月26日，聯合報，A4）

5. 陳老師，廿一世紀中國人不要再有主義之爭應可預期。但我們現在談三民主義，上個世紀（廿）兩岸竟沒有甚麼機會可以實施三民主義，三民主義思想與制度是否有可檢討之處？

我想這是一個嚴肅且嚴重的問題，因爲「對不對」可能動搖三民主義思想體系。所幸，思想沒有對不對的問題，世間任何政治制度或事物亦無對不對問題。例如和情人「私奔」對不對？這是不對，有時很對。一切的思想、理論或制度，只看合不合人用，對多數人或社會是否「利多」，合用好用便是好；反之，不好。再者，一個制度能否順利推行，透過制度創造長治久安與繁榮局面，與客觀環境和文化背景都有關係。吾人研究政治思想宜從多方面反思，較能客觀並接近真實面，對三民主義的檢討亦然。

（一）民本與民主，百年老問題：

百餘年來的中國思想家認爲，在以儒家思想爲主流的中國政治思想中，只講「民本」，不講「民主」，是大家都很清楚的事。而三民主義有很大的成份是把英美（尤其美式）民主政治「移植」來用，例如政黨政治、全民政治和直接民權等。這些東西在某些地方適用的很好，如瑞士的直接民權，英國的政黨政治。但全球絕大多數國家是不能適用的，如阿拉伯世界、中南美洲、非洲、亞洲及共產國家轉型成民主國家之地區。尤其推行總統民選國家，大多有一個現象，即一個國家分裂爲二，一州（省）分裂爲二，一縣分裂爲二。而國家元首未民選者，如英、德等，則無此種分裂現象。就現狀解釋，民主似乎帶來更多對立、分裂、動亂和腐敗。

（二）政黨政治末世思想腐敗：

何謂「末世思想」？即來日不多，深恐沒有機會的思想。不論兩黨或多黨，若能有較長期的執政，則末世思想並不明顯。但若在位時間短，總統短則一任四年，議員也不過兩年，一般政務官甚至有數月或數日下台。在這種情況下，在位的官吏深感這是一輩子的「唯一」機會，能拿盡量拿，能撈盡量撈，或用「五鬼搬運法」搬回家，搬給自己人。許多兩黨政治的國家，如美、菲等國都有此現象。菲律賓、中南美等，更是各黨「輪替」上台撈錢。而最嚴重莫如公元二〇〇四年用作弊取勝的台灣民進黨執政，用盡方法撈錢、洗錢，媒體報導民進黨計畫用「高捷」弄五十億給陳水扁，應非空穴來風。各界質疑民進黨五年執政，比國民黨五十年腐化更快，末世思想固然有關。俗言「民主出政客、民主不產政治家」應有些道理，政客只有兩要務：操作權力和謀利搞錢。

（三）客觀環境致失實証機會：

十九世紀到二十世紀上半，共產主義在世界各地的流行，乃是對資本主義式民主政治腐敗剝削的反制。而廿世紀在中國的流行，乃是共產國際赤化全球的策略，採「從北京通往巴黎」是赤化歐洲的捷徑。一九四九年前的中國，三民主義受制於共產主義，之後中國大陸全面實施共產主義，三民主義也就沒有實証機會。

至於中華民國在台灣，戒嚴時期國民黨所行的是「以黨治國」的「訓政式民主」，並非完全的三民主義。總的估算一下，三民主義並無機會，也無安定的環境好好實証。

（四）三民主義思想制度方面：

五權分立平等，事實上是做不到的，行政權必然導致獨大。而中國欠缺政黨政治的文化，使英美兩黨制在中國或台灣，其實施都不成功。平均地權、漲價歸公亦難以執行。總的概估，所謂人民的四個政權控制政府的五個治權，使人民有權，政府萬能，也大多虛言。權能區分理論固佳，但實際上政治人物一旦有權便有能，而人民大多無權又無能。這就是理論與事實的落差。

（五）兩岸五十年證實了甚麼？

「檢驗真理最好的方法是實踐」，這是大家都很清楚的，兩岸五十年來證實了甚麼呢？台灣半世紀國民黨的「威權民主」創造了台灣經濟奇蹟，到二千年時國民所得達一萬三千元。而在大陸方面，中國共產黨用「人民民主專政」也創奇蹟，使中國在廿一世紀走向興盛的道路。兩岸同時對兩種政治制度進行檢証，得出同樣的結論：中國需要「規範性」權威性民主，不適合西方「放任式」民主。

總的來說，不論是戒嚴時期國民黨的五權憲法，或民進黨執政的五權憲法，都只是一具「骨架」而已，任由人「玩」。所謂「司法獨立」都是空話，二〇〇四年大選時的「319 弊案」，法官全受制於政客和情治人員，無人敢依法判決。故本案也等於宣判「五權憲法」死刑，在中國歷史上能制裁分離主義和篡國者，只有文化道統、春秋大義，而不是五權憲法。在中國，民本和仁政思想就是民主，不論三民主義或社會主義，能得到人民支持，使人民過著幸福美滿的日子，社會正義得維持發揚，就是民主，就是主權在民了。

很明顯的，從清末康梁等思想家，到當代學界如薩孟武、蕭公權等名家，都認為中國的民本和仁政思想不是「民主」思想，真是千錯萬錯了。在中國，民本和仁政思想受人民支持，等於是得到民意支持，這才是真正的「中國式民主政治」。

輯 42：中國當代政治思想（三）
中國式社會主義政治思想的理論、實務與現況檢討

1. 陳老師，孫中山先生曾說「民生主義就是共產主義，就是社會主義。」，我們現在要講的是「中國式社會主義」，能否先釐清他們的關係？社會主義思想淵源為何？

孫中山在民生主義確實這麼說，「民生主義就是共產主義，就是社會主義。」，而社會主義又包含共產主義和集產主義，可圖解如下。

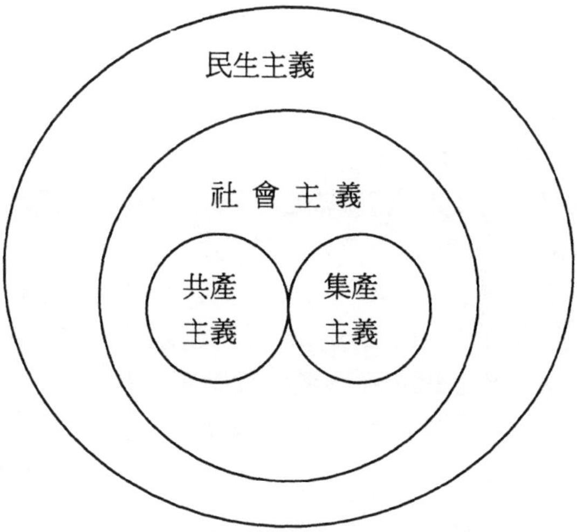

圖 7-5：孫中山民生主義和社會主義的關係

民國元年中山先生講「社會主義之派別及方法」說：「社會主義者，人道主義也。人道主義，主張博愛、平等、自由，社會主義之真髓，亦不外乎此三者。實爲人類之福音。」于以爲，社會主義之追求社會公平、正義，爲各種主義中最堅持者。但說民生主義範圍大於社會主義，此則未必，就字面看『社會』問題，包含流浪狗等，『民生』問題應在『人』範圍內。

中共從建黨到建國雖都依循共產主義理念，但一九八二年「十二大」已

改走「中國式社會主義」，亦定位成「社會主義初級階段」。而社會主義的重要源頭，則是「共產黨宣言」(Communist Manifesto)和馬克斯的「資本論」。一八四七年，以馬克斯(K. Marx，1818~1888)和恩格斯(F. Engels，1820~1895)爲首的一群社會主義者，在倫敦集會，籌組國際性的「共產主義者同盟」，此即著名的「共產黨宣言」，一八四八年二月以德文印行。該宣言批判資本主義的罪惡，欲聯合全世界無產階級，推翻資本主義世界，實現自古以來柏拉圖的「理想國」。所以，柏拉圖政治思想也是社會主義最早的源頭，共產黨宣言和資本論則是社會主義重要文獻。

柏拉圖理想國是一種「，各盡所能，各取所需」的理想社會。這種理想社會經由「共產」和「共妻」兩個途徑實踐，依柏拉圖政治思想，財產私有和女人（妻）私有，社會便人人爲私，私心是理想國的「天敵」，故須去之。

共產黨宣言之後，到一八六四年馬恩又在倫敦創立「第一國際」(First International)，亦通稱「國際勞工協會」(International Workmen's Association)，雖在一八七二年分裂成馬克斯主義者和無政府主義者，惟此後歐洲社會主義政黨紛紛成立。

歐洲第一個社會主義政黨是一八七五年成立的德國社會民主黨(German Social Democratic Party)。之後，法、奧、比、英、俄、瑞士、瑞典、丹麥等國，都成立社會主義政黨，一八八九年二十多個社會主義政黨在巴黎成立社會主義國際（Socialist International)，又名第二國際（Second International)，是各國社會主義政黨的國際組織。他們基本理念認爲，社會經濟理想和民主政治不可分，故放棄革命方法取得政權，代之以議會鬥爭，放棄階級利益的中心思想，以福利國家中心思想爲核心。放棄經濟國有化原則，代之以公共控制達成經濟發展目標。

一九一九年俄共列寧邀請各國社會主義政黨，在莫斯科成立第三國際(Third International)，亦稱共產國際（Communist International，簡稱Comintern)，主張進行世界革命，推翻所有資本主義政權。一九二一年中國共產黨成立，開始和中國國民黨進行百年未休的思想和政權競爭。

國共鬥爭、一九四九年後的共產主義和毛澤東思想非本書論述重點。此處置重點於中共現行的「中國式社會主義」，到底甚麼是「中國式社會主義」？

毛澤東（1893-1976），民國10年參加中國共產黨第一次全國代表大會之際留影。

圖 7-6：毛澤東像

圖片來源：李孝悌，歷史（下），教育部八十四年十月公布，頁一五九。

2. 陳老師，中共改革開放後不斷宣稱中國所走的是「中國式社會主義」路線，到底甚麼是中國式社會主義？

社會主義如同民主，也是偉大的政治神話，惟其施行各國有各國的風格，毛澤東認爲必須通過民族形式才能實現。這就爲「中國式社會主義」打開一扇窗，從窗口便能望見遠處美景。

一九七九年三月，鄧小平同志在一項會議上提出「走出一條中國式的現代化道路」。到一九八二年九月，鄧小平在「十二大」黨代表會議提報，「走自己的道路，建設有中國特色的社會主義，這就是我們總結長期歷史經驗得出的基本結論。」，從此以後，二十多年來「中國式社會主義」或「有中國特色的社會主義」，成爲中華人民共和國建設現代中國的思想和理論依據。以下分四部份論述「中國式社會主義」的內涵。

（一）提出的背景因素：

1.共產主義經過毛澤東時代的實踐印証，發現實踐那種純粹共產主義理想是很困難的。必須要從「初階段」的社會主義開始實行，而後再進入共產主義社會。

2.當時社會大眾產生「思想迷惑」的問題，而領導階層對國家的「路線、方向」有部份懷疑。爲解釋、說明和團結，乃提出新政策，安定政局。

3.爲進行「四個現代化」，引進國外資金和科技，自然需要建構一套新理論。資本主義思想乘機進入的同時，也有先「消毒」的作用。

4.鄧小平的改革開放政策，引領中國的興起，中國式社會主義建設樹立他「一代宗師」的地位。

5.當時兩岸爭「正統」地位，走中國式社會主義表示中共回到正統中國歷史文化的軌道。也示意馬列文化不能適用於中國，對全球中國人有號召作用。對台灣爭取認同和回歸，實現祖國統一的願望。

（二）目標和指導原則：

一九八二年胡耀邦在「全面開創社會主義現代化建設的新局面」說，「團結全國各族人民，自立更生，艱苦奮鬥，逐步實現工業、農業、國防和科技現代化，建設成高度文明、高度民主的社會主義強國。」（北平人民日報，是年九月二日），按此總目標，五年要使「國家經濟、社會風氣、黨風三個根本好轉」，廿年要使國家總產值「翻兩翻」。爲完成目標，有四個指導原則：

1.堅持四項基本原則：改革開放仍在四大原則規模下，必須堅持社會主義道路、堅持無產階級專政、堅持共產黨領導、堅持馬列主義和毛思想。

2.堅持馬克斯主義「實事求是」的基本精神，認定「理論與實踐的統一」，是檢驗任何理論必要的步驟。任何理論都要接受實踐的檢驗，實事求是。

3.堅持社會主義公有制，國營經濟居主導地位，個體經濟適當發展，以補公有制之不足。

4.堅持「獨立自主」的對外政策，堅定不移進行改革開放。對資本主義流入的思想毒素和腐敗歪風，堅決抵制其思想侵蝕。

（三）下層建築（經濟基礎）建構：

按歷史唯物史觀，社會分上層（精神文明）和下層（物質文明）兩層，下層就是整個經濟基礎。要走「中國式社會主義」，也要打好下層建築基礎。包括改革經濟體制、對內搞活和對外開放、計畫經濟爲主及市場經濟爲輔，對農村實施「聯產承包責任制」。

（四）上層建築（精神文明）建構：

這是社會主義文明與文化的建設，包含政治、法律、軍事、教育、宗教、道德、哲學、藝術等人類的精神層面，也稱社會現象。建設要項有社會主義思想、文化、民主法制及黨政軍改革。

綜合論述，中國式社會主義有兩個基本核心思想。第一是「中國式」，這是一個前提，在傳統中國文化和思想的架構下，才能得到全體中國人的支持，這是淺顯的道理。第二「社會主義」，必須能去資本主義之缺，包括消滅社會剝削、有計畫的經濟發展、社會的公平正義是最高道德標準、公有制爲主而私有制爲輔、高度民主法制，及創造比資本主義更高的生產力。

經以上簡單比較，近數百年來人類的思想鬥爭，大體上有兩個主流。其一是資本主義（民主政治思想），其二是社會主義（各型社會主義、共產主義或三民主義，只有程度之別。）其他還有的一些支流，就是伊斯蘭和印度文明，也都各自成爲一個獨立的思想體系。

上述兩個主流思想可以用一種頗爲貼切的形容。資本主義的民主制度，強調必須全面「解放」人性的欲望，就像「每個男人都會犯的錯」（引影星成龍語），心理學家說「男人每隔二十分會想到性」，這是雄性生物的本能，所以每個男人天天都會想到「搞」女人的事。在資本主義市場，欲望和需求被全面解放，人想搞甚麼就去搞甚麼，這是一個「完全自由市場」。

但社會主義（及伊斯蘭、印度文明），主張人性不能全面解放，人仍要受到某些規範（如仁義道德、倫理、社會公義等），競爭也不能不擇手段，仍要受到公義道德等規範。人不能想搞甚麼就可以去搞甚麼，人不能自由全面解放。

神舟六號 安返內蒙
大陸神舟六號太空船繞行地球七十六圈後，昨天凌晨成功降落內蒙，太空人費俊龍（左）、聶海勝神采奕奕走出太空艙。這趟太空任務確立了中國大陸載人航太科技僅次於美國、俄羅斯的全球領先地位。（新華社）

圖 7-7：神舟六號安返內蒙

3. 為了解「中國式社會主義」，陳老師也從中華人民共和國的現行憲法，談談中國式社會主義的政治制度。

現行的中華人民共和國憲法，是一九八二年十二月四日全國人民代表大會通過並公佈施行。憲法總綱第一條說：「社會主義制度是中華人民共和國的根本制度。禁止任何組織或者個人破壞社會主義制度。」，由此而確立國家發展的最高指導原則，一切物質和精神建設都在社會主義總目標規範下。由憲法所規範的政治制度在第三章「國家機構」有：

（一）全國人民代表大會：

這是共和國的最高國家機關，其常設機關是全國人民代表大會常務委員。全代會行使國家立法權，成員由各省、自治區、直轄市和軍隊選出，任期五年。職權如下：

1.修改憲法並監督憲法執行。

2.選舉共和國主席、副主席，並依主席提名，決定總理及部會首長。

3.選舉中央軍委主席、最高人民法院院長、最高人民檢察院檢察長。

4.其他尚有制定國家法律、罷免官吏、預算審查執行、地方制度建置，決定戰爭與和平等。

（二）中華人民共和國主席：

為中華人民共和國代表（副主席是第一順位代理、全代會常務委員會委員長是第二順位代理）。其重要職權有：

1.根據全代會和常委會決定，公布法律、任免國務總理、副總理、國務委員及各部會首長。

2.發布特赦、戒嚴及動員令，宣布戰爭狀態，批准或廢除同外國締結的條約。

3.接受外國使節，派遣和召回駐外全權代表。

（三）國務院（最高行政機關）：

憲法第八十六條「國務院實行總理負責制」，第九十二條規定「國務院對全國人民代表大會負責並報告工作」。重要職權有：

1.依法制定行政法規，向全代會或常委會提出議案，統一各部會工作，領導全國行政工作。

2.編制和執行國民經濟、社會發展計畫和國家預算，領導全國城鄉建設、國防事業、各民族事務等。

3.領導和管理教育、科學、文化、衛生、體育、民政、公安、華僑、對外事務等。

4.批准省、自治州、自治區、直轄市、縣等區域劃分，決定地方部份地區戒嚴。

（四）中央軍事委員會：

領導全國武裝力量，由主席、副主席、委員等組成，行主席負責制。軍委會主席向全代會和常委會負責。

（五）各地方人代會和人民政府：

省以下各級設人民代表大會和人民政府。省、直轄市、設區的市人代會，由下一級人代會選舉組成；縣、不設區的市、市轄區、鄉、民族鄉、鎮的人代會代表由選民直接選舉。各級地方人代會本級官吏有罷免權，各級地方人民政府接受國務院領導。

憲法第一一二條規定，民族自治地方的自治機關是自治區、自治州、自治縣的人民代表大會和人民政府。

憲法第七節是有關人民法院和人民檢察院的規定，最高人民法院是最高審判機關，最高檢察院是法律監督機關。

總觀中華人民共和國的政治制度，雖然有三權分立的形式，但有很高的「統一性」。原因有三，中國古來就是「單一國家」，中央到地方是「一條鞭」政策；因而有次項的思想統一規範，透過中國式社會主義思想規範人們的思想和行為。最後是透過黨的領導整合，足以確保國家機器運作的完整和正常。

圖 7-8：中國山東曲阜的祭孔大典

4.從中共思想、理論的指導，國家制度的建立，明顯走的是一條「政左經右」的路，不知現況走的如何？

「政左經右」在憲法第十五條已有法源，「國家在社會主義公有制基礎上實行計劃經濟。國家通過經濟計畫的綜合平衡和市場調節的輔助作用，保証國民經濟按比例地協調發展。」，另在十七條也規定，集體經濟組織有獨立進行經濟活動的自主權。大陸的改革開放，在中國式社會主義指導下，借用民主政治和資本主義的「市場經濟」概念，大步向前邁進。

一九九二年十月第十四屆全國人代會是新里程碑，總書記江澤民同志報告中，將「有中國特色社會主義理論納入黨章」，大會決議以經濟建設為中心，揚棄「以階級鬥爭為綱」的路線，樹立鄧小平理論之權威。其主要內涵是指市場經濟，要在中國進行「社會主義市場經濟」制度，而在政治上則堅持共產黨領導和社會主義道路。這個看似「左右矛盾」的路線，被江澤民的詮釋破解了，他也借用鄧小平同志的觀點認為，計畫經濟不等於社會主義，資本主義也有計畫；市場經濟不等於資本主義，社會主義也有市場，計畫和市場都是經濟手段，計畫多一點或市場多一點，不是社會主義和資本主義的本質區別。從根本上破除了「民主與共產」的二分法，使二者之間有了連繫。之後，社會主義市場經濟開始在下列幾方面大力落實：

（一）國有企業有限度民營化：鼓勵有條件的企業聯合或兼併，合理組建企業集團。小型企業亦可個人經營，加快市場導向腳步。

（二）建立開放型市場體系：大力發展商品市場，尤以債券、股禁、技術、房地產、服務等，開放由市場形成價格機制。

（三）社會主義的社會安全制度保障：社會的公平正義是社會主義堅持的信念，故須調和國家、社會及個人利益。工資、醫療、保險、退休、養 老等制度，在改革過程中要充份獲得保障。

（四）加快政府職能轉換：重點在政企分開、權力下放。

次年「十四屆三中全會」所規劃的市場經濟主要形式有：股份有限公司、有限責任公司、嫁接外資、國有民營、職工收購、民有民營等。一個不同於資本主義社會的經濟型態和社會現狀，即「中國式社會主義」在中國地盤上已經形成，中國大陸目前已經是全世界最大的經濟體，對全球產生強大的「磁石吸金」效應。美國「商業周刊」報導，美國的產業結構越來越像第三世界國家，中國大陸越來越像一個發達的國家。

話雖如此，只是「社會主義市場經濟」多少借用資本主義和美式民主的若干概念。在相當程度上，其實也已經打開了人性欲望的「黑盒子」，各種腐敗、墮落或物化必然產生。中共企圖用「中國式」和「社會主義」兩張「封條」，緊緊的封住人性欲望的「黑盒子」，近十多年來不斷進行社會主義文明建設，重點有三：

（一）發揚中國傳統文化，尤以儒家思想爲主，但有效去除封建和陳腐的觀念，使傳統文化有現代感。

（二）引用西方優秀文明的成果，有效抵制資本主義的腐朽侵蝕。

（三）防止拜金主義、享樂主義和極端個人主義的滋長。

中國式社會主義走到廿一世紀初，仍被視爲邁向未來的國家目標指導，也是廿一世紀國際爭勝的法門。但左右的統一和連繫仍是一大挑戰，也直接關係廿一世紀中國的崛起。

中國的興起已經是全球共認的大勢所趨，中國經濟之繁榮及全球的中國熱，證明「中國式社會主義市場經濟」的合理性和可行性。此處不必再舉中國與全球的經濟關係（已有許多報導），只舉台海兩岸的經濟關係（如圖），便知中國經濟之興起和對台灣的影響。

台灣對大陸（含香港）貿易統計

	出口金額（億美元）	年增率（%）	佔出口比重（%）	出超金額（億美元）
91年	407.90	--	31.2	311.04
92年	497.99	22.1	34.5	371.12
93年	638.46	28.3	36.7	450.73
94年1到10月	513.55	10.2	37.6	404.24

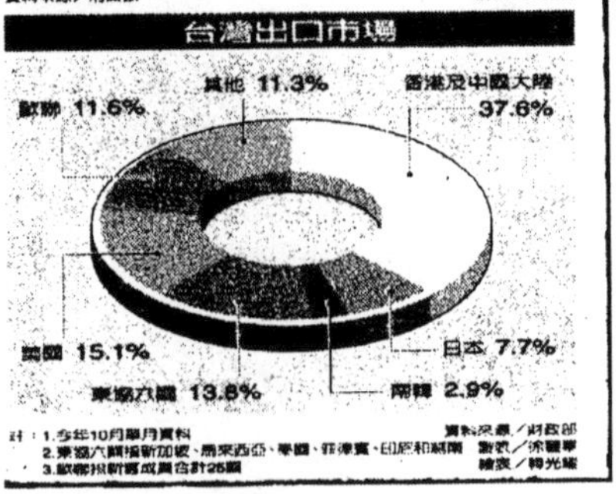

圖 7-9：兩岸經貿關係圖

5. 陳老師，「中國式社會主義」確實也創造了中國奇蹟，如同三民主義創造過台灣奇蹟、資本主義創造過美國奇蹟。但不論何種主義，中國式社會主義是否也有檢討的空間？

我認爲各種主義之間不應該壁壘分明，甚至水火不相融。就以此處所述三種主義，已有許多重疊或交通，例如民生主義就是社會主義，三民主義也吸收西方民主政治優良部份。而西方民主國家的經濟和社會安全制度，也大量適用社會主義的主張（如全民年金、社會保險等）。

可惜大家都不互相容忍，把主義、思想無限上綱成定律，成教條。於是有主義之爭，甚至爲主義而戰，若回顧以往那些戰爭的原因，大家一定覺得當年多愚昧。所幸，鄧小平、江澤民同志建構「中國式社會主義」已經學到新經驗，有了新智慧，才會講出「計畫經濟不等於社會主義」那段話（見上題）。由此可見中國已經揚棄了把思想、主義無限上綱，走上務實路線，「不論黑貓白貓，抓到老鼠就是好貓」。改革開放二十多年了，証明中國式社會主義是一隻「好貓」，惟「好貓」也有檢討改進的空間。

（一）社會主義思想變質的問題：

即要改革開放，引進西方資本主義和民主政治的部份概念，社會難免要受到衝擊，最嚴厲的挑戰是社會主義思想可能變質，對政治制度的影響。

1.搞市場經濟，誰來領導都可以，不見得要共產黨領導。

2.市場經濟是「以錢調動人」，黨的作用相對降低。

3.講市場經濟，黨就得退出企業組織，黨的控制力減弱。

4.市場經濟產生多元，和私有制、資本主義有了連繫，長期一黨執政很難自圓其說。

以上四點是比較傳統的看法，認爲經濟發展必然引起政治改革，這是西方政治發展的重要理論。但從中國的改革開放看可能未必如此，「假設」仍須更多時間驗証。只是眼前思想變了，會衝擊現有秩序，這是一個考驗。

（二）貪污腐敗與政權的合法性：

政治組織和貪污腐敗是一對「雙胞胎」，民主如美國，開放如現在的台灣，解放如菲律賓，集權如中國大陸，乃至絕大多數國家，貪污腐敗只有程度之別。但有一點是肯定的，任何政權被多數人民認定是貪污腐敗，便失去了統治的合法性，嚴重者可能亡黨亡國。刻板的印象認爲權力集中導致貪污腐敗，但中共改革開放後，用盡一切方法，仍未能有效根治這種人性的「惡症」。

沒有靈藥可以治貪污腐敗，有認爲一切都透明化是有效良藥，「民主國家」卻大多有嚴重的貪污腐敗。尤以美式民主國家，權力競逐之風盛，透過權力搞錢之風亦盛。反而是被認爲不民主的新加坡，他們的清廉舉世有名。大陸若不能有效解決貪污腐敗問題，遲早也會動搖統治的合法性基礎。

（三）經濟開發帶來各種問題：

包括環境污染破壞、城鄉差距、貧富懸殊日益加劇，發展失衡（東部對西部、南方對北方）等。據北京理工大學經濟系教授胡星斗在二〇〇五年十月發表的研究報告，中國城鄉差距世界最大。而北京和上海等大城市的人平均收入，是貴州等貧窮地區的十二至十六倍。貧窮和不平等是一切問題的「原爆點」，中國西部大開發工程雖已啓動，能否讓中國全面均衡走上現代化，全世界莫不睜大眼睛看。

二〇〇五年十月十九日，中共國務院首次發表「中國式民主政治白皮書」指出，中國的民主建設將遵循下列原則：堅持中國共產黨領導、人民當家作主和依法治國的有機統一；發揮社會主義制度的特點；有利於社會穩定、經濟發展和提高人民生活水準；有利於維護國家主權、領土完整和尊嚴；漸進有序。白皮書也重申社會主義的民主觀，包括人民民主專政、民主集中制等，並表示絕不能照搬別國政治制度，套用於中國。

中國式社會主義若能成功創造「中國式民主政治」，將是世界上除美式、英式、法式、德式等，另一種「民主典範」。

第八篇

總結：
「中國式民主政治」的形成

輯 43：中國政治思想未來展望與成熟期預測

1. 陳老師講中國政治思想新詮，從黃帝至今已講了四千七百多年，終於講到必須總結的時候，我們要怎樣看中國政治思想的未來？

政治思想、制度和時代政局存有因果關係。例如，滿清末年帝國主義侵略中國，險遭瓜分亡種亡國，中國政治思想顯得消沉而紛亂；從另一方面看，清代中國民族主義淪亡，中國人陷於自卑、迷失而不能自救，外力乃有入侵的好機會。所以說主觀的思想和客觀的環境，不僅相互影響，亦有因果關係。是故，要展望中國政治思想的未來，判斷中國政治思想在廿一世紀中葉，是否可能達到成熟期，還是從內外環境可能的發展找答案。

廿一世紀全球最大的預測，也是廿一世紀最大的世界局勢判斷，便是美國之衰落和中國的崛起，已是不能回頭且大勢必趨的轉移。許多美國政治學者恐懼國家之衰落，乃創造出「中國威脅論」，企圖聯合團結西方資本主義國家，抗衡並圍剿中國，如杭廷頓（Samuel P. Huntington）。但中國的總體國力要超越美國，則是大約三十年後的事。眼前美國頭痛的事，在恐怖主義與孤立兩方面。

「恐怖」來自美國成爲一個新帝國主義者，力圖全球「美國化」。如此，英美資本主義世界和伊斯蘭世界形成對決，這同時也是基督世界和阿拉世界的對決。阿拉子民無力對付超強美帝，只好採取恐怖攻擊，這是不同文明和文化間的鬥爭，美國將在本世紀內因這種鬥爭而耗損大部國力。

「孤立」來自全球各國對美國帝國主義式的「文化霸權」的覺悟。目前歐洲只剩英國勉強追隨美國，整個歐洲對「美國霸權」都不能認同。二〇〇五年十月二十日，聯合國以壓倒性多數通過限制美國文化侵略和美式民主氾濫蔓延的條約，一百五十四個參與投票的國家和地區，有一百四十八票贊成的「保護暨促進文化表達多樣化公約」，四票棄權，美國和以色列反對。

正當美國面臨恐怖和孤立之際，其內部黑白間的不平等，也因帝國無力解決內部危機（重大災害）再度浮現。事實上黑白不平等是美國建國兩百多年，無解的習題，光在憲法規定沒有用。但亦可解，圖示最清楚：

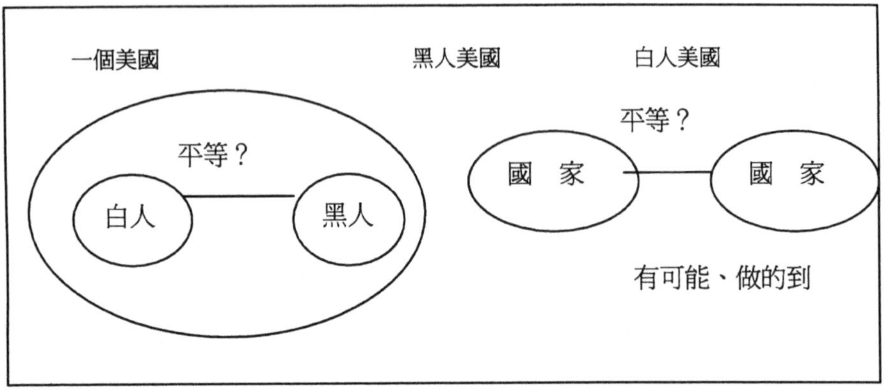

圖 8-1：美國黑白平等的「可能」與「不可能」示意圖

如圖所示，美國黑人想得真平等只有獨立一途。事實上這也是解決世界亂源方法之一，冷戰時代美國穩定世局有功，如今被全世界的人厭惡，在一項普遍性調查中，各國對美國的厭惡平均高達七成以上，對中國的愛好則超過美國許多。連美國「後院」的委內瑞拉也起來「大義滅鄰」，總統查維茲指控美國的帝國主義行徑，強調美國的資本主義、帝國主義模式是開發中國家經濟被剝削、全球環境受到摧殘的元凶。強調世界上不需要帝國主義和資本主義，只需要社會主義。（94 年 11 月 3 日聯合報，A14 版）

隨著美國之衰，最危險的是以色列，阿拉伯世界無時無刻不想消滅以色列猶太人。屆時以色列只好再度移民中國，世界雖大，只有中國可以容納猶太人。二戰時希特勒大量屠殺猶太人，當時已計畫把大批猶太人移民中國，因內戰而作罷。儒家文化尊重不同的宗教信仰和不同文明的生活方式。

隨著美國之衰和中國之興，在廿一世紀中葉前後，另一個世界局勢的焦點是「日本問題」的解決。

2005.5.13 搭起兩岸溝通橋梁 人間福報 第二版

親民黨主席宋楚瑜（左）十二日與中共中央總書記胡錦濤（右）在北京人民大會堂握手會面，盼搭起互信、溝通之橋。 圖／路透

圖 8-2：搭起兩岸溝通橋樑：加速思想融合

2. 何謂「日本問題」，能否清楚說明？日本問題包含那些要解決的問題？

根據二〇〇五年八月在中國大陸的一項民調，八成中國人認爲日本依舊是危險的軍國主義者，六成的人認爲中日仍難免一戰，而針對二戰日本在亞洲各國造成的傷害，有五成五的人「永遠不相信日本政府會進行真誠的道歉」。這是一個真度極高的民調（94 年 8 月 17 日中國時報），因爲到現在日本的政壇、學術、教育等有影響力的人，仍未忘情日本的歷史使命，統一朝鮮和中國成一「大日本國」。這是日本問題的背景，現在走回歷史檢視這段背景。

表 8-1：日本人爲完成歷史使命所發動的三次侵華戰爭

	年 代	原 因	傷 亡	
中日朝鮮七年戰爭（第一次侵華）	明萬歷廿年（1592）四月~萬歷廿六年（1598）底	豐臣秀吉策訂大陸政策，主張統一中、朝、日，成一個「大日本國」，爲亞洲盟主。	朝鮮	正規軍傷亡約二十萬，日本佔領朝鮮行大屠殺政策，史書載：「平民十去其九」，朝鮮險遭滅種。
			中國	傷亡約十萬軍人。
			日本	傷亡約二十萬軍人。
甲午戰爭（第二次侵華）	光緒廿年（1894）六月～光緒廿一年（1895）元月	佔領中國統一亞洲	中國	「旅順大屠殺」全城死光。統治台灣被屠殺的台灣人，約數十萬人。
八年抗戰（第三次侵華）	民國廿六年（1937）七月~民國三十四年（1945）九月	田中奏摺：佔領中國稱霸世界。	中國	1.正規軍死約三百萬人。 2.平民死約三千萬人。 3.南京大屠殺數十萬人。 4.華北各城被殺約二百萬人。

如表所示，爲日本人爲完成歷史使命所發動的三次侵華戰爭，所造成的人命傷亡幾有天文之數，後遺症延續千百年。今日韓國裂解爲二及兩岸分離，日本人亦爲最大禍首。追究這個成因，日本人爲何有這個禍害亞洲的「使命」？又爲何有這種「政治信仰」？其實廣大的日本民眾並不知情，如同各國的小老百姓平安度日。只是一批野心家、政客不斷煽動、洗腦，侵略思想不斷的普及，再透過教育體系，告訴他們的子民，統一朝鮮和中國，建設成「大日本國」爲亞洲盟主，是日本子民的「天職」，中國人和朝鮮人生來就

該接受大和民族的統治。日本民眾不斷被如此教育，乃信以爲真。

數百年來，日本從未承認他們發動戰爭是不對的。二次大戰後，日本政府和民間也不斷篡修歷史，向他們子孫解釋大和先民發動戰爭的合理性，說明在朝鮮、中國、台灣和南洋所進行的大屠殺，並未「殺死多少人」。政治人物參拜靖國神社（放二次大戰戰犯骨灰），力圖喚醒軍國主義幽魂，日本必將再發動戰爭，侵略亞洲鄰國，這是「日本問題」的歷史背景。

當然也有文化背景，照理說日本在中國唐朝時派「遣唐使」學習中國文化，但學的半調子，又因島國心態變質。至滿清時中國衰落，誤以爲中國文化無用，明治維新開始西化，可惜學到西方最惡質的霸權文化，甚至以當亞洲人爲恥，乃有「脫亞入歐」政策。所以嚴格來說，日本是沒有文化的民族，也是無根的一群人。明治維新使日本成爲軍國主義者，再度燃起侵略中國、統治亞洲及稱霸世界的夢想，不幸中了大英帝國全球大戰略的詭計，由日本在亞洲牽制俄國（日俄戰爭即是），降低英國在歐洲的壓力以利擴張。二戰後又成了美國在亞洲的棋子，成爲圍堵中國的尖兵。

這些都因日本沒有自己的文化，迷失了自己，想要使自己成爲「歐洲人」，或拉住一個可靠的「靠山」（美國）。對當代世界文化與文明素有研究的學者吳明興先生，認爲日本如果有文化，只有漫畫和色情，這是國家認同的工業。這也使日本成爲全球色情工業最發達的國家，藝妓、援交、AV 女優等行業成爲日本文化象徵。

沒有文化的國家，島國之民的自卑，有錢就會轉成自大狂。只有軍國主義，重新殖民台灣，佔領朝鮮，打敗中國可以証明「大和民族的存在和偉大」。隨著美國之衰和中國之興，「日本問題」要怎樣解決？

圖 8-3：亞洲各國抗議日本軍國主義復活

3.陳老師，現在大家知道日本問題的背景因素。但如何解決日本問題呢？又有那些問題？

所謂「日本問題」的解決，包含日本再度發動戰爭侵略鄰國，還有佔領他國的領土必須歸還。

首先是第一部份，日本極可能再度侵略鄰邦，除了中、韓民調顯示外，日本的重整軍備、軍國主義復甦、右派勢力高漲、修改教科書合理化侵略行爲等都是徵候。政治人物不斷宣傳大和民族的歷史使命，統一中日韓的偉大理想，人民在不知不覺間接受了（被洗腦）。

當日本再度發動戰爭，台灣和韓國首當其衝，只有中國有能力解決日本問題，而且要「一勞永逸」的解決。當察覺日本即將發動戰爭，中國當以優勢戰力阻止，不惜以核武摧毀其全國總戰力。如此一來，戰爭很快結束，其全國人口約有三分之一消滅，再進行大遷徙，把三分之一人口分散安置在中國西北或亞洲內陸。並遷移亞洲各國多餘人口進入日本，此後設日本爲中國的一個州。這或許就是永久解決日本問題的辦法，前提是日本即將發動侵略鄰邦的戰爭。

日本問題的第二部份是侵奪鄰國的土地都要歸還，依開羅宣言和波茨坦宣言，戰後日本只有本國的四個島。但日本至今宣稱北方四島、竹島、琉球、釣魚台爲其領土，本書只講琉球和釣魚台。

台灣有人到琉球旅行，以爲出國到了日本，其實你是「回國」踏上自己國家的領土。因爲自清末日本強佔琉球，各時期的中國政府從未承認。一九七一年美國無端把琉球移交日本，中華民國政府仍有嚴重聲明如下：

中華民國政府近年對於琉球群島之地位問題，一向深為關切，並一再將其對於此項問題之意見及其對於亞太區域安全問題之顧慮，促請關係國家政府注意。

茲獲悉美國政府與日本政府即將簽署移交琉球群島之正式文書，甚至將中華民國享有領土主權之釣魚台列嶼亦包括在內，中華民國政府必須再度將其立場鄭重昭告於全世界：

（一）關於琉球群島：中、美、英等主要盟國曾於一九四三年聯合發表開羅宣言， 並於一九四五年發表波茨坦宣言規定開羅宣言之條款應予實施，而日本之主權應僅限於本州、北海道、九州、四國以及主要盟國所決定之其他小島。故琉球群島之未來地位，顯然應由主要盟國予以決定。

一九五一年九月八日所簽訂之金山對日和約，即係以上述兩宣言之內容要旨為根據，依照該和約第三條之內容，對琉球之法律地位及其將來之處理已作明確之規定。中華民國對於琉球最後處置之一貫立場為：應由有關盟國依照開羅宣言及波茨坦宣言予以協商決定。此項立場素為美國政府所熟知，中華民國為對日作戰主要盟國之一，自應參加該項協商。而美國未經此項協商，遽爾將琉球交還日本，中華民國至為不滿。

（二）關於釣魚台列嶼：中華民國政府對於美國擬將釣魚台列嶼隨同琉球群島一併移交之聲明，尤感驚愕。

該列嶼係附屬臺灣省，構成中華民國領土之一部份，基於地理地位、地質構造、歷史聯繫以及臺灣省居民長期繼續使用之理由，已與中華民國密切相連，中華民國政府根據其保衛國土之神聖義務在任何情形之下絕不能放棄尺寸領土之主權。因之，中華民國政府曾不斷通知美國政府及日本政府，認為該列嶼基於歷史、地理、使用及法理之理由，其為中華民國之領土，不容置疑，故應於美國結束管理時交還中華民國。現美國逕將該列嶼之行政權與琉球群島一併交予日本，中華民國政府認為絕對不能接受，且認為此項美日間之移轉絕不能影響中華民國對該列嶼之主權主張，故堅決加以反對，中華民國政府仍切盼關係國家尊重我對該列嶼之主權主張，應即採取合理合法之措置，以免導致亞太地區嚴重之後果。

（取自民國六十年六月十二日臺北「中央日報」）

上述史實可能許多人忘了，但政府檔案和民間學者著作（《雲五社會科學大辭典》，四冊；丘宏達，《現代國際法基本文件》），都仍詳實記載，提醒國人勿忘失土。一九七二年政府又向世人宣告此一問題：

中華民國政府對於琉球群島之地位問題，向極關切，並曾迭次宣告其對於此項問題之立場。

茲美國政府已定於本（六十一）年五月十五日將琉球群島交付日本，且說將中華民國享有領土主權之釣魚台列嶼亦包括在內，中華民國政府特兩度將其立場鄭重昭告世界。

對於琉球群島，中華民國政府一貫主張，應由包括中華民國在內之第二次世界大戰期間主要盟國，根據開羅會議宣言及波茨坦會議宣言揭櫫之原則，共同協議處理，美國未經應循之協商程序，片面將琉球交付日本，中華民國至表遺憾！

至於釣魚臺列嶼，係屬中華民國領土之一部分，此項領土主權主張，無論自地理位置，地質構造，歷史淵源，長期繼續使用以及法理各方面理由而言，均不容置疑，現美國將該列嶼之行政權與琉球一併「交還」日本，中華民國堅決反對，中華民國政府本其維護領土完整之神聖職責，在任何情況下，絕不放棄對釣魚臺列嶼之領土主權。

對於琉球和釣魚台，中華民國和中華人民共和國目前都因不願節外生枝，也無力進行實際佔領。但隨著美國之衰落，在亞洲失去影響力，日本失去靠山，中國強盛後，失去的領土遲早要回收。這是身爲一位中國人，在面對廿一世紀中國之興起，最合理與最可能的世局判斷。

在廿一世紀中葉前，中國除面對美國之衰和日本問題可能引起的變局。在中國內部所要解決的是分離主義，如疆獨和台獨，按兩岸目前情況發展，十年內必完成統一。而蒙古也重回中國（蒙古國會近年已兩度表決通過，希望重回中國）。

廿一世紀中葉前期是中國統一的時候，接著是收復失地的時候，廿一世紀是中國人的世紀。屆時，中國政治思想、制度又將如何？

圖 8-4：務實的政治改革者：蔣經國

圖 8-5：務實的政治改革者：鄧小平

4. 陳老師對廿一世紀中葉前期，乃至整個廿一世紀的中國政局判斷，顯然很樂觀，但不知未來中國政治思想和制度當如何？

這不是我個人的樂觀判斷，而是全球許多政治思想家、專家及學者研究的結論。一致認爲中國的興起是必然趨勢，我也認爲這是合乎中國歷史發展法則和「物理」通則的判斷。譚門（Ronald L. Tamen）等著《權力轉移：廿一世紀的戰略》(Power Transitions: Strategies for the 21Century）一書肯定說，問題不是中國是否將成爲全球最強大的國家，而是要花多久的時間達到此一地位…至少在廿世紀結束前，甚至更長的時間，美國仍將持續維持世界領導地位，但是最終此一地位將讓給中國。

中國在未來三十年內，會慢慢取得從美國「轉讓」出來的全球主導權。在這過程中，內部分離主義（台獨、疆獨）須要耐心處理，才能水到渠成。分離主義在中國不會存在太久，例如，像民進黨這種獨派政權遲早走入歷史的灰燼中，孟子說「聞誅一夫，未聞弒君也。」，也包含人民對非法政權（去中國化政權都稱非法政權）的革命鬥爭。所以，詩人杜十三、以汽車炸彈爲手段的反台獨者高寶中，他們的行爲是合乎「春秋大義」，值得尊敬推崇。

孫中山革命時也組「暗殺團」，專殺滿清腐敗頑固官吏，杜高等人的行爲合乎革命精神。

中國經數百年之衰弱，如今即將成爲超越漢唐的強盛繁榮，李敖訪問大陸時說「中國共產黨創造漢唐以來前所未有的盛世」，檢驗漢唐以來的中國史確實如此。所不同的，漢唐之盛僅領導亞洲，而廿一世紀要領導全球，那時中國政治思想會是全球的流行思潮。

未來是現在的延續，看未來如何還是要從現在講起。上輯講過中國當代三種已實証檢驗過的政治思想：民主政治（資本主義）、三民主義和社會主義。展望未來中國政治思想必然要廣納這些思想，建立合乎「中國式」的政治制度。從上輯的講解，可以很清楚了解，在二十世紀人們過於執著「形式名相」，因而流失內涵。台灣目前獨派執政就是鮮明實例，空有民主政治之形式，內涵盡失，典型的導致貪污腐敗。總統府和「第一家庭」都成了「洗錢、搞錢」中心，又用一批搞錢撈錢政客，真是民主政治最大的諷刺。

表 8-2：政治思想（制度）可能導向的內涵

表 8-2：政治思想（制度）可能導向的內涵

表 8-2：政治思想（制度）可能導向的內涵

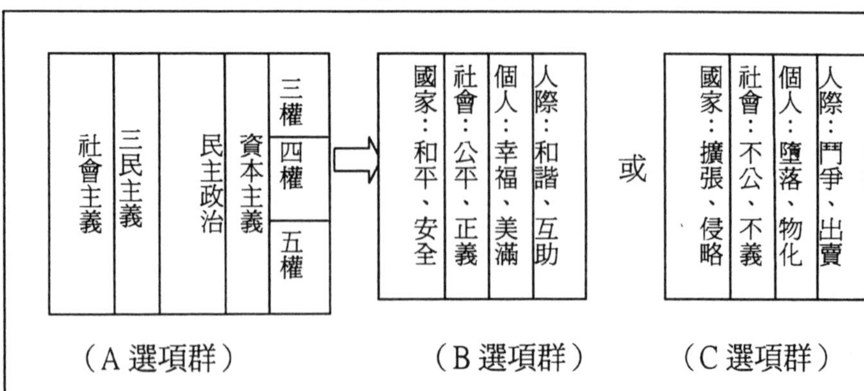

如表所示，在十九、二十世紀各種主義盛行的年代，各國政府和人民都

把焦點放在「A 選項群」中，對整個社會人心的內涵，到底歸向「B 選項群」或「C 選項群」。在實際執政經驗看，在「美式民主」國家中，政客只顧權謀鬥爭，社會人心嚴重趨向「C 選項群」。在理論上，社會主義和共產主義最堅持社會的公平正義，但引進資本主義或民主政治理念，社會人心也快速有了「C 選項群」徵候。本表用意在提示，中國政治思想未來要有下列內涵爲核心思維：

國家：和平統一，不能擴張侵略。

社會：公平正義，不能不公不義。

個人：幸福美滿，不能墮落物化。

人際：和諧互助，不能權謀鬥爭。

國際：和平和諧，尊重各國傳統文化和政治制度。

以此內涵爲核心思維，再來思考中國政治思想和制度的未來，較不受「形式名相」框架所制限。這顯然美式民主和資本主義是絕對不可能塑造出來的社會，美式民主和資本主義社會，只出現墮落、腐敗、貪污、叢林爭鬥的景象，非未來中國所需要。我稱未來中國政治思想的核心思維是「中國式民主政治」，這是中國政治思想到廿一世紀所展現成熟的形式和內涵。

國民黨主席連戰（左）與中共中央總書記胡錦濤二十九日在北京人民大會堂「福建廳」會面，連戰與胡錦濤分別打上象徵國民黨、中國共產黨的藍、紅領帶，為國共分治五十六年，兩黨領導人再次會面，留下歷史鏡頭。（資料來源：2005.4.30.人間福報，2版）圖／美聯社

圖 8-6：向中國統一邁進一步：胡錦濤和連戰

圖 8-7：創造歷史的人

開羅會議（從左至右，依次爲蔣中正、羅斯福、邱吉爾、蔣夫人）

圖片來源：國立編譯館，歷史，第三冊，頁 81。

5. 陳老師，在最後的總結，請以清楚、明確和簡單的論述，說明中國政治思想在廿一世紀成熟時，所期待的「中國式民主政治」重要的形式和內涵。

前清大校長沈君山和加州柏克萊大學校長田長霖的對談中說到，每個國家社會自有其發展背景，觀點自然不同，用美國、西方的自由民主，強加諸亞洲國家，並不妥當。（沈君山，《浮生再記》，九歌，2005 年，P93）

二〇〇五年十月間，「無國界記者」組織評新加坡新聞自由度不佳，但新國現任國務資政吳作棟認爲，那是西方自由派人士的稜鏡所做的主觀衡量。「西方標準的新聞自由不一定能造就廉能政府，也不一定對經濟自由和繁榮有所貢獻。」、「從來沒有人証明過，擁有更多新聞自由就能造就廉能政府。」（2005 年 11 月 3 日，人間福報，三版）用西方標準衡量東方國家，本來就不對。

的確，中國歷史上許多廉能政府和「新聞自由」毫無關係。美國人把自由、民主、人權無限上綱成爲普世價值，強制推給伊斯蘭、儒家、印度等文明的國度。而美國人所謂的「普世價值」，實際上是多重標準的，只為美國利益考量，為十足的霸權控制心態。本書在總結前以堅定的立場，主張伊斯蘭等子民有權向美國人進行一切可能的反制行動，以確保自己的歷史文化，並建立合乎本民族的「民主」模式。而中國也有自己的「中國式民主政治」，其形式和內涵說明如下：

（一）民主政治去蕪穢存優質：

民主政治的「蕪穢」部份是政黨惡質鬥爭、政客操縱民意、多數和少數之爭造成國家分裂、政治人物不負責、民主變民粹。以及人欲釋放後，形成的腐敗社會和人類。終使政治成為幻術、騙術和詭術的結合。

民主政治之優就在「民主」，但並非如美國民選國家元首才是民主，世界許多國家元首非民選也是民主。中國式民主就是「仁政」，統治者執政合於民意，受人民支持便是民主。近百年來的中國學者說「仁政不是民主」，是天大的錯。在中國，春秋大義、仁政、正統和統一思想，受人民支持才是民主。

（二）資本主義去其「非人性」部份：

資本主義依進化論的叢林競爭，用於人類社會，結果使人類社會成為「禽獸之爭」。阻絕之道在用嚴法禁止非人性之爭，另採社會安全政策保護弱勢者和無力競爭者。如老弱婦孺、少數民族、傳統文化道德等，不能假自由競爭之名，任其自生自滅。國家力量應用於保護弱勢者，確保社會公義，建立合乎公義道德的社會。

（三）中國式政黨政治：

在許多開發中國家，當國家重大基礎建設和國家認同等問題都尚未解決，便開放黨禁，行西方民主的政黨政治，於是政黨鬥爭永無寧日，永遠成了「第三世界」。中國應引為鑒，必待國家完全統一和重大國家建設全都完成，才有開放黨禁的機會。按此估算，中國在二〇三五年前仍須一黨執政，且中國亦無西方政黨政治的背景環境。三十年後，若有兩黨制環境，某黨領導人成了國家元首後，也要宣誓退出該黨，實質成為國家領導人。太早開放黨禁必致動亂，第三世界都是實例。

（四）人性欲望的黑盒子不能打開：

民主政治和資本主義的本質，在打開人性欲望的黑盒子，創造「需求」和「消費」的最高極限。所謂人權、人性、自由做徹底解放，社會便如叢林趨向永無休止的鬥爭和戰亂。中國政治思想認爲人性需要約束、規範，不能全都解放了。叢林式競爭的自由，乃全人類之禍而不是福，此亦孫中山說「社會主義是人類福音」的道理。

（五）中國傳統政治思想現代化：

主要是儒家思想在現代社會的適應，當代學術界的「新儒家」便在探討儒家思想現代化問題。另外，道家、墨家合乎廿一世紀的環保觀，值得復興發揚。

（六）三民主義和社會主義的調和：

排除政權之爭和五權形式，其實三民主義便是社會主義。今天中國大陸所行也還合於三民主義的理想，尤其「全國人民代表大會」的設計，像極了五權憲法的「國民代表大會」。所以不談「主義」，兩個都一樣了。

此外，再加上天主教和基督教的「中國化」，廿一世紀的中國政治思想將更成熟，如同佛教，必須融合在中國文化，才能廣爲中國人接受。綜合以上（一）到（六），我稱爲「中國式民主政治思想」，中國有不同於別國的歷史文化和政治環境，就有中國政治思想和制度，中國人自有中國人想走、要走的路。

正當本書匆稿完成，兩岸學者專家也在台北舉辦「第六屆海峽兩岸孫中山思想之研究與實踐學術研討會」(2005 年 11 月 17 日)。此岸尊爲「國父」，彼岸亦尊爲「先行者」，更顯見三民主義和社會主義是一家人。台灣「實驗美式民主」是失敗的，也証明「中國式民主政治思想」才是中國人要走的路。

關於本書的背景知識書目

有關本書背景知識書目頗多，在內文均有註明，舉其要者如下：

一、古籍部份：

《尚書》、《大學》、《中庸》、《論語》、《孟子》、《老子》、《莊子》、《墨子》、《荀子》、《韓非子》、《管子》、《商君書》、《呂氏春秋》、《新語》、《論衡》、《大同書》、《仁學》、《禮記》、《史記》、《宋元學案》、《明儒學案》、《左傳》、《列子》、《鹽鐵論》、《貞觀政要》、《明夷待訪錄》、《淮南子》、《抱朴子》、《易經》。（出版資料、作者均略）

二、當代出版品：

鄧鼎，《國學纂要》，台北：民力雜誌社，民 55 年 3 月三版。

薩孟武，《中國政治思想史》，台北：三民書局，民 76 年 3 月。

蕭公權，《中國政治思想史》，台北：中國文化大學，民 74 年 3 月新三版上下冊。

張豈之，《中國思想史》，台北：水牛，民 88 年 3 月上下冊。

高明士，《東亞古代的政治與教育》，台大東亞文明研究中心（出版資料不明）。

孫廣德、朱浤源，《中國政治思想史》，台北：空中大學，93 年 12 月。

陳致平，《中華通史》（共 12 冊），台北：黎明，78 年 2 月。（各冊出版時間不同，12 冊爲準）

張金鑑，《中國政治制度史》，台北：三民書局，62 年 9 月。

張衍田，《中國歷史文選》，台北：時英，87 年 9 月。

謝維揚，《中國早期國家》，台北：慧明，90 年 12 月。

黃錦鋐，《中國歷代思想家》，台北：商務，民 67 年初版。

黃仁宇，《中國大歷史》，台北：聯經，82 年初版。

黃仁宇，《大歷史不會萎縮》，台北：聯經，2004 年 9 月。

羅志淵，《雲五社會科學大辭典》，第三冊，政治學，台北：商務，78 年 1 月。

張彝鼎，《雲五社會科學大辭典》，第四冊，國際關係，台北：商務，74年4月。

孫中山，《三民主義各講》。

《馬克斯恩格斯選集》，北京：人民出版社，1972年5月。（共四卷）

《毛澤東選集》，北京：人民出版社，1971年4月。（共四卷）

張元，《歷史（上）》，台北：龍騰，教育部八十四年公布。

李孝悌，《歷史（下）》，台北：龍騰，教育部八十四年十月公布。

國立編譯館，《歷史》，第二冊，八十四年元月改編六版。

國立編譯館，《歷史》，第三冊，八十四年八月改編六版。

張元，《中國文化史》，台北：龍騰，教育部八十四年公布。